U0560268

浙江海外交流史研究

近代浙江留日学生
与中日文化交流

吕顺长　丁　鹏　王韵清　著

ZHEJIANG UNIVERSITY PRESS
浙江大学出版社
·杭州·

图书在版编目（ＣＩＰ）数据

近代浙江留日学生与中日文化交流 / 吕顺长，丁鹏，
王韵清著. -- 杭州 ： 浙江大学出版社，2024.5
　　ISBN 978-7-308-24953-9

　　Ⅰ. ①近… Ⅱ. ①吕… ②丁… ③王… Ⅲ. ①留学生
－研究－浙江－近代②中日关系－文化交流－研究－近代
Ⅳ. ①G529.5②G125③G131.35

　　中国国家版本馆CIP数据核字(2024)第094864号

近代浙江留日学生与中日文化交流
JINDAI ZHEJIANG LIURI XUESHENG YU ZHONGRI WENHUA JIAOLIU
吕顺长　丁　鹏　王韵清　著

策划编辑	宋旭华
责任编辑	周挺启
责任校对	蔡　帆
封面设计	周　灵
出版发行	浙江大学出版社
	（杭州市天目山路148号　邮政编码310007）
	（网址：http://www.zjupress.com）
排　　版	杭州林智广告有限公司
印　　刷	杭州捷派印务有限公司
开　　本	787mm×1092mm　1/16
印　　张	26.75
字　　数	550千
版 印 次	2024年5月第1版　2024年5月第1次印刷
书　　号	ISBN 978-7-308-24953-9
定　　价	98.00元

版权所有　侵权必究　　印装差错　负责调换

浙江大学出版社市场运营中心联系方式：0571－88925591；http://zjdxcbs.tmall.com

浙江省文化研究工程指导委员会

主　任　王　浩

副主任　刘　捷　　彭佳学　　邱启文　　赵　承
　　　　　　胡　伟　　任少波

成　员　高浩杰　　朱卫江　　梁　群　　来颖杰
　　　　　　陈柳裕　　杜旭亮　　陈春雷　　尹学群
　　　　　　吴伟斌　　陈广胜　　王四清　　郭华巍
　　　　　　盛世豪　　程为民　　蔡袁强　　蒋云良
　　　　　　陈　浩　　陈　伟　　施惠芳　　朱重烈
　　　　　　高　屹　　何中伟　　李跃旗　　吴舜泽

浙江文化研究工程成果文库总序

 有人将文化比作一条来自老祖宗而又流向未来的河，这是说文化的传统，通过纵向传承和横向传递，生生不息地影响和引领着人们的生存与发展；有人说文化是人类的思想、智慧、信仰、情感和生活的载体、方式和方法，这是将文化作为人们代代相传的生活方式的整体。我们说，文化为群体生活提供规范、方式与环境，文化通过传承为社会进步发挥基础作用，文化会促进或制约经济乃至整个社会的发展。文化的力量，已经深深熔铸在民族的生命力、创造力和凝聚力之中。

 在人类文化演化的进程中，各种文化都在其内部生成众多的元素、层次与类型，由此决定了文化的多样性与复杂性。

 中国文化的博大精深，来源于其内部生成的多姿多彩；中国文化的历久弥新，取决于其变迁过程中各种元素、层次、类型在内容和结构上通过碰撞、解构、融合而产生的革故鼎新的强大动力。

 中国土地广袤、疆域辽阔，不同区域间因自然环境、经济环境、社会环境等诸多方面的差异，建构了不同的区域文化。区域文化如同百川归海，共同汇聚成中国文化的大传统，这种大传统如同春风化雨，渗透于各种区域文化之中。在这个过程中，区域文化如同清溪山泉潺潺不息，在中国文化的共同价值取向下，以自己的独特个性支撑着、引领着本地经济社会的发展。

 从区域文化入手，对一地文化的历史与现状展开全面、系统、扎实、有序的研究，一方面可以借此梳理和弘扬当地的历史传统和文化资源，繁荣和丰富当代的先进文化建设活动，规划和指导未来的文化发展蓝图，增强文化软实力，为全面建设小康社会、加快推进社会主义现代化提供思想保证、精神动力、智力支持和舆论力量；另一方面，这也是深入了解中国文化、研究中国文化、发展中国文化、创新中国文化的重要途径之一。如今，区域文化研究日益受到各地重视，成为我国文化研究走向深入的一个重要标志。我们今天实施浙江文化研究工程，其目的和意义也在于此。

 千百年来，浙江人民积淀和传承了一个底蕴深厚的文化传统。这种文化传统的独特性，正在于它令人惊叹的富于创造力的智慧和力量。

浙江文化中富于创造力的基因，早早地出现在其历史的源头。在浙江新石器时代最为著名的跨湖桥、河姆渡、马家浜和良渚的考古文化中，浙江先民们都以不同凡响的作为，在中华民族的文明之源留下了创造和进步的印记。

浙江人民在与时俱进的历史轨迹上一路走来，秉承富于创造力的文化传统，这深深地融汇在一代代浙江人民的血液中，体现在浙江人民的行为上，也在浙江历史上众多杰出人物身上得到充分展示。从大禹的因势利导、敬业治水，到勾践的卧薪尝胆、励精图治；从钱氏的保境安民、纳土归宋，到胡则的为官一任、造福一方；从岳飞、于谦的精忠报国、清白一生，到方孝孺、张苍水的刚正不阿、以身殉国；从沈括的博学多识、精研深究，到竺可桢的科学救国、求是一生；无论是陈亮、叶适的经世致用，还是黄宗羲的工商皆本；无论是王充、王阳明的批判、自觉，还是龚自珍、蔡元培的开明、开放，等等，都展示了浙江深厚的文化底蕴，凝聚了浙江人民求真务实的创造精神。

代代相传的文化创造的作为和精神，从观念、态度、行为方式和价值取向上，孕育、形成和发展了渊源有自的浙江地域文化传统和与时俱进的浙江文化精神，她滋育着浙江的生命力、催生着浙江的凝聚力、激发着浙江的创造力、培植着浙江的竞争力，激励着浙江人民永不自满、永不停息，在各个不同的历史时期不断地超越自我、创业奋进。

悠久深厚、意韵丰富的浙江文化传统，是历史赐予我们的宝贵财富，也是我们开拓未来的丰富资源和不竭动力。党的十六大以来推进浙江新发展的实践，使我们越来越深刻地认识到，与国家实施改革开放大政方针相伴随的浙江经济社会持续快速健康发展的深层原因，就在于浙江深厚的文化底蕴和文化传统与当今时代精神的有机结合，就在于发展先进生产力与发展先进文化的有机结合。今后一个时期浙江能否在全面建设小康社会、加快社会主义现代化建设进程中继续走在前列，很大程度上取决于我们对文化力量的深刻认识、对发展先进文化的高度自觉和对加快建设文化大省的工作力度。我们应该看到，文化的力量最终可以转化为物质的力量，文化的软实力最终可以转化为经济的硬实力。文化要素是综合竞争力的核心要素，文化资源是经济社会发展的重要资源，文化素质是领导者和劳动者的首要素质。因此，研究浙江文化的历史与现状，增强文化软实力，为浙江的现代化建设服务，是浙江人民的共同事业，也是浙江各级党委、政府的重要使命和责任。

2005年7月召开的中共浙江省委十一届八次全会，作出《关于加快建设文化大省的决定》，提出要从增强先进文化凝聚力、解放和发展生产力、增强社会公共服务能力入手，大力实施文明素质工程、文化精品工程、文化研究工程、文化保护工程、文化产业促进工程、文化阵地工程、文化传播工程、文化人才工程等"八项工程"，实施科教兴国和人才强国战略，加快建设教育、科技、卫生、体育等"四个强省"。作为文化建设"八项工程"之一的文化研究工程，其任务就是系统研究浙江文化的历史成就和当代发展，深入挖掘浙江文化底蕴、研究浙江现象、总结浙江经验、指导浙江未来的发展。

浙江文化研究工程将重点研究"今、古、人、文"四个方面，即围绕浙江当代发展问题研究、浙江历史文化专题研究、浙江名人研究、浙江历史文献整理四大板块，开展系统研究，出版系列丛书。在研究内容上，深入挖掘浙江文化底蕴，系统梳理和分析浙江历史文化的内部结构、变化规律和地域特色，坚持和发展浙江精神；研究浙江文化与其他地域文化的异同，厘清浙江文化在中国文化中的地位和相互影响的关系；围绕浙江生动的当代实践，深入解读浙江现象，总结浙江经验，指导浙江发展。在研究力量上，通过课题组织、出版资助、重点研究基地建设、加强省内外大院名校合作、整合各地各部门力量等途径，形成上下联动、学界互动的整体合力。在成果运用上，注重研究成果的学术价值和应用价值，充分发挥其认识世界、传承文明、创新理论、咨政育人、服务社会的重要作用。

我们希望通过实施浙江文化研究工程，努力用浙江历史教育浙江人民、用浙江文化熏陶浙江人民、用浙江精神鼓舞浙江人民、用浙江经验引领浙江人民，进一步激发浙江人民的无穷智慧和伟大创造能力，推动浙江实现又快又好发展。

今天，我们踏着来自历史的河流，受着一方百姓的期许，理应负起使命，至诚奉献，让我们的文化绵延不绝，让我们的创造生生不息。

2006 年 5 月 30 日于杭州

丛书序言

浙江古代海外交流史的发展历程

　　浙江地处太平洋西岸，位于中国大陆海岸线中部，海岸线总长度及岛屿数量均居全国首位。浙江是中国海洋文化的重要发祥地，也是东亚海洋文化的一个重要源头，更是中国对外交往的门户。浙江古代海外交流史的内涵很广，包括涉外港口与海外航线、政府间的外交关系与政治交往、民间海外贸易与外贸管理体制、货物流通与人员往来、文化交流与科技传播等。纵观历史，1911 年清朝灭亡之前的浙江古代海外交流史，大体上可以概括为以下六个发展阶段。

一、奠基于史前

　　2013—2014 年，宁波余姚发现了距今 8000 多年的井头山遗址，这也是中国现今所知最早的贝丘遗址，它表明人们已经开始长期地、大量地、固定地利用海洋资源了。[1] 井头山遗址虽然尚未发现过独木舟，但出土了一支"加工精细、保存完好"的完整木桨[2]，这说明当时能够建造独木舟之类的"早期水上航行器"（early watercraft，缩写为 EW）了。[3] 中国最早的独木舟是在杭州萧山跨湖桥新石器时代遗址中发现的，年代为距今 7070±155 年。[4] 这也是目前所知亚洲最早的独木舟。在随后的河姆渡文化（约距今 7000—5300 年）中，发现了更多的木桨，其中河姆渡遗址出土的有 8 支[5]，慈湖遗址出土的有 2 支[6]，田螺山遗址出土的有 6 支[7]。此外，在河姆渡遗址还发现了 2 件陶舟模型。这些考古发现有力地证明了，早在新石器时代，浙江已经出现原始的造船技术，而舟船的建造，正是与海外进行交往的最基本的条件。

1　童杰、龚缨晏：《井头山遗址在世界史前史研究中的意义》，《浙江社会科学》2022年第5期。
2　孙国平、王永磊：《从井头山遗址看宁波地理环境与海洋文化的关系》，《宁波通讯》2020年第18期。
3　相关研究可参见Ronald Bockius and Miran Erič with Ambassadors. *Early Watercraft: A global perspective of invention and development*, Vrhnika: Global Initiative, 2015.
4　浙江省文物考古研究所等编《跨湖桥》，文物出版社，2004年，第42–50页。
5　浙江省文物考古研究所编《河姆渡》，文物出版社，2003年，第139页。
6　林士民：《宁波沿海地区原始文化初探》，《东南文化》1990年第5期。
7　李安军：《田螺山遗址——河姆渡文化新视窗》，西泠印社出版社，2009年，第101页。

有学者认为，史前时代浙江与朝鲜半岛[1]、日本列岛[2]就可能已经存在着某种形式的海上往来。但就目前的国内外考古发现而言，这些观点尚无法得到确证。[3]不过，大量的考古材料表明，太平洋西岸广泛流行的有段石锛（stepped adze），实际上起源于以河姆渡文化为代表的浙江沿海新石器文化。[4]尽管有段石锛是经过漫长的岁月在海外逐渐传播开来的，在传播过程中又不断发生变异，其基本造型却是一脉相承的。因此，浙江古代海外交流的基础，是在新石器时代奠定的。

二、发端于汉晋

就整个中国而言，海上丝绸之路形成于秦汉之际，即公元前200年左右。[5]这一时期中国通往日本的海上航线，沿着山东半岛海岸线向北航行，再沿朝鲜半岛西海岸南下，然后越过对马海峡到达日本列岛的北部。[6]虽然由浙江直接通往海外地区的海上航线尚未出现，但在汉代，国外所产的玻璃器等物品已经辗转传入了浙江。例如，宁波奉化白杜南岙林场的三座墓葬中发现了1件琉璃珠和2件玻璃耳珰，其年代为西汉晚期至东汉早期。[7]宁波市北仑区大碶街道璎珞村的一座墓葬中发现了一件蓝色玻璃质料珠和一件蓝色玻璃质耳珰，时代是在东汉早期（公元1世纪）。[8]

东汉末年，发源于印度的佛教也开始传入浙江。史载，汉灵帝（168—189）末年，中亚安息国僧人安清（字世高）到中国传教（有人猜测他可能经海路先到广州[9]），在江南活动，最后在会稽（绍兴）去世。会稽人陈慧曾追随安世高，"信道笃密"。[10]佛教传入后，佛寺也随之出现。东吴赤乌五年（242），阚泽把自己在慈湖畔的住宅捐献出来作为佛寺，即后来的普济寺。[11]吴太元元年（251），归安县的刘钺等人也献出房子创建了狮子吼寺。[12]此外，在浙江制作的瓷器上，同样可以见到佛像等佛教题材图案。[13]因此可以说，汉晋时代浙江已经与海外产生了联系，尽管这种联系是间接的而不是直接的。

---

1 毛昭晰：《先秦时代中国江南和朝鲜半岛海上交通初探》，《东方博物》2004年第1期。

2 安志敏：《长江下游史前文化对海东的影响》，《考古》1985年第5期。

3 蔡凤书：《中日交流的考古研究》，齐鲁书社，1999年，第19页。

4 林惠祥：《中国东南区新石器文化特征之一：有段石锛》，《考古学报》1958年第3期；傅宪国：《论有段石锛和有肩石器》，《考古学报》1988年第1期。

5 李庆新：《濒海之地：南海贸易与中外关系史研究》，中华书局，2010年，第6页。

6 孙光圻：《中国古代航海史（修订本）》，海洋出版社，2005年，第119—126页。

7 浙江省文物考古研究所、宁波市文物考古研究所、奉化市文物保护管理所：《奉化白杜南岙林场汉六朝墓葬》，载浙江文物考古研究所编《浙江汉六朝墓报告集》，科学出版社，2012年，第214—337页。

8 浙江宁波市文物考古研究所、浙江宁波北仑区博物馆：《浙江宁波北仑大碶璎珞东汉墓葬与五代窑址发掘简报》，《南方文物》2014年第3期。

9 吴焯：《佛教东传与中国佛教艺术》，浙江人民出版社，1991年，第170页。

10 释慧皎：《高僧传》，汤彤校注，汤一玄整理，中华书局，1992年，第7页。

11 延祐《四明志》卷一八《宋元方志丛刊》，中华书局，1990年，第6392页。

12 嘉泰《吴兴志》卷一三《宋元方志丛刊》，中华书局，1990年，第4751页。

13 林士民：《青瓷与越窑》，上海古籍出版社，1999年，第68—70页；蒋明明：《佛教与六朝越窑青瓷片论》，《东南文化》1992年第1期；阮平尔：《浙江省博物馆藏隋以前文物的佛教因素研究》，《东南文化》1992年第5期。

三、跃升于盛唐

7世纪，随着新罗的崛起，由中国北方通往朝鲜半岛及日本的传统航路受到了严重冲击，在此背景下，经过中外航海者的不断探索，从7世纪末到8世纪，出现了从浙江沿海出发直达日本的海上航线。《新唐书》这样写道："新罗梗海道，更繇明、越州朝贡。"[1]浙江沿海的杭州、明州（宁波）、台州、温州等港口，因此成为通向日本的门户。日本政府派出的遣唐使，实际成行的有16次，其中3次是在浙江宁波沿海登陆的，分别是在659年、752年和804年。[2]更加重要的是，进入9世纪，民间商人在浙江沿海港口进出，直接与日本进行贸易。例如：842年，李处人从日本抵达温州；847年，张友信从明州出发前往日本；877年，崔铎从台州出发前往日本。[3]

唐代，浙江与东南亚地区虽然没有直接的往来，但间接的联系已经出现了，主要证据就是越窑瓷器的外销。1998年在印度尼西亚沿海发现的"黑石号"沉船上，打捞出了大量的中国瓷器，其中数量最多的是长沙窑瓷器（55000余件），此外还有越窑青瓷（约250件）、白瓷（约300件）等。越窑青瓷虽然数量并不多，但器物造型十分丰富。[4]"黑石号"沉船的时代为9世纪前期，即唐代中晚期。这说明当时的越窑瓷器已经开始外销到东南亚及更远的地区。在阿拉伯世界已知的8—10世纪遗址中，有69个遗址出土了中国青瓷，其中绝大部分是越窑青瓷。这些遗址分布的范围非常广泛，包括伊拉克的萨迈拉（Samarra）、伊朗的希拉夫（Siraf）、阿曼的苏哈尔（Sohar）、埃及的福斯塔特（Fustat）等。[5]

四、兴盛于宋元

宋元两朝对海外交往总体上是持开放和鼓励态度的。在此背景下，浙江的海外交流也达到了全面繁荣的新高度，主要表现在以下几个方面。

第一，出现了专门的外贸管理机构市舶司。唐朝只在广州设立了管理海外贸易的机构市舶司。宋朝先后在9个地方设置过市舶机构：杭州、澉浦、温州、宁波、密州、秀州、江阴军、泉州、广州。[6]前4个都设在浙江。元朝正式设立的市舶司有7处，分别是：杭州、澉浦、宁波、温州、上海、泉州、广州。[7]这从一个侧面说明，浙江在宋元海外贸易中，差不多占据了半壁江山。

---

1 《新唐书》卷二二〇，中华书局，1975年，第6209页。
2 李广志：《日本遣唐使宁波航线考论》，载李卓主编《南开日本研究（2016）》，天津人民出版社，2016年。
3 吴玲：《九世纪唐日贸易中的东亚商人群》，《西北工业大学学报（社会科学版）》2004年第3期。
4 陈克伦：《印尼"黑石号"沉船及其文物综合研究》，《文物保护与考古科学》2019年第4期。
5 Wen Wen, "Chinese ceramics in the Islamic world from the 8th to 10th centuries CE", A thesis submitted for the degree of Doctor of Philosophy University of Oxford, Oxford, 2018, pp. 54, 106, 154, 205, 210.
6 郑有国：《中国市舶制度研究》，福建教育出版社，2004年，第52页。
7 喻常森：《元代海外贸易》，西北大学出版社，1994年，第46页。

第二，出现了直达东南亚的海上航线。北宋淳化三年（992），阇婆（今印度尼西亚一带）国王派出的使者在中国海商毛旭的引导下，"泛舶船六十日至明州定海县"[1]，前来中国朝贡。1296年，温州人周达观随元朝政府派遣的外交使团出使真腊（今柬埔寨），就是从温州港启航，"历闽、广海外诸州港口，过七洲洋，经交趾洋到占城"，然后继续航行至真腊。1297年农历六月，周达观他们返回，"八月十二日抵四明泊岸"[2]。这说明从浙江沿海到东南亚的航线已经比较成熟了。

第三，出现了海外浙江侨民群体。唐末，已经有浙江商人到海外经商，如819年，越州人周光翰和言升则搭乘新罗人船只来到日本。[3]不过，他们做完贸易后就回国了，史籍上没有出现他们在当地居留的记载。进入宋朝，有些浙江人由于种种原因在日本生儿育女。例如南宋时，宁波石匠伊行末被请到日本后成家立业，他的后代继续以石匠为业，并且形成了"日本石刻工艺史上声名显赫的'伊派'"[4]。11世纪末，博多出现了宋人居留地。[5]虽然我们不知道到底有多少浙江侨民生活在博多，但至少在1233—1253年，博多的华人首领谢国明是临安府人，他的墓地一直保存至今。[6]

第四，出现了外国侨民的聚居区。随着海外贸易的持续兴盛，不少外国商人在浙江居住，并且逐渐形成了外国侨民聚居区。宁波城里东门口的市舶司附近，有来自阿拉伯及波斯商人的市场"波斯团"，他们聚居的地方被称为"波斯巷"。[7]元代杭州也有许多来自阿拉伯世界的商人，并且形成了自己的聚居区及公共墓地。陶宗仪在《南村辍耕录》中写道："杭州荐桥侧首，有高楼八间，俗谓八间楼，皆富实回回所居……聚景园，回回丛冢在焉。"[8]至今依然保存在杭州凤凰寺的20方元代阿拉伯文古墓碑[9]，就是阿拉伯人在此生活的有力证据。

第五，多种外来宗教汇聚。外国侨民来到浙江生活，自然带来了他们的宗教信仰。其中最主要的是伊斯兰教。宋代宁波就在狮子桥北建有"回回堂"，元代又在海运所西侧新建了一所。[10]元朝延祐（1314—1320）年间，回回大师阿老丁在杭州建造了真教寺。[11]其次是基督教（元代一般称其为"也里可温"）。元代杭州的基督教教堂建造在荐桥东，名为大普兴寺。基督教在元代传入温州后，还因与道教争夺信徒而发生冲突。[12]此外，浙江还有摩尼教的寺院，如宋

1　《宋史》卷四八九，中华书局，1985年，第14092页。
2　周达观：《真腊风土记校注》，夏鼐校注，中华书局，2000年，第15—16页。
3　吴玲：《九世纪唐日贸易中的东亚商人群》，《西北工业大学学报（社会科学版）》2004年第3期。
4　刘恒武：《宁波古代对外文化交流——以历史遗存为中心》，海洋出版社，2009年，第145页。
5　苌岚：《关于博多居留宋人》，载李世安主编《史学论丛》，中国书店出版社，1999年，第37—50页。
6　李广志：《南宋海商谢国明与中国文化在日本的传播》，《宁波大学学报（人文科学版）》2018年第6期。
7　乾隆《鄞县志》卷二，乾隆五十三年（1788）刻本，宁波天一阁博物馆藏，第16页。
8　陶宗仪：《南村辍耕录》，中华书局，1959年，第348页。
9　参见莫尔顿、乌苏吉释读：《杭州凤凰寺藏阿拉伯文、波斯文碑铭释读译注》，周思成译，中华书局，2015年。
10　中华书局编辑部：《宋元方志丛刊》卷一〇《至正四明续志》，中华书局，1990年，第6571页。
11　田汝成：《西湖游览志》，浙江人民出版社，1980年，第209页。
12　刘梦溪：《中国现代学术经典·陈垣卷》，河北教育出版社，1996年，第27—28、42—43页。

朝慈溪的崇寿宫[1]、元朝温州的选真寺和潜光院[2]。

五、剧变于明清

明朝建立后，一方面，实行海禁政策，禁止私人进行海外贸易；另一方面，建立朝贡体制，禁止外国商人到中国进行民间私人贸易，只允许少数几个被正式承认的海外国家以政治上"朝贡"的名义与中国进行官方往来，并且规定他们只能分别在三个港口进出："宁波通日本，泉州通琉球，广州通占城、暹罗、西洋诸国。"[3] 这样，宁波就成了明朝与日本进行官方往来的唯一港口。清朝统一中国后，曾经设立粤、闽、浙、江四大海关，其中浙海关于 1686 年设在宁波。但从 1757 年开始，清政府放弃了这种"多口通商"的政策，转而实行"广州一口通商"，宁波不再是对外贸易的港口。这个作茧自缚的闭关政策，使宁波乃至整个浙江成为最大的受害者。明清两朝政府对海外贸易的刻意打压，不仅严重阻碍了浙江海外交流的发展，而且还使中国错失了一次迈向世界的大好机遇。

宋元时代，东亚海域基本上是和平的，没有多少重大的暴力事件。但明朝建立后，东亚海域出现了倭寇，浙江沿海是倭寇活动最为猖獗的地区。同时，在明朝政府严禁私人海外贸易的背景下，沿海民众为了生计，不得不铤而走险，以走私的形式从事海外贸易，并且与倭寇结合在一起，亦盗亦商，冲击着传统的海外贸易。[4] 清朝建立稳固的统治后，海盗活动并未消失，1800 年前后还出现了一次高潮。有学者这样写道："1520—1810 年是中国海盗的黄金时代，中国海盗无论是在规模上还是在范围上，一度都达到了世界其他任何地方的海盗均无以匹敌的地步。"[5] 明清时期的浙江海外交流史，就是伴随着海盗活动而艰难展开的。

特别重要的是，1500 年之后，由欧洲人掀起的全球化浪潮日益猛烈地冲击着中国沿海，而浙江则是最早受到全球化浪潮冲击的区域。约 1524—1548 年，葡萄牙人在宁波沿海的双屿建立起了欧洲人在东亚的第一个贸易据点，浙江开始被纳入全球海上贸易网络中。通过这个网络，不仅中国的商品被输往欧洲，而且浙江沿海的一些居民也漂泊到了欧洲。[6] 17 世纪后期，从宁波出发的商船直接航行到西班牙统治下的菲律宾。[7] 就在这个时候，英国人也来到舟山进行贸易。随着全球化时代的到来，欧洲文化开始源源不断地传入中国。浙江学者在学习西方先进文化的过程中一直走在前列。明清之际，杭州还是中西文化交汇的学术研究中心，并且通过与西方学术界的密切互动，在中国古代景教研究等领域中引领着国际学术的前沿发展。

1　陆永生：《崇寿宫与黄震〈崇寿宫记〉》，载政协浙江省慈溪市委员会文史资料委员会编《慈溪文史资料（第11辑）》，出版者不详，1996年，第149—153页。
2　马小鹤：《民国〈平阳县志〉摩尼教资料新考》，《绍兴文理学院学报（人文社会科学）》2021年第9期。
3　《明史》卷八一，中华书局，1974年，第1980页。
4　林仁川：《明末清初私人海上贸易》，华东师范大学出版社，1987年，第40—50页。
5　安乐博：《中国海盗的黄金时代：1520—1810》，《东南学术》2002年第1期。
6　龚缨晏、胡刚：《16世纪发生在西班牙的一场"印第安斯人"诉讼案》，《世界历史》2017年第5期。
7　胡安·希尔：《马尼拉的华人（16—17世纪）》下卷，安大力译，文化公所，暨南大学澳门研究院，2022年，第266、270页。

　　值得一提的是，从 16 世纪开始，在浙江发生的一些事件还对中国历史进程产生了重要影响。一个典型例子是，葡萄牙人自 15 世纪末开始海外扩张以来，所遇到的对手或者是落后的非洲部落，或者是分裂之中的印度，或者是赢弱的东南亚小国，因此在从大西洋进入太平洋的整个过程中，都是所向披靡、战无不胜。葡萄牙人到了中国沿海后，也想凭借先进的船舶及武器，以武力强行占取落脚点。但当他们在浙江沿海建立的第一个贸易基地双屿港于 1548 年被明朝军队彻底捣毁后，他们清醒地认识到，中国是一个前所未遇的强国。这样，葡萄牙人不得不调整策略，逐渐放弃海盗式的暴力强占方式，转而以谦卑恭顺的姿态，向明朝政府宣称自己是因为向往中华文明而前来朝贡的；与此同时，通过各种手段向明朝官员行贿。就中国方面而言，明朝政府在以武力驱赶葡萄牙人的过程中也逐渐认识到，这是一批历史上从来没有出现过的新型"蛮夷"，他们不仅拥有先进的武器，而且还精于经商，因此不能照搬历代治理其他"蛮夷"的传统方法来对付葡萄牙人。这样，明朝政府也调整了一味清剿的做法，转而采用怀柔的策略。由于中葡双方都调整了策略，最终的结果是中国政府同意葡萄牙人在缴纳关税及地租的前提下入居澳门，葡萄牙人则在接受中国政府管辖的前提下实行自治。从此，澳门成为东西方文化交汇的枢纽。因此，双屿是澳门历史的序曲，双屿的覆灭与澳门的出现存在着内在的联系。[1]

　　另一个影响更大的实例是，从 17 世纪末开始，英国商人多次到舟山进行贸易，并且受到了浙江官员及民众的欢迎。乾隆皇帝虽然清楚地知道，英国人所需要的丝绸、茶叶等货物主要产于江浙地区，如果允许英国人在宁波贸易，既可以节省英国人的商业成本，又可以促进东部地区的经济发展；但他出于对国家海防安全的担忧，最后还是于 1757 年宣布禁止英国商人前往宁波贸易。从此，清政府的外贸政策就从"多口通商"转为"广州一口通商"。而以英国为首的西方势力则"对中国的一口通商制度展开了一波又一波的、越来越猛烈的冲击，以图实现在中国各口岸'自由'通商的目的"[2]，最终结果就是 1840 年爆发了鸦片战争。

　　总之，从明朝建立到 1840 年前，浙江的海外交流活动一直受制于相互对抗的正反两股力量。正的力量主要是民间海外贸易的冲动，以及 1500 年之后全球化所带来的机遇与活力；反的力量主要是朝廷的残酷打压，以及倭寇海盗的野蛮冲击。这两股力量相互撞击，使浙江海外交流史充满了剧烈的动荡，并且在动荡中催生出前所未有的剧变，而这样的剧变又酝酿出更加剧烈的动荡。400 多年的浙江海外交流就是在这样的激变中曲折发展，同时也为进入下一个历史阶段积蓄能量。

1　吴志良、金国平、汤开建：《澳门史新编》第1册，澳门基金会，2008年，第70–74页。
2　郭小东：《打开"自由"通商之路：19世纪30年代在华西人对中国社会经济的探究》，广东人民出版社，1999年，第379页。

六、转型于近代

1840 年爆发的鸦片战争，标志着中国开始沦为半殖民地半封建社会。鸦片战争后，清政府被迫放弃"广州一口通商"政策，转而开放广州、厦门、福州、宁波、上海等五个港口城市。1877 年，温州成为对外开放城市。1896 年，杭州开埠。这样，以宁波、温州、杭州这三个对外开放城市为龙头，浙江海外交流史逐步从传统向近代转型，其内容主要包括：传统的海外交流是以农业手工业为经济基础的，而近代海外交流则是建立在机器大工业基础之上的；交通工具从传统的木帆船向轮船过渡；西方文化全面地、大规模地输入，包括学校和医院、电话和电报、报纸和杂志、灯塔和码头、马路和铁路、西服和西餐、肥皂和火柴、煤油灯和热水瓶……

中国海外交流史在从传统向近代转型的过程中，浙江在许多方面走在全国的前列。例如，1844 年，英国女子马利（Mary Ann Aldersey）在宁波创办了中国内地最早的女子学校。[1]1845—1860 年在宁波设立的华花圣经书房，不仅是当时中国"唯一拥有"四种中文活字的出版印刷机构，而且运用先进的电镀技术制造出中文活字，从而为"西式中文活字逐渐取代木刻"奠定了基础，"在近代中文印刷发展史上有非常重大的意义"。[2]1851 年，美国人玛高温（Daniel J. Macgowan）在宁波出版了最早介绍电磁学及电报知识的中文著作《博物通书》，并且提出了世界上第一套汉字电码方案。[3]1854 年玛高温在宁波创办的《中外新报》，是鸦片战争后中国创办的第二种报刊，晚于 1853 年在香港创办的《遐迩贯珍》，早于 1857 年在上海创办的《六合丛谈》。[4]1855 年，宁波商人购得"宝顺号"轮船，这是近代中国引进的第一艘轮船。[5]

这里需要指出的是，鸦片战争前，宁波港在对外交流上的地位要高于上海，因为宁波是"国际贸易网络和国内贸易网络的重要节点"，而作为国内最大内贸港的上海，"其直接和外洋的贸易联系并不发达"。鸦片战争后，上海港迅速"跃居中国各大港口的首位"，"成为远东地区的枢纽港之一"，宁波则衰退为上海的支线港。[6]尽管浙江最大的港口没落了，但浙江人抓住了上海崛起的机遇，在上海开埠之初就背井离乡，参与上海建设，"并且几乎在所有重要行业都具有重要影响，在不少行业稳执牛耳"。[7]1852 年，在上海的宁波人就有 6 万多人，"仅次于广东人"，到了 19 世纪 50 年代后期超过广东人，"成为上海外来居民中最大的移民集团"。[8]这样，大量浙江人就借助上海这个国际枢纽城市，从事与海外交流有关的活动，如充当买办的宁波人杨坊、余姚人王槐山、定海人朱葆三、湖州人顾福昌和许春荣等。这些浙江人还在上海从

1　龚缨晏、郑乐静：《来自英国的马利姑娘：中国近代女子教育的开创者》，《社会科学战线》2017年第3期。
2　苏精：《铸以代刻——传教士与中文印刷变局》，台湾大学出版中心，2014年，第387、439页。
3　龚缨晏、郑乐静：《为中国设计电码：美国传教士玛高温的〈博物通书〉》，《自然辩证法通讯》2018年第6期。
4　龚缨晏：《浙江早期基督教史》，杭州出版社，2010年，第223页。
5　龚缨晏：《中国第一艘轮船的由来》，《浙江大学学报（人文社会科学版）》2017年第2期。
6　王列辉：《驶向枢纽港：上海、宁波两港空间关系研究（1843—1941）》，浙江大学出版社，2009年，第59、62、70、375页。
7　陶水木：《浙江商帮与上海经济近代化研究（1840—1936）》，上海三联书店，2000年，第37页。
8　李瑊：《上海的宁波人》，上海人民出版社，2000年，第32页。

事文化教育活动，如慈溪人叶澄衷创办了"澄衷蒙学堂"，鄞县人鲍咸昌创办了商务印书馆。而居住在上海的浙江人，又通过地缘及亲缘纽带与故乡保持密切、频繁的联系。这样，浙江的海外交流活动就延伸到上海这个国际大舞台，并将从上海吸收到的文化养料源源不断地回输到浙江。浙江的海外交流活动因此而变得在形式上更加多样，在内容上更加丰富，在影响上更加深远。

自先秦至隋唐，在中国海外交流史的巨大历史图景中，浙江从边缘逐渐走向前沿。到了北宋，浙江沿海的宁波港已经成为整个东亚海域的国际交流枢纽。进入 16 世纪，随着全球化的兴起，浙江沿海港口又被纳入环球航线中，从而成为全球海上贸易网络的一个重要节点，浙江沿海在东亚海域的枢纽地位因此得到进一步强化。野心勃勃的日本幕府首领丰臣秀吉（1536—1598）就曾梦想，一旦他以武力征服中国、朝鲜半岛，就将日本天皇安置在北京，而他自己则到宁波城定居，以控制整个东亚海域。[1] 不过，16 世纪以来，浙江一直以被动的方式消极而又艰难地应对着全球化浪潮的一次次冲击，浙江海外交流史的历程也因此充满了曲折和灾难。

改革开放以来，浙江不仅以无比磅礴的气魄勇敢地直面新型全球化的猛烈挑战，而且还通过脚踏实地的拼搏，主动积极地参与全球化的进程，并且借助科技创新的巨大力量影响着全球化的进程。宁波舟山港已经成为世界第一大港，货物吞吐量连续十多年位居全球第一。

今天，当我们在国外偏远小超市里也能使用支付宝时，当我们在世界某个角落里也能找到来自义乌的小商品时，当我们在全球各地都能发现来自浙江的游客时，当我们在异域各类高校中都能看到来自浙江的青年学子时，再回头看看古代浙江海外交流史，我们会由衷地感受到，只有改革开放才能使浙江不断繁荣富强，才能使中华民族实现腾飞。

1　郑樑生：《明史日本传正补》，文史哲出版社，1981年，第732–733页。

凡　例

1. 正文中出现的日本人名，统一用中文简体汉字。

2. 脚注及书末所附参考文献中出现的日本人名，统一用日文汉字。

3. 正文中出现的日文论文及图书，统一翻译成中文，并在脚注中标明其日文名称及出版信息。

4. 参考文献中所列的日文论文及图书，统一用日文名称。

5. 原文无标点的资料，引用时根据文义予以添加。

6. 脚注所标注的引用文献信息，同一文献在第二次及以后出现时，仅标注作者、文献名、页码，其余信息省略。

7. 日文引文统一翻译成中文。

目　录

第一章

近代浙江率先官费
派生留学日本

甲午战后，中国人以一种积极的心态，通过派生留日、赴日考察、翻译日书、招聘日本教习等多种方式，开展与日本的教育文化交流。其中，以中国向日本派遣留学生之事业规模最大。这些浮海东渡的留学生不仅人数众多，而且成分也比较复杂。他们中既有官费生，也有自费生；既有富豪子弟，也有出身贫寒者；既有怀抱救国宏志者，也有纯为利禄者；既有革命派，也有改良派；既有勤于学校功课而不愿一问外事者，也有好交游议论而疏于学业者；既有迷信日本一切者，也有不满日本而更崇尚欧美政制文化者；既有中青年乃至老年者，也有少年甚或幼年者；既有久居深闺的年少女子，也有携子随夫婿东渡的贤妻良母。但总体上看，他们在留学期间，或在留学归国后，对中国社会的影响甚为巨大。正如著名教育家舒新城所言："戊戌以后的中国政治，无时不与留学生发生关系，尤以军事、外交、教育为甚。现在执军权之军人，十之七八可以从日本士官学校丙午同学录与振武学校一览中求得其姓名……其他如外交则完全为留学生所主持，高等教育界之人员亦十分之九以上（据民国十四年东南大学、北京师大同学录）为留学生，全国重要事业无不有留学生在其中。"[1] 留日学生所起到的作用可见一斑。

近代中国留日学生始于何时，学界虽诸说不一，但较普遍的观点是：1896年6月驻日公使裕庚派驻横滨领事吕贤笙赴"上海苏州一带"招募后带往日本的韩寿南等13名学生[2]，是近代中国最早的留日学生。如舒新城在《近代中国留学史》中，以《宏文学院沿革概略》为依据，认为"政府派遣学生去日留学始于光绪二十二年"。[3] 实藤惠秀在《中国人日本留学史》一书中也认为上述13名学生的赴日是中国人留学日本的发端。[4] 黄福庆在《清末留日学生》一书中则称："此13名留日学生并非清政府计划下所派遣者，当时清廷尚无固定的留学政策，裕庚此举，只是基于驻日使馆业务上需要之半官方式'使馆学生'。惟他们已正式进入日本学校就读，故应视为中国最早之留日学生。"[5] 而笔者认为："这13名学生恰恰处在一种承前启后的特殊地位。从他们被派往日本的经过、学习目的及隶属关系上看，与前使馆内的东文学堂学生无异；从他们进入日本学校就读这一点上看，虽然在此之前也已有人进入日人经营的学塾学习，但这仅是个别现象，13名学生全体同时被安排进入日本学校就读，则为后来者之先。因此他们可以称作使馆招致的特殊留日学生，而并非国内最早派遣的普通意义上的留日学生。"[6]

1 舒新城：《近代中国留学史》，上海书店出版社，2011年版，第137—138页。
2 此13名学生分别是韩寿南（23岁）、朱光忠（22岁）、冯间模（20岁）、胡宗瀛（20岁）、王作哲（19岁）、唐宝锷（19岁）、戢翼翚（19岁）、赵同颉（19岁）、李宗澄（18岁）、瞿世瑛（18岁）、金维新（18岁）、刘麟（18岁）、吕烈辉（18岁），其中李宗澄、韩寿南、赵同颉、王作哲四人赴日后不久因无法适应日本的生活等原因回国，作为补缺，福建籍黄涤清（22岁）、安徽籍吕烈煌（16岁）二人于同年11月前后被送往日本。
3 舒新城：《近代中国留学史》，第15页。
4 [日]实藤惠秀著：《中国人留学日本史》，谭汝谦等译，三联书店，1983年，第19页。
5 黄福庆：《清末留日学生》，"中研院"近代史研究所，1975年，第13页。
6 吕顺长：《清末中日教育文化交流之研究》，商务印书馆，2012年，第171页。

第一节 杭州蚕学馆率先官费派生留日

那么，中国最早正式从国内派遣学生留日又是始于何时何地呢？笔者以为，1897年从浙江杭州蚕学馆派往日本留学的嵇侃和汪有龄是近代中国最早从国内官费派遣赴日的留学生。1897年由罗振玉等在上海创办的《农学报》，数次刊登了杭州蚕学馆派生留日的报道："杭州蚕学馆已于上月十三日开学，学生三十人，备取学生三十人，额外二十人，留学日本者二人。"[1] "（杭州蚕学馆）出洋学生：湖州德清附生嵇侃、杭州钱塘附生汪有龄，丁酉孟冬赴日，戊戌夏，汪有龄奉浙抚廖中丞改派东京学习法律。现在日本东京埼玉县儿玉町竞进社内习蚕，每月由学馆供给伙食束修外，各给月费洋十元。"[2]《农学报》的上述记载大略表明了杭州蚕学馆派嵇侃、汪有龄赴东留学的时间、学习科目以及经费提供情况。

嵇侃在赴日留学前，于1897年11月18日汪康年和罗振玉宴请前来上海游历的日本汉学家山本宪时，曾专门与山本相见。当时在场的还有在日华商王惕斋、孙淦，以及在《时务报》《农学报》任职的古城贞吉、藤田丰八。[3] 嵇侃赴日后进入了山本宪所创办的梅清处塾学习，此次与山本宪的相见，可以推知是汪康年等人特意安排的，而且此时嵇侃被派赴日本留学一事应该已经确定。

《浙江潮》系浙江留日学生在1903年于东京创办的刊物，其第7期《敬上乡先生请令子弟出洋游学并筹集公款派遣学生书》一文载："至若吾浙江者，岁丁酉已有官派学生嵇君（伟）[4]、汪君（有龄）二人到东学蚕业（汪君以病早回国，嵇君于辛丑年夏卒业回国），是为中国官派学生至日本之滥觞。"[5] 章宗祥在《任阙斋主人自述》中也曾回忆称："留日学生以浙江蚕学馆嵇慕陶、汪子健二人为最早，求是书院之何燮侯、陈乐书、陆仲芳、钱念慈四人次之。慕陶在王子蚕学所实习，毕业后终身在杭经营蚕业。子健与燮

---

1 朱有瓛：《中国近代学制史料》第一辑下册，华东师大出版社1986年版，第948页。
2 朱有瓛：《中国近代学制史料》第一辑下册，第950页。
3 山本宪：《燕山楚水纪游》下，上野松龙竜舍，1898年，第33页。
4 嵇侃赴日后改名为"嵇伟"。
5 孙江东：《敬上乡先生请令子弟出洋游学并筹集公款派遣学生书》，日本东京浙江同乡会杂志部编《浙江潮》第7期，光绪二十九年七月，第4页。

侯诸人，皆在日华，先余等一年而来也。"[1] 足见嵇、汪二人的留日在当时的留日学生界并非鲜为人知，浙江留日学生还以本省能最先派生留日感到自豪。

众所周知，杭州蚕学馆创设于光绪二十三年（1897）七月（准设年月），馆址在杭州西湖金沙港，是中国最早的培养蚕业技术人才的专门学校。蚕学馆能在杭州首创，与杭州知府林启积极推行新政，主张创办各类新式学堂，认为要振兴浙江实业应以蚕业为要等思想直接相关。蚕学馆创办后，林启亲任总办。

在蚕学馆筹备期间，建议杭州知府林启派生留学日本的是罗振玉和孙淦。[2]

罗振玉（1866—1940），字叔蕴，浙江上虞人，后迁居江苏淮安。在创设农学会之前，其主要精力大半耗于经史考据之中。1896年，汪康年、梁启超在上海创办《时务报》，罗振玉得知后"莫名钦佩"，认为中国"欲开锢闭，则兴学校为要图；而开学校之先声，则报馆为尤急"[3]，从而与友蒋伯黼商议，觉得唯有振兴农学，最易试行，遂于光绪二十二年（1896）与蒋在上海发起农学会，刊行《农学报》。《农学报》除刊登有关农事的报道和消息外，还大量登载译自各国的农学著作和文章，其中尤以藤田丰八译自日本书报者为多。次年又创东文学社，培养了樊炳清、王国维等诸多人才。

孙淦，字实甫，上海人，大阪华商。与汪康年、罗振玉等交往甚多。他不仅建议浙江省派人赴日习蚕，还从日本寄显微镜等急需器具给农学会，让其转赠给浙江蚕学馆。[4] 对此，林启曾有"孙实甫先生英英向义，于人情物理又甚有理会，我辈读书人愧之"[5]之感慨。浙江最初选派学生赴日时，还被浙抚廖寿丰举为留日学生监督。清国留学生会馆成立后，他又是该馆积极的"赞成员"。[6]

林启在罗振玉、孙淦的建议下，开始选派留日学生。其选派经过，虽然缺乏详细的记载，但当时林启致汪康年的一封手札却能给我们提供诸多线索。

> 派生往东洋学蚕，前系实翁（指孙淦，笔者注）云三人，一切只费千元，弟仍托其到时再查。兹尊函云每名须五百，弟本拟只派两人，半则经费为难，半则外间之论蚕学，均云法胜于日。今蚕会第十四册东洋论蚕，亦自言不如意、法、支那。此虽精益求精之意，要其不如法国，则西人公言之。故只添派一人与嵇生同学。弟同乡亲友及浙垣门生求去者多，均不敢假借，暗中觅得德清沈秀才锡爵，养蚕甚熟，人似明静，但相知未久。正在斟酌间，得尊函举有一人，汤蛰

1 章宗祥：《任阙斋主人自述》，全国政协文史资料委员会编《文史资料存稿选编》第24册，中国文史出版社，2002年，第925页。
2 郑晓沧：《戊戌前后浙江兴学纪要与林启对教育的贡献》，《浙江文史资料选辑》第1辑，第101页。
3 上海图书馆编：《汪康年师友书札》第3册，上海古籍出版社，1987年，第3152页。
4 《蚕镜东来》，《农学报》第5期，第5页。
5 上海图书馆编：《汪康年师友书札》第2册，第1161—1162页。
6 清国留学生会馆：《清国留学生会馆第三次报告》，1903年，第20页。

翁亦拟代为觅一人。蛰翁贤名，弟早闻诸何太守与足下，皆深顾大局者，实为信佩。但鄙意只添派一人，烦足下与蛰翁商酌，谁为可派之人，即以派往东洋。冶游之地，须择聪明而笃静者方好，已否学蚕，尚为不拘。二君均为蚕学觅人，非为人觅入蚕学也。添派一人择定后，尽可前发，不必函商迟滞。汤蛰翁为问安，此信乞呈鉴为祷。再问箸安。弟林启又顿。初一日。又：派定后，须急行，急学东国语文，明春学蚕方来得及。孙实翁云，行费由上海徐菊如先兑，该生凭札（所派一人，何县、何名，乞函示），俟弟补寄。弟林启又顿首。初一日。（汪注：十一月初九到）[1]

林启此信，是在汪康年和汤寿潜（原名震，字蛰仙）二人都提出愿为他推荐一名赴日留学生，但学额只有一名的情况下，决定让汪直接与汤商量，选择其中一人作为赴日生后，给汪康年的答复和说明。结合《农学报》所载《杭州蚕学馆表》中"湖州德清附生嵇侃，杭州钱塘附生汪有龄丁酉孟冬赴日"[2]的记载，不难得出以下结论：首先，孙淦等人最初建议派遣的留学生是3人，林启出于经费等各方面的考虑，才决定只派2人。其次，嵇侃和汪有龄并非同时赴日，嵇侃在林启十一月初一日致汪康年上述书简时已赴日，即他的赴日时间在孟冬十月，而汪有龄则是在十一月初九日汪康年接林启书简后，得到汪康年或汤寿潜的举荐才得以赴日留学的。第三，当时希望去日本留学者不在少数，甚至林启的"同乡亲友及浙垣门生"要求前往留学者也很多，但林启还是秉公办事，希望通过汤寿潜、汪康年等公众人物的举荐确定留日人选。

那么，汪有龄究竟何时赴日，属谁举荐？这在他抵日后写给汪康年的书信中有较详细的记述。据该信所记，十一月十六日傍晚，汪有龄与汪康年道别后，即登上轮船，因该轮装货未毕，直到十七日下午1点才出发。晚上，货轮搁浅，不能开行，至十八日破晓方行驶正常。二十一日清晨进日本马关海口，二十二日下午1点过后，轮船行抵神户。时正遇孙淦赴东京办事，故暂借宿神户孙淦友人王鹤庭家中。在信中，他还对汪康年的鼎力推荐无比感激，表示"但求稍有心得，庶君可以对林公，鄙人可以对君"。[3]

汪康年对汪有龄鼎力推荐的原因可能在于他们之间的族亲关系。汪有龄在有些信件中直称汪康年为"穰卿吾侄"，汪大燮为汪康年的堂兄，而汪大燮称汪有龄为子健叔，可见汪有龄（1879—1947）虽比汪康年（1860—1911）年少近二十岁，但论辈分汪有龄是汪康年族叔。

汪有龄，字子健，清附生，浙江钱塘县人，1897年18岁时曾考入1896年盛宣怀在

1　上海图书馆编：《汪康年师友书札》第2册，第1162页。
2　朱有瓛：《中国近代学制史料》第一辑下册，第949—950页。
3　上海图书馆编：《汪康年师友书札》第1册，第1054—1056页。

上海创办的南洋公学，系 1897 年开设的师范院第一批招收的 30 名师范生之一。师范院学生实行淘汰制，入学后成绩不合格者会被淘汰。1897 年 7 月，第一批入学的 30 名学生中，有蒋祁琮、沈齐贤、汪有龄 3 人被退学，汪有龄列退学学生名单中，在校学习时间仅约二个月。[1] 因此，汪有龄应该是在被南洋公学退回后，由汪康年推荐作为杭州蚕学馆的学生赴日留学的。

第二节　杭州蚕学馆稊、汪二生的留日经过[2]

在为数不多的有关稊、汪二生留日经过的史料中，上海图书馆编《汪康年师友书札》第 1 册所收的汪有龄在日期间给汪康年的 30 余封信件，可以说是最直接且最有价值的资料。在此，主要依据这一史料，对此作一考察。

稊侃抵日后，先在孙淦处小住，不久迁往山本宪的私塾中，就山本学习东语，后因政府护照尚未接到，常被巡捕查问，故又将行李搬回孙淦处。在得知汪有龄已抵神户后，稊侃于十一月二十九日从大阪前往相见。这是他们两人的首次见面。此次相见，两人"谈论甚洽"，于是同进大阪，一起住孙淦家。

据梅清处塾学生名簿记载："稊侃，清国浙江省湖州府德清县学附生，同治十三年十月初四日生，明治三十年十二月五日入门，寄宿。汪有龄，清国浙江省杭州钱塘县附生，光绪三年正月初八生，明治三十年十二月二十八日入门，寄宿。"[3] 由此可知，稊侃和汪有龄入山本宪汉学塾的时间分别是 1897 年 12 月 5 日和同年 12 月 28 日。二人在山本宪学塾学习期间，虽寄宿塾内，但周末仍时常回到孙淦处。

1898 年 1 月，汪康年在访问日本时曾至大阪，山本宪带领正在自己的私塾中学习的稊侃和汪有龄来到汪康年的住处与其相见。在场者有汪康年的同行者曾国藩之孙曾广铨、当时在大阪川口从事贸易并与山本相识的孙淦、苏杭轮船公司即大东新利洋行创始人白岩龙平、自 1897 年 8 月第二次赴日的孙文（时自称"中山樵"，从东京与汪康年等同行）、《大阪每日新闻》记者等。《大阪每日新闻》报道了汪康年和山本宪此次相见的场景和谈话内容。[4]

稊、汪二生初到日本时，因不谙东语未能与日人接洽，且每见日本报纸，虽"眼痒

1　有关南洋公学师范生的考选经过和名单等，可参见欧七斤《南洋公学师范考论》（《教师教育论坛》，2016年第11期）。

2　本节未标明出处的有关稊、汪二生留日经过的间接引用部分，均据上海图书馆编《汪康年师友书札》第1册第1054—1104页所收汪有龄致汪康年书信。

3　《学生名簿》之《明治二十八年仲秋上丁以降学生名籍》，高知市立自由民权记念馆藏"山本宪关系资料"，编号D8。

4　《清国新闻记者》，《大阪每日新闻》，明治31年1月17日。

难熬"，但又看不懂，深以为憾，只是两人"朝夕讨论，尚颇有乐趣"。二人在山本宪学塾内，主要随山本学习日语，一直至 1998 年 4 月 1 日为进入埼玉县儿玉町儿玉村竞进社学习蚕学而离开大阪赴东京，累计在塾时间近四个月。虽然学习时间并不长，但据山本所言，二人均"语学大进，可刮目"，至三月中旬已是"操语甚熟"。山本此言或许有夸赞的成分，但也从一侧面反映出嵇、汪两人的学习情况。

嵇、汪二生离开大阪赴东京并进入竞进社学习的经过，可从二人抵达东京后致山本宪的以下书信得知。

> 夫子大人函丈　谨禀者，昨于午后一时货车上京，受业等本拟趋门辞行，实因为时迫促，匆匆不及，祈恕之。今上午十时到东京埠，兹与孙先生同寓京桥区厚生馆，决于来日往入埼玉县竞进社蚕习场，后有赐教，请直寄此社为感。委访古城君住处，尚未得悉，业已托孙先生细访，得实再奉达。肃此。敬请道安。受业嵇侃、汪有龄顿首。
> 西历四月二日 [1]

嵇、汪二人在进蚕业学校竞进社蚕业讲习所后，正是春蚕饲养季节。特殊的学习内容，决定了他们的学习方式是边干边学，在实践中进行学习。这一期间，他们刻苦好学的精神深受好评，尤其是嵇侃，"在竞进社甚攻苦，天雨采桑，跣足行十余里"，林太守得知后，甚为欣慰，还寄去银 40 元以资奖励。[2] 而汪有龄则因身体原因不能过耐劳苦，他本人也因此深感遗憾，表示只要力所能及，必全力以赴。

嵇侃在竞进社内学至光绪二十四年八月，继而改入东京西原蚕业讲习所学习 [3]，毕业后于 1901 年夏回国 [4]。东京西原蚕业讲习所的正式名称为东京蚕业讲习所，位于东京北丰岛郡西原，其前身为日本农商务省管辖的蚕业试验场，1896 年改称蚕业讲习所，1899 年因在京都也设立了性质、程度相当的蚕业讲习所，而改称东京蚕业讲习所，后于 1915 年改名为东京高等蚕丝学校，是日本明治、大正时期最重要的蚕业专门学校。嵇侃在该校接受了三年的系统学习，掌握了扎实的专业知识，为归国后从事蚕业教育和技术普及工作打下了坚实的基础。罗振玉曾在《杭州蚕学馆成绩记》一文中，称赞嵇侃"坚苦笃实"，被"东邦人士推为中国留学生之冠"。[5]

嵇侃在离开山本宪学塾后，一直与山本宪保持书信往来。1900 年 12 月末，嵇侃致信山本，称"侃为学事羁旅，仆仆穷年，今幸来夏卒业，定可买棹归乡。尔时趋门谒

1　日本高知市立自由民権記念館藏"山本憲関係資料"，编号C202。
2　《蚕馆考绩》，《农学报》第47期，第12页。
3　《蚕馆考绩》，《农学报》第47期，第12页。
4　孙江东：《敬上乡先生请令子弟出洋游学并筹集公款派遣学生书》，《浙江潮》第7期，第4页。
5　《杭州蚕学馆成绩记》，《农学报》第120期，第1页。

教，必有一番愉快也。"[1] 表达了即将学成归国的喜悦和归国前再次登门拜见恩师的期待。

汪有龄的留学经过与嵇侃有所不同。汪此次东行的直接使命是考究蚕务，这一点汪本人也非常自觉，认为"考究蚕事，乃挽贫为富之机"，力当切实用功，以不辜负派遣者的期望。同时也表示"此行固因考究蚕务，然大而政治艺事，小而游览谈笑，俱当随在留心"。事实上，在赴日后至离开竞进社蚕业讲习所期间，其行动基本上遵循了这一意图。这一期间，他除随山本学习东文和力所能及地学习蚕业之外，对时事政治表现出了强烈的兴趣。闻当时朝鲜往各国游历者竟有千余人之多，到日本者约有 300 人（后言 30 余人），认为倘他们学成而回，我中国会成为朝鲜之"砧上肉、釜上鱼"，从而力言中国必须派生留学、派员游历。还与汪康年商讨国内形势，认为今日"大局日非，伏莽将起，我辈愿为大局效力，必须联络人才，以厚其势"。他还将当时的国人分成三类："极昧者、若明若昧者和有明而夹以傲气而杂以私念者。"这些都反映出他关心时务、谋及大局的性格。汪有龄在留学日本不久，便意识到让更多人走出国门去学习国外近代先进的科技文化的重要性，认为留学"实自保之秘诀"。他在致汪康年的信中称：当时国内人士往往"议论有余，实学不足，一有缓急，仍须借才授柄于人，庸可悻乎。倘游历一会，阁下果能办成，则三年五载必有可观。幸无事起，则若矿学、农学、工学、商学，今所坐言者，后皆可以起行，即有事起，各竭其力。得死君国，不失为忠；委曲求济，不失为智；稍有建树，不失为勇；失顺抑逆，不失为义。左之右之，惟其是而已矣。否则事不阅历，跬步荆棘，一腔热血，无处施展，岂不惜哉"。他在留学期间通过书信等形式所表达的思想，大多通过汪康年等人转达给林启、廖寿丰等浙江官员，对浙江早期选派学生留日起到了一定的推动作用。

光绪二十四年正月，《农学报》《时务报》相继刊出"杭州蚕学馆招生章程"，其中有患近视者不宜学习蚕学之说，而汪恰恰患近视。嗣后孙淦还接到杭州来信，有"汪必须在年内回国"等语，孙将此信及《时务报》上的章程示汪，汪阅后大为伤感。事后，由汪康年出面请求延期，孙淦则多次致信林太守，认为"龄质尚可造，而于蚕务则未经学习，恐不能容易奏效"等，建议让汪改学其他专业。经汪康年的努力，期限得以延至两年。不过此时的汪有龄虽尚言"此次东行，职在考究蚕务，自当以蚕务为分内之事"，但他又怀疑自己是否能稍有所成，透露出他的真正志向已不在蚕业。此间，林太守曾阅读到汪在日本的日记，也觉得其"语多悲愤，足见有心时局"，并甚感敬佩。而且"廖中丞读后也极其推许"。廖还通过林启委托汪调查日本武备学堂章程、学习年限、费用等情况，以资浙江省选派学生赴东习武备参考。

六月初，杭州林太守致函监督孙淦，准许汪有龄改学其他专业。至此，在汪康年和

1　日本高知市立自由民権記念館藏"山本憲関係資料"，编号C203。

孙淦的共同努力下，汪有龄不仅可以继续留在日本，而且还可以改学自己感兴趣的专业，可谓因祸得福。

被准许改换专业后，汪有龄于同年 7 月进入了专门教育中国留学生的学校——日华学堂。该校由时任帝国大学讲师的高楠顺次郎受日本外务省的委托于 1898 年 7 月创办，为专门升入帝国大学或各高等专门学校的预备学校，首批入学的学生为杭州求是书院选派的钱承志、陈榥、何燏时、陆世芬等 4 名文科学生，汪有龄也在大约相同时期入学。据担任该学堂堂监的宝阁善教所作的《日华学堂日志》记载，汪有龄于 9 月 25 日从厚生馆移住日华学堂。[1] 汪在日华学堂的学习，可谓刻苦，其所学课程除语言外，其他如算学、理化、史地等大多均前所未学，为不"贻中国羞、负爱我者期望"，表示只有加倍努力，余无捷径。他还常常思考学问与经济的关系，认为"有经济者未必长于学问，有学问者未必长于办事"，因此为图中华振兴，"年壮者当练出办事才干，年幼者当自仞专门学问，交相为助"，充分体现出他刻苦学习、勤于思考、心系时局的性格和特点。能反映汪有龄在日华学堂学习成果的史料并不多见，其中汪有龄在 1899 年 8 月 4 日学堂所主办的清国皇帝万寿节祝贺会上的讲演，从一个侧面反映了他良好的日语水平及较高的演讲能力。在该祝贺会上，登台讲演的留学生有上海南洋公学所派的章宗祥和蚕学馆所派的汪有龄二人，章宗祥先登台用中文演讲，内容主要为向皇帝表示祝贺，接着登台的汪有龄则用流畅的日语，结合当时的世界形势，阐述了清国之根本性的改革不可停止的理由，并认为这一改革的创始者为当今皇上。[2] 对此，章宗祥《任阙斋主人自述》中也有提及："子健日语尤优，公举其持稿宣读。及开宴，子健起立，滔滔照原告背诵，无一字错误，竟成极自然之演说。客大惊许，以为子健必留东甚久，故语学纯熟如此，不知其临时暗记也。子健记忆过人，前已述之，惜是夏因患热病中途归国。"[3]

由于过度用功，加之本身体质并不强健，自光绪二十五年入春以来，汪的身体状况渐感不佳。据医生称，其病若不注意保养，恐成痨症。此时，汪边服药，边坚持学习。至阴历八月，病情加重，医生称不仅脑神经十分衰弱，且患慢性胃病，非药物所能治，乃劝其回国静养。汪有龄当时除身体虚弱外，各种资料中还有忧郁症、神经衰弱等精神疾患方面的记录，他本人在致汪康年的书信中也称："今年因忧时、忧身、忧学问，又忧君之郁郁居沪，愁人对愁人，无从慰藉。"另据《日华学堂日志》记载，汪有龄第一次接受医生的治疗在 1899 年 4 月 28 日，病名为感冒；此后 4 月 27 日、5 月 5 日、6 月 30 日均有接受治疗的记录，其中 6 月 30 日的病名为忧郁症；至 8 月 22 日病情加剧，症状为头痛、高烧、腹痛等，此后多日也有其治疗记录；9 月 25 日，遵照医生的劝告，汪

1　柴田幹夫整理：《日華学堂日誌（1898—1900）》，《新潟大学国際センター紀要》第 9 号，2013 年，第 36 页。
2　柴田幹夫整理：《日華学堂日誌（1898—1900）》，第 65 页。
3　章宗祥：《任阙斋主人自述》，《文史资料存稿选编》第 24 册，第 928 页。

有龄决定回国，学堂向外务省三桥书记官汇报此事。[1] 汪无奈于 1899 年 10 月上旬结束留学生活搭船回国。[2]

据当时日本文部省与外务省间的往复公函记载，1899 年 6 月 21 日，时任文部大臣桦山资纪已正式向外务大臣青木周藏致公函，准许钱承志、陈榥、何燏时、陆世芬、汪有龄、吴振麟等 6 名学生作为"听讲生"（旁听生）入第一高等学校，并于次日将此结果通知了日华学堂总监高楠顺次郎。[3] 同年 9 月 25 日，日华学堂向外务省三桥书记官汇报汪有龄因"身体虚弱、神经衰弱"接受主任医师的劝告回国休养，外务省还于 9 月 26 日将此事通知了日本驻杭州领事馆事务代理速水一孔。[4]

汪有龄从日本回国后，最先曾任湖北农务局翻译。1900 年，罗振玉受湖广总督张之洞的邀请，赴湖北主持湖北农务学堂工作，在罗振玉的推荐下，曾就读于上海东文学社的王国维以及日本留学回国不久的汪有龄也一同前往湖北协助工作，汪有龄主要担任湖北农务局译员，除翻译一些与农学有关的文章外，还曾为农务学堂聘请的蚕业教习峰村喜藏担任翻译，可以说充分发挥了自己曾学习蚕业又懂日语的优势。1901 年，汪有龄还先后翻译了三岛通良所著的《学校卫生学》（《教育世界》第 1—8 期连载）、奥村信太郎所著《日本教育家福泽谕吉传》（收入教育世界社刊行的《教育丛书》第九集）等著作。这些工作也都与《教育世界》的创办者罗振玉有关。此后还曾进入修订法律馆担任翻译等职。1906 年京师法律学堂成立后，任该学堂翻译，主要为日本聘请的教习担任翻译。1911 年，根据其任京师法律学堂期间口译整理而成的《民事诉讼法》（松冈正义讲授，汪有龄口译，熊元襄编辑）刊行，曾畅销一时。1910 年 11 月，汪有龄等联络北京立法、司法界人士，成立了中国第一个全国性的法学会——北京法学会。1912 年，南京临时政府成立后任法制局参事，8 月任北京政府司法部次长，同年创办北京朝阳大学并亲自兼任校长。1927 年卸任朝阳大学校长，后离开北京定居上海，成为专业律师。抗战期间，汪作为上海著名律师，曾为力主抗日的"七君子"之一的李公朴辩护。1947 年病逝于上海。

与汪有龄相比，嵇侃留学回国后的经历相对单一，其一生始终从事与蚕业相关的工作。回国后，先回母校蚕学馆任教员，时间长达十余年。1914 年，杭州纬成绸厂设立制丝部，任部长，主持引进了日本最新型缫丝机 100 台，以提高缫丝效率和生丝质量。1924 年回家乡德清创办新型缫丝厂，亦致力于引进日本新型缫丝机械。1934 年病逝于杭州。

1　柴田幹夫整理：《日華学堂日誌（1898—1900）》，第54—69页。

2　汪有龄回国前所入的学校为日华学堂。有多种文章或书籍认为汪有龄毕业于日本法政大学，但据笔者考证，其在因病回国前未曾进入法政大学学习，目前尚未见其在回国后再次留学日本的记录，日本法政大学中国留学生名录中也未见其名。

3　国立公文書館アジア歴史資料センター藏《在本邦清国留学生関係雑纂/陸軍学生海軍学生外之部》，编号3-2530-0105-0107。

4　国立公文書館アジア歴史資料センター藏《在本邦清国留学生関係雑纂/陸軍学生海軍学生外之部》，编号3-2530-0150-0151。

蚕学馆派生留日是林启采纳罗振玉等的建议并克服经费不足等困难后得以实现的。稔、汪二人的东渡也说明了一个事实，即甲午战争的失败使朝野有识之士开始将目光转向日本，并开始希望通过向日本派遣留学生学习西方近代技术。就蚕学而言，当时技术领先国为法国、意大利和日本，尤其是法国于1870年发明了用600倍显微镜检验母蛾的方法，有效控制了给蚕业带来最大威胁的微粒子病（俗称蚕瘟），故中国最先派往学习蚕业的国家并非日本而是法国。1892年，浙江派宁波江生金（后曾任蚕学馆首任教习）赴法国学习养蚕新法和检种技术，是为中国派人出国学蚕之肇始。[1]日本在19世纪80年代起，先后设立各种蚕业讲习所、蚕丝试验场等，还于1892年成立大日本蚕丝会，通过开展研究和学习推广国外新技术，使蚕丝业取得了突飞猛进的发展。中国派往学蚕的国家从西方的法国转向东方的日本也正是这一趋势使然。

据目前所掌握的资料，除驻日使馆招致的特殊学生和上述杭州蚕学馆所派遣的2人外，还未发现在1897年之前有被从国内派往日本的官费学生。因此，杭州蚕学馆开创了国内派生留日风气之先声。就此而言，其意义远远大于派生留学本身。除驻日使馆招致的特殊学生外，稔侃、汪有龄是国内最早官费派遣的，同时也是1897年唯一的官费留日学生，他们的赴日预示着国内大举派生留日时代即将到来。

第三节　稔、汪二生所入的"梅清处塾"及其塾师山本宪

日本明治时代初期，随着西化政策的推进，涌现了大量个人设立的传播西学的教育机构，如福泽谕吉创办的"庆应义塾"（1868）、南部利恭的"共慣义塾"（1870）、中村正直的"同人社"（1873）、新岛襄的"同志社英学校"（1875）等，这些学校主要教授英语、数学等西方的语言和学问。尽管如此，以儒学和中国传统学问为教授内容的汉学塾，虽因受西化政策的影响而在明治中后期开始走向衰落，但在明治中前期则仍然受到大众的欢迎，如这一时期新创办的比较著名的汉学塾，东京有岛田篁村的"双桂精舍"（1869）、三岛中洲的"二松学舍"（1877）、蒲生裦亭的"有为塾"（1879），京都有草场船山的"敬塾"（1875），大阪有藤泽南岳的"泊园书院"、山本宪的"梅清处塾"等。

明治时代的汉学塾，由于受教学内容等限制，接收中国留学生入学的并不多见。[2]而位于大阪的"梅清处塾"，由于其创办人山本宪与汪康年、孙淦等多名中国知识人士或

1　中国农科院蚕业所等：《世界蚕丝业科学技术大事记》，中国农科院蚕业所编印，1986年，第29页。
2　1888年，驻日清国公使馆内的东文学堂（1882年驻日公使黎庶昌所创设）停办后，部分学生进入了日本人创办的汉学塾。其中，唐家桢和冯国勋进入了三岛中洲创办的"二松学舍"，张文成进入了中村正直创办的"同人社"。

在日华侨的特殊关系，不仅于 1897 年接收了近代中国最早从国内学校派遣的留日学生，之后还不定期地接受了多名中国留学生。

山本宪，字永弼，号梅崖，通称繁太郎，亦称梅清处主人。1852 年出生于日本土佐藩高冈郡（现高知县高冈郡）佐川。在日本江户时代，佐川系土佐藩家老（辅佐大名的最高职位家臣）深尾氏领地，深尾家代代重视教育，第 6 代深尾茂澄于 1772 年开设了学塾"名教馆"，其历任"学头"或称"教授"均由当地精通汉学的山本宪祖先担任。山本宪祖父山本晋（号澹斋）曾任"名教馆"第四任"学头"，叔父山本迁斋（号竹园）为第五任，父亲山本珽（号竹溪）也曾任同馆"助教"。山本宪出生于汉学世家，据称三岁开始学习《论语》，八九岁能读懂汉文，十岁读完《左传》《史记》。庆应元年（1865 年），入藩校"至道馆"，师从伊藤山阴、吉田文次等学习《资治通鉴》《易经》等。明治元年（1868 年）入土佐藩洋学校"开成馆"学习英语，明治四年进入东京"育英义塾"学习洋学。

明治七年，山本宪进入工部省任电信技师，因学非所用，明治十一年以"不屑区区从事末技"而辞职。明治十二年开始，先后任《大阪新报》《稚儿新闻》《中国日日新闻》《北陆自由新闻》等报的记者或主笔，撰写了大量有关论自由民权思想的文章。明治十六年辞去报社工作，于大阪开设汉学塾"梅清处塾"[1]。学塾创设当初，定招生人数约 50 人，只招男生，不招女生。学塾设修身学科、经世科、文章科三科，学习内容包括《孝经》《论语》《日本外史》《左传》《日本政记》《史记》等。[2]

开办汉学塾后，山本宪仍关心政治，在私塾教学之余，作为自由党党员继续开展言论活动。明治十八年，参与以大井宪太郎为中心的自由党左派策划的通过插手朝鲜内政改革试图制造国内混乱的所谓"大阪事件"，起草檄文《告朝鲜自主檄》[3]，以"外患罪"获刑入狱，明治二十一年假释出狱，明治二十二年因颁布宪法而被恩赦释放。

释放后，山本宪主要致力于汉学塾的经营。由于"大阪事件"的影响，山本一跃成为知名人物，希望入其学塾学习者骤然增加，学塾经营蒸蒸日上，一时几乎与同样位于大阪的藤泽南岳所经营的泊园书院齐名，山本宪本人也因此与藤泽南岳、近藤南州、五十川讯堂一起被称为大阪的四大汉学家。据不完全统计，曾就读于梅清处塾的学生，累计三千余人，其中日本知名汉学家川田瑞穗[4]、诗人增田水窗、画家菅盾彦等均曾入塾受业。明治三十年，山本来华游历，与汪康年、梁启超、罗振玉、张謇等均有接触。戊戌变法失败后，康有为、梁启超等维新派人士逃亡日本，山本宪曾多方予以援助，并与

---

1 据《梅崖先生年谱》（松本末吉发行，昭和六年十月），梅清处塾地址最初位于东区枪屋町，后于明治十八年三月迁于内九宝寺町，半月后又迁移至谷町一丁目。明治三十二年五月，迁至天神桥南诘东入。
2 《汉学私塾设立申请及许可》，高知市立自由民权记念馆藏"山本宪关系资料"，编号D6。
3 《梅崖先生年谱》第20—21页录有全文。
4 1896年入塾，高知县人，字子果，号雪山，历任早稻田大学教授、东洋文化学会评议员等职，曾参与起草昭和天皇投降诏书。

他们保持紧密交往。明治三十七年，因日俄战争爆发而入塾学生骤减，加之健康原因，山本将学塾和住居迁往风景秀丽的海边小镇冈山县牛窗町，数年后筑居宅于山坡，"可观者海山之景，可听者万鸟之声，出则与渔樵亲，入则求知于书中"[1]，"晴钓雨读"，直至昭和三年（1928）去世，度过了相对平静的晚年。

山本去世后，根据遗愿其藏书约6300册捐赠给了冈山县立图书馆，后因战火烧毁，现仅存《冈山县立图书馆藏山本文库图书目录》。其后人于2006年所捐赠的山本宪手稿、友人书信及名片等计6000余件资料，现保存于高知市立自由民权纪念馆。山本宪生前除设塾授徒外，还撰写了大量的著作，包括去世后由门人整理出版的在内，至少有：《慷慨忧国论》（明十三年）、《朝鲜乱民袭击始末》（明治十五年）、《文法标解古文真实注释大全》（明治十七年）、《劝善小话》（明治二十一年）、《训蒙文章轨范》（明治二十五年）、《四书讲义》（明治二十六年）、《烟霞漫录》（明治二十六年）、《图解说明文法解剖》（明治二十六年）、《史记抄传讲义》（明治二十八年）、《燕山楚水纪游》（明治三十一年）、《东亚事宜》（明治三十三年）、《辽豕小言》（明治三十八年）、《岂好辩》（明治四十年）、《梅清处文钞》（大正二年）、《香云余味》（大正十五年）、《梅清处咏史》（昭和四年）、《梅崖先生年谱》（昭和六年）、《论语私见》（昭和十四年）等近二十种。[2]

第四节　"梅清处塾"所接收的其他中国留学生

如上所述，最早入山本宪汉学塾"梅清处塾"的中国留学生是浙江籍学生嵇侃和汪有龄。此外，山本宪所接收的留学生还有康有仪、康同文等人，但他们均非正式的官费留学生。由于他们与嵇侃和汪有龄赴日时间接近，又都曾入山本宪梅清处塾学习，以下对康有仪、康同文等人的留学经过等依据相关史料作一考察。

一、康有仪

有关康有仪这一人物的研究，相对较早的有孔祥吉《康有仪出卖康有为——康有仪〈致节公先生函〉疏证》[3]，该文主要以康有仪《致节公先生函》为依据，梳理了康有仪"不念骨肉之情，向当权者投递密信，罗织罪状，必欲置有为于死地"的缘由和经过。

1　上海图书馆编：《汪康年师友书札》第4册，第3302页。
2　高知市立自由民权纪念馆编：《山本宪关系资料目录》，2011年，第16页。
3　孔祥吉：《晚清史探微》，巴蜀书社，2001年。

吉田薰论文[1]，根据高知市立自由民权纪念馆所收藏的康有仪给山本宪的书信[2]，对康有仪在《清议报》所作的翻译工作等进行了介绍。拙文[3]对上述康有仪书信进行了解读、翻译和注释，并根据康有仪书信中有关翻译《佳人奇遇》的记载，以及通过对译文所作的分析，指出该小说为康有仪所翻译，从而否定了学界向来所认为的《佳人奇遇》为梁启超所译的观点。以下着重对康有仪的留学日本的经过进行考察。

有关康有仪的出身、赴日动机和时间、结识山本宪的经过等，在其写给山本宪的书信中有比较具体的记述。

> 弟子康姓，名有仪，字羽子，号孟卿，广东省广州府南海县人也。先祖[4]曾官广西巡抚，先父曾任浙江道员，从弟长素现为工部主事。弟子向以体弱多病，自少失学，言之可愧。加以家国多故，因流连于山水间，近且飘泊四方，不知世事。去年母病妻亡，伤悼之余，郁而生病。从弟长素之门生来贵邦游学者十余人，闻而邀弟子为东洋之游，冀转换水土，以为养病之助。弟子行年四十，无用于世，何惜其余生。然上有老母，下有子女，亲友皆以是为请，因借出游以为排遣，于正、二月间由上海而之神户，藉得观光上国，亲睹文明之盛，政治之佳，妇孺知学。弟子虽近入木之年，日暮途远，不觉心怦怦动而欲有所学，学而有所传焉。弟子性甘淡泊，向少交游，此来自到神户之日，即与贵邦人士同居（到神户未见一清商也，所见者三二士人耳），于今已六阅月矣。惟是往来朋侪，颇形征逐，而劣多佳少，转寓者屡，亦无裨益。而桥本氏[5]向为敝局大同译书总事，近且为《东亚报》[6]译文译书，一切甚忙，无暇教导，因以弟子转荐于夫子之门，幸蒙纳焉。日前舍侄介甫来大阪，一则欲聆夫子之教训，并荐弟子于门墙，一则欲见孙氏[7]为弟子得官许证之件。而孙氏以携汪、稆入东京，当时不遇，至有今日之事，及明日之传。敝邦商人不学，势利是趋，弟子向颇鄙恶之。今夫子已为弟子亲往先容，弟子虽有信返神转

1　吉田薰：《康孟卿の翻訳作業とその周辺—戊戌政変から『清議報』刊行までを中心に—》，《中国研究月報》第65卷第10号，2011年10月。

2　高知市立自由民権記念館藏的"山本憲関係資料"中，含有康有仪给山本宪的书信85封（编号为C66、C111-C194），均由山本宪后人所提供。

3　吕顺长：《康有儀の山本憲に宛てた書簡（訳注）》，《四天王寺大学紀要》第54号，2012年9月。《政治小説『佳人奇遇』の「梁啓超訳」説をめぐって》，河野貴美子，王勇编：《衝突と融合の東アジア文化史》，（日）勉誠出版，2016年8月，第144页。

4　先祖：康国器（？—1884），曾历任福建和广西的布政使、巡抚等。

5　桥本氏：指汉学家桥本海关。

6　《东亚报》：1898年6月创刊于神户，旬报，每月逢一日发行，戊戌政变后停刊，至第11期。创刊人和主编为广东籍简敬可（新会人，字石芗），撰稿人有韩昙首（番禺人，字云台）、康同文（南海人，字介甫）、韩文举（番禺人，字树园）、吴天民（顺德人，字介石）等，外有日人角谷大三郎、桥本海关、大桥铁太郎等任翻译。（参见蒋海波论文『「東亜報」に関する初步的研究：近代日中「思想連鎖」の先陣として』，『現代中国研究』第32期，2013年3月）

7　孙氏：孙淦，字实甫，上海人，大阪华商，时兼任浙江留日学生监督。

托，不力而得。然夫子已劳步而订为下午以见之约，则弟子不能眠坐以待也。不得已之情，敢为夫子告之。（若得夫子飞一邮便与孙君，谓康孟卿一时忙急而归神户，谓明早可来云云，以缓之亦妙。）夫子推待之情之厚，弟子敢以家世行历略言一二，余未多对一人言之也。即如桥本氏之密迩，亦略知其一耳。弟子自先祖父弃捐，家事日落。且在旅途，又畏应酬，养病之身，又须读书，故匿迹以避神户之人。幸为秘之。[1]

由此可知，康有仪是在已先期赴日的康有为弟子的邀请下，于1898年正月至二月间赴日的，其目的则是"转换水土以为养病之助"。赴日当初，似寄居桥本海关家。[2]精通汉学的桥本海关除担任过上海大同译书局总事、神户《东亚报》翻译外，还曾担任横滨大同学校日文教习和《清议报》翻译。康有仪在赴日前似已与其认识。后来，在桥本海关的推荐下，康有仪从神户来到大阪，进入山本宪所创办的汉学塾"梅清处塾"。至于康有仪进入山本宪私塾的时间，根据上述书信作成于来日后约6个月这一记载，结合对其他书信所署日期的分析，可知其大致在1898年7月左右。

山本宪的汉学塾主要招收日本学生，所教内容以汉文为主。但包括康有仪在内，私塾所接收的中国留学生，他们所学的则主要是日文和日语。如上述汪有龄和嵇侃二人从山本学习日语虽仅三四个月，但二人均"语学大进，可刮目"，至三月中旬已是"操语甚熟"[3]，可见两人为进入专门学校学习主要随山本学习口语会话。而康有仪则与汪、嵇二人不同，他赴日后似乎并没有进入专门学校学习的计划，而是受桥本海关等人的影响，希望能读懂日文并从事日文汉译工作。

康有仪随山本学习日文汉译的情况，在康有仪书信中有较多的涉及。试举一例，从中可窥师生间学业授受状况之一斑。

弟子原欲译报，俾知时事，暂（疑"渐"之误，笔者）次读书，以增广见识。然每句中之虚实活字可解，其助字及语尾变化、一定之例不可解，则每句中凡有此类者，茫如捕影，叠句固是追风，章节稍长，则有望洋之叹。故搁笔一月，将译文改削剖注处，潜心玩味，头绪繁数，未得其源。因沉深以思，非多购文典备查，不能真知灼见。然每句中之助变，割之不断，亦不可查。（孙君实甫送弟子《言海》一部，及自购《日本大辞典》、《帝国大辞典》〈落合直文·大槻文彦〉

1 高知市立自由民権記念館蔵"山本憲関係資料"，编号C111。
2 参见桥本关雪《南画への道程》，（日）中央美術社，1924年，144页。
3 上海图书馆编：《汪康年师友书札》第4册，第3300页。

各文典。用之不着。）再次以思，非攻破一书，亦属一知半解，且无以及其次。因日前择其普通浅书之四种，请示学习。承谕以《普通国语》为稍可，然每句中有助变或假字之有意义者，颇难索解。敢求夫子将此国语，仿《假名交文典》之例，可解者注一汉字，无意者以△☆◎注之，每日赐一二篇，俾弟子读而译之，以作日课为恳。所禀商之处，不知合否？伏乞训示。[1]

此书信作成于 1898 年 9 月 6 日，距康有仪入塾约两个月。由此书信可知，康有仪在入塾不久就开始试着翻译日本报刊，然而对接触日文不久的康有仪来说，日文的助词、词尾变化以及一些惯用句等，均是翻译时的难点，因此"每句中凡有此类者，茫如捕影"。再如，康有仪在 7 月 23 日作成的书信中，亦有"曾见之熟字语尾，揣摩日久，尚与文意相背，其愚可愧！"[2] 的感叹。在此情况下，康有仪不得不暂时停止翻译，专门对塾师山本在其译文上所作的"改削剖注"进行"潜心玩味"。同时还购买各种文典，以作备用。尽管如此，对许多日文文法还是一知半解。在山本的指导下，康有仪决定攻读日文《普通国语》一书，并请山本对书中日文假名文字进行标注，"可解者注一汉字，无意者以△☆◎注之"，每日标注一二篇，康有仪依此进行阅读并试着翻译。

1898 年 9 月 21 日发生戊戌政变后，维新变法派主要人物康有为、梁启超等人相继逃亡日本。12 月，在冯镜如等华侨的资助下，梁启超任主笔的《清议报》在横滨创刊。鉴于报刊初创时缺少人手，加之康有仪来日已近一年，且正在山本宪私塾学习日文汉译，故梁启超等人专门邀请康有仪前往横滨负责《清议报》日文翻译稿的组稿和翻译工作。

在此背景下，康有仪于 1898 年 12 月 4 日离开山本宪私塾，此时距《清议报》预定创刊时间 12 月 23 日时日已不多。康有仪赴横滨前后的状况可以从以下信件中得知：

四日叩辞后即抵神户，值井上君归塾之便，呈上乙函，谅邀赐览。翌日即由神户搭天津丸往横滨，已于七早安抵大同学校矣。舍弟长素留滞湘（箱）根，卓如则于今日始由湘（箱）来滨。面时当将临行奉委各节告知，当由彼专函奉覆也。弟子初到，公私交集，故未及即行修函奉候，伏乞原恕。此间拟创日旬两报[3]，大略下周刊行（在七八日内）。弟子前承译旬报，每旬一万五千字，即一月四万五千字，酬金十五圆。蒙代请冈山君翻译，伏乞告知于《朝日报》《日本报》

1　高知市立自由民権記念館蔵"山本憲関係資料"，编号C147。
2　高知市立自由民権記念館蔵"山本憲関係資料"，编号C145。
3　日旬两报：旬报指《清议报》，日报因预计销售不佳最终未能创办。

（弟子在塾时，夫子每以此二报见示，甚佳也。）二种内择要译之，其第一期能如数于七八日内付到此间弟子手收，以应其刊印之期，固所幸也。若不能如数，或先交一万字亦可。冈山君如未到塾，敢求函催，万一未来，则乞夫子或于馆政之暇代为草译，以应酬之如何？专此，敬请夫子大人福安。弟子孟卿谨禀。十二月八日由大同学校发。[1]

此书信从一个侧面反映了《清议报》创刊当时紧张繁忙的工作状况。虽然《清议报》创刊在即，但其所需的约一万五千字日文翻译稿尚未有着落，康有仪只得仓促委托山本宪私塾的学生或山本宪本人代为翻译。尽管这样，创刊号以及创刊初期的日文翻译稿仍字数不足，康有仪不得不在向他人约稿的同时，亲自进行翻译。在此背景下，康有仪翻译了东海散士的政治小说《佳人奇遇》，并在《清议报》上连载。

受康有仪的委托，山本宪私塾的学生为《清议报》翻译了不少文稿，山本宪本人还为报刊专门撰写了一些文章。由于《清议报》的译文大多不署译者名，因此哪些译文出自山本私塾学生之手，已很难一一确认。但也有一些署名的译文或文章，如《清议报》第2期有片冈鹤雄译《俄法同盟疑案》《极东之新木爱罗主义》，第3期有同为片冈鹤雄译《大阪朝日新闻廿四日至廿七日杂报》《东京日本报自廿三日至廿五日杂报》等译文，《清议报》第2、4、5期连载了山本宪《论东亚事宜》的论文，其中第2期署名"梅崎山本宪"，第4、5期署名"梅生"。片冈鹤雄，本名片冈敏，字求之，雅号闲来，明治八年出生于备前国邑久郡朝阳村。[2] 此外，从康有仪书信C127所示支付翻译稿费可知，片冈鹤雄为《清议报》翻译约至1899年3月。后来，由于山本私塾学生译文的质量有时未达要求等问题，报馆专门聘请了古城贞吉从事日文翻译。

以康有仪为媒介形成的山本宪与《清议报》的关系，除上述山本宪师生为《清议报》提供译文或文章外，还可举出数例。一是山本宪梅清处塾自《清议报》创刊开始，一直是报刊于大阪的代派处；二是康有仪曾经力邀山本宪前往横滨掌教大同学校，并为《清议报》提供稿件，只是由于山本未能放弃私塾前往；三是山本宪与梁启超等《清议报》的主要人物均有所交往。限于篇幅，不作详述。

康、梁等人逃亡日本后，山本宪从康有仪处及时得到了他们的活动信息，并设法对他们进行支援。

据《梅崖先生年谱》所载，山本宪为支援康有为等人在日本的滞留及活动，分别于1898年9月27日至10月5日、1898年10月下旬至11月4日、1899年3月14日先后前往东京。前面两次在东京的活动虽无具体记载，但从康有仪书信C113、C114、

1　高知市立自由民権記念館藏"山本憲関係資料"，编号C116。
2　《嘤嘤録》，高知市立自由民権記念館藏"山本憲関係資料"，编号D13。

C115 的收件人住址看，山本于 1898 年 9 月 27 日至 10 月 5 日在东京的住处是小林樟雄家，而小林樟雄正是曾因"大阪事件"与山本一同入狱又同时被大赦的人物，两人私交甚密。山本可能是希望利用此时正任众议院议员的小林樟雄在日本政坛的关系，设法给康有为等人提供帮助。第三次即 1899 年 3 月 14 日的东京之行，则是接外务省来电，前往面见外务书记官樽原陈政。鉴于山本宪与康、梁等人的关系，日本外务当局试图通过山本宪说服康有为、梁启超、王照三人离开日本，而山本则以"穷鸟入怀，猎夫不忍杀之"而拒绝。后来，山本将这一消息通过康有仪传达给了康、梁等人，最终康有为从日本外务当局领取一万五千日元旅费离开日本，而梁启超和王照以旅费少为由继续滞留日本。[1] 这一经过在康有仪书信中也有所提及：

> 舍弟长素辈出游欧米，辱荷竭力周旋，感不可言。舍弟尚能纳劝，可言听计从，若他人（指梁启超和王照，笔者注）虽可推诚与谋，然难必其从我也，况其中有委曲难言之处耶。日昨齿而言之者，恃师弟情逾骨肉，可尽其言耳。夫当局者迷（指王、梁而言），而我夫子之欲终成此美举者，固有所卓见，不忍坐视。亦以旧交之故，而情义兼尽，竭力为之耳。其亦庶尽其道已耳，遑问其他哉。忆当日夫子之言，曰若长卓二子外出远游，则我辈当力任教育周旋，弟子之事可极力谋之云云。善始善终，大可感矣。无如其他人者，则言不听计不从也。设他日出境，一毫不拔，莫我怪也。余亦已推诚相告，亦尽其道已耳。[2]

康、梁等人逃亡日本不久，山本宪还作为发起人组织设立了以"扶植清国，保全东亚大局，加深日清两国人之交谊，以通彼此之气脉"为主旨的"日清协和会"。据《日清协和会趣意书·规约》所记，任该会干事的是泉由次郎、鹿岛信成、山本宪、山田俊卿、牧山震太郎等 5 人，评议员有伊藤秀雄、逸见佐兵卫、萩野芳藏、柏冈武兵卫、角谷大三郎等 11 人。该会成立不久，不仅梁启超曾致书山本宪表示祝贺和感谢，康有为也曾于 1899 年 3 月 2 日所作的《答山本宪君》一诗中称："高士山本子，遗经抱器器。吾兄从之游，陈义不可翘。慷慨哀吾难，奔走集其僚。哀我北首望，瀛台囚神尧。齐桓能救卫，我欲赋黍苗。渊明咏荆轲，我闻风萧萧。感子蹈海情，痛我风雨翛。"[3] 表达了对山本所作努力的感谢。

---

1 《梅崖先生年譜》，第 31—32 页。
2 高知市立自由民権記念館藏"山本憲関係資料"，编号 C128。
3 汤志钧编：《康有为政论集》上册，中华书局，1981 年，第 387 页。

二、康同文

有关康同文这一人物的出身及事迹，目前很少有文章论及。而据笔者考察，康同文当为广东南海康氏一族同字辈成员，但在广东佛山康有为博物馆所陈列的《康有为族谱世系表》中，未见列入。

首先，康同文当为康有仪之子。据康有仪致山本宪书信称："廿六日蒙夫子以敝邦之苛政，哀民生之疾苦，舍却馆事，慨然起行，联同志以唱救之。弟子切身之忧，未及扶病以追随履杖，自捐指臂，只命豚儿同文以伺候。疏略之愆，罪当万死。"[1]此处"夫子"指山本宪；"慨然起行"指山本宪为声援维新派人物于1898年9月27日至10月5日前往东京面见大隈重信等人，此外山本还分别于10月下旬至11月4日、1899年3月14日赴东京。"豚儿同文"当指当时在日本的康同文。另据曾于1896年至1900年在梅清处塾就读的川田瑞穗回忆，"（山本宪）明治三十年游历中国，与康有为相识。三十一年，康亡命日本时给予照料，其兄康孟卿、孟卿之子康同文曾在塾半年许"[2]。川田瑞穗的这一回忆中，称山本宪游历中国时与康有为相识似不正确，康有为与山本宪认识当在康有为流亡日本后。而称"孟卿之子康同文"，与上述康有仪自称同文为"豚儿"相一致，当为可信。

有关康有仪家庭成员的情况，康有仪本人致山本宪的书信中曾称："弟子内人前年八月去世，大女早经出阁而抱孙（小婿陈荫农现在大同学校教读），小媳渐归母家度活（即韩云台之胞妹，其家颇丰），二女至六女、第三子分养于妻族及大女家，幸各姻亲颇丰，平日极能周旋。而二、三女早经许字，年且长（一二十年，一十八年），未遇事，既经亲家催请过门，今遭故，正遣同文回广东料理家慈安居，及为二女置办荆钗布裙，为之遣送。"[3]可知康有仪有六女三子，第三子因当时还年少，寄养于姻亲家，康同文当时正从日本"回广东料理家慈安居，及为二女置办荆钗布裙"，另一子名未详。

其次，若仅据史料分析，除康有仪之子康同文外，似乎另有一名称康同文者。康有仪致山本宪书信称："夫子之道德仁行，闻之于舍侄同文。"[4]此处康有仪称同文为"舍侄"，显然不是上述所称的"豚儿同文"。此外，康有仪书信"日前舍侄介甫来大阪，一则欲聆夫子之教训，并荐弟子于门墙"[5]，也称"舍侄介甫"，而"介甫"为康同文之字。此外，在一封康同文致山本宪的书信中，康同文曾称康有仪为"往夕文友康君孟卿"。信称："山本先生万福。文往与吴君天民得聆清诲，喜何可言。往夕文友康君孟卿者，负笈从先生之游，彼在贵邦不久，一切不谙，请垂教。康君专欲看贵邦之文为主，请定

1　高知市立自由民権記念館藏"山本憲関係資料"，编号C112
2　三浦協：《明治の碩学》，（日）汲古书院，2003年，第127页。
3　高知市立自由民権記念館藏"山本憲関係資料"，编号C165。
4　高知市立自由民権記念館藏"山本憲関係資料"，编号C176。
5　高知市立自由民権記念館藏"山本憲関係資料"，编号C111。

19

其课而教之，幸甚！敬叩道安。康同文上。"[1] 据此信信封记载，此信发自"神户下山手通二丁目三十一番东亚报馆"，邮戳时间为（明治）三十年七月三日，可知此信是在康有仪入山本宪汉学塾不久，康同文从神户发给山本宪的。由此信也可看出，时在《东亚报》任撰稿人，称康有仪为"友"的康同文，与康有仪称其为"豚儿"的康同文，似非同一人物。

据蒋海波研究，1898 年 6 月创于神户的《东亚报》，其创刊刊人和主编为广东籍简敬可（新会人，字石芗）、撰稿人有韩昙首（番禺人，字云台）、康同文（南海人，字介甫）、韩文举（番禺人，字树园）、吴天民（顺德人，字介石）等，外有日人角谷大三郎、桥本海关、大桥铁太郎等任翻译。康同文曾在《东亚报》发表《俄割东方弗利日本说》等文章，并译述日本学者坪谷善四郎翻译的《美国宪法》。[2]

另据康有为于 1898 年 7 月 19 日给康同和的手信，在神户《东亚报》任职的似乎还有一人称康同和者。该书信内容为："和侄：读来信，收付来《东亚报》五百分，已收。惟吾在京师，谣言众多。亦惟昔者《知新报》诸子不慎言所累，至今以民权二字大为满人所忌。若再有其它犯讳之言，益不堪言矣。（此次上将大用，而我欲行，亦惟谣言之故。）且今昔情形不同，顷圣上发愤为雄，力变新法，于我言听计从。（我现奉旨专折奏事，此本朝所无者。）外论比之谓王荆公以来所无有，此千年之嘉会也。汝等操报权，一言一字所关甚大，皆与我有牵。汝出姓名，更于我显著。今与汝约，所有各报，以救中国为主，而于称及国家、皇上及满洲，说话皆应极谨。（且毋分种，不见文御史等劾我之语乎？）皇上圣明如此，多为颂美之言、期望之语。今守旧者多，非言民权、议院之时，此说亦可勿谈。且述我言中国非开议院之时，开郡县省会民会则可也。汝等恪遵此约，乃可发送。可并示云台。寄来亦不须五百本。（时报亦销四百耳。寄来数十本足矣。多则徒花寄费。）羽兄想甚安，可代请安。八股已废，汝可努力大读东学，兼习西文。叔名印，六月朔日由京发。"

据上所述，在《东亚报》任职的似乎有康同文和康同和二人。但据《知新报》所刊《续登横滨戒鸦片烟会捐款诸君氏名》记载，"康同和，字介甫，广东南海人，监生"[3]，显然康同和的字"介甫"与上述在《东亚报》任职康同文的字"介甫"相同，二人当为同一人物。[4]

由此可知，前述康有仪所称的"舍侄介甫"，其实为康同文，或称康同和。另据广东佛山康有为博物馆所陈列的《康有为族谱世系表》，康有仪有子康同和。既然是子，

1　高知市立自由民権記念館藏"山本憲関係資料"，编号C205。
2　相关研究可参见蒋海波：《上海大同译书局与神户〈东亚报〉初探》，"康有为与近代中国——第七届中国近代思想史国际学术研讨会"会议论文（2018年3月）。
3　《知新报》第56期，第30页。
4　上述有关康同文和康同和二者间关系的结论，系与神户孙文纪念馆蒋海波先生多次共同讨论、分析后所得出。

康有仪又为何称其为"舍侄"？是否存在过继关系等尚不清楚，有待进一步研究。

尽管如此，康有仪子康同文曾入山本宪汉学塾是确凿无疑的。据《山本宪汉学塾名簿》记载，"康同文，清国广东省广州府南海县荫生，光绪二年九月初九日生，（1897年）十二月五日入门，寄宿"。[1] 康同文入山本宪汉学塾的时间，与上述嵇侃相同，均为 12 月 5 日。梅清处塾日记《丁酉日记》记载，"十二月五日，清国人康同文、嵇侃入门"。[2] 在此日记中，对嵇侃和随后入门的汪有龄，直至二人于 1898 年 3 月 30 日退塾，有大量有关二人离开学塾前往川口居留地孙淦处和返回学塾等相关记载，而对康同文，则仅有"十二月十四日，康同文寄宿"一次记载。限于史料，康同文在塾学习的具体情况目前不得而知。

三、其他留学生

此外，曾入山本宪汉学塾学习的留学生还有浙江省宁波鄞县人施锦铨（光绪十四年生）、安徽省歙县人张亮功（光绪七年生）、浙江杭州府仁和县人张翱（光绪十年生）、山东省登州府福山县人张荣藻（光绪十五年生）、安徽省安庆府宁县人甘白、福建省侯官县人高种（光绪八年生）。[3] 以上学生入山本汉学塾的时间和留学经过等，虽限于史料而未详，但也可获知部分学生的一些相关信息。其中，施锦铨为宁波籍施秉璋之子，而据施秉璋于 1902 年 4 月从长崎寄往大阪的致山本宪书信中的信息，施秉璋本人当时似在长崎经商，其商号为"施丰泰号"，书信内容则主要希望山本对其子"随时随事，严加约束，威德并施，宽猛并行"[4]，由此可知施锦铨入山本汉学塾在 1902 年前后。张亮功为张友深之胞弟，其父张国英（又名政和），安徽歙县人，大约于 1869 年赴日本长崎，先以"泰记号"商人登记上等籍牌，后在新地 26 番地开设了"顺记号"。曾担任"三江会所"的董事。张友深（1876—1946），大阪华商，年轻时曾在大阪华商孙淦店内做学徒。[5] 高种，于光绪三十三年时，"年二十六岁，福建人，游学日本，在中央大学习法律科毕业，经学部考验平均分七十五分，列优等，拟请旨赏给法政科举人"。光绪三十四年，"高种、钱应清、施呼本、孙海环、邱中馨，以上五员，廷试一等，上年学部考验列优等，均拟请旨以主事按照所学科目分部学习"。[6] 此外，高种在清末还曾与日人松冈义正及章宗元、朱献文等人一起，参与《大清民律草案》的起草。[7] 甘白，于 1904 年开始与山本宪有较多的书信往来，现保存于日本高知市立自由民权纪念馆的"山本宪关系

1　《学生名簿》《明治二十八年仲秋上丁以降学生名籍》，高知市立自由民权记念馆藏"山本宪関係資料"，编号D8。
2　高知市立自由民权记念馆藏"山本宪関係資料"，编号D11。
3　《嘤嘤録》，高知市立自由民权记念馆藏"山本宪関係資料"，编号D13。
4　高知市立自由民权记念馆藏"山本宪関係資料"，编号C274。
5　蒋海波《日本华侨与近代中国火柴业——以华中和华东地区为例的考察》，华侨华人历史研究，2010年第4期，第50页。另外，还可参考蒋海波编著《张友深関係文書》，神户华侨历史博物馆刊行，2020年11月。
6　中国第一历史档案馆：《光绪三十三年留学生史料》，《历史档案》，1998年第1期，第65、67页。
7　张生：《〈大清民律草案〉撷遗》，《法学研究》，2004年第3期，第140页。

资料"中，含有甘白致山本的书信19通，从这些书信中可以看出，甘白入山本汉学塾在1904年之前，后来进入了冈山商业学校学习。

以上，对山本梅崖汉学塾所接收的中国留学生进行了整理研究。这些留学生中，1897年由浙江省派遣的嵇侃和汪有龄，成了近代中国最早从国内学校派遣的留日学生；康有仪不仅为流亡日本的康有为、梁启超、王照等人与山本宪及部分日本政治家的交往起到了中介作用，还为《清议报》的翻译和组稿等做了大量的工作，其中最引人注目的是翻译了政治小说《佳人奇遇》。此外，康同文、施锦铨、张亮功、张翮、张荣藻、甘白、高种等留日学生的事迹，向来几乎不为人知，本文根据现在所掌握的史料进行了初步的梳理。而作为塾师山本宪，包括接收中国留学生，援助流亡日本的维新派人物，与汪康年、罗振玉等诸多中国士人交往等，在近代中日民间交流中起到了重要的作用。

第五节　最早的留日学生监督孙淦事迹

上文已多次提到浙江留日学生监督孙淦，他虽仅是一位名不见经传的在日华商，但在浙江省于1897年率先派生留日时，主动承担了留学生监督的工作，成为中国留日学生史上最早的留学生监督，并为留日学生做了大量的具体工作。本节着重对孙淦的事迹作一考察。

一、孙淦生平

由于孙淦仅为一商人，所以很难找到有关他生平的记录。但从当时与他有过交往的人物所留下的记录中，可以发现一些线索。

1903年6月，直隶省学校司督办胡景桂受直隶总督袁世凯之命赴日进行教育考察，并在滞日期间于大阪会见了孙淦。胡景桂在其日本视察记《东游纪行》中，对孙淦有如下描述：

> 孙淦，字实夫，浙人。在日本二十余年，初充监督，现为南帮首
>
> 事，红十字会亦列其名。谈许久，颇知时务。[1]

孙淦的赴日经过及其具体时间尚待进一步调查，但从上述记录判断，其赴日时间大约在1870年代至1880年代。自1871年《中日修好条规》签署以来，由于在日华侨的商业活动可以得到充分的保护，中国人赴日贸易者急剧增加，贸易场所也由原来主要集

1　王宝平主编：《晚清中国人日本考察记集成/教育考察记》下卷，杭州大学出版社1999年，第618页。

中在长崎一地，逐渐向横滨、神户、大阪、函馆等地扩散。这一时期的在日华侨，大致分"福建帮""广东帮""三江帮"三大帮派，"福建帮"和"广东帮"的成员组成较为单纯，而"三江帮"的成员除江苏、浙江、江西三省外，还有来自安徽省以及华北地区的一些成员。1882 年，大阪的"三江帮"华侨在大阪组建了地方性组织"三江公所"，专为大阪的"三江帮"华侨开展服务。1895 年，"三江公所"分裂为"大阪大清南帮商业会议所"（南帮）和"大阪北帮商业会议所"（北帮），华北一带的华侨开始归属于"北帮"。根据以上胡景桂的记录，孙淦于 1903 年前后，曾担任过大阪"南帮"华侨的首事。

孙淦虽长年旅居日本，但其与国内官绅的交往也相当频繁，如社会名流浙江人汪康年、罗振玉以及当时的杭州知府林启等人就与他有过密切的接触，这些都可以从孙淦给汪康年的书简中得知。由上海图书馆编撰的《汪康年师友书札》中所收录孙淦的书简共 30 封，其卷末还录有《汪康年师友各家小传》。《小传》在汪康年胞弟汪诒年所作的《汪穰卿先生师友书札姓氏录》的基础上，由编撰者补充调整后作成，其中孙淦的"小传"如下：

> 孙淦，字实甫，上海人，清光绪间首由浙抚廖寿丰举为留日学生监督，后任职于日本邮船会社。译有《日本赤十字社社则》。余不详。[1]

将以上《小传》与前面胡景桂的记述作一比较，不难发现其中相矛盾之处。

首先是孙淦的籍贯。上述两处引文中分别称孙淦是浙江人和上海人，此外，本节后半部分中的引文中也有两处称孙是上海人。笔者原以为，由于胡的考察记录是著者在日本与孙直接面谈后作成，可信度较大，而且，从孙淦所接触的官绅多为浙江人、被任命为浙江留日学生监督、向浙江的学堂捐赠器械等一系列事件看，其对浙江的时务甚为关心，以此推断，其为浙江人的可能性也较大。另一可能就是孙淦虽为浙江人，但其出生及赴日前的主要活动均在上海，故许多记录中均称其为上海人。[2]

其次是"小传"中"曾由浙抚廖寿丰举为留日学生监督，后任职于日本邮船会社"的记录存有疑问。孙淦辞去留日学生监督的时间是 1900 年，另据当时的留日学生及赴日考察者的相关记录，孙淦至少在辞去监督后的五六年内，主要在神户和大阪经商，而未见其入日本邮船会社的记录。考虑到 19 世纪 70—80 年代曾有不少中国人赴日后受雇于日本三菱或其他商船公司的情况，孙淦在赴日当初，曾任职于日本邮船公司的可能性比较大。

1　上海图书馆编：《汪康年师友书札》第 4 册，第 4126 页。
2　浙江大学日本文化研究所：《江户·明治期の日中文化交流》，[日]農山漁村文化協会，2000 年，第 135—137 页。

对于孙淦生平以及以上疑问，笔者后来通过寻访孙淦亲族的后人，了解到了一些新的情况。2004 年，笔者在日本大阪见到了孙淦亲族的后人广实平八郎氏，据他介绍，孙淦前妻亡故后于 1905 年在大阪与日本人广实赖子结婚，自己是广实赖子胞弟广实仪一之子，由于孙淦事业有成，自己的父亲和自己在生活上曾受到过孙淦的许多关照。孙淦于 1858 年出生于上海，但具体的来日时间和来日后前二三十年的经过并不清楚，只知 1905 年前后在大阪川口经营杂货贸易商铺"益源号"，与广实赖子再婚后生有二子，1920 年将"益源号"让给妻弟即自己的父亲广实仪一经营，回到中国丹东开设"丹华公司"，1938 年在丹东去世。

二、最早的留日学生监督

1897 年 11 月，浙江巡抚从杭州蚕学馆派嵇侃和汪有龄赴日留学，除 1896 年由驻日公使馆招致的 13 名特别留学生外，此为中国近代最早由地方政府派遣的公费留日学生。而两人的派遣则直接与罗振玉和孙淦的动议有关。尤其是孙淦，不仅在派遣前建议浙江派人赴日留学，作调查留学费用等事前准备，在派遣后还被浙江巡抚任命为监督，从为他们联系学校至照料日常生活，尽到了监督的责任。

1898 年，浙江再从求是书院和武备学堂派遣了 8 名留日学生，由于 8 人所入的学校均在东京，这对身在大阪的孙淦来说，在管理和监督上产生了诸多的不便。尽管如此，他还是屡次前往东京处理学校事务，并始终保持与国内的联系，尽到了监督的职责。

1898 年冬，湖广总督以及南洋大臣分别从湖北、江苏等地派遣了 20 名学生留日，并从国内派遣了专任监督。至此，孙淦考虑到其他省份的留日学生监督均为国内所派的官员，加之随着浙江留日学生人数的增加，管理难度增大，于是通过高凤岐和汪康年表示了辞去监督一职的决定。他在给汪康年的书简中，大致叙述了他的辞职理由和他对新监督的期望：

> 浙省学生监督之事，荷承吹嘘筹画，不胜铭感。但当日为乏人照料，故不敢辞。尔来江鄂所派益众，监督均系大员兼之，学生皆系高贵，恐不易办（今各省自派监督难免各相佐袒，况浙之武备，已分两党）。故已托啸翁代辞矣。然则此事攸关大局，培植人才，即我国将来维新大器，监督尤为紧要。宜公选有声望识达者统属之，尚祈我公鼎力说之，则国事幸甚，诸生幸甚。[1]

结果，孙淦于 1900 年初辞去了监督职务。此后，浙江留日学生监督一职改由 1899 年赴日专理南洋和湖北留学生事务的钱恂兼任。有资料表明，当时浙江巡抚给钱恂的任

1　上海图书馆编：《汪康年师友书札》第 2 册，第 1456 页。

命书乃由驻杭州日本领事馆转交。当时的若松儿三郎领事给日本外务大臣的书简大致描述了这一经过:"从浙江求是书院派来本邦的留学生陈等人之监督,向来由多年在日本的上海人孙淦担任。因该人在大阪从事商业,往返东京费时耗费,难以充分尽其职责,故现已由湖北特派之学生监督钱恂兼任。浙江巡抚刘树堂致钱恂的公文现已至浙江洋务总局,而总局因未详该监督之住所,故委小官转交。现小官将其转送回日本。"[1]

三、清国留学生会馆"名誉赞成员"

中国人同乡意识强,地方主义色彩浓厚,而在身处异国他乡的华侨和留学生身上,这种倾向表现得更为明显。旅日华侨形成"福建帮""广东帮""三江帮",留日学生以各省为单位组成形式多样的同乡会,并以此为中心开展各类活动。

由留日学生自己组织而成的团体,除各种同乡会外,1902 年在东京还设立了全国性留学生组织"清国留学生会馆"。据会馆刊行的《清国留学生会馆报告》介绍,其组织由总长、副长、干事、名誉赞成员、评议员组成。总长和副长由留学生总监督或地方留学生监督担任,干事由留学生担任,评议员由各同乡会选出的代表构成。而名誉赞成员则由官绅商学各界人士组成,他们或给予会馆经济上的援助,或利用自身的地位对会馆的工作给予支持,是会馆运营不可或缺的支持力量。据 1903 年 3 月刊行的第二次报告所载,包括钦差出使英国专使大臣贝子载振、安徽游历官江苏候补道李宗棠、使署留学生监督夏偕复、前浙江留学生监督孙淦、北洋留学生监督赵理泰、东京外国语学校汉语讲师金国凑、公使馆及领事馆部分参赞和随员、赴日视察的部分官绅等,会馆赞成员共有 38 人。而至 1904 年 5 月,据使馆第四次报告所载,赞成员总人数增加到了 177 人,可见会馆得到了各界人士的大力支持。

孙淦以"前浙江留学生监督"的名义任会馆名誉赞成员,但其当时真正的身份是在日贸易华商,而在第四次报告所载之 177 名赞成员中,商人身份者仅孙一人。作为会馆名誉赞成员,孙淦不仅捐资给予经济上的援助,而且利用他在日多年而熟悉日本的有利条件,承担起了接待新来学生的任务。在会馆章程第九条中,"招待新来学生"被列为会馆日常事务的第一条,并专门制定了"招待规则"。规则对各口岸的接待人员作了具体规定:

> 招待地方有二:一在横滨,一在新桥。凡由神户起岸者,本馆干事当至新桥招呼;由横滨起岸者,本馆干事当至横滨招呼。其神户、上海、天津三处均有本馆赞成员代为经理。计开:神户冯君悦甫(神户山下町清国领事馆)、孙君实甫(神户海岸仲通清商益源号)、上

1 日本外交史料馆藏《在本邦清国留学生关系杂纂(留学生监督并视察员之部)》,外务省受40645号。

海王君培孙（上海大东门内育才学堂）、天津张君亦湘（天津玉皇阁前日日新闻社）。[1]

在神户上陆的留学生，作短暂的停留后，大多再乘车前往大阪或东京，因此孙淦的接待工作主要就是前往港口迎接并为学生预约住宿和交通，为他们提供各种便利。孙淦的接待工作是否与其从事的商业行为有关，因资料所限尚不得而知，但他倾注满腔热情为留日学生做大量的服务性工作，与他虽身处异乡却保持强烈的爱国心，关注国内时务，对中国人留学日本的重要性有着深刻理解等是分不开的。

清末中日文化交流的主流是中国人"以日为师"，通过日本这一窗口，致力于学习西方的近代文化科学知识。向日本派遣留学生、派官绅赴日考察、招聘日本教习来华任教、翻译日本书籍等，则为其主要途径。

孙淦不仅对留学生，而且对从国内前来日本视察者也是尽其所能，为他们提供各种帮助。这可以从许多考察者留下的记录中得到证明。

光绪二十九年四月，实业家张謇自费赴日考察实业和教育，以大阪和东京为中心，足迹遍及长崎、神户、京都、名古屋、静冈、青森、函馆、札幌、小樽、姬路、仓敷、松永等，除参观考察各种学校、工厂、银行、农场、牧场、盐田外，还出席在大阪举行的第五次日本内国博览会，并会见了众多日本各界知名人士。张謇在神户上陆后，受到了孙淦以及同在神户经商的李光泰、吴锦堂等的迎接，第二日孙淦还专程陪同张謇前往大阪参加博览会。此次博览会，包括皇族载振在内的大批官吏，江苏、湖北、湖南、山东、四川、福建等地的贸易商等，来自国内的参加者达数百人。为此，日本一称作"清韩协会"的组织，事先为中国人联系了住宿的旅店。孙淦对"清韩协会"之称呼及其所从事的活动表示反感，拒绝了他们联系的旅店，并专门筹集资金另外在高丽桥附近租下旅店"清宾馆"，专供国内参加者使用。在张謇前往各地参观考察的过程中，孙淦或亲自陪同，或提供各种方便，使张謇深为感动。张謇在其考察记《癸卯东游日记》中，联系到上述孙淦拒绝"清韩协会"所预约的旅店一事，不禁发出"爱国者，华商也，商真不负国"[2]的感叹。

四、"人类馆"事件之交涉

然而，最能反映孙淦之爱国精神的是1903年大阪举行博览会期间发生的"人类馆"事件。

所谓"人类馆"，是由西田正俊等人发起于博览会会场附近设立的展示所谓的"异人类"的场所，预定雇用7种人，"于馆内演固有特性及生息之程度"，供前来参加博览

1　清国留学生会馆：《清国留学生会馆第三次报告》，第9页。
2　王宝平主编：《晚清中国人日本考察记集成/教育考察记》下卷，第541页。

会者观览，而"其演技次第悉照坪井博士调查世界风俗写真帖办法"[1]。在其紧锣密鼓筹备的过程中，日本《大阪朝日新闻》《国民新闻》等报纸都对其作了报道。在日留学生最早注意到中国人也将作为野蛮人参展这一消息，于是他们立即行动起来，以清国留学生会馆的名义，通过留学生总监督汪大燮向公使馆以及国内政府报告，并及时与在大阪的孙淦取得联系，希望他能以商界名义做一些阻止工作。

孙淦从留学生会馆得到消息后，立即与博览会议长取得联系，要求主办方立即修改展出计划，取消中国人及朝鲜人的展出，否则将以商界名义呼吁国内人士拒绝参加博览会，取消在博览会开幕日大阪华商为表示祝贺而鸣放爆竹的计划，并在门前悬挂黑旗以悼民族之不幸，给主办者施加了压力。与此同时，还迅速前往神户领事馆，详细报告了"人类馆"设立的最新动态。此后不久，领事馆向大阪府提交了代表在日官绅商学各界反对人类馆计划展出中国人的抗议书[2]。

此后，留学生、以孙淦为首的华侨商人、领事馆的努力终于奏效，日本警署告示各报社，要求他们立即停止登载有"清国""支那"字样的广告，中国人的展出计划被除去。

五、其他

孙淦与罗振玉和汪康年等人的交往，以及通过罗、汪等人向杭州知府建议从杭州蚕学馆派遣留日学生的事迹，在前面已有述及。另据《农学报》等资料所载，孙淦还通过在上海的罗、汪等人向浙江的新式学堂提供所需器械，以其力所能及的行动为浙江的教育事业服务。如《农学报》第 5 期所载：

> 蚕镜东来　杭州林迪臣太守，锐意振兴蚕学，倩人物色蚕师、访购仪器，而仪器之中，尤以察验蚕瘟之显微镜为最要。今上海孙君实甫，由大阪寄来德国依里茨所制之六百倍显微镜一架，捐交本会，嘱转寄杭州学堂备用。孙君慷慨好义，令人钦佩。而杭州蚕学之兴，亦可拭目俟之。[3]

孙淦的义举博得了众多官绅的好评和尊敬。就连杭州知府林启也不禁感叹："孙实甫先生英英向议，于人情物理又甚有理会，我辈读书人愧之。"[4]

孙淦作为一名"识时务"的商人，在 1897 年国内留日风气尚未形成的时期就建议浙省向日本派遣留学生，使浙省成为全国最先派生留日的省份；学生赴日后，被浙江巡

1　《留学界记事》，《浙江潮》第 2 期，第133页。
2　清国留学生会馆：《清国留学生会馆第二次报告》，第15页。
3　《农学报》第5期，第5页。
4　上海图书馆编：《汪康年师友书札》第2册，第1161页。

抚任命为浙省留日学生监督，同时成为中国最早的留日学生监督，为浙省乃至中国的早期留日事业作出了贡献。不仅如此，在辞去留日学生监督后，通过向留学生会馆提供援助、照料留日学生及赴日视察者等力所能及的行动，始终关注国内的新政事业，被誉为"爱国华商"。

清末中国人的日本留学，是近代中日文化交流史上最为壮观的事件。类似孙淦那样的人物，尽管就文化交流史的角度而言，其所具有的身份比较特殊，但他们为推进留日运动，为近代中日文化交流作出了自己的贡献。

第二章

求是书院首批
留日学生

浙江大学的前身求是书院创设于 1897 年，是浙江近代最早的高等学府。1898 年，求是书院在中国派生留日政策确立之前，就率先于全国派遣四名学生留学日本，在近代中国留日学生史上留下了重要的一页。

　　求是书院首批所派的四名留日学生学成归国后，利用所学知识活跃在各个领域，为中国的近代化事业做出了巨大贡献。诸暨县出身的何燏时回国后先后任浙江省矿务局技正、学部专门司主事、京师大学堂教习及工科监督，1912 年京师大学堂改称国立北京大学后，任北京大学首任校长。此外，他还曾于 1907 年以学部官员的身份奉命赴日考察大学制度。义乌县出身的陈榥回国后任陆军部军实司科长，1912 年以陆军少将身份督理上海制造局，在任期间被授予二等文虎勋章，1914 年因不满袁世凯统治而辞去上海制造局职务，任北京大学教授。仁和县出生的陆世芬回国后于 1905 年被授予举人出身以知县分省补用，后任清农商部主事，后为纬成公司董事。钱塘县出身的钱承志为吴越国王钱镠 31 代世孙，与钱家治（32 代，东京高等师范学校毕业）、钱学森（33 代）同属钱塘望族，回国后以最优等成绩被授予进士出身，曾任清朝政府大理院推事等职，民国后曾任京师大学堂教务长。早期的留日学生大多是各地所选拔的高材生，他们的优良素质和扎实的学业基础，加之留学日本给他们提供了自我提升的极佳机会，这些都与他们回国后所做的贡献密切关联。

　　本章在对中国派生留日政策的确立经过进行论述的基础上，着重对求是书院首次派生留日的经过，以及包括求是书院四名学生在内的浙江早期（1898 年前后）留日学生的留学状况、译书活动等进行考察。[1]

第一节　中国派生留日政策的确立

　　甲午战争后，日、俄、德、法等帝国主义国家你争我夺地瓜分中国，严重的民族危机促使维新运动迅速高涨。与此同时，随着教育改革呼声的渐起，各种新式学堂在全国各地相继出现，派生留学日本逐渐成为人们的共识。1898 年 3 月，洋务派官僚湖广总督张之洞著《劝学篇》，力陈通过开设新式学堂和派生留日以普及近代教育的必要。维新派人士更是不失时机，认为"昔日本变法之始，派游学生于欧美，至于万数千人，归而执一国之政，为百业之师，其成效也"[1]，乞光绪帝下诏派生留学。洋务派官僚与维新派人士在派生留日问题，意见并未相左。

　　直接促成清政府确立派生留日政策的是日本驻华公使矢野文雄。1898 年 5 月，矢野在事先未征求外务大臣同意的情况下，函告总理衙门，称："日本政府拟与中国倍敦友谊，藉悉中国需才孔亟，倘选派学生出洋学习，本国自应支付其经费。"尔后又面陈："中国如派肄业学生陆续前往日本学堂学习，人数约以二百人为限。"[2]

　　矢野文雄的上述举动自有其不寻常的目的。他在事后给外务大臣西德二郎的信中称："此举不仅有助于此次要求之成功，而受我感化之人才播布于其古老帝国之中，实为将来在东亚大陆树立我势力之良策。……由于此辈学生来我国，如是则我国之势将悄然骎骎于东亚大陆。"[3] 显而易见，其"倍敦友谊"的背后隐藏着在中国扩张势力的野心。

　　然而，在维新运动不断高涨，派生留日已成为人们共同呼声的当时，日本方面的"友好表示"对开始注意到培养近代专门人才之必要性的中国无疑具有极大的吸引力。首先对此表示赞成的是山东道监察御史杨深秀。1898 年 6 月 1 日，杨上奏《请议游学日本章程片》称："臣以为日本变法立学，确有成效，中华欲游学易成，必自日本始。……顷闻日人愿智吾人士，助吾自立，招我游学，供我经费，以著亲好之实。……国家虽不计此区区经费，亦何必拒之，重增嫌怨。"[4]1898 年 6 月 21 日，总理衙门共同商酌后，奏

1　康有为：《请广译日本书派游学折》，《康有为政论集》上册，中华书局1981年版，第303页。
2　陈学洵、田正平：《中国近代教育史料汇编·留学教育》，上海教育出版社1991年版，第325页。
3　[日]矢野文雄著：《矢野文雄呈西德二郎机密等41号信》，云述译，《近代史资料》第74号，第95页。
4　故宫博物院：《清光绪朝中日交涉史料》卷五十一，文海出版社，1963年，第34—35页。

陈《遴选生徒游学日本事宜片》称："拟即妥定章程，将臣衙门同文馆东文学生酌派数人，并咨行南北洋大臣，以及两广、湖广、闽浙各督抚，就现设学堂中选年幼颖悟粗通东文诸生，开具衔名，咨报臣衙门，知照日本使臣，陆续派往。"[1]

光绪帝御览后于 1898 年 8 月 2 日谕军机大臣等："出国游学，西洋不如东洋。东洋路近费省，文字相近，易于通晓，且一切西书均经日本择要翻译。着即拟订章程，咨催各省迅即选定学生陆续咨送；各部院如有讲求时务愿往游学人员，亦一并咨送，均毋延缓。"[2]至此，选派学生赴日留学遂成清政府的一项国策。

同年 9 月，总理各国事务衙门大臣奕劻等上奏《为推广游学章程请旨通行饬遵事奏折》，认为朝廷变法自强，首以人才为根本，而创办学堂、派遣留学，若皆由官方出资，不仅政府财力有限，游学者不出己资，难免会有借此糊口等弊端。因此，应鼓励有财力的文武官员及各省官商，各选聪颖子弟，自备资斧报名，由各省咨送总理衙门，一体汇送国外留学。总理衙门还列举了"自备资斧"留学的七大好处："有财力之家出己资以造就子弟，国家无丝毫烦费，便一。乡邑善举，绅富好义，尚肯乐输，成人之美，今游学乃成其子弟之美，当不吝所资，便二。自出其资，远涉重洋，学无成就子弟无以对父兄，必倍加勤奋，而学易成，便三。纨绔膏粱，积习颇深，贤而多才，犹损其志，然极其势力，以荫得官，入贵出仕，均能夤缘妄律，妨塞贤路，官常吏治，颇为所梗，今使之折节游学，阅历增而器识伟，化不才为有才，易庸吏为能吏，便四。大贵大富之家，皆凡民所系望，朝廷变法，颁行一切新政，富贵家先徘徊观望，阳奉阴违，凡民更甚，此皆囿于井蛙之见，虽三令五申，莫启聋聩，令其子弟亲历外洋，熟谙情形，晓谕父兄，昭若发蒙，风气易开，便五。凡农、工、商、矿等学之成后，虽知举办，然购机置器等事，犹烦资本，寒素之家，当难措乎，而若年则长袖善舞，咄嗟可办，为所欲为，无不如志，便六。其人皆身家殷实，必能轻利重名，学成录用，操守易端，便七。"认为有此七便，当可推广施行，希望光绪皇帝谕准。9 月 20 日（光绪二十四年八月二十五日），光绪皇帝朱批"依议"，鼓励自费留学也成为一项国策，由总理衙门通行饬遵。[3]

1 陈学洵、田正平：《中国近代教育史料汇编·留学教育》，第325页。据此，总理衙门的上奏时间为光绪二十五年五月十四日（1899年6月21日），但据细野浩二的研究，应为光绪二十四年，此文从细野之说。详见细野浩二《中国对日留学史に关する一问题——清末における留学生派遣政策の成立过程の再検討》，早稻田大学史学会编《史观》第86—87号。
2 朱有瓛：《中国近代学制史料》第2辑上册，《光绪二十四年六月十五日上谕》，华东师范大学出版社，1986年，第17页。
3 中国第一历史档案选编：《光绪朝留学生管理制度档案》，《历史档案》2017年第4期，第42页。

第二节 1898年求是书院率先派生留日

如上所述，中国正式确定派生留日政策在1898年8月，确定鼓励自费留学政策在同年9月，而浙江却在同年四月就已派遣文武学生各4名赴日留学，为同年全国派生留日之先。

浙江选派官费留日学生的设想远在上述决策确立之前，这可从当时日本外务大臣西德二郎的信中得知。西德二郎在阅悉矢野文雄以书面向清政府提出日本愿接受清国留学生并支付一切经费一事后，觉得此事"颇出本大臣意料"，并认为实际能否达到矢野所期之目的甚难预料。而且，"察迩来清国顾及自身利害，各地颇有自行向我帝国派遣留学生之举，如浙江巡抚要求派遣来日研习陆军兵学留学生4名，文学研究留学生4名，复有湖广总督提出在近期派出多数留学生之打算"[1]。西德外务大臣有关浙江巡抚希望派生留日的这一信息，来自当时日本驻杭州领事馆的报告，日本外务省外交史料馆尚保存着当时的这些机密信件。

浙江巡抚要求选派的这8名留学生就是光绪二十四年四月从求是书院选派的陈榥、陆世芬、钱承志、何燏时等4名文科生和从浙江武备学堂选派的徐方谦、谭兴沛、萧星垣、段兰芳等4名湘鄂籍学生。有关此8名留学生的派遣目的等，时任浙江洋务总局督办恽祖翼、陈允颐致日本驻杭州领事馆事务代理速水一孔的以下函件中有较具体的记载。

> 径启者，昨奉抚宪谕，以贵国学校林立，于兵农工商诸务，讲求有素，一切规模，堪资效法。其所设各学堂及军械造船机器制造各局厂，已承贵领事函询外务省，深愿我邦人士前往游览学习，并允为之照料，具见贵领事作育人才，不分畛域，无任佩慰。兹已派委游历官浙江候补知县张大镛并候补巡检蒋嘉名，带同求是书院学生陈榥、陆世芬、钱承志、何燏时等四名及武备学生徐方谦、谭兴沛、萧星垣、段兰芳等四名，定于月内启程，前赴贵国通商各口并内地各处游历学习等因。本司道用特专函奉恳，尚祈贵领事转达外务省，知照管理各学校各局厂长官，指引该游历官，遍览各学校及军械造船机器制造各局厂，并将带去求是书院学生陈榥等四名，先行择拨学问最精之学校，武备学生徐方谦等四名，即行拨入成城学校，俟将来得有进益，再行商请分别改拨，俾各尽所学，藉资实用。所有该学生等八名修膳费用，每月每名洋二十五圆，共计一年洋二千四百圆，又汇费贴水洋

1 [日]矢野文雄著：《矢野文雄呈西德二郎机密等41信》，云述译，《近代史资料》第74号，第97页。

一百二十圆，统共洋二千五百二十圆一并送上，即请察收代为汇寄。

至贴水汇费，如有不敷，一俟示知，即当补还。琐费清神，容图晤

谢。专此奉布。顺颂升祺。四月初八日[1]

以上函件中，除8名留学生外，还提到了护送学生赴日并考察日本学校等机构的"游历官"浙江候补知县张大镛和候补巡检蒋嘉名。张大镛此次考察著有考察记《日本各校纪略》和《日本武学兵队纪略》，均于1899年春由浙江书局刊印。此外，函件还涉及了所入学校、留学费用、赴日大致时间等内容。另据日本驻杭州领事馆事务代理速水一孔致日本外务次官小村寿太郎的函件，以上8名留学生和2名游历官员的具体赴日时间为5月28日从杭州出发前往上海逗留数日后，搭乘6月4日从上海出发的汽船，6月10日抵达横滨。[2]

浙江为派遣此8名学生赴日留学，事先通过日本驻杭州领事馆与日本方面进行了多次联络，这在领事馆领事代理速水一孔致日本外务省的机密第五号（5月9日）、机密第七号（5月25日）、机密第八号（5月28日）等汇报函件中有较具体的记载。据速水领事代理的这些函件称，1898年春，浙江巡抚廖寿丰先是打算从1897年春设立不久的浙江武备学堂派遣数名武备学生，通过速水领事代理与日本参谋本部汇报并获得日方许可后，于5月9日正式决定派遣四名学生赴日进入陆军预备学校学习。此时，湖广总督张之洞希望率先派遣武备学生赴日留学一事已在社会上流传，思想开放且敢为人先、在近代浙江兴办新式学堂的过程中发挥了重要作用的廖寿丰当机立断，最终先于张之洞约6个月[3]向日本派遣了1898年的第一批官费留日学生。廖寿丰在决定派武备学生留日后不久，按照杭州知府并兼任求是书院总办的林启的建议，再次另官员与速水领事代理商量，希望在武备学生之外再派遣文科学生，在获得日方许可后，速水领事代理建议与武备学生一同派往，并建议派遣游历官同行。就这样，求是书院四名文科学生留学日本一事在极短的时间内定了下来。另外，此四名学生的籍贯、身份和年龄分别为：陈榥，义乌县学廪生，二十五岁；陆世芬，仁和县学附生，二十七岁；钱承志，仁和县学廪生，二十四岁；何燏时，诸暨县监生，二十一岁。[4]

求是书院创办于1897年，是一所讲求实学，"以培养人才为第一义"的新式学堂。[5]其之所以沿用"书院"之名是"虑杭绅或又中阻"[6]，足见其良苦用心。为创办求是书院，

1 国立公文書館アジア歴史資料センター藏《在本邦清国留学生関係雑纂/陸軍学生之部》，編号3-2525-0061。
2 国立公文書館アジア歴史資料センター藏《在本邦清国留学生関係雑纂/陸軍学生之部》，編号3-2525-0060。
3 据日本驻上海总领事館一等领事小田切万寿之助1899年1月6日、1月12日致日本外务次官的报告，湖广总督张之洞所派的20名武备学生（含进入学习院学习的张之洞长孙张厚琨，实为19名）于1月7日从汉口出发，1月14日从上海搭乘汽船赴日。一同赴日的还有南洋大臣所派的武备学生14名、师范等文科学生6名。（国立公文書館アジア歴史資料センター藏《在本邦清国留学生関係雑纂/陸軍学生之部》，編号3-2525-0081、3-2525-0087）
4 国立公文書館アジア歴史資料センター藏《在本邦清国留学生関係雑纂/陸軍学生之部》，編号3-2525-0049、3-2525-0056。
5 《浙江巡抚廖寿丰请专设书院兼课中西实学折》，朱有瓛《中国近代学制史料》第1辑，第250页。
6 陈仲恕：《本校前身求是书院成立之经过》，朱有瓛《中国近代学制史料》第1辑，第257页。

陈仲恕、汪康年早在 1895 年就曾各方奔走，但由于官绅梗阻，而久久未能实现。直至 1897 年林启任杭州知府，顶住多方压力，并获得浙江巡抚廖寿丰的支持，才得以创办。林启亲任总办，陆懋勋任监院，陈仲恕任文牍斋务。

另据当事人之一的陈仲恕回忆，求是书院选派留日学生在光绪二十四年四月，与上述速水领事代理函件的记载一致。当时，陆懋勋应礼部试，陈仲恕代监院，"林公嘱选学生留学日本，当即商定陈乐书、何燮侯、钱念慈、陆仲芳四人，为各省派往留日之首倡"[1]。

1898 年 6 月（旧历四月）浙江率先派文武学生八名赴日留学，在当时可谓广为人知。1899 年，日本参谋本部大佐福岛安正来华，力劝清国派生留日。1899 年 4 月 9 日，福岛与两江总督刘坤一于南京进行了长达两小时的会谈。会谈中，福岛曾提到："贵国派学生来敝国学习陆军以浙江抚台所派之四名为最先。此四名学生尽管东渡之初无东文基础，东文及普通科均从初步学起，但据余此回起程前往成城学校所观，四人已能阅东文，且地理、历史、理化、算术等均已通概要。他们就学日本，从去年七月算起仅不过九个月，其进步实在令人惊叹。"[2]1903 年，在东京的浙江籍留日学生在呼吁浙江更多地派遣学生赴日留学时，也曾回忆称："戊戌四月，遂有求是书院学生钱承志、陈槐、何燏时、陆世芬四君，偕武备学堂学生肖星垣、徐方谦、段兰芳三君（疑漏一人，笔者）东渡，肖、徐、段三君，湘鄂人，于壬寅三月毕业，今充浙江营官。"[3]

求是书院 4 名学生赴日后，暂寓厚生馆，日本外务省则派外务省候补译官酒匂祐三进行教学，每日 2 小时，专教东文。[4]厚生馆为日本农商务省所管辖的公共性会馆，位于东京目挽町二丁目，早期的留日学生抵日后日本外务省多安排他们暂住此馆。四名学生不久后迁往东京本乡区驹込西片町 19 号一幢租用的民房[5]，在中岛裁之的监督下，除继续学习东文外，开始学习算学、地理等普通学。初时，这一教室兼宿舍的房门上曾悬一牌曰"中华学馆"[6]。据笔者分析，此"中华学馆"就是后来的"日华学堂"最初曾使用的名称。据日本外务大臣 1898 年 7 月 18 日致东京都知事的函件，此四名学生此时即将住入位于东京府本乡区驹込西片町 19 翻地的日华学堂，地址与上述于"中华学馆"完全一致。另外，日华学堂于"明治三十一年（1898）六月开办，专为从速教成清国学生，俾之学习言语及普通各科，以为异日精研高等专门各科之地步。初由浙江省求是书院派来文学生四名"[7]。其校址初设东京本乡西片町[8]。日华学堂与"中华学馆"不仅创办时间大

1　陈仲恕：《本校前身求是书院成立之经过》，朱有瓛《中国近代学制史料》第1辑，第257页。
2　東亜同文会：《对支回顧録》下卷，[日]原書房，1968年，第272页。
3　孙江东：《敬上乡先生请令子弟出洋游学并筹集公款派遣学生书》，《浙江潮》第 7 期，第4页。
4　上海图书馆编：《汪康年师友书札》第2册，第1145—1146页。
5　上海图书馆编：《汪康年师友书札》第1册，第1089页。
6　《清国留学生之近况》，[日]《教育時論》总479号，第52页。
7　《日华学堂章程要览》，陈学恂、田正平主编《中国近代教育史料汇编·留学教育》，第334—335页。
8　实藤惠秀：《增補·中国人日本留学史》，[日]黑潮出版，1981年，第66页。

致相同，而且首批学生完全吻合，地址也完全一样，可见"中华学馆"就是"日华学堂"之名称正式确定前暂时使用的名称。后来，该学堂于 1898 年 11 月迁至东京小石川区指谷町 140 番地[1]，次年再迁至本乡区东片町 145 番地[2]。

此外，与求是书院四名学生几乎同时或稍后进入日华学堂就读的浙江籍学生还有汪有龄、吴振麟、章宗祥、富士英等人。汪有龄在第一章，章宗祥在第七章有专门论述，在此不再赘述。吴振麟，浙江嘉善县附生，系自备资斧，并由浙江巡抚廖寿丰咨派出国，属私费官派性质。吴振麟在留学日本前曾在私立学堂上海育才书塾学习英文 2 年，因其自愿备足修膳出洋游学，浙江洋务总局认为其"诚为有志上进可造之才"，特通过日本驻杭州领事馆转达日本外务省，希望将他派往求是书院四名学生所入的日华学堂学习。获得许可后，于 1898 年 10 月 22 日从上海出发赴日。[3]10 月 31 日，在浙江留日学生监督孙淦的护送下进入日华学堂学习。[4]富士英，浙江海盐人，1899 年 1 月由南洋大臣从南洋公学派赴日本留学，先入日华学堂，同年 9 月入东京专门学校英语政治科，1902 年 6 月毕业于早稻田大学政经科。此外，富士英的具体赴日时间为 1899 年 1 月 14 日乘萨摩丸从上海出发，1 月 19 日经神户抵达东京。同行者有南洋大臣刘坤一和湖广总督张之洞派遣的各 20 名学生，40 人中浙江籍学生尚有南洋公学的章宗祥，和南洋武备学堂的海宁籍许葆英、慈溪籍舒厚德、归安籍陈其采、乌程籍吴锡永和长兴籍华振基，武备学堂学生赴日后均入成城学校。[5]

第三节　求是书院四生等早期浙籍留日学生的学习生活状况

求是书院四生与其他入日华学堂的浙江籍学生汪有龄、吴振麟、章宗祥、富士英等人，除汪有龄因身体原因于 1899 年 10 月回国外，其他学生在修完日华学堂的课程后，均于 1899 年 9 月升入专门学校学习。其中，钱承志入帝国大学农艺化学科，陆世芬、陈榥、何燏时入第一高等学校工科，章宗祥、汪有龄、吴振麟入第一高等学校法科，富士英入东京专门学校英语政治科。[6]

求是书院四生等在日华学堂所学的课程，除日语、英语等语言课外，还有数学、物理、历史、地理等基础课程，入学后的第一学期（1898 年 7—12 月）每周授课时间为

1　柴田幹夫整理：《日華学堂日誌（1898—1900）》，第 41 页。
2　柴田幹夫整理：《日華学堂日誌（1898—1900）》，第 52 页。
3　国立公文書館アジア歴史資料センター藏《在本邦清国留学生関係雑纂/陸軍海軍学生之外之部》，编号 3-2530-0045。
4　柴田幹夫整理：《日華学堂日誌（1898—1900）》，第 39 页。
5　国立公文書館アジア歴史資料センター藏《在本邦清国留学生関係雑纂/陸軍学生之部（一）》，编号 3-2525-0087。
6　国立公文書館アジア歴史資料センター藏《在本邦清国留学生関係雑纂/陸軍海軍学生之外之部》，编号 3-2530-0146。

27 小时，第二学期（1899 年 1—7 月）每周授课时间为 29 小时。其课程分别为：

表2-1　日华学堂学科课程（1898年9月至1899年7月）[1]

前期（9 月 1 日至 12 月 28 日）	后期（1 月 8 日至 7 月 15 日）
日语（会话 9 小时、普通读本 9 小时）	日语（作文文法 3 小时、普通读本 6 小时）
英语（未开课）	英语（会话文法 3 小时、普通读本 3 小时）
数学（算数 3 小时）	数学（算术 3 小时、几何学 3 小时）
地理（万国地理 3 小时）	地理（万国地理 2 小时）
历史（世界历史 3 小时）	历史（世界历史 3 小时）
博物（未开课）	博物（植物学 3 小时）
每周合计 27 小时	每周合计 29 小时

日华学堂按学生入学顺序，将求是书院等浙江所派的学生编入甲班，1899 年 1 月南洋大臣所派的文科学生编入乙班，二个班所学课程略有不同。其中，甲班学生 1899 年 1—7 月、9—12 月的课程表如下。

表2-2　日华学堂现行授业课程表（1899年1-7月、9—12月）[2]

	8-9 点	9-10 点	10-11 点	11-12 点	1-2 点	2-3 点
周一	英文法	物理学	英文法	物理学	英文法	物理学
周二	和文法	和读本	和文法	和读本	和文法	和读本
周三	世界史	英读本	世界史	英读本	世界史	英读本
周四	地理学		地理学		地理学	几何学
周五	英语	植物学	英文	植物学	算数学	
周六		算数学		几何学	英语	

从以上课程表看，留学生周一至周三每天授课时间达六学时，周四至周六三至五学时不等，每周累计达 30 学时，授课时间不可谓不长。学堂主要教师除总监高楠顺次郎（兼英文教师）、舍监宝阁善教（兼英文法教师）外，1899 年当时另有庆应义塾文科、东京专门学校等校出身的教师计七人。

求是书院四生在日华学堂的学习成绩整体优秀，其中 1898 年 10 月末进行的第一学期考试成绩四人排序为陈榥、何燏时、钱承志、陆世芬。各科成绩如下表所示：

1　国立公文書館アジア歴史資料センター蔵《在本邦清国留学生関係雑纂/陆軍海軍学生之外之部》，编号3-2530-0063。引用时对原资料格式稍作调整。
2　国立公文書館アジア歴史資料センター蔵《在本邦清国留学生関係雑纂/陆軍海軍学生之外之部》，编号3-2530-0065。

表2-3　杭州留学生第一学期考试成绩表（明治三十一年十月三十日）[1]

	数学	物理	历史	地理	读本	会话	作文、听写	合计	平均	席次
陆世芬	75.5	79	70	78.5	80	72	79.5	534.5	76	4
陈槼	81	98	92	78.5	84	87.5	79	609	87	1
钱承志	80	85	100	79.5	79	91.5	80	595	85	3
何燏时	86	80	90	80	85	94.5	85.1	601	86	2
汪有龄	70.5	70	80	69	76.5	79.5	76	521.5	74.5	5
吴振麟	十月三十日后入学，成绩未详。									

　　求是书院所派四生的学业成绩在后来的归国留学生考试中也得到了体现。1905年1月（光绪三十年十二月），学务大臣孙家鼐遵旨拟定《考验出洋毕业生章程》[2]共八条，对归国留学的具体考试办法进行了明确的规定。按照此章程，1905年6月，清政府举行了首次归国留学生考试，根据考试成绩共有7人被授予进士出身，7人授予举人出身。其中，求是书院学生钱承志被授予进士出身，按所习科学以主事分部学习行走，陆世芬被授予举人出身，以知县分省补用。

　　留日学生在日华学堂的生活状况，日华学堂堂监宝阁善教等人所记的《日华学堂日志》多有记载。在日华学堂期间，学生的饮食由学堂所提供，而对饮食质量留学生们时常表露不满。如"（1899年6月29日）甲乙二班学生均拒食晚餐饭菜，称不合口味"[3]；"（1899年8月1日）午餐提供的菜中有一尾八钱的香鱼，学生中有对此不满者，称'在我国此为猫鱼，非人食之物'。日清两国食物嗜好差异如斯"。[4]而据章宗祥回忆，在日华学堂时，学生们辄嫌饭廉，而实际上日华学堂为中国学生专门准备，比后来进入第一高等学校后的普通食堂饭菜丰盛甚远。学生们对饭食不满，大多情况下是因为学生们到日本不久，尚不适应日本饭食之故。他还列举了上述《日华学堂日志》8月1日所记"猫鱼"事件："有河鱼一种名鲇者，夏日最鲜美。某日，以此飨同人，鲇身小，同人见者，指为猫鱼，弃不食，日华厨房大失望。监舍田代于日记上特记此事，'谓鲇鱼为进贡之品，中国学生以为非人所食，未免过甚'。各国风俗不同，未深知者，往往多误解事，斯也一例也。"[5]章宗祥对此事的回忆记录，虽细节与《日华学堂日志》记载略有出入，但实质性内容则相互一致。

1　国立公文书馆アジア歴史資料センター蔵《在本邦清国留学生関係雑纂/陸軍海軍学生之外之部》，编号3-2530-0067。

2　1906年，学部重新奏定了《考验游学毕业生章程》，规定每年八月举行一次归国留学生考试，并进一步明确：毕业生考列最优等者，给予进士出身；考列优等及中等者，给予举人出身。习文科者，准称文科进士、文科举人；习法科者，准称法科进士、法科举人，医科、理科、工科、商科、农科仿此。1909年，学部对1906年的《考验游学毕业生章程》又做了进一步修订，规定东西洋留学生，必在大学堂及各项高等专门学堂毕业者方准与考，凡在外国中学堂、中等程度之实业及师范学堂与中国人特设班次之学堂毕业者，均不准与考。

3　柴田幹夫整理：《日華学堂日誌（1898—1900）》，第59页。

4　柴田幹夫整理：《日華学堂日誌（1898—1900）》，第63页。

5　章宗祥：《任阙斋主人自述》，《文史资料存稿选编》第24册，第926页。

初到日本不久，如何着装似乎也时常令留学生们伤脑筋。章宗祥曾回忆，初到日本不久，学生们虽都准备了洋服，但往往只在学校时穿着，外出时仍穿华服，理由是当初尚听不懂日语，若穿洋服外出被人误以为是日本学生，日人以日语相问，则不能作答，岂不受窘？因此不如着华装自由。[1] 其实，中国学生初到日本时，即使改穿洋装，言行举动乃至表情，日本人一看便知是中国学生。但诸如此类的生活细节，踏出国门的留学生们都要时刻注意，不断地去适应异国的留学生活。

求是书院四生与其他入日华学堂的浙江籍学生 1899 年 9 月升入第一高等学校等专门学校后的学习情况，目前所掌握的史料并不多。

其中，自费生吴振麟在进入第一高等学校后的学习情况，当时任浙江留日学生监督的孙淦于光绪二十六年四月二十一日致汪康年的信件中有如下记载：

> 去年秋间，同进第一高等学校，当是时诸生在日华学堂颇有不满之意，并谓考求语言，非与东人同居，终不得俚谚委曲之详。视察东土事实，窥测东士性情，非与东士同居，亦不得隐微秘密之真。当时诸生联名驰书外部，弟亦为之进言，请移文文部省，俾诸生进学校寄宿舍。惟进宿舍不如进学校之便，文部饬学校职员生徒会议可否，后经许可，同进寮者共有四人，浙江何、吴二生，外有南洋公学二生。惟寄宿舍中诸事皆自操箕帚，饮食简苦，不待而言，未几何时，诸生遂不回。念当时进舍时之颇费唇舌，并忘却致外部一书措词如何坚定，相率退归日华学堂，惟该生一人尚涸迹九百倭士之中，此亦见其节操一斑。校中冬季、春季两试，皆能争人所先，观其向学情殷，此际正所谓炉火纯青之候，兴高采烈之时，倏忽以资斧不继，半途而弃，无论当局者黯然以伤，索然无味，即在旁观者，孰不惋惜深之。以学问论，无论其早岁蜚声庠序，游学于楚、于苏、于沪，即在此间与东土士大夫诗文往还，亦颇负其名。至于外洋语言、文字之学，亦尝争胜于各省游学秀髦济济之中。以年岁论，浙中来者渠固最幼，左右较量，无不合格。[2]

此函从一个侧面透露了吴振麟及浙江籍留日学生留日期间的一些学习生活情况。孙淦作此信并着力称赞吴振麟的目的，是在闻知浙江省又将派官费生留日后，希望通过汪康年向杭州知府林启的幕僚高凤岐等人推荐，将吴转为官费。有此目的在先，对吴的评价或言辞略加夸张，或只言其长而隐其短，都在情理之中。可以说，吴后来被转成官

---

1 章宗祥：《任阙斋主人自述》，《文史资料存稿选编》第24册，第927页。
2 柴田幹夫整理：《日華学堂日誌（1898—1900）》，第63页。

费，孙淦的此"荐书"所起的作用不可忽视。后来，吴以官费入东京帝国大学，并于光绪三十年六月毕业于该校法科。

上述求是书院四名学生中，何燏时（1878—1961）虽学习成绩优秀，但在 1899 年 9 月进入第一高等学校工科学习前后，曾有过因"言行举止无礼"而险些被勒令退学的风波。据日华学堂总监高楠顺次郎于 1999 年 9 月 26 日致日本外务省书记官三桥信方的申诉函称："浙江省杭州留学生、高等学校生何燏时，性质顽冥执拗，不服从师长命令，言语举动无礼，屡次谕示训诫无效，遂至不服从拙者命令，影响学校管理工作。"[1] 日本外务省在得知这一情况后，于 10 月 31 日以高平外务次官的名义，通过驻杭州领事馆事务代理向中方通报了这一情况，认为何燏时在同期的留学生中成绩虽属优秀，但其性格刚强，屡屡违抗教员堂监之命令，且屡教不改，本应立即勒令其退学回国，念其已被准许进入第一高等学校学习，且将来有进入大学学习之计划，本次酌情予以从轻处罚，今后若再有此类情况，将立即勒令退学。[2] 何燏时虽经历了此次风波，但此后学业顺利，1903 年从东京第一高等学校毕业后考入东京帝国大学工科，1906 年从东京帝国大学毕业回国。回国后，何燏时在教育界展现了非凡的才干，并做出了巨大贡献，这与他在留学期间所打下的坚实基础密切相关。

第四节　求是书院四生等早期浙籍留日学生的译书活动

以求是书院四名学生为代表的浙江早期留日学生，在留学期间参与了大量的文化活动。以下着重对他们所参与的译书活动进行论述。

甲午战争前，中译日文书籍寥寥无几。据《中国译日本书综合目录》统计，中译日文书籍 1660—1867 年仅 4 种，1868—1895 年仅 8 种。但是，这一时期的西书翻译却相对较盛，且有许多为专门培养翻译人才而设立的机构。京师同文馆创立于 1862 年，最初仅设英文馆，次年设法文馆和俄文馆，1872 年增设德文馆，直至甲午败战后的 1896 年才添设东文馆。1863 年李鸿章仿京师同文馆在上海设广方言馆，招收汉人入学，该馆初设英文、法文两馆，虽一度添设东文馆，但因愿学者寥寥而停办。1876 年，江南制造局附设翻译馆，专译西方格致制造等书籍。此外，尚有由教会主持的以翻译西书为中心的译书活动。由此可见，与西书的翻译相比，日书的翻译，不论从译书数量上还是从与其相关的机构上看，都未被重视。

1　国立公文書館アジア歴史資料センター蔵《在本邦清国留学生関係雑纂/陆军海軍学生之外之部》，编号3-2530-0155。
2　国立公文書館アジア歴史資料センター蔵《在本邦清国留学生関係雑纂/陆军海軍学生之外之部》，编号3-2530-0159。

甲午战争后，日本在国人心目中的地位骤升。1896年，京师同文馆率先增设东文馆，预示着翻译日书开始受到重视；其后，1897年梁启超在上海创设大同书局，明确翻译对象"以东文为主，而辅以西书，以政法为先，而次以艺学"[1]。同年，罗振玉在上海设东文学社，培养了如樊炳清、沈纮等一大批中国早期的东文翻译人才。此外，尚有日本人创办的福州东文学堂（1898）、杭州日文学堂（1898）、泉州彰化学堂（1899）、天津东文学堂（1899）、厦门东亚学院（1900）、北京东文学社（1901）等一大批以教授东文为主的学堂。这些都标志着日本及其语言已开始被人们所重视。

一、译书汇编社与浙江留日学生

留日学生在翻译日本书籍方面初见成效是在1900年，其标志是留日学生的第一个翻译团体译书汇编社的成立并开始大量翻译日本书籍。译书汇编社最初名为译书汇编发行所，地址为东京本乡区东片町一百四十五番地，翌年改名为译书汇编社，社址为东京本乡区丸山福山町15番地，后迁至位于神田区骏河台铃木町的清国留学生会馆内。译书汇编社负责人为励志会干事戢翼翬，其成员也多为励志会会员。励志会是1900年春由戢翼翬、沈翔云等人在东京发起成立的留日学生界组织，以"联络感情，策励志节"为宗旨，会员40余人中既有主张革命者，也有改良主义者，成分复杂。浙江留日学生钱承志、富士英、陆世芬、吴振麟、嵇侃、陈榥、章宗祥等均为该会成员。据《译书汇编》第二年第3期公告，可知译书汇编社主要成员共14人，他们是：戢翼翬（东京专门学校毕业生）、王植善（上海育材学堂总理）、陆世芬（东京高等商业学校学生）、雷奋（东京高等商业学校学生）、杨荫杭（东京高等商业学校学生）、杨廷栋（东京高等商业学校学生）、周祖培（京高等商业学校学生）、金邦平（东京高等商业学校学生）、富士英（东京高等商业学校学生）、章宗祥（帝国大学法科学生）、汪荣宝（庆应义塾学生）、曹汝霖（中央大学学生）、钱承志（帝国大学法科学生）、吴振麟（帝国大学法科学生）。14人中除王植善是《译书汇编》代派处之一的上海王氏育材学堂之负责人外，其余13人均为留日学生。其中，浙江留学生有陆世芬、富士英、章宗祥、钱承志、吴振麟等5人，足见浙江籍学生在该社中所占比重之大。此外，由于1898年前后赴日的早期留学生大多都曾进入中国留学生教育预备学校日华学堂学习，上述译书汇编社主要14名成员中，陆世芬、雷奋、杨荫杭、杨廷栋、周祖培、金邦平、富士英、章宗祥、钱承志、吴振麟等10人，在进入专门学校前都曾就读于日华学堂。

译书汇编社的定期刊物《译书汇编》刊登"以政治一门为主"的译书，如政治行政、法律经济、政治政理各门，每期所出或4类或5类，间附杂录。另外，兵农工商各

1　梁启超：《饮冰室文集类编》（上），[日]下河边半五郎明治三十七年（1904）发行，第741页。

专门之书也时有译出并择要刊行。[1]《译书汇编》本着"输进文明，厥惟译书"之宗旨，大量翻译西方近代资产阶级社会政治学说，如卢梭《民约论》、孟德斯鸠《万法精理》、斯宾塞尔《政法哲学》等名著，后调整体例增刊政论文章。该刊于1903年改名为《政法学报》，1904年停刊。

《译书汇编》创刊号（1900年12月）所刊登的译作有：《政治学》（[美]伯盖司著）、《国法泛论》（[德]伯伦知理著）、《政治学提纲》（[日]鸟谷部铣太郎著）、《社会行政法论》（[德]海留司烈著）、《万法精理》（[法]孟德斯鸠著）、《近世政治史》（[日]有贺长雄著）、《近时外交史》（[日]有贺长雄著）、《十九世纪欧洲政治史论》（[日]酒井雄三郎著）、《民约论》（[法]卢骚著）、《权利竞争论》（[德]伊耶陵著）。在此创刊号的卷末尚载有"已译待刊书目录"共21种，第2期增至22种，第7期猛增至34种，说明其译稿数量远远超过刊登数，反映了该社成员非凡的译书热情。遗憾的是，这些已刊登和已译待刊的书均只标书名和原著者，而未注明译者，除少数以单行本出版标出译者外，大多均已无法究明其译者，因而只能将它看作是译书汇编社的共同成果。标注译者的单行本中，有浙江籍学生章宗祥所译《各国国民公私权考》（井上馨原著，译书汇编社1901年版）、《国法学》（岩崎昌等原著，译书汇编社1902年版），钱承志所译《外交通义》（长冈春一原著，译书汇编社1902年版）等。此外，章宗祥之兄留学美国的章宗元所翻译的《美国独立史》（美国姜宁氏原著）也曾作为单行本于1902年由译书汇编社出版。

译书汇编社所译之书大多为东西方资产阶级的政治学说等学术书籍，对于促进国内政治文化的进步，推动思想启蒙运动起了重大的作用。梁启超曾赞扬《译书汇编》："能输入文明思想，为吾国放一大光明，良好珍诵。"[2]《新民丛报》也曾评价："诸报中，除《江苏》一报未出版外，其余数种，语其程度则《译书汇编》为最。"[3]

二、陆世芬与教科书译辑社

继译书汇编社之后，还成立了以编译出版中学教科书为主的教科书译辑社。该社出版的《物理易解》一书的"版权保护令"称："据留学日本生员陆世芬等禀称：窃生等在日本东京纠合同志，设教科书译辑社，编译东西教科新书，以备各省学堂采用。"[4]可见该社的负责人是浙江留日学生陆世芬。教科书译辑社的成员虽未见具体记载，但推测与译书汇编社的人员构成大体相同。

在《译书汇编》第二年第3期"教科书译辑社广告"栏内，有"本社发行所设日本东京本乡区丸山福山町15番地"字样，这一所在地恰与译书汇编社的发行所相同。再

---

1 《简要章程》，《译书汇编》第1期，第2页。
2 梁启超：《饮冰室文集类编》（上），第794页。
3 黄福庆：《清末留日学生》，第165页。
4 实藤惠秀：《增補·中国人日本留学史》，[日]黑潮出版，1981年，第266页。

看《译书汇编》创刊号封底简启："中国乏才，由无教育；教育之难，由于无书。同人现编辑小学、中学各种教科书，然兹事体大，海内名流有素留意此事者，望赐函见教，以匡不逮。"由此可见，译书汇编社在开始出版《译书汇编》的同时，就有编辑出版中小学教科书的计划，只是由于出版中小学教科书与译书汇编社所定译书内容"以政治一门为主"之章程相距甚远，故另设"教科书译辑杜"作为分社专事编译出版中小学教科书。陆世芬在译书汇编社中排位第三，但由于其前王植善并非在日留学生，故在日成员中，除社长戢翼翚外，第二位就是陆世芬。这样，由陆世芬来负责译书汇编社的唯一分社教科书译辑社就不难理解了。

教科书译辑社成立后，组织译辑了大量的中小学教科书，其中又以中学教科书为多。据《译书汇编》第二年第3期卷末之广告，可知其初期的出版计划包括下列书籍：

书　名	作　者
伦理学	
东洋史	
中国地理	
中等地文学	矢津昌永
初等几何学教科书	长泽龟之助
平面三角学	菊池大麓
中等化学教科书	
中等植物学	三好学编
新式矿物学	胁水铁五郎
体操教苑	
法制教科书	
中等管理教科书	
中国历史	
西洋史	
中等万国地理	矢津昌永讲述
算术小教科书	藤泽利喜太郎编
代数学	上野清
中等物理教科书	水岛久太郎
普通生理教科书	片山正义
中等动物学	石川千代松
图画术	

国民新读本

经济教科书[1]

另据《江苏》第1期卷末广告[2]，教科书译辑社已刊和"近已付梓，不日出版"的书籍共有：

书　名	著　译　者
中学地文教科书	神谷市郎著
中学物理教科书	水岛久太郎著（陈榥译）
中学生理教科书	美国斯起尔原著（何燏时译补）
中学化学教科书	吉田彦六郎著
物理易解	陈榥撰（译辑）
社会学提纲	美国吉登葛斯原著（吴建常重译）
青年教育	
国家教育	
教育原理	（季君译）
普通经济学教科书	王宰善辑著
中学地理教科书※	夏清贻著
中学代数教科书※	（陈榥译）
中学几何教科书※	周家彦著

上述广告书目，除带※号的3种以外，其余均有对该书所作的广告式说明，如《中学物理教科书》条称："是书为日本水岛久太郎原著，义乌陈榥译补。陈氏于日本帝国工科大学肄业，研究物理确有心得，故能说理透辟，措词明达，于数学公式尤所详备，洵理科之佳本也。至其装订华丽、绘图精致，尚其余事。"再如《中学生理教科书》条，称："是书为美国斯起尔原著，暨阳何燏时译补。说理既精，考证尤确，每篇悉附试验方法以供临时参考。插图四十幅，用最精铜板，明细可爱，洵中等生理教科之善本，前此得未曾有者也。"由此可见，这些说明对浙江陈榥、何燏时所译书籍的评价较高。陈、何二人均非译书汇编社或教科书译辑社的主要成员，但他们在为教科书译辑社编译书籍方面却非常活跃。

谭汝谦主编的《中国译日本书综合目录》共收录1883—1978年中国及日本等出版的中译日书共5000余种，是迄今所收中译日书最多的综合目录。从该目录中，笔者检

1　实藤惠秀：《增補·中国人日本留学史》，第266页。
2　江苏同乡会：《江苏》第1期，1903年，第203—206页。

得教科书译辑社出版的书籍有：

书　名	编　著　者	译　者
中学算理教科书	水岛久大郎	陈　榥
初等平面几何学	菊池大麓	任　允
中学物理教科书	水岛久太郎	陈　榥
物理易解		陈　榥（著）
物理教科书	水岛久太郎	陈　榥
中等最新化学教科书	吉田彦六郎	何燏时
中学地文教科书	神谷市郎	
植物之生理	田原正人	高　铦
教育学原理	中岛半次郎等	季新益
社会学提纲	市井源三	吴建常

　　上列《物理易解》一书于1902年由教科书译辑社出版，署"陈榥著"，可知其并非译著。该书自述称："壬寅春，同人设清华于东京，以计留学者修普通学之便，忝命予讲授物理学。予于此非所专执之门，顾以同人之命，不获辞也。遂与来听者相切磋，初则听者颇有苦意，乃未及三月则见解领悟，各蒸蒸日上矣。而时已暑假无事，时辄将从前之讲稿，采集他书，以补所不足。语非一家，务期明意，成书名曰《物理易解》，因即梓以公诸世。"[1] 由此可知，该书是在陈榥在清华学校（前身为梁启超所创办的东京大同高等学校）任教时的讲义的基础上，补充修订而成。此外，陈榥的著作中，由教科书译辑社出版的还有《中等算术教科书》《初等代数学》《物理学》等。其中《中等算术教科书》上下二卷，1904年出版，至1909年已出第七版，可见其受欢迎的程度。而陈榥在日本留学期间所编译的著作，除上述教科书译辑社出版的书籍外，还有1905年由会文堂出版的《心理易解》。该书为陈榥于1904年因病休学在日本平塚疗养期间所编译，"系辑东文书而成，西文书中惟英文Michael Maher S.J.所著心理学书有所参考而已"，大约为"中等师范之程度，故于心理学之历史及分科之研究均不能细细采入"。[2]

　　比较前述《译书汇编》第二年第3期所载教科书译辑社初期计划出版的书籍目录、《江苏》第1期所载已刊或近刊目录，以及《中国译日本书综合目录》所载该社出版书目录，这三者中，后两者所载书目内容较为接近，而此两者与第一者之间却相差甚远，可见其最初的出版计划在后来作了较大的调整。教科书译辑社究竟编译了多少教科书，

1　陈榥：《物理易解》，"序言"第1页。
2　陈榥：《心理易解》，"辑言十则"第1页。

由于资料匮乏，难以得出确切的统计数字。尽管也有该社编译之书不下几百种之说[1]，但据目前所占有的资料，似乎只有几十种。

三、浙江早期留日学生译书活动之特点

清末派遣留日学生的目的在于希望通过日本输入西方近代文明。在此意义上，若将日本看作西方文明传入中国的中间站，那么留日学生则是异国文化从日本传入中国的载体。他们置身于疾步迈向近代化的日本，更深切地感受到中国的贫弱，这一强烈的反差激发了他们利用所学的新知向国内输入异国文明的强烈欲望。为达此目的，译书被认为是最直接有效的手段。这一工作，早期留日学生做得尤为突出。

浙江早期留日学生中研习文科的学生无一例外地都参加了译书活动，译书风气之盛可见一斑。除上述已论及的陆世芬、章宗祥、钱承志、吴振麟、陈榥、何燏时外，1898年赴日留学的温州永嘉籍学生王鸿年翻译了《步兵斥候论》（稻村新六原著）、《宪法法理要议》（穗积八束原著）、《骑兵斥候答问》（陆军教导团原著），还编纂出版了《国际公法总纲》（1901年）、《国际中立法则提纲》（1907年）等著作；1898年赴日留学的浙江海盐籍学生富士英翻译了《满洲调查记》（冈田雄一郎原著，光绪三十一年十二月自序，未载出版者）；吴振麟著《局外中立国法则》（1904年，战时国际法调查局发行）一书虽非译著，但从其自序中可以发现其撰写过程中主要参考了英国政府所派委员撰写的《调查局外中立国法则报告书》。此外，汪有龄虽因病退学回国，但他在回国后也翻译了如《日本议会史》（工藤武重原著，1904年，江苏南通翰墨林书局）、《学校卫生学》（三岛通良原著，1903年，教育世界社）、《日本教育家福泽谕吉传》（奥村信太郎原著，1903年，教育世界社）、《民事诉讼法》（松冈正义讲授）等著作。

早期留日学生的译书活动大多有组织有分工地进行。译书汇编社中，主要成员三分之一以上是浙江早期留日学生。其定期刊物《译书汇编》中所收译作不署译者姓名，而是以团体名义问世，这一方面是受当时的刊物时常不署译者姓名这一习惯的影响，另一方面与该社分工合作式的工作方式有关。该社成员有的负责统筹计划工作，有的负责编辑工作，有的则专事翻译，共同目的是源源不断地向国人介绍外国新知，以满足国人对新知识新思想的渴求。陆世芬为译书汇编社的主要成员，而且后来还负责教科书译辑社的工作，但后人却未见其单独署名的译书，原因恐怕就在于此。

从上述所论及的译书目录中，可以发现早期浙江留日学生的译书以政法类书籍和中学教科书占绝对多数这一事实。而且，政法军事类书籍多为纯学术性著作，这与后来创办的如《浙江潮》《游学译编》等刊物所载译书的政治倾向性形成鲜明的对比。从中也反映出这些早期留日学生的译书目的主要是为了向国内输入新知识、新思想。浙江早期

留日学生的译书偏重于政法类和教育类书籍，这无不与当时所处的政治大变革时代紧密关联。政治的变革，学制的改革，大批新式学堂的创设等都不仅需要大批政法及教育方面的人才，而且还必须提供大量的书籍来满足学校和社会的需要。留日学生正是基于这一时势，结合自己所学的专业进行翻译，如所译政法类书籍最多的章宗祥所学的专业为法科，所译中学数理教科书最多的陈榥为帝大工科。此外，如汪有龄、钱承志、何燏时等也均结合自己的专业进行译书。

　　浙江早期留日学生的译书尤其是政法类书籍中，有不少是当时的名著。如汪有龄译《日本议会史》、章宗祥译《国法学》《日本刑法》《各国国民公私权考》等在后来均出现了多种译本，而上述译本均是其中最早的译本。中学教科书类书籍中，如陈榥编译的《物理易解》在光绪二十八年出第一版后，至光绪三十二年短短 4 年就已出了 8 版[1]，其广受欢迎程度可见一斑。

1　实藤惠秀：《近代日支文化論》，[日]大東出版社，1941年，第117页。

第三章

浙江百名师范留日学生

清末浙江，与全国一样，废科举，兴新学。除一些旧式学堂被改建为新式学堂外，当地士绅还创办了一批新式学堂。在较短的期间内兴办大量的学堂，主要面临经费和师资的问题。而"求师之难，尤甚于经费。天下州县皆立学堂，数必逾万。无论大学、小学，断无许多之师。是则惟有赴外国游学一法"。[1]浙为解决发展新学所面临的师资不足问题，1905年浙江巡抚聂缉椝决定选考100名官费生赴日本早稻田大学学习师范。该留学生派遣活动是清末浙江省最大的一次官派留学生活动，所派遣的学生来自省内各府县。

　　早稻田大学是清末日本接收中国留学生的主要高等教育机构之一，该校于1905年9月特设清国留学生部，专门招收中国留学生。清国留学部成立之初设立了预科、师范科以及特别预备科，1907年增设了普通科和研究科。其中师范科学制二年，分为物理化学科（以下简称"理化科"）、教育及历史地理科（以下简称"史地科"）和博物学科（以下简称为"博物科"）三个专业。

　　光绪三十一年（1905）七月，经浙江省学务处选考，100名师范生赴日本进入早稻田大学，这一人数超过了当时早稻田大学师范科总人数三分之一。[2]百名师范留学生回国后，大多从事教育事业，如关鹏九、杨乃康等于浙江两级师范学堂任教，林楷、朱泉、华国、叶正度等在丽水中学任教，葛祖兰、曹锡爵等在澄衷学校任教，朱希祖、马裕藻等于北京大学任教，他们为浙江省乃至全国的教育事业作出了重要贡献。除从事教育事业外，还有不少学生参加了革命事业，如陈以义、程景曾、何一凤、黄人望、林骋逵、柳景元、钱逷鹏等人在日本加入同盟会，其中陈以义甚至为革命事业付出了生命。此外，不少学生还参与了报刊的创办活动以及司法活动等。

　　本章利用早稻田大学图书馆所藏的有关浙江百名师范生的原始资料及其他相关资料，对百名师范生的派遣及留学经过、归国后的活动等进行系统全面的考察。

1　赵德馨主编：《张之洞全集》（4），武汉出版社，2008年，第13页。
2　李成市、刘杰：《留学生の早稻田——近代日本の知の接触領域》，早稻田大学出版部，2015年，第41页。

第一节　浙江百名师范生派遣经过

一、派遣经过

对于派师范生留学日本的重要性，湖广总督张之洞等人在光绪二十七年（1901）五月所上的《变通政治人才为先遵旨筹议折》中就曾明确指出："教法尤以日本为最善。……宜专派若干人入其师范学堂，专习师范，以备回华充各小学、中学普通教习，尤为要著。"[1] 光绪三十一年（1905），浙江巡抚聂缉椝为浙江省选考 100 名官费生赴日学习师范一事上奏，称："窃维兴建学堂，以造就师范生为入手要著，而优级师范尤为教育初级师范之基础。浙省各属学堂至今终鲜成效，其大率半由经费难筹，半由教习不得其人耳。"[2] 由此可知，当时浙江虽已设立新式学堂，但教员缺乏，而当时浙江并无优级师范学堂，在师资缺乏的情况下，发展教育事业步履维艰。光绪三十二年（1906），浙江巡抚张增敚在创办全浙师范学堂的奏折中也认为："浙省地滨江海，风气早开，自科举奉停，公私学社林立，然学科程度之未能合格，实由教员管理之骤难得人。"[3] 可见当时浙江亟需师范人才来支撑新式教育的发展，而省内并无专门的师范学堂，师资养成只得将目光朝向国外。

在决定派遣百名师范生之前，浙省官员曾"函商驻日使臣，并派员前往查察。知日本早稻田大学于彼国最有名誉，规模宏远，教育完全，与此项学生亦甚相宜"[4]，因而最后决定留学学校为早稻田大学。此外，在人员选拔方面，于上一年冬间，就严格制定章程，"札由学务处转饬各属保送十八岁以上、二十五岁以下之精力强壮，不染一切嗜好、恶习，中学已有根柢各生，由各该府考取册报"。在经费筹措方面，"所需常年学费洋四万八千余元。又，入学整装川资护送照料各费洋一万六百余元，以及考试、杂支各费，各库无此大宗闲款，均于铜元余利项下，随时筹给，勿需各生自行开支分文，并

1　赵德馨主编：《张之洞全集》（4），武汉出版社，2008年，第14页。
2　王道瑞编选：《光宣年间浙江兴办新式学堂史料（上）》，《历史档案》2004年02期，第48页。
3　王道瑞编选：《光宣年间浙江兴办新式学堂史料（上）》，第49页。
4　王道瑞编选：《光宣年间浙江兴办新式学堂史料（上）》，第48页。

不准经手官吏稍有刻扣"。[1] 从"勿需各生自行开支分文"以及"不准经手官吏稍有刻扣"等表述，可以看出官府对于这次派遣留学的重视。有经费的保证也是此次留学活动能够成功的原因之一。

最后，经过考试选定，各地区留学生人数分别为"杭属十一名，嘉属九名，湖属九名，宁属九名，绍属十名，台属八名，金属十名，衢属六名，严属七名，温属八名，处属十二名，驻防二名，共计合格生一百名"[2]。另据在杭日本领事馆副领事大河平隆则于明治三十八年（1905）八月二十一日致日本外务大臣伯爵桂太郎的函件，"此次浙江省为学习师范，决定派遣官费留学生一百名至本邦，该人员（由省内各府县选出）已经验定，将由户部主事楼思诰率领赴日，已于清历七月十一日收到由该省学务处送来的人员名单"。[3] 现根据早稻田大学所藏等相关原始资料，将百名师范生姓名、籍贯、所学学科等信息整理如下：

表3-1　百名师范生姓名籍贯学科表

姓　名	字号、籍贯、所学学科
包汝义	字仲寅，号笑庐，建德县人。博物科
曹锡爵	字慕管，又名微吾，上虞县人。史地科
岑崇基	字晴溪，瑞安县人。理化科
陈　格	字铭石，乐清县人。博物科
陈　簠	字骥亭，萧山县人。博物科
陈　豪	东阳县人。理化科
陈　时	字中甫，新昌县人。理化科
陈选庠	萧山县人。博物科
陈宜慈	字让旃，海盐县人。博物科
陈以义	字仲权，嘉兴县人。史地科
陈滋镐	字傲僧，鄞县人。博物科
程景曾	字省三，遂昌县人。史地科
杜孝敦	字伯先，青田县人。理化科
方怀襄	字逸夫，桐庐县人。史地科
傅典虞	字仲扬，义乌县人。（学科未详）
葛祖兰	字锡祺，曾用笔名当归、老拙等，慈溪县人。理化科
庚　泽	杭州驻防。理化科

1　王道瑞编选：《光宣年间浙江兴办新式学堂史料（上）》，第48页。
2　王道瑞编选：《光宣年间浙江兴办新式学堂史料（上）》，第48页。
3　大河平隆则：《官费留学一百名本邦へ派遣之件》，日本外交史料馆藏，1905年8月21日。

续表

姓　名	字号、籍贯、所学学科
关鹏九	字卓然，仁和县人。博物科
桂　年	字仲山，杭州驻防。史地科
郭念规	字丙堂，石门人。史地科
何一凤	号竹溪，分水县人。理化科
洪成渊	字心泉，新城县人。史地科
洪绍芳	字仲英，瑞安人。博物科
胡文滨	山阴县人。理化科
胡以鲁	字仰曾，定海人。理化科
胡　豫	字孟乐，山阴人。理化科
胡哲显	字达夫，慈溪人。理化科
华　国	仙居县人。理化科
黄化宙	字志澄，黄岩县人。博物科
黄人望	又名国华，字百新，金华县人。史地科
黄星华	金华县人。理化科
嵇剑铭	字峻潭，乌程县人。博物科
蒋恩寿	字念孙，海宁州人。（学科未详）
金　范	东阳县人。理化科
金　章	天台县人。博物科
金兆銮	字筱圃。金华县人。（学科未详）
孔庆莱	字蔼如，萧山县。理化科
孔宪荄	西安县人。（学科未详）
孔昭仁	字志霖，西安县人。博物科
李超群	字召辅，临海县人。史地科
李云夔	嘉善县人。（学科未详）
李钟祥	字虚白，东阳县人。理化科
林骋逵	字啸秋，太平县人。理化科
林　楷	字敬五，别号镜湖，青田县人。（学科未详）
刘泰钦	字敬臣，西安县人。理化科
刘廷煊	字乙照，丽水县人。史地科
柳景元	字会贞，景宁县人。史地科
陆肇勋	字辅周、辅舟，平湖县人。理化科
马裕藻	字幼渔，鄞县人。理化科

续表

姓　名	字号、籍贯、所学学科
马毓麒	字少屏，平阳县人。史地科
梅诒谷	字伯孙，余杭县人。史地科
聂登期	字燨夫，常山县人。史地科
钮家薰	字奏龙，乌程县人。史地科
潘凤起	字廉深，乌程县人。理化科
钱遹鹏	字锦江，嵊县人。理化科
邱　锐	字霄伟，黄岩县人。史地科
施绍棠	字德南，安吉县人。博物科
孙如仪	字靖夫，青田县人。博物科
孙寿祺	天台县人。理化科
唐　震	字星垣，瑞安县人。理化科
王　华	义乌县人。（学科未详）
王翊鹏	字逸彭，鄞县人。理化科
王　檰	字朴庵，幼名师曾，江山县人。理化科
温松孙	乌程县人。（因病回国）
邬学韶	字声伯，奉化县人。理化科
吴乃璋	字景韩，石门县人。史地科
吴祉麟	字锡纯，建德县人。理化科
夏廷纲	字梅藤，钱塘县人。博物科
夏廷璋	字舫孙，钱塘县人。史地科
项廷骅	字声初，瑞安县人。理化科
谢钟灵	名观象，字典职，号秀卿，又号醒今，天台县人。史地科
徐鸿恩	字逵卿，仁和县人。理化科
徐文藻	字冕百，海盐县人。理化科
杨乃康	字莘耜，又作莘士，乌程县人。博物科
杨文洵	字效苏，江山县人。史地科
叶锦春	字彦心，庆元县人。理化科
叶庆崇	字琮珊，松阳县人。理化科
叶正度	字晓南，乐清县人。史地科
应国纲	字楂圃，永康县人。理化科
余光凝	字炳心，又字炳星、病心，遂安县人。理化科
俞　新	字蘧庵，桐庐县人。（学科未详）

续表

姓　名	字号、籍贯、所学学科
郁庆云	又名华，字曼陀，别署曼君、曼公，富阳县人。史地科
张立明	字亦飞，鄞县人。理化科
张梦魁	字衡浦，浦江县人。（学科未详）
张品纯	字蕴光，青田县人。理化科
张廷霖	字萍青，钱塘县人。史地科
张孝曾	字界定、稼庭，安吉县人。理化科
张宗绪	字柳如，安吉县人。博物科
章景鄂	字鲁瞻，诸暨县人。理化科
郑逢壬	遂安县人。理化科
郑延龄	字宇壶，归安县人。理化科
周　焯	字有俊，丽水县人。理化科
周　奋	字孟由，永嘉县人。史地科
周煌城	字智荷，诸暨县人。理化科
周庆修	字国辅，钱塘县人。理化科
周　樾	字志畲，丽水县人。博物科
朱　泉	字寿长，号渭川，缙云县人。理化科
朱希祖	字逖先，又作逷先，海盐县人。史地科
朱宗吕	字渭侠，海宁州人。理化科
邹之栋	字窥镜，平湖县人。理化科

在百名师范生学成回国后的任用方面，浙江省在派遣之初就作出规定："三年毕业回国，即行派充各属学堂教员，效力义务六年，各令预取愿书存案。惟各生文艺均系优等，所学皆完全师范，即备本省优级师范之选，效力亦以六年为限。"[1] 且这次选派的学生遍布浙江各地，目的在于将来各地皆有本地教习，可以看出当时浙省官员对于全省教育均衡发展的良苦用心。在当时还无大规模官派师范留学生的背景下，这批师范留学生回国后在教育界会成为领头人的角色，而且由于留学背景一致，在教育举措方面，其方法模式必定会有相似性，这也有利于全省各地区教育的协同发展。

在对此批留学生回国后的奖励方面，浙江巡抚在选派时的奏折中，就希望待各生毕业回国后，准予援照优级师范分别给奖，以示鼓励。另外，百名师范生中归国后有部分学生参加了清政府举行的归国留学生考试，其中史地科张廷霖成绩优等被授予文科举人，史地科梅诒谷成绩优等被授予法政科举人，史地科郁庆云成绩中等被授予法政科举人。[2]

1　王道瑞编选：《光宣年间浙江兴办新式学堂史料（上）》，第49页。
2　参见附录二《归国留学生考试被授予出身的浙江留日学生》。

二、早稻田大学清国留学生部师范科的设立

早稻田大学创立于 1882 年，当时名为"东京专门学校"，于 1902 年改名为"早稻田大学"，并于 1905 年设立清国留学生部，专门接收中国留学生。关于清国留学生部的设立，最主要的推动者为高田早苗和青柳笃恒。

高田早苗（1860—1938），日本教育家、政治家、政治学者、新闻工作者。其教育工作中，主要贡献之一是推动早稻田大学清国留学生教育的发展。高田早苗在东京专门学校成立之初被聘为讲师，1886 年任该校议员，1891 年担任国会演习议长，1894 年任出版部长，1900 年任学监，辅助校长工作。此后还为东京专门学校升为早稻田大学做了不少努力。1901 年 4 月为募集早稻田大学基金，前往"西国"（日本关西以西的地区，尤指九州地区）巡游演讲。以此为开端，在日本各地就早稻田大学基金募集及早稻田大学创立一事进行演说。1902 年东京专门学校正式升格为早稻田大学。1903 年，高田任早稻田大学理事维持员，同年，早稻田大学中文讲师青柳笃恒就清国留学生教育一事向高田提交了意见书，可视之为清国留学生部设立的开端。[1]

青柳笃恒，1877 年生于日本山形县，早年师从日本汉语教育家宫岛大八，后就读于早稻田大学政治经济学部，毕业后任早稻田大学中文讲师。由于青柳笃恒师从名师，汉语流畅，颇具文雅，很受大隈重信和高田早苗器重。大隈和高田每次接见中国来访者时都是青柳在其间进行翻译，同时他也是早稻田大学中国留学生与大隈、高田等学校领导层交流的主要桥梁。[2]1905 年，为准备开设清国留学生部，高田早苗与青柳笃恒、松平康国一同前往中国进行教育考察。

这次中国教育考察历时 87 日，涉足南北 10 省，行程长达 12000 多公里。1905 年 3 月 30 日由日本长崎抵达上海，从上海开始了中国之旅，到访了上海、福州、苏州、杭州、南京、武汉、长沙、保定、北京等城市，参观了全闽师范学堂、南洋公学、江苏师范学堂、澄衷蒙学堂、三江师范学堂、江宁府师范学堂、陆师学堂等，其中参观的师范学校有 9 所。值得一提的是，据青柳笃恒《清国旅行纪要》一文，高田早苗一行在杭州停留期间的 4 月 23 日下午访问了浙江巡抚聂缉椝，并与之畅谈，可惜未留下具体的谈话内容。而同年 8 月 16 日，聂缉椝就浙江选考百名师范生赴早稻田大学学习师范一事呈上了奏折，由此可以推测当时的谈话很可能涉及派师范生留日一事。

1905 年 6 月 15 日高田早苗一行归国，25 日高田在早稻田大学大讲堂发表"游清所感"演讲。9 月 5 日，清国留学生部开学典礼于早稻田大学大讲堂举行，高田在典礼上发表了演说，清国留学生部正式设立。[3]清国留学生部在设立之初就设有师范本科，可见

1　真边将之：《高田早苗年谱》，《高田早苗の综合的研究》，早稻田大学大学史资料センター，2002年，第2—28页。
2　高田早苗：《半峰昔ばなし》，早稻田大学出版部，1927年，第399—400页。
3　真边将之：《高田早苗年谱》，第31页。

高田早苗对师范教育的重视。他在"游清所感"演讲中也提到："若论何为最必要，普通教育即是。而若要发展普通教育，就必须培养教师，所以师范教育可谓当务之急。"[1] 除此之外，高田和青柳反对当时在日本盛行的留学生速成教育，这也是他们对留学生教育改革中值得肯定的一点。当时，速成教育是留学生教育的主流，在速成科与普通科为主的教育中，速成科的学生比重有 90% 之多。高田认为速成教育只可应一时之急，而留学教育还是要以正规教育为主。因此在学制设置上，预科为一年，本科为两年，一共三年，并且还导入了教学计划。[2] 除了师范科外，陆续于 1907 年增设了普通科和研究科。[3]

第二节　百名师范生留日经过

一、就学情况

早大清国留学生部师范科由理化科、史地科和博物科三科组成。截至 1908 年 3 月，共有 287 名学生，其中浙江籍学生 123 名，比例超过了学生总数的五分之二。在师范科的三学科中，浙江籍学生又以理化科人数最多，为 64 名，其余史地科 30 名，博物科 29 名。[4] 而 1905 年所派的百名师范生中，理化科 54 人，史地科 29 人，博物科 13 人，不确定科目者 4 人[5]，理化科人数占总人数的一半之多。这一统计数字与时任驻杭州领事馆副领事大河平隆则的报告"该留学生等全部预定入东京早稻田大学，重点学习理化学科"[6] 相一致。

留学生入学后，先学习一年的预科课程，然后根据学生的意愿划分专业，开始两年的本科学习。课程设置方面，预科和本科均为周一至周六上课，周日休息，每天的课程从上午九点到下午五点。根据《早稻田大学清国留学生部章程》（以下简称《章程》），预科和本科（师范科）的课程分别如表 3-2 至表 3-5 所示。[7]

表3-2　预科学科课程及每周课时

	上学期课程	每周课时	下学期课程	每周课时
日本语	阅读、会话、文法	18	阅读、会话、文法、作文	18

1　高田早苗：《遊清所感》，《早稻田学报》第122号，1905年9月1日。
2　李成市、刘傑：《留学生の早稻田——近代日本の知の接触領域》，第42页。
3　李成市、刘傑：《留学生の早稻田——近代日本の知の接触領域》，第40页。
4　李成市、刘傑：《留学生の早稻田——近代日本の知の接触領域》，第41页。
5　根据早稻田大学图书馆藏明治四十年七月《成績簿（物理化学科）甲》《成績簿（物理化学科）乙》《成績簿（博物学科）乙》《成績簿（教育及歷史地理科）乙》整理而成。
6　大河平隆則：《官費留学一百名本邦へ派遣之件》，日本外交史料館藏，1905年8月21日。
7　《早稻田大学清国留学生部章程》，早稻田大学图书館藏，1905年，第4—9页。

续表

	上学期课程	每周课时	下学期课程	每周课时
历史	西洋近世史	3	西洋近世史	3
地理	政治地理	2	天然地理	2
理科	博物	3	理化学大意	3
数学	算术	4	算术、代数初步	4
唱歌（随意）	唱歌	1	唱歌	1
图画	图画	1	图画	1
体操	普通体操		兵式体操	
合计		32		32

表3-3　本科师范物理化学科课程及每周课时

	第一学年	每周课时	第二学年		每周课时
伦理	伦理学	2	教育学	教育学	3
教育学	教育史	2	数学	三角术、力学	6
数学	代数、几何	6	矿物学	矿物学	3
生理、卫生	生理、卫生	2	物理学	音乐、热、光学、电磁学、实验	8
物理学	物性学、力学、实验	5	化学	无机化学、有机化学、物理化学、实验	8
化学	总论、无机化学、实验	5	教授实习	教授实习	
图画	图画	1	体操	兵士体操	
日本语	阅读、会话、文法、作文	8	英语(随意)	阅读、译解、会话、听写、作文	5
体操	兵式体操				
英语(随意)	阅读、译解、会话、听写、作文	4			
合计		35	合计		33

表3-4　本科师范博物学科课程及每周课时

	第一学年	每周课时	第二学年		每周课时
伦理	伦理学	2	教育学	教育学	2
教育学	教育史	2	动物学	动物学	4
地理	地文学	2	植物学	植物学	4
数学	代数、几何	4	矿物学	矿物学	6
生理、卫生	生理、卫生	2	地质学	地质学	6

续表

	第一学年	每周课时	第二学年		每周课时
化学	化学	2	农学	农学	3
动物学	动物学	2	图画	图画	2
植物学	植物学	2	教授实习	教授实习	
矿物学	矿物学	2	体操	兵式体操	
地质学	地质学	2	英语（随意）	阅读、译解、会话、听写、作文	5
图画	图画	2			
日本语	阅读、会话、文法、作文	8			
体操	兵式体操				
英语（随意）	阅读、译解、会话、听写、作文	4			
合计		36	合计		32

表3-5 本科师范史地科课程及每周课时

	第一学年	每周课时	第二学年		每周课时
伦理	伦理学	2	伦理	伦理史	3
教育学	教育史	2	教育学	教育学、教育实际	4
历史	西洋中古史、西洋上古史、日本维新史	6	心理学	心理学	3
地理	地文学、人文地理（东洋）	4	历史	西洋近世史、西洋最近史、世界文明史、史学研究法	8
数学	代数、几何	4	地理	地文学、人文地理（西洋）地图	5
生理、卫生	生理、卫生	2	法制	法制	2
日本语	阅读、会话、文法、作文	8	经济	经济	2
图画	图画	1	列强大势	列强大势	2
体操	兵式体操		教授实习	教授实习	
英语（随意）	阅读、译解、会话、听写、作文	4	体操	兵式体操	
			英语（随意）	阅读、译解、会话、听写、作文	5
合计		33	合计		34

如上表所示，预科的课程主要以语言学习以及各学科的基础课程为主。日语的课时占到了总课时的一半以上，而其他课程内容基本涵盖了理化史地博物学科，学生进行一年的入门学习后，再根据自身情况选择本科专业。本科的课程则是在日语、数学、图画、体操、伦理学、教育学、生理等科目的基础之上，增加和各自专业相关的科目。

考试分为学期考试、学年考试以及毕业考试三种。考试成绩等级分为甲乙丙丁四等，丙以上为及格。除学习外，《章程》中提到"学生志操品行尤需留心，品行分数与学科分数均行合算酌定等第为准"[1]，可见学校还会对学生的品行进行考核。

早稻田大学清国留学生部教职员人数众多，师资力量雄厚。笔者根据早稻田大学图书馆所藏《清国留学生部章程》记载，对留学生部教职员名单进行了整理，共有70人之多。

表3-6　早稻田大学清国留学生部教职员名单

职　员	
校长	法学博士、美国法学博士　鸠山和夫
学监	法学博士　高田早苗
教务主任兼主事	青柳笃恒
主事补	渡俊治
讲　师	
理学士	石川成章、伊藤重次郎、泷本镫三、竹中信以、高桥协、藤野了祐、柴山本弥、大日方顺三、草野俊助、山口大藏、矢部长克
德国法学博士	池田龙一、宇都宫鼎、坂本三郎
早稻田大学文学士	西村条藏、本田信教、东仪季治、中村伸、樋口龙缘、关菊麻吕
文学士	富田才次、土肥庸元、冈田正美、波冈茂辉、中村小次郎、梅若诚太郎、浮田和民、鹈饲二郎、内崎作三郎、烟山专太郎
法学博士	冈田朝太郎、小山温、美浓部达吉、皆川秀孝、宫田脩、高田早苗、添田寿一、山田三良、天野为之、有贺长雄、中村近午、中岛半次郎、永井一孝、中桐确太郎
法学士	大隈信常、大宫贯三、渡俊治、副岛义一、铃木喜三郎
德国哲学博士	金子马治、长濑凤辅
理学博士	横山又次郎、吉田公重、坪井正五郎、土屋诠教
美国法学博士	田中穗积
文学博士	坪内雄藏
英国哲学博士	藏原惟廓
早稻田大学政学士	安村良公、青柳笃恒

1　《早稻田大学清国留学生部章程》，第9页。

讲　师	
早稻田大学法学士	北原淑夫
农学士	志贺重昂
美国哲学博士	泽昌贞

另外，根据《朱希祖日记》[1]记载，给百名师范生授课的教员有大宫贯三、富田才次、金井保三、草野俊助、山上万次郎、烟山专太郎、藤野了祐、山口大藏、泷本镫三、浮田和民、宫田修、大日方顺三、中桐确太郎、藤井健次郎等。而在早稻田大学清国留学生留言册《鸿迹帖》中，也有百名师范生提到任课教师"讲师中桐确先生、理学士大日方顺先生、法学士畑田先生、讲师宫田修先生、讲师小田内敏先生、讲师吉田公重先生"等[2]。当时高田早苗不赞成在课堂上使用翻译，而是让学生学习日语，让教师直接授课，这样学生不仅可以学得一门外语，教师的授课质量也大大提高。

如上表 3-6 所示，这些教师大多有留学经验，加上日本明治维新时期对西方文化思想的接受，以及对西方政治制度的认同，教师在教学时，传授的不仅仅是知识，还有自己的思想。如教授历史的烟山专太郎，他所著的《近世无政府主义》宣扬俄国虚无党暗杀暴力的革命方略，以及《法兰西史讲义》讲述了法国启蒙运动产生的民主主义思想，这些著作影响了当时的早大留学生杨守仁、江天铎、廖仲恺等。[3]

关于住宿问题，学校为留学生在早稻田鹤卷町十二至十四番地建了学生宿舍。[4]对于寄宿生活也有规定，如宿舍开门时间为上午七点，关门时间为晚上十点，若学生在该时间段之外出门或者归舍，必须提前向舍长禀明事由，获得许可后方可出入。章程中还记载"舍长将所有寄宿生或勤或惰品行如何等，由责成监督，若遇寄宿生行为不妥，立即斥退亦未可定"，可见舍长还承担了考核学生品行的工作。[5]

二、修学旅行

除课堂学习外，学校还时或组织学生进行修学旅行等课外活动。根据早稻田大学图书馆所藏资料《明治三十八年十一月十二日 修学旅行人名及经费精算书》[6]（下面简称《精算书》）可知，1905 年学生入学第一个学期，学校就组织了一次江之岛镰仓修学旅行。《精算书》中包含了参加人员名册和费用支出明细等内容，通过该记载可以详细了解到当时修学旅行的情况。

此次修学旅行的时间为 1905 年 11 月 12 日，在百名师范生赴日不久的第一学期，大

1　朱希祖：《朱希祖日记》（上册），中华书局，2012年。
2　《鸿跡帖》第七册，早稻田大学图书馆藏，1906—1908年。
3　王格格：《辛亥革命前日本早稻田大学中国留学生革命活动论述》，《民国档案》2018年第4期，第60—63页。
4　久保田文次等：《宫崎滔天と早稻田に学んだ中国留学生展》，早稻田大学，2016年，第32页。
5　《早稻田大学清国留学生部章程》，第17—18页。
6　《清国留学生部寄宿舍 修学旅行人名及经费精算书》，早稻田大学图书馆藏，1905年11月12日。

部分学生都积极参加了这次旅行，参加人数一共为102名，其中百名师范生为70名。同行的还有当时清国留学生部的主事青柳笃恒。关于修学旅行的内容，《精算书》上有如下记载：

> 本月十二日，周日，本舍舍生一百零二名前往江之岛镰仓一带修学旅行。当日天气清朗。上午四点起床。五点，吉田作为总指挥官带领全队出发。七点从新桥乘车。九点四十分，到达藤泽，一同徒步至江之岛，十点三十分到达。稍作休息后一同探寻名胜，十二点在此处午餐。下午一点离开江之岛前往镰仓。途中左右可远望相模滩，近观七里滨的绝佳风光。从极乐寺坂进入镰仓，游览了长谷寺和大异山，最后到鹤冈八幡宫前时正好下午四点，一行在此处拍摄纪念照。稍作休息后，五点零五分从镰仓出发，乘列车七点到达新桥。八点，安全回到宿舍。[1]

本次修学旅行作为清国留学生部成立后的第一学期举办的修学旅行，从人员到经费都做了仔细的安排。参加的学生被分为四个小队，每一小队都安排了带队老师。除学生和带队老师，随行者还有六名学校相关负责人、两名教师（青柳主事、渡讲师）、一名医员（前田校医）、三名杂工。在支出项目中，根据学生身体情况，作了"健脚者"和"弱脚者"的区分，"弱脚者"的旅费比健脚者的旅费略高一些。在旅费预算中每名学生的预算均为二圆，在当时可算是一笔不小的开支。

修学旅行作为日本学校教育活动的重要部分，丰富了学生的课外活动，弥补了课堂教育的不足。通过参观旅游，作为外国人的留学生可以更好地感受日本的乡土风情，对当地有更直观的认识。

除此次江之岛镰仓修学旅行外，清国留学生部于第二年（1906）四月又组织了一次飞鸟山修学旅行，人数有五百人之多。[2]

三、从《朱希祖日记》看百名师范生留学生活

朱希祖（1879—1944），字逖先，又作遏先、迪先，浙江海盐人，我国现代著名的历史学家、藏书家。1905年浙江官派百名师范生之一，就读于史地科。从他留下的《朱希祖日记》中，可以一窥百名师范生的留学生活。但遗憾的是，他的1905—1909年留

---

1 原文：本月十二日日曜日ヲ以テ本舎々生百〇二名江ノ嶋鎌倉地方ヘ修学旅行ヲ試ム。此日天気清朗。午前四時、起床。五時、吉田氏総指揮官トシテ全隊ヲ率ヒテ出發。七時、新橋發。九時四十分、藤澤着、一同徒步斉々江ノ嶋ニ向ケ、十時三十分江ノ嶋着。少休ノ後一同名勝ヲ探リ、十二時此ニ午餐ヲ喫ス。午後一時、江ノ嶋ヲ辞シテ鎌倉ニ往ク。途中右方遥ニ相模灘ヲ望ミ近ク七里濱ニ沿フ風光絶佳。次デ極楽寺坂ヨリ、鎌倉ニ入ル。長谷寺大異山ニ廻覧シテ遂ニ鶴岡八幡宮社前参ル時正ニ四時ナリ、一行ハ此ニ記念ノ撮影ヲ為ス、了リテ少休、五時五分鎌倉發、列車ニ乗ジ七時新橋着。八時、一行無事帰舎ス。
2 朱希祖：《朱希祖日记》（上册），第26页。

日日记中，仅存 1906 年和 1908 年部分，尽管如此，我们从这两年的记录中也能看到当时百名师范生学习及课余生活的状况。

有关师范生的上课情况，在日记的一开始就记录了一次停课事件。在 1906 年 1 月 1 日（光绪三十一年十二月初七日）的日记中提到："时为文部规则，留学界停课已二十日矣。"[1] 在 1906 年 1 月 15 日（二十日廿一日）的日记中提到："清国留学生咸于是日上课，早稻田大学师范生亦于是日开班。"[2] 当时日本文部省于明治三十八年十一月三日（光绪三十一年十月初六日）颁布了《收容清国人留学之公私立学校章程》。为了更好管理人数不断增加的中国留日学生，列出了十五条章程来限制留学生的活动，其中第九、第十条尤为严苛，引起了中国留学生强烈的不满，"全体学生遂于昨今两日相率罢学"[3]。由日记内容可知早稻田大学清国留学生部也经历了这次风潮，并且停课 33 天。

在 1 月 6 日复课之后，1906 年的日记中每天的课程几乎都有记录。经整理，1 月份和 2 月份的课表基本如表 3-7 所示：

表3-7 1906年1月至2月师范史地科课表

星期一	算数	体操	日语	日语	唱歌	日语	
星期二	日语	数学	地理	日语	图画	日语	
星期三	日语	日语	算数	地理	历史	日语	
星期四	理科	日语	日语	日语	日语	历史	
星期五	日语	日语	体操	历史	理科	图画	
星期六	日语	日语	日语	理科			
星期日	休息						

2 月底进行了日语（大宫）、理科（草野）、日语（富田）、算数（藤佑）、图画（山口大藏）、日语（金井）、矿学（泷本）、地理（山上）、历史（烟山）等科目的考试。加之，三月份开始上英文课，因此从三月开始课表做了调整，3 月份和 4 月份的课表如表 3-8。

表3-8 1906年3月至4月师范史地科课表

星期一	日语	体操	数学	日语	唱歌	物理	英文
星期二	地理	数学	日语	日语	图画	英文	
星期三	日语	数学	地理	历史	日语	日语	英文
星期四	日语	日语	日语	日语	历史	物理	英文

1 朱希祖：《朱希祖日记》（上册），第2页。
2 朱希祖：《朱希祖日记》（上册），第5页。
3 《驻日大臣杨枢为报留日学生不满日颁留学章程罢学事致陈名侃等函》（光绪三十一年十一月初九日），引自郭慧《光绪三十一年留日学生风潮史料》，《历史档案》2001年第3期，第62页。

续表

星期五	日语	日语	体操	历史	物理	图画	英文
星期六	日语	日语	日语	日语	英文		
星期日	休息						

5月份的课程也做了调整，课表如表3-9。

表3-9　1906年5月师范史地科课表

星期一	地理	体操	日语	数学	历史	物理	英文
星期二	日语	数学	日语	图画	日语	日语	英文
星期三	数学	日语	地理	日语	唱歌	日语	英文
星期四	日语	体操	日语	历史	物理	日语	英文
星期五	日语	日语	日语	历史	图画	理科	英文
星期六	日语	日语	日语	日语	英文		
星期日	休息						

6月下旬，学年课程结束。从百名师范入学到此时正好已有一学年，预科课程结束。朱希祖在5月23日的日记中留下了"今日始决定入历史地理科"[1]的记录。由此可知，百名师范的分科是在预科结束后。预科结束后，正式课程便根据各自的专业进行安排。由于1908年日记对课程的记录并不完全，完整的课表还有待考证，但是可以得知1908年史地科的课程主要有近世史、最近世史、地图学、外交史、人类学、地文学、地理、文明史、心理、教育法令、法制、伦理史、教授法、教育学、经济、列强大势等。

除充实的学习生活外，学校还组织了不少课外活动，这些在日记中也都有记录。如在1906年4月8日召开了运动会：

> 观者有二三万人。中国学生千余人，女留学生三千人。日本陆军大将大山元帅亦至。本期竞走技术有数十种，留学生运动有算术竞走、移球竞走二种。日本学生分政、文、商、法四科出选手以竞走，此为正科最要之竞走，以此定终日之胜负，而本日以商科为胜。[2]

此外，还有1906年4月16日"早稻田大学清国留学生部五百人旅行至飞鸟山"[3]，4月17日"浙江师范生百人开大会于上野公园"，4月28日参观日本阅兵式，"演习于青山操场，早稻田清国留学生五百人均偕校中执事排队参观"[4]，1908年3月18日"随学堂教员及全班同学至日本文部省所陈列英国教育品博览所，中多小学、中学及实业学校、

1　朱希祖：《朱希祖日记》（上册），第33页。
2　朱希祖：《朱希祖日记》（上册），第24—25页。
3　朱希祖：《朱希祖日记》（上册），第26页。
4　朱希祖：《朱希祖日记》（上册），第28页。

盲哑学校、感化学校、矫正学校教育品"[1]等校外活动的记录。

除学校组织的活动外，在1908年下半年，朱希祖在周二、周三、周五、周六常去校外听章太炎的讲学，地点多在"帝国教育会"和"大成学校"，讲课内容为音韵学和《说文解字》。后章太炎又在《民报》社开设"小班"，有8名学生听讲，朱希祖亦位列其中。该小班的其他7人为钱玄同（德潜）、龚宝铨（未生）、许寿裳（季茀）、周树人（豫才）、周作人（星杓）、朱宗莱（蓬仙）、钱家治（均夫）。朱希祖在日记中记载："八时起，至太炎先生处听讲音韵之学，同学者七人。"[2]除朱希祖外，百名师范生中马裕藻（1878—1945，字幼渔，鄞县人）、黄人望（1880—1948，字伯珣，又字百新，金华人）、胡以鲁（1888—1917，字仰曾，定海人）均为章太炎弟子。[3]

关于百名师范生的住宿生活以及同学往来，日记中也有不少描写。如"灯下同府同房六人饮酒"[4]，可见当时的宿舍为六人间。学校宿舍周围有同兴馆支那料理店、聚丰园、时新楼、太和馆等餐馆，可供学生外食、聚餐。还有日露战争影戏馆、神乐坂的电光影戏馆、上野的美术展览会、太平洋绘画展览会、日本全国绘画展览会、商品陈列馆、商品劝工厂等休闲参观之处。日记中还提到两次（浙江）同窗会，一次浙江同乡会，一次嘉兴府同乡会。其中对第一次（浙江）同窗会（1906年3月11日）有较详细的记述：

> 上午开同窗会，郁曼陀、蒋恩寿二君演说甚善。下午译《植物界》。
>
> 郁君演说中有浙江为宋明两代亡国结局之地，由于浙江为文学渊薮地，人文蔚起，图存保残端于是，然则从前浙江之文学不过为亡国之文学，及今时势此去不远，当力图强国文学，此其大旨也。
>
> 浙江师范生百人，布满浙江各府州县，若团结而图振兴百事，则百人一动而浙江皆动，浙江一动而全国皆动，其前途辽远而可宝贵哉。[5]

可以看出当时百名师范的救亡图存的雄心抱负。除此之外，还时常提及一些重要事件，如1906年1月25日，浙江百名师范生会餐，学生部主事青柳笃恒也一起参加。

> 午餐浙江师范生百人同会饭堂（先由王叔鲁监督先生送绍酒四十斤，每人膳资洋五角）。早稻田大学清国留学生部主事青柳笃恒与两舍正副舍长、书记同食。酒三巡，青柳致贺，并呼大清国万岁者三，

1　朱希祖：《朱希祖日记》（上册），第57页。
2　朱希祖：《朱希祖日记》（上册），第77页。
3　章念驰：《章太炎与他的弟子们》，《中华读书报》2019年1月2日，第7版。
4　朱希祖：《朱希祖日记》（上册），第6页。
5　朱希祖：《朱希祖日记》（上册），第19—20页。

众皆拍掌欢呼以应。正舍长呼清国留学生部万岁者三，众亦如之。其后，师范生同声亦呼早稻田大学清国留学生部万岁者三，众皆欢和，尽乐而散。[1]

又如1906年2月7日，载泽至早稻田大学考察：

二句钟，特派考察各国政治大臣载泽公爵来早稻田大学考察学务，全校留学生欢迎之，与偕者公使及监督，大隈伯出迎，颇尚不落寞。余亦偕同校生排队随迎。[2]

另外还有1906年3月16日大隈重信在早稻田大学大讲堂的演说：

下午大隈伯爵在早稻田大学大讲堂演说，青柳笃恒翻译，题为《对于清国留学生之希望》，其言甚恳切，诚不愧为大政治家，其演文另详。[3]

在异国他乡，接触新事物、发奋读书的同时，也有因水土不服、劳累过度而身体抱恙的情况，朱希祖就有过生蛇缠疮以及得胃病住院的经历。除他自己外，他还提到百名师范的吴文滨（绍兴人）[4]和陈滋镐（1878—？，字傲僧，宁波鄞县人）两名同学因为读书用心过度吐血，他的同乡陈宜慈（1880—？，字让㳺，嘉兴海盐县人）也有因病住院的经历。

在日记中，除朱希祖本人的情况外，还提到不少其他百名师范生，他们或是同乡旧识，或是因志趣相投而结交的朋友。其中与徐文藻（1883—1946，字冕百、勉伯，海盐县人）、邹之栋（1880—1944，字宏宾，平湖县人）、陈以义（1880—1915，字仲权，嘉兴新篁人）、陈宜慈（1880—？，字让㳺，海盐县人）这几名同乡的交往最多。此外，在1908年的日记中，与叶正度（1881—1939，字晓南，乐清县人）有过几次交往，因为两人都爱作诗，且两人都为史地科学生。其他还有和钱玄同（钱德潜）的交际，钱玄同并非早稻田百名师范生，但由于朱希祖和他均听学于章太炎门下，而且性格相近，所以往来颇多，朱希祖在1913年的日记中称"余则与之莫逆也"[5]，可见二人交情深厚。其余日记中提及的人物或是会餐时有过交集，或是有过借书经历，在此不一一赘述。经整理，1906年、1908年日记中出现过的百名师范生共有15名。出现的次数如表3-10所示：

1　朱希祖：《朱希祖日记》（上册），第8页。
2　朱希祖：《朱希祖日记》（上册），第11页。
3　朱希祖：《朱希祖日记》（上册），第21页。
4　"吴文滨"为"胡文滨"之误。
5　朱希祖：《朱希祖日记》（上册），第90页。

表3-10　《朱希祖日记》1906年、1908年出现的百名师范生

徐冕百	邹之栋	陈以义	郭念规	陈宜慈	陆肇勋	陈滋镐	郁庆云
35	23	33	3	19	4	1	2
施绍棠	郑逢壬	叶正度	黄人望	汪振声	夏廷璋	蒋恩寿	
2	1	9	1	1	1	1	

四、《鸿迹帖》中百名师范生的留言

《鸿迹帖》为赴早稻田大学考察的中国官员和早稻田大学清国留学生的留言纪念册，共7册，现藏于早稻田大学图书馆，收录了1906年至1910年间的280份留言，其中绝大多数为学生留言，赴早大考察的清国官员留言共47份。

关于师范类本科生的留言主要是在《鸿迹帖》第七册（1908年），其中有11名浙江百名师范生的留言。分别是吴乃璋（1880—？，字习元、景韩，嘉兴石门县人）、李超群（1879—？，字召辅，台州临海人）、黄星华（1887—？，金华人）、柳景元（1884—1959，字会贞，处州景宁县人）、马毓麒（1879—？，字少坪、少屏，温州平阳县人）、胡豫（1880—？，绍兴山阴县人）、包汝义（1880—1950，字仲寅，号笑庐，建德市乾潭镇包家人）、黄人望（1880—1948，字伯珣，又字百新，浙江金华人）、杨文洵（1888—1935，字效苏，衢州江山人）、聂登期（1883—？，字燮夫，衢州常山县人）、谢钟灵（1871—1934，字典职、醒今，台州天台县人）。

留言在形式上有诗有文，还有画作。李超群作七言古诗《感咏》一首，柳景元作五言绝句五首，七言绝句一首，马毓麒作五言律诗《即感》六首，胡豫作七言律诗《自叹》《感事》两首。留言内容为文章的，除谢钟灵外，大多为引用古人的名篇佳作，如黄星华的留言引用了蒲松龄的《聊斋志异·绛妃》，包汝义的留言引用了文天祥的《正气歌》，黄人望的留言则引用了苏轼的《贾谊论》，杨文洵的留言引用了老子的《道德经》第四十八、四十九章，聂登期的留言引用了严复的《天演论》。除此以外，吴乃璋留下了画作。

留言内容主要以感慨时光、表露家国情怀、夸赞感谢学校教师为主。胡豫写道："年华一掷将三十，浪迹谁怜季子裘。""余以乙巳秋来东，入早稻田大学，迄今忽忽三载，回首往事感慨系之矣。"马毓麒写道："世运穷复转，年光去又来。"表达了对时光匆匆流逝的感慨。谈及时事局势的内容有李超群的"修罗世界黑沉沉，武装平和事岂真。荆棘铜驼呈惨状，文明铁血费雄心。苍生流落犹加赋，白种侵凌难废兵"，"人愈文明心愈蛮，风潮滚滚浪漫漫。平和发表西风劲，殖产喧传东土寒"，从中可见当时世界西力东渐、"西风"席卷东方世界的景象。还有夸赞学校教师的"贵校早稻田大学，为伯爵大隈先生创建，伯名满天下，为世界第一流人物，其兢兢设学以陶造国民为立国根

本，洵不愧为福泽谕吉氏后一人者"（谢钟灵），以及抒发抱负的"藉使来日回国，得放大光明于教育界，以振造其基础"（谢钟灵）。此外，更多的是一种忧国忧民的情怀，如马毓麒的"道丧文兴熄，民愚武不扬。陆沉天下溺，栋挠主人殃。僇力争残局，关心最故乡"，李超群的"苍生流落犹加赋，白种侵凌难废兵。回头还向神州嘱，保国多才定伟人"，胡豫的"学术竞争新世界，风潮冲突古神州。余粮我不争鸡鹜，下走人甘作马牛"。从这些留言可以看出当时留日学生复杂的感情，一方面是对自身留日生活的感慨以及对老师及学校的感谢，另一方面是对祖国和时局深深的忧虑。

第三节　百名师范生回国后的教育活动

百名师范生回国后对浙江各地乃至全国的教育事业作出了重要的贡献。本节主要从担任学校教员或主持学校工作，以及编写教科书等方面对其进行考察。

一、学校教员或主持学校工作

1.浙江两级师范学堂

1905 年，科举制度废除后，新式学堂大量增加，但由于缺乏教授新学的教员，新式学科质量水平低，发展举步维艰。虽然当时的高等学堂也有附设师范部，并且也已派遣百名学生赴日学习师范，但离毕业之期尚远，且人数有限，不能满足全省教育发展之用。因此，1906 年浙江巡抚张曾敭为筹办全浙师范学堂上奏，拟将贡院改建为校舍，并裁撤敷文、诂经、学海三所旧式书院，以腾出银两作为开办经费。[1] 学堂拟设初级师范和优级师范两等，初级师范学制为二年，以培养小学教师；优级师范学制为三年，以培养中学师资。1908 年建成开学，首批招生人数便有 661 名，还附设了小学，当时是全浙规模最大的新式学堂。

百名师范生中最先回国至浙江两级师范学堂任教的是杨乃康。1908 年，浙江两级师范学堂监督通过出使日本的留学生总监督在百名师范生中物色一名博物学专业学生，回省担任博物科教习一年，一年期满后，仍准其补给官费一年回到日本继续进修。当年 6 月，百名师范生的毕业考试中，杨乃康的教育、地质、动物、植物、农学、图画、体操、矿物八门学科成绩均为甲等，总成绩在博物专业中位列第一，因此杨乃康被选定回国任教。[2]

1　王道瑞编选：《光宣年间浙江兴办新式学堂史料（上）》，第49页。
2　《文牍一》，《浙江教育官报》光绪三十四年九月第三期，1908年。

百名师范生中除杨乃康外，朱希祖于1909年任该校历史教员，叶正度（1881—1939，字晓南，温州乐清县人）曾任外国地理、外国历史教员，关鹏九（字卓然，杭州仁和人）曾任博物、图画、手工教员，张宗绪（1879—1945，字柳如，湖州安吉县人）曾任博物、植物教员[1]，夏廷璋（1880—？，字舫孙，杭州钱塘县人）曾任西洋史教员，朱宗吕（1887—1916，字渭侠，杭州海宁县人）曾任物理教员。[2]另外，张廷霖（字萍青，浙江杭县人）曾在该校任教[3]，邹之栋（1882—1944，字窥镜，嘉兴平湖人）曾任教物理和化学[4]。除中国教员外，该校还聘请了一些日本教员，其中值得一提的是教育学教员——中桐确太郎，他曾是早稻田大学清国留学生部的心理学教习[5]。日籍教员因不通中文，所以上课需要翻译，当时担任翻译工作的均为归国留日学生，如周树人任动物翻译，杨乃康任植物翻译，钱家治与夏铸任教育理论翻译等。[6]并且，由于当时还无统一的课本，除数学、理化、英语外，其他课程均由教师自行编写讲义，[7]如朱宗吕就著有《物理学讲义》。除教学工作外，他们也不忘继续着自己的研究工作，如张宗绪常在课外率领学生上山采集植物，并多次登上天目山原始森林将采集的植物制作成标本，并在1920年出版了《植物名汇拾遗》[8]，不仅如此，当时他的同事周树人在编写《西湖植物志》时也就植物分类请教过张宗绪[9]。博物教员杨乃康也常常于周末"背着猎枪去打鸟，做动物标本"[10]。当年两级师范时期，校园瓦砾成堆，荒草丛生，来不及清理，常有野兽出没，杨乃康曾用猎枪打死过一只狐狸。[11]在当时的两级师范学院，因为有人看了《聊斋志异》，便传言道，贡院（即两级师范学堂）有狐狸迷人致死的事件。杨乃康打死狐狸一事，作为同事的鲁迅为之叫绝，称一枪打破了狐狸迷人的鬼话。这只狐狸也被做成了标本。[12]

虽然浙江两级师范学堂是一所新式学堂，但由于当时还处在清政府的统治中，社会环境依旧阻碍着新思想、新学问的发展。1909年冬，沈钧儒辞去监督一职，浙江巡抚增韫派夏震武继任监督职位。夏震武为尊孔人士，不懂新学，且思想顽固，反对维新。当时的教师大多是接受了新式教育的留学生，因此对夏震武已有诸多不满，并称他为"夏木瓜"。他先是要求教员们"衣冠端正"，[13]后又向学生发表廉耻训示，斥学校"败坏"，还令教务长许寿裳陪他谒圣，但是遭到了拒绝，便欲斥逐许寿裳，教员们得知后罢课以

1　吕顺长：《清末中日教育文化交流之研究》，第248—250页。
2　郑晓沧：《浙江两级师范和第一师范校史志要——近代浙江教育史料之一》，《杭州大学学报》第4期，1959年，第158—170页。
3　蔡小雄：《杭州高级中学百廿校志》，2019年，第199页。
4　蔡小雄：《杭州高级中学百廿校志》，第230页。
5　朱希祖：《朱希祖日记》（上册），第72页。
6　郑晓沧：《浙江两级师范和第一师范校史志要——近代浙江教育史料之一》，《杭州大学学报》第4期，第158—170页。
7　郑晓沧：《浙江两级师范和第一师范校史志要——近代浙江教育史料之一》，《杭州大学学报》第4期，第169页。
8　王克文、余方德：《湖州人物志》，上海社会科学院出版社，1990年，第261页。
9　魏若华、谢励武：《鲁迅教学经验琐谈》，《固原师专学报（社会科学版）》1984年第2期，第88页。
10　杨乃康：《关于鲁迅在浙江两级师范学堂的一些情况》，《鲁迅在杭州》，西湖文艺编辑部，1979年，第30—31页。
11　陈元晖：《中国近代教育史资料汇编·实业教育师范教育》，上海教育出版社，2007年，第977页。
12　马květ云：《一个湖州人的历史天空——杨莘耜传略》，《鲁迅研究月刊》2006年第4期，第56页。
13　杨乃康：《关于鲁迅在浙江两级师范学堂的一些情况》，第30—31页。

示抗议，[1]并搬出学校，杨乃康建议道："我是湖州人，大家搬到湖州馆（今小营巷新风里）去，由我想办法安排住宿。"得到了大家的一致赞同。[2]最后"木瓜之役"以夏震武被查办而宣告胜利。

如上所述，浙江两级师范学堂的教员大多为留日学生，其中有9名百名师范生。在教学设备缺乏的年代，他们能够尽自己所能寻找好的教学方法，提高教学质量。他们教授的科目大都是自己在日本所学的专业，在新学刚刚在中国起步的时期，这些知识的传授让浙省一度停滞的教育又开始迈步前进。

2.丽水中学[3]

丽水中学创办于1902年，当时校名为莲城书院，后改为崇正学堂，1906年改为处州学堂，并设师范科。1907年以莲城书院旧址为处州中学堂，校士馆为处州师范学堂。1908年中学部移至校士馆为校舍，师范部移至莲城书院旧址为校舍。1911年改名为浙江省立第十一中学堂，1913年师范部改名为浙江省立第十一师范。1923年合并中学部和师范部，校名为浙江省立第十一中学。1933年改名为浙江省立处州初级中学。1956年改名为浙江省丽水中学。[4]

最早于丽水中学任教的百名师范生是林楷（？—1919，字敬五，处州青田县人）。1908年，林楷从早稻田大学师范科毕业后便在处州中学堂任教[5]，之后"1909年10月谭监督因病出缺，由十邑代表选举林楷接充"[6]，1912年学校监督改称校长，中学部校长为林楷，直到1913年校长易人，虞世珍为中学校长，朱泉（1878—1935，字寿长，处州缙云人）为师范校长。朱泉是第二位担任过丽水中学校长的百名师范生，但是次年校长之位又易人。1917年，师范学堂聘华国（台州仙居县人）为校长。[7]华国同样也是早大百名师范生之一，关于他在丽水中学的执教情况，当年他的学生江天蔚（德奎）曾有如下描写：

> 校长华国是台州人，斯斯文文，八字胡，头发斑白，总是微笑，甚少讲话，穿着十分讲究。都是绸缎料子，没有看到他穿过布衣服。他的学问如何，不得而知，只知道他写字，用的是鸡毛笔。凡是学生请他写，从不拒绝，而且写得非常认真。他写字时的姿势也是有趣的，经常写到用力处，便把舌头吐出来。[8]

1　张直心、王平：《风潮起伏中的掌校者——许寿裳在浙江两级师范与北京女高师》，《鲁迅研究月刊》2010年第7期，第53—57页。
2　《鲁迅在杭州》，西湖文艺编辑部，1979年，第23页。
3　创办初称"莲城书院"，后经多次更名。为便于叙述，本文统一称为"丽水中学"。
4　张荣铭：《丽水中学今昔》，《浙江省丽水中学百年校庆文史资料》，浙江省丽水中学校庆办公室，2002年，第133—136页。
5　留伯仙：《青田古今名人录》，国际炎黄文化出版社，2005年，第36—37页。
6　《浙江省立第十一中学校同学录》，《浙江省丽水中学百年校庆文史资料》，第5页。
7　张荣铭：《丽水中学今昔》，《浙江省丽水中学百年校庆文史资料》，第133—134页。
8　江天蔚：《我在十一师范就读五年的回忆》，《浙江省丽水中学百年校庆文史资料》，第148—149页。

华国于 1922 年辞去校长一职，是年校长三易，1 月为祝宏猷，5 月为钱秣陵，8 月为叶正度。叶正度是第四位担任过丽水中学校长的百名师范生。当时祝宏猷担任校长时，学生要求公开学校经济收支情况，但祝宏猷不愿公开，学生认为这是贪污舞弊，便爆发了驱逐祝宏猷的学潮，最终祝宏猷自动离校，教育厅便派来钱秣陵担任新校长，但是学潮并未因此终熄。钱秣陵到校没几天就根据教育厅的训令斥革了 18 名闹事学生，于是矛盾又被激发。之后钱秣陵辞去校长职务，新校长为叶正度。对于被斥革的 18 名学生仍不准其报到注册，"这消息一传开，全校骚动，同学们包围了叶正度校长，他吓得直哭，眼泪像泉水似的流下来，讲了多少苦衷"[1]，最终采取了折中的办法，将 18 名学生转学至其他学校就读，持续一年的学潮因此画上句号。对于叶正度，学生江天蔚对他印象是"叶正度校长为人忠厚，因此，学校里师生关系，倒处得相当平和"[2]，"总是采取以柔克刚的政策"[3]处理学生风潮，还记述了一件叶正度解决学生会和学校"粪便之争"的趣事：

> 我们学校厕所的粪便一向都是学校当局所有。当时粪便价格很高。因为那时农民种田，以人粪为上肥。学生会向学校当局提出：粪便应归学生会所有，学生会的经费可由粪便所得来支出，这是言之有理的。看来，叶正度校长并不坚持粪便所有权，学生会收回粪便权，学校当局和学生会的争执就这样和平解决了。[4]

第五位担任过丽水中学校长的百名师范生为叶庆崇（字琼珊，处州府松阳县人），他于 1925 年 8 月担任校长，1926 年卸任。[5]叶庆崇实则 1909 年从早稻田大学毕业回国后便入丽水中学任教，中途加入"兴中会"参加辛亥革命，后进入省教育厅工作，[6]1925年再次执教丽水中学。

除担任过校长的五名百名师范生外，执教于丽水中学的百名师范生还有张品纯（字蕴光，处州青田县人）。张品纯 1908 年从日本回国后，曾在省立台州中学任教一年。1909 年处州中学监督谭云黼因病缺职，便由林楷接任，林楷为张品纯青田同乡，便聘张品纯回丽水中学担任理化教员，这是丽水中学任数理教职之开端。[7]除数理学科外，他还教过哲学伦理课。[8]1932 年，张品纯结束了在丽水中学的二十多年的执教生涯，辞教还乡。[9]除张品纯以外，百名师范生周焯（字有俊，处州丽水县人）也曾担任过丽水中学学

1　江天蔚：《我在十一师范就读五年的回忆》，《浙江省丽水中学百年校庆文史资料》，第150—151页。
2　江天蔚：《我在十一师范就读五年的回忆》，《浙江省丽水中学百年校庆文史资料》，第152页。
3　江天蔚：《我在十一师范就读五年的回忆》，《浙江省丽水中学百年校庆文史资料》，第153页。
4　江天蔚：《我在十一师范就读五年的回忆》，《浙江省丽水中学百年校庆文史资料》，第152页。
5　张荣铭：《丽水中学今昔》，《浙江省丽水中学百年校庆文史资料》，第134页。
6　毛虎侯：《辛亥革命在丽水》，《浙江省丽水中学百年校庆文史资料》，第140—141页。
7　留伯仙：《青田古今名人录》，第312—313页。
8　江天蔚：《我在十一师范就读五年的回忆》，《浙江省丽水中学百年校庆文史资料》，第152页。
9　留伯仙：《青田古今名人录》，第312—313页。

监兼理化教员。[1] 以及刘廷煊（1875—1947，字乙照，处州丽水县人）也于1909年在丽水中学任教，同年参与筹办了处州第一女子学校，但是在丽水中学的任教经历并无详细记载。柳景元也在丽水中学有执教经历，他于1918年进入该校执教。

综上所述，百名师范生中至少有九名学生在丽水中学有过执教经历，其中林楷、朱泉、华国、叶正度、叶庆崇等五人一度担任校长。他们教授的课程多为数理哲学等课程，为当时丽水中学新式教育的开端。除教授知识外，新思想也影响着学生。从学生要求经济公开、驱逐校长，学生会要求收回粪便所有权等学潮来看，学生不断地受到民主思想的影响，并开始积极维护自身的权益，并且"学生会也能凭着他的威信，做到凡是有利于同学的事都能据理力争"[2]。在这之中，值得一提的是叶正度校长，以开明包容的态度对待学生，处理学潮问题。学潮一平息，学生的求学热情高涨，老教员的古文课已不"吃香"，教育学、哲学伦理学、英文成为学生们钻研的热门，以及《觉悟》《努力》《醒狮》等进步报刊成为学生喜爱的读物。[3] 由此可见，一所学校的领导者是否开明，对学生乃至学校的发展有着很大的影响。

3.上海澄衷学堂

上海澄衷学堂，中国近代早期私立学校，1899年由宁波镇海富商叶澄衷出资开始筹建。1901年正月落成，2月开学，聘蔡元培为代理校长。初名澄衷蒙学堂，专为在上海宁波籍贫家子弟而设。1902年，改设初等小学、高等小学，又设中学和师范科（后停办）。1915年，增办商科（后停办）。1926年，增设高中。1928年，更名为私立澄衷中学及其附属小学。[4]

在澄衷学堂任教过的百名师范生有曹锡爵（1889—？，字慕管，绍兴上虞人）、葛祖兰（1887—1987，又名锡祺，宁波慈溪人）、张立明（1888—？，字亦飞，宁波鄞县人）[5]、钱遹鹏（1874—1931，字锦江，绍兴嵊县人）[6]、王翊鹏（1885—1966，字逸彭，宁波鄞县人）、章景鄂（1879—1954，字鲁瞻，绍兴诸暨人）。曹锡爵、葛祖兰、张立明在1912年同时进入澄衷学校任职，曹锡爵任校长，葛祖兰与张立明分别任教务长与庶务长。曹锡爵的校长任职期间为1912年2月至1927年8月。后由葛祖兰担任校长，任职期间为1927年8月至1931年9月。张立明的任职期间不明。钱遹鹏任教期间也不明，但根据《澄衷同学会季刊》（第4期、第5期、第6期、第10期）可以了解到在1921年到1926年期间钱遹鹏在该校任教。王翊鹏则于1914年7月到1920年7月在该校任教数学和英文。章景鄂的任教时间与教授科目均不明。

1　《浙江省立第十一中学校同学录》，《浙江省丽水中学百年校庆文史资料》，第65页。
2　江天蔚：《我在十一师范就读五年的回忆》，《浙江省丽水中学百年校庆文史资料》，第152页。
3　江天蔚：《我在十一师范就读五年的回忆》，《浙江省丽水中学百年校庆文史资料》，第152页。
4　夏征农、陈至立：《大辞海·教育卷》，上海辞书出版社，2014年，第428页。
5　彭宇娜：《民国时期上海私立小学研究》，华东师范大学硕士学位论文，2017年，第69页。
6　澄衷同学会编辑部：《澄衷同学会第四期季刊》，国光印书局，1923年。

这六名曾在澄衷学校任教的百名师范生，最值得一提的是曹锡爵与葛祖兰，二人作为校长或是教务长，一起带领着澄衷学校走过了十几年的历程。曹锡爵是澄衷建校以来任职时间最长的校长，他上任的第二年为澄衷学校增设了中学，让学校的学制更为完备。除关注学生的智育外，他还重视学生的德育和体育。如在 12 月 25 日为纪念云南起义休课举行仪式，由葛祖兰演讲蔡锷起义历史，由曹锡爵演讲蔡锷起义感想，以加强学生的爱国主义教育。在小学周会中演讲关于"周会与公德"。并且积极开展演讲比赛、书法比赛、运动会等活动，而这些比赛也多由曹锡爵、葛祖兰等担任主要评委。在学业上，教授知识不局限于课本，还开展丰富的课外活动。

　　葛祖兰在曹锡爵之后担任校长，在任职的四年里，正面临民国政府的教育改革运动。葛祖兰在改革的同时，继续秉持着曹校长时期对学生德智体全面发展的办学特点，积极开展学生社团活动以及各类竞赛。由于葛祖兰在担任校长之前，已在澄衷学校担任教务长多年，早已积累了丰富的教学管理经验，因此在长校的四年里，澄衷中学继续发展，入学人数不断上升。1931 年，葛祖兰因与校董会就开除非甬籍教师一事发生争执，主动辞职。[1]

　　在二人执教期间最著名的事件，当属"国故毒"论战，而事件的起因便是该校的国文会考。澄衷学校在 1922 年于小学部设置国文会考，意为"督促学生注重文学，并欲考验其读书能力，与发表能力至若何程度"[2]。并于 1923 年在中学甲商部也开始了国文会考，并根据年级分为甲乙丙三组，命题及阅卷则请校外宿儒蒋观云、杜亚泉、章景丞三人担任。三组考试的参考书目分别是《汉书艺文志》（甲组）、张香涛《书目答问》（甲组）、《读史论略》（乙组）、《廿四史约编》（丙组）。在试卷参考题刊出之后，商务印书馆《学生杂志》编辑员杨贤江便在《学生杂志》上刊登了一篇名为"国故毒"的文章，对国文会考发出了责难，他认为这种考试是"国文教育上的'复辟'行为，凡不甘受束缚的教育的青年学生，应该对于这种行为，竖起反叛之旗，大喊一声革命"[3]。校长曹锡爵则在《时新报》和《中华新报》上复文回应，辩驳其观点，认为学习国故不可与"文化复辟"同日而语。[4] 该论战持续发酵，引来了陈望道、邵力子、周作人、沈雁冰等人的讨论，成为新旧文化交锋的一次缩影。

　　综上所述，在澄衷学校任教的百名师范生至少有六名。1912 年同期来澄衷学校任职的曹锡爵、葛祖兰、张立明三人刚从早稻田大学毕业不久，年龄最小的曹锡爵当时只有25 岁，而葛祖兰和张立明当时也分别只有 26 岁、27 岁，可谓青年才俊，他们相互协助担起了管理学校的重任。作为早期的留日学生，他们在注重实用教育的同时，也不忘兼

1 沈秋惠：《持诚求真 成德达才——从澄衷蒙学堂到私立澄衷学校的发展研究（1901—1937）》，华东师范大学硕士学位论文，2019年，第21页。
2 澄衷同学会编辑部：《澄衷同学会第六期季刊》，国光印书局，1924年。
3 杨贤江：《国故毒》，《学生杂志》第 11 卷第 2 期，1924 年。
4 澄衷同学会编辑部：《澄衷同学会第六期季刊》，1924年。

顾传统国学教育，与当时推崇新文化的激进者相比，他们的态度更倾向于对新旧文化的理性接受，更具有包容性。他们的励精图治也为学校以后的发展打下了坚实的基础，也是澄衷学校可以发展至今成为一所百年老校的重要原因。

4.北京大学

1913 年 2 月，朱希祖以浙江代表团的身份赴北京参加全国读音统一大会，大会结束后，朱希祖被北京大学聘为预科教员。他在 1913 年 4 月 13 日的日记中记载："上午偕尹默至胡次珊家，不遇。次珊名仁源，湖州人，今为大学校预科文科学长。……至大学校见次珊，接洽预科国文事。"[1] 文中提到的沈尹默当时已为北大预科教员。4 月 15 日的日记中记载："读音统一会事告终，而大学校教授事方始。其日记录于别册。"[2] 可惜该篇日记为朱希祖 1913 年日记中留存下的最后一篇，之后直至 1929 年的日记原稿均已散佚，他在北京大学长达十六年的执教生活中的个人体验已无法通过其日记得知。

五四运动后，1919 年北京大学参考欧洲教育制度废科设系，朱希祖为中国文学系主任，后转为史学系主任。[3] 他讲授的是《中国史学概要》和断代史，主张学以致用的治史思想，他认为："新史学与新文学同，求善求美，而更应求真，必如此，方可知道社会和人生。"[4] 并且，他重视史学理论和方法研究论，认为历史学是一门社会科学，必须用科学的方法从事研究，考证史事须以原始史料与实物为证据。1920 年，朱希祖联合北京大学的六名教授上书教育部要求推行新式标点。同年年底，他和沈雁冰、郑振铎、叶圣陶等十二人，发起成立文学研究会。这是五四新文学运动中著名的新文学团体。[5]1920 年至1923 年前后，朱希祖为北京大学评议会成员之一，"当时评议会为学校最高权力机构，举凡关于学校行政的重要措施，教务课程的增损改革，以及聘请新的教授，都必须先经过评议会的审核通过，然后才能付诸执行"[6]。1928 年，朱希祖发起中国史学研究会，参加者有北京大学、北京师范大学、清华大学、燕京大学、辅仁大学等大学的历史系师生。学会整理旧历，编纂人名、地名、年代、历史等方面的辞典，印行刊物，举行学术演讲。这是中国史学会之始。[7]

周作人谈起北大里面五位卯年出生的教授——陈独秀、朱希祖、胡适之、刘半农、刘文典时，对朱希祖的评价是"这五位卯年生的名人之中，在北大资格最老的要算朱希祖，他还是民国初年进校的吧，别人都在蔡子民长校之后"。[8] 还提到朱希祖讲课的一桩趣事：

---

1 朱希祖：《朱希祖日记》（上册），第115页。
2 朱希祖：《朱希祖日记》（上册），第115页。
3 朱偰：《回忆北大人物》，《鲁迅研究月刊》2005年第5期，第69页。
4 张国华：《文史大家朱希祖》，学林出版社，2002年，第261页。
5 张国华：《文史大家朱希祖》，第261—262页。
6 朱偰：《回忆北大人物》，第68页。
7 张国华：《文史大家朱希祖》，第262页。
8 周作人：《知堂回想录》，河北教育出版社，2002年，第403页。

朱希祖是章太炎先生的弟子，在北大主讲中国文学史，但是他的海盐话很不好懂，在江苏、浙江的学生还不妨事，有些北方人听到毕业还是不明白。有一个同学说，他听讲文学史到了周朝，教师反复地说孔子是"厌世思想"的心时，是很奇怪，又看到黑板上所写引用孔子的话，都是积极的，一点也看不出厌世的痕迹，尤其觉得纳闷，如是过了好久，后来不知因了什么机会，忽然省悟教师所说的"厌世"思想，实在乃是说"现世"思想，因为朱先生读"现"字不照国语发音如"线"，仍用方音读若"艳"，与厌字音便很相近似了。但是北方学生很是老实，虽然听不懂他说的话，却很安分，不曾表示反对，那些出来和他为难的反而是南方尤其是浙江的学生，这也是一件很有趣的事。[1]

1932 年，受学生风潮的影响，朱希祖离开北京大学南下至中山大学任教。

马裕藻（1878—1945），字幼渔，宁波鄞县人，音韵学家、文字学家。于 1913 年至 1937 年任北京大学教授，国文系主任。[2] 马裕藻于早稻田大学留学期间学的是理化科，但是在北大教的是章太炎传授的有关文字音韵的内容。除教课外，他同样也是北大评议会的一员，颇有威望。朱偰（朱希祖长子）回忆称："有一位北大同学，在他的回忆中写道：'幼渔为人，宽宏大量，老穿着朴素的长袍和黑皮鞋，虽然显得有点"骆驼"，而学者本色，非常调和。北大国文学系之负盛名，他实在是首创的开国元勋。公主府（马神庙）银安殿（北大评议会）上那二十四把金交椅，他总算是首坐。'"[3] 另外有北大毕业生谢兴尧回忆马裕藻："幼渔先生之在北大，真是当朝一品，位列三台。北大国文系之闻名世界，马氏之功实不可没。"[4] 虽然马裕藻著述较少，在学术以及行事方面也没有什么突出之点[5]，但是由于其为"太炎门生"、属"某籍某系"（浙籍太炎门生）、"上下呼应"（北大领导层多为浙籍人士）、"性格中庸"、"敢于担当"五点原因，在北大不仅不是滥竽充数，而且人望极高，凭借这些连续多次高票当选北大国文系主任。[6]

朱希祖和马裕藻都在民国初年进入北京大学执教，且二人都曾为北大评议会的成员，资历老地位高。当时北大国文系与史学系教授多为浙籍人士，并且多为留日派，后与杨荫榆、胡适之等英美派逐渐产生矛盾，并发生了"女师大风潮"一事，虽然此事最后为留日派教授胜利，但是后来的学生风潮却让不少浙籍教授离校。先是学生在大会上指责史学系主任朱希祖和国文系主任马裕藻"把持学校，不图进步，请当局予以警告"[7]。

1　周作人（止庵校）：《知堂回想录》，第403—404页。
2　张中行：《故人旧忆》，《世界文化》2013年第8期，第40页。
3　朱偰：《回忆北大人物》，第70页。
4　谢兴尧：《红楼一角》，陈平原、夏晓虹《我和北大》，三联书店，2003年，第381页。
5　张中行：《故人旧忆》，第40页。
6　桑兵：《马裕藻与1934年北大国文系教授解聘风波》，《近代史研究》2016年第3期，第35页。
7　杨树达：《积微翁回忆录》，北京大学出版社，2007年，第43页。

二人均提出辞呈，经校长挽留，同意复职，但是后又有学生闹事，朱希祖便离开北大，南下广州。[1] 马裕藻虽继续留在北大，但是几年后蒋梦麟、胡适对北大行政、教学体制进行改革，马裕藻最终辞去国文系主任一职，但仍继续授课。1937 年，北大南迁，马裕藻、孟森、周作人、冯祖荀等四名教授由于自身不便，没有随学校南迁，为北大留校教授。除孟森于 1938 年 1 月去世外，其他两人，周作人做了汉奸，冯祖荀则于伪北大任教，只有马裕藻闭门不出。[2] 一次，有一名学生请马裕藻写一些字欲留作纪念，他拒绝道："真对不起，现在国土沦陷，我忍辱偷生，绝不能写什么。将来国土光复，我一定报答你，叫我写什么我写什么，叫我写多少我写多少。"[3] 对于马裕藻的爱国精神，他的学生是这样评价的：

> 他爱国，有时爱到近于有宗教的感情。他相信中国最终一定胜利，而且时间不会很久。我们每次去，他见面第一句话总是问："听到什么好消息吗？"为了安慰老人，我们总是把消息挑选一下，用现在流行的话说是报喜不报忧——我们确是有个忧，是马先生有个羊角疯的病根，几年反复一次，而且，据说一次比一次重，不久之后会不会有意外呢？大概挨到 1944 年的年尾或下年年初，我们有些日子没去，忽然传来消息，马先生得病，很快作古了。人死如灯灭，早晚难免这一关，所谓达人知命，也就罢了。遗憾的是，他朝夕盼望胜利之来，七年多过去了，最终没有看到就下世了。他不能瞑目是可以想见的。[4]

另外，除朱希祖和马裕藻外，还有四名百名师范生曾在北京大学有过任教经历。黄人望（1880—1948，字伯昀，又字百新，浙江金华人）于 1918 年在北京大学法律预科担任讲师，讲授中国法制史，具体离开北京大学的时间无从得知，但是可以知道的是他于 1921 年任浙江省立第一中学校长，因此可以推断是 1921 年前离开北大的。王橚（1873—1945，字朴庵，衢州江山县人）于留学回国后任北京大学理化教员，一年之后离职赴日本攻读法律[5]。另外，百名师范生张孝曾（1883—？，字界定、稼庭，湖州安吉县人）据记载于 1913 年赴北京大学任教务长[6]，但具体是何时离职的，无从得知。[7] 还有一人是胡以鲁（1888—1917，字仰曾，定海人），曾在 1914 年于北京大学任教语言学，1915 年逝世。[8]

六名执教过北京大学的百名师范生，除黄人望、王橚、张孝曾、胡以鲁执教时间较

1　桑兵：《马裕藻与1934年北大国文系教授解聘风波》，《近代史研究》2016年第3期，第34—35页。
2　桑兵：《马裕藻与1934年北大国文系教授解聘风波》，《近代史研究》2016年第3期，第54页。
3　张中行：《故人旧忆》，《世界文化》2013年第8期，第41页。
4　张中行：《故人旧忆》，《世界文化》2013年第8期，第41页。
5　《江山城关镇志》，浙江人民出版社，1991年，第309—310页。
6　浙江省湖州中学：《浙江省湖州中学百年校庆纪念册：百年湖中1902—2002》，2002年，第5页。
7　李孝迁：《坪井九马三与中国现代史学》，《中华文史论丛》2017年第4期，第299—300页。
8　王东杰：《"返为自主国"：汉语进步论与中国近代的文化认同、政治理想》，《社会科学研究》2013年第3期，第149页。

短资料欠缺外，朱希祖与马裕藻的执教时间均在十年以上，且都于民国初年进入北京大学，在任前期正值北大废科设系、设立评议会，二人不仅分别为史学系主任和国文系主任，而且都为评议会的一员，位高权重，当时在学校有"朱马"之称，"够得上是北大的中心人物"。[1] 但是在 20 世纪 20 年代末到 30 年代期间，在风云诡谲的北大校园中，受到学术派系之争的冲击，最终，朱希祖离开北大，马裕藻辞去系主任一职。即便如此，二人对北大民国时期文科发展的贡献还是不可否认的。同时，他们的落寞以及同期一部分老教授逐渐星散各地，也意味着北大一个时代的结束，胡适等人掌权国文系后，北大又是另一番风景了。

5.其他学校

除以上四所具有代表性的学校外，在浙江乃至全国的不少学校校史中都能看到百名师范生的执教身影。经整理，具体任职情况如表 3-11 所示：

表3-11　百名师范生任教情况表

学校	姓名	职务	时间	备注
江山县官立高等小学堂堂长[2]	杨文洵	堂长	1910 年 7 月—1912 年 5 月	1888—1935，字效苏，衢州江山人
青田县立敬业小学	林楷[3]	校长	1916 年—？	
玉华高等小学（今桐庐分水高级中学）	何一凤	校长	1927 年—？	
毓秀女子高等小学	何一凤	校长	1927 年—？	
沙湾小学	柳景元	校长	1947 年—？	
湖州中学[4]	张孝曾	校长	1912 年 3 月—1913 年 1 月	
	潘凤起	校长	1913 年 2 月—1923 年 6 月	1883—？，字廉深湖州乌程县人
	杨乃康	校长	1923 年 1 月—1923 年 8 月（师范部校长） 1923 年 8 月—1924 年 4 月（中学部校长）	
		生物教员	1949 年—？	
	张宗绪[5]	博物教员		

1　谢兴尧：《红楼一角》，陈平原、夏晓虹《我和北大》，第381页。
2　江山市教育委员会编纂：《浙江省江山市教育志》，团结出版社，1992年，第271—272页。
3　留伯仙：《青田古今名人录》，第36—37页。
4　浙江省湖州中学：《浙江省湖州中学百年校庆纪念册：百年湖中1902—2002》，第106—113页。
5　蔡小雄：《杭州高级中学百廿校志》，2019年，第19页。

续表

学校	姓名	职务	时间	备注
吴兴县立女中初级师范（今湖州市月河小学）	郑延龄	校长		字宇壶，湖州归安县人。
湖州苕溪中学[1]	杨乃康	名誉校长	1962 年—？	
嘉兴一中[2]	陈宜慈	校长	1911 年 11 月—1912 年 3 月	1880—？，字让疏，嘉兴海盐县人。
	徐文藻	校长	1925 年 1 月—1927 年 1 月	1883—1946，字冕百、勉伯，嘉兴海盐县人
	郭念规	教员		1878—？，字丙堂，嘉兴石门县人。
	邹之栋	教员		
	朱希祖	国文教员	1910 年—1912 年	
	马裕藻	教员	1911 年—1912 年	
	章景鄂	教员		1878—？，字鲁瞻，绍兴人。
海盐高级中学[3]	徐文藻	校长	1940 年 2 月—1940 年 4 月	
绍兴第一中学	钱逎鹏[4]	教员	1903 年—1905 年	
		校长	1912 年 3 月—1913 年 7 月[5]	
	朱宗吕[6]	校长	1913 年 7 月—1916 年 11 月	1887—1916，字渭侠，杭州海宁县人。
	章景鄂[7]	校长（兼代）	1916 年 11 月—1917 年 1 月	1878—？，字鲁瞻，绍兴诸暨人。
		教员		
	周煌城[8]	修身教员		1878—？，字智荷，绍兴诸暨人。
	余光凝[9]			
	夏廷璋[10]	教员		
	胡豫[11]	教员		
稽山中学	柳景元	教员		

1　浙江省湖州中学：《浙江省湖州中学百年校庆纪念册：百年湖中1902—2002》，第20页。
2　徐玉林：《嘉兴一中建校九十周年纪念册》，嘉兴一中九十周年校庆筹备办公室，1992年。
3　张再生：《海盐高级中学校史》，2007年。
4　裘士雄：鲁迅与蔡元培等人合署的《讣告》《启事》，《鲁迅研究月刊》2002年第1期，第19页。
5　《浙江省绍兴市第一中学校友录（1897—1997）》，绍兴市第一中学百年校庆筹委会编，1997年，第8页。
6　《浙江省绍兴市第一中学校友录（1897—1997）》，第8页。
7　《浙江省绍兴市第一中学校友录（1897—1997）》，第8页。
8　裘士雄：《鲁迅与他的乡人》遗补四，《绍兴鲁迅研究》2020年，第157页。
9　《百年严中》，严州中学百年校庆办公室，2001年，第99页。
10　《浙江省绍兴市第一中学校友录（1897—1997）》，第8页。
11　《浙江省绍兴市第一中学校友录（1897—1997）》，第8页。

续表

学校	姓名	职务	时间	备注
宁波中学[1]	马裕藻	校长	1909 年—1911 年	
	徐文藻	校长	?—1923 年（师范部校长）	
	黄人望	历史地理教员		1880—1948，字百新、伯珣，金华人。
	王翊鹏	数理教员	1909 年 7 月—1909 年 12 月	
	陈滋镐	教员		1878—?，字傲僧，宁波鄞县人。
	章景鄂			
宁波市第二中学	胡哲显	校监	1912 年—?	字达夫，宁波慈溪县人。
杭州高级中学[2]	马裕藻	校长	1912 年	
	张廷霖	校长	1914 年 2 月—1915 年	1886—1974，字萍青，杭州杭县人。
	黄人望	校长	1922 年 1 月—1923 年 7 月	
		校长（代）	1922 年 7 月—1922 年 9 月（师范部）	
杭州第四中学（原浙江省立第一中学）[3]	马裕藻	校长		
	张廷霖	校长		
	黄人望	校长	1922 年 1 月—1923 年	
杭州第七中学（原安定中学）	杨乃康[4]	生物教员	?—1912 年?	
	夏廷璋[5]			
	张廷霖			
严州中学	包汝义[6]	博物教师	1909 年—?	
		校长	1917 年—?	
	余光凝[7]	校长	1912 年 1 月—1914 年 10 月	
	何一凤	教员		
	吴祉麟[8]	教员	1909 年—1933 年	
	孔昭仁[9]	教员		

1 《百年春秋：浙江省宁波中学简史：1898—2008》，2008年。《浙江省宁波第一中学建校八十五周年校庆纪念册（1898—1983）》，1984年。
2 蔡小雄：《杭州高级中学百廿校志》，2019年。
3 丁宗武：《杭州第四中学简史第一卷（1899—1949）》，杭州第四中学校庆编辑室，1999年，第125—126页。
4 林昌建：《浙江民国人物大辞典》，浙江大学出版社，2013年，第179页。
5 杭州市第七中学：《杭州第七中学（安定中学）九十周年纪念册》，1992年，第88页。
6 林昌建：《浙江民国人物大辞典》，第91页。
7 《百年严中》，严州中学百年校庆办公室，2001年，第5页。
8 《百年严中》，严州中学百年校庆办公室，2001年，第5页。
9 《百年严中》，严州中学百年校庆办公室，2001年，第5页。

续表

学校	姓名	职务	时间	备注
金华第一中学[1]	金兆銮[2]	历史教员	1906 年—1908 年	1906 年因日本政府取缔清国留学生事件，在早稻田大学才就读一年的金兆銮愤而回国。[3]
	应国纲	教员		1879—？，字植圃，金华永康县人
	黄人望	历史地理教员		
	傅典虞	教员		1878—？，金华义乌县人。
	张梦魁	教员		1878—？，字衡浦，金华浦江县人。
衢州中学	杨文泃[4]	校长	1913 年—1914 年	
		校长	1924 年—1926 年	
	钱遹鹏[5]	教员	1918 年—？	
	章景鄂			
台州中学	张品纯[6]	教员	1908 年—1909 年	
	关鹏九[7]	校长		
	余光凝[8]	校长		
	章景鄂			
天台中学[9]	谢钟灵	史地教员	1906 年—1920 年[10]	1871—1934，字典职、醒今，台州天台县人。

---

1 浙江金华市第一中学：《浙江金华第一中学校友录（1902—2002）》，2002年。
2 金兆梓：《先兄金兆銮事略》，《法学溯原》，金华市文物局，2015年，第94—97页。
3 金兆梓：《先兄金兆銮事略》，《法学溯原》，第94—97页。
4 江山市教育委员会编纂：《浙江省江山市教育志》，第271—272页。
5 钱方来：《辛亥革命期间嵊县志士与教育》，纪念《教育史研究》创刊二十周年论文集（14）——中国地方教育史研究（含民族教育等），2009年9月，第931页。
6 留伯仙：《青田古今名人录》，第36—37页。
7 浙江省台州中学：《浙江省台州中学建校100周年纪念（1902—2002）》，2002年。
8 浙江省台州中学：《浙江省台州中学建校100周年纪念（1902—2002）》，2002年。
9 浙江省天台中学校志编纂委员会：《百年天中》，吉林文史出版社，2006年。
10 1906年谢钟灵尚在日本留学，因此入校年份疑误。

续表

学校	姓名	职务	时间	备注
温州中学	马毓麒[1]	校长	1912 年 5 月—1913 年 1 月	1879—？，字少坪、少屏，温州平阳县人。
	洪绍芳[2]	监学		1883—？，字仲英，温州瑞安县人。
	黄人望[3]	教员		
	孙如仪[4]	教员		1879—？，字靖夫，处州青田县人。
	柳景元	教员		
云南省立高等第一中学堂	余光凝[5]	堂长	1909 年—？	
宁波四明专门学校（后为宁波公立甲种商业学校）	王翊鹏	伦理英文教员	1912 年 1 月—1912 年 7 月	
	邬学韶[6]	校长		
山会初级师范学堂（今绍兴文理学院）	胡豫[7]	教员	1909 年—？	1879—？，字孟乐，绍兴山阴县人。
湘湖师范学校	柳景元[8]	教员		
景宁简易师范学校	柳景元	教员		
浙江私立法政专门学校[9]	张廷霖	政治地理讲师		
	吴乃璋	民法讲师		1880—？，字习元、景韩，嘉兴石门县人。
	胡以鲁	德文讲师		
	金兆銮	货币论讲师		1882—1928，字筱圃、少甫，金华县人。
	陈选宷	民法讲师		1883—？，字允士，绍兴萧山县人。
	周煌城	教务长[10]		

1　温州中学校庆筹委会：《百年温中（1902—2002）》，2002年，第10页。
2　陈镇波：《"狂人"林损的一生》，《温州日报》2011年1月2日，第13版。
3　李霁蓉：《哀歌叹短衣，白首壮心违——试析梅思平由爱国书生到"汉奸政客"的政治命运》，厦门大学硕士学位论文，2017年，第15页。
4　李霁蓉：《哀歌叹短衣，白首壮心违——试析梅思平由爱国书生到"汉奸政客"的政治命运》，第15页。
5　《百年严中》，严州中学百年校庆办公室，2001年，第99页。
6　庄丹华：《民国时期金贸产业发展对宁波职业教育的影响———以宁波公立甲种商业学校为例》，《宁波职业技术学院学报》第20卷第3期，2016年6月，第14页。
7　陈洁：《论鲁迅钞古碑与教育部职务之关系》，《鲁迅研究月刊》2014年第6期，第77页。
8　熊宗武、林洁琼：《知识分子下乡与近代中国乡村师范教育——以金海观为例》，《湖州师范学院学报》第42卷第6期，2020年6月，第82页。
9　《私立浙江法政专门学校同学录》，1914年。
10　仲玉英、颜士鹏：《杜威的浙江之行及其教育影响》，《杭州师范大学学报（社会科学版）》2020年1月第1期，第111页。

续表

学校	姓名	职务	时间	备注
浙江省立法政专门学校	金兆銮[1]	教员	1912 年—?	
吴淞商船学校	徐鸿恩[2]	国文教员兼文牍		字逵卿，杭州仁和县人。
上海新陆师范学校	葛祖兰	校长		
北京高等师范学校	黄人望[3]	中国史教授	1914 年 9 月—?	
北京法政专门学堂	张廷霖[4]	教员		
	胡以鲁[5]	主任教员		
八旗高等学堂	张廷霖[6]	教员		
武昌高等师范学校	黄人望[7]	历史教员	1925 年—1927 年	
浙江省立甲种水产学校	林骋逵[8]	教员		1879-1923，字啸秋，台州温岭县人。
北京女子师范学校	张廷霖[9]	教务主任兼高等师范教员		
广东高等工业学校	葛祖兰[10]	物理教员		
上海圣约翰大学	杨乃康[11]	教员	1924 年—?	
复旦大学	葛祖兰[12]	教授		
中山大学	朱希祖[13]	教授兼文史研究所所长	1932 年—1934 年	
南京中央大学	朱希祖[14]	历史系主任	1934 年—1940 年	
东吴大学	郁庆云[15]	刑法教授	1933 年—?	1884—1939，又名华，字曼陀，杭州富阳县人。
浙江大学	邹之栋[16]	教授		

1 金兆梓：《先兄金兆銮事略》，《法学溯原》，第94—97页。
2 张姚俊：《民国时期高等商船航海教育的探索与实践——以吴淞商船专科学校为例》，《国家航海》第九辑，2014年，第136—137页。
3 李孝迁：《坪井九马三与中国现代史学》，《中华文史论丛》2017年第4期，第289—317页。
4 蔡小雄：《杭州高级中学百廿校志》，2019年，第199页。
5 孙峰：《我国早期的语言学家——定海籍赴日留学生胡以鲁》，《今日定海》，2015年08月07日，第03版。
6 蔡小雄：《杭州高级中学百廿校志》，2019年，第199页。
7 李孝迁：《坪井九马三与中国现代史学》，《中华文史论丛》2017年第4期，第289—317页。
8 王英础：《温岭历史故事集》，浙江工商大学出版社，2017年，第366—367页。
9 蔡小雄：《杭州高级中学百廿校志》，2019年，第199页。
10 葛祖兰：《自修适用日语汉译读本》（钱通鹏序），商务印书馆，1919年，第5页。
11 浙江省湖州中学：《浙江省湖州中学百年校庆纪念册：百年湖中1902—2002》，第20页。
12 上海文史研究馆：《馆员名录——葛祖兰》，2021年7月13日。
13 张国华：《文史大家朱希祖》，学林出版社，2002年，第262—263页。
14 张国华：《文史大家朱希祖》，第263页。
15 黄清华：《南社爱国诗人郁曼陀和他的诗》，《徐州师范学院学报》1989年01期，第46页。
16 郭杰光：《平湖历代人物辞典》，广陵书社，2019年，第74页。

续表

学校	姓名	职务	时间	备注
朝阳学院	陈滋镐[1]	民法教员		
	郁庆云[2]	刑法教授		
清华大学	杨乃康[3]	兼课教员		
	朱希祖[4]	教授	1926 年？—？	

除在学校任职外，主持或参与创办学校的百名师范生如表 3-12 所示：

表3-12　百名师范生创办学校情况表

姓名	学校	备注
柳景元	沙湾公立两等小学堂（1908 年）	
刘廷煊	处州女子第一学堂（1909 年）	
包汝义	惠英女校（1911 年）	惠英女校，创立于 1911 年，由县绅王庆莆、包汝义等发起创办，为初等小学，校址租借民房使用。知府余炳文捐廉 60 元，不足部分由发起人募集，共约 140 银元，王、包二人每年另助经费 80 元。1912 年 8 月，县议会议决改为县立学校，经费亦由县税收支给。1913 年 9 月，以校舍过隘，移设西门街灵济庙，县知事余重跃委县绅洪昌炽接管，任郑珮女士为学堂长，增设高小一班，更名为惠英女子小学。后建新校舍于总府街（今梅城幼儿园），1924 年，改名为县立女子小学。1927 年，并入模范高等小学，成为该校二部。1929 年，改为建德县里第二小学。[5]
李超群	赤城初级师范学校（1913 年）[6]	
包汝义	浙江省立第九师范学校（1917 年）[7]	
林骋逵	三成学校（1920 年）[8]	
徐文藻	海盐战时初级中学（1940 年）[9]	因屡遭日伪军骚扰破坏，仅一月余被迫停办，但影响很大。[10]

据表 3-11 与表 3-12 统计，从事过教育事业的百名师范生有 63 名（除表 3-11 与表 3-12 提到的人员外，陈以义在从事革命活动期间，也曾在嘉兴某学校任教[11]），执教

1　马忆南：《二十世纪之中国婚姻家庭法学》，《中外法学》第56期，1998年，第87页。
2　孙浩宇：《〈盛京时报〉清末诗歌研究》，吉林大学博士学位论文，2017年，第63—64页。
3　蔡小雄：《杭州高级中学百廿校志》，2019年，第20页。
4　朱偰：《我家座上客——交游来往人物》，《鲁迅研究月刊》2005年第5期，第68页。
5　朱睦卿：《严州府城梅城》，方志出版社，2018年，第134页。
6　胡平法：《藏以致用 化私为公——项士元收藏简论》，《台州学院学报》2009年第31卷第4期，第10页。
7　林吕建：《浙江民国人物大辞典》，第91页。
8　王英础：《温岭历史故事集》，浙江工商大学出版社，2017年，第366—367页。
9　张再生：《海盐高级中学校史》，2007年，第5页。
10　张再生：《海盐高级中学校史》，第5页。
11　柳无忌、殷安如：《南社人物传》，社会科学文献出版社，2002年，第309—313页。

过的学校有 51 所，主持或参与筹建的学校有 7 所。学校范围囊括了小学、中学、职校、大学，性质以公立学校为主，但也有私立学校，地域主要集中在浙江省，也有任教学校在周边省份的，如江苏省、上海等，更远的有湖北、广东、北京等地的高校。

6.学生眼中的百名师范生

作为教师，纵观其教育实践，最直观的视角便是学生对其的评价。除上文有详细介绍的华国、叶正度、曹锡爵、葛祖兰、朱希祖、马裕藻等人外，还有不少百名师范生可以在他们家乡的地方志或者任教过的学校所编写的校庆纪念册中找到一些记录。如杨乃康的学生对他的评价就是"慢条斯理"，在湖州中学的校庆纪念册中，毕业生张为诚这样评价道：

> 比徐先生更年长，去世更早一些的有一位生物老师杨莘耜先生，日本留学回来，曾与鲁迅同事。他大约是同期湖中老师中政治待遇最高的了，位全国政协委员。听说他手术拿掉过肾，我们很惊讶他与常人无异，上课毫不含糊，只是有点慢条斯理。杨先生显然是正宗达尔文主义的信徒，直到现在，他讲"进化论"时的"用进废退"、"适者生存"、拉马克……的讲课声调还回响在我耳边。[1]

毕业生司汉新也对杨乃康的学者风度和学识给予了极高的赞誉：

> 慢条斯理典型学者风度是杨莘耜老师，是鲁迅先生在日本的同学，听杨老师的生物课是一种享受，讲课条理那么清晰，那么简练，几乎无一句废话。他编写的高考复习提纲就那么一二页。可重点突出，高考命题超不出复习提纲复习范围，可见杨老师学识之精深。[2]

可见，在学生眼中，虽然是"老资格"教师的杨乃康，但仍能跟随时代潮流更新教学方法，无论是学识水平还是课堂教学，都受到学生赞誉。并且他虽然年事已高却仍继续活跃在教坛，为湖州地区的教育事业作出了贡献。

民国时期的政治家、出版家雷震也曾就读于湖州中学，在他就读的时期，湖州中学的校长为潘凤起。虽然因为在学校里的一次"饭厅风波"，雷震与校长潘凤起（1883—？，字廉深，湖州乌程县人）产生了一些误会，雷震一度被开除（后仍返校继续学业）。但是多年后雷震任湖州中学校长时，向曾经的老师潘凤起请教经验，潘凤起总是事无巨细地帮助他，雷震也对这位曾经令自己心存芥蒂的老师有了改观。他在回忆录里这样写道：

---

1 张为诚：《校园琐记》，《浙江省湖州中学百年校庆纪念册：百年湖中1902—2002》，第170页。
2 司汉新：《中学学习生活杂忆》，《浙江省湖州中学百年校庆纪念册：百年湖中1902—2002》，第173页。

每次向潘师请益时，事无巨细，他总是尽情说明，如有问题发生
　　时，他总是帮忙解决，其亲切厚道，殊出人意表之多。而且到处宣
　　扬，认为我是一个前途有为和做事有办法的青年，对于目前的中等教
　　育，我抱有一套自己的理想……后经友人告诉我，始悟出过去对他观
　　感之错误。还有一点，他的及门弟子来做校长，他很感得意，自然愿
　　意来帮忙。民国十八年，他出任考试院秘书，我们又一度共事，更深
　　知潘师之为人厚道，深有长者之风。[1]

　　除此以外，同样躬身于教育事业的徐文藻也深受学生的爱戴。徐文藻于 1946 年冬逝世，在离世之前一直在海盐高级中学任教。该校的校史中提到："1946 年冬，在学校诸事顺利、新年将临之际，学校老教师徐文藻先生不幸病逝。"[2]该校的师生于翌年 4 月 13 日为徐文藻先生举办了追悼会，由陈宜慈主祭，陈宜慈同样也是当年赴日的百名师范生之一。徐的学生秋三和张宗良在回忆追悼会时写道：

　　　　先生与我们相处了两年多，我们是在艰苦的环境中认识了先生。
　　我最憧憬的是先生他每每在课余讲国际、国内形势以及个人修养。他
　　有深广的见解，凡讲到本国问题，常以警勉的口吻，对我们讲"中华
　　民国复兴的责任，皆在你们一辈肩上，假使你们再不努力，那就完
　　了"。现在我们不再听到这种讲述了。每当先生气喘地讲授课本时，
　　我们在替他叫苦；先生确实衰老了，我们爱惜他有用的身躯，不要受
　　生活的逼迫，残酷地摧毁了，可是，他毕竟是被摧残了。[3]

　　徐文藻去世在抗战胜利之后，当时浙江省还未解放，从引文最后一段文字，可以看出教育工作者在当时社会环境下处境并不容易，政府对待他们也并不友好。但是他们对教育事业的贡献以及对青年们的教诲，被学生们一直铭记着。

　　再如，衢州江山的杨文洵，在衢州中学（当时为浙江省立第八中学）担任校长时，对品学兼优、家境清寒的学生，千方百计帮助其完成学业。[4]另外，他在江山中学（当时为江山县官立高等小学堂）担任校长时，增设自然科学等课程，修建操场，建学生食堂，改建事务室，完善了学校的基础设施。为增加学校的文化底蕴，还修建了"仰止亭"。虽然在 20 世纪 70 年代遭到了拆除，但是于 2009 年，江山中学又重新修建了仰止亭，2013 年仰止亭还被写进江山中学的校歌中："仰止亭前思忆先贤，丹桂芬芳，歌声

1　雷震：《雷震回忆录》（学生时代节选），《浙江省湖州中学百年校庆纪念册：百年湖中1902—2002》，第107—110页。
2　张再生：《海盐高级中学校史》，2007年，第5页。
3　秋三、张宗良：《追悼会》，《海盐高级中学校史》，2007年，第67页。
4　江山市教育委员会编纂：《浙江省江山市教育志》，第272页。

嘹亮。"这也是对为学校的创建付出心血的教育前辈们的一种纪念。和杨文洵一样，台州温岭的林骋逵在任教浙江省立甲种水产学校时，教学业绩卓著，在他离任时师生在校园内建"啸秋亭"（林骋逵字啸秋）以资纪念。[1]

二、教科书的编译与著述

百名师范生留日及归国，正值清末民初，新式学堂林立，新学兴起，相对应的新学教科书不可或缺。因此对于百名师范生来说，除在课堂上教授知识外，教学用书和讲义的翻译和编写也是一项重要的工作。现将百名师范生对教学用书的翻译情况整理如下：

表3-13　百名师范生教学用书翻译情况表

书籍	著者	译者	出版单位	时间	备注
《史学研究法讲义》[2]	坪井九马三	黄人望		1914 年	黄人望任教于北京高等师范学校时，编译于坪井九马三的《史学研究法》。
《中学平面三角法教科书》	远藤又藏	葛祖兰	文明书局	1909 年（1914年再版）	
《日本现代语辞典》		葛祖兰	商务印书馆	1934 年	
《正冈子规俳句选译》	高滨虚子	葛祖兰	上海译文出版社	1985 年	
《再和我接个吻》[3]	菊池宽	葛祖兰			
《立体几何学新教科书》	菊池大麓	胡豫	商务印书馆	1908 年	
《理论化学》	水津嘉之一郎	孔庆莱	商务印书馆	1923 年	孔庆莱，1887—？，字蔼如，绍兴萧山县人。
《无机化学》	水津嘉之一郎	孔庆莱	商务印书馆	1923 年	
《分析化学》	水津嘉之一郎	孔庆莱	商务印书馆	1926 年	
《有机化学》	水津嘉之一郎	孔庆莱	商务印书馆	1927 年	
《制造化学》	水津嘉之一郎	孔庆莱	商务印书馆	1926 年	

如表 3-13 所示，百名师范生翻译的书籍大多为教科书、课堂讲义，也有工具书、文学作品。翻译的书籍类型也大多和译者的专业相关，如黄人望为史地科学生，译著有

1　王英础：《温岭故事集》，浙江工商大学出版社，2007年，第366—367页。
2　李孝迁：《坪井九马三与中国现代史学》，《中华文史论丛》2017年第4期，第289—317页。
3　葛祖兰：《自修适用日语文艺读本》，商务印书馆，1931年，第1页。

《史学研究法》，葛祖兰、胡豫、孔庆莱均为理化科学生，翻译的书籍有数学、化学类的书籍。其中葛祖兰的《中学平面三角法教科书》（远藤又藏）与胡豫的《立体几何学新教科书》（菊池大麓），出版年分别为1909年和1908年，说明他们在日本刚刚学成毕业之时，便已翻译出这两本教科书。这两本书的作者远藤又藏与菊池大麓都是日本著名的数学家，教科书的质量可以保证。当时，留日学生作为译书的主力军，通过这种快速而便捷的方式解决了晚清教科书短缺的问题，这也是新式教育发展的重要保障。

对于近代新式教育的发展，翻译教学用书只能救急而难以应长久之需，因此由国人自行编写才是长久之计。而回国后的百名师范生也加入编写教学用书的队伍之中。现将编写教学用书的情况整理如下：

表3-14 百名师范生教学用书编写情况表

书籍	著者	出版单位	时间	备注
《物权法》[1]	陈选庠	私立浙江法政专门学校		学校讲义
《民律亲属编——民律继承编》	陈滋镐	上海人民出版社	2014年	陈滋镐写于1920年，原用于朝阳大学法律科讲义，是中国最早出版的亲属法学著作。[2] 现收录于《清末民国法律史料丛刊·朝阳法科讲义》一书中。
《植物名汇拾遗》	张宗绪	商务印书馆	1920年	
《植物小识》[3]	张宗绪			
《浙江植物学志》[4]	张宗绪			
《药用植物学》[5]	张宗绪			
《法学溯原》	金兆銮	浙江金华市文物局	2015年	金兆銮，1882—1928年，字筱圃，金华人。
《感化录》	金兆銮等	商务印书馆	1923年	
《师范学校新教科书·历史》	傅运森（非百名师范）、夏廷璋	商务印书馆	1914年	夏廷璋，1880—？，字舫孙，杭州钱塘县人。
《新体外国地理讲义》	夏廷璋	商务印书馆	1918年	
《中外地理大全》	陶履恭（非百名师范）、杨文洵	中华书局	1916年	

1 杨士泰：《清末民国土地法制研究》，中国政法大学博士学位论文，2008年，第254页。
2 马忆南：《二十世纪之中国婚姻家庭法学》，《中外法学》第56期，1998年，第87页。
3 王克文、余方德：《湖州人物志》，第261页。
4 蔡小雄：《杭州高级中学百廿校志》，2019年，第19页。
5 蔡小雄：《杭州高级中学百廿校志》，第19页。

续表

书籍	著者	出版单位	时间	备注
《新制外国地理教本》	杨文洵	中华书局	1919 年	
《新中华外国地理（初级中学用）》	杨文洵、葛绥成（非百名师范）	中华书局	1930 年	
《新中华本国地理（初级中学用）》	钟毓龙（非百名师范）、杨文洵	新国民图书社	1932 年	
《新中华自然地理（高级中学用）》	杨文洵	中华书局	1932 年	被称为国内自然地理教学中最系统最切实际的善本。
《中国地理新志》	杨文洵、葛绥成（非百名师范）	中华书局	1935 年	
《刑法总则》[1]	郁庆云			
《判例》[2]	郁庆云			
《地文教科书》	张梦魁	浙东图书支社	1908 年	
《中国史学通论》	朱希祖	商务印书馆	2015 年	该书原为朱希祖在大学讲课时的讲义，这是在中国史学史方面最早的讲义。[3]
《六朝陵墓调查报告》（《六朝陵墓》）	朱希祖	中央古物保管委员会	1935 年	收录于《六朝陵墓》一书中
《近世西洋政治史》	张廷霖	中华书局	1935 年	
《心理学讲义》	张廷霖	私立浙江法政专门学校		学校讲义
《伦理学讲义》	张廷霖	私立浙江法政专门学校		学校讲义
《高等小学校教员用：新手工教授法》	葛祖兰、曹锡爵	商务印书馆	1924 年	葛祖兰与曹锡爵为校订者，赵传璧（非百名师范）为编纂者
《自修适用日语汉译读本》	葛祖兰	商务印书馆	1919 年	
《自修适用日语文艺读本》	葛祖兰	商务印书馆	1931 年	
《怎样研究日语》	葛祖兰等	开华书局	1935 年	

1　刘正中：《论晚清以来法律人的崛起——回首浙江法律人》，《法治研究》2007年第2期，第77页。
2　刘正中：《论晚清以来法律人的崛起——回首浙江法律人》，第77页。
3　朱希祖、林传甲：《中国史学通论·中国文学史》（前言），时代文艺出版社，2009年。

续表

书籍	著者	出版单位	时间	备注
《日本姓名辞典》[1]	葛祖兰			
《国语学草创》	胡以鲁	商务印书馆	1923 年	第一部利用理论语言学框架写成的"汉语概论"。[2]
《新农业》	孔庆莱	文明书局	1914 年	
《植物学讲义》	孔庆莱等	商务印书馆	1912 年	
《植物学大辞典》	孔庆莱等	商务印书馆	1918 年	
《文史通义注稿》	钱遹鹏			共三册，现存宁波天一阁。[3]
《中国文学史》	陈选庠等	会文堂书局		

据表 3-14 统计，由百名师范生编写的教学用书有 36 种，类型有学校用的教科书、讲义、工具书、通识型专著等。内容也大都与编者的专业相关，如博物科张宗绪编写的均是关于植物学的书籍，史地科夏廷璋、杨文洵、张廷霖、朱希祖编写的则是历史和地理方面的书籍，理化科的孔庆莱编写的是植物学方面的书，这与当时理化科也修植物学的课程有关。此外，陈选庠和陈滋镐虽然是早稻田大学师范博物科的学生，但在毕业后又继续在日本进修了法律专业，因此二人的著作均是法学用书。其中陈滋镐在朝阳大学任教时编写的《民律亲属编——民律继承编》是中国最早出版的亲属法学著作。[4] 另外，金兆銮、郁庆云也于师范科毕业后进入日本法政大学继续学习进修法律，[5] 因此他们的著作也是法律用书。

在这些著书者中最令人瞩目的是杨文洵，其著作有六种之多，均为地理类教科书，他的《新中华自然地理（高级中学用）》被称为国内教学自然地理最有系统最切实际的善本。他能够编写出如此数量的书籍和他 1927 年后受聘于中华书局有关，不直接从事教育事业之后有更多的时间精力放在编写教科书上。并且他的书都非常受欢迎，《中外地理大全》10 年内就再版了 7 次，《中国地理新志》于民国 24 年（1935）1 月首发，25年（1936）3 月再版，29 年（1940）4 月 3 版，十分畅销。

就读于博物科的张宗绪（字柳如）也在植物学领域著述颇丰。他在学校教书的同时，还经常上山实地考察，采集植物制作标本，他的足迹"南达括苍雁荡，北至天目，

1　谢振声：《20世纪初留日热潮中的宁波人》，《中共宁波市委党校学报》2011年第6期，第132页。
2　王东杰：《"返为自主国"：汉语进步论与中国近代的文化认同、政治理想》，《社会科学研究》2013年第3期，第149页。
3　钱方来：《辛亥革命期间嵊县志士与教育》，纪念《教育史研究》创刊二十周年论文集（14）——中国地方教育史研究（含民族教育等），2009年9月，第931页。
4　马忆南：《二十世纪之中国婚姻家庭法学》，《中外法学》第56期，1998年，第87页。
5　刘正中：《论晚清以来法律人的崛起——回首浙江法律人》，《法治研究》2007年第2期，第77页。

跋涉于浙江之山山水水"[1]。他的《植物名汇拾遗》在前人研究的基础之上增加了名录遗补，其中若干植物的中文名称被后来的植物学家采用。[2]他曾发现一罕见的草本植物，并研究了它的生态演变，辨定归属，著文发表，国外植物学家以其字"柳如"将此草命名为"柳如草"，以资证明。[3]

葛祖兰的主要著作则多与日语学习相关，他在编书的同时还在学校任职，因此只能通过晚上和假期的时间进行编写。关于日语学习，葛祖兰极其注重辞典的作用，他在《怎样研究日语》一书中便提到了辞典的重要性，第一句便是："您如果不想学日语，那就没有话说，倘使您要学日语，那末无论您是初学，无论您是已有门径，辞典是非备不可的，是非翻不可的。"[4]文中语言平实幽默，用循循善诱的方法将学习日语的注意点与方法教给读者。因此，他还翻译了上文提到的《日本现代语辞典》。在《怎样研究日语》一书中，前言对葛祖兰的评价是："葛祖兰先生是中国少有的日语学者，又是第一个著有很完备很适用的日语读本的人。他的自修适用日语汉译读本，早已风行全国，给与全中国青年以巨大利益。还有日语文艺读本、日本现代语辞典等书，都是非常名贵的作品。他确是个中国日语学界的重镇！"[5]

另外，胡以鲁的《国语学草创》也是一本在业界备受好评的著作。胡以鲁先在早稻田大学师范理化科就读，后在日本大学进修法政科，后又赴帝国大学进修博言科（即语言学科），创作此书时才是刚刚毕业归国的本科学士。该书由胡以鲁的老师章太炎作序，序中章太炎对该书大加称赞："本之心术，比之调律，综之词例，证之常言，精微毕输，黄中通理，其用心可谓周矣。"[6]书中，胡以鲁采用现代人类学、心理学、生理学理论对语言的发生、变化以及口舌发音进行了科学的解释，而据统计该书也是当时出版的有关语言文字的八九本著作中内容最丰富者，共有一百四十七页。[7]

除以上教学用书的翻译及编写外，百名师范生还有不少其他作品，整理如下：

表3-15　百名师范生其他作品创作情况表

作品	著者	出版社	时间	备注
《可竹山房》诗稿[8]	林楷			
诗稿[9]	张宗绪			
《静远堂诗画集》	郁庆云		1940年	

1　蔡小雄：《杭州高级中学百廿校志》，2019年，第19页。
2　王锦秀、汤彦承：《略论植物中文名称的统一》，《中国生物多样性保护与研究进展Ⅶ——第七届全国生物多样性保护与持续利用研讨会论文集》，2006年8月，第138页。
3　蔡小雄：《杭州高级中学百廿校志》，2019年，第19页。
4　葛祖兰等：《怎样研究日语》，开华书局，1934年，第1页。
5　葛祖兰等：《怎样研究日语》，前言。
6　章太炎：《国语学草创序》，《国语学草创》，山西人民出版社，2014年。
7　李明君：《二十世纪学术大厦散落的珍贵基石》，《国语学草创》，山西人民出版社，2014年。
8　留伯仙：《青田古今名人录》，第36—37页。
9　王克文、余方德：《湖州人物志》，第261页。

作品	著者	出版社	时间	备注
《慎独斋文集》	钱通鹏			共三册,现存宁波天一阁。[1]
《邹窥镜先生诗集》[2]	邹之栋			
《倚云楼唱和集》[3]	陈以义			
《平湖陆辅舟先生文录》	陆肇勋		1931 年	
《景宁县续志》	柳景元等		1933 年	
《印光法师文钞》[4]	周奋等	温州务本印书局	1919 年	
《日本俳谐史》[5]	葛祖兰			
《俳句困学记》[6]	葛祖兰			
《祖兰俳存》[7]	葛祖兰		1979 年	

百名师范生中大部分学生有作诗的才能,这从《鸿迹帖》中百名师范生的留言也可见一斑。朱希祖在日记中也写到他和叶正度(晓南)作诗互赠的场景。[8] 再如陈以义、陈宜慈、郁庆云、孔庆莱、李云夔(嘉兴嘉善县人)等人是爱国主义文学团体南社的成员。[9] 另外,邹之栋在抗日战争期间西撤到贵州,组织了"平园吟社",任社长。[10] 以及柳景元为温州文学社团慎社的成员。[11] 虽然如表 3-15 所示部分百名师范生遗有诗稿,可惜大都尚未付梓,不少现已散失。

第四节　百名师范生回国后的其他活动

一、参加辛亥革命

1. 嘉属百名师范生陈以义、邹之栋辛亥革命事略

参加辛亥革命的百名师范生中最令人瞩目的是陈以义。陈以义,字仲权,1880 年出

1　钱方来:《辛亥革命期间嵊县志士与教育》,《纪念〈教育史研究〉创刊二十周年论文集(14)——中国地方教育史研究》,2009年9月,第931页。
2　庄文生:《平湖县志》,上海人民出版社,1993年,第839页。
3　柳无忌、殷安如:《南社人物传》,第309—313页。
4　金星:《弘一大师温州交游考论》,温州大学硕士学位论文,2013年,第18页。
5　谢振声:《20世纪初留日热潮中的宁波人》,《中共宁波市委党校学报》2011年第6期,第132页。
6　谢振声:《20世纪初留日热潮中的宁波人》,第132页。
7　谢振声:《20世纪初留日热潮中的宁波人》,第132页。
8　朱希祖:《朱希祖日记》(上册),第43页。
9　柳亚子:《南社纪略》,文海出版社,1966年。
10　蔡小雄:《杭州高级中学百廿校志》,2019年,第230页。
11　李艺莉:《瓯社研究》,华东师范大学硕士学位论文,2016年,第8—11页。

生于嘉兴新篁镇[1]，1905年赴早稻田大学学习师范，专业为史地科，并在留日期间便加入同盟会。据《南社人物传》中王雪心所作的陈以义略传，可知其革命经历大致如下：

陈以义在早大期间便积极参加革命活动，又被举为嘉属同乡会会长。陈以义自小家贫，在日本期间，公费发放的每月生活费30元，他竟能节省10元寄回家去，维持其妹入学读书。其妹在他回国后亦从事革命工作，参与在火车上运输军火枪弹。

陈以义回国后先是在地方学校当教习以作掩护，实则从事反清活动。1911年武汉起义前夕，陈以义随陈英士秘密赴杭，在白云庵意周和尚策划下，召集举行起义的秘密会议。当时，同盟会中部总会设立于上海马霍陆福德里1号，嘉兴联络点在南湖学堂，杭州联络点则在西湖白云庵。沪嘉杭一线联络任务由陈以义担任，主要工作是传递讯息和运输军械等。秋瑾两次来到嘉兴均由他来安排保护，住南湖学堂伴装教员，与褚辅成密议戎机，而能安然无恙。当时，同盟会浙江方面编组了敢死队，需从中部总会取得经费、印信、弹药等物资，陈以义则负责运送弹药。他从上海亲自运送至杭州城站，路上由列车员帮助藏在杂物室，出站后由铁路职工帮忙藏匿，暴动之前，才由他取出分发至敢死队。上海、杭州、嘉兴光复之后，他又随吕公望等人北上协助江苏督军，攻下之后，继续北上讨伐，一直挺到宿县地区。

革命暂时胜利，陈以义返回嘉兴，在嘉兴军政分府初任军法科长，后转任参事，与沪杭同盟会员共谋振兴地方实业。1912年2月，孙中山自上海赴杭州进行巡视时路过嘉兴，受陈以义邀请，于嘉兴发表演说，谈推翻封建帝制，建立共和。演说结束后由陈以义等带领游览南湖。

二次革命爆发后，陈以义同其妹赴上海投奔陈其美，并暗中将杭州所藏军火供应给上海讨袁军。二次革命失败之后，陈以义遭到袁世凯的通缉，遂化名为"张桐"，逃亡日本。当时在日本的革命党人有孙中山、黄兴、李烈钧、胡汉民、陈英士等。1914年7月，孙中山在东京精养轩召开大会，正式宣布改组国民党为中华国民党，陈以义也参与其中，并在总务部任职。

待一番筹谋之后，孙中山令陈英士与陈以义等密返上海，重建反袁基地。到上海后，经陈以义等策划，派遣王明山、王皖峰在上海外白渡桥伏击，一举击毙了上海镇守使郑汝成。消息传到北京，袁世凯震恐昏倒；革命党人狂欢鼓舞。旋即肇和军舰起义，接着云南蔡锷打出护国旗号，浙江亦由吕公望宣布独立。陈以义亦向亲友发起捐助经费，甚至质衣典物资助革命。但袁世凯为报复革命党人，收买了曾在陈英士部下当过上海光复军团长的山东军阀张宗昌，组织暗杀团，诱杀革命党人。陈以义与张宗昌曾在陈英士处相识。一天张宗昌派一名部下找到陈以义，说张有一绝密事邀其共商。陈以

---

1 陈仲权：《先烈陈仲权先生遗著》，1936年。

义不知其变，径往，结果被在食物中下毒，不幸亡故，年仅三十五岁。时在民国四年（1915）夏历十月初七晚。

袁世凯暴殂之后，陈以义灵柩归葬于嘉兴南湖畔白苧村。其谱弟庄益山镌碑记其事略，褚辅成题碑"陈烈士仲权之墓"。1925 年 5 月 12 日，由侄女陈乃和就商于褚辅成、沈钧儒、陆初觉、蒋志新等为其叔陈以义烈士发起举行追悼大会，到会挽祭代表 400多人。[1]

民国 23 年（1934），二五九三号国民政府公报对陈以义烈士一事发布了褒扬命令，内容如下：

> 陈仲权烈士，襟怀卓荦，志行忠纯，早岁加入同盟会，以文字宣
> 传革命，历经艰阻，阙志不渝。民国三年，奉命莅沪，图谋救国，惨
> 遭鸩毒，悼惜良深。应予明令褒扬，用纪前勋，俾垂不朽。此令。[2]

在《先烈陈仲权先生遗著》中，多人留下了题词，分别为蔡元培、吴敬恒、戴季陶、叶楚伧、张继、于右任、丁惟汾、陈果夫、陈立夫、孔祥熙、朱家骅、吴铁城、曾养甫、邵力子、余井塘、陈肇英、苗培成、刘峙、商震、周启刚、陈布雷、王柏龄、王伯群、庄钟骥、杨树庄等 25 人。

同样，作为嘉兴籍的百名师范生，邹之栋（宏宾）也受到陈以义的影响，参加了革命。邹之栋（1880—1944），字宏宾，嘉兴平湖人。清末留学日本，获早稻田大学硕士学位。加入同盟会，参加反清革命。民国后曾任浙江高等工业学校、之江大学、浙江大学教授。抗战时卒于贵州。

1905 年，陈以义与平湖邹宏宾同船赴日，在轮中义结金兰，因陈以义年长两岁为兄。到日本后，二人虽同入早稻田大学，但所选择的道路不尽相同，陈以义积极投身革命，而邹宏宾则立志深造。尽管如此，后来在陈以义的积极影响下，邹宏宾也加入了同盟会。二人从日本回国后，以学校教员身份作掩护，暗中开展反清运动。[3]

在《朱希祖日记》中也可了解到二人在留日期间多有交流，回国之后，邹之栋除参加辛亥革命外，在袁世凯称帝后，还同陈以义一起参加了反袁斗争，邹之栋妻陈瑛也同他一起，协助陈以义秘密运送武器弹药。抗战时期，邹之栋在中央资源委员会工作，业余间建立了贵阳诗社，写下了不少爱国诗篇。在 1936 年淞沪会战之前，邹之栋泛舟南湖，凭吊当年好友陈以义之墓，作诗道："故人墓上立多时，头白重来亦自悲。回溯同游经过事，眼枯无泪合题诗。"

1　柳无忌、殷安如：《南社人物传》，第309—313页。
2　陈仲权：《先烈陈仲权先生遗著》，1936年。
3　柳无忌、殷安如：《南社人物传》，第309—313页。

综上所述，陈以义虽赴日本学习师范，但是在赴日之前便已明确自己的革命志向，以留学作为自己的革命途径，寻求志同道合的革命同志。回国后同样不惧危险为革命事业前仆后继，先是参加辛亥革命，后参加反袁的二次革命，可惜最后惨遭杀害。当时袁世凯势力尚在，无人敢查明真相为其伸冤。终于在1934年得到了政府的褒扬，且被后世称为"嘉兴七烈士"之一。同乡邹之栋受其影响，开始只想一心从事教育的他也逐渐开始接触革命，并且也加入了同盟会。回国之后除教育事业外，还协助好友陈以义一同反清、抗袁。抗日战争期间，在中央资源委员会协助西撤，客死贵州。二人的革命实践也反映了早大留学生在留日学生中对于革命较为激进、活跃的特点，他们对于浙江革命事业的推动值得后人铭记。

2.浙江各府百名师范生辛亥革命事略

参加丽水光复的百名师范生有叶庆崇（字琼珊，处州松阳县人）和刘廷煊（1875—1947，字乙照，处州丽水县人）。辛亥革命之前，叶庆崇为处州学堂（丽水中学）教员，刘廷煊为丽水崇实两等小学堂教员。他们与其他教师同事，如吴朝冕、项华黼、李平、周焜、王庆槐等经常与光复会成员魏兰、阙麟书联系，而魏与阙二人则通过丽水留日学生陈达、阙伊、何子华等筹设的秘密革命机关——织布公司进行革命活动。[1] 丽水光复后，叶庆崇任政府教育部长。[2] 另外，叶庆崇除加入同盟会参加辛亥革命外，还是兴中会浙江省干事，在处州中学堂（丽水中学）任教时期加入光复会。20世纪80年代，中共浙江省委统战部追认他为辛亥革命志士。

在严州，百名师范生包汝义（1880—1950，字仲寅，号笑庐，建德市乾潭镇包家人）在留日期间便加入了同盟会，1908年回国后，先后在严州、衢州等中学担任教员，并一边和余光凝（1874—1945，字炳心，又字炳星、病心，遂安东亭人）、邵次珊等同盟会会员宣传革命，其中余光凝也是百名师范生。[3] 其中，余光凝任同盟会中路总干事。[4] 杭州光复后，包汝义、余光凝等人参与组织军政分府，并举叶法书为府长。[5]

在宁波，参与宁波光复的百名师范生有陈滋镐（1878—？，字傲僧，宁波鄞县人），并在宁波军政分府中担任参议员。[6]

在金华，参与辛亥革命的有黄人望（1880—1948，又名国华，字百新，金华县人）。他在留日期间参加同盟会，毕业回国后以清政府中书职务掩护革命活动。[7]

在绍兴，参与辛亥革命的百名师范生有钱逌鹏（1874—1931，字锦江，绍兴嵊县

1　毛虎侯：《辛亥革命在丽水》，《浙江省丽水中学百年校庆文史资料》，第140页。
2　毛虎侯：《辛亥革命在丽水》，《浙江省丽水中学百年校庆文史资料》，第140—141页。
3　洪淳生：《辛亥革命与建德》，《浙江文博》2012年第1期，第136页。
4　《百年严中》，严州中学百年校庆办公室，2001年，第99页。
5　沈雨梧：《辛亥革命在浙江》，《宁波师专学报（社会科学版）》1980年第1期，第34页。
6　林端辅：《宁波光复亲历记》，《浙江文史集粹》，浙江人民出版社，第50—55页，1996年12月。
7　林吕建：《浙江民国人物大辞典》，第552页。

人），他于 1905 年加入同盟会，是同盟会的首批成员之一。1910 年回国，任嵊县劝学所总董，民国建立后任绍兴北伐军同志会参谋员。1916 年 8 月 20 日，钱遹鹏随孙中山去上海，任孙中山顾问。[1] 钱遹鹏于 1931 年病逝，由蔡元培、鲁迅等人在《中央日报》上发布讣告："钱锦江，浙江嵊县苦竹溪村人。生于清同治十三年。光绪二十九年，绍兴府学堂任教。光绪三十一年，同徐锡麟一起赴日本早稻田大学求学，在日本加入同盟会。宣统二年回国。辛亥年参加推翻清王朝，建立中华民国。元年，任绍兴北伐军同志会参谋员。民国二年，任绍兴五中校长。民国五年，任孙中山先生顾问。以后一直在教育界任教，奔走国事二十年。痛于中华民国二十年十月二十三日辰时逝于北四川路公寓，享年五十八岁。"[2]

此外，有记载加入同盟会或参加革命的百名师范生还有周奋（1890—？，字孟由，永嘉县人）[3]、叶正度（1881—1939，字晓南，乐清县人）[4]、林骋逵（1881—1923，字啸秋，温岭人）[5]、何一凤（1877—1952，号竹溪，桐庐县人）、柳景元（1884—1959，字会贞，景宁县人）[6]、孙寿祺（1873—1942，天台人）、马裕藻（加入革命党，不能确定是否为同盟会会员）[7]、朱希祖等人（加入革命党，不能确定是否为同盟会会员）[8]。

综上所述，百名师范生中的不少学生在留日期间，就已加入革命团体，回国后除教育工作外，还积极投身于革命实践。他们在清末留学日本，并且生活在革命党人云集的东京，对比其他学生能更多地接触到革命讯息和革命团体。回国后作为教师，拥有较高知识修养的群体，在学校乃至地方都能起到很好的带领作用，他们或是以激进的方式参加革命如陈以义、叶庆崇等，或是以隐蔽的方式参加革命如包汝义、林骋逵等，都为浙江的光复做出了努力。

二、参与报刊创办活动

无论是在出国前还是在回国后，处在"三千年未有之大变局"中的百名师范生们，面对动荡的国内外局势，大多志向对内反对帝制、支持民主共和和新文化，对外支持驱除列强、追求民族独立。除实际参与到革命队伍中外，还有不少人以参与报刊的创办等方式引导社会舆论，为革命推波助澜。

最早从事报刊事业的是宁波籍的百名师范生马裕藻。1903 年，上海宁波同乡会聚集了一批倾向民主革命，主张实业救国的甬籍知识分子，他们创办了《宁波白话报》，马

1 钱方来：《辛亥革命期间嵊县志士与教育》，第931页。
2 裘士雄：《鲁迅与蔡元培等人合署的〈讣告〉〈启事〉》，《鲁迅研究月刊》2002年第1期，第19页。
3 温州市鹿城区委员会：《鹿城文史资料·第十一辑》，2003年，第391页。
4 《晚晴留洋学者叶正度》，《青田侨报》（第A07版），2011年8月24日。
5 王英础：《温岭历史故事集》，浙江工商大学出版社，2017年，第366—367页。
6 王格格、周棉：《日本早稻田大学清国留学生留言簿〈鸿迹帖〉释读》，《历史档案》2018年第四期，第129—137页。
7 沈雁冰：《我的学生时代》，《嘉兴一中建校九十周年纪念册》，嘉兴一中九十周年校庆筹备办公室，1992年，第11页。
8 沈雁冰：《我的学生时代》，《嘉兴一中建校九十周年纪念册》，第11页。

裕藻在其中担任编者。该报也是宁波人最早的自办报，办报宗旨为"开通宁波之民智，联络同乡之感情"，报馆设在上海四马路惠福里，上海、宁波两地发行。但从创刊到1904年6月，常出现报刊不能按时刊行、议论不够出色的问题，为此创办者对此加以改良，如加大编辑力度，增加栏目类别，增加篇幅等，马裕藻也参与其中。但是改良后的《宁波白话报》仅出了五期，于1904年8月停刊。《宁波白话报》发行期间虽短，但该报反对旧风俗，传播科学思想，提倡妇女接受教育，反对封建旧礼教对妇女的摧残，对地方社会的移风易俗以及近代化发展起到了重要的作用。[1]

除宁波外，1904年，湖州百名师范生杨乃康、张孝曾（1883—？，字界定、稼庭，湖州安吉县人）与同乡钱玄同、史庚身等一起创办了《湖州白话报》。该报为32开本，半月刊，逢夏历初一、十五出版。每期40页，订成单行本形式，新闻都用白话文，正楷书写石印版。报纸的宗旨是"反对清朝封建帝制，拥护共和政体，反对强权侵略，发扬爱国精神"。为了反对帝制，报纸不用光绪年号而改用甲子纪年，创刊号封面标明"甲辰四月初一日"。根据办报宗旨，《湖州白话报》刊登过一批有影响的文章，如揭露清专制王朝屠杀汉人的"扬州十日""嘉定三屠"，以及康乾两朝的文字狱等。国外的《黑奴吁天录》《波兰亡国史》等译文都出现在《湖州白话报》上。版面内容载有本郡纪事和国内新闻，还会刊登一些贴近生活的知识性文章。该报发行量达数百份，出版近一年后停刊。[2]

《之江日报》创刊于1913年，所刊登的文章内容多为抨击政府和时事政治，在杭州较有声望，但因其言论尖锐泼辣，多次遭政府查封，于1937年12月日本侵略军陷杭前期停刊。百名师范生中陈宜慈和徐文藻在《之江日报》有过任职经历。在1913年冬还在浙江图书馆任监理的陈宜慈被《之江日报》创办者张树屏聘为经理。当时，曾士瀛为该报主笔，他在报上对袁世凯的作为多有抨击。于是北洋政府传话"此报不变言论，即行查禁"，曾士瀛闻讯便离开了《之江日报》。徐文藻继曾士瀛任主笔。1917年，北洋政府杨善德、齐耀珊带兵入浙，引起浙江人民的反对。《之江日报》对此事也有抨击，但是不久便从督军署传出要查禁该报的消息。经理陈宜慈考虑一旦遭禁封，既失言论威信，又丧失人格，于是决定自动停刊。停刊后徐文藻去省立第二中学（嘉兴中学）任校长，过数月后复刊。在卢永祥督浙期间，该报提倡废督裁兵，又竭力反对孙传芳引兵入浙。当1924年9月孙传芳军入浙时，鉴于形势恶化，经理陈宜慈宣告停刊。此次停刊为时三个月。期间陈宜慈因被推为省议员，无力兼顾报社事务而辞职。[3]

《新青年》是五四运动期间的重要刊物。1917年，杂志总部迁往北京，当时百名师

1　宁波市政协文史委员会：《宁波帮与中国近代报刊业》，宁波出版社，2017年，第20—22页。
2　杜加星：《浙江省新闻志》，浙江人民出版社，2007年，第155页。
3　杜加星：《浙江省新闻志》，第135—136页。

范生朱希祖为北京大学史学教授，他积极响应并成为重要撰稿人之一，先后发表了《白话文的价值》、《非"折中派文学"》、《文艺的进化》（译著）、《敬告新青年》、《中国古代文学上的社会心理》等文章，宣扬白话文反对文言文。另外还有《文学论》《研究孔子之文艺思想及其影响》《文学上的感想》《整理中国最古书籍之方法论》等较有影响的论文。[1]

此外，抗战时期浙江政府机关报刊《浙江潮》（指创刊于1938年2月24日的《浙江潮》）的办公地点为黄人望私宅，黄人望先是将私宅转给浙江省政府主席黄绍竑作公馆（《浙江潮》便是黄绍竑委托严北溟创办的），后黄绍竑便将该地用作刊物的办公处；[2] 张廷霖参与了浙江省教育刊物《教育潮》的创刊筹备工作；[3] 金兆銮（1882—1928，字筱圃，金华人）于1904年和张恭等同乡创办《萃新报》宣传革命；陆肇勋曾任近代纺织业刊物《华商纱厂联合季刊》的主编。

三、从事司法活动

百名师范生中有部分学生在师范科毕业后又继续留在日本进修了政治、法律等学科。如郁庆云毕业后入法政大学学习法科，陈滋镐、胡以鲁等毕业后入日本大学，王橚毕业回国一年后又东渡日本攻读法律。金兆銮于1906年提早回国，后进修了法政专业。[4] 另外，根据《唐景崇等为请照章录用廷试游学毕业生事奏折》的名单，梅诒谷（1887—？，字伯孙，杭州余杭县人）为宣统二年（1910年）归国，且被授予法政科举人，因此可以推测梅诒谷在师范科毕业后又进修了法政科。[5] 这六人中除胡以鲁从事教育事业外，其他五人均从事了司法活动，但也有兼任两职的。

郁庆云，亦名郁华，富阳县人，郁达夫长兄，1910年7月日本法政大学专门部法科毕业。同年秋回国后应清廷留学生考试合格，获法科举人衔，充任外交部七品京官，任天津交涉公署翻译。1912年中华民国成立后考取法官，任京师高等审判厅推事、大理院推事。1913年奉命去日本考察司法。1914年回国续任大理院推事，兼司法储才馆及朝阳大学刑法教授。1928年任国民政府司法部行政部刑事司第三科科长。1929年调到沈阳，任大理院东北分院推事、刑厅厅长。九一八事变后避往皇姑屯，后回北京。1932年国民政府接收上海租界会审公廨，改为江苏省高等法院第二分院，任刑厅厅长，兼任东吴大学、法政大学教授。1933年3月28日，秘密在沪的中共川陕边苏区省委常委、红军四方面军总政治部秘书长廖承志在山西路（今山西南路）五福弄9号被捕，蒋介石下令押解中央军事法庭审判。当时，郁庆云为江苏高等法院第二分院刑厅厅长，他以廖非军人

1 中华书局编辑部：《朱希祖文集出版说明》，《朱希祖日记》（上册），中华书局，2012年。
2 王新菊：《〈浙江潮〉对动员民众参加抗战的分析》，南京师范大学硕士学位论文，2014年，第6页。
3 徐佳贵：《湖畔风云——经亨颐与浙江五四新文化运动（上）》，《杭州师范大学学报（社会科学版）》2019年3月第2期，第45页。
4 金兆梓：《先兄金兆銮事略》，《法学潮原》，第94—97页。
5 张书才：《宣统二年归国留学生史料续编》，《历史档案》1997年02期，第54页。

拒绝审判。后经宋庆龄、何香凝等人的多方营救，终于使廖承志交保释放。1937 年年底上海沦陷后利用公共租界所处的特殊地位，积极帮助、庇护爱国人士。伪政府多次向郁庆云发出任职邀约，但均被他拒绝。1939 年 11 月 23 日上午在上海寓所门外遭日伪特务暗杀。1952 年经中央人民政府批准，被追认为革命烈士。[1]

王樨于 1915 年出任山西省高等审判厅推事，1921 年调晋北大同任山西省第二高等检察厅首席检察官。时大同某巨商有独子牵涉人命案件，被判无期徒刑，多方托人疏通恳求每月准其保出在家住宿一两夜，愿出银洋万元为酬，并另赠万元为检察厅主管长官寿礼。其他有关部门人员颇愿为之通融，独王樨断然不准所请，一时大同地区，人称"包公在世"。1928 年，奉调任黑龙江省高等法院院长，辞未就职；复调南京税务总监，又未就任。1930 年后，先后在东阳县、海宁县地方法院任院长。在海宁查处一宗非法贩卖大批鸦片案件，他不顾奸商以重金买通关节，仍依法定罪，上报最高法院，受最高法院传令嘉奖。1936 年调任福建省晋江地区高等分院院长。抗日战争爆发后，辞职归家。[2]

金兆銮于 1906 年因日本政府取缔清国留学生一事愤而回国，在金华府中学堂任历史教员。后觉国家要振兴必须要革新政法，而政法为专门绝学，不专攻不足以为用，所以于 1908 年辞去教员，赴北京法政学堂进修，并于 1911 年毕业。1912 年任浙江高等检察厅检察官，兼任浙江省立法政专门学校及私立法政专门学校教授。是年冬，浙江省实行四级三审制，于各府属新设地方厅，而宁波鄞县因外商聚集，又有外国领事驻扎，常常有外国人视法律如无物，因此政务最为棘手繁忙。因金兆銮审理案件重视证据搜集，审判公正又能倾听底层人民的声音，因此被调往宁波鄞县检察厅任审判。曾有伶人倚仗自己的雇主为英国商人，公然犯法，金兆銮得知该案后，将该伶人逮捕入狱。英国商人便请求其领事乘舆至检察厅索要犯人，而金兆銮拒不接见，只是让下属告知："我以国法治吾民，无与若事也。"[3] 领事见金兆銮不为动，直电北京英公使及杭州英领事，并向北京当局者诽谤金兆銮，并扬言如果不释放该伶人，便要金兆銮赔偿巨万损失。而北京当局致电金兆銮，劝其毋持之过急。金兆銮则说："外人之敢于横干内政，正坐吾之轻于挠法，今日之事，官不可为，法不可挠也。"[4] 不久便将其定罪，以待处置。英国人见金兆銮不惧威胁，最后只得妥协，并撤换了鄞县领事。

在地方审判厅任职的百名师范生还有梅诒谷，梅曾任上海审判厅厅长，但是于 1923 年 1 月 14 日因债务缠身无法还清，携妻女弃职潜逃，并取走银行公款 5 万元。3 月 19 日，上海地方审判厅判决被告梅诒谷应偿还国库银洋 40633 余元，银元银 2289 余两。

1　林吕建：《浙江民国人物大辞典》，第365页。
2　《江山城关镇志》，浙江人民出版社，1991年，第309—310页。
3　金兆梓：《先兄金兆銮事略》，《法学潮原》，第94—97页。
4　金兆梓：《先兄金兆銮事略》，《法学潮原》，第94—97页。

此外，陈滋镐曾为旅沪浙江籍律师。[1]

上述五人中，事迹比较详细的郁庆云、王樾、金兆銮三人，他们虽为百名师范生，但后来都另外进修了法律，归国后从事司法工作，能够清正严明、刚正不阿，为司法界树立起了公正的标杆。

第五节　百名师范生的群体特征

一、近代浙江中学教育的奠基人

百名师范生执教的学校几乎遍布了浙省各府，达到了当时派遣的目的，即"三年毕业回国，即行派各属学堂教员"，"以次派往日本各生通饬举遍，意在将来各属皆有本地教习，各学教法均归一律起见，实为改革全省学务之根本"[2]。这批学生归国后，便入学校任教，当时浙江省立的十一所中学几乎都有百名师范生的身影。除各府的十一所省立中学外，还有县级中学如分水高中、海盐高中、天台中学等。并且这些学校几乎都创建于19世纪末20世纪初，而百名师范生回国开始进入学校执教的时间也大多在此时。这批经历了清末民初的动荡时代的中学，正是在这批教师的手中不断得到革新，并逐渐发展至今。

宣统二年（1910），浙江省谘议局决定各府设立一所中学堂（1912年后改"学堂"为"学校"），并以序数命名。浙江共有十一府，各中学堂分别为省立第一中学堂（杭州）、省立第二中学堂（嘉兴）、省立第三中学堂（湖州）、省立第四中学堂（宁波）、省立第五中学堂（绍兴）、省立第六中学堂（台州）、省立第七中学堂（金华）、省立第八中学堂（衢州）、省立第九中学堂（严州）、省立第十中学堂（温州）、省立第十一中学堂（处州）。十一所学校中共有42名百名师范生在其中有过任职经历，多则如省立第十一中学有9人，少则如省立第一、第八中学也分别有3名百名师范生。并且有不少百名师范生在这十一所中学中，有多校任教的经历，如黄人望任教过的学校有一中、四中、七中、十中等4所，柳景元任教过的学校有十中、十一中2所，马裕藻任教过的学校有一中、二中、四中等3所，钱遹鹏任教过的学校有五中、八中2所，徐文藻任教过的学校有二中、四中2所，余光凝任教过的学校有五中、六中、九中等3所，张品纯任教过的学校有六中、十一中2所，章景鄂任教过的学校有二中、四中、五中、六中、八

1　陈一：《南京国民政府时期旅沪浙江籍律师》，华东政法大学硕士学位论文，2017年，第55页。
2　王道瑞编选：《光宣年间浙江兴办新式学堂史料（上）》，第49页。

中等 5 所。可见,百名师范生是十一所省立中学发展初期的重要师资力量。

除各府占主导的十一所中学外,各地的其他中学也有百名师范生的身影。如海盐高级中学、稽山中学、宁波市第二中学、杭州高级中学、杭州市第七中学、天台中学、桐庐分水高级中学等。

据不完全统计,百名师范生中担任过校长或者学监的有 29 名,他们对学校的发展和改革起到了主导作用。黄人望自 1922 年 1 月担任浙江省立第一中学校校长后,在组织、课程、管理、教育、学生自治会、校舍等方面进行了改革和改组。[1] 省立第三中学(湖州)校长潘凤起在 1913 年上任后便扩建教室、实验室、办公室、学生寝室、礼堂和运动场,教学设施日趋完善。[2] 校长杨乃康于 1923 年上任后破旧立新,把自己的两个女儿送进湖州中学高小部就读,但当时(1923 年)浙江省只允许初小部男女同校,高小和中学男女生还不能同校就读。他的行为一时引起了轰动,冲破了高小部男女不能同校的藩篱。[3] 除此以外,还对学校大刀阔斧地进行了改革,辞退了一批学究式的老教师,延揽一批来自北大、北师大、南师大的青年教师。这些革新措施还遭到了地方旧势力的抵制和干扰,后来教育厅改派该校教师罗伟(渠孙)继任校长,师范同学群起反对,掀起了"拥杨拒罗"的学潮,学生们还曾两次组织赴杭请愿。[4]

另外,省立第四中学(宁波)的校长马裕藻于宣统元年(1909)便入宁波中学任校长,在任职期间添建教师宿舍,并完善其他教学设施。[5] 省立第五中学(绍兴)的三任百名师范生校长——钱遹鹏、朱宗吕、章景鄂,在校期间实行改革、整顿学风、设置手工课、增开课外活动等。[6] 在省立第八中学(衢州),1912 年 5 月起担任校长的杨文洵锐意革新,推行"壬子学制",改学制五年为四年,废"读经讲经"课,设理化、博物、地理等;充实图书,添置仪器,辟实验室、标本室,聘具有真才实学者任教。[7] 省立第九中学(严州)的校长余光凝在任职期间,多方筹措资金,修缮校舍增添设施,整治校风,革新教学内容和方法,创建实验室,把自己从日本留学时购得的化学药品也拿出来,用于教学所需。踏实的作风,身先士卒、身体力行的精神,深深地教育和影响了师生员工,为学校的发展和良好的校风形成起到了积极的作用。[8] 再如省立第十一中学(处州)在二十世纪三十年代之前的历任校长中有 5 名百名师范生。这五任校长均能在动荡的时代中,做好学校的掌舵工作,处理好学生风潮,让学校在一个较为安定的环境中发展。

除此以外,各学校还经常邀请别校老师来校演讲或者安排教师赴别校进行考察,如

1 丁宗武:《杭州市第四中学简史第一卷(1899—1949)》,杭州第四中学编辑室,1999年,第25—26页。
2 《浙江省湖州中学百年校史概述》,《浙江省湖州中学百年校庆纪念册》,第5页。
3 邵钰:《本世纪初留日学生对湖州教育事业的贡献》,《浙江师大学报(社会科学版)》1991年第1期,第102页。
4 吴行恭:《忆母校省立第三师范学校》,《浙江省湖州中学百年校庆纪念册》,第119页。
5 《百十春秋:浙江省宁波中学简史:1898—2008》,2008年,第2页。
6 何慧燕:《清末绍兴留日学生与绍兴近代教育》,《兰州教育学院学报》第34卷第10期,2018年10月,第82页。
7 江山市教育委员会编纂:《浙江省江山市教育志》,第271—272页。
8 《百年严中》,严州中学百年校庆办公室,2001年,第99页。

澄衷学校的曹锡爵于 1922 年 12 月曾赴春晖中学讲授"文化之趋势"[1]，省立第十一中学（丽水）校长叶庆崇于 1925 年 1 月 4 日赴澄衷学校参观[2]。如此，更有助于各个学校交流教学经验，统筹发展。

对于这些中学来说，在其中任职的百名师范生的重要性主要体现在两个方面，一是百名师范生入校执教时间早，大多在中学的创立之初便担任学校职务；二是对学校学制的改革、学风的建设、设施的完善、师资的提升都作出了很大的贡献。并且由于这百名师范生在全省各府的名额分配相差不大，由此各中学均有百名师范生任教，发展较为均衡，有利于全省教育协同进步。一个地方的发展离不开人才培养，而人才培养离不开教育，由此看来，各地教育水平的均衡发展也是浙江省整体发展差距较小的一大重要原因。

二、新旧并包的治学思想

二十世纪初是新旧文化碰撞的时代，知识分子中有主张固守中国传统学问的守旧派，也有极力倡导西方新学的革新派。在这些人群中，对于新旧文化的态度，有过于保守者，也有过于激进者，往往对新旧文化带有一种"非此即彼"的态度。而百名师范生中的多人对新旧文化的态度则是新旧并包。

百名师范生作为中国近代留学生的一部分，出国学习的内容便是西方科学知识，毫无疑问他们对新文化是接受的。在学校教授新学、翻译编写新式教科书这些活动自不必说，更具体一些的如在新文化运动期间，作为北大教授的朱希祖多次在《新青年》撰写文章倡导白话文，提倡新文化。而马裕藻虽然并无著述，但是在留学前，曾参与《宁波白话报》的撰写工作。而且作为北大文科教授的一员，马裕藻对好友、同事朱希祖、钱玄同等宣扬新文化是持支持态度的。并且朱希祖和马裕藻还参与提出了新式标点符号的议案，在 1913 年的国语读音统一大会上，朱希祖、马裕藻、胡以鲁三人出席了大会，推动了中国第一套注音符号的诞生。

对旧学的态度，由于百名师范生大都是太学学习的生员（增生、附生、廪生等）出身[3]，在留学之前学习的内容为旧学，并且又有不少人在留日期间听学于章太炎，如朱希祖、马裕藻、黄人望、胡以鲁等人，讲课内容主要是训诂学、音韵学，因此他们对传统学问往往并不排斥。对于新派学者，朱希祖之子朱偰曾回忆："他（胡适）也常到我家里来，看看我父亲的藏书，谈谈版本。父亲不大看得起他，批评他的《中国哲学史大纲》写得肤浅，而且肯定地说，他出了中卷以后，下卷是写不下去了，因为他既不懂佛学，又不懂宋、明理学。果然，他的《中国哲学史大纲》勉强出到中卷为止，下卷始

1　潘首理：《浙江省春晖中学》，人民教育出版社，2008年，第115—116页。
2　澄衷同学会编辑部：《澄衷同学会第十期季刊》，国光印书局，1926年。
3　《清国留学生部寄宿舍 舍生原籍调簿》，早稻田大学图书馆藏，1905年。

终没有能够出版。"[1] 对于马裕藻也有北大学生回忆道："然而主任也不是好当的，在以前一到开学，他坐着包车，一面网罗新人才，同时还联络旧朋友。凭这份虚心，就值得称赞。……所以幼渔先生，至少还是老辈典型，还带点尊师重道的意味。后来调和新旧，尤费苦心，新的胡适之那一班子人马，老在旁边挑眼；旧人如晦闻先生（黄节），不言不语，只有公铎（林损）好发高论，到处给主任闯祸，并且因为作讽刺诗得罪校长。"[2] 可见朱希祖和马裕藻虽然接受新文化，但是也并不完全排斥旧文化。

再如在第三节已提到的"国故毒"事件中，对于批驳国故者，澄衷学校校长曹锡爵的主张是"文学无新旧，唯其真耳"[3]。但是在论战中，不少人将曹锡爵划入了"复古者"一方，这并不正确。如果说曹锡爵为复古派，那么他在澄衷学校任校长期间，就不会如此重视德智体全面发展，也不会开设过多的新学课程。而事实上，该时期澄衷学校的数学、史地、自然科学等课程的比重一直在增长。另外，林骈逵也是如此，毕业回国后从事教育，在家乡传播科学民主等理念，甚至改变了同乡的旧知识分子赵兰丞，受其影响，赵兰丞也赞成教育变革，引进科学教育，积极筹建师资讲习所。并且，林骈逵在重视科学的同时，也不放弃传统文化，并认为"毋毁国粹不保而自存"[4]。

综上所述，有文献记载的多名百名师范生的治学思想总体上为新旧并包，即在接受新文化的同时，也不完全排斥传统文化。究其原因，他们派遣那年政府才废除科举，因此在出国之前几乎都接受了旧式教育，如杨乃康在 17 岁便考中秀才，被乡人称为"湖州的半路举人"[5]，之后接受的是日本学校的新式教育，而日本近代虽大力吸收西方文化，但对传统文化仍采取非常包容的态度。接受过新旧两种教育，尤其是在日本接受新教育的百名师范生，对传统文化具有"温情"，在当时的社会环境中相对于他人会更加理智。但是在新知识分子力求新文学发展壮大的时期，社会上更需要的是激进的观点，甚至会有矫枉过正的情况出现。但若仅凭支持传统文化一点而给他们扣上"复古派"的帽子，似乎并非公允。

三、反对日本侵略的爱国主义精神

百名师范生的大多数都经历了抗日战争，当时不少人任学校教职或者在当地政府担任职，又有留日经历，遭沦陷之后，常常会有日伪政府的人前来劝诱他们为伪政府做事，但是他们大都有着强烈的民族气节，或闭门不出，或隐藏身份逃离，或与之抗争而拒不服从，如徐文藻、王栖、张宗绪、王翊鹏、郁庆云、马裕藻等。

徐文藻在全面抗战爆发后避居海盐乡下，生活极其困难，一日三餐都难以维持，但

1　朱偰：《我家座上客——交游来往人物》，《鲁迅研究月刊》2005年第5期，第68页。
2　朱偰：《我家座上客——交游来往人物》，《鲁迅研究月刊》，第70页。
3　曹慕管（曹锡爵）：《论文学无新旧之异（节录智识旬报）》，《学衡》1924年第32期，第1—15页。
4　王英础：《温岭历史故事集》，浙江工商大学出版社，2017年，第366—367页。
5　马青云：《一个湖州人的历史天空——杨莘耜传略》，《鲁迅研究月刊》2006年第4期，第56页。

不畏日寇汉奸威逼利诱，不愿为日寇作翻译。邻人探问："你生计艰难，何不参加维持会以解困？"徐文藻回答："我留学日本，为学科学报效祖国，岂能为个人生活认贼作父，媚敌求荣。"1940年，应游击区国民党县政府之请，在城西大曲吴家埭创办海盐战时初级中学，出任校长，因屡遭日伪军骚扰破坏，仅一月余被迫停办，但影响很大。一日，日军清乡，徐先生体弱避之不及，被日军持枪逼问有无中国军队，徐文藻装聋作哑与之周旋，日军无法，悻悻离去。事后有人问："你懂日语，为何装哑，岂不危险！"徐先生慨然回答："敌人真需要汉奸，我一答话即被拉走；我不答话，即使被杀，虽不称烈士，但总比当汉奸强，不至遗臭万年！"[1]

王橚于1936年任福建省晋江地区高等分院院长，全面抗日战争爆发后，辞职归家。1942年6月，日军侵占江山县城，未及避难，被日军俘去割草饲马。后闻敌酋以其留学日本，通晓日语，欲令其出主江山"维持会"，乃于夜间逃出县城，隐名石门乡妻舅家。[2]

张宗绪原在浙西二中任教，1944年秋浙西二中迁往分水，他因为年老体弱未去。当时安吉的梅溪和晓墅均已沦陷于日军，张宗绪避居在湖州安吉昆铜乡山里，贫病交迫，生活艰难，日军闻知，数遣汉奸前往诱逼其为日军效力，屡遭拒绝，其民族气节之坚贞，为乡里称道。[3]

孔宪葵（？—1942，衢州西安县人）早稻田大学毕业归国后担任过衢县、开化、余杭、东阳等县警察所长。1942年日寇攻下衢州时，他住在北乡别业。当驻衢日寇知其曾留学日本时，带领随从到孔宪葵住地拜访，企图诱使他出来维持局面。家人侦知日寇已近村口，孔宪葵即自沉于别业院中池塘殉国。此外，孔宪葵的女儿孔庆筌在日寇进城前，避居南乡下石埠途中，不料遇敌，无计脱身，即怀抱弥月女婴投水殉节。孔宪葵为衢州孔子嫡裔，能够遵循祖上"杀身成仁"的教诲，维护了民族尊严。

郁庆云于1929年任大理院东北分院推事、刑庭庭长。1931年"九一八"事变后，东北沦陷，郁庆云拒绝日伪政府的职务邀请，化装避往皇姑屯。1932年南下上海，任江苏高等法院第二分院刑庭庭长。1937年，上海被日军侵占，笼罩在高压政策之下，不少进步人士遭到绑架和杀害。而作为法官的郁庆云只要杀人凶手被捕，就毫不留情地将其绳之以法。因此日伪汉奸多次向郁庆云发出警告，并给他寄了署名为"反共锄奸团"的恐吓信，信中还附有子弹。但是郁庆云没有被吓到，坚定地说："国家、民族正在危急之中，怎能抛弃职守？我当做我应做之事。"[4]1939年11月23日，郁庆云像往常一样从住所前往法院。他登上黄包车，当车夫拿雨布打算挂上的时候，一身穿短衣的男子突然

1　张再生：《海盐高级中学校史》，2007年，第5页。
2　《江山城关镇志》，浙江人民出版社，1991年，第310页。
3　蔡小雄：《杭州高级中学百廿校志》，2019年，第19页。
4　章琪锋：《郁曼陀先生血衣冢志铭》，《浙江档案》2014年01期，第52—53页。

飞奔到郁庆云身边，恶狠狠地说："你竟不给面子！"说着，拔出手枪向郁庆云射击，郁庆云胸口连中三颗子弹，倒在了车座中。[1] 该遇刺案受到了广泛的关注，郭沫若撰写了《郁曼陀先生血衣冢志铭》以资悼念。

另外王翊鹏在抗日战争期间，为了坚决拒绝当日语翻译，曾一度穿着破旧衣衫在乡间躲避；待时过境迁后，才悄悄地到上海中国农工银行任职。以及在上文提到的马裕藻，他在抗战期间作为北大留平教授，闭门不出，拒绝出任伪北大教授，可惜没有等到抗战胜利便离世了。

这几名百名师范生即使身处困境，受到敌人威逼利诱，仍然能捍卫民族尊严，秉持民族气节。特别是他们作为教师，不仅向学生传授了知识，更是以身作则向学生做出了爱国的道德楷模。

---

1 祝惜锋、蒋增福：《法官诗人画家——郁曼陀烈士》，中国和平出版社，2006年。

第四章

清末浙江湖州
籍留日学生

清末时期，在国内掀起留学日本热潮这一大背景下，浙北地区的湖州籍学子亦顺应时代潮流，通过自费、官费的方式求学东瀛，且在时间和人数上领先于浙江省内大部分地区。清末湖州籍赴日留学总人数，目前有据可考者有 120 余人，在浙江省内位居前列，是清末留日学生的一个重要组成部分。

清末湖州籍留日学生背负着国家、社会、家族的责任来到日本，他们在努力学习的同时，通过组织学术团体等活动，承担传播科学文化知识的责任。另一方面，面对复杂的国际环境、混乱动荡的政局，在日留学的湖州热血青年积极寻求救国救民之策。少部分留学生拥护君主立宪，期望通过和平变革的方式实现国家富强，而更多的留日学生作为新式知识分子，对革命思想感受颇速，对清朝的腐朽统治有清醒深刻的认识，他们支持反清革命，通过在报纸、杂志上刊登文章宣传革命思想主张，建立革命团体，组织集会，发表演说，扩充革命力量，为民主革命做准备。湖州籍学生学成归国后，为清末以及民国时期的社会发展变革作了诸多贡献。辛亥革命前，早期归国的留日学生率先参与清末政治、军事改革，投入清末革故创新的伟大运动中。以陈其采为首的大批革命派人士为革命奔走，领导浙江地区的光复运动，功绩卓著。另外，在日接受新式教育的留学生们，回国后在各自的领域充分发挥所学，活跃在经济、科学、教育、文化等领域，是湖州地区及浙省乃至中国近代社会变革的引领者和推动者。大多数留日学生进入新式学堂任教，他们改革教学方式，以振兴近代教育为己任。教学之余努力进行科学知识的译介、传播，在学术研究领域卓有建树，是自然、社会科学中一些领域的开拓者、奠基人，推动了近代学科建设。学习农、工、商等实科专业的湖州籍留日学生还积极参与实业近代化改革的实践活动，为推进湖州当地以及浙省的农、工、商业近代化进程作出了积极努力。

本章以清末湖州籍留日学生群体为研究对象，分五部分展开论述。第一部分从当时的时代背景以及湖州当地的经济、教育的发展状况等方面，分析湖州籍学生赴日留学的背景；第二部分以时间为线索，梳理湖州籍留日学生的赴日留学历程，分析其赴日原因；第三部分从湖州府所属各县的学生分布、学校和专业分布等方面，分析湖州籍留日学生的特点；第四部分考察湖州籍留日学生的在日生活和活动状况，包括学习生活和在日参加的爱国政治活动，并以留学生日记——《钱玄同日记》为资料，展现湖州籍留日学生多姿多彩的留学实况；第五部分考察湖州籍留日学生归国后的活动，着眼于湖州籍留日学生参与的政治活动、实业活动、教育活动，探究他们在清末政治、军事、科学、教育方面的社会变革中所作出的贡献。

第一节　清末湖州籍学生赴日留学的背景

一、清政府提倡留学

　　清末留日运动兴起有其特殊的时代背景。甲午一战中国惨败，割地赔款，举国痛之。空前的民族危机促使国人开始觉醒，思考战败的原因以及救亡图存的方法，人们不得不重新审视这个昔日中国的"弟子"日本。康有为等维新派志士认为中国败于日本是因闭关锁国、人才不足所致，认为"日本昔亦闭关也，而早变法，早派游学，以学诸欧之政治、工艺、文学知识，早译其书，而善其治，是以有今日之强而胜我也。吾今自救之图，岂有异术哉？亦亟变法，亟派游学"。[1] 洋务派代表人物张之洞亦认为"日本，小国耳，何兴之暴也？伊藤、山县、榎本、陆奥诸人皆二十年前出洋之学生也，愤其国为西洋所胁，率其徒百余人分诣德、法、英诸国，或学政治、工商，或学水陆兵法，学成而归，用为将相，政事一变，雄视东方……至游学之国，西洋不如东洋。一、路近省费，可多遣；一、去华近，易考察；一、东文近于中文，易通晓；一、西学甚繁，凡西学不切要者东人已删节而酌改之。中、东情势风俗相近，易仿行。事半功倍，无过于此"。[2] 在此背景下，越来越多的思想进步人士认识到讲求新学、派生留日、造就人才的必要性，纷纷响应留日号召。1900 年庚子之乱更使朝廷认识到教育改革的必要性，决意推行新政，具体措施就是兴学堂、派留学、废科举。1901 年，张之洞与刘坤一在《变通政治人才为先遵旨筹议折》中主张奖励留学，无论公费自费留学，学成归国后政府均加以擢用。1903 年，张之洞遵旨与出使日本大臣共同议定《鼓励游学毕业生章程》，明确规定："中国游学生在日本各学堂毕业者，视所学等差，给以奖励。……在普通中学堂五年毕业得有优等文凭者，给以拔贡出身，分别录用；在文部省直辖高等各学堂暨程度相等之各项实业学堂三年毕业得有优等文凭者（在学前后通计八年），给以举人出身，分别录用；在大学堂专学某一科或数科，毕业后得有选科及变通选科毕业文凭者（在学

1　《康有为：请广译日本书派游学折》，光绪二十四年四月，陈学恂、田正平编：《中国近代教育史料汇编·留学教育》，第
　　322—324页。
2　张之洞：《劝学篇》，上海书店出版社，2002年，第38页。

前后通计或十一年或十年），给以进士出身，分别录用；其由中学堂毕业径入大学堂学习选科，未经高等学堂毕业者（在学前后通计或八年或七年），其奖励应比照高等学堂毕业生办理；在日本国家大学堂暨程度相当之官设学堂三年毕业得有学士文凭者（在学前后通计十一年，较选科学问尤为全备），给以翰林出身；在日本国家大学院五年毕业得有博士文凭者（在学前后通计十六年），除给以翰林出身外，并予以翰林升阶。以上所列之外，在文部大臣所指准之私立学堂毕业者，视其所学程度，一体酌给举人出身或拔贡出身。"[1] 在清政府的大力推动和政策鼓励下，各省留学风气大开，官、自费留学生逐渐增加，留日人数很快超越了留学欧美的学生人数，1905、1906 年留学人数近万人，形成了盛极一时的留日热潮。

二、浙江省首派留学

浙江省走在时代的前列，于 1897 年率先派遣学生赴日留学，是国内最早派生留日的省份。浙江湖州籍留日学生章宗祥不止一次提及浙江省领先于全国其他省份派生留日的创举，"留日学生以浙江蚕学馆之嵇慕陶、汪子健二人最早"[2]，"日本政府始倡招吾国留学生之议，其时浙江最先来，而南洋及湖北次之，北洋又次之。数年以来各省续派者踵至，而有志之士自备学费来东者复前后相继，盖游学日本之益之便，夫人知之矣。去岁之变，吾国势益不可支，内地志士知游学之不可缓，联袂东渡者日益多"[3]，"日本留学生，当戊戌年余等由南洋派往时，同行者四十余人，其时先到者惟浙江省派来数人及使署学生四五人，合计不过五十余人而已"[4]。如第一章所述，1897 年，杭州知府林启在农学家罗振玉和旅日商人孙淦的建议下，决定选派浙江蚕学馆湖州德清附生嵇侃、杭州钱塘附生汪有龄赴日本留学，此二人是近代最早正式从国内派遣的留日学生。1898 年 4 月，浙江巡抚从求是书院和浙江武备学堂各选派 4 名学生留学日本分别学习文科与军事，习武备的 4 名湘鄂籍学生是我国军事科留日肇始。留日政策出台以后，浙江留日学生人数渐次增加，浙江的青年学出于救国强国的目的，纷纷出国留学，清末全省的留日学生总人数约占全国总数的十分之一。浙江开放的社会风气、开明绅商的热心提倡以及近代浙江教育事业的发展，促成了浙省的留日热潮。

三、湖州富庶的经济和发达的教育

湖州地区的留日运动则与当地的政治、经济和文化发展水平密切相关。浙江省湖州府地处太湖南滨，山明水秀。毗邻苏州、杭州、上海，领乌程、归安、德清、武康、安吉、孝丰、长兴七县。交通便利、土地肥沃、气候温和、适宜桑蚕，素称富饶之地。得

1　中国第一历史档案选编：《光绪潮留学生管理制度档案》，《历史档案》2017年第4期，第48页。
2　章宗祥：《任阙斋主人自述》，《文史资料存稿选编》第24册，第925页。
3　章宗祥：《日本游学指南》，浙江图书馆藏，年份不详，第1页。
4　章宗祥：《东京之三年》，中国社会科学院近代史研究所近代史资料编辑组编：《近代史资料》，中华书局，1979年，第63页。

益于地理位置的优越，湖州向来物产丰富，南宋时期曾有句谚语"苏湖熟，天下足"，说明苏州、湖州是全国重要的粮仓。湖州同样也是蚕丝的主要产地，有"丝绸之府"的美誉，依靠充盈的物产，湖州地区城镇发达，商业繁荣，出现了经营丝绸、书籍、湖笔、渔业、桑蚕等行业的商人。明清之际，湖州丝织业、缫丝业甚为发达，出现资本主义萌芽。所产的湖丝在国内外享有盛誉，尤其是南浔辑里丝具有白、净、柔、韧的特点，色彩鲜艳，为外人所喜，远销欧美。[1] 鸦片战争后，湖州经营丝织业的商人迅速把握上海开埠带来的商机，云集沪上，担任丝买办、丝通事，创办丝栈行，依靠生丝出口迅速发迹致富。湖州南浔镇是丝绸生产之重镇，出现了有"四象、八牛、七十二狗"[2]之称的商业资本家，富甲一方。生丝出口给湖商积累了大量的财富，他们又以其为资本创办工厂，投资企业及其他行业。湖州富商与外国商人打交道，有些绅商还曾赴日本及欧美各国考察，更有机会接触西方的资本主义文明。

近代湖州商人对湖州留日运动起了重要的推动作用，为其发展创造了客观条件。一方面他们经济富庶，思想开明，愿意送家族子弟出国留学或考察，接受新式教育，一些绅商还资助同乡留学海外，而日本因交通便利，费用适宜，成为他们出国留学地的首选。湖州部分留日学生就出自富裕的官绅或商人家庭。如留日学生沈谱琴出身富商之家，家中资产雄厚；[3] 徐一冰出生于教育实业家庭，其祖父曾在紫禁城内军机处和总理衙门任职，生活殷实富足；[4] 清末留日学生周柏年所在的周家亦是南浔的大户人家，他是南浔八牛之一周昌大的长孙，父亲周庆贤曾任江南乡试考官，其祖父周昌大与叔祖周昌炽开设周申泰丝行起家，早年周昌炽为上海著名的丝通事，周昌炽的儿子周庆云也是近代有名的民族资本家，家业颇丰。另一方面，湖州商人往返于上海与湖州之间，他们在家乡传播维新思想，开地方风气，并积极响应新政，在家乡创办新式学堂。如南浔巨富庞青城赴日考察归来后，仿照日本学制在家乡创办了湖州最早的私立中学——浔溪公学，富绅张颂贤的孙子张增熙赴欧美考察教育后，接受新思想，改造旧学创办正蒙学社。[5]这些新式学堂的创办也给湖州人留日创造了良好的条件。

使湖州闻名于近代的还有人文，湖州素有"文化之邦"的美称，教育事业发达，自古荟人文之秀，涌现了许多教育界著名人士。府内教育机构林立，科举时代设有教授科举内容的官学和书院，此外一些富裕的书香门第还设有具有初等教育性质的私塾，培养了一批科举人才。湖州历代进士共有1406人，其中南宋进士人数居全国第五位，[6] 清代

1 陈友益：《辛亥革命与湖州资产阶级》，湖州市社联陈英士研究会、市历史学会统战理论研究会编：《纪念辛亥革命八十周年文史资料集》，1991年，第24页。
2 用于描述湖州南浔镇豪绅的财富多寡，资产达到千万两白银以上者称为"象"，五百万两以上不过千万两者称为"牛"，一百万两白银以上不过五百万者称为"狗"。
3 董惠民、史玉华、蔡志新：《崛起沪上大财团——近代湖商研究》，杭州出版社，2007年，第132页。
4 徐迟：《我的文学生涯》，百花文艺出版社，2006年，第8页。
5 董惠民、史玉华、蔡志新：《崛起沪上大财团——近代湖商研究》，第154—155页。
6 黄逸编：《湖州市教育志》，浙江教育出版社，1995年，第35页。

有 6 名状元，居全国第二、浙江首位。[1] 清末实行新政，大兴新式学堂，浙江省新办了一批新式学堂，湖州地区也在官绅以及富商的积极响应下，成立了一批新式学堂，1908 年湖州共有新式小学堂 52 所，新式中学堂 3 所。[2] 自古以来良好的文化传统使湖州人重视教育，其子弟得以在府内或浙江省内接受良好的教育。清末早期官方派遣的留学生一部分是学问有根底的旧式知识分子，有些人赴日前已有秀才、举人、进士的功名，如 1905 年浙江省选派的百名师范生都是具有科举功名的优秀学生，另有一部分则是直接从新式学堂选派具有新学基础的新式知识分子，如陈其采、吴锡永、华振基留日前就读于南洋武备学堂，章宗祥、章鸿钊留学前就读于南洋公学，学习日文及普通学诸门学科，稍备普通学知识，良好的教育水平是湖州学子出国的基础条件。1905 年科举制度废除后，一些青年志士或为寻求出路，或为寻求救国良方，纷纷出国留学，留学渐成风尚。

四、官绅及留日学生的宣传提倡

官绅及早期留日学生的宣传提倡也是清末湖州人的留日原因之一，尤其是钱恂，对湖州乃至全国留日运动的影响甚大。钱恂是浙江吴兴人，为晚清外交家。1899 年 2 月，钱恂被张之洞任命为留日学生监督。其实对于派生留日，钱恂早就有关注，"溯自丁酉之岁，恂首发我国人宜留学日本说"，[3] 提到派生留日是他的创议。后来这一建议也被张之洞采用，"始浙江，次湖北，又次江南，相继派遣留学生于东"。[4] 就任留日学生监督期间，钱恂尽职尽责，监管留学生的在日活动，支持留学生创办留学生会馆，并出任清国留学生会馆副长（总长为驻日公使蔡钧）。章宗祥这样评价他："钱，湖人，久宦鄂，与流俗不合，待学生甚诚挚。"[5]

不仅如此，钱恂还十分关注家人的教育，支持家族成员赴日留学。单士厘在她的旅行记中提到："外子自经历英、德、法、俄而后，知道德教育、精神教育、科学教育均无日本之切实可法者，毅然命稚弱留学此邦，正是诸弱幸福。"[6] 正是有此得天独厚的条件，钱氏家族成员纷纷踏出国门，接受新式教育。以 1897 年钱滮东渡日本留学为开端，清末时期钱家共有六人留学日本，分别是上文提及的钱恂堂弟钱滮、钱恂二子钱稻孙、钱稑孙、婿董鸿祎、媳包丰保，以及钱恂同父异母的兄弟钱玄同。此六人皆是自费留学，留学经费出自钱恂的资助。钱恂作为留日学生监督，注意到了速成教育的流弊，于是多次强调二子留学"不取纤毫公费"，为的是"一矫妄诞废学之失，不取速成，一矫浅尝无得之失"。[7] 正是良好的经济基础和钱恂出任留日学生监督的便利条件，钱氏家族

---

1 民革浙江省委会孙中山研究会、民革浙江省湖州市委员会编：《孙中山与湖州人》，团结出版社，2001年，第64页。
2 黄逸编：《湖州市教育志》，第3页。
3 《鸿跡帖》，早稻田大学图书馆藏，手写本，不分页。
4 《鸿跡帖》，早稻田大学图书馆藏，手写本，不分页。
5 章宗祥：《任阙斋主人自述》，《文史资料存稿选编》第24册，第931页。
6 钱单士厘：《癸卯旅行记·归潜记》，湖南人民出版社，1981年，第23页。
7 钱恂：《吴兴钱氏家乘》卷三，国家图书馆地方志家谱文献中心编《清代民国名人家谱选刊34》，2006年，第106页。

成员的留学质量也高于清末普通留日学生的整体水平。尤其是钱稻孙和钱穟孙自小学便接受日本教育，钱穟孙留学十五年获得农学学士学位，董鸿祎为"早稻田之最高生"[1]。正是有如此良好的留学效果，也带动了大批同乡赴日留学，对当地留学教育的发展产生了重要的影响。

家族成员相伴或先后赴日留学的例子在湖州地区并不少见。1905年沈尹默、沈兼士两兄弟一同赴日留学；1902年，陈其采留学归来，与其兄陈其美讲述在东京留学的所见所闻，陈其采的现身说法使陈其美大开眼界、心驰神往，遂萌生赴日留学的念头，于是在陈其采的支持下，陈其美也于1906年踏上了东渡求学之路；兄弟共同赴日的还有李鸿、李朋，胡仁源、胡仁清以及杨莘耜和潘澄鉴等。不仅在家族中宣传鼓吹亲族留日，早期留学归来的学生还在好友、同乡甚至全国范围内宣传介绍留日的益处，呼吁、鼓励更多国人赴日留学。章宗祥曾在自述中提到留学生留学的目的之一是"招徕"，使得留学及游历者增加。[2]1901年，尚在日本东京帝国大学法科就读的章宗祥观国内形势，官费、自费来东者先后相继，"而伏处乡里未知外洋情形因而阻足者亦复不少"。[3]于是将日本留学之情况，包括留学目的、年限、方法，详细书之，成《日本游学指南》一书。他认为："欲游学外国，为吾国求未开之学问，其便益无有出日本之右者。"[4]此举目的在于使内地有志之士能够弃其乡处，从事远游，此书一时间索取者甚众，在国内十分畅销。[5]章宗祥的故乡荻港村当时就有许多人赴日，如章祖源、章鸿钊、章祖申等人。且日本路近，寒暑假期间留学生多回乡探亲，1907年暑假，留日学生许炳堃归里，在他的带动下，同乡蔡渭生、吴玉、蔡经贤于同年九月东渡日本。[6]正是这些赴日官员、留日学生的宣传及同乡人士的带动，使湖州地区的留日人数逐渐增加。

综上所述，清末的民族危机是留日运动开展的时代背景，青年志士出国留学为寻找救国救民的良药。清末上海开埠给湖州商人带来了商机，也带来了开放的社会风气。浙江及湖州的资本主义和经济发达是湖州青年率先踏出国门的关键因素。湖州地区发达的文化教育事业则为留日学生出国留学提供了知识储备。另外，早期归国留日学生以及官绅的提倡宣传作用也不容小觑。这些因素共同作用，形成了清末湖州的留日热潮。

1　高木理久夫编，吴格订：《钱恂年谱》（增补改订版），早稻田大学图书馆，2013年，第162页。
2　章宗祥：《任阙斋主人自述》，《文史资料存稿选编》第24册，第930页。
3　章宗祥：《日本游学指南》，第1页。
4　章宗祥：《日本游学指南》，第29页。
5　章宗祥：《任阙斋主人自述》，《文史资料存稿选编》第24册，第930页。
6　蔡焕文：《蔡渭生自编年谱》，北京图书馆编：《北京图书馆藏珍本年谱丛刊》第198册，北京图书馆出版社，1999年，第302页。

第二节　清末湖州留日学生概况

清政府于 1898 年 8 月确立派生留日政策，而早在一年前湖州籍学子就已有二人远渡东瀛求学。近代湖州籍由官方派遣的最早的留日学生是嵇侃，他同时也是近代国内官方派遣最早的留日学生。嵇侃，湖州德清人，1897 年 10 月，杭州蚕学馆选派嵇侃赴日学习桑蚕技术，他在日先后就读于山本宪私塾、竞进社蚕业讲习所、西原蚕业讲习所。嵇侃在日学习刻苦努力，于辛丑年夏毕业回国。1897 年冬，钱澂赴日留学。钱澂为浙江吴兴县人，他是湖州当地最早的自费留日学生[1]。钱澂在其堂哥钱恂的帮助下赴日留学，钱恂为晚清外交家。1897 年冬，神尾光臣受命前来游说张之洞派遣学生前往日本学习陆军，张之洞派钱恂代为接待。[2] 以此为契机，钱恂依托神尾助钱澂东渡日本留学。[3] 关于钱澂的留学学校，目前尚未发现相关资料的直接记载，故不得而知，但钱恂在《吴兴钱氏家乘》中提到他提倡留学"以将校为先著，盖欲洗向来专学兵弁，不学将校之失"[4]，而且他送两个儿子赴日留学"本意亦欲渐即武事"[5]，那么钱澂的留学学校很有可能是军事学校。但后来钱澂因体弱多病，中途辍学回国，居家养病。[6]1900 年初钱又只身赴日本[7]，同年归国。

1898 年，无论是清政府还是民间，越来越多的思想进步人士认识到讲求新学、派生留日、造就人才的必要性，纷纷响应留日号召，且加之日方人士的有意提倡，1898 年 8 月，以光绪皇帝发布诏书的形式，确立了派生留日政策。1900 年庚子之乱更使朝廷认识到推行新政与教育改革的必要性，1901 年张之洞与刘坤一在《变通政治人才为先遵旨筹议折》中主张无论官费自费，学成归功后均应加以擢用，并提出了具体的奖励留学办法。于是各省留学风气大开，官、自费留学生逐渐增加。在此背景下，湖州籍留日人数也渐次增加。

如第二章所述，1898 年 4 月，浙江省从浙江武备学堂首派四名湘鄂籍学生入成城学校学习武备，这是我国军事科学生留日之肇始。此后，江鄂各省也相继派出军事科留日学生。1898 年 11 月，就读于南洋武备学堂的浙江湖州籍陈其采、吴锡永和华振基被选派官费留学日本，此三人是湖州当地最早的官派军事留日学生。三人于 1899 年 1 月入日本陆军士官学校之预备校——成城学校高等普通科学习[8]，明治三十三年十二月入陆军

1　黄逸编：《湖州市教育志》，第15页。
2　高木理久夫编，吴格订：《钱恂年谱》（增补改订版），第120页。
3　钱单士厘：《癸卯旅行记·归潜记》，第34页。
4　钱恂：《吴兴钱氏家乘》卷三，2006年，第105页。
5　钱恂：《吴兴钱氏家乘》卷三，第106页。
6　钱仲联：《钱仲联学述》，浙江人民出版社，1993年，第8页。
7　翁同龢：《翁同龢日记》第七卷，上海辞书出版社，2019年，第3297页。
8　JACAR（アジア歴史資料センター）Ref.B12081646500、6.印度及清国留学生ニ関スル調査/分割 2（B-3-10-5-17_2_001）（外務省外交史料館）。

士官学校，陈其采和吴锡永入步兵科，华振基则入骑兵科，于次年十一月毕业，他们是陆军士官学校的第一期中国毕业生。[1]同年赴日的还有吴兴籍章宗祥。如第二章所述，章宗祥于光绪二十四年十二月赴日，1899 年 1 月入学日华学堂，一年后又入第一高等学校，肄业一年后以选科生入东京帝国大学法科，1903 年夏毕业。

1899 年 9 月，湖州人钮永建参加留日学生考试，以第一名被录取，成为官费留日军事学生，于 12 月抵达日本。[2]1899 年，浙江乌程县人沈翔云被张之洞选派赴日留学。[3]入日华学堂，与章宗祥交好。[4]

1899 年，钱恂被张之洞任命为留日学生监督，同年赴日任职。1900 年妻子单士厘携长子钱稻孙及儿媳包丰保，次子钱䅽孙一同赴日，接受新式教育。钱稻孙赴日时仅 13 岁，钱䅽孙 10 岁，钱恂令二子剪短发辫，进入日本庆应义塾幼稚舍与日本学生同校读书。[5]关于包丰保是于 1901 年还是 1902 年入学下田歌子所创办的帝国妇人协会实践女学校，说法不一，尚待考证。明治四十一年九月十九日，日本《朝日新闻》报道钱恂 18 岁的女儿留日是中国女子赴日留学之嚆矢。[6]这里提到的钱恂的女儿，指的应该是儿媳包丰保。而且，包丰保于 1900 年赴日，在她之前有金雅妹[7]、夏循兰[8]随父赴日后入日本学校学习，因此并非女子赴日留学第一人，该报道部分内容失实。但截止 1902 年，在日女子留学生仅 10 余人。[9]所以包丰保赴日留学，在当时以及湖州当地仍是一个创举。包丰保于 1904 年 7 月 16 日毕业，是当时帝国妇人协会的两名毕业生之一。[10]1900 年 5 月 12 日，张之洞之子张权带领湖北武官赴日视察军事，同时由钱恂、徐元瀛两委员监督带领学生十五名一同赴日留学及参观军事，此次赴日的有湖州籍学生沈翔云及钱恂的女婿董鸿祎。[11]同年，湖州南浔镇 20 岁青年周柏年赴日留学。

庚子年后，国内更有大量自费生东渡，"争竞砥砺之心渐发渐厉，兄弟姊妹、乡里亲戚，往往以手书勤勉，相偕来游，辛丑以还，留学生之数逾六百矣"。[12]由于留日学生逐渐增多，1902 年留日学生吴禄贞以留学生日众，且分隶各校，隔阂不能通声气为由，向驻日公使蔡钧提议设立清国留学生会馆管理留学生事务，得到蔡钧与留日学生监督钱恂的支持，并于 2 月 21 日举行开馆仪式。留学生会馆有调查在日学生姓氏、学籍，每

1　沈云龙主编：《日本陆军士官学校中华民国留学生名簿》，文海出版社，1977 年，第 1 页。
2　张乃清：《钮永建年谱》，中西书局，2017 年，第 8—9 页。
3　冯自由：《革命逸史》初集，中华书局，1981 年，第 81 页。
4　章宗祥：《任阙斋主人自述》，《文史资料存稿选编》第 24 册，第 925 页。
5　钱恂：《吴兴钱氏家乘》卷三，第 106 页。
6　高木理久夫编，吴格订：《钱恂年谱》（增补改订版），第 151 页。
7　金雅妹：浙江鄞县人，自幼丧父母，被长老会传教士曾任美国驻宁波领事的麦嘉谛收为养女，1869 年 8 岁时因养父赴日本帝国大学任教被带至东京，入日本学校读完中小学，被认为是近代最早留学日本的女子留学生。
8　夏循兰：据《浙江潮》第三期中《浙江同乡留学东京题名》记载，浙江仁和县人，光绪二十五年六月赴日，自费入华族女学校，资料记载当时的年龄 9 岁，据此推算，赴日时的年龄为 5 岁左右。
9　周一川：《近代中国女性日本留学史》，社会科学文献出版社，2007 年，第 28 页。
10　周一川：《近代中国女性日本留学史》，第 310 页。
11　JACAR（アジア歴史資料センター）Ref.B12081624900、分割 1（B-3-10-5-3_4）（外務省外交史料館）。
12　《留学生会馆之起源》，清国留学生会馆：《清国留学生会馆第一次报告》，第 1 页。

年刊《同瀛录》两次之事务。由清国留学生会馆所编的五期报告中刊载了自 1902 年 1 月至 1904 年 10 月的在日留学生以及毕业归国留学生名录（即《同瀛录》）。另外以《清末各省官自费留日学生姓名表》[1]、《法政大学史资料集·法政大学清国留学生法政速成科特集》[2] 和留日学生监督处《官报》[3] 作为补充资料，确认 1901—1904 年湖州籍赴日人数至少有 28 人。1902 年 9 月浙江湖州籍留日学生章祖申与凌霆辉获得地方官费，入宏文学院师范科，此外，另有自备斧资留日者赵之骙、钮瑗、闵灏、施绍堂、潘国寿 5 人。1903 年至 1904 年间，自费留日者增多，共有 21 人，1904 年 10 月，法政大学速成科第二班开班，入学者有湖州籍学生 4 人，分别为沈应铺、张宗儒、林鸥翔、朱景圻。另外有 3 名留学生获得湖北、广东、江苏官费，分别为郑隆骧于 1903 年获得湖北省官费入经纬学堂普通科[4]，章鸿钊于 1904 年获得广东省官费入京都第三高等学校[5]，章祖源于 1904 年获得江苏省官费入宏文学院普通科就读[6]。

随着科举制度的废除以及奖励留学生章程的制定，1905 至 1906 年间，留日学生总数达近万人，中国留日运动进入高潮期。湖州籍留日学生人数也渐次增加，其中不乏一些知名人士，如沈尹默、沈兼士、徐一冰、戴季陶、陈其业、沈谱琴、钱玄同等。此两年间赴日留学人数因无准确记载资料，故难以统计，但能从具体的事例中发现湖州地区也有大批学生赴日留学。

1904 年，由张百熙等制定的《奏定学堂章程》颁布，请各省速派人学习速成及完全师范科。于是，各省遂派遣学生赴日学习师范。浙江省于 1905 年决定从省内各府县选派百名官费生入日本早稻田大学读师范科，由各府考选合格申送至省。日本驻杭副领事大河平隆则在明治三十八年八月二十一日作《派遣官费留学生一百名至本邦之件》，并含附件《浙江省官费留学生人名簿》[7]，记录了这批官费留日学生的籍贯身份信息，据此可知百名师范生中有湖属人员 9 名。这 9 名湖州籍学生籍贯及身份信息如下：

表4-1　百名师范湖州籍学生人名簿

籍贯身份	姓名	所习科目
安吉县禀生	张宗绪	博物学科
乌程县附生	温松孙	因病回国
湖州府学附生乌程籍	杨乃康	博物学科
安吉县附生	张孝曾	物理化学科

1　佚名编：《清末各省官自费留日学生姓名表》，文海出版社，1978年。
2　法政大学资料史委员会：《法政大学史资料集·法政大学清国留学生法政速成科特集》，[日]法政大学资料史委员会，1988年。
3　留日学生监督处：《官报》（1—50），国家图书馆出版社，2009年。
4　佚名编：《清末各省官自费留日学生姓名表》，第60页。
5　清国留学生会馆：《清国留学生会馆第五次报告》，第10页。
6　清国留学生会馆：《清国留学生会馆第五次报告》，第76页。
7　JACAR（アジア歴史資料センター）Ref.B12081623600、分割 2（B-3-10-5-3_2）（外務省外交史料館）。

籍贯身份	姓名	所习科目
归安县附生	郑延龄	物理化学科
乌程县附生	钮家薰	教育及地理历史科目
湖州府学附生乌程籍	嵇剑铭	博物学科
乌程县附贡生	潘凤起	物理化学科
安吉县附贡生	施绍棠	博物学科

由浙江省选派的这一百名师范生于1905年秋入早稻田大学清国留学生部师范科，编进浙江师范班。该师范科为养成中学及以上教员而设，定预科一年，学习日语及普通科知识，本科两年，修习各种专门科学，具照日本高等师范章程办法分三科，分别为数物化学科、博物科、教育历史地理科，统计三年。

1906年，湖州等处学生多人禀请咨赴日本留学，由此可窥见当时湖州留日运动之一斑。以下是《申报》对此事的记载：

> 浙省迩来士人自备斧资，禀请给咨赴日留学者甚众，昨又有湖州等处学生数人禀请给咨东渡。奉学务处批，东历四月为日本开学之期，即著该生等备带笔墨来处听候考验。一面饬原籍地方官送具履历保结，禀候核送云云，并须俟张筱帅亲自传验，始准出洋。[1]

如上文所示，1905年至1906年，全国留日运动达到高潮，留日学生总数达近万名，湖州青年亦顺应潮流，纷纷请咨东渡。但留日热潮中的近万名学生大多为自费生，且多学习普通及速成科，学生质量参差不齐，政府对留日学生亦缺乏管理，使得留学质量并不理想。留学生监督处文牍课长林鸥翔[2]在《学界纪事》中曾记载："虽然以现今人数计之大概在万人以内，其出于官费、公费者居十之三，其出于自费者居十之七，而综计官费、公费、自费学生之得毕业人数，其速成者居百分中之六十，分其普通者居百分中之三十，分其中途退学、辗转无成者居百分中之六七，分其专门高等者仅居百分中之三四分，而入大学者则不过百分中之一分而已。"[3]而学习普通及速成科人数已足够满足国内所需，学习高等专门学科的专业人才还远不足，为改变这一现状，提高留学生质量，学部奏定一系列章程。1906年3月，为限制留学生资格，学部规定嗣后派遣留学生时，应限定其资格，欲入高等以上学校及大学者应切实考验具有中学堂毕业程度，通习外国文字，方为合格，习速成科者则概不咨送。[4]光绪三十二年十一月学部又另行拟定《管理游

1　《批示请咨赴日留学》，《申报》1906年4月17日第九版。
2　林鸥翔，湖州人，1904年留学就读于法政大学速成科，任游学生监督处文牍课长。
3　留日学生监督处：《官报》第8、9期（合刊），第89—90页。
4　《学部：通行各省选派游学限制办法电》，光绪三十二年二月十九日，陈学恂、田正平编：《中国近代教育史料汇编·留学教育》，第72页；《学部：通行各省限制游学并推广各项学堂电》，光绪三十二年六月十八日，陈学恂、田正平编：《中国近代教育史料汇编·留学教育》，第73页。

学生章程》，完善留学生管理体制，规定"凡自费生能考入官立高等或专门学校及大学者，应由总监督商请该生本省督抚改给官费，其余官费缺出，概不补入"[1]，按照所入学校，所学科目给予官费生每年400、450或500圆的资助。[2]另外，学部还于1909年6月修订考试留学毕业生章程，规定东西洋留学生，必在大学堂及各项高等专门学堂毕业者方准与考，凡在外国中学堂、中等程度之实业及师范学堂与中国人特设班次之学堂毕业者，均不准与考。[3]这些管理制度在一定程度上提高了留学质量，使得速成科留学生减少，学习普通科的自费留学生毕业后为获得官费纷纷报考官立高等学校，而日本官立高等专门学校有严格的名额限制。为解决这一问题，1907年末，经中日两国政府部门的商议，制定了"五校特约"留学计划，约定以光绪三十四年为始，15年内，每年东京第一高等学校增收中国学生65人，东京高等师范学校25人，东京高等工业学校40人，山口高等商业学校25人，千叶医学专门学校10人，此项学生的补助费及学费，每名平均每年650日元。并规定此项目实施以后，各省停派官费学生。[4]

在此背景下，至宣统二年，留日人数减少至两千人左右。这一时期，官费留学生停派，自费留学生人数锐减，原在日学习速成科及普通科留学生毕业后一部分相继回国，这也体现在湖州籍留日学生中。1907—1908年间，东洋大学法政、警务速成科毕业生朱溥于明治四十年二月毕业，由学校发给卒业证书，后再由留学生监督处调查该生考试成绩后另行颁发证明书。[5]同年，私立经纬学堂师范科、警务科留学生李道洋于7月毕业。[6]1908年，肄业于早稻田大学清国留学生部的9名留学生除温松孙早在1907年因病回国外，其余8人按原定计划于1908年7月毕业。1908年7月，潘凤起、钮家薰、张宗绪、杨乃康每人获得毕业川资200元归国。[7]而其余4人，张孝曾、郑延龄、施绍棠、嵇剑铭又入研究科学习，于1909年毕业。另一部分学习普通科的自费留学生则为获得官费而考入高等专门学校及大学。

自费生获得官费的途径有两种，一种是考入官立高等、专门学校或大学即给予官费，另一种是考入五校获得五校官费。根据《官报》记载的留学生升学信息显示，1907年至1908年间，湖州籍自费留日学生中考入官立高等专门学校或大学者申请自费转为官费的学生有10人，分别是考入东京高等商业学校的吴鼎昌[8]，考入东京高等工业学校色染科的浙江省归安县人李鸿，考入大阪高等工业学校的湖州府安吉县人周仲鸿[9]和湖州府

1　刘真编：《留学教育 中国留学教育史料》第一册，国立编译馆，1980年，第274页。
2　刘真编：《留学教育 中国留学教育史料》第一册，第278页。
3　刘真编：《留学教育 中国留学教育史料》第一册，第283页。
4　留日学生监督处：《官报》第12期，第10页。
5　留日学生监督处：《官报》第2期，第51页。
6　JACAR（アジア歴史資料センター）Ref.B12081646500、6.印度及清国留学生ニ関スル調査/分割2（B-3-10-5-17_2_001）（外務省外交史料館）。
7　留日学生监督处：《官报》第20期，第120页。
8　留日学生监督处：《官报》第2期，第15页。
9　留日学生监督处：《官报》第11期，第37页。

乌程县人李善富、俞继述，[1]以及考入神户高等商业学校的湖州人钱永铭，考入东北帝国大学农科大学的湖州府安吉县人陈嵘。[2]另外，1907年转为官费生的还有金培元。1907年10月，留学于早稻田大学师范科的官费留学生温松孙因患积久未愈，留学生监督处派人护送回国。经湖州府会公举留学于成城学校的杨秦和补其遗额，但因杨秦和有事回国，公会遂又举大阪高等工业学校预科毕业生金培元补入，经试验合格后金培元于1907年12月入早稻田大学浙江师范班肄业。[3]

　　1908年，"五校特约"计划实施，湖州籍留日学生梁希考入第一高等学校[4]，郑定鸿由清华学校毕业后考取东京高等工业学校[5]。另外，考入官立学校未申请官费的有自费生钱糓孙，他于1908年由日本东京高等师范学校之附属中学校毕业后考入日本札幌农科大学预科。[6]官立各高等专门学校定额少，竞争激烈，并非所有的自费生都能考入官立各学校，而私立各大学的入学资格及入学试验则较为宽松，因此另有一部分学生转入私立各大学学习。如1907年9月，张宗勋由宏文学院转入中央大学专门部政治科[7]，沈允明入早稻田大学师范本科[8]。1908年入私立学校的学生人数增多，有5人。1908年2月，张益濂入中央大学专门部法律科[9]；4月，李朋入大阪府立农学校[10]；7月，赵毓璜入明治大学专门部法律科[11]；8月，陈祖溶入法政大学专门部法律科[12]；9月，潘澄鉴、莫章达入早稻田大学专门部政经科[13]；12月，朱赓飏入明治大学商科[14]。入私立各学校除学习专门知识外，另有一部分学生为入各高等学校普通科或预科学习预备知识。自速成科被废止后，私立学校各普通科的学习期限随之延长，如早稻田大学普通科课程改为3年。1908年8月，陆树勋、陆树绩、胡仁清入早稻田大学普通科或预科学习普通学知识，任鸿隽入同文书院，[15]12月，陈泽宽入成城学校普通科。[16]这时他们与最初只为学习普通学知识为目的的留学不同，大部分留学生学习普通科是为了考入高等专门学校或大学学习专业知识。

　　综上，根据《官报》第1—25期所刊载的留日学生信息可知，1907年至1908年在日的湖州籍官费留日学生至少有26名，其中包括待补费者4人。而对于散落各校的自费学生，资料中往往收录不全，笔者通过查阅《官报》、《清末各省官自费留日学生姓名

1　留日学生监督处：《官报》第22期，第40页。
2　留日学生监督处：《官报》第11期，第38页。
3　《咨浙江巡抚为师范生温松孙遗额以金培元补充文》，《官报》第13期，1907年，第17—18页。
4　留日学生监督处：《官报》第17期，第47页。
5　留日学生监督处：《官报》第25期，第38页。
6　钱恂：《吴兴钱氏家乘》卷三，第107页。
7　留日学生监督处：《官报》第10期，第67页。
8　留日学生监督处：《官报》第10期，第69页。
9　留日学生监督处：《官报》第15期，第40页。
10　留日学生监督处：《官报》第17期，第43页。大阪府立农学校，虽系官立但非高等学堂，未便给予官费。
11　留日学生监督处：《官报》第20期，第80页。
12　留日学生监督处：《官报》第21期，第60页。
13　留日学生监督处：《官报》第22期，第50页。
14　留日学生监督处：《官报》第25期，第80页。
15　留日学生监督处：《官报》第21期，第64—73页。
16　留日学生监督处：《官报》第25期，第78页。

表》、《日本留学中华民国人名调》[1]、《早稻田大学中国留学生同窗录》[2]、《中华留日明治大学校友录》[3]、《法政大学史资料集·法政大学清国留学生法政速成科特集》等资料，初步确定两年间在日的湖州籍自费生有据可考者共有 50 人。

1909 年，因留学日本的自费学生考入官立高等以上学校的人数逐渐增多，各省经费负担加重，浙江省因为"库藏奇窘，入不敷出，无力兼顾"[4]，至宣统元年才补发上两年考入高等专门各校的钱永铭、陈嵘、俞继述、李善富四人的官费，并且只从光绪三十四年下学期始补发。[5] 为了减轻各省的财政压力，学部遂在光绪三十四年十二月十二日奏定"除官立五校系与日本定有特约照旧办理外，其余各省官费学生查明现有人数作为定额，嗣后自费学生考入官立高等以上学校学习农、工、格致、医科者遇有官费缺出准其挨补"[6]，从而限制官费生名额。而官立五校因与日本定有特约，政府给费及时，因此报考官立五校学生人数增多，如任鸿隽、陈其文、胡仁清考入东京高等工业学校[7]，朱仲飞考入长崎高等商业学校[8]。根据留学生监督处《官报》调查各省官费生履历清册可知，1909年湖州籍留日官费生共有 21 人[9]，具体信息如下表所示：

表4-2　湖州籍官费留日学生清册[10]

姓　名	籍贯	年龄	费别	到东年月	入校年月	学科	年级
章祖源	江苏元和	29	江苏	光 30.8	光 23.8	明治商科	
朱赓飏	浙江长兴	31	山东	光 31.8	光 34.10	明治法科	第二年
钱永铭	浙江乌程	25	浙江	光 31.6	光 33.3	神户高商	第三年
陈　嵘	浙江安吉	22	浙江	光 32.9	光 33.7	东北农预科	第三年
俞继述	浙江乌程	21	浙江	光 31.6	光 34.8	大阪高工机械科	第二年
李善富	浙江乌程	20	浙江	光 32.1	光 34.8	大阪高工机械科	第二年
吴宗潗	浙江归安	30	浙江	光 28.10	光 32.3	高工机械科	第二年
潘国寿	浙江乌程	23	浙江	光 29.12	光 32.6	第三高等工科	第二年
郑隆骧	浙江乌程	40	湖北	光 29.10	光 31.9	明治法科	第三年
吴鼎昌	四川华阳	26	四川	光 29.3	光 32.7	高商本科	第三年
章鸿均	浙江归安	29	广东	光 29.4	光 33.7	帝大矿科	第二年

1　日本興亜院政務部編：《日本留学中華民国人名调》，1940年。
2　高木理久夫、森美由紀：《早稻田の清国留学生『早稻田大学中国留学生同窓録』の記録から》，早稻田大学図書館紀要，第62号，2015年。
3　中华明治大学校友会编：《中华留日明治大学校友录》，1930年。
4　《咨復浙江巡抚补定张竞勇等四十一名官费文》，留日学生监督处：《官报》第28期，第69页。
5　留日学生监督处：《官报》第33期，第283—286页。
6　留日学生监督处：《官报》第25期，第8页。
7　留日学生监督处：《官报》第30期，第58—59页。
8　留日学生监督处：《官报》第28期，第109页。
9　1907—1908年官费生26人，其中1908年官费许炳堃、潘凤起、钮家薰、张宗绪、杨乃康毕业回国。
10　《通咨各部省造送官费生姓名籍贯年岁学科年级文》，留日学生监督处：《官报》第38期，第30—139页。

续表

姓　名	籍贯	年龄	费别	到东年月	入校年月	学科	年级
梁　希	浙江归安	25	五校	光 32.2	宣 1.8	第八高等农科	第一年
陈其文	浙江归安	25	五校	光 31.7	宣 1.4	高工预科	第一年
任鸿隽	四川巴县	24	五校	光 33.8	宣 1.6	高工预科	第一年
郑定鸿	浙江乌程	20	五校	光 31.5	光 34.5	高工图案	第一年
胡仁清	浙江归安	22	五校	光 34.5	宣 1.4	高工预科	第一年

另外五名官费生于调查前已毕业回国，1909 年 6 月早稻田大学清国留学生部官费生施绍棠、张孝曾、金培元获得毕业川资每名 100 元归国[1]，同年 8 月另外两名学生郑延龄、嵇剑铭同样领取毕业川资每名 100 元归国。[2] 除于官立学校就读各生外，1909 年 8 月，王履模被送入私立经纬学堂普通科肄业。[3]

1910 年，湖州籍留日学生考入官立五校者有 5 名，分别是吴玉、徐克煌[4]、陆树勋、陈祖澄、汪鸿桢考入东京高等工业学校，于阳历 9 月入学[5]。宣统二年四月，学部准补官费给考入爱知县立医学专门学校的留学生，其中补费者有第一学年的湖州籍留学生臧霆。[6] 宣统二年十月，福建、陕西、浙江等五省因款项支绌，咨学部并奏定嗣后除送考五校学生以外，庚戌年下学期后如再有自费生考入农、工、格致、医科遇有官费缺额也概不补入，再次裁剪官费生名额。[7]1910 年，湖州籍官费生还有 16 人。[8]1910 年下学期郑隆骧、吴鼎昌获得毕业川资归国[9]。在辛亥年上学期学费预算表中，吴玉、徐克煌、金培先、臧霆新补入官费[10]。因此，辛亥年上学期获得官费的湖州籍留日学生共有 18 人。[11]1911 年，辛亥革命爆发后，留日学生纷纷回国参加革命，民初全国在日留学生总数仅有 1000 多人[12]。

根据本书附录一《清末浙江留日学生名录》统计，清末湖州籍留日学生共计 124 名。虽然由于部分留学生赴日时间不详，少数民国初年的学生可能也被统计到清末学生中，但由于资料搜集整理不全、部分学生未标明籍贯等原因，遗漏的人数估计会超过多列的民初学生数。尤其是对人数众多、分散于各校的自费留日学生，政府与学校对他们的管理较为宽松，大多未作系统的调查整理，因此全面的搜集统计更为困难。故清末湖州籍留日学生实际人数必定会大于此数，但估计在 200 人以内。

1　留日学生监督处：《官报》第32期，第86页。
2　留日学生监督处：《官报》第34期，第118页。
3　留日学生监督处：《官报》第34期，第101页。
4　留日学生监督处：《官报》第40期，第37页。
5　留日学生监督处：《官报》第43期，第128页。
6　留日学生监督处：《官报》第42期，第204页。
7　《咨浙江江西巡抚待补生挨补完竣再行实行新章文》，留日学生监督处：《官报》第48期，第13页。
8　留日学生监督处：《官报》第46期，第471—902页。
9　留日学生监督处：《官报》第45期，第74—75页。
10　《咨各省造送辛亥年上期预算表册文》，留日学生监督处：《官报》第49期，第290页。
11　《咨各省造送辛亥年上期预算表册文》，留日学生监督处：《官报》第49期，第3—59页。
12　[日]实藤惠秀著：《中国人留学日本史》，谭汝谦等译，第451页。

第三节　清末湖州籍留日学生的特点

近代留日运动在全国范围内展开，处于同一时代背景下，湖州籍留日学生既有全国留日学生普遍存在的特点，也有其独特性。

一、地区分布特点

湖州地区的建置随着时代的发展有所变化，清至民国初期，湖州府下设乌程、归安、长兴、德清、武康、安吉、孝丰七县。1912年，浙江省军政府废湖州府，合乌程、归安为吴兴县，与其余五县同隶属浙江省。下表是清末湖州籍留日学生地区分布情况：

表4-3　湖州籍留日学生地区分布表[1]

县名	人数	留学生姓名
乌程	19	吴锡永、章宗祥、沈翔云、闵灏、章祖申、潘国寿、郑隆骧、金培元、朱景圻、郑定鸿、俞继述、稽剑铭、李善富、温松孙、杨乃康、钮家薰、潘凤起、宋士骧、朱景圻
归安	35	陈其采、钱稻孙、钱穟孙、包丰保、钮瑗、凌霆辉、吴宗濬、章鸿均、赵毓璜、章鸿钊、张宗勋、章祖源、胡仁源、沈应铺、张宗儒、陈其业、赵之輶、陈其文、郑延龄、梁希、赵廷彦、朱仲飞、陈其美、胡仁清、李朋、李鸿、孙少荆、朱溥、王墀、孙少卿、沈秉诚、沈秉谌、汪振声、冯汝良、赵之骧
吴兴	32	钱澎、钮永建、周柏年、赵之骎、吴鼎昌、林铁尊、褚民谊、沈谱琴、戴季陶、沈尹默、沈兼士、徐一冰、钱玄同、钱永铭、林鹍起、王文治、潘澄鉴、汪鸿桢、陆树勋、任鸿隽、陈泽宽、沈陈善、沈允明、莫章达、臧霆、王履模、任鸿年、林鹍翘、林同与、林同兴、钱云英、王德馨、臧伯庸
德清	13	嵇冗、许炳堃、徐克煌、蔡经贤、吴玉、蔡焕文、蔡继曾、蔡渭生、刘震、马予劻、马仲容、童有翼、徐源达
长兴	5	华振基、萧学源、朱虔飐、雷震、萧瀚
安吉	10	施绍棠、莫永贞、张孝曾、陈嵘、张宗绪、周仲鸿、金鸿修、刘以璋、潘梓、宋复
孝丰	0	
武康	0	
湖州	10	赵之聪、杨秦和、张益濂、沈元明、李道洋、吴邦官、陈祖溶、金培先、陈祖澄、金继述

由上表可知，留日学生主要分布在乌程、归安、吴兴三县，约占总人数的75%。此外，德清县13人、安吉县10人、长兴县4人，孝丰和武康二县则未见有留日学生记录，另有12人具体县别不详。影响这一分布情况的原因，主要是各地经济文化发展水平不均衡，清末民初时期，乌程、归安两县的总人数约占湖州府总人口的一半，政治、

1　资料来源：清国留学生会馆：《清国留学生会馆报告》（1—5），1902—1904年；留日学生监督处：《官报》（1—50），1907—1910年；张鉴安、董惠民：《湖州古今名人录》，浙江古籍出版社，1989年；沈文泉：《湖州名人志》，杭州出版社，2009年；冯自由：《革命逸史》初集，中华书局，1981年。

经济较其他县发达，是湖州府的中心城市。而孝丰、武康两县人口较少，经济发展迟缓，相对闭塞。

二、学校分布特点

日本教育大别为二，一为普通教育，一为专门教育。普通教育旨在开通智识、涵育德行，为小学、中学、师范所授；专门教育旨在精进学问，为世界之用，为高等以上学校所授。[1] 普通学为专门学之基础，欲受完备教育必先始于普通学，待学问有一定基础后可入高等专门学校。各国选派留学生大都取大学毕业生，受专门教育，求学问更为精进。[2] 而清末时期的中国与之情形不同，中小学堂国内尚少有，高等以上学校则更少。江浙等南方地区的新式学堂有求是书院、养正书塾、南洋公学、上海王氏育材学堂等，部分学生留学日本前已就读于此种学校。然新式学堂较少，而留学者日众，很多留学人士未习日语，不通语言，普通学知识亦未足，难以直入高等以上各学校。与清末年间全国其他各地区的留日学生相同，湖州籍留日学生大多先入高等以下各学校补习日语及普通学知识，后再根据各人意愿考入高等专门学校及大学学习专门知识。另外，清末社会变革急需大量人才，而若按照日本教育阶段循序渐进式肄业学习少则需要三四年，多则七八年甚至更久才能毕业，虽学习效果好，但耗时长，耗费巨，因此，期短效速的速成教育便应运而生。在此将湖州籍留日学生所入学校分为普通、速成教育之学校，专门教育之学校两部分进行论述。

1.普通与速成教育之学校

1906年之前，全国留日学生中习速成者约占60%，习普通科者约占30%。湖州籍留日学生亦如此，早期学习速成及普通学者为多。所入学校分布情况如下：

表4-4　学校分布情况表

学校	人数	学校	人数
山本宪私塾	1	正则英语学校	2
成城学校	8	东京高等师范学校附属中学校	2
振武学校	2	庆应义塾小学	2
日华学堂	3	帝国妇人协会实践女学校	1
同文书院	5	早稻田大学	16
宏文学院	8	东洋大学	6
清华学校	4	法政大学	4
经纬学堂	7	大森体育学校	2

1　王宝平主编：《晚清中国人日本考察记集成/教育考察记》下册，第680页。
2　章宗祥：《日本游学指南》，第14页。

　　湖州籍留日学生肄业普通学的学校主要分布在宏文学院、日华学堂、同文书院、清华学校、经纬学堂等专门为中国留学生设立的学校。此种学校修业年限在一年至两年间，1906 年后调整为 3 年，主要以预备普通学与学习日语为主，使留学生速修完普通学以便进入各种高等专门学校，并且章程变通，随时可以入学。[1] 湖州籍留日学生中共有 27 人入此种学校，大约占总人数的一半。1906 年后，入此类学校学习普通科人数减少，仅有 2 人。此外，经纬学堂、宏文学院除普通科外还设立速成师范、警务等学科，一年左右即可毕业，吸引了大批留学生。1902 年 9 月，章祖申、凌霆辉入弘文学院速成师范科，1903 年 4 月毕业。朱景沂、王埾、李道洋、沈应铺入经纬学堂学习速成师范、警务两科。[2] 成城学校与振武学校为军事预备学校，湖州籍留学生中有 10 人入此两校，分别是吴锡永、陈其采、华振基、钱稻孙、吴鼎昌、陈其文、杨秦和、陈泽宽入成城学校，张益濂、吴邦官入振武学校，学习普通学知识与兵事学，始限以一年三个月毕业，1907 年又定三年卒业。[3] 此外还有入日本寻常小学、中学者。钱恂之子钱稻孙、钱稻孙到日本后入庆应义塾小学，毕业后又进入东京高等师范学校附属中学校，与日本学生同班听讲，学习普通学时间为七八年，留学效果也远超以上各生。

　　习速成者主要分布在私立大学为中国留日学生开设的速成科。如法政大学有 4 人，1904 年法政大学开设法政速成科，10 月湖州籍留学生沈应铺、张宗儒、林鸥翔、朱景沂四人入法政速成科第二班[4]，修业期限为一年半[5]。如前所述，早稻田大学也于 1905 年设立清国留学生部，在该部先后设修业年限一年的预科，和二年的师范本科。1907 年，清国留学生部又设普通科，比照日本中学程度教授日语及普通各学，修业年限增加为三年，[6] 积极接收中国留学生，为近代中国法政、教育人才的培养作出了重要的贡献。湖州籍留日学生中共有 13 人入此校学习速成师范及普通科，入此校肄业速成科学生留学质量高于一般学习速成科的留学生。因为当时早稻田大学监督高田早苗和青柳笃恒都对速成教育持批判的态度[7]，所以速成科的修业时间比其他学校长，为三年，所有学科尚称完善[8]。浙江巡抚曾赞扬此校留学诸生颇多笃学之士，毕业成绩当有可观。1907 年，浙江巡抚具文呈报，留东早稻田学生在三年期内肄习数科，恐因时日尚短，学业未能深造，而难任教育之责，亦非浙省派长期师范之意图，提出令其再补习一年的建议。[9] 同年 8 月，留日学生监督王克敏与早稻田大学校长议定浙江师范班于本科毕业后入补习科肄业

1　章宗祥：《日本游学指南》，第29页。
2　清国留学生会馆：《清国留学生会馆第二次报告》，1903年，第29页；《清国留学生会馆第三次报告》，1903年，第80页；《清国留学生会馆第四次报告》，1904年，第91页；《清国留学生会馆第五次报告》，1904年，第169页。
3　王宝平主编：《晚清中国人日本考察记集成/教育考察记》下册，第877页。
4　法政大学资料史委员会：《法政大学史资料集·法政大学清国留学生法政速成科特集》，第146页。
5　法政大学资料史委员会：《法政大学史资料集·法政大学清国留学生法政速成科特集》，第7页。
6　高木理久夫、森美由纪：《早稻田の清国留学生『早稻田大学中国留学生同窓录』の记录から》，第77页。
7　李成市、刘杰：《留学生の早稻田》，第39—42页。
8　《浙江巡抚咨复早稻田师范生留八十人补习科余遣回国文》，留日学生监督处：《官报》第17期，第30页。
9　《咨呈浙江巡抚浙师范生应于毕业后再补习一年并拟办法请备案文》，留日学生监督处：《官报》第8、9期（合刊），第14页。

一年，各就分科更加研究，补习欠缺功课，力求学力完备，而不愿入补习科者则授予卒业证书。[1]1909 年研究科开班，张孝曾、郑延龄、施绍棠、嵇剑铭、金培元又入研究科学习，求学问更为精进，[2]于 1909 年毕业。

此外，东洋大学也开设法政速成科，湖州籍学生朱溥于 1907 年在东洋大学法政速成科毕业。还有留学大森体育学校 2 人，分别是徐一冰、沈允明。《中国近代体育史》一书对了大森体育学校有简要介绍："大森体育学校（又称大森体育会），是同盟会在日本开办的一所速成体育师资学校，分一年与一年半毕业两科，课程有体育学、教育学、解剖学、生理学、音乐、徒手体操、器械体操、兵式体操等。一些留日归国学生，基本上就是按照大森体育学校的办法和学习内容来创办中国体育学校的。"[3]帝国妇人协会实践女学校为下田歌子所创办，以造就贤母良妻为主义，于家政及女子自立，尤为注重职业各科，故有实践学校之称。[4]1900 年湖州籍包丰保随夫赴日，就读于此校。

速成教育以其期短效速吸引了大批留学生，一时间成为留学生的首选，速成之法也确有成效，可应一时之需，造就应用型人才，毕业归国后即可为国家所用。但此实非长久之计，所谓欲速则不达，除应用人才外，还需专门全才，关系将来社会进步与改良。而且各学校管理宽松，速成科留学生请假、旷课现象屡见不鲜。如宏文学院因速成科规制而多訾议，"有人请学速成师范、速成警务两科，仅出勤半月，十月期满后仍得到了修业证书；另有甚者未出国门，仅缴学费便得修业证书，回国以此文凭谋得差事，对于社会进步改革则无益。于是闻知此事的留学生们皆以入学宏文学院为耻"。[5]湖州籍留日学生中亦有短时间内学习师范、警务两科者。而且速成教育修业期限日渐缩短，课程多有随员翻译，翻译若不在场，留学生们大多无法听懂，致使学生无法达到良好的学习效果，荒废劳力，虚度光阴，误人误己，不足为国家所用，更有害于后进之人。1906 年，清政府停止派遣速成留学生，并拟定一系列章程提高留学质量。湖州籍留学生中学习速成者毕业即回国，习普通者绝大部分皆入高等以上各校继续深造学习。

2.专门教育之学校

湖州籍留日学生所入高等专门学校及大学分布情况如下表所示：

表4-5　高等专门学校及大学分布情况表

学校	人数	学校	人数
东京帝国大学	5	第八高等学校	1
北海道帝国大学	2	大阪高等预备学校	6

1　《浙江巡抚咨复早稻田师范生留八十人入补习科余遣回国文》，留日学生监督处：《官报》第17期，第31页。
2　留日学生监督处：《官报》第31期，第87—105页。
3　体育院、系教材编审委员会：《中国近代体育史》，人民教育出版社，1985年，第37页。
4　章宗祥：《任阙东游漫录》，出版地不详，1929年，第37页。
5　王宝平主编：《晚清中国人日本考察记集成/教育考察记》下册，第879页。

续表

学校	人数	学校	人数
东京高等工业学校	12	早稻田大学	6
大阪高等工业学校	4	明治大学	15
名古屋高等工业学校	1	法政大学	3
神户高等商业学校	1	中央大学	3
长崎高等商业学校	1	日本大学	2
东京高等商业学校	1	东亚铁道学校	1
东京高等蚕丝学校	1	岩仓铁道学校	1
千叶医学专门学校	1	竞进社蚕业讲习所	1
爱知医学专门学校	1	西原蚕业讲习所	1
大阪府立农学校	1	八王子染织	1
第一高等学校	2	陆军士官学校	3
第三高等学校	3		

1906 年前，全国留日学生中习速成者及普通科者居多，约占总人数的 90%，而入专门高等学校者仅占 3%，入大学者不过 1% 而已。[1] 笔者通过整理清国留学生会馆中早期留日学生的资料发现，1906 年前，湖州籍入高等以上及大学就读的中国留日学生有 9 人。其中，章宗祥在 1901 年入帝国大学法科选科就读，为浙江籍学生入东京帝国大学就读的二人之一，当时全国仅有 5 人就读于东京帝国大学。[2] 在高等专门以上学校就读的有 7 人，分别是章鸿钊于 1905 年入第三高等学校，学习帝国大学预科课程，上文提及的陈其采、吴锡永、华振基于 1901 年陆军士官学校毕业后，又入连队，半年后毕业，汪振声于 1903 年入早稻田大学高等预科，一年后升入早稻田大学大学部政治经济科，许炳堃在经过预备学习后于 1904 年入东京高等工业学校，郑隆骧在经纬学堂普通科接受预备学习后于 1905 年入明治大学专门部法科就读。故湖州籍留日学生的总体质量可以说略高于全国平均水平。

1906 年后，通过学部的一系列政策，使留学质量得以提高。湖州籍留日学生入帝国大学者增加至 7 人，除章宗祥是经一高肄业一年后入东京帝国大学法科选科外，其余 6 人皆是经过高等学校预备学习三年至四年毕业后，升入帝国大学正科卒业。考入日本官立各学校者共有 21 人。主要入工、农、商、医学各实业学校，各校中以考入东京高等工业学校的人数最多，有 12 人，其次是大阪高等工业学校，有 4 人。私立大学中湖州籍留学生主要集中在早稻田大学、明治大学、法政大学、中央大学、日本大学，其中

---

1 留日学生监督处：《官报》第 8、9 期（合刊），第 89—90 页。
2 《分校分省统计表》，清国留学生会馆：《清国留学生会馆第五次报告》，1904 年。

尤以留学明治大学人数最多，有15人。他们主要进入明治大学专门部就读，其中萧学源又入研究科继续学习，还有一名校外生凌霆辉。入早稻田大学者有6人：早稻田大学大学部有莫永贞、冯汝良、汪振声3人，入大学部就读需先从留学生部预科毕业后，再入高等预科学习一年半，才可进入大学部就读；入专门部者2人，分别是莫章达、潘澄鉴；入师范本科就读者有沈允明一名。入法政大学专门部就读者有赵之骧、林鹍起、陈祖溶3人，另有入日本大学1人，中央大学3人，各校修业年限都延长至三年。此外还有东亚铁道学校1人，八王子染织1人。东亚铁道学校属于实业学校，校内收中国留学生，分预科、本科及高等预科三种，又特设高等工业专门学校科，主要教授铁道相关学术技能，校长笠井爱次郎是热心教育者，开办费由他独立自任，常年以学费作为经费，不足则由校长补助。[1]

　　综上所述，湖州籍留日学生分布于日本的各级各类学校。与全国其他地区留日学生相同，1906年之前，清末湖州籍留日学生主要分布于教授普通学及速成教育之学校，但有少部分学生就读于日本普通中小学或专门以上各学校。处身于特殊年代，许多留学生无法很好地处理学习与革命或其他事务之间的关系，未能完成学业的学生数量多，就目前搜集到的资料可以看出，湖州籍留日学生肄业人数不多，学习普通科及速成科学生毕业后少部分回国结束学业，大部分则继续深造，考入高等专门学校或大学就读。其中自费生居多，但亦有为数不少的学生能通过选拔考试考入帝国大学或官立高等学校获得官费，入校后能如期毕业，因此湖州籍留日学生的总体质量可以说略高于全国平均水平。

三、专业分布特点

　　清末浙江省湖州籍留日学生学习的专业分布广泛，主要学习的专业有法政、师范、工科、农科、理科、商科、警务科、体育、医学以及陆军。目前未发现有学习文学、美术、音乐、海军等学科者，还有不少学习普通科者和学科不明者。

　　早期湖州籍留日学生主要集中于学习法政、师范、军事、警务科，占总人数的59%。首先学习法政科的人数最多，国所与立，在于法律政治，法律政治为治国之本。清末的宪政改革亦需精通此学之人，故学习法律、政治科的人数众多，这在湖州籍留日学生中也有所体现。学习法政科者早期除了入大学法政科肄习外，还有不少人在速成科就读，比如沈应镛、张宗儒、林铁尊、朱景圻在1905年10月入法政大学速成科第二班，一年半毕业。朱溥入东洋大学速成法政科，于明治三十九年七月入校，四十年二月毕业。速成科废止后，留学生多入私立大学开设的法科肄业，留学质量有所提高。法政科留学生除了章宗祥一人入帝国大学法科选科外，其余全部在私立大学就读，如明治大学专门部（9人）、法政大学专门部（3人）、早稻田大学专门部（4人）、中央大学专门

1　王宝平主编：《晚清中国人日本考察记集成/教育考察记》下册，第782页。

部法政科（2 人）。清末实行新政，实施教育、军事改革，大兴学堂，编练新军，急需学堂教员与军事人才，故留学日本学习师范及军事的人数亦不少。湖州籍留日学生学习师范科的学生除了早期入宏文学院、经纬学堂学习速成师范者有 6 人外，其余主要分布在早稻田大学清国留学生部。军事为国家自强之基础，清末政府亦注重军事改革，派遣学生负笈东渡，学习军事、警务科，而自费留学日本学习军事者也不在少数。清末湖州籍军事及警务科留日学生共有 10 人。学习军事科者主要在成城、振武及士官学校，学习警务科者大多在经纬学堂速成警务科和日本东京警监学校。1907 年后，学习军事、师范科的学生减少。

1904 年之前，湖州籍留日学生中学习实业者仅有 1 人，1906 年增加至 7 人。1907—1908 年，随着奖励自费留学生考入高等官立学校章程以及"五校特约"政策的实施，考入高等以上学校学习实业的学生人数增加至 14 人。光绪三十四年（1908），因留学诸生大都趋重法政，愿习实业者少，而农工格致有关富强要图不可及事提倡，学部遂于光绪三十四年，会同农工商部、邮传部议定，"此后凡官费出洋学生概令学习农工格致各项专科，不得改习他科，非入高等以上学堂学习农、工、格致、医科者不得改给官费"，[1] 进一步鼓励留学生学习实业。清末时期，湖州籍留日学生中学习实业总人数达 34 人。其中学习工科的人数最多，主要分布在东京高等工业学校和大阪高等工业学校，有 19 人。湖州籍学习工科专业同人认为工业可以兴经济，工业可以救国。也有人学习工科并不是为了追求学术或者为"工业救国"所支配，如任鸿隽留东学习应用化学科，其动机则是为革命服务，其时革命党人为实现武力推翻清政府，秘密制作炸弹作为武器，但他们因缺乏系统炸弹制作工艺技术的学习，使制作过程充满危险，曾有革命党人为此而断指伤目，任鸿隽观此现状，决意学习应用化学，学习制造炸弹、炸药的技术，为革命做准备。[2] 商业一门亦与富强有关，湖州籍留日学生学习商科者较少，共 8 人，这是因为商业虽属实业但却不在应补费四科之内，不补给官费。五校中虽有商业学校，宣统元年胡仁清、陈其文曾报考山口高等商业学校[3]，但未考入，转而考入高等工业学校。这就导致习商业者补费较为困难，除了章祖源、朱赓飏二人原为官费生外，只有吴鼎昌、钱永铭在新章实施前补入官费，其余 4 人均为自费生，主要在明治大学专门部商科就读。学习农业者 5 人，人数虽少，但基本入高等学府，主要分布在北海道帝国大学农学部、东京帝国大学农学部、大阪府立农学校及蚕丝学校。学习医学者 2 人，其中钱稻孙在入学千叶医学专门学校不久后便退学。[4]

1　《学部奏定自费游学生考入官立高等以上实业学校补给官费办法折》，留日学生监督处：《官报》第25期，第5页。
2　任鸿隽：《五十自述》，任鸿隽著，樊洪业、张久春选编：《科学救国之梦 任鸿隽文存》，上海科学技术出版社，2002年，第679页。
3　留日学生监督处：《官报》第27期，第147页。
4　日本兴亚院政务部编：《日本留学中华民国人名调》，1940年。

学习理科地质学科者 1 人，章鸿钊于光绪三十四年七月入东京帝国大学理科大学地质科，他开始学算学，后改为农，在高等学校毕业时被告知当时帝国大学农科大学额少人多，于是又转为地质科。[1] 关于选择学习地质科的原因，他在自述中这样写："予尔时第知外人之调查中国地质者大有人在，顾未闻国人有注意及此者。夫以国人之众，竟无一人焉得详神州一块土之地质，一任外人之深入吾腹地而不之知也，已可耻矣。且以我国幅员之大，凡矿也、工也、农也、地文地理也，无一不与地质相需。地质不明，则弃利于地亦必多，农不知土壤所宜，工不知材料所出，商亦不知货其所有，易其所无，如是而欲国之不贫且弱也，其可得乎？地质学者有体有用，仅就其用言之，所系之巨已如此，他何论焉。予之初志于斯也，不虑其后，不顾其先，第执意以赴之，以为他日必有继予而起者，则不患无同志焉，不患无披荆棘，辟草莱者焉。惟愿身任前驱与提倡之责而已，东京帝大理科大学之有中国学生，实自予始，不仅地质一科为然。"[2] 他作为中国地质学的拓荒者，归国后为我国的地质事业作出了很大的贡献。学习体育者一人，徐一冰于 1906 年至 1907 年间留学日本大森体育学校。[3] 他认为："救国之策，虽有多端，我意体育救国，当为首冲。"[4] 他是我国近代较早留日学习体育专业的学生，是我国近代体育事业的一位先驱者，为中国近代体育教育的改革发展作出了贡献。

留日学生有的并非只就读于一种专业，转换专业或同时就读于几种专业的现象时有发生。[5] 其中有于一学校某专业毕业后转入另一学校另一专业就读的学生，如钱稻孙和钱穮孙二人本意欲习武，于是入成城学校学习军事，迨毕业之时，其父钱恂观中国武学生丑态大露，遂令二子弃学武之议，于是他们毕业后改入东京高等师范学校附属中学校，毕业后钱稻孙改赴欧洲，钱穮孙则改学农科。[6] 张益濂于振武学校陆军毕业后改入中央大学专门部法律科[7]，凌庭辉于光绪二十九年四月宏文学院师范科毕业后，光绪三十四年三月又入明治大学法科[8]，朱赓飏于光绪三十四年三月自宏文学院毕业后入东亚铁道学校电器科肄业[9]，12 月转入明治大学商科学习[10]。还有人肄业一专业，又入另一专业学习。赵之骕于早稻田大学预科肄业后转入明治大学专门部商科。另外还有原定一专业未入即换另一专业者。如梁希，本打算入日本士官学校学习海军，因不满士官学生欺侮中国学生，改入东京帝国大学农学部林科就读，[11] 前文提及的章鸿钊也经历了两次转换专业，开始学

1 章鸿钊：《六六自述》，武汉地质学院出版社，1987年，第20页。
2 章鸿钊：《六六自述》，第21—22页。
3 成都体育学院体育史研究所：《中国近代体育史资料》，四川教育出版社，1988年，第299页。
4 李一平编：《中国体育简史 上》，吉林大学出版社，2007年，第152页。
5 留日学生监督处：《官报》第28期，第16页。
6 钱恂：《吴兴钱氏家乘》卷三，第106页。
7 留日学生监督处：《官报》第15期，第40页。
8 佚名编：《清末各省官自费留日学生姓名表》，文海出版社，1978年。
9 留日学生监督处：《官报》第16期，第45页。
10 留日学生监督处：《官报》第25期，第80页。
11 《梁希纪念集》编辑组编：《梁希纪念集》，中国林业出版社，1983年，第154页。

算学，后改学农，而后因被告知当时日本帝国大学农科大学额少人多，于是又转为地质科学习。[1] 还有同时就读两种专业者，如沈应镛、朱景沂、王墀、李道洋同时就读于经纬学堂师范科与警务科两科。早期私费留日学生来日前宗旨未定，故转校、转专业靡常，认定学科，意为迁移者亦大有人在。自学部颁发章程严加限制后，转学之风渐见止息。

湖州籍留日学生早期学习政法、师范等文科专业及军事学者居多，这是由于早期清末社会改革急需此种人才所致，也是留日学生群体普遍存在的特征。后期学习工、农、商等实业者增加，一是由于清末官方政策的提倡，二是留日青年逐渐认识到江浙地区对于工农商等实业人才的需要。还有一少部分人选择了在当时属于冷门专业的一些学科，成为新式近代科学的开拓者，他们开始思考选择对社会发展有利的专业进行学习。随着留学管理体系的逐渐完善，留日运动渐渐走向正轨。

除以上地域、学校、专业分布各特点外，还可以从以下角度简要概括清末湖州籍留日学生的其他特点：从年龄结构上看，留日学生多是青壮年，大多数集中在 15 岁至 30 岁之间，30 岁以上者较少，年龄最小者仅 10 岁，年龄结构偏年轻化；从性别组成上看，多数是男子，仅有一名女性包丰保，她是近代湖州最早留学日本的女性，是清末时期实践女子学校的首届中国女子毕业生，其时全国范围内女子出国留学都很少见，女子踏出深闺，走向世界，冲击了传统封建思想，推动女子留学教育的发展；从费别上看，自费生居多，官费生包括浙江省官费、南洋官费、广东省官费、湖北省官费、山东省官费以及五校官费；最后从时间和人数上看，湖州地区留日运动兴起于 1897 年，走在浙江省及全国其他地区前列，人数在浙江省内亦位居前列。

第四节　清末湖州籍留日学生的在日学习生活及活动状况

有人评价清末留日热潮中的中国留学生中除少数纨绔子弟出洋留学实为吃喝玩乐外，大部分学生或倾向革命，或醉心维新，另有少部分学生则埋头学习，立志回国后参加留学生考试，跻身官僚阶层。[2] 湖州籍留日学生中少有沉迷于纸醉金迷生活的纨绔子弟，他们背负着对国家、社会、家族的责任远赴东洋，少有碌碌无为者。他们学习刻苦努力，学习之余组成学术团体，刊行杂志，传播先进科技知识。国难当头，处身于动荡不安的清末时期，他们保持了强烈的民族意识和爱国自觉心，积极传播西方民主文明思想，或推崇君主立宪，或参与组建革命团体，投身爱国政治运动中。

1　章鸿钊：《六六自述》，第20页。
2　徐铸成：《锦绣河山》，湖南人民出版社出版，1988年，第334页。

一、湖州籍留日学生的在日学习生活

1. 刻苦学习的湖州籍留日学生

留日学生留学日本最主要的目的就是学习近代科技文化，他们敦品励学，接受新式教育，期望回国能够大展身手，学以致用，以尽国民之责任。留日学生章宗祥为学好日语，课下亦借书自修，为练习日语口语，与日本学生同寄宿，并与同学约定见面时不用汉语，违者有罚。二三年后，自信言语纯熟，远赴乡间，乡人闻其口音，误以为是"江户儿"（东京本地出身的人），章宗祥颇为得意。[1] 而且他不仅局限于在学校学习，还借寒暑假游历日本，考察风俗人情。[2] 另一名军事留学生陈其采所就读的成城学校因为是军事学校，故较其他学校"食宿最苦，功课甚劳"[3]，学生平日需在校食宿，除星期日及星期三、六下午外，不许外出，且必归堂晚餐，违者有罚。至毕业前六月每周必须至野外练习一次步哨勤务，或斥候动作之事，卒业后再入陆军联队，每日须操练五六小时、课兵法二三小时，如是者一年后可入陆军士官学校。[4] 在如此严格、高强度的训练下，中国学生多极勤奋，向学成效。[5] 在此校留学的湖州籍学生陈其采学习刻苦，闲暇时间别人游玩，他却在如饥似渴地学习。功夫不负有心人，陈其采进入士官学校并以第一名的成绩毕业。留学于东京高等商业学校的学生吴鼎昌在留日时期，也不在课余时间游乐，极少参加政治活动，除准备功课外，一心练习作诗、书法，为回国步入仕途做准备。[6]

其时在管理宽松的留学界，学生迟到、旷课现象屡见不鲜，有数日上一节课者，有一星期上一节课者，更有不待毕业便退学归国者。留日学生陈其美观此现状，大失所望，他在给其弟陈其采的信中写道："留学界人多品杂，种种怪现象发生，对之欲哭而无泪也。种种荒谬，不胜指摘，且亦不忍说也！兄住之警监学校，全校数百人，能知自爱者，只得二十分之一耳。"[7] 在这种背景下，也有人能够严格要求自己，专心研究学术。东京高等工业学校为提高学生的出勤率，特别为中国学生设立过一种名为"手岛奖"的奖牌，发给一年以内不迟到的学生。在东高工就读的留学生任鸿隽回忆此事时称："我在这一年以内每天都不曾'迟刻'，可是在最后一年，不知怎么，忽然搭错了电车，绕了一个大弯后，到学校已经迟刻了。因此奖牌自然得不到，心中不免难过了一阵，但最后几分钟偶有差池，一年的功夫皆成枉费，在我正是一个好教训。"[8] 章鸿钊在《六六自述》中回忆自己的留学生涯："计予在日本七年中，从未敢无故辍课者。"其时章鸿钊与湖州人潘国寿同在第三高等学校学习，元旦亦不缺席，英文讲师称赞他们可谓好学矣。[9]

1　章宗祥：《任阙斋主人自述》，《文史资料存稿选编》第24册，第925页。
2　章宗祥：《任阙斋主人自述》，《文史资料存稿选编》第24册，第928页。
3　王宝平主编：《晚清中国人日本考察记集成/教育考察记》下册，第579页。
4　王宝平主编：《晚清中国人日本考察记集成/教育考察记》下册，第877页。
5　王宝平主编：《晚清中国人日本考察记集成/教育考察记》下册，第579页。
6　徐铸成：《锦绣河山》，第334页。
7　何仲萧编：《陈英士先生年谱初稿》，北京图书馆出版社，1999年，第23页。
8　任鸿隽：《前尘锁记》，任鸿隽著、樊洪业、张久春选编：《科学救国之梦 任鸿隽文存》，第706页。
9　章鸿钊：《六六自述》，第17页。

1906 年，学部规定凡自费生能考入官立高等或专门学校及大学者，可改给官费。湖州籍留日学生考入官立各校获得官费者不在少数，任鸿隽便是考入官立学校中的一员，他对于自己仅预备一年半的时间便考中，获得官费的事情颇为得意，"到日本留学的第一个目的，自然是以最短的时间考入一个有官费的高等学校，这第一须学日本话，第二须有日本中学的毕业文凭，第三还要经过入学的竞争考试，这些我都在一年又半以内，通通做到了。我以 1908 年年初到东京，1909 年秋考入日本东京高等工业学校，从此我算脱离了中学阶段，并且成了官费学生，不靠借债度日了"。[1] 留日学生陈嵘不顾家人的反对，毅然决定东渡日本，然而身居异国，没有收入来源，为了早日考入大学获得官费，他废寝忘食，在饥寒交迫的条件下，夜以继日地学习。在半年时间内学好日语和普通学各课程，于 1907 年 7 月考入东北帝国大学农科预科。在预科学习期间，去学校途中由于衣衫单薄，饥寒交迫，昏倒在雪地里，幸而被路过的日本同学发现而得救。他的苦学事迹曾被日本报纸报道。[2] 湖州籍学子刻苦努力学习的精神难能可贵。

除在校学习专业知识外，部分专业须实地考察及试验，如各实业专业，为练习所学，学习农、工等实业科目的学生毕业后有愿入工厂实习者，政府对此亦表示支持，仍继续补给原官费生学费。许炳堃于光绪三十三年五月在东京高等工业学校修业期满后，又留日本考察织物工厂三个月。[3] 地质科亦重修学旅行，且学部规定支给由官立高等学校毕业升入官立大学的学生实验旅行费用，留学于东京帝国大学地质学科的湖州籍留日学生章鸿钊，每次可得 20—60 圆的实验旅行费，用于寒暑假考察日本地质。[4] 三年级时他又为搜集毕业论文资料，回国赴浙江及安徽各地调查南岭山脉及沿近地质与矿产情况，[5] 历时约一月[6]。次年写成《浙江杭属一带性质》，该论文被评价为我国早期区域地质调查与研究的范本。[7]

而另有一部分留日学生到日后转变志向，出于种种原因，无法安心学业，他们并不仅以在校学习为主要目的，热衷于革命或其他领域。清末时期，国内、国际社会混乱复杂，留日学生作为思想先进的一批人，革命热情逐渐高涨。有关在日参加革命活动的湖州籍留日学生情况，将在本章第三部分详细论述。

2.湖州籍留日学生的学习成绩

（1）湖州籍留东京高等工业学校学生成绩表

日本各学校在每学期结束，放假前会对学生进行考试，检测学生的学习成果，由留

1 任鸿隽：《前尘锁记》，任鸿隽著，樊洪业、张久春选编：《科学救国之梦 任鸿隽文存》，第705页。
2 陈振树：《我的父亲》，中国林学会编：《陈嵘纪念集》，中国林业出版社，1988年，第58页。
3 《咨两江总督为学生许炳堃请续九月游历费用以便调查文》，留日学生监督处：《官报》第12期，第62—64页。
4 留日学生监督处：《官报》第28，第177页；第33期，第385页；第37期，第82页；第39期，第758页；第42期，第134页。
5 《咨浙江安徽巡抚为章鸿钊赴皖考察地质文》，留日学生监督处：《官报》第44期，1910年，第10页。
6 章鸿钊：《六六自述》，第24页，
7 吴凤鸣：《中国地质事业的开拓者——章鸿钊》，《中国科技史料》1994年第15卷第1期，第29—40页。

学生监督处所编《官报》中的调查报告一项中，记录了1909—1910年间东京高等工业学校各学年留日学生的成绩，现将湖州籍学生的成绩摘录如下：

表4-6　东京高等工业学校预科湖州籍留日学生成绩表[1]

姓名	学期	伦理	体操	英语	算数	代数	几何	三角	物理	化学	邦语	图画	平均	及第落第	席次	出典
郑定鸿	预一	乙	丁	戊	戊	丁	丙		丙	甲	丁	乙	丁		44	25
	预二	乙	丙	丁	甲	丁	甲	甲	戊	丁	丙	乙	丙		29	29
	预三	乙	丁	戊	戊	丁	甲	丁	乙	乙	丙	乙	丁	再试	46	31
	平均	乙	丁	戊	丁	丁	乙	丁		丁	丙	丁	丁	再试	43	31
任鸿隽	预一	丙	乙	甲	甲	甲	甲		甲	甲	丙乙	甲	甲		7	37、41、44
	预二	丙	甲	甲	甲	乙	甲		甲	甲	甲	甲	甲	及	2	41、44
	预三	甲	甲	甲	乙	甲	甲		甲	甲	甲	乙	甲		3	44
	平均	甲	甲	甲	乙	甲	甲		甲	甲	甲	乙	甲		2	44
胡仁清	预一	丙	乙	丁	戊	乙	甲		丙	丁	乙	丙				37、41、44
	预二	丙	乙	乙	丁	甲	甲	戊	丙	丁	丁	丙	丙	及	47	41、44
	预三	丁	丙	乙	乙	甲	甲		乙	丙	乙	乙			35	44
	平均	丁	丙	乙	乙	甲	甲		乙	丙	乙	乙			41	44
陈其文	预一	乙	乙	甲	乙	乙	乙		丙	甲	丙	乙			18	37、41、44
	预二	乙	乙甲	甲	乙	乙	乙		甲	丁	甲	甲		及	11	41、44
	预三	丙	甲	甲	乙	乙	乙		乙	乙	丙	乙			6	44
	平均	乙	甲	乙	乙	乙	乙		乙	乙	丙	乙		及	11	44

表4-7　东京高等工业学校机械科留学生吴宗濬第一学年试验成绩表

姓名	学期	伦学	体操	英语	代数	解析几何	物理	工作法	应用力学	用器画	实技	迟刻欠席	平均	及第落第	出典
吴宗濬	一		丙	丁	甲	乙	丁	乙	丁	乙		0	丙	及	31
	二		甲	丁	丙	乙	乙	丙	甲	乙		丙			31
	三	甲	丙	甲	丁	乙	乙	乙	丁	乙		丙			31
	平均	甲	丙	丁	丙	乙	丁	丙	丙	乙	乙	丙			31

1　出典栏中的数字指留日学生监督处发行的《官报》期数。

表4-8　东京高等工业学校机械科留学生吴宗濬第二学年试验成绩表

姓名	学期	伦理	体操	英语	微积分	木工铸造锻工	材料强弱	水力学	汽机汽罐	电气工学	机械制图	实技	制图	物理试验		平均	落第及第	席次	出典
吴宗濬	一	丙	甲	丁	丁	丙	甲	丁	乙	丙				丙		丙		56	37、41、44
	二	乙	甲	戊	丁	丙	戊	丁	丁	丙			乙	乙		丁丙	及	56	41、44
	三	乙	丁	丙	丁			甲	丙	丁			乙	丁					44
	平均	乙	乙	丙	丁	丁	乙	丁	丁	丁	丙	丙	乙	丙		丙		53	44

表4-9　东京高等工业学校工业图案科留学生郑定鸿第一学年试验成绩表

姓名	学期	伦理	体操	英语	博物	洋画	日本画	图案构成法	日本建筑装饰	西洋建筑装饰	用器画	图案应用制造	无机化学	有机化学	工艺史	塑造	出典
郑定鸿	一			丙	丁	丙	丙	丙		戊	丁			丁			37、41、44
	二		乙	戊	丁	丁		丁	丁	乙	丙	丁		丁			41、44
	三		丙	丁	丁	丁		丁		丁		丁		丁	戊		44
	平均	乙	乙	丁	丁	丙		丁	丁	丁	丁	丁		丁		乙	44

有清朝赴日考察官员曾调查过中国留学生在东京高等工业学校的学习成绩，发现其中成绩优异者甚少，不及格者实多，他认为不及格有两大原因："一因入校时程度本浅，故肄习学科不免有扞格不通之处，一因各生于体操一科成绩大逊，而在试验时，体操一门实与各科并重，且体操所以锻炼身体，非体魄强健能耐劳苦者必不足。"[1]在东京高等工业学校留学的清国留学生整体平均成绩确实不高。根据《官报》第44期的调查报告显示，第一学年的留学生52人中有2人退学，6人落第，第二学年17名学生中有1人落第，第三学年22名学生中有1人落第，特别预科58名学生中有1人落第，3人退学。反观湖州籍留日学生的成绩，除郑定鸿在预科三年级试验中再试合格外，大都能一次及格进入下一学年。大多数学生成绩处于中等水平，而且有成绩优异、名列前茅者，如任鸿隽、陈其文，每次测试成绩都能保持在优秀的水平，任鸿隽在特别预科班58人中名列第2，胡仁清名列第6。

1　留日学生监督处：《官报》第5期，第84页。

（2）湖州籍留早稻田大学清国留学生部学生成绩表

一年前赴日的 10 名湖州籍留日学生于明治三十九年七月参加了早稻田大学清国留学生部举行的预科毕业生考试，考试科目分七项，分别是日语（包括语法、阅读、听写、日译、汉译、作文）、历史、地理、理科（包括动植物、矿物）、数学、图画、体操。10 名留学生的测试成绩如下表所示：

表4-10　湖州籍留学早稻田大学预科学生成绩表[1]

姓名	学期	日语[2]	历史	地理	理科[3]	数学	图画	体操	平均	总
杨乃康	上	甲乙甲乙乙	甲	丁	甲丁	丁	丙	丙	乙	丙合格
	下	丁丙丁乙乙乙	甲	乙	乙丁	丁	乙	乙	丙	
张孝曾	上	丁甲甲乙甲	乙	丁	乙丁	丙	乙	丁	乙	乙合格
	下	丁乙丁乙乙乙	甲	甲	乙丁	乙	乙	乙	乙	
温松孙	上	丁丙丙甲甲	丁	丁	乙丁	丁	戊	丙		丙合格
	下	丁丁丁乙丙丙	丁	丙	丁丁	甲				
张宗绪	上	丁乙甲丙乙	甲	乙	甲丙	戊	丙	戊		丙合格
	下	丁丁丁丙甲丙	乙	甲	甲丙	乙	乙	乙		
潘凤起	上	丁甲乙乙乙	乙	丙	甲丁	丁	丙	丙	乙	丙合格
	下	乙乙丁丙丙甲	丁	丙	乙丁	乙		乙		
嵇剑铭	上	丁丁丙丁甲	丙	戊	乙丁	丙		丁		丙合格
	下	戊戊丁丙丙丁	丁	丁	丁丁	戊	戊	丁		
钮家薰	上	丙丁甲丁甲	丁	丁	丁戊	乙		丁		丙合格
	下	戊戊戊戊丁丁	丙	丁	丁戊	丁		丙		
郑延龄	上	甲甲甲甲甲	甲	甲	甲甲	甲		甲	甲	甲合格
	下	丙甲甲甲甲	丙	乙	甲甲	乙		乙	甲	
施绍棠	上	丁甲乙乙甲	乙	乙	甲丙	乙		乙	乙	乙合格
	下	戊乙丙丁乙乙	甲	丙	乙丙	乙	甲	丁		
莫永贞	上	丁丙甲甲甲	丁	甲	甲乙	丁	丁	戊	丙	丙合格
	下	乙丙丁丁丙丙	乙	乙	乙乙	乙		乙	丙	

预科班分甲（48 人）、乙（52 人）、丙（35 人）、丁（28 人）、戊（30 人）、己班（25 人）、庚（34 人）、辛（50 人）、壬（48 人）、癸（53 人）10 个班，共有清国留学生 403 人。此次考试共有 393 人参加，成绩分甲、乙、丙、丁、戊六等，其中 6 人成绩

1　《成績簿 甲簿[清国留学生部甲班—癸班]》，明治39年7月，早稻田大学図書館藏。
3　日语成绩包括语法、阅读、听写、日译、汉译、作文六项，按顺序列出。上学期为前五项，无作文。
3　理科成绩包括动植物、矿物两项，按顺序列出。

为甲等，60 人成绩为乙等，但丁等之后者也不少。湖州籍留日学生中处于甲、乙等级者有 3 人，优秀率高于整体平均水平，且未有不合格者。预科毕业后，留学生们分学科开始下一学年的学习，早稻田大学清国留学生部师范本科设有三种学科，分别是物理化学科、博物学科、教育及历史地理科，修学年限为两年。物理化学科一年级分甲、乙两班，湖州籍留日学生张孝曾、潘凤起分在甲班，郑延龄、温松孙分在乙班，温松孙因病回国未参加此次考试。师范科各生成绩如下表所示：

表4-11 湖州籍留早稻田大学物理化学科学生成绩表[1]

学科	张孝曾	潘凤起	郑延龄
日语[2]	75、88、65、80	83、60、45、75	85、90、96、95
理科[3]	65、75	62、65	84、45
数学[4]	68、55	56、74	98、94
图画	65	65	78
体操	65	55	58
伦理	70	80	80
教育史	65	90	65
生理	65	29	67
合计	901	839	1035
平均	69.31	64.54	79.62
合格与否	合格	合格	合格

物理化学科甲班共有 58 人，乙班共有 61 人，合计两班共 119 人，此次考试除去被除名、退学及未考者 19 人，实际参加者共 100 人。其中有 21 人考试因不合格需参加再试。湖州籍的 3 名学生考试均一次合格，并且郑延龄在此次考试中成绩优异，在 100 名学生中排名第 7，张孝曾位列 20 名，潘凤起 35 名，整体处于中上水平。

表4-12 湖州籍留早稻田大学博物学科学生成绩表

学科	施绍棠	张宗绪	杨乃康	嵇剑铭
日语[5]	56、85、71、88、90、77	87、81、81、70、90、82	85、84、71、72、70、85、	54、45、60、65、70、60
地质	85	85	75	20
地文	85	100	100	55

1　《明治四十年七月 成績簿乙[清国留学生部]》，明治四十年七月，早稻田大学图书馆藏。
2　日语包括汉译、作文、文法、会话四项，按顺序列出。
3　理科包括物理、化学。
4　数学中还包括代数。
5　原资料中，本栏名称虽为"日语"，但六门功课分别为汉译、作文、文法、会话、化学、矿物。

续表

学科	施绍棠	张宗绪	杨乃康	嵇剑铭
理科[1]	60、80	80、70	85、88	55、75
数学	68、72	66、45	52、78	35、55
图画	70	58	73	30
体操	40	50	70	40
伦理	80	80	70	70
教育史	65	50	85	70
生理	77	66	63	40
合计	1249	1241	1306	899
平均	73.47	73.00	76.82	52.88（未）
合格与否	合格	合格	合格	合格

表4-13 湖州籍留早稻田大学教育及历史地理科学生成绩表

姓名	日语[2]	历史	地理	地文	数学	图画	体操	伦理	教育史	生理	合计	平均
钮家薰	32、65、37、55、45、60	60	43	65	46、30	33	40	70	55	20	756	47.38

博物学科班共有48人，其中6人未参加考试，9人成绩不达标参加再试。湖州籍留日学生杨乃康在此次考试中位列第4，施绍棠第7，张宗绪第8，表现良好。嵇剑铭位列41名，勉强合格。教育及历史地理科班级共有学生56人，实际参加考试者49人，12名学生成绩不合格参加补考，湖州籍留日学生钮家薰就是其中一人，他在此次考试中排名48，参加补考后合格。清末留学早稻田大学师范科学生完成三年的学习后，又有4人再入研究科学习，于1909年顺利毕业，如下表所示，他们的毕业成绩较为优异。

表4-14 湖州籍留早稻田大学师范研究科毕业生成绩表

姓名	籍贯	入学年月	学科	成绩	备考	出典
张孝曾	浙江	光绪31.9	留学生部理化科	甲	研究科毕业者	官31
郑延龄	浙江	光绪31.9	留学生部理化科	乙	研究课毕业者	同上
金培元	浙江	光绪34.1	留学生部理化科	丙	研究课毕业者	同上
嵇剑铭	浙江	光绪31.9	留学生部博物科	乙	研究课毕业者	同上

综上所述，清末的留日学生群体年龄大多在20岁以上，他们留东时大多普通科及日语未修，且留日活动前期速成教育占据主流，导致清末留日学生群体的学习成绩普遍

---

1 理科包括动物、植物。
2 此栏名称虽为"日语"，但包括汉译、作文、文法、会话、上古史、中古史六门课程。

不高。通过整理湖州籍留学东京高等工业学校和早稻田大学清国留学生部的部分学生成绩分布情况可以看出，清末湖州籍留日学生学习成绩的平均水平高于全国留日学生，多数学生处于中上等水平，且有表现优异突出者。

3.组织学会并刊行《浙湖工业同志会杂志》

留学生的业余生活，还包括组织学术团体，刊行报刊，参与著书、译书活动等。他们著有日语教科书，翻译大量社会科学和自然科学方面的文章和书籍，传播先进文化知识，对中国近代社会的发展产生了很大影响。在日的湖州籍留日学生也参与了此类文化活动，参与组织学会，在各刊物上发表文章，传播先进文化与科技知识。以下以《浙湖工业同志会杂志》为例，探讨湖州籍留日学生在工业学术研究方面的活动和贡献。

1910年，在日本工业学校留学的湖州籍留日学生吴宗濬、李善富、余继述、金培先、郑定鸿、蔡经贤、汪鸿桢、徐克煌、胡仁清、陆树勋、陈其文、吴玉、陈祖澄等人相聚协商后，以联络同志图湖州工业发达为宗旨[1]，发起成立了浙湖工业同志会。他们认为"中国之所以濒于亡者，其病原之所在，则非弱之病，而贫之病，非列国之能以兵力亡我，而列国之能挟其富直接以经济亡我，实间接以工业亡我也"，[2]认为教育、政治、军事虽然也是立国强国之要具，但此三者的发展都需要财力的支持，而工业则为生财之利器，是各行政之基础，不得不及时提倡，[3]并提出"欲救吾国之贫，其必由工乎"[4]的口号。认为发展工业，必须要精进学术。于是，他们欲联合全国有志青年组织一工业学会，但因各种原因未能施行，后退而合一乡之士在东京组成浙湖工业同志会，是年发行学会刊物《浙湖工业同志会杂志》，在学习之余搜罗国内外先进实业研究成果刊于杂志中，"凡关于现世界实业经营之成绩，发明之现象以及研究之进步无不罗致篇中，以饷贻吾同胞热心实业家，用为暗室之灯，导火之线，俾有志者所措手得门而入于实业界放大光明，贫之患庶有瘳乎"。[5]并将工业同志会之意见、工业同志会之学说一并刊于篇中，以期社会藉此得以改良或能振兴其工业。[6]

学会最初成立时有特别赞成员8人，特别会员9人，正会员13人。随后陆续有会员加入，并且在湖州、上海、北京、日本陆续开设杂志代理处，学会逐渐壮大，至1911年，共发展会员63人。各期所载会员名录信息如下表所示：

1　《浙湖工业同志会简章》，《浙湖工业同志会杂志》第1期，1910年，第107页。
2　洗凡：《工业救亡论》，《浙湖工业同志会杂志》第1期，1910年，第83页。
3　吴玉：《蠡测篇》，《浙湖工业同志会杂志》第3期，1911年，第1—2页。
4　赵廷彦：《浙湖工业同志会杂志初刊序（三）》，《浙湖工业同志会杂志》第2期，1911年，第91页。
5　左吴壮：《浙湖工业同志会杂志初刊序（二）》，《浙湖工业同志会杂志》第1期，1910年，第3—4页。
6　陈祖澄、胡仁清：《问答》，《浙湖工业同志会杂志》第1期，1910年，第103—104页。

表4-15　《浙湖工业同志会杂志》会员名录

时间	会员名录
第一期	特别赞成员：张元节，钱永铭，冯汝良，莫永贞，钱毓孙，梁希，包延辉，章鸿钊 本会特别会员：林鹍翔，林鹍起，沈廷鉴，郑延祐，陈祖溶，沈文标，朱赓飚，沈永熙，陈泽宽 本会正会员：吴宗濬，李善富，余继述，金培先，郑定鸿，蔡经贤，汪鸿桢，徐克煌，胡仁清，陆树勋，陈其文，吴玉，陈祖澄
第二期	正会员：吴宗濬，李善富，余继述，金培先，郑定鸿，蔡经贤，汪鸿桢，徐克煌，胡仁清，陆树勋，陈其文，吴玉，陈祖澄，许炳堃，沈永桢 特别会员：林鹍翔，林鹍起，沈廷鉴，郑延祐，陈祖溶，沈文标，朱赓飚，沈永熙，陈泽宽，孙士杰，朱延照 特别赞成员：张元节，钱永铭，冯汝良，莫永贞，钱毓孙，梁希，包延辉，章鸿钊，郑隆骧，朱光焘，沈祖荫，沈祖诒，沈泽春，张孝曾，莫章达，蔡焕文，潘凤起，王斯钓，赵廷彦，高世桐
第三期	正会员：吴宗濬，李善富，余继述，金培先，郑定鸿，蔡经贤，汪鸿桢，徐克煌，胡仁清，陆树勋，陈其文，吴玉，陈祖澄，许炳堃，沈桢 名誉会员：胡惟德 特别会员：林鹍翔，林鹍起，沈廷鉴，郑延祐，陈祖溶，沈文标，朱赓飚，沈永熙，陈泽宽，孙士杰，朱延照，宋善庆 普通会员：王国光，刘伟之，徐德黄，欧阳明，陈永明 赞成员：张元节，钱永铭，冯汝良，莫永贞，钱毓孙，梁希，包延辉，章鸿钊，郑隆骧，朱光焘，沈祖荫，沈祖诒，沈泽春，张孝曾，莫章达，蔡焕文，潘凤起，王斯钓，赵廷彦，高世桐，张兆琳，吴丽正，王士源，张仁溥（广东），傅锐
第四期	正会员：吴宗濬，李善富，余继述，金培先，郑定鸿，蔡经贤，汪鸿桢，徐克煌，胡仁清，陆树勋，陈其文，吴玉，陈祖澄，许炳堃，沈桢 名誉会员：胡惟德 特别会员：林鹍翔，林鹍起，沈廷鉴，郑延祐，陈祖溶，沈文标，朱赓飚，沈永熙，陈泽宽，孙士杰，朱延煦，宋善庆，陈其业 普通会员：王国光，刘伟之，徐德黄，欧阳明，陈永明 赞成员：张元节，钱永铭，冯汝良，莫永贞，钱毓孙，梁希，包延辉，章鸿钊，郑隆骧，朱光焘，沈祖荫，沈祖诒，沈泽春，张孝曾，莫章达，蔡焕文，潘凤起，王斯钓，赵廷彦，高世桐，张兆琳，吴丽正，王士源，张仁溥，傅锐，周延礽，潘德恒，沈家镜，赵之骙

从上表可以看出，工业同志会的会员多为在日本工业学校留学的湖州籍学生，其中在东京高等工业学校就读者居多，如吴宗濬、郑定鸿、汪鸿桢、徐克煌、胡仁清、陆树勋、陈其文、吴玉、许炳堃等人。此外还有留学大阪高等工业学校学习工科者数人，分别是李善富、俞继述、金鹤济；另有一些在法政大学、明治大学、神户高等商业学校、早稻田大学、东北帝国大学、东京大学、日本陆军士官学校留学的非工科专业的湖州籍留学生也纷纷加入。不仅湖州籍留日学生，同志会还吸收浙江其他县和其他省份的留日学生，以及国内有志研究工业的青年也可入会，越来越多的有识之士认识到工业对于国家发展、救亡图存的重要性。工业同志会同时还得到了官绅的支持，时任驻日公使胡惟德为该会名誉会员，海军留日学生监督沈廷鉴和清国游学生监督处职员郑延祐为特别会

员，驻日本使馆秘书张元节作为赞成员入会。另外，工业同志会还吸收湖州当地富商入会，如沈燮臣和湖州巨富王安申作为赞成员入会。该会同人认为借官绅的势力以及商人财力，更易开办工厂，开通地方风气，从而谋求湖州及全国工业发展。

因组织者都是留日学生，平日有上课之务，故时间少，而经费又难筹，所以杂志间月一刊，1910—1911 年间共发行四期。《浙湖工业同志会杂志》向国内传播先进工业技术，对助力湖州工业发展作出了突出的贡献。该杂志发起于海外行于内地之业工者，同志会会员希望藉此会联合国内外之业工者，通其声气，互相维持，共图发达，通过向国内输入新智识，而进于文明。[1] 杂志内容分论说、学术、译丛、来稿、调查、余录、丛谈8 个板块。共刊登文章 66 篇，除少量外来投稿外，主要由湖州籍留日会员在该刊发表文章，吴玉、陈祖澄、吴宗濬、陈其文、金培先、蔡经贤、郑定鸿、胡仁清、汪鸿祯、陆树勋、徐克煌等湖州籍留日学生几乎每期都在杂志上刊载文章，其中吴宗濬发表文章数最多，共 7 篇。

文章作者逐过翻译国外著作向国内介绍工业知识及先进的工业技术，如吴宗濬的《发动机大意》《工业机之构造及原理》《实用机械力学》，陈其文的《电气工业》，胡仁清的《色彩学纲要》《工业经济学概要》，汪鸿祯的《水之种类及吸收蒸馏法》《甘蔗糖说》，郑定鸿的《各种西洋墨水之制法》《制版印刷学》，陆树勋的《采取阿莫尼亚新法》，徐克煌的《工厂法案》等。他们还留心调查国内外各种工业生产经营情况，如金培先的《中国纺织业之近状》，陈其文的《日本第一桂川水力发电公司纪略》等调查报告。此外，还试图为振兴浙湖及中国工业寻找解决方法，如陈祖澄所作《敬上乡先生请速办工业书》一文，他认为工业为当今中国救亡之灵药，也是湖州经济复活之根苗，提倡湖州乃至全国应借兴办工业，来摆脱外人控制，恢复经济发展，并提出可以通过推广土货和振兴工业教育来振兴当地工业。[2] 吴玉所作《蠡测篇》，总结湖州当前固有工业状态特点，并提出两种振兴湖州工业之方法。一为直接生产，即先因地制宜发展丝织业，"改良土货，教习幼童，购置新式机械，延聘技师专心指导，则彼辈旧工业家本其固有之经验益以新器之观摩自必规矩，从心各神其技，造出品既美，销路自宽，既足以为地方兴业之楷模，又足以诱起人民乐利之欲望，然后兴办工业学校、徒弟学校、传习所、劝工场等"，这种直接生产的方法应为振兴工业之首图者。第二，创办官商合办之工厂，利用官绅的信用解决最重要的资金问题。这样可先由少数人提倡并鼓吹，进而开通地方风气，得到广大市民的支持，来振兴工业发展。[3] 吴宗濬在《论吾国工业不发达之原因及挽回之法》一文中针砭时弊地提出了中国工业不发达原因有五："一、政府不能保护

1　陈祖澄、胡仁清：《问答》，《浙湖工业同志会杂志》第1期，1910年，第104页。
2　陈祖澄：《敬上乡先生请速办工业书》，《浙湖工业同志会杂志》第1期，1910年，第8—14页。
3　吴玉：《蠡测篇》，《浙湖工业同志会杂志》第3期，1911年，第1—6页。

工业税关之权，尽操于外人之手，致令本国所出之货不及洋货之廉。二、吾国无大资本家乏久持之力，浅尝辄止，鲜告成功。三、吾国俗尚浮华之心不古，长于应酬而短于统计，所称为发起人或经手人者，非善于挥霍，即饱其私囊，以致入不敷出，不可收拾。四、内地绅富暮气日深，明知工业为救亡之灵药，而畏首畏尾，不肯提倡。五、吾国缺乏工业上之人才，即使开办工厂，万难与各国竞争于二十世纪之大舞台上。"[1] 而第一、二、三、四种原因关乎国家、绅商阶层，非学工业者所能改变。而关于培养利用工业人材方面，吴宗濂提出，一需开全国工会为全国工业之机关和工业人才之介绍所，待全国工会成立后再成立各省、各府分工会。二为开全国高等工业学校，分南北两校，造就高质量的全国工业人才。[2] 此外还有胡仁清的《湖州创办职工补习学校私议》，金培先所作的《振兴绸缎小言》等文章。留日学生从各个角度提出了振兴工业的方式方法。他们逐渐认识到工业对于社会发展的重要性，积极引进国外先进的工业技术，广泛传播工业科技知识，对开启民众智识，促进湖州当地的工业发展起了很好的推动作用。

二、《钱玄同日记》中的湖州籍留日学生

中国近代文字学家、新文化运动的倡导者钱玄同于 1906—1910 年间在日留学，他的日记《钱玄同日记》中收录其五年间在东京留学的点滴生活以及与湖州同乡的交往情况，内容详细具体，对了解湖州籍留日学生的在日生活情况具有很高的参考价值。

钱玄同为湖州吴兴县人，是钱恂同父异母的弟弟，生于 1887 年 9 月 12 日[3]，与钱恂长子钱稻孙同龄，幼年就读于家塾。王森然在《钱玄同先生评传》里记述了钱玄同的赴日经过：钱玄同原本打算在上海复旦中学读书，但因婚事最终没有实现，同年适值其兄钱恂出任东西洋考察宪政大臣参赞职，从俄返沪，又新任留日学生监督，举家随任，于是，1905 年 12 月，钱玄同便随钱恂一家赴日，打算婚后再入复旦中学。而同年浙江省有官费派遣百人赴日留学早稻田大学学习师范科之议，于是钱玄同便舍入复旦读书之意，决定赴日留学。[4]1906 年 4 月末钱玄同从日本回国，在国内完婚后，9 月又再赴日本入早稻田大学，立志研究教育。[5]1906 年 7 月 8 日，钱恂寄信给早稻田大学教授青柳笃恒，信中提及其弟钱怡[6]有志入早稻田大学清国部师范科，请教办理入学手续的方法、宿舍的规则等。[7]于是在钱恂的推荐下，钱玄同于同年 9 月 17 日入早稻田大学正式上课，学费由其兄钱恂代为缴纳。但通过《钱玄同日记》记载的留学时期的日记可以看出，他对上课学习并不甚用功，经常旷课，如"地质的新教无精义，不过照书讲讲，故未上

1 吴宗濂：《论吾国工业不发达之原因及挽回之法》，《浙湖工业同志会杂志》第4期，1911年，第13页。
2 吴宗濂：《论吾国工业不发达之原因及挽回之法》，《浙湖工业同志会杂志》第4期，1911年，第14—16页。
3 钱恂：《吴兴钱氏家乘》卷三，第103页。
4 王森然：《钱玄同先生评传》，《中国公论》1941年第5卷第4期，第26页。但钱玄同并非百名官费师范生之一，而是自费留学。
5 钱恂：《吴兴钱氏家乘》卷三，第336页。
6 周作人的《钱玄同的复古与反复古》中讲到钱玄同到日本留学以后改名为钱怡。
7 高木理久夫编，吴格訂：《钱恂年譜》（增補改訂版），第162页。

课"[1]，"午后倦起，昏睡半日，未上课"[2]，"阴雨竟日，赖学一天"[3]等。考试也是"盖只要免于落第，不必事补考之劳足矣"[4]。自1906年在日本结识章太炎，钱玄同"深佩其渊博宏涵，认为当代国学大师"，[5]于是立志研究古代学术，并于是年加入同盟会。自此，他的大部分精力都放在国学上，最终从早稻田大学退学。

钱玄同于1906年9月17日入早稻田大学清国留学生部预科学习，这一天他在日记中记载："9月17日，进校上课。往寄宿舍，与界同房。廉、骥等均在早稻田面前之东北馆タタミ上。"[6]钱玄同进入早稻田大学后，与早稻田大学同窗兼同乡的张孝曾、潘廉深、冯骥才、汪振声、莫永贞、潘澄鉴等都有密切的往来。当时，留学生的住宿可分为四种：一是寄学校宿舍，价格最为低廉，每月需五六圆，与日本学生同居；二是寄居客栈，即下宿，有上、中、下三等，费用在8—18圆，一切事务由旅店主人招呼，随时可以迁徙，留学生四五人合住者为多；三是租屋，费用在10—12圆；最后一种是寄居于日本人家中。[7]钱玄同等人寄宿的东北馆即下宿屋，在早稻田大学附近，后钱又迁往山崎屋、富士馆。在东京留学的湖州籍留日学生很多都是住在下宿屋，如李子九、梁希、李子逵、许炳堃住在本乡馆，[8]钱稻孙、钱穟孙住大盛馆，此外还有中村馆等。学习之余，钱玄同经常去湖州同乡寓所与他们一同谈天吃饭，与当时在日的许多湖州留日学生都有交往。除此之外，钱玄同还经常偕同乡去图书馆借书，去书店买书，往观博览会等。钱玄同在1907年3月28日的日记中记载："偕同穟孙往观博览会第二场，工艺、器具为多，然予尚不谙此道，竟亦莫名其妙，竟如刘姥姥之进大观园矣。惟中有教育水族馆，水栖动物甚多，入观之，颇觉有趣。出，午餐后同至动物园。"[9]

身居异域，留日学生们见到同乡自然倍感亲切。有强烈乡土情结的留日学生到日本后积极联络同乡，各省以同乡会为主体开展各项活动。通过《钱玄同日记》的记载，可以得知湖州亦有同乡会，钱玄同在日记中共记载了9次湖州同乡会开会的情形。湖州同乡会于东京的开会地点在三宜亭和清风亭，会议内容主要是商议湖州各界以及东京学界事务，并继续刊行《湖州白话报》，另在会上修订会章、选举干事。1906年9月30日同乡会开会于三宜亭，更举成员："干事长：冯骥才。评议：缄。书记：英士，界定。会计：吴家潘。"[10]11月11日又至三宜亭开特别会，"议湖州学会及学堂办法事，计举定学

1　钱玄同：《钱玄同日记》（整理本）上，杨天石主编，北京大学出版社，2014年，第62页。
2　钱玄同：《钱玄同日记》（整理本）上，第63页。
3　钱玄同：《钱玄同日记》（整理本）上，第64页。
4　钱玄同：《钱玄同日记》（整理本）上，第118页。
5　王森然：《钱玄同先生评传》，《中国公论》1941年第5卷第4期，第26页。
6　钱玄同：《钱玄同日记》（整理本）上，第58页。"タタミ"意为"榻榻米"。"界"指张孝曾（字界定），"廉"指潘凤起（字廉深），"骥"指冯骥才，均为早稻田大学留学生。
7　章宗祥：《日本游学指南》，第18—19页。
8　钱玄同：《钱玄同日记》（整理本）上，第29页。
9　钱玄同：《钱玄同日记》（整理本）上，第91页。
10　钱玄同：《钱玄同日记》（整理本）上，第60页。缄即许炳堃，英士为陈其美，界定为张孝曾。

会干事如下：会长：沈谱琴，孔杏生。书记：沈士远。会计：沈筠抱。庶务：蔡云青，潘芸生"。[1]1906 年 11 月 23 日，开特别会于清风亭，"添举职员三人，评议珩、九，庶务稻也"。[2] 日记中明确记载参与湖州同乡会的留日学生除以上诸人外还有潘廉深、杨莘耜（杨乃康）、李子逵（李鸿）、郑泽民（郑隆骧）、林铁铮（林鹍翔）等人。除了参加湖州同乡会，日记中还记载了他们参加杭州同乡会以及浙省同乡会的情形。

　　钱玄同在日时多与中国人交往，少见其与日本人交往的情形，《钱玄同日记》中记载有一些对于日本人的描写，可以通过这些描述看出以钱玄同为代表的一类留学生的日本观。他对日本人的评价态度多是负面的，如有"日人真野，夜以痰吐我袖。大盛馆女仆戏弄伯宽之辫，因告介眉，令其申饬。唉，华人拖此狗尾，到处受人凌辱，每念及此，不禁痛恨彼珠申贱种之野蛮也"[3]，"归遇日本疯子，骂曰'チャンチャンボヅ'，并大笑曰Chinese，Chinese。与穄孙至近处散步，见途有车夫二人扭住打架，途为之要塞，而无警察来干涉。所谓文明之国民如是！如是！"[4] 等，对于日本人野蛮的记述不在少数。清末留日学生留日时发辫未剪，惹日人嘲笑，戏称清人的辫子为豚尾，或因为他们衣着不整洁、随地吐痰、随走随食等习惯受到日人轻视，一些年岁稍长的留日学生走路低头驼背，步履蹒跚，更受歧视。[5] 他们走在路上经常受到日本人，甚至是孩童的讥笑嘲弄，再加上甲午战争的胜利给日本人带来了高高在上的优越感，更加深了这种歧视。这种轻蔑、歧视的态度刺激着这些热血青年，使他们愈发愤慨，感觉备受侮辱，渐生反日情愫。钱玄同的反日情绪在留日时就已非常明显，好友黎锦熙也曾说"他虽在日本留学，但向来不喜欢日本人"[6]。所以在抗战时他坚守信念，绝不"污伪命，做顺民"。然而，近代留日运动展开于一个复杂的年代，留日学生对日本的感情极其复杂，日本既是敌对国也是要学习的对象。因此留日学生中既有所谓的"亲日派"，也有"反日派"。钱玄同的侄子钱稻孙便是"亲日派"之一。钱稻孙留学时尚年幼，自小学到中学皆接受日本教育，日本学生对其以本国学生相待，不曾受到日本人的轻视。且父亲钱恂身居湖北留日学生监督等要职，经济条件优越，这与清末大多数留日学生的情况自然不同。自小学便接受日本教育虽然会提高留学效果，但因学生年龄小，还未形成正确的国家观念，遽至外洋，容易失其本性，遂忘本国。留日 7 年，钱稻孙逐渐对日本文化产生理解与认同，渐渐形成亲日思想。战时态度消极，甚至出任伪职，投靠日本，走上万劫不复的道路，沦为汉奸，遭万人唾弃，永留污名。

1　钱玄同：《钱玄同日记》（整理本）上，第68页。
2　钱玄同：《钱玄同日记》（整理本）上，第70页。珩为莫永贞，九为李朋，稻为钱稻孙。
3　钱玄同：《钱玄同日记》（整理本）上，第29页。
4　钱玄同：《钱玄同日记》（整理本）上，第35页。チャンチャンボヅ，整理本中作"チセンチセンボヅ"，疑误录。意为拖着猪尾巴辫子的光头，日本人对中国人的蔑称。
5　李尚仁：《清末民初留日学生在东京留学界的情况》，《文史资料存稿选编》第24册，第869页。
6　黎锦熙：《钱玄同先生传》，曹述敬：《钱玄同年谱》，齐鲁书社，1986年，第167页。

三、湖州籍留日学生的在日政治活动

国难当头，清廷的腐败统治让有识之士渐起救国之思，革命思想逐渐萌芽。当时留日学学生界分革命派、立宪派、中立派三派，其中以革命派人数最多，最占优势。留日学生作为先进知识分子，对革命思想感受颇速，渐成风气。而且很多最初支持"君主立宪，和平变革"的立宪派思想发生转变，逐渐向革命派靠拢。湖州籍留日学生在日积极参加革命活动，他们通过在报纸、杂志上刊登文章宣传革命思想主张，建立革命团体，组织集会，发表演说，扩充革命力量，积极为民主革命作准备。

1. 湖州籍留日学生中的立宪派

与革命派相对的是立宪派，虽然不敌革命派人数众多，但"立宪派"留学人士也积极活动，传播先进思想，在留学界具有一定的影响力，是宣传宪政的主力军和组织者。湖州籍留日学生章宗祥便是其中的代表人物，章宗祥早期为励志会稳健派成员之一，面对留学界存在的各党派之分，他表明自己持不党主义："孙中山、梁任公寄寓横滨，时或晤谈，但为道义之交，未闻其党事也。"[1]对他而言，留学的目的是回国做官，步入仕途，因此他在日时便积极向官场靠拢，庚子年后清朝政府实行新政，仿行立宪，他便参与其中。他先是在1902年成立的清国留学生会馆中任庶务部干事，得以接触一些官员。1902年，清朝官员载振等赴日考察法政，章宗祥等于留学生会馆与其相见，极力欢迎，颇得载振欢心。载振表示："彼等将来学成归国，有余在，不愁不飞黄腾达也。"[2]同年，吴汝纶赴日考察学制，选章宗祥等三人任翻译，随同考察。此后，章宗祥还陆续拜访了来日考察的官员严修、林炳章、胡景桂。林炳章在《癸卯东游日记》中称赞章宗祥："章宗祥，留学中之翘楚，习法律，近年来之政法学报多其手笔。"[3]这些经历都为他累积了官场人脉，为回国步入仕途打下基础。

另外，章宗祥认为赴日留学取得文凭不是唯一的目的，另抱有更新本国思想之想法，他在自述中回忆："余辈留学时代，有一种纯粹求学更新本国之思想，凡遇彼新政，为本国所无者，不问何事，皆欲知其一二，不以学校讲义为限。至于他日回国可以用作敲门砖、自图进身等念，从未转及。故是时游学，初未扣定年限，并不以得文凭为惟一之目的。日人之有识者，皆以远大相期，如政党首领及著名学者，得有介绍，辄往访问，叩其经验并对我之意见。"[4]为了向国内传播先进政法知识，他于1900年加入了首个由留日学生成立的翻译团体——译书汇编社。该团体通过翻译东西方政治、法律类书籍宣传资产阶级政治制度、法律体制，引进西方先进的思想文化，刊行的《译书汇编》杂

1　章宗祥：《任阙斋主人自述》，《文史资料存稿选编》第24册，第927页。

2　大中华国民编：《卖国贼之一 章宗祥》第二版，爱国社，1919年，第1页。

3　王宝平主编：《晚清中国人日本考察记集成/教育考察记》下册，第582—583页。

4　章宗祥：《任阙斋主人自述》，《文史资料存稿选编》第24册，第929页。

志被推为留学界杂志之始祖。[1]章宗祥在其中任编辑，译著有《国法学》，其余译述篇目刊载在《译书汇编》杂志。他向国内介绍法律知识，并且引进的一些法律词汇沿用至今。译书汇编社开展的有关国外政治、法律知识的宣传活动，对促进国内思想启蒙运动，推动清朝预备立宪，产生了广泛的影响。

继《译书汇编》后，留学生次第创办此类型的法政报刊。1906年3月，法政大学速成科学生张一鹏在东京创刊《法政杂志》。该杂志为月刊，共出版6期，同年9月由天津北洋官报总局接办。主要刊登国外法政文章，介绍资产阶级政治、法律思想，意在向国民普及法政知识，并提倡中国欲图法律、政治革新，应该"发挥中国固有之特质，消化各国共通之特质"[2]，对清末筹备立宪活动具有指导和推动作用。其时湖州籍留日学生中，在法政大学速成科就读的林鹍翔、朱景圻、张宗儒，以及早稻田大学师范科留学生张孝曾、潘凤起，岩仓铁道学校留学生胡仁源，都纷纷投稿，几乎每期都能看到他们的译文。其中林鹍翔发表译文最多，共8篇。其次是张宗儒，共4篇，朱景圻3篇，胡仁源2篇，张孝曾、潘凤起各1篇。他们在文章前或后表明翻译的目的，思考我国立宪过程中出现的实际问题，选择具有指导意义的法政类文章、论著以及名人讲演录，供我国宪政改革参考。并在译文旁边对一些专有名词作注解，以便读者理解。如林鹍翔翻译日本法政新志刊载的《立宪政治之妙用》，张宗儒翻译日本法学博士穗积八束的《论立宪制下之三大政治》，宣传立宪政治对于专制政治的优越性。朱景圻译雨宫良作著《言论著作印行集会自由之范围》，宣扬立宪政体下自由、平等、民主理念。法律方面的译文有林鹍翔译《论司法权之范围》，当时我国行政司法混淆，将司法归之行政官厅，这不符合立法、行政、司法三权分立的宪政原则，林故翻译此文，提倡实施司法独立。[3]此外，他认为一国文明在法律之完备，而法典又是法律之根据，中国当时惟有大清律例一法典，且条目繁多，过于周密，已不适用于日益进化发展的社会，所以林鹍翔又翻译了日本法学大家穗积陈重的《法典之繁简》，以期为中国法典修改提供参考。[4]还有如《论公共组合之性质》《社会研究新论》《欧美列强之对清贸易政策上》《中国宜上回租借地论》《对南清私见附论》等译文。他们关注国际社会，翻译国外学者对于中国改革的看法，试图从中找到变革改良中国社会，实现国家富强的方法。

留日学生顺应历史发展的潮流，或拥护君主立宪，或支持革命加入推翻帝制的运动中。而不论是革命派还是立宪派，都是以爱国为出发点。然而清政府的仿行宪政只不过是幌子，目的还是维护封建统治。不少维新志士逐渐看清其腐朽专制的本质，纷纷由拥护立宪转向反清革命，革命思潮蓬勃发展，势力不断壮大。

1 冯自由：《革命逸史》初集，第99页。
2 张一鹏：《法政杂志之趣旨》，《法政杂志》1906年第1卷第1号，第9页。
3 林鹍翔译：《论司法权之范围》，《法政杂志》1906年第1卷第1号，第16页。
4 林鹍翔译：《法典之繁简》，《法政杂志》1906年第1卷第1号，第29页。

2.湖州籍留日学生中的革命派

（1）参与组建革命团体

湖州籍留日学生积极组织并参加进步革命团体，湖州籍留日学生有 4 人加入了留日学生最初组建的社团——励志会，其中章宗祥、沈翔云为该会发起人，另有成员稽慕陶、钮瑗。励志会于 1899 年秋成立，以"联络情感，策励志节"[1]为宗旨，共发展会员 42 人。[2]励志会同人假借日本茶室，聚谈国政，讨论时事，交换意见，集会时或演说，或讲学，或论政，无形式限制。[3]本"对于国家别无政见"，只为联络情谊，研究学术。但因会中有主张光复主义、倾向革命的激烈派人员，故也可以说是一个革命宣传机关。[4]沈翔云便是激烈派中一员，他通过与一些革命党人接触，接受先进思想，逐渐成长为反对封建势力、提倡革命的斗士。他"于会事最热心"[5]，频繁赴会演说，而清政府恐留学生集会将威胁其封建统治，于是禁止留学生开会演说，而沈翔云则旗帜鲜明地表明："中国学生相会，乃众人之意见相同，立会必欲演说，种种自由独立之议论，沈翔云一人之意见。政府官吏欲禁止拿问，请治沈翔云一人。"[6]这体现了他勇于与封建势力作斗争的决心和勇气。1900 年 8 月，沈翔云曾回国参加自立军起义，事败后以身在上海，又得钱恂相助而免于被捕。[7]让他一举成名的言论则是他作为留日学生代表，面对张之洞对留日学生的弹压起草的《复张之洞书》一文，另一名湖州籍会员章宗祥亦参与撰文，文中"痛陈革命理由，词意皆妙"[8]，表达了留日学生对传统封建政权的批判以及对革命的宣扬提倡，得到了留学界人士的广泛认可。沈翔云的种种反政府言行自然引起清政府的关注，张之洞将沈翔云的反政府举动呈报给日本外务省，希望日本方面可以对其加以惩治。文书中写到："沈翔云本系湖北武备学生，因事革除，旋自备赀斧前往日本入校肄业，凡乱谋悖论，皆该生等所倡首，尤为险谲之徒，以上两名万万不可教训，应请日本学校查明即行斥逐，勿再容留。"[9]日本方面对沈翔云具体的处置情况不得而知，但在 1901 年，清政府开始鼓励学生出国留学，给优秀留学毕业生奖励出身，授予官职。于是励志会中的稳健派逐渐与官场接近，而激烈派对其表示不满，诋其为"官场走狗"。两派矛盾积深，励志会遂解散。后沈翔云等部分激烈派成员逐渐向以孙中山为代表的革命党派靠近，本拟设立国民会以救留学界的腐败风气，宣扬革命排满主义，但最终未能实现。至 1902 年冬，湖州归安籍留学生钮翔青（名瑗，字翔青，以字行）等激进派成员又发起组建东

1　冯自由：《革命逸史》初集，第98—99页。

2　张玉法：《清季的革命团体》，北京大学出版社，2011年，第181页。

3　章宗祥：《任阙斋主人自述》，《文史资料存稿选编》第24册，第927页。

4　冯自由：《革命逸史》初集，第99页。

5　章宗祥：《任阙斋主人自述》，《文史资料存稿选编》第24册，第927页。

6　引自曾业英：《沈翔云回国参加自立军起义考辨》，《社会科学辑刊》2017年第3期，第138页。

7　章宗祥：《任阙斋主人自述》，《文史资料存稿选编》第24册，第928页。

8　冯自由：《革命逸史》，第81页。

9　JACAR（アジア歴史資料センター）Ref.B12081624900、分割 1（B-3-10-5-3_4）（外務省外交史料館）。

京青年会，"以民族主义为宗旨，以破坏主义为目的"，为留学界最早的革命团体，[1] 具有浓重的反清革命色彩。此后随着民主革命思想的广泛传播，留日学生的革命热情高涨，革命团体群起。此后成立的拒俄义勇队、国军民教育会、光复会等进步革命团体中，亦能看到湖州籍留日学生积极参与的身影。

1905 年 8 月，在孙中山的倡导下，中国革命同盟会在东京正式成立，加盟者有数百人，多为留日学生。全国主要的革命力量得以整合，各革命团体走向了联合统一。湖州籍进步留学人士亦积极参加，追随孙中山参与革命活动。沈翔云是第一个结识孙中山的湖州籍留日学生，对孙中山一见如故，尤倾倒备至，并相与研究革命方略，共商天下事，孙中山对他颇为赞许。[2] 1906 年陈其美东渡日本，结识孙中山，加入中国同盟会，成为其得力助手。周柏年、钮永建、梁希、俞寰澄等湖州人士到日后追求维新，参加革命活动，在辛亥革命中起了中流砥柱的作用。关于湖州籍留日学生参加同盟会的人数，邵钰在《同盟会中的湖州人》一文中认为早期参加同盟会的湖州人共有 23 人，其中在国外参加的有 15 人，留日学生占多数。[3] 2020 年 6 月出版的《湖州简史》一书第一章第一节中也对此做了统计，认为同盟会成立初期的 979 名会员中，共有湖州籍人士 35 人，湖州籍留日同盟会员人数并未涉及。笔者在上述统计结果的基础上，利用其他相关资料，初步确认早期加入同盟会的湖州籍留日学生共有 23 人，他们分别是：陈其美、任鸿隽、任鸿年、钱玄同、吴鼎昌、沈兼士、沈谱琴、沈翔云、陈嵘、周柏年、钱新之、梁希、钮永建、莫永贞、褚民谊、钱玄同、戴季陶、李次九、郑隆骧、凌霆辉、吴玉、潘澄鉴、徐一冰。[4] 湖州籍同盟会会员为同盟会开展革命活动作出了贡献，他们努力协助宣传革命思想主张，在同盟会机关刊物《民报》上撰写文章，批判腐败的清王朝。另外还协助同盟会发展会员，进一步壮大革命队伍，支援国内革命。1911 年辛亥革命爆发，湖州籍同盟会会员回国参加革命，陈其美、沈翔云、沈谱琴等人更成为辛亥革命的核心人物，他们用实际行动来支持民主革命。

（2）创刊《国民报》与《湖州白话报》

参与革命运动另一重要方面就是创办报刊杂志，进行反清革命宣传，为革命作舆论准备。湖州籍留日学生参与创办的革命宣传刊物有《国民报》和《湖州白话报》。

1901 年 3 月，湖州乌程县留学生沈翔云与秦力山等人在东京发刊《国民报》，发行所设于东京府下丰多摩郡千駄个谷村原宿部一百七十九番地。最初因考虑到创办此种类型的报刊会受清公使馆的干涉，故将该报发行兼编辑人假称京塞尔，实际则由沈翔云、

1　冯自由：《革命逸史》初集，第102—103页。
2　冯自由：《革命逸史》初集，第81页。
3　邵钰：《同盟会中的湖州人》，民革浙江省委会孙中山研究会等编：《孙中山与湖州人》，团结出版社，2001年，第59页。
4　根据《湖州简史：1911—1949》及其他相关资料整理。

戢翼翚等人主持。[1]《国民报》于 1901 年 5 月 10 日发行第一期，定每月 10 日发行，后因资本告罄而停刊，至 1901 年 8 月止共发行四期。从第一期《叙例》中可以看出其宗旨为"冀明我国民当任之责，振我同胞爱国之心"[2]。刊载文章立论着眼于"国民"与"人权"，其同人认为"此欧美诸国国势之所以强盛，人权所以发达也。中国之无国民也久矣，驯伏于二千年专制政体之下，习为佣役，习为奴隶，始而放弃其人权，继而自忘其国土，终乃地割国危"[3]。旨在唤起受封建统治荼毒之国民独立之精神，鼓舞国民奋起反抗。报中刊载内容丰富，共分为八门，即社说、时论、丛谈、纪事、来文、外论、编译、答问。国民报社同人发表的文章多揭露清政府的腐败无能，"今日之政府官吏为列强所擒之、从之、威之、胁之之具，必不足恃"[4]。发表攻击保皇维新派的言论，如"所谓维新者，亦不过几许相倾相轧无能无为之辈，误解自由平等之字义"[5]。宣扬西方自由平等之说，认为国强之原由"在种吾民革命之种子，养吾民独立之精神，民权为致强之本"[6]。并通过翻译《革命新论前编》等类型的文章，介绍革命之说，宣扬革命的正当合理性，鼓吹民族革命。冯自由认为《国民报》"大倡革命仇满学说，措辞激昂，开留学界革命新闻之先河"[7]。《国民报》的创刊发行也得到了孙中山的支持，他赞扬道："戢元成、沈虬斋、张溥泉等则发起《国民报》，以鼓吹革命。留东学生提倡在先，内地学生附和于后，各省风潮从此渐作。"[8]《国民报》发行并传至国内有 2000 份之多，国内外读者纷纷拍案叫绝。[9]

一些革命党人在国内创办白话报报道国内外大事件，激发民众的爱国革新思想，推进革命思潮在各地的发展。在《杭州白话报》《宁波白话报》等各地方近代白话报刊创办的影响下，1904 年钱玄同与方青箱、张孝曾、潘澄鉴等湖州同人，以联合同志，讲求学问，促进文明为目的组成湖州公社，并创刊《湖州白话报》。[10]于 1904 年 5 月 15 日发行第一期，《湖州白话报》为半月刊，每期 40 页，订成单行本发行。[11]内容分九部分，分别为社说、纪事、教育、实业、历史传记、地理、小说、杂俎、来稿。[12]旨在使湖州地方民众了解国际时事，采用白话文体则更易启迪民众，开地方风气。该报还刊登反清文章，其宗旨是"反对清朝帝制，鼓吹共和，反对列强侵略，发扬爱国精神"[13]，积极宣传民主革命思想主张。报刊上的发行时间不用皇帝纪年，采用干支纪年，该报发起人之一钱

1　蒋慎吾：《东京国民报提要》，《越风》1937年第2卷第4期，第9—11页。
2　《叙例》，国民报社：《国民报》1901年第1期，第2页。
3　《叙例》，国民报社：《国民报》1901年第1期，第1页。
4　《二十世纪之中国》，国民报社：《国民报》1901年第1期，第11页。
5　《中国灭亡论》，国民报社：《国民报》1901年第3期，第11页。
6　《二十世纪之中国》，国民报社：《国民报》1901年第1期，第14页。
7　冯自由：《革命逸史》初集，第96页。
8　孙中山：《建国方略》，中国长安出版社，2010年，第70页。
9　邵钰：《沈翔云》，民革浙江省委会孙中山研究会等编：《孙中山与湖州人》，第291页。
10　钱玄同：《钱玄同日记》（整理本）上，第6页。
11　浙江省新闻志编撰委员会：《浙江省新闻志》，浙江人民出版社，2007年，第155页。
12　《湖州白话报》，1904年第1期，第2—3页。
13　浙江省新闻志编撰委员会：《浙江省新闻志》，第155页。

玄同表示原本想写"黄帝纪元四千六百零二年"，而这样可能会被官厅禁止发行，只好退一步写干支纪年，[1] 以此来表示排满反帝的思想主张。并刊登关于"扬州十日""嘉定三屠""文字狱"等文章，[2] 控诉清王朝专制统治下的罪行。第一期之《说国家思想》一文中，用通俗易懂的语言讲述国民保护国家之责任，唤起地方群众的国民意识，"我们大家能够赶紧想法子，同心合力，替国家争这口气，那就可以兴旺起来。若是个个人都不晓得国家两个字，只怕等到真命天子出世，中国已经亡了几千年了"，"我要叩求我们中国人，个个人把国家两个字存在心里才好"。[3] 1905 年，湖州公社的部分成员赴日本留学，在日经常聚会议事，继续刊发《湖州白话报》。1906 年 1 月 9 日，湖州公社成员于东京晚成轩开会，"举定界为书记，铁为会计，并拟将《湖州白话报》改为东京印刷"。[4] 通过钱玄同日记中记载可知在日留学的湖州公社成员有张孝曾、潘廉深、杨乃康、张宗绪、[5] 季常、莫永贞、沈仲芳、林鹍翔、徐仲华、李子遹、钱玄同、朱蕴人、钱稻孙共 13 人。[6]《湖州白话报》出版发行总数不详，但 1907 年前后在《钱玄同日记》中便再未见关于《湖州白话报》的记载。《湖州白话报》是在湖州地方历史上第一份现代性新闻报纸，[7] 该报报道国际时事，开湖州地方民智、风气，是湖州人民认识世界的重要渠道之一，并积极宣传革命排满的思想，因而具有时代的先进性。

第五节　清末湖州籍留日学生归国后的活动

清末留学日本的湖州籍学生归国后，参与清末政治、军事改革，投身清末革故创新的伟大运动中。一些革命派人士为革命奔走，在浙江地区的光复运动中作出了卓越的贡献。另一方面，他们发挥自己的专业特长，活跃在经济、科学、教育、文化等领域，引领中国近代社会变革，对促进近代社会各领域、各行业的近代化进程作出了突出的贡献。

一、湖州籍留日学生归国后的政治活动

1.湖州籍留日学生与清末政治、军事改革

清朝政府迫于压力，于 1901 年推行新政，涉及政治、军事、教育、经济、社会等

1　钱玄同：《三十年来我对满清态度底变迁》，《语丝》1925年第8期，第1—8页。
2　浙江省新闻志编撰委员会：《浙江省新闻志》，第155页。
3　《说国家思想》，《湖州白话报》1904年第1期，第4—5页。
4　钱玄同：《钱玄同日记》（整理本）上，第15页。"界"指张孝曾（字界定），"铁"指林铁尊，亦称林铁铮，即林鹍翔。
5　钱玄同：《钱玄同日记》（整理本）上，第11页。
6　钱玄同：《钱玄同日记》（整理本）上，第15页。
7　湖州市民国史研究院编著：《湖州简史：1911—1949》，人民出版社，2020年，第36页。

多方面，意图挽救岌岌可危的统治。而实施清末新政亦需新式人才，因此为鼓励学生出国留学，政府给优秀留学毕业生奖励出身、授予官职，希望留学生归国后能参与到新政变革中。1901年张之洞拟定《奖励游学生规程》，规定按照留日毕业生所就读的学校、年限、学位等，给以翰林、进士、举人、拔贡等出身，这是奖励留学生制度之始。于是，出国留学也成为部分学生获得功名的途径。与激进的革命派不同，他们在日埋头学习，立志回国应试，跻身官僚阶层，章宗祥便属这一类人物。后来清廷又进一步完善奖励留学生制度，自1905年6月始，学部举行留学毕业生考试，按照留学生所学科目，详加考验，根据考试成绩给予出身，授予官职。1906年，因毕业回国人数日渐增多，不能随时考验，学部遂于4月决定每年8月考试，并奏定《考验游学毕业生章程》。1907年12月，学部又奏《游学毕业生之廷试录用章程》，规定凡经过学部考验奏请赏给进士、举人者，均由廷试分别授职。因此，清末的留学毕业生考试分为两次，留学生回国后需先在学务处进行学成考试，及格者再于保和殿参加廷试，学部考验授予科名，廷试授予官职。立志考试做官的学生便以此为途径出国留学，如吴鼎昌（祖籍吴兴，四川附生）在留日时期，很少在课余时间从事游乐和政治活动，除学习功课外，一心练习作诗与小楷书法，为回国后步入仕途做准备，回国后即参加廷试，中翰林院检讨。[1] 乌程籍钱永铭也是一心想回国做官，所以连挂一个同盟会籍也没有。[2] 1905年至1911年间，学部共举行7次留学毕业生考试，4次廷试。湖州籍留日学生中，共有16人被授予进士或举人出身，其中归安籍胡仁源、归安籍吴宗濂被授予工科进士，安吉籍莫永贞被授予法政科进士，归安籍章鸿钊被授予格致科进士，德清籍许炳堃、乌程籍李善富被授予工科举人，归安籍汪振声、乌程籍郑隆骧、归安籍赵毓璜、归安籍沈秉诚、归安籍沈秉谌、长兴籍萧学源被授予法政科举人，归安籍赵之骕、归安籍赵廷彦、乌程籍钱永铭被授予商科举人。[3] 此外，四川附生吴鼎昌（祖籍吴兴）被授予商科进士。

1912年清朝灭亡，学部廷试遂停止。民国初年，政府也举行了留学生甄拔考试，甄选优秀留学生并分配工作。湖州籍留日农科学生钱穟孙于1915年4月参加考试，以超等及第授上士，分配农商部任职。[4] 辛亥革命前，这些参加廷试的留日学生考试后大部分都进入清政府所设立的各机构、部门充任内阁中书、小京官、知府等职位，参与清末政治、法律、军事、教育等方面的改革进程中。

其中，湖州吴兴籍留日学生章宗祥在清末法政改革事业中作出了突出贡献。章宗祥于光绪二十九年（1903）四月从东京帝国大学法科选科毕业，回国参加留学生考试，被特赐法政科进士头衔，为清政府重用，开始了仕途生涯。他曾任商部主事、民政部参

---

1 徐铸成：《锦绣河山》，第334页。
2 徐铸成：《锦绣河山》，第354页。
3 参见附录二《归国留学生考试被授予出身的浙江留日学生》。
4 钱恂：《吴兴钱氏家乘》卷三，第107页。

事、法制院副使、法律馆提调、宪政编查馆法制局副局长等职位，在清末法制变革、筹备立宪过程中充当重要角色。在日本学习法科的章宗祥对于编撰新律问题尤有兴趣，"无日不望学理能见诸实际"。[1] 于是回国后章先在商部任职，参与编撰了《大清商律草案》。他工作能力出色，办理商律、商标深资得力，载振颇为倚重，当盛京将军赵尔巽奏调章宗祥等人时，载振坚持章等仍留部当差。[2] 此外，章宗祥还参与编撰修订新刑律和民事、刑事诉讼律等，"每日辄在馆编译草案，虽盛夏不事休息"[3]，工作十分认真努力。章宗祥等学习法政科留日学生在修订法律馆和宪政编查馆中占据重要职位，他们在新律的编撰、修订、审核过程中起关键性作用。早期学习法政的留日学生们模仿日本法律制度，改革中国旧式法律，在资本主义立法原则指导下制定新式法律，废除中国沿用千年的封建传统的残酷刑罚，打破了中国传统司法行政合一的体制。[4] 虽然这些法律制度最后未颁布施行，但推动了中国法律近代化进程，在中国法律史上具有重要的意义。另外，章宗祥还参与到清末宪政改革中，他在清末筹备立宪机关中担任数职，参与筹备立宪事宜，研究、参考各国宪法来编订清朝宪法草案。宪政编查馆之曹汝霖、章宗祥、汪荣宝、陆宗舆被时人称为四金刚，对于新政，议论最多。[5] 另外，章宗祥还在资政院所订立的相关章程以及官制改革草案的编撰中发挥了重要作用，是清末政治、法律、官制改革的中坚力量。

1907 年，清政府下诏令各省设立谘议局，作为清末预备立宪的沟通民意之机关。后规定于省设立谘议局筹备处，府设复选举事务所，县设初选事务所，选举品德优良、有学识的人才为谘议局议员，参与地方治理。选举议员条件之一是"曾在本国或外国中学堂及与中学堂同等或中学以上之学堂毕业的有文凭者"[6]，鼓励有新学知识的留学人士参与选举。浙江省谘议局成立于宣统元年八月，共选举议员 133 人，分议员为九部。[7] 曾留学早稻田大学的湖州人蔡渭生当选浙江谘议局第一部部长，早稻田大学专门部政经科毕业生潘澄鉴当选第七部议员。[8] 谘议局议员作为民意代表参与提案，潘澄鉴提出裁撤厘捐的议案[9]，蔡渭生在任期间曾建议南漕改折一案[10]。他们为地方发言，发挥了议员参政议政的作用。

武备不兴，国防不固，编练新军是清末新政的主要内容之一。而练兵需要新式人才

1　章宗祥：《新刑律颁布之经过》，《文史资料存稿选编》第一册，第35页。
2　尚小明：《留日学生与清末新政》，江西教育出版社，2003年，第131页。
3　章宗祥：《新刑律颁布之经过》，《文史资料存稿选编》第一册，第35页。
4　尚小明：《留日学生与清末新政》，第119页。
5　蔡汝霖：《一生之回忆》，中国大百科全书出版社，2009年，第62页。
6　《著各省速设谘议局谕》，光绪三十三年九月十三日，佚名编：《清末筹备立宪档案史料（下）》，沈云龙主编：《近代中国史料丛刊续编第八十一辑》，文海出版社，第671—672页。
7　浙江省辛亥革命史研究会，浙江省图书馆：《辛亥革命浙江史料选辑》，浙江人民出版社，1981年，第197页。
8　浙江省辛亥革命史研究会，浙江省图书馆：《辛亥革命浙江史料选辑》，第171页。
9　潘澄鉴：《裁撤厘捐局卡改为各业认捐以节浮费议案》，汪林茂主编：《浙江辛亥革命史料集》第四卷《浙江谘议局（下）》，浙江古籍出版社，2014年，第514—515页。
10　蔡焕文：《蔡渭生自编年谱》，北京图书馆编：《北京图书馆藏珍本年谱丛刊》第198册，北京图书馆出版社，1999年，第305页。

指导，于是清政府派遣学生赴日学习军事，军事留学生归国后在清末军事改革中发挥重要作用。清末湖州籍留日学生中有部分人感叹国势衰微，希望通过振兴军事救国家于水火之中。其中陈其采、吴锡永、华振基作为陆军士官学校第一届中国毕业生，回国后积极参与清末军事变革，努力督练新军，并推动军事教育发展。1903年后，清政府相继成立练兵处、陆军部、军谘府作为编练新军的中央机构。湖州籍留日学生陈其采、华振基进入这些中央机构，陈其采担任军谘府第三厅厅长的要职。他们模仿日本军事制度，制定全国新军编练规划。除在中央任职外，他们还参与到地方新军的编练机构中。吴锡永因"历充两江标统、协统，代理镇统，参谋处总办，学术优裕、历练甚深"，两广总督袁树勋奏调其为广东督练公所参谋处总办，筹划广东新军成镇。[1]华振基亦作为云南督练公所兵备处总办，指导建立新式军队。另外，留日学生还参与筹划清末政府举行的四次大规模会操。1905年举行河间会操，华振基任北平总评判官。1906年举办的彰德秋操中，吴锡永任阅兵处评判官、北平专属评判官。1908年太湖秋操举行，吴锡永任北军步队第十八协统领官，陈其采任北军混成第九镇参谋官。拟定于1911年举办的永平秋操也有湖州籍留日学生的参与，但此次秋操因武昌起义的爆发而被取消。学习军事的留日学生还创办武备学堂，兼任武备学堂的教习、监督等职位，致力于培养军事人才。如陈其采回国后创办了湖南武备学堂，任总教习。吴锡永曾任广东武备学堂教习。

综上所述，清朝实施预备立宪，并通过考试赐官的方式笼络留日学生参与清末政治、军事改革。辛亥革命前，的确有少数湖州籍留日学生参与清政府推行的一系列政治军事变革，他们对改革抱有期待，为推动政治、军事近代化进程作出了贡献。然而，清政府的一系列改革措施目的还是巩固其封建统治，并且在涉及国家主权、民族尊严的问题上清朝统治者一再屈膝退让、软弱无能，作出丧权辱国的行为。这些改良派人士对此感到失望，也逐渐认识到要想建立富强民主的国家，就必须推翻清王朝的统治，于是改变思想，支持并秘密参加革命。人民群众的革命情绪日益高涨，革命已是大势所趋。

2.湖州籍留日学生与辛亥革命

不同于态度稳健保守，希冀以和平方式变革的改良派，更多的留学人士受西方民主思想的影响，更深刻地认识到清政府腐朽的本质，对和平变革不抱希望，走在时代的前列，态度坚决地投入革命。同盟会成立后，以孙中山为首的各革命党人便开始筹备革命活动，发动武装起义。1911年，辛亥革命爆发，结束了清朝封建君主专制统治，建立民主共和制度。辛亥革命是以同盟会成员为骨干，通过发展会员，联系地方士绅以及商界资本家，依靠他们的力量进行的变革。走在时代前列的归国留学生在这场伟大的变革中发挥着举足轻重的作用，曾有人说辛亥革命的主要力量就是一批国内新式学堂青年学生

1　《又奏请开复道员吴锡永降调处分片》，《政治官报》1910年第1105期，第15页。

和留学生。[1] 以陈其美为代表的湖州籍留日青年学生积极响应，联络国内青年志士并与觉醒的家乡人民联结在一起，参与上海、湖州等地的革命运动。其代表人物有陈其美、沈翔云、周柏年、陈其采、俞寰澄、吴玉、梁希、沈兼士、任鸿隽、徐一冰、李次九等。

（1）上海光复前的准备工作

陈其美在革命爆发前的准备工作中起关键作用，许多湖州籍留日学生追随其参加革命活动。1908 年春，陈其美、周柏年、吴玉等湖州籍留日学生回国，他们奔走于各地，筹备革命活动。陈其美善于交际，除了与各革命党人保持良好的联系外，还积极联络商界、实业界、士绅阶层的各领袖人物，发展扩大同盟会的势力。介绍王一亭、沈缦云、虞洽卿、叶惠钧等商业名流入会，并且与青洪帮结盟，掌握了帮会的领导权，各界成员的加入极大扩充了革命力量，也提高了陈其美在上海的影响力。陈其美在上海马霍路德福里开设天宝栈，作为革命的秘密机关，将打铁滨四十五号、马路湖州旅馆、万安旅馆等处作为招待所，联络各省盟友。[2] 陈其美还注重舆论宣传，与湖州留日学生郑隆骧等人创办了《大陆新闻报》，与周柏年等人集资创办了《民立报》，为鼓吹革命不遗余力。《民立报》在当时颇具影响力，日销量达到 20000 余份，同盟会中部总会成立后成为其机关报。通过这些反清革命报刊的宣传，使更多民众了解清政府的一系列卖国行径，激发人民群众的爱国热情，激励他们积极参与革命活动。

革命派人士注重军事人才的培养，为革命储备军事力量。在日就读于警监学校与东斌学堂的陈其美，提倡武备救国。回国后创办了精武武术学校，聘请霍元甲为总教习，挑选身强体壮的青年入校学习学艺与军事，学期为六个月，一期招收 50 人，意在培养他们成为将来的军事骨干。陈其美的同乡徐一冰在日加入同盟会，鼓吹革命，提倡练武救国。徐一冰与陈其美在留学期间就已结为知己，常互相探讨救国之道。[3] 1907 年徐一冰回国后创设中国体操学校，"其宗旨为秘密宣扬革命，志在颠覆满清，同时提倡国民体育，以图强身御侮，发扬民族精神"[4]。并延聘精武会教师来校教授武术，借来枪支弹械，组织学生进行射击练习，以适应革命工作需要。[5] 陈其美弟弟陈其采早在湖南武备学堂任教习时就倾向革命，秘密参与革命活动，与陈其美互通声气，在新军中发展革命力量。1907 年陈其采任南京陆军第九镇新军参谋，向军人灌输反清革命思想，使其发展为革命队伍，后来此队伍在光复南京战役中发挥了重要作用。陈其采后又被调往北京任中枢军谘府第三厅厅长，与同是倾向革命的吴禄贞志趣相投，经常一起密谋策反计划。此外，他们还促进了浙江各地尚武会的建立。1911 年 2 月，留日同盟会会员熊越山、刘骥

1　邱鸿炘：《湖州光复的前前后后》，汤建弛、金佩佩主编：《辛亥革命湖州记忆》，第5页。
2　黄元秀：《陈其美事略》，中国人民政治协商会议浙江省委员会、文史资料研究委员会：《浙江辛亥革命回忆录 续辑》，浙江人民出版社，1984年，第45页。
3　韩锡曾：《陈英士与体育》，湖州市陈英士研究会：《陈英士研究文集：纪念辛亥革命九十周年》，第114页。
4　成都体育学院体育史研究所：《中国近代体育史资料》，第299页。
5　韩锡曾：《在上海光复中的徐一冰》，汤建弛、金佩佩主编：《辛亥革命湖州记忆》，第50页。

一等人反对帝国主义的侵略，发起成立中国国民会。他们提倡尚武精神，希望能操练一支救国武装队伍，推翻清朝统治。具体措施是兴办团练、体育讲习所、国技保存会、军事研究会及商团、学校，注重兵士体操等。[1] 这正与陈其美等革命党人旨趣相同，于是积极响应。1911 年 6 月，国民会会员来到上海，陈其美等同盟会会员协助他们在上海成立国民会总会。总会成立后，各地纷纷响应。同月，湖州籍留日学生吴玉等国民会会员抵达嘉兴，成立嘉兴分会；30 日，浙江国民尚武会成立，陈其美出席了成立大会；7 月，吴玉来到湖州筹办湖州国民尚武分会，得到了沈谱琴和钱恂以及各界开明人士的支持，于 7 月 7 日顺利举办成立大会，吴玉、钱恂等人于会上"次第演说，语皆痛快"。[2] 分会成立后，沈谱琴在湖州府中学堂内成立尚武公学，对学生特施以严格的军事训练并灌输爱国革新思想。购买枪支弹药，聘请留日学生陈其采为学科主任，教授野外操，并聘请日籍教师任军事教官，教授枪操，成立一支学生军，成为在湖州光复中的主要力量。此后，浙江各地区都陆续组建了尚武会分会，国民会的成立发展了更多的革命力量，逐渐形成反清革命统一战线，对浙江各地的光复活动发挥了重要的作用。

（2）湖州留日学生与上海光复

至 1910 年，同盟会举行的大大小小的起义活动均告失败，同盟会领导人总结过去的失败原因，决定改变方针，提议在长江流域起义，这与在江浙一带活跃的陈其美的想法不谋而合。经过一年多的筹备，1911 年 7 月 31 日，同盟会中部总会成立，陈其美对上海一切莫不熟悉，故担任中部同盟会庶务长，主持江浙沪地的革命事务，与其他革命党人共同策划长江中下游的革命活动。武昌起义后，中部同盟会陈其美等江浙革命党人在上海响应，陈其美在其住宅内，团结革命党人日夜筹划策应武昌方案，认为必须尽快占取上海制造局，用其储存的器械资助革命。[3] 留日学生也积极参加上海光复的筹备工作，周柏年刻制上海军政府的印钤，张贴布告，参与组织敢死队，钮永建被委任为参谋长，直接参与战斗。11 月 3 日上午 9 时，上海总商会广场上升起了同盟会的青天白日旗，陈其美宣读上海军政分府独立宣言，上海遂宣布独立。午后 3 时，陈其美率敢死队二百余人包围了江南制造局。参加战役的一员黄一欧记录了当时的情形："当时制造局四角围墙上设有炮台，大门前是一条长巷，门口安置了重机枪。党人奋勇进攻，守兵用机枪猛烈扫射，不易接近，从午后四点钟开始，相持约有两个钟头。"[4] 随后局内人员要求派代表进来谈判，于是陈其美举步向前，只身前往，不料被张士珩囚禁于制造局内。引起了群情激愤，军民们为了营救陈其美，决定继续进攻。后来李燮和的炮兵部队也加入战斗，

1　[日]小岛淑男：《中国国民会与辛亥革命》，丁日初译，《现代外国哲学社会科学文摘》1882 年第 8 期，第 24—28 页。

2　韩锡曾：《为湖州光复立功 尚武公学彪炳史册》，汤建弛、金佩佩主编：《辛亥革命湖州记忆》第 16 页。

3　黄一欧：《陈其美在上海光复前后》，中国人民政治协商会议浙江省湖州市委员会文史资料委员会编：《湖州文史第一辑/陈英士先生史料专辑》，1984 年，第 7 页。

4　黄一欧：《陈其美在上海光复前后》，《湖州文史第一辑/陈英士先生史料专辑》，第 8 页。

经过顽强斗争，最终攻下江南制造局，营救了陈其美。

另外直接参与上海光复的留日学生还有徐一冰，11 月 3 日，徐一冰率领体操学校师生协助攻打江南制造局，战斗了一昼夜。女学生亦积极参加，"女学生荷枪实弹，整队上街，英姿飒爽，引人注目，一时传为美谈"。[1] 上海光复后，沪军都督陈其美以徐一冰组织中国体操学校学生参加革命立有功勋，特向体操学校拨款补助，并发给枪械子弹，大力支持该校培养体育干部人才，提倡军事教育。[2]

上海光复后的第二天，上海都督府成立。推陈其美为沪军都督兼司令部部长，一些参与光复的湖州籍留日学生亦跻身其中，在都督府中担任要职。沈翔云在上海光复中为陈其美出谋划策，被任命为参谋部外务科科长，在筹组军资方面作出了重要的贡献；钮永建、周柏年二人在光复运动中立有大功，分别委任为军务部部长、军务部军需科二等科员；在日本士官学校学习海军的梁希暂停学业，回国参加革命，致力于新军训练，在都督府中任军务部人事科一等科员；归国留日学生陈祖澄任军务部执法科二等科科员；[3]湖州籍留日学生吴玉于 1908 年回国，追随陈其美等共图革命，辛亥革命后，任沪军都督府参谋、秘书，负责向浙江传递都督府重要决策和指示。[4] 上海光复后，在陈其美的指导下，杭州、镇江、苏州次第光复。

（3）湖州籍留日学生与湖州地区光复

上海及杭州光复的消息传至湖州后，曾留学日本的湖州府中学堂校长沈谱琴与士绅钱恂遂筹备起义。当时驻扎在湖州的清军势力薄弱，革命条件已经成熟，仅有水军驻扎在城内及各镇，另外还有数十名警察。11 月 6 日晚，沈谱琴率领尚武公学组成的学生军队伍先说服吴兴县知事和水军统领，后包围警察局和税务局，缴了他们的兵器及财款，并在要道上布置哨位。11 月 7 日清晨，成立临时军政分府，推沈谱琴为军政分府首长，钱恂为民政长，废除湖州府，将乌程、归安合并为吴兴县。并豁免钱粮，整理厘卡，释放囚犯，令人民剪发辫，使湖州的面貌焕然一新。三个月后，上海派来了俞寰澄任军政府主任，李次九为吴兴县知事，二人均是湖州籍留日学生。俞寰澄不久便离职赴上海，湖州诸多事务便由李次九负责，他十分有领导力，手段强硬。带领军队整治土匪，并对土豪劣绅加压，命令他们出资捐助军饷。

因为早在辛亥革命前，陈其美等江浙地区革命领导人就已经做了充足的革命宣传工作，联络了江浙各地同志，有了广泛的革命群众基础，加之清政府的无能早就引起了资产阶级以及农民阶级的不满，统治地位已经十分微弱，革命已是民心所向，所以上海、杭州光复后，各地也都顺利宣布独立，而且多是由留日学生所组织。湖州光复的消息传

1　韩锡曾：《在上海光复中的徐一冰》，汤建弛、金佩佩主编：《辛亥革命湖州记忆》，第50页
2　成都体育学院体育史研究所：《中国近代体育史资料》，第299页。
3　《沪军都督府各部职员表》，《申报》1911年11月19日第一版。
4　陈景超：《辛亥革命在武、德两县》，湖州市社联陈英士研究会等编：《纪念辛亥革命八十周年文史资料》，1991年，第55页。

至双林镇，李次九即与双林的革命派人士商议双林光复办法。首先成立民团，招募了职业人员120余，并筹集经费，维持经营。双林中午便挂出白旗，宣告独立。8日，双林正式成立民团局，撤销自治公所，其事务由民团局接管，公举李次九为军政长，总领民团。三天后沪局拨款购买枪支运往双林，杭州亦赠100支清军旧式枪，使民团实力大增，双林一时固若金汤，四周土匪闻讯远遁，临镇的不少居民都来此暂避。[1]德清也有不少留日学生，如嵇侃、吴玉、许炳堃等人，德清县士绅蔡焕文也曾留学日本，思想开明。辛亥革命前德清就已经组织光复会，湖州易帜后，光复会成员在蔡焕文家集会，很快便达成一致。于11月9日召开邑民大会，推蔡焕文为民事长，在城区张贴告示，并派遣人员去乡镇演讲，得到人民支持。清政府县令见大势已去，留印出走，德清光复。[2]

辛亥革命的成功，是革命党派人士长期努力的结果，它推翻了清朝反动统治，打击了帝国主义的势力，推动了社会变革发展和思想解放，振奋了民众坚持革命的信心。湖州籍留日学生在上海、浙江等地的光复运动中作出的贡献不容忽视。

面对空前的民族危机，留日学生群体试图寻找救亡图存的方式，他们身先士卒，走在时代的前列，推动社会不断向前发展。不论是早期拥护君主立宪，主张和平变革的立宪派，还是勇于投身革命洪流的革命派留学生，都是以爱国为根本出发点，希冀中国能够走上独立富强之路。湖州籍留日学生作为留日群体的一部分在清末政治、军事改革以及辛亥革命中作出了自己的贡献，应予以肯定。然而处身于特殊的年代，辛亥革命后，留日学生中有人意志薄弱、思想不坚定，不能抵制诱惑，形成亲日思想而投靠日本，走向万劫不复的道路，沦为汉奸，成为历史的罪人，如章宗祥、钱稻孙等人，而更多的留学生能够坚守爱国情怀，甚至为革命事业奉献了自己的生命，如陈其美、沈翔云等人，他们值得我们敬仰。

二、湖州籍留日学生的实业活动

学习农、工、商科的湖州籍留日学生大约占总人数的一半，他们抱着"实业救国"的想法，认为农工商业为发国力之具。因此在日努力学习实业知识，回国后在各自的领域充分发挥所学，振兴实业教育、努力进行实业知识的译介和传播，在学术研究领域卓有建树，是自然科学一些领域的开拓者、奠基人，推动近代学科建设。另外他们还积极参与实业近代化改革的实践活动，为推进湖州当地以及浙江省的农工商业近代化进程作出了积极努力。

1.湖州籍留日学生与农业近代化

清末学习农科的湖州籍留学生占少数，但多富有成就。初步具备了农业科学知识的

---

1 张志良：《辛亥革命时期的李次九》，汤建弛、金佩佩主编：《辛亥革命湖州记忆》，第8页。
2 陈景超：《辛亥革命在武、德两县》，湖州市社联陈英士研究会等编：《纪念辛亥革命八十周年文史资料》，1991年，第56页。

湖州籍留日学生在辛亥革命前后回国，对于国内外农业技术的差距他们深有感触，渴望将自己的所学付诸实际，发挥专长，改善和发展中国农业。一方面他们在创办的新式学堂、讲习所中传授农业科学知识，另一方面他们联合国内外农业研究者成立学会，共同探讨改进中国农业现状的途径。

（1）发起成立中华农学会

1916 年，自日本北海道帝国大学农学部毕业归国的陈嵘联合王舜成等人发起组织中华农学会。[1] 并于 1917 年 1 月在上海江苏省教育会召开中华农学会成立大会，这是我国第一个农业学术团体。1918 年开始刊行《中华农学会报》，该会宗旨为："一研究学术图农学之发挥，二普及智识求农事之改进。并规定本会研究范围以关于农林、畜牧、蚕桑、水产诸学术为限，并联络各省农界人士协力进行，以期农业之平均发达。"该会事业随会中的经济状况的改善逐渐扩充，大致如下："刊行杂志报告，编辑教科书籍，研究农业教育，学术演讲，实地调查，答复农业上之咨询，建议农业上之改进，尽介绍奖励之任务。"[2] 陈嵘被选为首届会长，任期至 1922 年。[3] 他十分关注学会工作，在国内军阀混战，硝烟弥漫的背景下，他也坚持主持召开年会，为农学会发展累计资金，努力发展会员，使得农学会日益发展壮大。成立之初，会员仅有 50 人，多数由留日学生组成。[4] 此后，在陈嵘等人的经营下，学会不断吸收研究农业教育者、在农学界任教务或职务者以及有志研究农业者，成员不断增加。1919 年 8 月 15 日，中华农学会第二次常年大会在杭州教育会召开，陈嵘发表讲话："本会会员已达二百余，区域有十四省之多，会员之日渐增多，皆诸会员热心著述及介绍之力，中华农学会将来之发达未可限量。"[5] 会员数量逐年增加，1920 年，会员数达 424 人，1921 年 756 人，1922 年 910 人。[6] 至 1945 年，会员总数达 4356 人，[7] 分会区域也由最初的江浙地区扩展到全国的 30 个省市，在日本、朝鲜、欧美等地亦设有分会，[8] 与外国农学者保持友好往来，逐步发展成为国内外有名的学术研究组织。1919 年 3 月，浙江吴兴籍留日学生梁希、钱穟孙相继加入，[9]1919 年 10 月，二人被推选为直隶省干事。[10]1919 年 5 月，任职于北京农商部地质研究所的吴兴籍留日学生章鸿钊也加入其中，[11]1921 年，留日归来的浙江湖州省立第三中学教员张宗绪也成为此会会员。[12] 湖州籍中华农学会留日主要会员具体信息如下表所示：

1　赵方田、杨军编：《中华农学会史》，上海交通大学出版社，2008 年，第 12 页。
2　中华农学会事务所：《中华农学会丛刊》第二集，1919 年，第 1—4 页。
3　赵方田、杨军编：《中华农学会史》，第 18 页。
4　吴觉农：《中华农学会》，《中国科技史料》编委会：《中国科技史料》第 2 辑，科学普及出版社，1980 年，第 78 页。
5　中华农学森林会事务所：《中华农林会报》第五集，1919 年，附录第 1 页。
6　陈嵘：《中华农学会成立十五周年之经过》，中华农学会：《中华农学会报》第 101—102 期合刊，1932 年，第 1—2 页。
7　中华农学会：《中华农学会会员录》，1935 年。
8　中华农学会：《中华农学会会员录》，1935 年。
9　中华农学会事务所：《中华农学会丛刊》第二集，1919 年，第 13 页。
10　中华农学森林会事务所：《中华农林会报》第五集，1919 年，第 23 页。
11　中华农学会事务所：《中华农学会丛刊》第三集，1919 年，第 7 页。
12　中华农学会事务所：《中华农学会报》第三卷第二号，1921 年，第 122 页。

表4-16　1935年中华农学会浙江湖州籍会员[1]

姓名	字	籍贯	学科	学历	职业
陈嵘	宗一	浙江	造林学及森林植物	日本北海道帝大林学士、美国哈佛大学科学硕士	金陵大学农学院森林系教授兼主任
梁希	叔五	浙江	森林化学	日本东京帝大林学士、德国塔廊林校研究植物化学	中央大学农学院教授
张宗绪	柳如	浙江			
章鸿钊	爱存	浙江	地质	日本东京帝大毕业理学士	前北京农商部技正
嵇侃	季陶	浙江		日本东京高蚕别科卒业	
钱穟	穟孙	浙江	农学	日本北海道帝大农学士	曾任南满洲铁道株式会社社员
周觉	伯年	浙江			曾任监察院监察委员

可以看出，清末学习农科的湖州籍留日学生皆成为此会会员。1935—1942年间，浙江湖州人梁希担任中华农学会第四任会长。[2]梁希，字叔五，湖州吴兴县人。1905年入浙杭武备学堂，因学习成绩优异，1906年被派往日本留学，入宏文学院学习日语。1907年抱有武备救国的理想，入日本士官学校学习海军，因不满日本士官学生欺辱中国学生，[3]1909改入第八高等学校农科[4]，1913年毕业后考入东京帝国大学农学部林科，1916年毕业。[5]梁希担任会长期间，正值抗战时期，中华农学会被迫撤到重庆，梁希借中央大学农学院为农学会落脚点，主持学会得以继续开展会务活动。[6]他把大量时间献给学会事业，节衣缩食，积极缴纳会费，为主持会务工业耗费了大量的精力和心血，学会在他的热情领导下，会员逐渐增多，成为当时最负声望的学会之一。[7]

学会事业发展，首在会报刊行。[8]中华农学会于1918年刊行第一期《中华农学会丛刊》，第五期后更名为《中华农林会报》，与中华林学会合刊。1920年10月，农学会与中华森林会分离，报刊遂改名为《中华农学会报》。1927年，又改回《中华农学会丛刊》，自1929年第67期始，再次恢复为《中华农学会报》。该报发行以来，得到了业内人士的广泛关注和认可。1919年，陈嵘在农学会年会上表示"会报每期刊印千份尚不敷分发，且颇得社会欢迎"，[9]并在《中华农学会成立十五年之经过》一文中提到："迩来会

1　资料来源：中华农学会：《中华农学会会员录》，1935年。
2　赵方田、杨军编：《中华农学会史》，第177页。
3　张楚宝：《梁希先生年谱》，《梁希纪念集》编组：《梁希纪念集》，第154页。
4　佚名编：《清末各省官自费留日学生姓名表》，第385页。
5　日本兴亚院政务部编：《日本留学中华民国人名调》，1940年。
6　张楚宝、程跻云：《缅怀中国著名林学家梁希教授》，《梁希纪念集》编辑组：《梁希纪念集》，第48页。
7　赵方田、杨军编：《中华农学会史》，第177页。
8　陈嵘：《中华农学会成立十五周年之经过》，中华农学会：《中华农学会报》第101—102期合刊，1932年，第4页。
9　中华农学森林会事务所：《中华农林会报》第五集，1919年，附录第1页。

外订阅者，殊见踊跃，国外函请交换者，陆续不绝。可知本报之见重于世矣。"[1] 该报刊于 1948 年终刊，共发表 190 册。期间中国战乱，刊物的出版发行亦受影响，但却从未间断，成为国内重要的学报之一。1947 年的档案资料显示，在全国 78 种农业刊物中，《中华农学会报》是历史最久、最具代表性的农业学术刊物。[2]

取得这些成就自然与农学会会员的辛勤努力是分不开的。湖州籍归国农科留学生积极向《中华农学会报》投稿，发表专题论文，或翻译外国论著，将先进的农学技术引介至中国，对农业知识的传播起了重要的推动作用。其中，属湖州籍留日学生陈嵘贡献最大。[3] 他十分重视办报工作，担任学报主编，潜心研究，积极撰写论文，一生共发表学术论文 30 余篇，其中 19 篇发表在《中华农学会报》上。他的学生华恕回忆："从第 1 期至第 155 期，长达 20 年内，几乎每期都有他的文章，而且都是很有分量的学术论文或调查报告，厥功至伟。"[4] 他潜心研究我国的森林资源，"从 1917 年《中华农学会会报》第 1 期起，陆续发表《中国树木志略》，前后约 30 期，共记载我国树木 484 种"。[5] 另一位农学家梁希也作出了突出贡献，他在会刊上共发表 13 篇文章，包括 3 篇译著。[6] 其中一篇翻译日本九州帝国大学教授农学博士汤川又夫在中华农学会第十一届年会上所讲的《农学与农业》，介绍日本农学家应用农学改良农业的实例，供中华农学家参考，并引介国外先进科学技术，关注国内农学问题，传播先进的农学知识及试验方法。此外梁希发表的《对于浙江旧泉道属创设林场之管见》《两浙看山记》，对浙江的林业建设起积极的推动作用。专攻林产制造化学专业的梁希还将其独立为一门单独的学科，做了许多课题研究，发表了《木素定量》《松脂试验》《重庆木材干馏试验》《中国十四省油桐种子分析第二报》等文章，填补了国内这方面的科研空白。[7] 钱穟孙共投稿 6 篇，他主要关注我国的棉花改良问题，连载有《棉花生育史》。不仅《中华农学报》，湖州籍农学留日学生还在民初的其他农学杂志中发表论文数篇，他们研究植物及农作物问题、关注农业实际问题，提供实用知识，关注各国（主要是日本）农业学术界的新动态，译介至中国，供我国研究者参考，推动中国近代农业进步和发展。

中华农学会除刊行会报外，还出版农学丛书。陈嵘的《造林学概要》和《造林学各论》被作为农业学校教科书使用，内容是引进欧、美、日等国近代造林技术，结合我国实际经验，系统介绍 300 余种主要树木的生物学特征和造林方法，是我国近代第一批造林学著作。[8] 此外陈嵘还著有《中国树木分类学》《中国森林植物地理学》《造林学特论》

1　陈嵘：《中华农学会成立十五周年之经过》，中华农学会：《中华农学会报》第101—102期合刊，1932年，第4页。
2　赵方田、杨军编：《中华农学会史》，第23页。
3　赵方田、杨军编：《中华农学会史》，第23页。
4　华恕：《崇敬 哀思 遐想——纪念陈嵘教授百年冥诞》，中国林学会编：《陈嵘纪念集》，第40页。
5　陈振树：《我的父亲》，中国林学会编：《陈嵘纪念集》，第61页。
6　赵方田、杨军编：《中华农学会史》，第23页。
7　周慧明：《梁希先生对我国林业的巨大贡献》，《梁希纪念集》编辑组编：《梁希纪念集》，第63页。
8　陈振树：《我的父亲》，中国林学会编：《陈嵘纪念集》，第61页。

《竹的种类和栽培利用》等书。《中国树木分类学》是一部闻名世界的巨著。陈嵘为此耗费了毕生的精力，用20多年的时间写成，全书共150万余字，"记载我国乔木及常见灌木2600余种，附图1165幅。除实际调查研究外，还参考中文书籍161种，英文书籍54种，日文书籍42种，此外还有德文、法文、荷兰文资料，在王铭三、陈如柏等人的帮助下，前后修改了13次"。[1]此书对科学研究，培养林业专业人才，开展森林资源调查，发展我国林业科学教育起了极为重要的作用。该书在刊行16年后，1953年发行再版，争购一空，虽然一再重印，但仍供不应求，颇有洛阳纸贵之感。[2]1955年，经苏联科学院院长申请，又翻译成俄文在苏联出版发行。[3]梁希的《林产制造化学》亦作为高校农业教科书，集国内外林产制造化学之大成，内容丰富，有很强的系统性、科学性和逻辑性，文字简洁精练，是林产化学工业学科中的精湛巨著。[4]此外还有1910年由张宗绪编著出版的《植物名词拾遗》等著作。

（2）致力农业教育

随着国内近代农业教育的开展，农业学校逐渐增多，留日归来的农科留学生认为为振兴中国农业，必须培养人才，以教育事业为基础。于是他们走进校园，积极从事农业教育事业，成为农业学校的中坚力量。陈嵘先后在南京第一农校、金陵大学森林系任教。梁希先后在国立北京农业大学、浙江大学农学院、中央大学森林系任教三十余年。钱穟孙、章鸿钊在北京大学任教，传授先进的农学科学知识，培养了大批农、林业科技人才。首先他们是近代中国农、林业教育的拓荒者。早期人们对农学、森林学不够重视，国内未设立专门的学院及学科专业，国内研究及讲授此类科学者甚少，于是梁希在中央大学建立了一个设施完备的森林系，[5]为以后扩充专业类别、壮大农业学科奠定了基础。陈嵘回国后就任浙江甲种农业学校校长，开设林科课程，是我国中等林业教育的拓荒者。[6]章鸿钊则是近代中国在高等学堂讲授地质学的第一人。而且接受过国外高等教育的留学生们改变以往只是将讲义上的内容传授给学生就敷衍了事的授课形式，他们自己编写适合中国国情的教材讲义，比如梁希编写的《森林利用学》《林产制造化学》，陈嵘编写的《造林学概论》和《造林学各论》等教材。并且他们还及时了解国外先进的林业科学技术，并随时在课堂教学中补充新的内容。[7]教学形式也从原来的照本宣科，改为注重理论知识与实际演练相结合的方式。1915年，陈嵘任江苏省第一农业学校林科主任，为给学生创造实习条件，他在江苏省浦镇专门建立林场，为学生提供全面的实习场所。[8]

1　陈振树：《我的父亲》，中国林学会编：《陈嵘纪念集》，第61页。
2　洪涛：《一代宗师，风范长存——怀念我国现代林业科学创始人陈嵘教授》，中国林学会编：《陈嵘纪念集》，第47页。
3　陈振树：《我的父亲》，中国林学会编：《陈嵘纪念集》，第61页。
4　周平：《忆梁老》，《梁希纪念集》编辑组编：《梁希纪念集》，第149页。
5　黎：《中国森林学导师梁希先生》，《科学时代》1948年第3卷第5期，第17页。
6　张楚宝：《陈嵘教授开拓我国中等林业教育的业绩》，中国林学会编：《陈嵘纪念集》，第28页。
7　杨显东：《深切怀念陈嵘教授》，中国林学会编：《陈嵘纪念集》，第4页。
8　张楚宝：《陈嵘教授开拓我国中等林业教育的业绩》，中国林学会编：《陈嵘纪念集》，第29页。

在造林教学中，除课堂讲授和一般实习外，陈嵘还有计划的带领学生到教育林场，除了由他亲身指导、带头实验外，还专门请技术工人实地演练各种操作技术，再让学生模仿练习，他以身作则，使言传与身教结合，要求虽严，但学生还是心悦诚服的。使学生毕业后都能够轻松胜任自己的工作。[1] 章鸿钊于 1911 年夏于东京帝国大学地质学科毕业回国，先后担任京师大学堂、地质研究所等学校地质、矿物学讲师。讲课之余，他经常率领学生修学旅行，1914 年暑假，率地质研究所诸生赴西山一带实习，加以实地训练，尽识各地之地质状况。该班学生毕业时均富相当经验。[2] 他们对待研究及教学工作认真，对学生负责，受到了学生的爱戴。

（3）任职农业试验、农业行政部门

为进一步振兴农业，清末政府开始模仿日本在各省兴办农业试验场，设立农业行政机关，留日归来的农学留学生具备农学专业知识，正好可填补这些职位需求。1918 年，钱穟孙任农商部第一棉业试验场场长，主要研究棉花改良问题，在当时他认为"棉花之改良与生产实为今日获利最确之事业"[3]。任职期间他翻译引介国外很多相关文章，例如日本岩男义臣著《列国平和后之棉花政策》，日本农商务省嘱托农学士驹井得三著《中国棉花改良之研究》《日本纺纱事业之变迁》，埃及农部技师研究报告《棉花品种之劣变》等。另有研究论文《中国棉之形态》《种棉花宜多用骨灰肥料说》《振兴棉业之管见》等，主要是针对棉花种植、优种棉花培育推广的调查研究。1917 年 10 月，钱穟孙与谢恩隆等被农商部派遣前往上海、南通、汉口等地视察棉花种植情形，并参与上海棉花禁止掺水会改良棉花种植会议，提出关于我国棉业及一般产业前途之意见，认为国内宜推广种棉区域，宜提倡推广纱厂、织布厂，宜特别注重种棉试验，宜设立国立棉花检查所来改良我国棉业品种及提高棉花出口。[4] 钱穟孙还参与监督各省试验场工作，1919 年 9 月，农商部派第一棉业试验场场长兼事钱穟孙前往河南安阳县、郑县筹办第一棉业试验场分场。[5] 1922 年，农商部派钱穟孙等于 7 月 4 日前往济南参与全国农业讨论会。[6]

章鸿钊于 1911 年回国，1912 年应南京临时政府实业部农务司司长之邀赴南京任矿物司地质科科长，这也是中国行政部门使用"地质"两字之始，至 1928 年章鸿钊一直在政府实业部门任职。他的主要工作是掌管地质科事务，1913 年在其建议下政府筹设地质研究所，培育了一批研究地质学的学生。他还开展地质调查事业，1912 年调查湘、皖、闽、粤等省水灾，并提出解决方案。1915 年夏，奉命调查皖省铁矿，为中国地质事业的发展作出了突出贡献。梁希在新中国成立之初，被任命为林垦部部长、林业部部长，他

1　牛春山：《纪念陈宗一先生一百周年诞辰》，中国林学会编：《陈嵘纪念集》，第33页。
2　章鸿钊：《六六自述》，第33—34页。
3　钱穟孙：《论日本原棉需要之孔及中国产棉前途》，《国立北京农业专门学校校友会杂志》1917年第2期，第23—26页。
4　谢恩隆、钱穟孙：《振兴棉业之管见》，《农商公报》1918年第4卷第8期，第106—109页。
5　《农商部委任令》，《农商公报》1919年第6卷第3期，第7页。
6　《农商部委任令》，《农商公报》1922年第9卷第1期，第10页。

表示"为人民服务，万死不辞"[1]，积极主持新中国的林业建设工作。

二、湖州籍留日学生与工商业近代化

学习工商科的湖州籍留日学生归国后积极参与工商业近代化改革的实践活动，努力将所学知识付诸行动，他们在家乡创办工业学会，开办纺织工厂，为浙江地区纺织业发展作出了积极努力，为推进湖州以及浙江省的工商业近代化进程作出了突出的贡献。

（1）创办报国工业会

1919年，留日学生许炳堃在杭州报国寺之工校礼堂内组织成立报国工业会。许炳堃，字诞甫，湖州府德清县人。光绪二十九年（1903）正月奉浙江抚宪咨遣赴日留学，二月入清华学校，光绪三十年正月毕业，七月考入东京高等工业学校纺织科，光绪三十三年毕业。[2]随后又在日本各地考察工厂和学校，1909年归国参加学部考试列优等，授予工科举人，第二届廷试二等，授内阁中书补用。[3]同年五月，许炳堃回乡任浙江劝业公所矿物科科长兼办工艺科事宜，署劝业道董元亮称赞许炳堃才识敏达，学有根源，留浙办理矿物工艺足资臂助，深资得力。[4]许炳堃亦热心教育，1910年，许炳堃创办近代杭州首个工业学堂——浙江省立中等工业学堂，办学卓有成效，为社会培养了大批工业技术人才。他认为"救国虽多途，而工业为其一"，而国内潜心研究工业者甚少，工业专门书籍亦寥寥罕睹，认为"此非他人之咎，而工业家之咎也。我辈既然从事工业教育，则兴起振导、勉覆一溃，亦开为山之先声，讵非我辈之责欤"。[5]许遂于1919年11月在杭州报国寺之工校礼堂内，联合浙江省立甲种工业学校同人成立报国工业会。该会为学术组织团体，无党派之分与政治之意味。大会选举许炳堃任会长，主持会务。另设副会长二人，总务、调查、研究、编辑四部部长各一人，干事数名，各职员每年改举一次于常年会中，连举连任。[6]工业会吸收下列人员为会员：

（甲）浙江省立甲种工业学校职教员、职工，及附设之乙种工业讲习所、工业补习学校、机织传习所职教员、职工。

（乙）曾任前项各校所之职教员、职工及毕业生、修业生、肄业生。

（丙）前浙江中等工业学堂、工业教员讲习所、浙江公立中等工业学校、浙江公立甲种工业学校职教员、职工。

（丁）会外人士有愿赞助本会事业者得为本会名誉会员。[7]

报国工业会以"发展工业、联络友谊"[8]为宗旨，工业会会员群策群力，营工业界改

1　罗玉川、李范五：《怀念我们尊敬的梁希先生》，《梁希纪念集》编辑组编：《梁希纪念集》，第3页。
2　《咨两江总督为学生许炳堃请续九月游历费用以便调查文》，留学生监督处：《官报》第12期，1907年，第468页。
3　刘真主编：《留学教育：中国留学教育史料第二册》，台北"国立编译馆"，1980年，第872页。
4　《浙江巡抚增韫奏委中书许炳堃充劝业公所矿物科科长片》，《政治官报》1909第734期，第15页。
5　报国工业会：《报国工业会会刊》1919年第1期，第1—2页。
6　报国工业会：《报国工业会会刊》1919年第1期，附录第2页。
7　报国工业会：《报国工业会会刊》1919年第1期，附录第1—2页。
8　报国工业会：《报国工业会会刊》1919年第1期，附录第1页。

造之事业，为保障工人幸福、增进工人智识、维持社会秩序。具体而言其事业大别有六：其一为缓和劳资阶级之冲突；其二为调节劳动工人之供需；其三为促进工德，改造社会；其四为研究学识，讨论教育；其五为考察原料，改良制品；其六为厘定工法，辅助行政。

工业会成立之初发展会员 1413 人，以后逐年增加，至 1923 年共有会员 2204 人，散居全国各地。1921 年，山东一处的会员以"交换闻见，互相体协，藉资会同各分会协助杭州总会所设施之事"[1]为宗旨，成立报国工业会山东分会。1922 年，报国工业会上海分会、报国工业会嵊县分会成立，1923 年浙江报国工业会盛泽分会成立，工业会逐渐发展壮大。

有留日经历的湖州籍会员有丁炳旂、吴宗濬、李鸿、金培元、汪鸿祯、陈其文、陆树勋、张孝曾、许炳堃、莫善继、蔡继曾、郑定鸿、潘凤起、蔡焕文、虞鸿书、蔡经德、蔡经贤。[2]这些留日学生在工业会中担任主要职务，第 1—5 届工业会职员名录信息如下：

表4-17　报国工业会职员名录[3]

任期	会长	副会长	总务部	研究部	调查部	编辑部
第一届	许炳堃	吴宗濬		吴宗濬 莫善继 金培元	汪鸿祯 蔡继曾	陈其文 金培元
第二届	许炳堃	吴宗濬 陈其文		吴宗濬 金培元	汪鸿祯 蔡继曾	陈其文 金培元
第三届	许炳堃	吴宗濬 蔡经贤	虞鸿书	吴宗濬 陈载扬 金培元	陈其文 蔡继曾	陈其文 金培元 虞鸿书
第四届			虞鸿书	吴宗濬 金培元 虞鸿书	蔡经德 蔡继曾 莫善继 陈其文	金培元 虞鸿书
第五期	许炳堃	蔡谅友 莫存之		金鹤济 施雨若 陆叔余 林启予	蔡经德 莫善继	金鹤济 施雨若 莫继之
本届	许炳堃	蔡经贤		金鹤济 莫继之 施雨若	蔡继曾 蔡经德	施雨若 莫继之

1　报国工业会：《报国工业会会刊》1921年第3期，第1页。
2　《报国工业会会刊》1919年第1期，附录第4—12页。其中丁炳旂、莫善继、蔡继曾、虞鸿书、蔡经德是民初湖州籍留日学生。
3　资料来源：《报国工业会第一届职员录》，载《报国工业会会刊》1919年第1期，附录第12—15页；《报国工业会第二届职员录》，载《报国工业会会刊》1919年第1期，附录第15—17页；《报国工业会第三届职员录》，载《报国工业会会刊》1920年第2期，第34—36页；《第四期干事录》，载《报国工业会会刊》1921年第3期，第1—2页；《第五期干事录》，载《报国工业会会刊》1922年第4期，第1—3页；《本届干事录》，载《报国工业会会刊》1923年第5期，第1—3页。

可以看出，报国工业会职员中留日学生占据主导地位，会长许炳堃连任六届，吴宗濂任第一、二、三届副会长，陈其文、蔡经贤也曾担任副会长，其余各留日学生在会中任各部部长、主干、干事职位，他们联合起来共图浙省工业繁荣发展。

（2）创办工厂

一些湖州籍留日学生回乡创办工厂，将先进工业技术以及工厂管理方法应用于实践。湖州第一位留学生嵇侃，回乡后从事实业研究，他制成的老虎牌蚕种品种优良，一时间风靡江浙。民国元年朱光焘发起成立纬成丝织有限公司，许炳堃为董事成员之一。纬成公司成立后，最初用提花机制造"铁机缎"，来抵制充斥于中国市场的洋货，"一时间纬成缎之名，沸腾国内"。[1]公司经营有道，公司资本逐年增加，机械设备也日臻完备，出产丝织品精美，畅销全国各地。1914年公司设立缫丝部，聘请嵇侃为缫丝部部长，他改良旧式手工缫丝技术，引进日本式坐缫车与缫丝技术，亲自指导缫丝，这是浙江拥有日式缫丝机械之始，极大地提高了生产效率和生产质量，生产的"蚕猫牌"生丝，畅销海外，广受好评。[2]嵇侃还在厂内开办缫丝讲习班，聘请日本技师讲授新式缫丝技术，推广工业技术。1925年嵇侃回乡创办公利丝厂，工厂有缫丝车180台，300多名工人。[3]同年在崇德开办分厂，次年又创办利农改良土丝厂。此三厂原料皆产自原地，员工全部招自当地妇女，每年产生丝10吨，产品销往国外，振兴了当地的蚕丝工业。[4]他还在工厂内部举办蚕丝讲授班，授予学生育种、缫丝知识，培养的学生成为德清县蚕丝工业的骨干力量。[5]然而，1932年因西洋生丝产品涌入市场，致使生丝价格猛减，公利丝厂亦受其影响，因缺少货源而停办。

1914年2月，湖州籍留日学生蔡经贤在杭州城内创办虎林丝织股份有限公司，并出任总经理。虎林丝织公司专织各种改良纱缎以及电力织物。产品"取材精细，花样入时"[6]，广受社会人民喜爱，产品销往上海、北京、天津等全国各地，有供不应求之势。1926年，虎林公司在上海设立洋行，办理生丝出口，开展国外贸易，在意大利、纽约都曾设代理处，产品远销海外。[7]其中以"虎林三闪缎、虎林纱二种为最著名，为浙省改良缎之冠"。[8]该厂"资本雄厚，推广营业尤易为力，迄今杭州丝织业界堪与并驱者一二家而已"。[9]在蔡经贤的经理下，虎林丝织公司的营业规模、范围逐渐扩大，初时资本额定3万元，设置织机30台。至1919年，织机增设至160台，增资至30万元，并于工厂内

1　记者：《纬成丝织有限公司之调查》，《商业杂志（上海1926）》1928年第3卷第5期，第1页。
2　朱新予主编：《浙江丝绸史》，浙江人民出版社，1985年，第176—177页。
3　董惠民、史玉华、蔡志新：《崛起沪上大财团——近代湖商研究》，第73页。
4　《中国近代纺织史》编辑委员会编：《中国近代纺织史1840—1949上》，中国纺织出版社，1997年，第378页。
5　董惠民、史玉华、蔡志新：《崛起沪上大财团——近代湖商研究》，第73页。
6　《虎林丝织公司》，《匡货评论刊》1927年第1卷第9期，第1页。
7　朱新予主编：《浙江丝绸史》，第177页。
8　《虎林丝织股份有限公司调查录》，《浙江实业丛报》1920年第5期，第32—33页。
9　《虎林丝织公司》，《国货评论刊》1927年第1卷第9期，第1页。

附设意匠室、纹工厂，增设林章撚丝厂为分厂。

1914 年 3 月，许炳堃、阮季侯等组织创办了杭州首个铁工厂——武林铁厂。该厂适应浙江工业生产需求，因浙省以丝织业为中心，故该厂专门造丝织物器械，如提花机、踏花机、扑花机。又造手工具数百种，供工业学校教学使用。产品主要销往湖州、杭州、绍兴乃至全国各个省份。厂内除原动室外，分设木工、锻工、铸工、机械工、弯针工、组合工六部，另外设制图室提供按照顾客意愿定制图案的服务。自开办以来，产品日精，营业甚为发达，至 1931 年营业额为二十七万五千二百元，[1] 其发达之盛可想而知。而该厂初设时，仅有职员三人、厂屋十四间、职工及艺徒小工十余人，规模甚小。1916 年阮季侯辞职后，因仿制提花机失败，损失惨重。1916 年秋，工厂改选吴宗濂为经理，吴宗濂为湖州归安县人，光绪二十九年九月赴日，入东京同文书院。光绪三十二年三月考入东京高等工业学校机械科，明治四十四年毕业回国。吴上任后，对工厂进行一番改造，改组工厂内部人员、添建厂屋、招聘工徒提高生产力。并于 1917 年成功仿制提花机。在吴宗濂的领导下，工厂营业情况渐有起色，并转亏为赢。1918 年武林铁厂招股本三万元，营业渐发达，又添建厂屋、扩大招工，总产额达七万多元，将历年亏损全部补清。1919 年工厂营业范围扩大，订货日益增多，厂屋添建至六十四间，工徒增至一百五十余，事务员六人、工厂管理员七人，能取得如此成就，不得不说是吴宗濂管理得当的功劳。[2]

三、湖州籍留日学生的教育活动

湖州籍大多数留日学生归国后都曾经从事过教育活动。究其原因，首先就是官方政策倾斜。清末派遣留日学生的目的之一是振兴中国教育事业，新式学堂中师资缺乏，留日学生归国后从事教育行业便成为顺理成章之事。例如，1908 年，浙江两级师范学堂急需一博物教员，国内此种人才稀少，浙江提学使只能提出请从早稻田百名师范生中选出学习博物一科，且本年成绩最优者先行回省担任博物教员一年，经过日本大臣查核，博物科学生中杨乃康毕业成绩最优，位列第一。其教育、地质、动物、植物、农学、图画、体操、矿物八门均列优等，得到校长及讲师嘉许，饬令回国担任教员。[3] 另外，学部于 1906 年规定官费留学生毕业归国须充当专门教员五年以尽义务。[4] 为奖励师范科留学生，又于 1909 年规定"习完全师范科留学生毕业回国拟令尽义务五年，俟五年期满后均按照初级师范毕业优等奖给出身官阶外，仍照教员五年期满之例准保升阶"，激励留学生回国任教。[5] 浙江省于 1905 年官费派遣留学早稻田大学之百名师范生便在此列，这

1　徐光荣：《杭州武林铁工厂调查纪略》，《浙江经济情报》1937年第2卷第7期，第98页。
2　报国工业会：《报国工业会会刊》1919年第1期，第6—9页。
3　《咨浙江巡抚为选饬博物科优等生杨乃康归任教语文》，留学生监督处：《官报》第19期，1908年，第586页。
4　刘真主编：《留学教育：中国留学教育史料第二册》，第744页。
5　刘真主编：《留学教育：中国留学教育史料第二册》，第745页。

些学生毕业回国后，浙江省还曾拟定留学早稻田大学师范班毕业回国各生服务章程，因此师范科留学生大都入教育界补充师资。不仅师范科，清末新设的各学堂亦需其他各新式学科人才，而且教师的身份地位也高，对于暂时没有明确职业规划的毕业留学生来说，教师确是一份不错的职业。除此之外，部分湖州籍留学人士热心教育事业，例如梁希、陈嵘、章鸿钊等人，他们急切地想将自己的所学传授给更多的学生，为振兴教育事业而加入教师队伍。

1.担任各级学堂教师

官方政策倾斜，加之各人信念的加持，使得湖州留日学生的大多数人都有学堂任教经历。回国任教的留日学生呈现出以下特点：

首先，他们在浙江省及全国各地的各级学校中担任教员职务。清末民初湖州各县中小学堂开设博物、格致、体操等新式课程，并且开办桑蚕、手工、商业、工业等各类实业学校，大多是聘请留学毕业生、师范毕业生、外国人来担任教师。[1] 比如湖州中学、吴兴县立女子初级中学、省立三中等学校都曾聘请留日学生担任教师。1910 年钱玄同、钱稻孙曾在湖州中学校长沈谱琴的邀请下任教一月，钱玄同教国文，钱稻孙教英文，茅盾是其班上的学生。他们的教学方法新颖，激发了学生的学习兴趣。湖州籍留日学生还在浙江省其他地区的学堂任教，浙江两级师范学堂就聚集了不少湖籍留日学生，如张宗绪任植物教员，许炳堃任数学教员，杨乃康任生物学教员，张孝曾任舍监。[2] 沈尹默任中国文学教员，凌庭辉任地理教员，吴宗濂任用器画教员。[3] 杨乃康、许炳堃、张宗绪、张孝曾与其余 25 位两级师范教师曾在校发起过"木瓜之役"，体现了新知识分子勇于反对封建礼教的斗争精神。凌庭辉、章祖源在浙江官立法政学堂分别教授历史地理和海商手形。[4] 除了浙江省内，部分湖州留日学生还在北京、江苏、湖南、广东等地的各类学校中担任教员。北京大学便聚集了一批湖州籍教师，如钱玄同、沈兼士、章鸿钊、任鸿隽等人。因为留学生所学专业广泛，故归国留学生所就职的学堂种类繁多，分布于各类中小学堂、工农商类各种实业学堂，师范学堂、政法学堂、军事学堂。

其次，接受过新式高等教育的留日学生，以自己之所学改变以往只是将讲义上的内容传授给学生就敷衍了事的授课形式，精心编写教材讲义。如上文已述及的农业教育领域的梁希、陈嵘等人编写教材，并改革教学方式；1917 年，钱玄同在北京大学教授音韵学，由他编写的《文字学音篇》是我国高等学校汉语音韵学最初的教材[5]，他还作为国语教科书编辑会的编辑主任，参与创编小学语文教科书，这是我国创编国语教科书之始，

---

1 黄逸编：《湖州市教育志》，第3页。
2 杨莘耜：《"木瓜之役"摄影题记》，薛绥之主编：《鲁迅生平史料汇编》第二辑，天津人民出版社，1982年，第416—418页。
3 杭州市教育委员会编：《杭州教育志》，浙江教育出版社，1994年，第143页。
4 《浙江教育官报》第90期，宣统三年七月，第55—56页。
5 曹述敬：《钱玄同年谱》，第45—46页。

由他创编的教科书采用白话文文体，选入歌谣、童话、故事，并且在每个字旁都添加了注音符号，实现了小学语文教科书的革新。[1]教学形式也从原来的照本宣科，改为注重理论知识与实际演练相结合的教学方法。早稻田大学师范科毕业生张宗绪在浙江省立第三中学、吴兴县立女子初级中学任博物教员，他治学严谨，注重培养学生的动手能力，经常带领学生去野外考察、搜集植物标本，深受学生爱戴，被学生亲切地称为"张博物"。[2]

第三，讲课之余，他们注重各人专业能力的提升。任教于各个学校的湖州籍留日学生通过参与组织各种学术团体，与其他研究者之间保持良好的联系，他们译介书籍、发表有影响力的论文，不断提高自己的专业能力，为更好完成教学任务，传播学术前沿知识。相关学术团体如有陈嵘发起成立的中华农学会，任鸿隽创办的中国科学社，章鸿钊倡导创建的中国地质学会等学术团体。他们积极展开学术活动，是近代中国农业、科学、地质事业的开拓者。他们治学严谨，潜心研究，撰写优秀著作，对后世产生广泛的影响。如陈嵘撰写的《中国树木分类学》，梁希所编写的《林产制造化学》对培养林业专业人才，进行科学研究和著述以及开展森林资源调查等方面的工作起了极为重要的作用。章鸿钊撰写的《石雅》《古矿录》《中国地质学发展小史》等都是中国地质学领域的经典著作，具有很高的学术价值。

2.主持或参与学校管理

庚子年后，清廷推行新政，诏令各省设立学堂，实施教育改革，提倡新学制，推动教育近代化。湖州地区响应号召，东渡扶桑的湖州籍留日学生在地方教育改革中起了关键性作用，他们"归来主持学堂，革新招生办法，延聘博物、体操等科教习，编班授课，初立典范，并设师资讲习班以培养新式师资，新式教育才有了质的突破"[3]，对湖州本地以及全国的教育改革发展作出了突出的贡献。

普及国民教育在兴学中尤为重要，而学业始于普通，终于专门，为使国民备有日常之知能，初级教育尤为根本之根本。热心教育的湖州籍留日学生归乡后，积极创办中小学校或担任学校校长，主持学校的管理工作。1906年，湖州府中学堂因前任校长监管不力，学生人数锐减，难以维持经营。留日归国后的沈谱琴经同乡会举荐回乡改良学制，通过实行公开招考的形式，将湖州青年学子按照考试成绩、年龄等分别分配至各类中小学堂肄业。并担任湖州府中学堂校长兼程安高等小学堂校长，同年还创办了尚武小学堂，给湖州增加了小学教育资源。[4]经过改良使得中学堂经营逐渐走入正轨，他在湖州府中学堂任期4年，在历任校长任期中属最长。在他的领导下，使中学堂课程设置齐全，增设许多新式课程，如国文、英语、算数、历史、地理、物理、化学、博物、图画、音

1　秉雄、三强、德充：《回忆我们的父亲——钱玄同》，曹述敬：《钱玄同年谱》，第243页。
2　沈雨梧：《浙江师范教育》，天津古籍出版社，2002年，第282页。
3　黄逸编：《湖州市教育志》，第3页。
4　菰城布衣：《乡贤沈谱琴兴学记》，汤建弛、金佩佩主编：《辛亥百年湖州记忆》，第73页。

乐、体操等科目。[1]并使师资配备变得更加合理，沈谱琴对于教员选聘要求严格，选用留日学生或日本教习来校任教，如聘请留日归来的钱玄同、钱稻孙在此校任教。沈谱琴还在校中宣传爱国革新思想，对学生施以军事训练，由湖州府中学堂学生组成的学生军在湖州光复中起了重要的作用。[2]

沈谱琴与留日学生潘澄鉴于1907年创办了湖州以及浙北地区历史上第一所女子学校——吴兴女校。该校设有小学部，收学生100人，聘请教师皆为当时俊彦，如章太炎夫人汤国黎、日本女教师名村越者，课程内容新颖，广受学生欢迎，[3]开创湖州女子教育事业。该校成立之初其经费由沈谱琴独力承担，创办之初，阻力重重，时人认为创办女校是离经叛道之举，校长潘芸生还曾遭到殴打，二人克服重重苦难，仍坚持办学。[4]沈谱琴将家族中的女亲属送入学校，起了良好的带头作用，并积极劝导民众，冲破封建传统思想的桎梏，逐渐提高了学校在社会中的声誉。[5]其后历经改革合并，该校数次更名，最后改为吴兴县立女子初级中学，历任校长多由湖州籍留日学生担任，如胡叔珊、郑宇壶、张柳如都担任过该校校长。由于学校办学认真，学习风气良好，学生毕业后获得社会各界的广泛好评。[6]

此外，由早稻田大学毕业归国的湖州人张孝曾任浙江省立第三中学第一任校长，之后的第二三任校长潘凤起、杨乃康皆是湖州籍留日学生。他们办学认真，杨乃康任校长后，对教师进行资格审查，辞退了一批思想陈旧的老学究，聘请新式青年教师。[7]1933年戴季陶回家乡吴兴创办"私立戴氏二礼小学"。[8]徐一冰任南浔高等小学校长，主持校务，曾对此小学进行学制上的大胆变革，在学校增设了预备班，将程度低的学生转入预备班，从而提高学生的学习成绩。[9]

除中小学堂外，湖州籍留日学生还参与创办或参与管理一些专门学校。如上文提及的吴兴女校中除小学部外还设师范部，1918年该校师范科发展为吴兴县立女子师范学校。沈谱琴为该校校长，胡叔珊为教务主任，共同主持日常校务。该校学制为5年，其中包括预科一年，为养成小学教员，培养女子师范人才。共招收五届学生，共计50余人，孔禄卿、许企云、钱文秀等人皆是该校毕业生。1923年因改革学制，将中学与师范合并，

---

1 凌以安：《湖州教育史稿》，中国人民政治协商会议浙江省湖州市委员会文史资料研究委员会：《湖州文史 第五辑 教育医卫史料专辑》，1987年，第79页。

2 沈伯棠：《沈谱琴兴学》，中国人民政治协商会议浙江省湖州市委员会文史资料研究委员会：《湖州文史 第五辑 教育医卫史料专辑》，第2页。

3 沈伯棠：《沈谱琴兴学》，第1页。

4 姚粟周、杨子镜：《吴兴女校》，中国人民政治协商会议浙江省湖州市委员会文史资料研究委员会：《湖州文史 第五辑 教育医卫史料专辑》，第16页。

5 凌以安：《湖州教育史稿》，第88页。

6 凌以安：《湖州教育史稿》，第82页。

7 吴行恭：《浙江省立第三师范学校》，中国人民政治协商会议浙江省湖州市委员会文史资料研究委员会：《湖州文史 第五辑 教育医卫史料专辑》，第49页。

8 凌以安：《湖州教育史稿》，第76页。

9 徐迟：《我的文学生涯》，百花文艺出版社，2007年，第21页。

又改为吴兴县立女子中学，至全面抗日战争后停办。[1] 因为当时嘉兴、吴兴一带小学少有女教师，故该校毕业生被争相聘用，为当地的小学教育作出了贡献。[2] 1916 年，留日学生郑凝在老师沈钧儒的影响下，认为"提升国民基本素质是立国之本，此事要从大量培育师资力量开始"[3]，于是他在湖州创办钱塘道第三联合县立师范讲习所，此校为近代湖州最早的正规官立师范学校。1923 年，随着《新学制》的实施，此校与中学合并为浙江省立第三中学师范部，校长由湖州籍留日学生杨乃康担任。[4]

1907 年，徐一冰自大森体育学校留学归国。其时学校体操一科以尚武为目的，以兵式为必要教材，体操教员多为无知识、无道德之兵士、军人，品格低下。[5] 导致体操教员形象受损，失去学生及民众的信任。徐一冰观此现状，决心重振学校体操教育，与徐筑岩、王季鲁等六人筹商改良学校体操办法，决心创办一所体育专门学校，为各地培养有学识之师资。1908 年，中国近代第一所体育专门学校——中国体操学校成立于上海，分男女两校，徐一冰任校长，旨在"提倡正当体育，发挥全国尚武精神，养成完全体操教师，以备教育界专门人才"[6]。学校学科设置及学习内容基本上按照大森体育学校的学习内容来设置，为速成教育。该校分本科、选科二科，本科生定期一年半毕业，选科生无明确毕业年限。所授科目分学科、术科两种，学科所授课程有伦理学、教育学、体育学、兵学、国文、生理、急救法、音乐，术科所授课程有兵式教练、器械教练、瑞典式各个、普通连续徒手、哑铃、球杆、棍棒、木环、豆囊、应用操、游技、教授法、射击术、拳术、武器等。[7] 徐一冰认为"强国之道，首重教育，教育之本，体育为先。体育不讲，人种不强，人种不强，国将安赖"。[8] 五四运动后上海环境复杂，于是徐一冰将学校自上海迁往湖州南浔。第二年徐世昌以徐一冰热心教育，特颁"教思无穷"四字匾额。[9] 中国体操学校于 1927 年停办，毕业生共三十六届，计一千五百余人。[10] 因属于速成教育，故培养人才质量并不高，但该校对于近代体育教育的发展起了推动作用。

1910 年夏，许炳堃在浙江提学使郭则瀛的支持下，在杭州创办了浙江省立中等工业学堂。许炳堃于 1907 年毕业于东京高等工业学校应用化学科，毕业后又考察日本工厂及工业学校，历时一年，于学问颇有心得。回国后感叹浙江丝绸工业的衰退，以及工业生产工具的陈旧，生产效率低，已经不能适应生产生活的需要，遂决心振兴工业教育，

1　凌以安：《湖州教育史稿》，第89页。
2　姚粟周、杨子镜：《吴兴女校》，中国人民政治协商会议浙江省湖州市委员会文史资料研究委员会：《湖州文史 第五辑 教育医卫史料专辑》，第17页。
3　阎登科：《艰难的前行：民国时期师范教育的发展轨迹——以钱塘道第三联合县立师范讲习所为中心的考察》，《教师教育论坛》2016年第11期，第79页。
4　凌以安：《湖州教育史稿》，第87页。
5　成都体育学院体育史研究所：《中国近代体育史资料》，第109页。
6　《中国体操学校章程》，体育杂志社：《体育杂志（上海1914）》1914年第1期，第79页。
7　《中国体操学校章程》，体育杂志社：《体育杂志（上海1914）》1914年第1期，第78—81页。
8　徐一冰：《整顿全国体育教育上教育部文》，体育杂志社：《体育杂志（上海1914）》1914年第2期，第1页。
9　成都体育学院体育史研究所：《中国近代体育史资料》，第299页。
10　成都体育学院体育史研究所：《中国近代体育史资料》，第299页。

复兴浙江丝绸经济，于是借鉴其母校东京高等工业学校的人才培养模式创办此工业学校，该校也是近代杭州首个工业学堂。许炳堃结合杭州工业发展的需求，在校中设立机械、机织、染色三科，还为培养工业教员特别设立了"浙江省立中等工业教员养成所"。建校初期，该校的教员主要由留日学生及日本教习担任，办学方针定为养成手脑并用的中等技术人员和改进工头制的管理方式。学科定每周二十四小时（体操、图画在内），实习定每周十八小时。学生在理论学习之后，根据所学专业可进入机械设备相对完善的各种工厂实习。后来根据实际发展的需求，许炳堃又对学校的规章制度、教学科目、课程与评定业绩方法逐步进行改进，在当时这种工业学科课程设置已经相当完备。由于许炳堃办学认真，学校的规模不断扩大，招生不断增加，获得了社会各界人士的认可。1918年7月，时任教育总长的傅增湘以"浙江省立甲种工业学校组织完美，成效昭著，应奖给匾额一方，校长许炳堃应查照教育部奖章条例第一条之规定给予三等奖章以昭激励"。[1] 正如校长许炳堃所说"丝织图案意匠的发展，多赖杭工毕业生；丝织风景、照相、美术图画等，始于工校，成于都锦生"。[2] 工业学堂为社会培养了大批工业技术人才，如陈之佛、都锦生等人，促进了工业技术的传播和发展，另有毕业生在浙江各地组建铁工厂、丝织物工厂、绢纺厂等，促进地方工业发展。1913年，朱仲飞兴办的吴兴县立甲种商业学校是湖州近代第一所公立中等实业学校。[3]

湖州籍留日学生归国主持学堂的事例还有很多，不胜枚举。如陈其采回国后创办长沙武备学堂，任总教习，后升为标统；钮永建归国后筹备建设陆军小学；胡仁源继蔡元培后接任北大校长，在任四年，经过他的管理，使得北大呈现出一派新气象，"学生人数大幅增加，学校规模不断扩大，规章制度日趋完善，教育教学方式持续改进"，[4] 对北京大学的发展作出了不可忽视的贡献。

3.任职于教育行政机构

清末实施教育改革，办学堂，废科举。随之各省及地方添设、改革教育行政机构掌理地方教育事宜。部分留日归来的优秀人才被推荐担任教育行政人员，参与地方教育事业的改革，对各地教育文化工作多有贡献。1923年吴兴县教育局成立，主管吴兴县教育行政，设局长一人。首任局长由留日学生潘凤起担任，潘凤起辞任后的第三任局长由湖州留日学生金鹤济担任。他们虽有满腔抱负，奈何教育经费不足，巧妇难为无米之炊，并没有取得出色的成果。在浙江教育司任职的湖州籍留日学生有沈兼士、钱玄同等原光复会会员。1912年北京临时政府成立后，杨乃康与鲁迅等部分浙江两级师范学堂教员赴

---

1 《教育部咨浙江省长奖给省立甲种工业学校匾额一方暨给予校长许炳堃奖章等件请查照转发文》，《政府公报》1918年第747期，第10—28页。
2 许炳堃：《浙江省立中等工业学堂创办经过及其影响》，中国人民政治协商会议浙江省德清县委员会文史资料委员会编：《德清文史资料第六辑》，内部资料，1997年，第11页。
3 黄逸编：《湖州市教育志》，第190页。
4 高安京：《胡仁源之于北大》，《教育与职业》2012年第16期，第98页。

北京教育部供职，另外留学归来的钱稻孙也入北京教育部充主事，二人为同事。以下是在各地教育行政机构任职的留日学生详细资料：

潘凤起：字廉深，乌程县人。1905 年被浙江省选派官费留学日本早稻田大学，入物理化学科，1908 年 7 月毕业回国，曾任省立三中校长。潘凤起在 1923 年至 1926 年间任吴兴县教育局局长。[1]

金培先：字鹤济，湖州人，官费留学于名古屋高等工业学校色染科，1913 年毕业。由县政府举荐，金培先从 1928 年至 1929 年任吴兴县教育局局长。[2]

沈兼士：祖籍浙江吴兴，1905 年随兄赴日留学，1906 年考取日本铁道学校。[3] 归国时间不详，曾在浙江教育司供职。

钱玄同：字德潜，浙江吴兴人。1906 年 9 月赴日留学，入早稻田大学清国留学生部，1909 年回国。1912 年任浙江教育司科员。[4]

钱稻孙：浙江吴兴人。1900 年入日本庆应义塾小学，1902 年毕业升入成城学校，后改入日本东京高等师范学校之附属中学校，1907 毕业，后留学欧洲，1909 年回国。1912 年充教育部主事，1915 年晋升视学。[5]

杨乃康：字莘耘，乌程县人。1905 年官费留学日本早稻田大学，入博物学科。1908 年 7 月毕业回国。1912 年被聘请为北京教育部普通教育司第二科科员，次年任教育部视学，先后到陕西、山东、湖北等地视察教育情况。此后长期从事教育行政工作。1917 年杨乃康任吉林省教育厅厅长，1921 年 7 月离任，同年 10 月调任安徽教育厅厅长。但在任职期间，由于处理安徽省立图书馆馆员更换一事不当，引起安徽省教育界不满，各教育团体联合起来，派代表谒见省长，请撤销杨乃康的职位。[6] 迫于舆论压力，杨乃康只得被迫离任。随后杨乃康又任江苏省教育厅厅长、湖南省教育厅一科科长、代理厅长等职。[7]

沈尹默：字中，祖籍浙江吴兴，1905 年赴日留学，1906 年因经济问题，暂停学业归国。[8]1929 年，经蔡元培推荐任河北省教育厅厅长。[9]

这些留日学生出任教育行政人员，努力将在日本所学的教育管理方针应用于实践工作，受时代限制，虽然取得的成就不大，但就全国范围看，他们与其他留学归国的教育行政人员一起，共同推进我国教育事业的改革向前发展。

1　凌以安：《湖州教育史稿》，第63页。
2　凌以安：《湖州教育史稿》，第63页。
3　郦千明编：《沈尹默年谱》，上海书画出版社，2018年，第5页。
4　曹述敬：《钱玄同年谱》，第19页。
5　钱恂：《吴兴钱氏家乘》卷三，第105页。
6　《安徽人驱逐杨乃康》，《民国日报》1922年3月17日。
7　黄逸编：《湖州市教育志》，第478页。
8　郦千明编：《沈尹默年谱》，第5页。
9　黄逸编：《湖州市教育志》，第478页。

第五章

清末瑞安籍留日学生

清末浙江省留日学生人数在全国名列前茅，但在全省各府县之间发展并不平衡。上一章以湖州府为例，分析了浙北地区的留日学生状况，本章以浙南地区最具代表性的瑞安县为考察对象。

据本书附录一《清末浙江留日学生名录》统计，瑞安县自 1902 年林摄和黄瓒二人赴日留学开始，在清末约 10 年间留日学生至少有 99 人，人数列浙省各县前茅。他们在日本学习的专业和清末大多数留日学子一样，以师范、法政和军事专业为多。此外，受瑞安当地"经世致用"传统文化和黄绍箕的"实业救国"思想的影响，清末瑞安赴日学习工业、农科等实业的留学生人数也不在少数。他们回国后投入近代中国各领域，为中国的近代化发展作出不可磨灭的贡献。

以下结合相关史料和国内外相关研究成果，着重对清末瑞安县留日热潮兴起之背景、清末瑞安籍留日学生所入学校及专业费别、留日学生在日期间及归国后的活动、瑞安籍留日学生的群体特征等方面进行论述。

第一节　清末瑞安留日热潮产生的背景

一、温州开埠带来新风气

温州位于浙江省南部，清代时温州府管辖永嘉、乐清、瑞安、平阳、泰顺五县，1723 年增设玉环厅。温州地处浙南，与经济发达的浙北地区相距较远，虽水网发达，但舟车极为不便。时人曾记载从温州到杭州的崎岖艰难之路："（永嘉）距省千有余里，必下瓯江，逾桃花岭，历婺、睦二州境，鼓棹以达于钱塘。其由乐清一路至省，则经雁荡、天姥、沃洲、峤嵊、会稽诸山水，然后由固陵渡江，跋涉崎岖，行李供亿，尤非贫乏者所能。"[1] 交通如此不便，更将温州排斥在以杭州为中心的浙北繁华地带之外，使温州形成一个相对闭塞的边缘环境，导致温州无论从经济还是文化上都无法与浙北杭嘉湖发达地区相并论。温州的科举中榜人数也远远落后于其他府县，有文章统计了清代浙江举人人数。自顺治三年（1646）至光绪二十九年（1903），温州府共有 175 名举人，然而浙江全省举人人数为 10805 人，温州举人人数仅占全省总数的 1.61%，在浙江十一府中位居倒数第三。[2] 由此可见，温州在清朝并不是一个交通便利、文化科举振兴之地。

然而，随着清末西方列强的入侵，西方文明如潮水般涌入温州，使温州在政治、经济、文化等各方面都发生了翻天覆地的变化。1876 年英国驻华公使威妥玛和清政府代表李鸿章签署了《烟台条约》，条约规定开宜昌、芜湖、温州、北海等四处为通商口岸，此为温州的开放提供了契机。在《烟台条约》签订后不久，英国人即在温州设立了海关，温州港正式对外开放。后又开辟了温州航线，使原本闭塞的温州加强了与外界的联系。1877 年 4 月，温沪航线正式开辟，英国怡和洋行所属的康克斯特客货轮从上海运洋货到温州，这是自温州开埠后驶进温州港的第一艘外国商轮。1878 年 4 月，轮船招商局又派遣永宁客货轮自上海首航来温，这是温州开埠后第一艘进港的中国轮船。自此以后，轮船招商局不断派遣货轮行使温沪线，《温州港史》记载："从公元 1881 年开始，航行温沪

1　王研：《温州清代文成会史料四种》，谢智勇：《温州历史文献集刊》第一辑，南京大学出版社，2010年，第359页。
2　程小丽：《清代浙江举人研究》，华东师范大学硕士学位论文，2009年，第20页。

线的招商局客货轮，中途即兼湾宁波，密切了温州和宁波之间经济和贸易的联系。"[1]温州至海外的航线也相继开辟。《温州港史》记载："从公元1907年开始，从温州港载运烟叶前往台湾的日本轮船比较频繁，并一直持续至公元1911年，期间进出港的日轮共有1.7万多吨。"[2]这些轮船的来温，增加了温州的旅客和物资流量，不仅促进了温州和其他地区的经济贸易交流，而且有力地推动了温州经济的发展。开埠以前，温州与外地的人员往来甚少，然而自温沪航线开辟后，到温州港的旅客逐年增加。光绪三年（1877）进出温州的总客流量为794人，1882年增至2105人，此后每年有不同幅度的增减，但总体呈上升趋势，至1914年总进出口客流量达到9260人次。[3]随着航线的开辟、经济贸易往来的增多和人流量的增加，西方文明也传入温州。一时间，电灯、电车、洋货涌进温州，温州民众对这些"洋物"感到十分新奇，平阳籍宋恕留下的诗句"制电为灯照夜游"，就是此种景象的真实写照。此外，西方传教士在温州通过设教堂、办学堂、办医院的方式传播基督教和天主教，这些都在客观上促进了温州科学文化的发展。在感叹西方新文明的先进之时，也有部分温州志士逐渐感受到中西方文明的差距，他们开始在思想上发生改变。孙锵鸣就要求其子学习西学，他将长子孙诒均、次子孙诒绩都送到上海龙门书院学习。[4]而孙锵鸣的女婿宋恕也认为"西国女人皆识字，中国则绝少，中国识字人少，一切病根大半在此"，[5]于是他热切要求中国学习西方。可见开埠之后，交通的发达和西学的传入对温州的影响十分深远，温州民众第一次真正感受到了西方文明，更使得部分温州开明士绅开始反思中西方的差距。温州处于开放的文化氛围之中，这对所属各县尤其是温州港附近的瑞安等县的风气开放和维新思想的传播奠定了良好基础。

二、瑞安士绅传播维新思想

瑞安县为温州府属县之一，该县背靠大山，东临东海，县内有飞云江横贯东西，唐朝即设瑞安县，历史上设县较早。温州在未正式迈入近代化之前，一直处于文化水平比较低迷的状态，瑞安也不例外。然而在清末，纵观浙江留日学生地区分布状况，温州府的留日人数并没有比其他府少，相反还位居浙江省前列。据《浙江潮》第三期刊载的《分校分府现在人数统计》记载，至1903年4月，浙江籍在日留学生共有119名，根据人数排序，分别是杭州府40人、绍兴府有26人、温州府有17人、嘉兴府10人、宁波府10人、湖州府9人、台州府6人、金华府1人，衢州、严州、处州三府暂无留学生在日本。[6]根据本书附录一《清末浙江留日学生名录》统计，1903年4月在日本的瑞安籍留学生至少有10名，可见当时温州籍留学日本的17名学生中，大多数出身瑞安县。此

1　周厚才：《温州港史》，人民交通出版社，1990年，第52页。
2　周厚才：《温州港史》，第54页。
3　周厚才：《温州港史》，第69页。
4　胡珠生：《温州近代史》，辽宁人民出版社，2000年，第95页。
5　胡珠生：《温州近代史》，第95页。
6　《分校分府现在人数统计》，《浙江潮》第3期附录。

外，根据本书附录一《清末浙江留日学生名录》统计，清末温州府有留日学生331人，主要集中在平阳（113人）、瑞安（99人）、永嘉（69人）、乐清（46人）四县，泰顺和玉环二县人数极少。以上统计数字难免会有遗漏，但说明温州府各县的大致分布状况。由此可见，在清政府正式确定留日政策到辛亥革命爆发期间，瑞安县的留日人数一直居温州府各县前列。各地的文明水平和风气开放程度直接影响留日的发展，而一个地区的文明水平和风气的开放程度又与其历史状况、地理环境、交通条件以及当地官绅是否有所作为等因素直接相关。瑞安县除交通和经济状况相对有利外，当地开放的文化风气和官绅的作为，对推动留日运动的发展起到了重要的作用。

瑞安县的维新风气和瑞安当地的文化传统有一定关联。温州是南宋永嘉学派的发祥地，永嘉学派萌芽于北宋，南宋发展至鼎盛，其特点是"经世致用"。南宋战乱频发，政局不稳，百姓苦不堪言，传统理学人士意识到不能再埋头于学术，而是要将目光投入社会，考察社会的制度变革、民生改善等现实问题。永嘉学派至明朝走向衰微，但到了近代，中国开始面临亡国危机，永嘉学派在孙诒让等人的努力下又得以"重见光明"。晚清瑞安孙氏家族以孙衣言、孙锵鸣、孙诒让为核心，致力于重振永嘉学派，他们通过乡邦文献的搜集和整理，使几乎中断600年的永嘉学派在瑞安得以复兴。近代瑞安新学发展较快，留学人数最多，究其根源，与瑞安当地"经世致用"的文化传统不无关联。

在"经世致用"思想的指引下，将清末兴起的维新思想传播到瑞安，这一任务自然落到既博学又善于接受新学的瑞安籍开明士绅肩上。孙诒让亦认为"温处僻处浙东，距省较远。迩来新政颁行，风气尚不十分闭塞者，实赖二三同志"。[1] 要使当地士绅接触新学，有效的途径是让他们走出家门，或北上京师为官，或赴全国各地游历，结识各地名流名士，感受时代跳动的脉搏。而瑞安孙、黄两大家族的多名子弟通过科举到京师做官，成功连接了瑞安与京师互动的桥梁。如前所述，温州地区在清代前期都处于科举不兴的境地，瑞安更是如此。然而随着孙、黄两大家族的崛起，改变了瑞安默默无闻的状况，对瑞安乃至温州的教育和学术文化产生深远影响。

孙氏家族首先崛起的是孙衣言和孙锵鸣两兄弟，孙衣言出生于嘉庆二十年（1815），两年后，其弟孙锵鸣出生。二兄弟从小接受的是正统的科举教育，一切以科举为第一要务。道光十二年（1832），孙氏兄弟首次步入科举考场，参加县试、府试。结果二人同时在科举考场上取得傲人成绩，在瑞安声名鹊起。时人回忆："壬辰六月初二日，府试榜出，冠军孙锵鸣，余同窗友希曾次子，即县试榜首孙衣言胞弟，少年兄弟一齐出头，乡里荣之，实亦我邑自来所未有。"[2] 从此，孙氏兄弟通过科举走上仕途，成为瑞安学子的榜样，沟通了瑞安与京师互动的纽带，改变了整个瑞安默默无闻的现状。

1　政协浙江省温州市委员会文史资料研究委员会编：《孙诒让遗文辑存》，浙江人民出版社，1990年，第142页。
2　孙延钊撰，徐和雍、周立人整理：《孙衣言孙诒让父子年谱》，上海社会科学院出版社，2003年，第2页。

孙衣言自中乡试副榜后，便参与到京师文人的诗文交游中，活跃于文人名流文化圈。道光三十年（1850）孙衣言得中殿试二甲第三名，朝考二等第十三名，被选为翰林院庶吉士，得曾国藩赏识，自此开始了与曾国藩的交往。此外，孙衣言作为学者，在继承和弘扬本地传统文化方面成就卓越。孙衣言刊刻了《永嘉丛书》253 卷共 15 种，为复兴瑞安永嘉学派作出重大贡献。孙衣言曾主讲瑞安玉尺书院、萃英书院、杭州紫阳书院等，后在瑞安创办"诒善词塾"，培养了一批经世人才，如宋恕、陈虬、胡调元、周珑、项方蒨、项芳兰等瑞安名士。1888 年孙衣言领导族人在瑞安建立了玉海藏书楼，楼中所藏古籍十分珍贵，均是孙衣言父子于海内外广为购求而得。

孙衣言之弟孙锵鸣于道光二十一年（1841）中进士，为翰林院庶吉士，官至侍读学士。他 48 岁时罢官回乡，和其兄孙衣言一起专心学术、整理乡邦文献和兴办学堂培养人才。李鸿章、沈葆桢都是孙锵鸣的门生，故孙锵鸣有"天下翰林皆后辈，朝中宰相两门生"之誉。同治四年（1865）开始，孙锵鸣先后主持苏州紫阳书院、金陵钟山书院、惜阴书院等，还兼掌温州中山（肄经）、玉尺、龙湖、东山书院等。孙锵鸣一心振兴乡邦学术，教书育人，但他并非一味恪守科举，教学生八股文，而是在自己的教育工作中传播新学知识。他的女婿宋恕提到孙锵鸣的教育工作时曾言："然先生虽于专课八股试帖之书院，亦必诱诸生以实学。而创置局译西籍于龙门也，尤为他贤掌教所不敢者。"[1] 同时孙锵鸣早年赴京师任官的经历，使他能够站在时代变革前沿，在京师与李鸿章、沈葆桢等文人名士的广泛交流也使他增长了见识，开阔了眼界，故而能够更快地吸收新学，并将所掌握新学传递给瑞安学子，由此形成了京师与瑞安的良性互动，给瑞安注入了新鲜空气。瑞安孙氏兄弟科举中第，不仅引起瑞安的巨大反响，同时也给当地带来了名人效应，使当地儒生纷纷以孙氏兄弟为学习的榜样。

此外，瑞安黄氏家族也是晚清崛起的瑞安望族，"书声传百年"是对黄氏家族的美誉。瑞安黄氏家族的黄体立、黄体芳两兄弟，以及黄体芳之子黄绍箕、黄体立之子黄绍第和黄绍第之子黄曾铭，五人均中进士，授予翰林院编修，故黄氏家族有"一门三代翰林"之称。三代均中进士为瑞安史上罕见，从此黄氏家族声名鹊起，也让黄门后人引以为豪。

黄绍箕（1854—1907），字仲弢，号鲜庵，浙江瑞安人，光绪六年（1880）中进士，授翰林院编修，历任翰林院试讲至侍读学士。1898 年 10 月充任京师大学堂总办一职，后受张之洞之邀赴湖北任两湖书院监督，1904 年又赴北京担任编书局监督、译学馆监督等职。1906 年 4 月，学部任命黄绍箕担任湖北提学使，黄绍箕成为湖北省最高教育行政长官。仕途之顺也使黄绍箕能够身处于政治中枢的京师，对西学之发达程度以及科举之腐朽有着极为深刻的了解。也正因为处于京师这个政治中心，黄绍箕能够及时将信息传

---

1 宋恕：《外舅孙止庵师学行略述》，胡珠生编：《宋恕集》，中华书局，1993年，第323页。

到家乡，促进了京师与瑞安的信息互动。如 1896 年，黄绍箕将《劝学篇》的初印本寄送给孙诒让，孙诒让收到寄赠本后认真研读，据《孙衣言孙诒让父子年谱》记载："黄仲弢以《劝学篇》初印本寄赠，诒让阅后有笔记十三条。"[1] 1906 年黄绍箕出任湖北提学使后，每当拟好教育规划，都会将稿本寄送给孙诒让，又将赴日考察所收集的各类资料寄送回乡给孙诒让做参考，《孙衣言孙诒让父子年谱》记载："时黄仲弢学士提学楚北，凡所拟教育规划，每贻书于诒让，往复商榷，既复以赴日考察所得资料，类纂为巨册寄示。"[2] 黄绍箕在京师、湖北官至高位，但他极为关注家乡瑞安的革新和教育事业，他将当时国内关于维新和教育的最新信息通过书信等方式及时反馈到家乡，使瑞安虽偏居浙南一隅，却仍能够接触到时代的新动态。

孙氏家族和黄氏家族的兴起也给瑞安儒士树立了新的标杆。除了孙氏和黄氏家族的成员致力于维新思想的传播之外，宋恕、陈虬、陈黻宸等瑞安名士也紧跟孙、黄家族后，倡导新式教育和传播维新思想。

孙锵鸣的女婿宋恕（1862—1910），字燕生，与陈虬、陈黻宸一起被称为"温州三杰"。宋恕虽为平阳人，但 25 岁时就移居瑞安，曾在诒善祠塾师从孙衣言兄弟，后成为孙锵鸣的女婿，也是瑞安孙氏家族的一员。宋恕接触西学较早，年轻时随孙锵鸣远赴上海龙门书院读书，上海西学之风鼎盛，宋恕更能直观感受西方先进文明。在上海，宋恕结识了晚清维新人士张焕纶，受张焕纶的"废时文"等维新主张的启发，宋恕也开始思考改革变法事宜，在 19 世纪 90 年代初期正式形成了"三始一始"的政治改革主张。所谓"三始"指改革官僚体制、改革科举制度、设议院三项变法纲领；"一始"指要求国人易服改穿西式洋服。"三始一始"说是宋恕政治改革思想的核心内容，他曾著《六斋卑议》一书集中表达自己的改革思想。1902 年宋恕回到瑞安，与孙诒让一起组织瑞安演说会，主张妇女放脚，曾拟写《瑞安演说会章程》《遵旨婉切劝谕解放妇女脚缠白话》等文章。宋恕和其岳父孙锵鸣一样，思想开明，支持维新，促进了瑞安维新思想的传播。

陈虬（1851—1903），字志三，晚号蛰庐，祖籍温州乐清，后迁居瑞安。陈虬早年应试科举，后弃文从医。自中法战争中国不战而败之后，他深感中国的贫弱与清廷的腐败，于是他宣扬维新变法以救国，1881 年陈虬与陈黻宸、金晦等瑞安名士一起组织了"求志社"。1892 年陈虬著《治平通议》一书，陈虬在此书中系统而全面地阐释了他的社会改革思想，如设议院、奖励工商、设立专利制度、鼓励发明创造等。甲午中日战争后，陈虬痛感中国朝廷制度之腐朽，于是更加积极地投身维新运动。他于 1897 年在温州创办了《利济学堂报》，因《利济学堂报》是陈虬于 1885 年与他人合资创设的利济医院所属刊物，因此报纸刊载的内容以医学为主，然而其中仍刊载了大量宣扬维新变法

1　孙延钊撰，徐和雍、周立人整理：《孙衣言孙诒让父子年谱》，第287页。
2　孙延钊撰，徐和雍、周立人整理：《孙衣言孙诒让父子年谱》，第341页。

的内容。温州图书馆现存《利济学堂报汇编》16册，胡珠生指出《汇编》中有《洋务掇闻》《见闻近录》《农学琐言》《时事鉴要》《近政备考》等将近 11 册，全部属于宣扬变法维新的文章、新闻报道和文献汇编等。[1] 说《利济学堂报》是主张维新变法的刊物也不为过。报纸一经创刊，深受广大读者欢迎，其销售范围不仅限于浙江，还销往上海、北京、武汉等地。1898 年 2 月 1 日陈虬在写给汪康年的信中说"敝《学堂报》分售有二千分之多"，[2] 可见其销量之巨。陈虬依托《利济学堂报》向瑞安、温州乃至全国各地传播维新变法思想。

陈黻宸（1859—1917），字介石，温州瑞安县人，我国近代杰出的教育家、政治家和学者。1903 年 7 月中进士，1902 年应《选报》赵祖德之邀，担任《新世界学报》主编，1902 年 9 月 2 号在上海刊出第一期，至 1903 年 4 月停刊，共刊出 15 期。《新世界学报》涉及古今中外的各种政治学说、各国地理、法律制度、医学常识等内容。作为总主编的陈黻宸在《新世界学报》上就曾发表《独史》《伦始》《德育》《辟天荒》《经术大同说》《地史原理》等六篇文章，此外还撰写了《新世界学报叙例》和《答新民丛报社员书》，其弟陈怀和陈侠分别在《新世界学报》上发表《辩法》《农战商战之势力变迁》《疫治》《悲儒》等文章，此外瑞安留日学生孙任在期刊上发表了《劝女子不缠足启》。据统计，温州人在《新世界学报》上发表的文章多达 40 余篇，占了投稿文章总数的三分之一。[3] 可见《新世界学报》受到温州读者的广大欢迎并在温州有着巨大的影响力。不仅在温州，《新世界学报》在全国各大城市都设有销售网点，前期在北京、南京、扬州、苏州、江阴、常州等地有销售点，后期的销售点从沿海地区扩展到内陆及北方地区，如天津、济南、开封、武昌、成都、沙市等地。陈黻宸主编的《新世界学报》不仅活跃了瑞安的维新风气，更活跃了全国的维新之风。

如胡珠生所言，"从甲午战争后掀起的变法维新思潮，温州是以瑞安为中心向府城发展的"[4]。瑞安虽离省城杭州很远，交通也不便利，与京师、上海更是相去甚远，但瑞安是近代南宋"永嘉学派"的复兴之地，又有孙锵鸣、宋恕、陈虬、黄绍箕等维新志士在家乡宣扬维新思想，清末瑞安县留日人数居温州府各县之首，也就不足为怪了。

三、孙诒让推动瑞安留日热潮

如前所述，一个地区留日学生人数的多寡和该地区的交通、经济、文化风气以及当地官绅是否有作为密切相关。瑞安县在晚清能成为温州六县留日人数最多的县，除了有"经世致用"的文化传统和瑞安维新志士的努力之外，瑞安当地士绅兴办新学，直接推动学生留日也是一个非常重要的原因。朴学大师孙诒让，是在瑞安兴办新学、鼓励学生

1　胡珠生：《戊戌变法时期温州的〈利济学堂报〉》，《浙江学刊》1987年5月第2卷第28期。
2　胡珠生：《陈虬集》，浙江人民出版社，1992年，第346页。
3　胡珠生：《温州近代史》，第179页。
4　胡珠生：《温州近代史》，第144页。

留日的核心人物。

孙诒让（1848—1908），字仲容、中颂，号籀庼，浙江瑞安人，是晚清瑞安朴学大师、教育家、改革家，也是清代学术主流学派——乾嘉学派的后期主要代表人物，他在学术界享有盛誉，被章太炎誉为"三百年绝等双"。在后来的戊戌维新思潮中，他从晚清的开明封建士大夫转变为坚定的维新派，并坚持"教育救国"的道路，在浙南创办大量新式学堂，奠定了浙南近代教育的良好基础，成为浙江近代新式教育的开创者与奠基人。

孙诒让亲身经历了清王朝的衰亡与没落，深刻地感受到了时代的巨变与国家经历的灾难。他一生 61 年，以 48 岁为分界点，前期埋头学术，从事学问考据，成长为经学大师。直到甲午中日战争爆发，面对民族灭亡的危机，他跳出考据经学的圈子，实现了从经学大师到维新思想家的转变，而这种转变并非突然，而与他早年就接受了新学的熏陶密切相关。

孙诒让幼年即受父亲与叔父的影响，勤思好学，少年时代随父亲孙衣言广游京师、江淮等地，结识了很多文人名流，增长了见识。他与黄绍箕、宋恕、张謇、张元济、刘绍宽、汪康年等人关系密切，同时与章太炎、梁启超、谭嗣同、康有为、陈三立等社会名流亦有书信往来。孙诒让虽出身瑞安小邑，但有广泛的交往，使他见多识广，学识日渐丰富。同时，因受家学熏陶，永嘉学派的"经世致用"思想也为日后孙诒让的维新思想形成铺平了道路。

其次，孙诒让较早接触了西学，他从光绪十年（1884）左右接触西方的文化科学。后人在整理其藏书时，发现孙诒让藏有各种新书 2643 册，期刊 29 种共 477 册，报纸 11 种，有数种合订成了 1 册，共有 305 册合订本。[1] 广泛的阅读和交友使孙诒让开阔了眼界，他的思想产生了深刻的变化。所以甲午一役，中国惨败，他才能及时转换身份，从一个开明的封建士大夫蜕变成致力于"教育救国"的维新思想家。

1895 年在黄绍箕的支持下，孙诒让在瑞安创办了第一所学堂——瑞安学计馆。瑞安学计馆最初名为瑞安算学书院，1896 年 4 月 13 日正式开学，聘请算学专家林调梅为馆长，招生 30 名，学计馆授课内容有算学、物理、化学以及中外时事等。孙诒让明确表示开办瑞安学计馆的目的是"甄综艺术，培养人才，道厥涂彻，以应时需"，[2] 为了达到"以应时需"之目的，瑞安学计馆在开设算学课程的同时，还在馆内设有阅览室，室内订有各类西式书籍和时事报刊。孙诒让订阅西书时报之举不仅使学计馆学生养成读报的习惯，也带动了全瑞安县的阅报风气，使瑞安的订报数量成为浙南之冠，这也为瑞安留日运动的兴起打下了良好的思想基础。

继学计馆之后，在孙诒让的支持下，瑞安乡绅项湘藻、项崧创办了瑞安方言馆，1897 年 2 月 16 日正式开学，以培养外文人才为目的。晚清瑞安大多数留日学生基本出

1　孙延钊撰，徐和雍、周立人整理：《孙衣言孙诒让父子年谱》，第364页。
2　政协浙江省温州市委员会文史资料研究委员会编：《孙诒让遗文辑存》，第291页。

自瑞安学计馆和方言馆，如林文潜、黄曾锴、林调元、林大同、许璇等。后孙诒让在瑞安开设了温州蚕学馆、瑞平化学堂等。庚子国变后，清朝廷开始实行"清末新政"，而创办新式学堂就是新政内容之一。清政府于 1901 年 8 月颁布《兴学诏书》，下令"着各省所有书院，于省城均改设大学堂，各府及直隶州均设中学堂，各州县均改设小学堂，并多设蒙养学堂"，[1] 然而，清政府的决策一般只顾及核心地域的教育转型，而对瑞安这个浙南小邑则少有顾及。于是孙诒让抓住时机，在瑞安县城东南、东北、西南、西北四隅分别创设四所蒙学堂，此为瑞安近代小学教育之始。

1902 年，学计馆和方言馆合并成了瑞安普通学堂（现瑞安中学前身），黄绍箕在京师担任总理，孙诒让在校主持校务。当时全国新的教育制度正在形成中，各类新式学堂也在全国广而分布，新式学堂虽多，但是缺乏合格的师资。教育未改革之前，书院学究所教授的内容大都是考据八股，教学内容老旧，教学方式死板。于是如何培养高质量的师资成了改革教育制度的首要问题，为培养合格的师资，清政府广开师范学堂，并鼓励学生赴日学习师范，以便回国后填补国内合格师资缺乏的空白。然而，瑞安地处"边远"，很难聘请到外地教师，1904 年孙诒让决定派遣教师赴日留学，待学成归来后，再到学堂任教。

1904 年，为解决瑞安普通学堂师资缺乏问题，学堂拨款三百银元，选派普通学堂中有一定算学功底的许藩、陈恺二人赴日留学，学习理化科，并要求他们回国后在瑞安普通学堂任教满三年。许藩、陈恺二人赴日后，入日本宏文学院理化科学习，一年后归国。回到瑞安时，普通学堂已不存在，于是二人分别在县中学堂和高等小学堂担任理化教习。[2] 孙诒让欲为普通学堂学生谋求进一步深造的机会，于是 1904 年 9 月 18 日，邀请普通学堂高材生家长于飞云阁内举行茶话会，孙诒让在会上发表意见，表示希望诸家长能支持自家子弟赴日本留学，如若同意，可由官费或者自费赴日，并于年内做好准备，会后陆续报名者 20 余人。[3] 由此瑞安形成出洋留学热潮，1902 年到 1911 年，瑞安县留日学生有姓名可考者就有 63 名，成为浙南留日人数之冠。

瑞安留日运动高涨除了孙诒让的努力之外，还得益于温处道童兆蓉的大力支持。童兆蓉（1838—1905），字绍甫，湖南宁乡人。光绪二十七年（1901）来温就任浙江温处兵备道署一职，为了解决师资问题，他大力支持学生赴日留学，并于光绪三十年（1904）五月向温州各县下达命令："通饬各属，有愿出洋学习师范者，由该县考送。"[4] 对考选合格的学生，童兆蓉给每名考生发放一百元的津贴，结果各县申请去日本留学的学生共 22 名。[5] 从此温州的留日风气被打开。

1　朱寿朋：《光绪朝东华录》，中华书局，1958年，第4719页。
2　孙延钊撰，徐和雍、周立人整理：《孙衣言孙诒让父子年谱》，第316、334页。
3　孙延钊撰，徐和雍、周立人整理：《孙衣言孙诒让父子年谱》，第320页。
4　胡珠生：《温州近代史》，第173页。
5　胡珠生：《温州近代史》，第173页。

第二节　清末瑞安籍留日学生概况

一、留日人数

清末瑞安最早赴日的留学生目前能确认的是林摄和黄瓒，二人均于1903年赴日，入日本陆军士官学校学习军事。继他们二人之后，瑞安陆续有学生赴日留学。瑞安籍学生赴日留学年份集中在1903年至1906年，其中又以1904年最盛，洪彦亮、洪彦远、薛楷、许璇等人均在1904年赴日，这主要是因为孙诒让的鼓励和温处道童兆蓉的支持。1903年至1906年是留日人数不断增加的时期，瑞安在1903年至1906年期间留日人数集中，一定程度上受到了全国留日趋势的影响。

二、留学科目

清末瑞安籍留日学生中有学习师范、法政、军事、工业、医学、经济、警务、农业和食品制造等专业的，其中人数较多的是师范、法政、军事和工业，其次是医学、经济、农业、警务和食品制造。瑞安留学师范、法政和军事的人数较多，在一定程度上受清政府实行清末新政之影响，新政需要大量师范、法政和军事人才。而且国内各地兴起了全民性的爱国救亡运动，有志青年希望以师范、法政、军事救国。其次，赴日学习工业、医学、经济、农业、食品、警务等这些专门科目的留学生人数也较多。清末前期留日学生学习专业以师范、军事和政法为主，到1908年"五校特约"留学计划启动之后，政府才进一步从政策上鼓励学生赴日学习实业。然而瑞安在1908年之后，已经很少有人赴日了，所以瑞安籍留学生赴日学习实科人数较多，更多是受瑞安当地"经世致用"文化传统和黄绍箕等人的提倡的影响。前文已提到瑞安有"经世致用"文化传统，瑞安学子在结合理论的基础上更注重实际。1895年，黄绍箕和孙诒让、洪锦标等瑞安同乡在家乡创办瑞安学计馆，培养算学人才，黄绍箕认为"泰西各种学问，皆发源于算学，此事有实据而无实谈。少年以此为初基，则心思自然静细，以后涉及政治、兵、商等务，亦必探求世纪，不敢率尔大言"。[1] 由此可见，黄绍箕尤其注重实学，鼓励"兴实学"救国。

三、留学费别

清末瑞安县留日学生费别有官费、公费、自费三种形式，公费一般指地方或学校出资，但有时在记录中与官费的界限模糊。总体上看，清末瑞安县留日自费生略多于官费生。义和团事件后，清政府为巨额赔款，国库空虚，留学经费有限。自1901年之后，清政府转变洋务时期由政府官派留学的政策，转为官费和自费并举的措施，除了一部分

---

[1] 谢作拳点校：《黄绍箕集》，第343页。

学生是由中央官派之外，政府也鼓励地方各省可以结合自己的省情派遣。1901年7月，张之洞等人在《变通政治人才为先遵旨筹议折》中称："官筹学费，究属有限。拟请明谕各省士人，如有自备资斧出洋留学，得有优等凭照者，回华后复试相符，亦按其等第，作为进士、举贡。如此则游学者众，而经费不必尽由官筹。"[1] 此后清政府又规定，若自费生考入日本公立大学或高等专门学校，则可以改为官费。自此，自费生人数激增，留日由开始的官费主导逐渐转向官费和自费并举，到最后自费生人数远远超过了官费生。而瑞安籍留日学生在清末官费和自费人数基本持平，或自费生略超过官费生，也是受到了当时大环境的影响。在官费留日学生中，有由南洋公学派遣的官费留日学生，如林摄和黄瓒；有由浙江政府派遣的官费生，如洪彦亮、许徵等；还有直隶官费生，如余纲；此外有五校官费派遣的留日生，如林大勋、唐翼等。还有由地方公费派遣的留日生，如许藩和陈恺二人则是由瑞安普通学堂出资赴日的，洪彦远则由浙江公费派遣留日。瑞安的官费和公费留日形式呈现出多样化的特征。其次，瑞安的自费留日生也占了很高的比例，甚至略多于官费生，在这些自费赴日的留学生中，至少有7名是瑞安望族——黄氏家族、洪氏家族的成员。自费赴日的黄曾铭、黄曾锴、黄曾詻和黄曾延是黄氏家族成员。洪彦亮、洪锦聪、洪彦谦则是瑞安洪氏家族成员。瑞安望族不仅是书香门第，注重家族成员的教育，而且在经济上也比较富足，故能够承担赴日留学之经费。

有文章指出晚清瑞安籍留学生在日本学习语言、军事、经济、工程、法政等多个科类，这些人中部分可直接确定与学计馆、方言馆有关联，如林文潜、林调元、黄曾锴、林大同、许璇等等，还有相当一部分虽难以查证，但能够确定的是孙、黄、项、洪等瑞邑望族的子弟。[2] 此外，瑞安许氏家族虽非瑞邑望族，但同样是书香门第，家境殷实。许氏家族在瑞安开有酿造坊，人称"许太和酿造坊"，由许培基创办。其子许黼宸为光绪年间举人，后成为广东候补知县，并且是瑞安农务支会六名司钱务之一。[3] 许黼宸膝下有六子，除长子早逝未赴日留学之外，其余五子许璇、许燊、许铸、许壬、许徵均赴日本留学，回国后在各自领域都有不小成就。这说明了自费赴日留学与家庭经济条件有密切关系。

此外，瑞安当地官绅也从经济上支持留学生自费赴日，如温处道童兆蓉给予每名考选合格人员100元补助，鼓励他们赴日留学。当时政府还规定，考入日本大学或高等专门学校者，可改为官费，以此举鼓励学生自费赴日留学。先是自费赴日，后改为浙江官费的有黄曾铭、林大同、洪彦亮和许徵四人，他们都是在考入东京帝国大学或东京高等工业学校后改为官费的。家庭的经济支持、地方官绅的鼓励以及政府的政策鼓励，使得

1　赵德馨主编：《张之洞全集》（4），武汉出版社，2008年，第14页。
2　徐佳贵：《地方士人与晚清地方教育转型——以浙江瑞安为个案的考察》，复旦大学硕士学位论文，2012年，第50页。
3　刘建国、陈传银：《近代温州农会研究（1897—1949）》，厦门大学出版社，2017年，第17、29页。

瑞安自费赴日留学生人数增加，与官费留学生人数大致持平，或略超过官费留日学生。

四、清末瑞安家族留日运动

在清末，同一家族的成员一同或相继赴日留学的例子屡见不鲜。当时的每一个留日学生，几乎成了留学的义务宣传员，他们通过书信鼓励自己的亲人好友留学，还有留日学生在家乡的刊物上刊载布告，号召乡人留日。1906 年，山东登州府有一位留日学生利用回国度假之机，到处劝人留日，于是登州府中闻风随往者有八九十人。[1] 而浙江也和全国一样，留日学生积极鼓励亲人、乡人赴日留学。1903 年浙江全体留日学生在《浙江潮》第七期上发表了《敬告乡先生请令子弟出洋游学，并筹集公款派遣学生书》，号召浙江学子赴日留学。文章称："以广义言之，东京多一留学生，即将来建设新中国多一工技师；以狭义言之，东京多一浙江留学生，即将来建设新浙江多一工技师。故我乡先生诸父叔伯而不欲兴浙，一任浙江之腐败溃烂，扩于他人之版图，而甘为其奴隶，为其犬马也则已。若其否也，则必谋所以救浙者，救之之策，则造就人才是也，造之之策，则出洋留学是也。"[2] 浙江在日留学生认为只有出国留学，才能造就新式人才，才能建设新浙江和新中国。而他们往往会先鼓动自己的亲人赴日，所以以家族为单位的清末留日现象非常普遍。

家族成员一同或相继赴日留学的情况在瑞安也表现得非常明显。上文已提到的黄氏家族和洪氏家族成员，还有瑞安林氏、许氏家族成员的留日，就是最好的例子。

瑞安黄氏家族有黄曾锴、黄曾铭、黄曾延、黄曾詻四人在清末赴日留学，民国还有黄宗甄赴日留学。黄氏家族是清末瑞安望族之一，且是书香门第，有着"比户书声"的美誉。且因黄氏家族有黄体芳、体芳之子黄绍箕、体立之子黄绍第、绍第之子黄曾铭皆入"翰林院"，故黄氏家族有"一门三代翰林"之称。黄绍箕 1906 年被任命为湖北提学使后，成为湖北省最高教育行政长官，他于 1906 年 8 月赴日本考察，在日本参观了日本教育设施后，深感国内教育的落后。他在致日本帝国教育会会长的信中称："述古先圣贤之粹义，参贵邦教育之精言。挹东海之波，润兹禹域；分扶桑之耀，照我神州。"[3] 认为中国应该学习日本先进的教育制度，以此振兴中国教育。黄绍箕归国后仿照日本学制，在湖北设立了湖北实业专门学堂，开办湖北师范学堂。同时也鼓励国内学子赴日学习，因此黄氏家族成员也在黄绍箕的带动下，选择留学日本。如黄绍箕的两子，黄曾延和黄曾詻均留学日本，其堂弟黄绍第的两子黄曾锴和曾铭也分别留学于日本。

据《孙延钊集》记载，瑞安黄氏第二十七世孙黄吉人生有三子，分别是黄体正、黄体立和黄体芳，黄体正生子黄子篯和黄百端，黄体立生子黄绍第和黄醴芝，黄体芳生子

1　王奇生：《中国留学生的历史轨迹：1872—1949》，第100页。
2　孙江东：《敬上乡先生请令子弟出洋游学并筹集公款派遣学生书》，《浙江潮》第7期，第5—6页。
3　谢作拳点校：《黄绍箕集》，第291页。

黄绍箕，黄绍箕生子黄曾延和黄曾詻，两子均留学日本。黄绍第系黄体立之子，黄绍第生子黄曾牧、黄曾锴、黄曾铭、黄曾凯，其中曾锴、曾铭都留学日本，黄曾锴的儿子黄宗甄也留学日本，回国后在中国科学院任职。[1]

洪氏家族也是瑞安大家族之一，据笔者统计清末民国洪氏家族赴日留学的有洪锦聪、洪锦麒、洪彦远、洪彦亮、洪彦濂、洪彦谦、洪彦淇、洪瑞荣、洪瑞楫、洪彦璋等九人。其中清末赴日留学的有洪彦远、洪彦亮、洪彦谦、洪锦聪四人。瑞安洪氏家族在明崇祯年间从安徽歙县迁来，明崇祯间，来自歙县的洪姓商贾贩布和墨到温州销售，后定居瑞安。[2]其后裔在瑞安林宅巷、柏树巷、后河街一带聚族而居，数百年后，形成一支大族，代出闻人。洪彦远1904年5月赴日，1907年进入东京高等师范学校深造，回国后担任温州十中（温州中学前身）校长，后又担任北京教育部视学，热心于教育事业。洪彦亮，东京帝国大学采矿冶金科毕业，1909年由第六高等学校升入东京帝国大学冶金科。洪彦亮从日本回国之后，在农商部矿业司担任技正，对中国矿业颇有研究，在杂志上发表多篇学术文章，为中国矿业的发展奠定一定理论基础。洪彦谦自费赴日，1909年前在东京正则学校学习。洪锦聪1905年赴日，毕业于日本东斌学校。洪氏家族成员先后赴日留学，毕业归国后在各自领域都有不小建树。

除了洪、黄两大家族之外，清末瑞安家族中有多人赴日留学的还有许氏、林氏家族等。许氏家族在瑞安设有"许太和酿酒坊"，家境殷实，许氏家族许黼宸育有六子，除长子早逝外，其余五子均赴日留学，回国后在教育界、军工界、法律界成就卓越，享有盛誉。次子许璇毕业于东京帝国大学农科，回国后从事农业教育，为农学界泰斗，并开创了农业经济学，是我国近代农业经济学的奠基人。三子许燊毕业于日本明治大学法律科，回国之后担任国会参议院议员。四子许铸早年留学早稻田大学，回国后一直从事温州地区的教育事业，曾任温州中学教师，开办瑞安第一所幼儿园。五子许壬毕业于日本法政大学，回国后担任浙江法政学堂民法教习、浙江第一法院院长等职。并编著《民法财产之民法债权》《债权总则》等民法著作，为我国近代民法发展奠定了理论基础。六子许徵于光绪三十年东渡日本，在日本东京帝国大学学习采矿冶金。回国之后致力于我国军工业，是我国近代著名冶金、兵工及热处理专家。一家五个兄弟一起赴日留学，回国后在近代中国的不同领域成为翘楚，在当时极为罕见，瑞安同乡称赞他们为"许太和五子"。

林氏家族也是瑞安大家族之一，据《西河郡林氏宗谱》记载："西河林氏，自晋司马禄公，随元帝南渡入闽，传至宋端揖公，始卜居瑞安上望裕仁里。继继绳绳，历八百

1　温州文献丛书整理出版委员会编：《温州文献丛书/孙延钊集》，上海社会科学院出版社，第222—223页。
2　王维奇：《瑞安洪氏家族》，陈成业、朱应松编：《瑞安文史资料第11辑》，政协瑞安市文史资料委员会，1994年，第3页。

余年于兹矣。"[1]林氏家族有林文潜、林大同、林大闿、林大勋、林大问、林大年、林大冏、林镜平、林镜贤九人相继赴日。其中在清末赴日留学的有林文潜、林大同、林大闿、林大勋、林大问五人。林文潜 1903 年赴日本预备入校。林大同 1906 年由浙江官费赴北海道帝国大学土木工程科学习，回国后为近代中国水利工程事业作出重要贡献。林大闿 1903 年赴日，1906 年官费进入东京高等工业学校机械科学习，回国后任农商部金事、矿政司司长等职。林大勋从第二高等学校毕业后，继入东京帝国大学火药科，1918 年毕业，获工学士学位。林大勋回国后担任汉阳兵工厂火药厂厂长、上海开成公司造酸厂厂长，并且是我国第一位制造无烟火药的工程师，为我国的军工业发展作出贡献。林大问 1908 年入明治大学，回国后担任农商部参事、瑞安县农会代表等职。

　　清末瑞安大多是家族多名成员一起赴日，回国后在各领域发挥自己的专长。这种家族多人相继留日的传统，一直从清末持续到民国。瑞安籍金嵘轩 1906 年赴日之后，又把自己的子女志庄、志纯、志昭都带到日本留学。还有前文提到的洪氏家族的洪瑞菜、洪瑞楫等人相继在民国赴日留学。瑞安项氏家族项桂荪、项锦裳等人也在民国赴日留学。此类例子还有不少，不一一列举。

第三节　清末瑞安籍留日学生的在日活动

　　以上分析了清末瑞安籍留日学生的留学背景、留学人数、科目、费别和留学的特点。本节探讨清末瑞安籍留日学生的在日活动，主要包括参与《浙江潮》的创办活动、参加"抗俄运动"、支援家乡教育建设等方面。

一、参与《浙江潮》的创办活动

　　自 1898 年清政府正式确立留日政策以来，前往日本的留学生人数不断增多，到 1904 年有三到四千人。[2]中国人自古就有很强的乡党意识，清末留日学生在日本往往也以各省或各府甚至各县设立各种同乡会，以加强同乡间的联系，而且不少同乡会还创办了刊物。这些刊物大多以介绍各国先进社会政治制度和宣传革命民主思想为主，其中影响较大的有湖北留日学生创办的《湖北学生界》，江苏留日学生创办的《江苏》，浙江留日学生创办的《浙江潮》等。《浙江潮》于 1903 年 2 月在东京创刊，是清末浙江留日学生同乡会的综合性刊物，内容丰富，兼具启蒙、救亡、学术、爱国等多重目的。该杂志

1　佚名：《西河郡林氏宗谱》，王晓东、苏尔胜主编：《瑞安牒谱文献汇编》，中国文史出版社，2020 年，第 13 页。
2　[日]实藤惠秀著：《中国人留学日本史》，谭汝谦等译，三联书店，1983 年，第 36 页。

185

自发行以来，销量较大，杂志从 1903 年起，前后共发行十二期，每期销量多达 5000 册以上，可见《浙江潮》的受欢迎程度。《浙江潮》每期目录大致分为图画、社说、论说、学术、大势、谈丛、记事、杂录、小说、文苑、日本见闻录、新浙江与旧浙江等门类。浙江留日学生在《浙江潮》上投稿，或介绍日本的政治国情，或评价家乡的教育和经济情况，或翻译日本书报作品等。清政府为维护其统治，曾将《浙江潮》等留日学生创办的刊物视为禁书，因怕受到清政府的打击，大多数留日学生在《浙江潮》上发表文章时不署真实姓名，而是笔名。

《浙江潮》一经发刊，浙江各地的许多留学生都以投稿等方式参与其中，温州籍留日学生也不例外。据胡珠生介绍，《浙江潮》第五期有东欧女士张静仪（疑为张志俊）所刊载的诗作《题秋海棠补蟋蟀》《题竞争图》《题黑白牡丹》《题黄白菊花》《题桃花宝剑》等五首和一篇未署名的《温州乐清县教育部》，第九期和第十期分别刊载的有《温州东山风景图》和《瓯江一览》等。[1]

在《浙江潮》上发表文章的瑞安籍留学生有孙任（孙诒棫）和林文潜。孙诒棫（1880—1925），字季芃，号季重，留学日本时改名为孙任，字公侠，为孙锵鸣六十四岁所生第十子，因其长兄早逝，人称"九少爷"，是宋恕的妻弟。孙任在瑞安时于 1902 年 6 月发动解放缠足运动，同年 11 月和好友林文潜一起向孙诒让建议创办瑞安演说会，通过向群众宣讲的方式达到移风易俗的目的。[2]孙任于光绪二十九年正月自费留日，到日本后就一边准备入学，一边参与《浙江潮》的编辑工作。孙任也是温州留日学生在《浙江潮》发表作品的第一人。[3]在 1903 年 4 月 17 日发行的第四期《浙江潮》的《调查会稿》栏目中刊载了《温州瑞安县城内教育区所表》[4]。该文章虽未署名，但孙任的姐夫宋恕在 1903 年 6 月 12 日的家书中有"学生风波大作，海内公文遍到，可速请恺、忱诸弟严谕季芃万万格外小心，不可再入演说所，再作《浙江潮》"[5]的内容，据此胡珠生推测《温州瑞安县城内教育区所表》当为孙任所发表。[6]孙任在该表中共介绍了瑞安的十所学校和三所学会。该表首先介绍了瑞安的中学校——瑞安普通学堂，介绍了学堂的设立年月、办学经费、师生人数、学校干事、教习和教学科目等。其次介绍了瑞安的东南隅蒙学堂、西南隅蒙学堂、东北隅蒙学堂、西北隅蒙学堂和速成公塾，分别从学校设立时间、经费、师生人数、学校教习和教学科目等方面进行了介绍。此外还介绍了瑞安女学校一所（女学蒙塾）、实业补习学校三所（实用学塾、工商学社、商务学社）、瑞安的农学会、武备学社和瑞安演说会等三所瑞安会社，最后孙任介绍了瑞安正在建设之中的学校以及

1　胡珠生：《温州近代史》，第197页。
2　胡珠生：《温州近代史》，第201页。
3　余振棠：《瑞安历史人物传略》，浙江古籍出版社，2006年，第217页。
4　《温州瑞安县城内教育区所表》，《浙江潮》第4期，第177页。
5　宋恕著，胡珠生编：《宋恕集》，中华书局，1993年，第717页。
6　宋恕著，胡珠生编：《宋恕集》，第717页。

会社四所，并介绍了会社发起人的名字。最后孙任认为："瑞安文明为各州县冠，数年以来教育事宜，尤长足进步。今城内地方三里，居民不过数千家，而教育方面之布置，已如此严密，吾知三年之后，教育普及之盛轨，必先于瑞邑见之，谨表之以为吾《浙江潮》之光荣。"[1]可见孙任对瑞安的教育事业之发展深感自豪，认为浙江教育之普及，必先以瑞安为开端。

此外，在《浙江潮》的第一期和第二期上刊载了《浙声》一文，第一期的《浙声》中有一段关于温州"工社会"的描写，文章未署真实姓名，只有笔名"文诡"。胡珠生通过将其与孙任诗作《题奇顾侠士戎服影像》的内容进行对比分析，推测《浙声》中这段介绍温州"工社会"的篇章很可能是由孙任撰写。[2]另外，胡珠生还认为孙任诗作《重阳日》中的诗句"亡鬣于今三百载"等明显具有反清思想，而且宋恕曾在家书中也告诫孙任不可再作《浙江潮》，因此推断这篇署名"文诡"的文章和孙任等人有关。[3]孙任认为温州人民的民风质朴、地理位置靠大海、粮食物产丰富，而温州人民富于排外之性质，实业思想不会受到外界社会所影响，且温州人有着尚武之传统，而发展工业社会，需要的正是这种蛮力。温州在各方面都适合发展工业，但因温州交通不发达，故商业先机皆落入他人之手，若温州再不发展工业，就会远远落后于浙江其他地方。孙任撰写此文旨在警醒温州人民抓住机会愤以自治，否则东瓯十余年后无富家矣。可见孙任虽身在日本，但时刻心系家乡的建设。

除了在《浙江潮》上发表文章，孙任还积极参加瑞安留日学生在日本的革命活动。面对俄国肆意占领东三省，孙任与其他中国留日学生一起集会于东京锦辉馆，声讨沙俄侵占奉天暴行，并在五月间联合其他温州籍留日学生共同发表《抗俄宣言》。

与孙任一同在《浙江潮》上发表文章的瑞安籍留日学生还有林文潜。林文潜（1877—1903），字左髓（州髓、周髓、洲髓），又名政友，出生于瑞安学前林宅。原为瑞安学计馆学生，后就学于杭州东文学校，在校日语成绩优秀，和孙任一同参与瑞安的维新运动。如和孙任等人协助孙诒让创办瑞安演说会，并担任演说会副会长，在瑞安发起速成公塾，而且计划创立师范研究会和词曲改良会等。[4]1903年3月，26岁的林文潜自费赴日，不久便在《浙江潮》第四期上发表了《论欧美报章之势力及其组织》[5]一文，署名筑髓。

林文潜在《论欧美报章之势力及其组织》一文中主要论述了"报纸"对于社会的重要性，认为报纸承载了人民的意愿，是实现社会民主化的极为重要的工具。他从三个层

1　《温州瑞安县城内教育区所表》，《浙江潮》第4期，第179页。
2　胡珠生：《孙诒械诗集》，谢智勇点校：《温州历史文献集刊/第三辑》，南京大学出版社，2013年，第23页。
3　胡珠生：《温州近代史》，第197页。
4　《温州瑞安县城内教育区所表》，《浙江潮》第4期，第178—183页。
5　筑髓：《论欧美报章之势力及其组织》，《浙江潮》第4期，第13页。

面讲述了报纸对于社会民主化的意义。首先从政治上而言，报纸为民众提供了了解和监督国家政治情况的平台。在以前的西方社会，国家议会主权被少数人所操控，普通民众无法了解到议会的情况。而今，议会情况通过报纸呈现在民众面前，使全国民众也可以全面了解到国家的议会动态，并有权发表自己对议会的看法，这样就避免了议会被少数人操纵而又流于专制的局面。有了民众的参与之后，甚至形成了"今地球各国渐渐乎有政府命令议会议决，非报馆赞成不能施行之政体矣"的趋势。其次，从国际上而言，报馆承载了人民群众的意愿。第三，从社会层面来看，报纸承担了"开民智"的重要责任，若要使人民群众参与国家的建设，则国民整体的文化素质就显得至关重要。在文章最后，林文潜认为我国的报纸虽刊载了各种政治意见，其议论政治的风潮可谓激烈，然而更多的是顶着"新闻德义"之名义，净刊载一些于社会革新无用之文章，更有甚者，甚至帮着清政府一起愚弄民众。显然，他作此文之目的，主要是希望中国的报纸能和欧美报刊一样，真正做到承载人民意志，为民主社会服务。

孙任通过《浙江潮》对外宣传家乡瑞安的教育设施，激励温州人民抓住机会融入社会大流，兴办工业。林文潜则放眼全世界，论述报纸对于开民智、实现社会民主化的意义，对中国的新闻报纸寄予厚望，希望中国的报纸也能发挥其开民智、承载民愿之作用。可见，孙任和林文潜虽身在日本，但仍时刻心系中国以及家乡的社会、经济、教育建设。

二、参加"抗俄运动"

1901 年初，俄国出兵占领了我国东北三省，1902 年 4 月，中俄订立了《中俄交收东三省条约》，规定俄国军队必须在 18 个月内分三期从东北撤兵，俄国最初勉强履行条约规定从东北撤兵，但到 1903 年 4 月第二期撤兵时，俄国违背约定，继续派兵重新占领营口驻扎，还向清政府提出七项新的侵略要求，企图长期占领东北。4 月 28 日，日本报刊披露这一消息后，在东京的中国留日学生义愤填膺，开始商量抗俄对策。据《浙江潮》记载："次晨，留学生会馆干事及各评议员立即开会，汤君槱提议电致南北洋请其主战。钮君永建提议留学生自行组织义勇队以抗俄，并以为国民倡，众皆赞成。午后开全体大会于锦辉馆，到者五百人。"[1]500 余名留日学生于东京锦辉馆召开全体大会，公推汤槱为临时议长，由留日学生汤槱、王璟芳、钮永健、叶澜等人相继发表演讲，声讨沙俄侵华罪行，动员留日学生组织抗俄义勇队以回国奔赴前线参与战斗。演说者慷慨激昂怒斥沙俄罪行、申明自己以身报国之决心，集会于馆内的留日学生无不痛哭流涕，纷纷签名加入抗俄义勇队。"一时登台演说，声泪俱下者凡数十人，时有来签名者，汤君槱

1　日本东京浙江同乡会杂志部编：《浙江潮》第4期，第130页。

必告之曰'此死籍也宜慎'，签名者皆神色自若。"[1] 到 4 月 30 日签名入队的留日学生就达到 130 余人，其中浙籍留日学生有俞大纯、叶澜、许寿裳、潘国寿、石铎、钟杰、钱丰保（女）等 17 人，[2] 其中石铎为温州乐清籍留日生。这 17 人中虽没有瑞安籍留日学生加入，但瑞安籍留日生林调元听闻俄国拒不撤兵的消息，带领温籍其他 16 名学生起草了《温州留学生敬告同乡书》，书中倡议所有温籍留日学生组织一支独立军队，待开战之期决定之后，束装返国，与俄国人抗争到底。

瑞安籍林骏甲辰十二月廿三日的日记中，记载了林调元起草的《温州留学生敬告同乡书》。《同乡书》的附录载有起草者姓名："温州留学生林调元、陈蔚、孙任、黄瓒、许鞭、林文潜、吴钟镕、王鸿年、朱鼎彝、陈华、游寿裳、黄曾延、曾错、曾铭、林大同、大闾、张正邦。"[3] 其中瑞安籍留日学生除林调元外，还有孙任、黄瓒、林文潜、黄曾延、黄曾错、黄曾铭、林大同、林大闾等 8 人。这 17 名参与起草的温籍留日学生中，瑞安籍留日学生占了近一半，可见瑞安籍留日学子爱国热情之高涨和以身报国之决心。现摘录《温州留学生敬告同乡书》部分内容如下：

> 瓯人留学十八人矣，而挺身不顾，为民从命于死不复还之义勇队者，独一乐清之石宗素（铎）。诸君！诸君！岂我等之畏死遁死哉！我十七人公任其第二义务，俟开战期决，束装反里，誓与诸君出死力，鼓我瓯人尚武之精神，造就军国民之本领，组织一独立军，以待死期之至。左手搴旗，右手悬首，同就流血之场，与碧眼红髯儿决一撼地震天之大战于数百里瓯江之滨。宁藏尸江心，葬身鱼腹，誓不认作一刻之奴隶，一时之牛马，则我瓯民为支那之史上放一缕之光线，而留一大纪念。（中略）
>
> 我述至此，哭无泪无声。悲哉！痛哉！我等何忍述是书！我述此书，一字一泪，一泪一血，滴笔管而沾尽一幅江户川笺，发竦眦裂，余哀绕梁，然我等乌敢不忍述此书，与我诸君，我少年，我同胞，公哭之，公奋之。[4]

林调元等温州籍留日学生响应东京留日学生的号召，起草《敬告同乡书》，这篇长达数千字的文章，字字句句弥漫着对国家主权遭受侵略的悲愤之情。温州以林调元为首的留日学生拟发挥东瓯独有的尚武精神，以行动报国，遂准备束装返乡，组成一支独立军，参与抗俄的战斗。

1　日本东京浙江同乡会杂志部编：《浙江潮》第4期，第132页。
2　桑兵：《清末新知识界的社团活动》，三联书店，1995年，第78页。
3　温州市图书馆编，沈洪保整理：《林骏日记》下篇，中华书局，2018年，第628页。
4　杨天石、王学庄：《拒俄运动1901—1905》，新华书店，1979年，第139—140页。

抗俄义勇队已有 130 余名留日学生参加，此外，还派了两名留学生代表赴天津，向北洋大臣袁世凯要求出兵抗俄，并表示义勇队可编入北洋军麾下。但抗俄义勇队成立不久就遭日本政府镇压，被迫解散。5 月 11 日，留日学生再次集会于锦辉馆，秘密成立"军国民教育会"，并立订了《军国民教育会公约》，以"养成尚武精神、实行爱国主义"为宗旨，继续抗俄运动，并派代表回国活动。但清政府极端仇视这些抗俄的留日学生，忌惮他们成为推翻清政府的革命力量，于是秘密缉拿回国活动的留日学生。在留日初期，留日学生中大多倾向于君主立宪思想，并未萌生坚定的反清反封建的革命意识，直到 1903 年的拒俄运动，清政府残酷镇压留日学生之后，许多留学生才认清清政府的真面目，他们从最初的改良思想逐渐转变为反清革命思想。

华兴会和光复会等革命团体也是在"拒俄运动"的背景之下形成的。1904 年 2 月湖南籍黄兴、陈天华、刘揆一等回国后，在湖南成立了华兴会。而浙江籍会员陶成章、魏兰、龚宝铨等人则回上海和浙江进行活动。1904 年 11 月 20 日，由陶成章、魏兰、龚宝铨、蔡元培等人在上海正式成立光复会。1905 年初，光复会又派陶成章赴日本东京，同年 2 月在东京成立了光复会分会。分会成立后，鲁迅、许寿裳、孙翼中、董鸿祎等留日学生纷纷在东京加入光复会，温州一些留日学生在经历"抗俄运动"斗争之后，也对清政府失去信心，所以当以推翻清政府、光复汉族为目标的光复会分会在东京成立后，也积极地加入其中。乐清籍的石铎、陈梦熊，平阳籍游寿宸等人分别加入光复会，而林调元则是瑞安最早一批加入光复会的会员，与林调元同时加入光复会的瑞安籍留日学生还有黄瓒、王萧卿。[1] 林调元、黄瓒和王萧卿也一样，林调元和黄瓒曾参与起草《敬告同乡书》，决意和俄国侵略者决一死战，但清政府对留日学生抗俄运动的无情镇压，使他们也走向推翻清政府的道路，毅然参加光复会，实开瑞安反清革命之风气。

三、支援家乡教育建设活动

留日学生们即便身在海外，也时刻关注家乡建设，瑞安留日学生也是如此。瑞安籍许燊在东京留学期间，心系家乡的教育事业，他提议温州要广开师范学堂以培养中国的师资，并提议温处二州十六县厅联合起来，创办总学务处，便于管理。

许燊（1879—1943），瑞安人，光绪二十九年（1903）自费入宏文学院，后入法政大学，光绪三十三年（1907）九月从法政大学退学继入明治大学专门部法律科。[2] 许燊在留日期间与同乡留日学生石铎等人于 1904 年 11 月 13 日召集温州府和处州府的同乡，于神田锦辉馆商议内地教育事业，拟开温处师范学务处。他认为："今日学务固不能不取法东西各国为改良之地。然派遣留学，经费既巨，又不能得多数，且非七八年或十年

1　陈觉民辑：《光复会党人录》，陈夏红编：《辛亥革命实绩史料汇编·组织卷》，中国大百科全书出版社，2011 年，第 190 页。
2　浙江学务公所编：《浙江教育官报》，浙江学务公所，1908 年，第 73 页。

之久不能学成归国。而内地学界万不能待十年后少数之学生为之振作，势非于内地广开师范学堂、培植中小学普通教员不可。"[1] 许桑目光长远，深知一味靠派遣留学，不能解决国内教师缺乏之难题，且所需经费甚多，而要真正兴起国内教育，势必要培养国内师资力量。若要广开师范，则需聘请上等教习，需要花费一定资金，因此认为："温处两府十六县厅如能会办，则经费易筹，气魄较大，其造就能遍及十六县厅，学成散入各县改良学校，规则必能齐一。且有总设机关为之提倡，非唯于学务上易于调查，将来地方一切举动，两郡皆有密切关系，实至要之举也。"[2] 于是温州留日学生们按照锦辉馆商量的共同意见，向温处道童兆蓉提出意见，表示希望设立两府学务机构。童兆蓉一直提倡新学，当即同意。1905 年 11 月 18 日，温州学务分处正式成立，孙诒让担任学务分处总理。温州学务分处在孙诒让的主持下，其作用得到显著发挥，在温州学务分处的组织下，温州各县还设立了劝学所，各县的新式学堂数量显著增加，"在学务分处全体人员的共同努力下，先后筹建教育经费 50 万元，成立学堂 300 多所，办学风气极为高涨，温州教育一时间突飞猛进，处于全省最前列"。[3] 以许桑为代表的温州籍留日学生们身在日本也时刻关心家乡教育，他们推动了温州建立温处学务处，和当地乡绅志士一同促进了温州新式教育发展，使温州教育走在浙江省前列。而许桑本人回国后也曾投入教育行业中，1910 年，许桑在浙江私立法政学堂担任法政教习，将自己在日本所学法律知识传授给国内学子。

第四节　清末瑞安籍留日学生归国后的活动

清末瑞安籍留日学生回国后，在近代中国各领域发挥专长，为近代中国的变革与发展做出贡献，也从侧面反映出了清末留日学生在近代中国历史上所起的作用。以下主要通过清末瑞安籍留日学生回国后在近代中国的教育、军事、政治、实业四个领域的活动，来探讨他们对近代中国发展变革作出的贡献。

一、教育活动

1.从事教育的留日学生人数考察

清末留日学生归国后多从事教育、军政、商业、医学、农业等职，其中从事教育者人数最多。由于清政府施行新政，其中一项重要内容便是教育改革，"兴学育才"成为

1　胡珠生：《温州近代史》，第205页。
2　胡珠生：《温州近代史》，第205页。
3　胡珠生：《温州近代史》，第209页。

新政的主要内容之一，学习师范成为留日学生的首选。此外，不仅仅是师范生，很多非师范专业的留日学生回国后也投身教育行业。这些留学生们回国后领导创办新式学堂、提倡新学制、设置新课程、参与翻译编撰新式教科书等。他们凭借在日本学习到的先进的教学管理经验，在教育行政岗位上破除旧的教学理念，给近代中国教育带来了新的风气。更多的留日归国学生站在教育第一线，在课堂上执教，灵活运用新的教学方法将国外先进知识传授给国内学子。

瑞安也和全国一样，清末民国时期很多瑞安籍学子远渡东洋学习师范，回国后充实了家乡的师资队伍，缓和了瑞安师资紧缺的困境。如1904年孙诒让派陈恺和许藩二人赴日本入宏文学院学习速成师范科，他们回国后继续到瑞安学堂任教，缓和了瑞安普通学堂师资缺乏的问题。其中1902年至1911年清末瑞安籍学生赴日学习师范的共有10人，如表5-1所示：

表5-1 清末瑞安籍师范科留日学生名单

姓名	学校	专业	赴日时间	入学时间	毕业时间	费别
陈恺	东京宏文学院	数理化	1904年12月	1904年12月	1905年12月	地方官费
许藩	宏文学院速成师范	数理化专修科	1904年12月	1904年12月	1905年12月	地方官费
岑崇基	早稻田大学留学生部	物理化学师范专门研究科	1905年10月	1905年10月	1908年	浙江官费
洪绍芳	早稻田大学留学生部专门科	博物师范科	1905年10月	1905年10月	1909年	官费
黄公冕	早稻田大学	师范科	1906年	1906年	1909年	官费
唐震	早稻田大学专门科	师范科	1905年10月	1905年10月		官费
项廷骅	早稻田大学留学生部专门科	物理化学科	1905年10月	1905年10月	1909年	官费
项同钦	早稻田大学留学生部	理化师范科	1906年	1906年	1909年	官费
洪彦远	东京高等师范学校	数学科	1904年5月	1907年2月	1911年3月	浙江公费
金嵘轩	东京高等师范	教育学	1906年	1914年	1923年3月	官费

瑞安籍学生赴日学习师范的时间集中在1904年至1906年，且基本是官费或者公费留日。另外，清末时期赴日学习非师范专业，回国后从事教育的瑞安籍学生至少有许铸、许壬、许璇三兄弟。

2.瑞安籍留日学生的归国教育活动

清末瑞安籍留日学生回国后投入教育事业，充实了温州的师资力量，推动了温州教育的发展，有的留学生回国后成为教育界的翘楚。

许藩和陈恺二人都是由瑞安普通学堂选拔赴日留学的。1902 年，学计馆、方言馆合并，改为瑞安普通学堂。孙诒让因理化科合格教师缺乏，计划选派普通学堂两名教师赴日留学，以充实瑞安普通学堂的师资力量。于是孙诒让和温处道童兆蓉通饬各县选送优秀学员二人，赴日公费留学。孙诒让和黄绍箕等人联合举荐瑞安普通学堂青年教师陈恺和助教许藩二人赴日，由学堂承担 300 银元的留学经费。二人赴日留学之前，孙诒让和他们签订了合同，其中与许藩签订的合同原件现保存在瑞安玉海藏书楼内。合同原文如下：

> 普通学堂开办三年，理化一科，尚未开课，实本堂一大缺点。今经同事诸公议定，派算学助教许介轩君游学日本，专习速成理化一年，毕业以后，愿任本堂算学理化两科。理宜订立合同，以昭执守，胪列于后：
>
> 一、由堂内抽提常年入款墨银三百圆，以为游学之费。分三期付，第一期于临行时先付一百圆，第二第三两期，俟明年三月、七月付全数。
>
> 二、须习理化科，不得擅入别科，否则须赔偿第一期学费，唯证人是问。
>
> 三、毕业之后，须在本堂任教三年，不得别就他馆，亦不得中途托故辞退。议定第一年薄奉修缮墨银六十圆，第二年八十圆，第三年一百圆。以后两面合意，再行续订。否则堂内同时不得强制执行。
>
> 光绪三十年十一月廿八日订立合同[1]

合同内容对经费有详细规定，并且规定许藩赴日后，只能学理化科，且回国后须在普通学堂任教满三年。许藩、陈恺二人赴日后，入日本宏文学院理化速成师范科学习一年。据《温州留东同乡录》记载，许藩毕业于东京宏文学院速成师范科，二人一年后归国。回到瑞安时，普通学堂已不复存在，二人遵守合同约定，分别在瑞安县中学堂和高等小学堂担任理化教习，成为瑞安学有专长的数理教师。

洪彦远（1879—1958），字民础，又叫岷初，瑞安人。据《清国留学生会馆第四次

1　温州市政协文史资料委员会编：《温州文史资料创刊号》，温州市政协文史资料研究委员会，1985年，第45页。

报告》记载，洪彦远光绪三十年三月即公历 1904 年 5 月赴日。[1]另外《清末各省官自费毕业生姓名表》记载洪彦远 1904 年 5 月赴日，先入宏文学院普通科学习三年，1907 年 2 月入东京高等师范学校数物科。[2]《东京高等师范学校一览/大正 7 年度》载洪彦远明治四十四年（1911）3 月毕业于东京高等师范学校数物科。[3]由此可知洪彦远于 1904 年 5 月赴日，先入宏文学院学习完预备课程，三年之后，转入东京高等师范学校数物科深造四年，1911 年春毕业。《官报》第 26 期还记载了 1909 年洪彦远在东京高等师范学校预科实验班的成绩：

表5-2　洪彦远东京高等师范学校预科实验班成绩单[4]

姓名	伦理	国语	汉文	英文	数学	国画	音乐	体操	班次
洪彦远	丁	丁	甲	丙	丙	乙	丙	丁	甲

从洪彦远的成绩表来看，他最好的是汉文，其次是国画，英文和数学都是丙级，但与洪彦远同期的学生中，在英文和数学这两科取得的最高成绩是乙等，由此可见洪彦远在这两科中取得的成绩大致属中等。

1911 年洪彦远毕业回国后开始了他的教育生涯，他先后在河北保定师范学校和浙江两级师范学校任教，1915 年至 1917 年担任浙江省立第十中学（现温州中学）数学老师兼校长。[5]在任期间，他广聘良师，亲自担任教学工作，编写讲义，以培养优秀人才。洪彦远对于成绩优异但家庭贫困的学生给予关注，慷慨解囊资助其完成学业。在洪彦远担任十中校长期间，他曾资助著名数学家苏步青赴日留学，这在当时的温州传为一段佳话。苏步青 1915 年考入温州十中，学习成绩优异，尤其擅长数学这一门课，洪彦远也是东京师范高等学校数学科出身，对于数学成绩突出的学生尤其关注。"苏步青在十中读书时，洪彦远担任苏步青的几何老师，有一次，苏步青用了二十种不同的方法证明了一条几何定理。校长洪岷初知道后，欣喜万分，亲自把苏步青叫到办公室，告诫苏步青要好好读书，最好将来能够出国留学"。[6]1919 年，17 岁的苏步青从十中毕业，想要赴日本深造，但因家境贫寒，无法承担学费，于是试着给已在教育部任督学的洪彦远写信请求帮助，结果"洪先生果然从北京寄来银圆二百大洋，资助他去日本留学"。[7]苏步青在洪彦远的资助下得以入日本东京高等工业学校深造，回国后成为中国著名的数学大师。苏步青曾撰写《怀念我的老师》一文，其中特别提到了洪彦远资助他赴日留学一

1　清国留学生会馆：《清国留学生会馆第四次报告》，第75页。
2　佚名：《清末各省官自费毕业生姓名表》，沈云龙主编：《近代中国史料丛刊续编第五十辑》，文海出版社，1978年，第190页。
3　東京高等師範学校編：《東京高等師範学校一覧·大正 7 年度》，第382页。
4　留日学生监督处：《官报》第26期，第390页。
5　余振棠主编：《瑞安历史人物传略》，第210页。
6　王超六：《数学之乡师承佳话——洪彦远与苏步青》，政协瑞安市文史资料委员会编：《瑞安文史资料·第七辑》，政协瑞安市文史资料委员会，1989年，第58页。
7　胡毓达：《数学家之乡》，上海科学技术出版社，2011年，第25页。

事，以缅怀洪校长对他的栽培之恩。在 1982 年的温州中学校庆上，苏步青贺诗云："穷乡僻壤旧家贫，五柳池边勤读身。岷老怜余如幼子，叔师训我作畸人。学诗无计追苏白，筹算犹期继祖秦。饮水思源同八十，小词遥祝鹿城春。"[1] 诗中的岷老指的就是洪彦远，苏步青称洪彦远待他就如自己的幼子一般，此等肺腑之言，感人至深。

1918 年初，洪彦远辞去浙江省立十中校长一职，赴北京担任教育部视学，奉教育部命令考察各地所办学校以及当地的教育情况。如 1919 年《教育公报》刊载："兹派本部视学洪彦远、黎惠中视察河南教育状况。仰即遵照此令。"[2] 洪彦远在任期间，遵照教育部下达的命令认真做好视察工作，且为人正直，廉洁奉公，获得称赞。这一点，从他对子女的教诲中也可以看出。洪瑞棻、洪瑞槎在《缅怀先父彦远洪岷初校长》一文中，提到父亲总是教育他们"做人要忠厚老实，持家要克勤克俭。服人以德，待人忠厚"。[3] 洪彦远不仅在教育上尽职尽责，对政治也颇为关心，看到国家动乱之时，他义不容辞地伸张国家正义。1915 年袁世凯称帝，洪彦远愤慨万分，独自署名通电向全国表示反对。当日军侵占温州时，他不畏强暴严词拒绝日伪军的威逼利诱，和家人避居乡间。日军撤退后，他不顾自己年事已高，出任瑞安抗敌后援会副主任委员。洪彦远于 1958 年病逝，享年 80 岁。

许黼宸四子许铸（1880—1955），名治荪，1903 年入早稻田大学预科[4]，毕业回国后一直从事温州地区的教育事业，许铸在民国初年曾和朱自清先生一起任温州中学教师。20 世纪 30 年代初，他曾在会文里许氏宗祠创办幼儿园，开了瑞安幼儿园教育事业之先河。40 年代担任西南小学校长，广纳贤士，使西南小学师资充足，校风优良，成为当时的模范小学。[5] 新中国成立后，他成为县第一届政协委员和第一届县人大代表，并将许太和家族全部房产无偿捐献给国家作为校舍。

许黼宸五子许壬（1884—1924），字养颐，毕业于日本法政大学，是我国司法界老前辈和近代著名民法专家。光绪二十九年随三兄、四兄赴日，先入宏文学院，后就读法政大学，与胡汉民、程树德等同班，深受该校教授所器重，并以优等生毕业，回国后主要从事法学教育和法政工作。据《清国留学生会馆第五次报告》记载，许壬在光绪二十九年（1903）十月自费入宏文学院。[6] 另据己酉（1909）年夏调查的《温州留东同乡录》记载，许壬毕业于东京法政大学速成科，1909 年已归国。[7]1906 年末到 1907 年初，留日学生阮性存等在浙江巡抚张曾敭的支持下创办了浙江官立法政学堂。开设课程

1　胡毓达：《数学家之乡》，第25页。
2　《教育公报》第10号，中华民国八年四月十九日，第6版。
3　洪瑞棻、洪瑞槎：《缅怀先父彦远洪岷初校长》，政协瑞安市文史资料委员会编：《瑞安文史资料·第十一辑》，政协瑞安市文史资料委员，1994年，第2页。
4　《温州留东同乡录》（己酉夏调查），上海图书馆藏，1909年，第15页。
5　余振棠：《温州历史人物传略》，浙江古籍出版社，2006年，第208页。
6　清国留学生会馆：《清国留学生会馆第五次报告》，第82页。
7　《温州留东同乡录》（己酉夏调查），第15页。

有宪法、国际公法、国际私法、政治学、刑法、民法、物权、民事诉讼法、商法、法学通论等。而许壬毕业回国后即到该校任教，学堂招募的老师大多都从日本学校的法律专业毕业。1910 年的《浙江官立法政学堂教师一览表》共统计了到堂任教教师 22 名，其中留日学生 17 名，大多毕业于日本法政大学、早稻田大学、日本中央大学、明治大学等学校。据《浙江官立法政学堂教师一览表》记载，许壬毕业于日本法政大学，于光绪三十二年九月到法政学堂担任民法总则、债权教习。[1] 由此可见，许壬 1906 年已经从东京法政大学速成科毕业归国。1910 年，许壬又担任浙江私立法政学校教员。浙江私立法政学校为杭州籍留日学生陈敬第私人集资创办，为中国私立法政学校之嚆矢，学堂设正科四年，别科三年。《私立法政学校一览》记载，该校开设政治学、政治史、宪法、行政法、民法、商法、刑法、国际公法、国际私法、外交史、统计学、理财学等学科。[2] 其课程设置也基本按照官立法政学堂的规章，任课老师也和官立法政学堂一样大多由留日学生担任。《私立浙江法政专门学校纪略》统计在该校任教的留日学生共有 41 人，其中在该校任教的瑞安籍留日学生有许壬（民法总则教习）、虞廷恺（行政法教习）、洪达（商法总则教习）、洪彦远（伦理学教习）四人。因学校是私立，浙江私立法政学校还设有维持员（相当于校董会）。学校章程规定浙江私立法政学校发起人均为维持员，有愿加入者应于开会时由维持员三人以上介绍，经会议承认后即为维持员。维持员的主要工作是负责学校经费之筹集，负责学校的预算决算财务等。瑞安籍许壬、虞廷恺、许燊、林大同、黄曾铭均为私立法政专门学校维持员。[3] 直到 1918 年 8 月，私立法政学校因为经费等原因停办，该校学生全部转入公立法政学校继续完成学业。许壬除了担任法律教育工作之外，还曾担任浙江第一地方法院院长、省宪议会议员等职务。并且师从日本近代民法国父梅谦次郎，回国后参照梅谦次郎的著作和日本民法编纂了《民法财产之民法债权》《债权总则》《民法债权各论》等与民法债权相关书籍，为近代中国的民法研究奠定了基础。1924 年许壬因病去世，在故乡瑞安安葬。杭州有地名"养颐里"，"养颐"为许壬字，据说为纪念他而命名。

岑崇基，字成器、晴溪，瑞安三都岑头村人，是瑞安名士张枫门生。《官报》第 31 期记载岑崇基光绪三十一年（1905）入早稻田大学留学生部理化科[4]，《早稻田大学中国留学生同窗录》记载岑崇基明治四十二年（1909）早稻田大学师范研究科毕业。[5] 岑崇基在"百名师范生"选拔考试合格后赴日本早稻田大学留学，毕业后继入早稻田大学师范研究科深造，1909 年回国。1924 年《浙江公报》曾载《浙江省长公署指令第七四七号令》，

1　浙江学务公所编：《浙江官立法政学堂教师一览表》，《浙江教育官报》第90期，浙江学务公所，1911年7月，第77页。
2　浙江私立法政学校编：《浙江私立法政学校一览》，浙江图书馆古籍库藏，1911年，第24页。
3　浙江私立法政学校编：《浙江私立法政学校一览》，浙江图书馆古籍库藏，1911年，第17、18页。
4　留日学生监督处：《官报》第31期，第93页。
5　留学早稻田大学中国学生同窗会编：《早稻田大学中国留学生同窗录》，留学早稻田大学中国学生同窗会，1908年，第61页。

称教育厅"委瑞安县教育局局长岑崇基兼代通俗教育演讲所长"[1]，可知岑崇基曾担任瑞安县教育局局长并兼代通俗教育演讲所长。岑崇基在日本求学时，对日本的教育建设颇有了解，也自然对国内，特别家乡的教育建设特别关注。1906年，尚在日本早稻田大学就读的岑崇基曾寄信给他的老师张棡，岑崇基建议张棡带头发起瑞安蒙小学堂的设立。他在信中陈言，现在虽科举已停、各地都开办的有公、私学校，城乡各地都开办了蒙小学堂。然而温州虽也开设有府县学堂，可名额有限，若要出国留学，家庭经济条件也是一个重要问题。所以他认为必须开设蒙小学堂，理由是"今日地方事宜，舍学校别无当务之急，亦舍先生谁为发起之人?向者普之胜法，俾士麦、毛奇二人乃归功于小学；今日本胜俄，海陆大将亦有此言。然则蒙小学堂虽仅以开一乡一邑风气，而强国强家之道实基于是"。[2]最后岑崇基建议温州开设蒙小学堂，设立几名办事人员以筹集经费，经费不足可以就地筹捐。在信的末尾他提到让自己的老师张棡带头发起创办温州蒙小学堂，以振兴温州的小学教育。岑崇基和瑞安大多数留日学子一样，在日本感受到新的时代气息之后，及时将信息传回家乡，以求家乡能与时代接轨。

此外，还有项廷骅，字声初、性础，瑞安小东门人。《官报》第8期记载项廷骅光绪三十一年九月进入早稻田大学留学生部理化科，[3]也是"百名师范生"之一，次年9月师范科毕业。项廷骅回国之后担任了温州师范学堂教习，1926年亡故。[4]洪绍芳1905年10月由官费赴早稻田师范大学留学生部学习，[5]在早稻田大学师范科本科毕业之后，继入研究科深造，并于1909年毕业。[6]

这些瑞安籍留日师范生回国后，活跃在教育第一线，教书育人，破除了旧的教育体制，将西方新文化和新思想传播给国内青年学子，促进了近代浙江教育事业之发展。而金嵘轩和许璇可以说是其中的杰出代表，他们在日本高等学府深造，回国后借鉴日本的教育模式，对国内学校的教育进行大刀阔斧的改革，大大促进了近代中国教育事业的发展。

3.教育界的瑞安籍留日学生重要人物

（1）浙南著名教育家——金嵘轩

金嵘轩（1887—1967），温州近代著名教育学家，生于1887年11月21日，瑞安县林垟村人，原名金桐熙，号嵘轩。祖上系林垟书香门第，诗书之家，祖父在世时，家境宽裕，到金嵘轩父亲金光藻这一代，家道已经中落。嵘轩七八岁时，父母双亡，姐妹兄

1　《浙江公报》第747号，中华民国十三年，第4198期。
2　张棡撰，俞雄选编：《张棡日记》，上海社会科学院出版社，2003年，第106页。
3　留日学生监督处：《官报》第8期，第66页。
4　王维奇：《二十世纪前半叶瑞安籍留日、留欧、留美学生》，政协瑞安文史资料委员会：《瑞安文史资料第十辑》，政协瑞安文史资料委员会，1993年，第116页。
5　佚名：《清末各省官自费留日学生姓名表》，第39页。
6　留学早稻田大学中国学生同窗会编：《早稻田大学中国留学生同窓録》，第69页。

弟六人寄住在亲族家。

1892 年，五岁的金嵘轩入林垟私塾读书，启蒙老师是瑞安著名学者金晦（金鸣昌）[1]。金晦讲求经国济民之学，被人们称为"布衣党"，和孙诒让、黄绍箕并称"瑞庠三君"。金晦喜爱研究佛老之学，对晚清腐败的清政府强烈不满。金嵘轩在他的影响下，也喜爱研究佛老之学，他曾说"在我幼小的心胸中也种下了对佛老的爱好和对现状不满的情绪"。1906 年，19 岁的金嵘轩在当时维新思潮影响和启蒙老师金晦的鼓励之下东渡日本留学。据《温州留东同乡录》记载，金嵘轩 1909 年时 23 岁，毕业于东京宏文学院。[2] 可见金嵘轩东渡日本之后，先在宏文学院读书。在金嵘轩留学期间，正值国内革命运动高潮，许多革命人士在日本大力宣传革命。金嵘轩在东京听了章太炎的群经及佛学的讲座后，曾说"从此，对佛学有更深一层的体会，对民族革命也有了初步的认识"。《第一次留学生调查报告书》第二册记载，金嵘轩 1912 年时在日本东洋大学佛教科学习，[3] 可见金嵘轩对于佛教的确有过系统专业的研究。

1911 年，金嵘轩因病休学回乡调养，在乡间自修学习，1912 年再度赴日，1914 年考入日本东京高等师范学校教育历史法制经济科学习。[4] 在这期间，结识了章太炎、陶成章等著名革命党人，深受民主革命影响。在日求学期间，金嵘轩听到日本人称中国人为"东亚病夫"，他义愤填膺，相约和几个中国留学生一起练气功，练太极拳，锻炼身体，练就强壮的体魄，而且常年坚持用冷水洗澡，锻炼自己坚强的意志。据金嵘轩的儿子金志纯回忆："先父直至古稀之年，仍每晚以冷水擦身。他任省立第十中学校长、济时中学校长时，每天鸡鸣即起，带领学生早操，炎夏寒冬，从未间断。"[5]

1920 年 3 月，金嵘轩从日本东京高等师范学校毕业。[6] 金嵘轩从日本留学回国之后，即开始了他的教育生涯。他 1922 年任浙江省立第十中学教师，兼任浙江省立第十师范学校教员。1923 年 10 月，十师并入十中，校名仍为浙江省第十中学校，金嵘轩任师范部主任。不久，被浙江省教育厅厅长张宗祥委任为十中校长。[7] 金嵘轩任十中校长之初，正值中国军阀混战之际，学校教育经费紧张。金嵘轩身为校长，为了解决经费问题，四处奔走筹款，甚至以私人名义贷款。他的学生回忆："先生皆自向当地银行钱庄，万端筹措。但商人每不信任官厅，先生不获已以私人名义，贷款以应教职员薪修，及各店账

1　金晦（1849—1913），字鸣昌，号遁斋，林垟林中村人，与瑞安许启畴、陈虬、陈介石等共结"求志社"，讲求经国济民之学，人称"布衣党"，与黄绍箕、孙诒燕同称"瑞庠三君"，著有《治平述略》《无始以来天人性命之本原》等书，曾在家乡林垟创办勤业小学（林垟学校前身），1913年卒于温州。

2　《温州留东同乡录》（己酉夏调查），第5页。

3　《第一次留学生调查报告书》第二册，大正三年七月调查，第56页。

4　金振棠主编：《瑞安历史人物传略》，第236页。

5　金志纯：《先父金嵘轩二三事》，政协瑞安县文史资料研究委员会编：《瑞安文史资料第3辑》，政协瑞安县文史资料研究委员会，1985年，第90页。

6　東京高等師範学校編：《東京高等師範学校一覧・大正 7 年度》，第382页。

7　余振棠主编：《瑞安历史人物传略》，第236页。

之用焉。”[1]1927 年南京国民新政府成立，省教育科长朱兆萃便电邀还在温州十中任校长的金嵘轩赴杭担任省教育厅督学，1928 年在日本留学生监督处任学务科科长，继续在日本考察教育。《中华民国驻日留学生监督处一览》中有关于金嵘轩到日本任驻日留学生监督的记载：金嵘，41 岁，瑞安人，日本东京高等师范学校毕业，前浙江省立第十中学校长，现任监督处总务科长，民国十七年九月到任。[2]1929 年金嵘轩回国后调任浙江省地方自治专修学校教务主任，同时 1930 至 1931 年任浙江省教育厅第三科科长。《浙江教育行政周刊》第 36 期刊载一则金嵘轩担任教育厅第三科科长的记载：“本厅以省立图书馆长杨立诚业经辞职，所遗馆长一职，调委本厅第三科长赵冕接充，业志本刊，至所遗教厅第三科长一职。提经省政府委员会通过委任金嵘轩继任。金君系日本高等师范毕业，曾充本省省立第十中学校长，现任本省省立地方自治专修学校教务主任兼教员云。”[3] 金嵘轩自充任地方自治专修学校教务主任和教育厅科长之后，便不再任温中校长一职。但金嵘轩当年在温中以私人名义积累的债务并没有了结，加上继任者继续的借贷，使得温州十中债台高筑。据《温中校刊》第十期刊登的《金嵘轩先生毁产偿校债》一文记载：“张道藩氏继为厅长，先生改任科长，即由张氏向省府提案，以公债票代偿，从先生议也。同时各省立中学，集团索款，群以本校为中心，省府始准。然仅草草发半数耳，不足者，先生乃变卖己产补偿之。”[4] 省府虽应允以公债票代偿，但是发放的金额只有半数，远不够偿还温中债务。金嵘轩为了解决温中欠下的债务，毅然变卖祖上田产，才勉强偿还。金嵘轩“毁产兴学”的义举，在当时社会引起强烈反响，赢得了“重才逾惜宝，兴学雅挥金”的美誉。

1929 年至 1934 年，金嵘轩在浙江省地方自治专修学校任教务主任兼教员。在此期间，曾发表多篇关于社会教育、健康教育、劳动教育等相关的理论著作和论文。他的这些教育理念大多参考自日本、德国、丹麦的教育模式。他借鉴外国的先进教育体制，再结合中国教育的实际，将其运用于实践，为中国教育现代化开辟了新的道路。

1935 年初至 1939 年 7 月，金嵘轩先后在南京正中书局编辑部、江苏省立镇江中学、福建省立师范学校、浙江省立温州师范学校任职。1939 年 8 月到 1945 年 7 月，金嵘轩到永嘉县济时中学任校长。金嵘轩在济时中学，推行“战时教育”，以推行地方自治、促进乡村文化、提倡生产教育、发挥劳作精神作为办学目标。1945 年 8 月到 1946 年 7 月，任瑞安县立中学校长，1946 年 8 月到 1949 年 9 月，又重新担任浙江省立温州中学

1 董朴垞：《金嵘轩先生毁产偿校债》，温州市金嵘轩先生诞辰百周年纪念筹备委员会编：《瓣香集：纪念金嵘轩先生诞辰百周年 1887—1987》，温州市金嵘轩先生诞辰百周年纪念筹备委员会，1987年，第214页。

2 驻日留学生监督处编：《中华民国驻日留学生监督处一览》，驻日留学生监督处，1929年，第11页。

3 《教育行政周刊》，中华民国二十一年，第46期。

4 董朴垞：《金嵘轩先生毁产偿校债》，温州市金嵘轩先生诞辰百周年纪念筹备委员会编：《瓣香集：纪念金嵘轩先生诞辰百周年 1887—1987》，第215页。

校长（前身为浙江省温州第十中学）。[1] 1951 年金嵘轩参加中国民主同盟会，并于 1955 年任民盟温州市委员会主任委员，后又被选为温州市副市长。1956 年任温州市体育运动委员会主任，1958 年任温州师范专科学校校长等职。1967 年 10 月 9 日，因"文化大革命"的迫害，不幸病逝于温州，享年 80 岁。金嵘轩从 19 岁起一直到 80 岁，一生都和教育结缘，回国之后归学乡邦，为浙南的教育发展作出了不可磨灭的贡献，成为浙南最著名的教育家。

金嵘轩除了在教育上极具奉献精神之外，他能够成为浙南著名的教育家，最重要的是他在教育上有着良好的理论修养和务实的作风。在 20 世纪 20 年代末至 30 年代中期，他在《教育杂志》《中华教育界》等期刊上发表《最近日本劳动者教育运动概观》《劳动服务与公民教育》《欧美各国劳动者教育运动概况》《现代日本教育思想的变迁和派别》《日本对华的文化侵略政策》《最近日本教育上的几个实际问题》《日本社会事业的概观》《丹麦的勤劳教育运动》等论文。他收集德国、丹麦、日本等各国的教育改革概况，并总结思考写成论文以启发国内的教育。他的教育理念主要参考了欧美、日本的教育模式，然后运用到实际办学过程中去。因金嵘轩早年在日本东京高等师范学校留学，所以他对日本的教育体制是最了解的，在他所有发表的论文之中，论述日本教育模式的文章也最多，如 1930 年，金嵘轩在《教育杂志》期刊上发表了至少四篇关于日本教育的论文。金嵘轩主要介绍论述日本自明治维新之后的新的教育体制、教育派别、劳动教育、日本教育存在的问题等，涉及日本教育的方方面面，可见金嵘轩对日本教育的了解程度之深。1931 年金嵘轩在《教育杂志》期刊上发表了《最近日本劳动者教育概观》[2]一文，文章介绍了日本劳动者的受教育程度，和日本劳动者的教育设施。1930 年，他又在《教育杂志》上发表了《最近日本之农村教育运动——关于丹麦式国民高等学校之推行情形》一文，此文主题是介绍日本农村教育之种种，主要介绍日本国民高等学校协会和日本国民高等学校的概况。金嵘轩认为，只有振兴中国的农村教育才能振兴农村，挽回民族灭亡之危局。"要救这个危机，还是靠热诚于农村社会改造的教育理想家与实行家出来倡道，举办像上面那样着眼于青年的农村教育"。[3]金嵘轩通过介绍日本农村教育想引起国内读者的注意，希望国内也能参考日本的模式振兴中国农村，培养中国农村的新青年。

金嵘轩对日本教育体制最了解，介绍日本教育制度相关的论文最多。自然，他在实际办学过程中，也更多参考日本的教育模式。以他在永嘉济时中学的办学活动为例，济时中学的很多教育举措都参考了日本的乡村教育模式。1938 年，为适应抗战需要，浙南

---

1 黄来仪：《金嵘轩先生生平简表》，温州市金嵘轩先生诞辰百周年纪念筹备委员会编：《瓣香集：纪念金嵘轩先生诞辰百周年 1887—1987》，第58页。

2 金嵘轩：《最近日本劳动者教育概观》，《教育杂志》，中华民国二十年，第8期。

3 金嵘轩：《最近日本之农村教育运动——关于丹麦式国民高等学校之推行情形》，《教育杂志》，中华民国十九年，第12期。

一批文人志士在温州永嘉县创办私立济时初级中学，1939 年校董会聘金嵘轩为校长。金嵘轩虽没有像前几年那样写出洋洋洒洒的论文，却在治校过程中，将日本教育理念融入实践，使济时中学成为浙南最早推行教育与生产劳动相结合的学校。金嵘轩在济时中学上任的第一年，即开始制定办学目标，让学校社会化、社会学校化，金嵘轩的办学宗旨是使教育应适抗战时代，实施乡村中学教育，养成能改造中国社会、促进民族文化之健全青年。金嵘轩在《济中一览序言》中称："我校的教育设施，有两种特征：一为本校产生于抗战时期，提倡军事化生活，亦即纪律化生活；二为本校设立于山乡僻地，特别着重于农业教育，提倡劳动化生活，亦即生产化生活。"[1] 而金嵘轩所实行的"乡村教育"模式以及其具体的目标，主要借鉴了日本的乡村教育模式。金嵘轩 1935 年出版《乡村教育与民众教育》一书，在书的第二章中，金嵘轩介绍说明了外国的乡村教育运动，其中提到日本，在描写日本的乡村教育运动时，他开门见山地说："日本吸收西洋文明，建设新兴国家，其国情有与我国相近者，尤其是农村经济和农村状况，更觉到彼此有互相沟通之处。"[2]

金嵘轩治理济时中学，他所提倡的乡村教育是一个特色，还有一个特色便是注重体育卫生教育。金嵘轩早年赴日本东京高等师范学校留学专修教育学，对于日本的体育卫生教育颇有研究。日本自明治维新之后，学习借鉴西方国家的健康教育，并在国内践行。而金嵘轩在日本时也极注意锻炼身体，金嵘轩在日本留学期间，曾和同学一起相约练气功，打太极，并常年用冷水擦身沐浴，强身健体，以洗"东亚病夫"的耻辱，晚年也坚持锻炼身体，从不懈怠。据他的一位学生回忆道："我们大多数学友从初中起就进了温中念书。第一天上早操时，我们就看见一位精神矍铄的老人，先于我们来到操场，搓着双手走来走去。以后，几乎天天如此，他以自己的行动告诉我们，读书必须有个健康的体魄。"[3] 金嵘轩自东高师毕业回国后发表多篇关于欧美和日本的体育健康教育的论文，希望借鉴日本等国的经验，在中国实行健康教育，强壮中国人的体魄。1932 年《中华教育界》杂志第二十卷第二期刊载了金嵘轩的《日本健康教育之设施》一文，此篇文章对日本学校的健康教育政策和设施等各方面一一考察介绍，他在文中写道："日本的各级学校，无论大学，高等，专门，中等学校，初等学校，幼稚园乃至青年训练所，至现在莫不有学校或园医或训练所医等的设置。"[4] 从前的日本校医只是例行给学生做体检，消极应对学生的健康问题，但现已从消极应对转为积极的疾病防治。

金嵘轩作为浙南最著名的教育家，一生服务桑梓，将自己奉献给了教育。他早年赴

1　金嵘轩：《济中一览序言》，浙江省永嘉县政协文史委员会编：《济时中学七十年》，永嘉县政协文史委员会，2007年，第187页。
2　金嵘轩：《乡村教育与民众教育》，正中书局，1935年，第20页。
3　佚名：《金校长与母校温中的名字连在一起》，温州市金嵘轩先生诞辰百周年纪念筹备委员会编：《瓣香集：纪念金嵘轩先生诞辰百周年1887—1987》，第126页。
4　金嵘轩：《日本健康教育之设施》，《中华教育界》，中华民国二十一年八月，第二十卷第二期。

日本东京高等师范学校求学，学习日本先进的教育制度，考察日本的学校教育模式和设施，发表多篇有关教育的著述和论文，并将这些教育理念付诸实践。

（2）农业教育"一代宗师"——许璇

许璇（1876—1934），字叔玑，农学家、农业教育家，我国农业经济学科奠基人。许璇出生在瑞安县渔篁街，家有"太和"酿造坊，父亲许黼宸是光绪十五年（1889）举人，学识渊博，曾任孙家塾师。许黼宸有六子，许璇排行老二，长子因早逝名号不详，其他四子分别是许燊、许铸、许壬、许徵。许璇及其弟均赴日本留学，回国后在农学界、教育界、政界、工业界都有不小的建树。兄弟五人都赴日留学，这在当时的瑞安极为罕见，故被瑞安乡人誉为"许太和五杰"。

1901 年 10 月，南洋公学东文学堂招生，初定三十名，最终录取四十名，许璇榜上有名。据 1923 年《南洋公学东文学堂同学录》所载东文学堂 46 名学生名录，许璇名列其中，与许璇一同曾在东文学堂学习日文的瑞安籍学生还有洪锦襄。[1]1903 年初许璇任瑞安中学东文教师。[2]1903 年秋天，许璇赴湖北就职于湖北学报馆，在湖北学报馆翻译局任职一年多以后，被选拔至日本留学。据章鸿钊自传《六六自述》记载："翌年（1904）初春，予犹在广州。时当局有派遣东西洋留学生之议，予虽为饥饿所驱，迫供他职，而求学之心无时或息。国内学校率多有名无实，又鉴于东文学堂之覆辙，尤懔懔视为畏途，且舍职求学又非予心所安，则惟以谋得官费出洋留学为上策。（中略）遂于四月初由藤田师领导，选拔生二十许人，从香港换乘美国蒙古号海轮，赴日本。是时所最喜慰者，同行中尚有东文学堂旧同学四人，即陶俊（吕善）、许叔玑（璇）、盛霞飞（德镕）、周作民是也。"[3]由此可见，许璇于 1904 年 4 月由南洋官费被选拔赴日本留学。赴日之后，许璇入京都第三高等学校预备班学习，1906 年 6 月 29 日毕业，获京都第三高等学校特设预科班普通学科文凭。[4]

许璇从第三高等学校特设预科毕业后，继续在京都第三高等学校第二部学习。据章鸿钊回忆："初广东政府令各省在京都预备一年，再分投各校专攻其所志之学科，此预订之计划也。（中略）预备一年将满，而学校当局熟察诸生成绩，除准陶君善转入札幌农科大学预科，及予转入第三高校本科外，其余均须延长补习一年。（中略）第三高等学校内分三部：学文、法二科者入第一部；学理、工、农三科者入第二部；学医者入第三部。"[5]许璇 1907 年继续在京都第三高等学校第二部学习，1910 年从第三高等学校第二部毕业。[6]此后，许璇继续入东京帝国大学农科深造，1910 年 10 月 8 日的《官报》"农科

---

1 张小宇、李军编：《许璇纪念文集》，中国农业出版社，2021年，第118页。
2 《温州瑞安县城内教育区所表》，《浙江潮》第4期，第177页。
3 章鸿钊著：《六六自述》，第15、16页。
4 中华农学会编：《中华农学会许叔玑先生纪念刊》，中华农学会发行，民国二十四年，第20页。
5 章鸿钊著：《六六自述》，第18页。
6 中华农学会编：《中华农学会许叔玑先生纪念刊》，第20页。

大学农学科一年生"名单中有"许璇"的名字。[1] 大正二年（1913）七月，许璇从帝国大学农学科毕业，《日本东京帝国大学卒业生氏名录》记载大正二年七月毕业的农科学生共有 34 名，许璇名列其中。[2]

1913 年 8 月，许璇回国后即任北京大学校农科大学教员兼农场场长。[3]1914 年 3 月，北京大学校农科大学改组为国立北京农业专门学校，许璇仍担任农学科教授兼农场场长。1916 年 3 月 20 日至 4 月 20 日，许璇利用春假带领农学科三年级的 17 名学生赴日考察农业，回国后发表长篇报告《视察日本农业纪要》。[4] 许璇有在日本学习农业的经历，对于日本的农业有深刻的了解。他知道闭门造车，只学习书本上的理论知识而不亲身实践是无法有所收获的。中国的农业不兴，而日本农业已经革新，遥遥领先于我国。他率领学生赴日、朝鲜考察，通过比较国内外农业状况，让学生开拓更广阔的视野，增长学生们的见识，培养他们实践能力。从这篇长达数万字的《考察日本农业纪要》中，也可见此次赴日考察所下功夫之深。许璇在任教国立北京农业专门学校期间，也曾多次率学生赴日本考察农业，以使学生获得更直观的体验，更好地学习外国先进农业技术。

1918 年，许璇辞去农场场长一职，专心教学。同年 8 月，北京农业专门学校初次开设《农政学》和《农业经济学》。[5] 由于《农业经济学》这门课国内尚无人开设，许璇则开了讲授《农业经济学》的先河，他是近代中国农业经济学的开创者和奠基人，许璇为了讲好这门课程，旁征博引，引经据典，不辞辛苦地收集国内外各种资料，态度谨慎，对于完稿还要一遍一遍订正，生怕出纰漏。他的学生——著名农业经济学家汤惠荪回忆道："先生的讲义和演讲稿用的材料，不是直接抄袭来的，而都是经过缜密的思考，并且把它融化过的。尤其是他所用的统计材料，必定要经过再三的推敲，更加以比较和估计，认为无大错误，方始采用的。"[6] 后来他的助教把他的农业经济学讲义整理成书籍，书名为《农业经济学》，该书成为大学指定教科书。

1922 年 11 月，教育部发布委任令，命许璇暂代理国立北京农业专门学校校长一职。[7] 他一上任就开除了几名学生，这在当时是一件大事，他的好友梁希回忆："民国十一年，许璇初次做北农校长，履新不到一个月，开除了几个学生。那个时候，学生大似皇帝，皇帝还好开除么？大逆不道！然而他老先生竟反了。反么？罢课！这是天经地义，没有理由可以申说的。许璇没有办法，不彻底，毋宁走，递了一道呈文，不到校了。"[8] 为了平定学生罢课的学潮，教职员做宣传，发传单想劝说许璇收回成命，甚至一

---

1 张小宇、李军编：《许璇纪念文集》，第126页。
2 日本東京帝国大学编：《日本東京帝国大学卒業生名録》，日本東京帝国大学，大正十五年，第314页。
3 中国农业大学档案馆编：《中国农业大学史料汇编》，中国农业大学出版社，2005年，第201页。
4 国立北京农业专门学校杂志社编：《国立北京农业专门学校杂志》，国立北京农业专门学校杂志社，出版年不详，第241页。
5 中国农业大学档案馆编：《中国农业大学史料汇编》，第152页。
6 汤惠荪：《叔玑先生的追忆》，《中华农学会许叔玑先生纪念刊》，第151页。
7 《教育公报》，中华民国十一年，第11期。
8 梁希：《黄垆旧话》，中华农学会编：《中华农学会许叔玑先生纪念刊》，第154页。

面上呈教育部平定学潮，一面函请许璇继续任校长整顿学风。许璇不为所动，坚决要离职，他离职后，学校大多数教职员也追随他而离校。

1924 年 2 月，浙江省教育厅聘任许璇为浙江省甲种农业学校校长，7 月甲种农业学校改组为浙江公立农业专门学校，许璇继续担任校长，浙江省高等农业教育由此开始。[1] 12 月许璇调任国立北京农业大学（前身为国立北京农业专门学校）校长。1927 年 6 月许璇辞去国立北京农业大学校长一职，回任浙江公立农业专门学校教授。后该校改组成国立第三中山大学劳农学院，仍任教授兼农业社会系主任。[2]

1927 年，许璇赴日本京都帝国大学农林各学会联合大会演讲，主题是《中国农业生产之将来》，许璇在大会上就中国的耕地面积、土地生产力、中国乡村自耕农等问题展开演讲。1928 年 6 月，浙江筹建浙江省农民银行，7 月浙江省政府任命许璇担任筹备处主任。[3]10 月，浙江省创办合作指导人员讲习所，浙江省政府任命许璇担任所长一职。[4] 1929 年 1 月，国立浙江大学劳农学院改组为国立浙江大学农学院，许璇任农政学教授、农业社会系主任兼教务主任。[5] 许璇在国立浙江大学农学院任教期间，担任浙江大学农学院湘湖农场设计委员会委员、设立农业推广部、兴办农村合作社等。

1931 年 4 月，许璇回任北京大学农学院院长。同年 11 月，因原浙江大学农学院院长谭鸿熙辞职，农学院缺乏一位在农学界德高望重之人主持，于是请许璇额任农学院院长一职。在许璇任浙江大学农学院院长期间，在《申报》的《经济专刊》栏目上发表《农村复兴与农民之关系》《洋米征税与粮食自给》等文章，还在《蚕声》第二卷第一期上发表《对于蚕丝业问题之我感》一文。许璇曾在东京留学，对日本蚕丝业的历史和发展比较了解。他认为："中国今日蚕丝业虽为日本所侵凌，而蚕丝之生产条件，实远胜于日本。日本能以数十年之努力，夺我在世界市场之首位，我独不能积极改良，继续奋斗，于数十年内、收回蚕丝业之霸权也。"[6] 近代日本的蚕丝生产业远远领先于中国，但许璇对中国蚕叶仍持有信心，认为若继续奋斗努力，他日必然力压日本，重振雄风。

许璇一生从事农业教学，虽职务经常发生更替变动，但始终在教育岗位上教书育人二十余载，直到病逝案头。他为振兴我国农业，早年赴日留学深造专修农科，回国后开拓了我国农业经济学教育的先河，带头创建农村建设实验区，为近代中国农业教育作出了卓越的贡献。

1　张小宇、李军编：《许璇纪念文集》，第164页。
2　张小宇、李军编：《许璇纪念文集》，第189页。
3　《浙江建设厅月刊》，中华民国十七年，第14期。
4　《浙江建设厅月刊》，中华民国十七年，第18—19期。
5　张小宇、李军编：《许璇纪念文集》，第202页。
6　许璇：《对于蚕丝问题之我感》，《蚕声》，民国二十二年，第二卷第一期。

二、军事活动

1.从事军事活动的瑞安籍留日学生人数考察

甲午一役，中国惨败，朝野上下纷纷寻求救国良方。清政府总结日本战胜的原因是"专用西法取胜"，痛感"一代有一代之兵制，一时又有一时之兵制，未可泥古剂以疗新病，居夏日而御冬裘也"。[1] 清政府意识到若再不改革国内军事制度，清王朝就会覆灭，遂痛下决心，对传统军事进行改革，设立大批新式军事学堂，以学习现代化军事知识。1895 年到 1911 年国内设立的新式军事学堂约有 70 余所。[2] 新式学堂虽设立，然而缺乏合格的军事教习，张之洞、袁世凯等接连派遣学生赴日入陆军士官学校学习，这些留日生回国后充当军事学堂教习，培养国内合格军事人才。

关于近代赴日士官生的人数，根据郭荣生校补的《日本陆军士官学校中华民国留学生簿》整理统计得出自 1900 年第一期到 1936 年第二十九期，约有留日士官生 1490 名，其中浙江籍留日学生 91 名。[3] 如第二章所述，浙江是近代中国最早派遣军事留学生的省份，1898 年 8 月中国正式确定留日政策，而浙江在此之前的 1898 年 4 月就已派遣 8 名学生赴日，其中 4 名是从浙江武备学堂选派的萧星垣、徐方谦、段兰芳、谭兴沛。这 4 名武备学堂的学生到达日本后，入日本陆军士官学校的预备学校——成城学校学习，他们是中国近代最早的军事留学生。在清末，温州地区也陆续派遣军事留学生赴日，有学者统计从 1898 年至 1911 年，温州赴日留学总人数为 135 人，而赴日习军事的留学生共有 22 人。[4] 笔者统计从 1902 年至 1911 年，瑞安县的军事留日学生可考者共有 8 人。具体名单如下：

表5-3　清末瑞安籍军事科留日学生名单

姓名	学校	专业	赴日时间	入学时间	毕业时间	费别
林摄	陆军士官学校	第三期工兵科	1902 年 5 月	1903 年	1904 年 12 月	南洋官费
黄瓒	陆军士官学校	第三期骑兵科	1902 年 5 月	1903 年	1904 年 12 月	南洋官费
沈靖	陆军士官学校	第六期步兵科	1903 年 5 月	1907 年	1908 年 11 月	南洋官费
何浩然	陆军士官学校	步兵科第七期	1903 年	1908 年	1910 年 5 月	官费
陈志谦	陆军士官学校					
项骓	振武学校		1908 年			官费
洪锦骢	东斌学堂		1905 年			自费
陈觉	东斌学堂				1909 年	

1　鲍威尔：《1895—1912年中国军事力量的兴起》中译本，中华书局，1978年，第20—30页。
2　苏云锋：《中国现代化的区域研究·湖北》，"中研院"近代史研究所，1981年，第261页。
3　数据来源于郭荣生（校补）《日本陆军士官学校中华民国留学生簿》，文海出版社，1977年。
4　详见《学生留日形成高潮》，胡珠生著《温州近代史》，第192—199页。

瑞安籍的留日军事生留学学校集中在日本陆军士官学校。林摄和黄瓒两人 1902 年赴日，成为可考的瑞安县最早的军事士官留日学生。晚清瑞安籍留学生赴日时间集中在 1902 年至 1908 年，辛亥革命之前毕业回国。1911 年辛亥革命爆发，大部分留日士官生都回国参加革命，很少再有学生赴日。除洪锦聪是自费赴日，陈志谦、陈觉费别不详外，其他留学生都是官费赴日留学。因为清廷害怕这些留日士官生回国之后会成为推翻清政府的革命力量，所以对留日军事生严加控制，自费赴日学习军事的学生相对较少。如成城学校在明治三十七年之前，官费自费生比例各占一半，但自明治三十七年以后成城学校已无自费生。[1] 洪锦聪系自费生，所入东斌学堂是寺尾亨博士于 1903 年在东京创设的军事学堂，专收自费赴日不被振武学校或日本陆军士官学校收录的中国留学生。1902 年清政府驻日公使蔡均阻止留日学生进入成城学校学习，1903 年清政府又全面禁止自费生留学陆军士官学校，一些具有革命思想的有志青年更不被振武学校、陆军士官学校等军校收录，因此这些学生选择自费进入东斌学堂学习军事。和洪锦聪一起入东斌学堂的还有陈觉，虽没有查明他的费别，估计和洪锦聪一样也是自费赴日。此外还有陈志谦因进入陆军士官学校深造，应是官费赴日。

2. 瑞安籍留日学生归国军事活动

晚清瑞安籍留日士官生，他们在日本积极参加爱国革命活动，如林摄、黄瓒在日本参加"拒俄运动"，发表《抗俄宣言书》，声讨沙俄罪行。回国之后，林摄和沈靖参加辛亥革命和二次革命。项雅、何浩然等人回国后担任军事教官，培养了大批国内新式军事人才。这些瑞安籍留日士官生对中国的政治变革和军事现代化发展作出了重要贡献。

黄瓒，字仲玉，和林摄一起入日本陆军士官学校第三期（1903 年 12 月入学），1904 年 11 月毕业。[2]《最新中国官绅录》记录黄瓒由南洋官费入陆军士官学校第三期骑兵科，明治三十七年（1904）毕业。[3]《清国留学生会馆第二次报告》记载黄瓒光绪二十八年（1902）一月赴日，由南洋官费入成城学校陆军。[4] 由此可见，黄瓒 1902 年由官费赴日本入成城学校（振武学校前身），1903 年 12 月进入日本陆军士官学校第三期骑兵科，并于次年 11 月毕业。 黄瓒在日本和林摄一起参加了光复会，并和林摄带头起草《抗俄宣言书》，回国之后，黄瓒又积极支持浙江光复运动。辛亥革命后，革命党人掌握实权，浙江建立浙江军政府，黄瓒担任司令部军务科科长一职。[5] 在担任官职的同时，黄瓒还在《南洋兵事杂志》期刊上发表多篇军事类文章，如《南洋兵事杂志》1906 年第 2 期刊载了黄瓒的《通论：军国民书（未完）》一文，在 1907 年第 7 期和第 8 期的《南洋兵事

1　舒新城：《近代中国留学史》，上海科学技术文献出版社，2014 年，第 63 页。
2　郭荣生（校补）：《日本陆军士官学校中华民国留学生簿》，文海出版社，1977 年，第 11 页。
3　支那研究会编：《最新支那官绅录》，支那研究会，1918 年，第 394 页。
4　清国留学生会馆：《清国留学生会馆第二次报告》，第 16 页。
5　汪茂林主编：《浙江辛亥革命史料集·第八卷》，浙江古籍出版社，2014 年，第 94 页。

杂志》上又分别刊载了《骑兵之学术：马政改良说》和《通论：军国民书（续第二期）》两篇文章。黄瓒对日本的骑兵制度有着自己独到的见解，他在《骑兵之学术：马政改良说》[1]一文中，黄瓒论述了军马对于骑兵的重要性，认为"骑兵为一军之耳目，军马则为骑兵之手足"。黄瓒在日本陆军士官学校骑兵科学习，对日本骑兵的发展历程深有研究，日本从明治维新之后引进西洋马种，对本地马种进行改良，从而壮大了日本的骑兵力量。他认为中国若效仿日本，中国的骑兵亦必有大进步。黄瓒撰文提倡中国应效仿日本进行马种改良，给近代中国骑兵力量的发展提供了理论方向。

何浩然，字洛夫，继林摄、黄瓒之后入日本陆军士官学校。据《官报》第12期记载，何浩然振武学校肄业，1907年进入陆军部第三师团步兵科第六联队实习。[2]《日本陆军士官学校中华民国留学生簿》记载，何浩然明治四十一年（1908）11月入学，明治四十三年（1910）5月毕业，官费进入陆军士官学校第七期步兵科。[3]陈予欢《保定陆军军校将帅录》记载，何浩然毕业归国之后，在保定军官学校担任战术教官，[4]当时民国一大批高级将领都曾是他的学生。此外，何浩然还曾在1932年担任浙江龙泉县县长。[5]在担任县长期间，因工作表现突出，曾多次得到省政府的肯定和褒奖。如1932年第122期的《浙江民政月刊》刊载了一则褒奖何浩然在龙泉县经征营业税款得力，因此给予记功一次的呈文。[6]何浩然在龙泉担任了两年的县长后，1934年向浙江省政府提出辞职，由陈式接替何浩然担任龙泉县县长一职。[7]1941年日军入侵瑞安，得知何浩然毕业于日本陆军士官学校，精通军事和日语，强求他担任瑞安维持会会长，何浩然对日军的无理要求置之不理。1942年日军第二次空袭瑞安时，为了报复何浩然，把何浩然的居所当成空袭的主要目标，在日军的疯狂轰炸下，何浩然失去了五个孩子。悲痛万分的何浩然受此次严重打击之后，一病不起，于1949年溘然长逝。

洪锦璁，《温州留东同乡录》记载他毕业于东京东斌学堂兵学科，1909年已归。[8]《清末各省官自费留日学生姓名表》记载，洪锦璁光绪三十一年十月（1905年11月）自费到日本，次年十月正式入学东斌学校。[9]另外陈觉也毕业于东京东斌学堂宪兵科，1909年毕业。[10]

项雅，字伟夫，号予斐。据《瑞安文史资料》第十辑记载，项雅擅长书法，民国时

1　黄瓒：《骑兵之学术：马政改良说》，《南洋兵事杂志》，光绪三十三年，第7期。
2　留日学生监督处：《官报》第12期，第452页。
3　郭荣生（校补）：《日本陆军士官学校中华民国留学生簿》，第44页。
4　陈予欢：《保定军校将帅录》，广州出版社，2006年，第384页。
5　《国民政府公报》第342号，中华民国二十一年四月九日，第4期。
6　《浙江民政月刊》第1949号，中华民国二十一年六月二十八日，第122期。
7　《浙江省政府行政报告》，1934年，第9期。
8　《温州留东同乡录》（己酉夏调查），第16页。
9　佚名：《清末各省官自费毕业生姓名表》，第11页。
10　《温州留东同乡录》（己酉夏调查），第16页。

任四十军少将参议。[1] 此外《保定军官将帅录》载项雅（此书误写成"项鹏"）1908 年 12 月保定陆军速成学堂毕业后，保送日本振武学校留学，毕业回国任江苏陆军第二混成旅步兵团连长、营长、团附等职，后任江苏硝磺局局长等职。[2]

陈志谦（1884—1913），又名益年，瑞安林垟镇底陈村人。据《瑞安人物录》第一辑记载，他在日本士官学校求学时，结识秋瑾等革命人士，积极参与革命。1906 年回国后在平阳宋埠创办潮音学堂以掩护革命，辛亥革命后在宁波、杭州等地供军职。[3]1913 年参加反袁二次革命，后转回瑞安制造炸药，转运温州秘密分发。当局在温州一带挂容图通缉，1913 年因被人告密，当局派兵捕拿时，因炸药爆炸而牺牲。

除以上人物外，以下着重介绍二位清末瑞安籍留日军事生的代表人物林摄和沈靖，他们在日本学习军事知识，具有鲜明的革命性质，回国后毅然投入以留日学生为主导的反帝反封建的革命斗争中，推进了近代中国社会的变革。

3.从事军事活动的瑞安籍留日学生代表人物

（1）林摄参加云南护国运动

林摄（1877—1919），字调元，系清代瑞安著名画家林纯贤之后。林摄年少即聪颖好学，心系国事。1900 年，林摄从学计馆毕业后入上海公学，1903 年官费入日本陆军士官学校的预备学校——成城学校学习。据《清末民初洋学学生题名录初辑》记载，林摄 1902 年 26 岁，光绪二十八年（1902）三月由南洋官费入成城学校陆军。[4]《清国留学生会馆第三次报告》也载林摄光绪二十八年三月由南洋官费入仙台第二师团工兵联队。[5] 另据《日本陆军士官学校中华民国留学生簿》记载，林摄于明治三十六年（1903）十二月入日本陆军士官学校第三期工科学习，于明治三十七年（1904）十一月毕业。[6] 同他一起同年同月入日本陆军士官学校的瑞安籍留学生还有黄瓒。《清国留学生会馆第五次报告》载林摄光绪二十八年三月入日本，光绪三十年九月从日本士官学校毕业。[7] 由此可见，林摄 1902 年 5 月由南洋官费赴日，先在成城学校就读和在仙台第二师团工兵联队实习将近一年，然后进入陆军士官学校。按照日本军校的规定，军校生首先在陆军士官学校的预科学校——成城学校（振武学校前身）学习，再被编入日本联队中实习半年到一年不等，实习结束后，以下士资格进入陆军士官学校。所以林摄在实习完毕后，1903 年 12 月转入日本陆军士官学校工科继续学习，次年 11 月毕业。

林摄在陆军士官学校留学期间，与蔡锷、李烈钧、蒋百里等人同为士官学校第三期

1　王维奇：《二十世纪前半叶瑞安籍留日、留欧、留美学生》，政协瑞安文史资料委员会编：《瑞安文史资料第十辑》，第118页。
2　陈予次：《保定军校将帅录》，广州出版社，2006年，第598页。
3　宋维远：《瑞安人物录》第一辑，出版社、出版年不详，第2页。
4　房兆楹辑：《清末民初洋学学生题名录初辑》，"中研院"近代史研究所，1962年。
5　清国留学生会馆：《清国留学生会馆第三次报告》，第11页。
6　郭荣生（校补）：《日本陆军士官学校中华民国留学生簿》，第15页。
7　清国留学生会馆：《清国留学生会馆第五次报告》，第186页。

同学，并与他们成为同窗好友。林摄在留日期间，积极参加留日学生抗俄运动，抗俄运动遭到清政府镇压后，转而和同乡黄瓒一起参加光复会，立志推翻清政府，支持建立新政权。

　　林摄从日本陆军士官学校第三期工兵科毕业之后，回国被清政府任命为南京武备学堂监督兼军事教习。1905 年清政府施行新政和预备立宪，继续派遣留学生出国深造。1906 年林摄同蒋百里、张孝准一起到奉天，正值盛京将军赵尔巽在奉天推行新政。赵尔巽与当时的许多封疆大吏一样，爱惜青年人才，他怕蒋百里等人在旧势力的包围中被埋没，于是选蒋百里、张孝准和林摄三人赴德国实习。《官报》第 12 期记载："张孝准东历七月至九月底止学费共日币一百五十元，该生既在奉天领有川资考察等费，则前项已领学费应令缴回。又蒋方震系浙江官费陆军学生，自请以留日官费游学西洋，其不敷费用统由该生自备。据前出使日本大臣咨呈在案，现在蒋方震既归奉天考察军事，已另有各费共每年日币六百元，应即停止。林调元一名前准两江总督咨明留东学费共月支八十六元等，因现在该生既归奉天派赴德国，所有留东学费自应停止发给。"[1] 三人因已归奉天派往德国，留日学生监督处遂决定停止三人的官费补给。1907 年初林摄受东三省总督赵尔巽的资助远赴德国柏林入陆军大学留学四年，辛亥革命爆发后归国。中华民国临时政府成立后，林摄在北洋政府任职。1912 年 12 月 16 日被北京政府陆军部授予陆军少将；1912 年至 1913 年，任北洋政府陆军部司长（总长为段祺瑞）；1914 年至 1915 年任北洋政府军衡司司长（陆军部总长段祺瑞）；同年辞去军衡司长一职，改任北洋政府陆军部参事（陆军部总长王士珍），1916 年辞职。[2]

　　1915 年 12 月，袁世凯在北京称帝，定年号为"洪宪"。林摄极其厌恶袁世凯的称帝行为，他于 1916 年辞去北洋政府的官职，潜赴云南，与蔡锷等共同商讨反袁义举。1915 年 12 月，护国三军总司令蔡锷、李烈钧、唐继尧还有其他反袁志士发动了"再造共和"运动，组织护国军队，翌年 1 月成立了云南都督府。护国三军总司令蔡锷、李烈钧、唐继尧均毕业于日本陆军士官学校。云南宣布独立后，废除旧制，成立了中华民国云南都督府。都督府的重要职务均由留日学生担任：唐继尧任都督，戴戡任左参赞，陈廷策任政务厅厅长，籍忠寅任财政厅厅长，张子贞任参谋厅厅长，[3] 可以说云南护国起义运动的主力军是留日学生。1916 年 5 月 1 日，广东肇庆建立了两广护国军都司令部，都司令部是两广护国军最高军事指挥机关，下设参谋部、编纂处、秘书厅、参议厅、外交局、财政厅等机构。林摄在参谋部（都参谋是梁启超）和蒋百里一起任出师计划主任，负责动员志士参加反袁斗争。[4] 1916 年 6 月，袁世凯去世，护国运动取得胜利。次日，

1　留日学生监督处：《官报》第12期，第490页。
2　郭存孝：《清末民初职官名录（1908—1919）》，中华书局，2012年，第164—225页。
3　王丽云：《留日学生与云南护国首义》，《徐州师范大学学报》2008年第1期。
4　郭卿友主编：《中华民国时期军政职官志》（上），甘肃人民出版社，1990年，第362页。

黎元洪就任大总统，并于 6 月 29 日宣布遵守《中华民国临时约法》，恢复被破坏已久的国会，段祺瑞为国务院总理。至此以蔡锷、唐继尧、李烈均等留日学生为主力军的护国运动落下帷幕。

护国战争结束后，林摄也回北洋政府归任。然而护国运动元勋蔡锷因肺结核于 1916 年 11 月逝世，段祺瑞掌握了北洋政府大权。他表面维护《临时约法》，实则想成为中国的独裁统治者。林摄既参加过护国运动，又是孙中山的支持者，段祺瑞唯恐林摄对他构成威胁，于是贬他到绥远塞北任税务总督。到任不久，林摄内心忧愤成疾，不久病逝，年仅四十一岁。林摄生前与近代著名军事家蒋百里素来交好，蒋百里主持操办了林摄的葬礼，并代表北洋政府追封他为中将。[1] 当灵柩抵达故里瑞安时，瑞安县国民政府县长沈严为他主持公葬仪式，瑞安明贤项骧、洪彦远、池志徵等都为他撰写挽联。林摄一生为革命鞠躬尽瘁，其不畏生死的气魄实为后人所钦佩。

（2）瑞安儒将——沈靖

沈靖（1878—1953），字嘉绩、剑豪。据《清末各省官自费留日学生姓名表》记载，沈靖于光绪二十九年四月赴日，官费入陆军士官学校。[2] 沈靖之子沈士奇回忆："先父初进振武陆军学校，毕业后考进士官学校第六期步兵科继续深造。"[3]《官报》第 12 期记载，沈靖在明治三十九年（1906）十二月入陆军部第十二联队，明治四十年（1907）十一月退队，并在同月被日本陆军部选送至士官学校学习。[4]《日本留学中华民国人名调》记载，沈靖明治四十年（1907）十二月入陆军士官学校步兵科、明治四十一年（1908）十一月毕业。[5]《最新支那官绅录》附录《日本陆军士官学校卒业支那留学生表》中记载，沈靖于明治四十一年十一月毕业于日本陆军士官学校第六期步兵科。[6] 综合以上资料可知，沈靖 1903 年赴日，先进入振武学校学习，1906 年 12 月入陆军部联队实习满一年之后，进入日本陆军士官学校第六期步兵科深造进修，1908 年 11 月毕业。与沈靖一同入第六期的还有阎锡山、程潜、周荫人、孙传芳等近代著名军事将领。

沈靖在日本留学时，结识了孙中山、黄兴、章太炎等革命先驱，经常聆听他们的演说，并由黄兴介绍加入中国同盟会。沈士奇也在文章中回忆："先父留日时，适值孙中山先生在海外鼓动革命，深受其感召，毅然加入同盟会。"[7] 1908 年，沈靖回国，经廷试被授予武科举人，分发到江南第九镇统制徐绍桢部，担任第三十二标第三营管带。后参

1　政协瑞安市文史资料委员会编：《瑞安文史资料第九辑》，政协瑞安市文史资料委员会，1992年，第61页。
2　佚名：《清末各省官自费留日学生姓名表》，第19页。
3　沈士奇：《辛亥革命参与者——先父沈建豪》，政协瑞安县文史资料研究委员会编：《瑞安文史资料第二辑》，政协瑞安县文史资料研究委员会，1984年，第17页。
4　留日学生监督处：《官报》第12期，第435页。
5　日本興亜院编：《日本留学中華民国人名調》，興亜院，1940年，第654页。
6　支那研究会编：《最新支那官绅录》，第398页。
7　沈士奇：《辛亥革命参与者——先父沈建豪》，政协瑞安县文史资料研究委员会编：《瑞安文史资料第二辑》，政协瑞安县文史资料研究委员会，1984年，第17页。

与了徐绍桢领导的革命运动，在南京光复战役中，由于沈靖指挥有方，部属作战勇敢立了首功，中华民国临时政府成立后，被授予最高的荣誉奖章——金质共和勋章。

中华民国临时政府成立后，沈靖被黄兴任命为南京入伍生队总队长，黄绍竑、白崇禧、唐生智等民国著名将领都曾是沈靖的学生。黄绍竑在自己的回忆录中提到沈靖："南京入伍生队为各省学生军合并而成，共约一千数百人。沈静氏（靖侯）为总队长。"[1]1912年4月沈靖被袁世凯授予陆军少将衔，任保定陆军军官学校第三期入伍生总队队长，同时命令沈靖将入伍生队开赴保定，筹建保定军校。[2]袁世凯继任民国大总统之后，计划毁约定都北京，企图将政治中心转移到北京，而在南京只设置留守府，于是命令沈靖赴保定筹建军校。据沈士奇回忆："先父与黄兴坚持反对北上，未果。最后为顾全大局计，留守府主任黄兴命先父率队而去，及至保定，袁即变卦，且将入伍生队师生全体包围，先父知已中计，乘其不备，候隙南归。"[3]袁氏授予沈靖陆军少将军衔，企图诱其率入伍生北上受训，拟将他们并入由北洋政府控制的保定讲武堂，为北洋政府操纵。沈靖行至保定，袁世凯即刻变卦，派兵包围沈靖等一行师生。沈靖临危不惧，灵活地利用大年除夕之夜，乘警卫松懈之机，连夜率学生上火车南下，化解了危机。

1917年，孙中山南下在广东建立与北洋军阀相对抗的护法军政府。沈靖一直追随孙中山，1918年2月任海陆军大元帅府参军处（参军长许崇智、黄大伟）参军，1918年4月任大元帅府陆军部参谋长，随孙中山护法抗战。[4]1922年，陈炯明在广东发起叛变，沈靖率领手下军队对抗陈炯明部队，沈士奇回忆父亲沈靖与陈炯明部队战斗的经历："1922年6月间陈炯明叛变，奉孙氏之命解围广州。先父由南雄率军南下，与陈炯明部相遇，激战数日，敌渐不支。正乘胜追击时，不料后方突被偷袭，造成两面受伤，反败为胜，死伤惨重，余众溃散。"[5]后沈靖谒见孙中山，计划再行讨伐陈炯明。1926年沈靖被编入李济深的国民革命军第四军中任参谋长、参议之职，随军北伐，为彻底摧毁吴佩孚割据两湖的分裂局面作出了贡献。

1933年沈靖任国民政府军事委员会办公厅第三处代理处长、秘书处处长。[6]全面抗战爆发，南京国民政府西迁至重庆，沈靖仍任国民政府军事委员会秘书处处长。1941年，太平洋战争爆发，世界反法西斯统一战线形成。因沈靖精通日语、英语，而兼任中国军方和盟军合作抗日的最高联络官。1945年8月，抗战胜利后不久，美国总统杜鲁门颁发给他反法西斯战争胜利自由一级勋章，这是他军人生涯中第二次获得最高荣誉奖章。

1　黄绍竑：《黄绍竑回忆录：五十回忆》，东方出版社，2011年，第23页。
2　陈予欢：《保定军校将帅录》，广州出版社，2006年，第404页。
3　沈士奇：《辛亥革命参与者——先父沈建豪》，政协瑞安县文史资料研究委员会编：《瑞安文史资料第二辑》，1984年，政协瑞安县文史资料研究委员会，第18页。
4　郭卿友主编：《中华民国时期军政职官志》（上），第366—369页。
5　沈士奇：《辛亥革命参与者——先父沈建豪》，政协瑞安县文史资料研究委员会编：《瑞安文史资料第二辑》，政协瑞安县文史资料研究委员会，1984年，第18页。
6　陈予欢：《中国留学日本陆军士官学校将帅录》，广州出版社，2013年，第262页。

沈靖一生戎马生涯，早年参加辛亥革命、北伐战争，晚年参加抗日战争，一生为祖国效力。1945 年 9 月 2 日，日军投降仪式在南京举行，蒋介石决定将沈靖列入中方受降代表之列，接受败将冈村宁次的投降仪式，然沈靖以冈村宁次是昔日陆军士官学校同学之由婉言拒绝。他晚年退居家乡瑞安，作诗绘画，1946 年，沈靖审时度势，隐居家园，不再过问政事。新中国成立后，宋庆龄来函，邀请他赴北京全国政协文史委员会工作，但沈靖此时已经疾病缠身，卧床不起，1953 年病逝于家中。

三、法政活动

1.归国从事法政的瑞安留日学生人数

清末留日学生学师范、法政、军事者占大多数。瑞安籍赴日学习法政的留日学生可考者有 10 人，他们的相关信息如下：

表5-4　清末瑞安籍法政科留日学生名单

姓名	学校	专业	赴日时间	入学时间	毕业时间	费别
许壬	法政大学速成科	法律	1903 年			自费
许燊	明治大学专门部（法政大学退学）	法律科	1903 年 3 月	1907 年		
李慕林	法政大学		1904 年 7 月			自费
洪达	早稻田大学专门科	法律科	1906 年 4 月	1907 年	1910 年	自费
吴树基	明治大学专门部（法政大学退学）	法律科	1906 年 7 月	1907 年	1910 年	自费
虞廷恺	法政大学	法律科	1906 年	1909 年		
唐昉	明治大学专门部	法科		1910 年	1912 年	
周秉礼	明治大学（法政大学退学）	法科		1908 年		
项肩（项沈同）	日本法政大学	法律科	1909 年之前	1913 年		
金嶙	明治大学	法科	1909 年之前			

在日本学习法政专业的瑞安籍留学生，回国后多在政府等部门从事政治、法律等工作。虞廷恺和许燊二人毕业归国后，一直活跃在近代中国政界中心，成为政界重要人物。作为反面教材，吴树基在日本明治大学留学回国后，在江西地方法院担任院长，在任期间，他滥用私权，聚不义之财，为时人所厌恶。总体而言，这些法政专业留日学生为清末瑞安留学史增添了浓墨重彩的一笔。

2.法政专业留日学生的归国活动

这 10 名法政专业留日学生归国之后都从事了政治或者法律相关行业，他们的经历活动各不相同。下面根据搜集到的资料，论述他们的归国经历。

洪达，瑞安人，《浙江教育官报》1910年第30期记载，洪达光绪三十二年（1906）三月自费赴日，次年八月入早稻田大学专门部法科，毕业于早大预科，于宣统二年五月二十六号颁发毕业证。[1]《浙江教育官报》1908年第1期记载，洪达于光绪三十三（1907）年九月从早稻田大学退学，继而转入中央大学。[2] 而根据《温州留东同乡录》记载，洪达1909年仍在早稻田大学专门部法律科学习。《早稻田大学中国留学生同窗录》记载，洪达于1910年毕业于早稻田大学专门部法律科。[3] 综合以上资料推断，洪达于公历1906年4月赴日，先入早稻田大学预科，后于1908年10月入早稻田大学专门部法律科，同年11月从早稻田大学退学后转入中央大学，1909年又转回早稻田大学，在早稻田大学学习一年后，次年毕业。毕业回国后，洪达先后任金华首席检察官、丽水法院院长。[4] 另外，《教育公报》1917年第11期发布一条委任令，称教育部任命教育司第三科科长检事洪达担任办理考选留学生事务处干事长，[5] 可见除担任金华检察官和丽水法院院长之外，洪达还担任过教育部教育司第三科科长一职。

吴树基，字秀璞。日本明治大学专门部法律科毕业，回国后在法院工作，曾任江西地方法院院长一职。据《清末各省官自费留日学生姓名表》记载，吴树基于光绪三十二年（1906）五月自费赴日，光绪三十三年（1907）九月从法政大学普通科转入日本明治大学专门部法科。[6]《官报》第15期记载，吴树基于光绪三十四年（1908）二月从法政大学退学转入明治大学专门部法律科。[7]《日本留学中华民国人名调》记载，吴树基于1910年毕业于明治大学专门部法科。[8] 由此可知，吴树基于1906年自费赴日入法政大学，1907年年末或次年年初由法政大学退学转入日本明治大学专门部法律科，1910年毕业归国。

吴树基归国后，先后任浙江省、江西省等各地法院院长、司法官、推事等职。1912年，吴树基任浙江省第八地方法院刑庭推事。[9]1930年8月吴树基被派为江西高等法院推事，任职一年多。[10]1932年9月开始任江西抚州市临川地方法院院长。[11] 吴树基在临川地方法院任院长期间，曾因不遵章贴用印纸和侵占公款被人检举控诉。1934年，《司法公报》第7期刊登一则公告，称吴树基因被人怀疑私吞公款，"后经核查，惟吴树基，对于不动产登记代缮费，既不遵章贴用纸，亦未呈奉核准，擅自挪用开支，殊有未合，而查该院经费支出，人员不符分配，亦属实情"，[12] 可见吴树基在临川地方法院担任院长

1　浙江学务公所编：《浙江教育官报》第30期，浙江学务公所，1910年，第67页。
2　浙江学务公所编：《浙江教育官报》第1期，浙江学务公所，1908年，第72页。
3　留学早稻田大学中国学生同窓会编：《早稻田大学中国留学生同窓録》，第56页。
4　王维奇：《二十世纪前半叶瑞安籍留日、留欧、留美学生》，政协瑞安文史资料委员会编：《瑞安文史资料第十辑》，第116页。
5　《教育公报》第30号，中华民国六年六月十五日，第11期。
6　佚名：《清末各省官自费留日学生姓名表》，第138页。
7　留日学生监督处：《官报》第15期，第214页。
8　日本兴亚院编：《日本留学中华民国人名调》，第455页。
9　汪林茂主编：《浙江辛亥革命史料集 第八卷 民主政治的初建》，第130页。
10　《司法公报》，中华民国十九年八月五日，第84期。
11　《司法公报》，中华民国二十三年十一月二十六日，第7期。
12　《司法公报》，中华民国二十三年十一月二十六日，第7期。

期间，并未忠于职守，而是滥用职权，以权谋私。1936年他又因不遵章贴用司法印纸而被记过处分。[1] 吴树基虽早年赴日本明治大学留学深造，属于民国高级知识分子，回国后一直在法院任职。但他并没有承担作为一名法律工作者应该承担的责任，而是以权谋私，私吞公款，实在不能作为清末瑞安留日学生之榜样。清末数以千计的留日学生中，绝大多数留学生都是为近代中国发展作出贡献的有志青年，但也存在良莠不齐的现象，而吴树基的归国活动正印证了这一点。

前文曾提到许壬除了回国从事法律教育之外，也活跃于政法界。许壬从东京法政大学毕业回国后，担任浙江法政学堂民法教习。1911年辛亥革命爆发，浙江成立了临时军政府，许壬担任军政府政事部民事课课长一职，后又担任浙军政府财政部秘书员，1912年担任浙江第一地方法院院长，同时还任浙江都督府参议员，省宪议会议员等职务。[2] 许壬在日本法政大学留学时，师从日本近代民法大家梅谦次郎，深受梅谦次郎青睐。许壬回国后参照梅谦次郎的著作《民法讲义》编纂了《民法财产之民法债权》甲乙两册，于1908年9月22日出版。许壬虽在书的例言中称"本讲义为日本法学博士梅谦次郎先生所授"[3]，但对照书中内容，可知许壬在梅谦次郎著作的基础上，对债权法作了更加详细的介绍。此外，许壬1919年编纂了《债权总则》一书，他在书的序言中记载："余所担任之债权总则之范围，即日本民法第三编总则之部，德国民法第二编第一章乃至第六章之规定是也。"[4] 即许壬编著的这本《债权总则》是根据日本民法和德国民法编纂而成的，许壬认为国人的人权思想基础薄弱，所以他主张权利本位说，故此书以《债权总则》命名。他在序言中称："吾师梅谦次郎之言曰，债权债务之关系，譬诸银元一元。一方面铸国号及年月，一方面铸银价，虽两方面所铸文字不同，而合观之则适成一银元而已。鄙人为疗治吾国人权利思想薄弱病起见，素主张权利本位说。本讲义以债权法标题而不以债务关系法标题，诸君当知余之宗旨所在矣。"[5] 该书大量参考了日本的民法条款或日本法学家的理论观点，如在"债权之性质"一章中，许壬引用了日本法学家川名兼四郎对债权者下的定义，第三章中"危险之负担"一节基本基于日本民法第五百三十四条写成，在"债务之不履行"一节中，许壬也引用了日本民法第四百十二条的规定等。由此而见，许壬灵活地参考日本民法典编纂此书，启发国内的人权物权意识，对于现代民法债权研究仍有着巨大的参考价值。此外许壬还编纂了《民法债权各论》一书，该书在浙江图书馆古籍库有藏，但因破损严重，已无法阅览。许壬编纂的《民法财产之民法债权》《债权总则》《民法债权各论》实为研究近代中国民法债权的宝典。

1　《司法公报》，中华民国二十五年四月十日，第109期。
2　汪林茂主编：《浙江辛亥革命史料集 第八卷 民主政治的初建》，第80、85、129页。
3　许壬编：《民法财产 甲 民法债权》，群益书社，光绪三十四年，第3页。
4　许壬编：《债权总则》，浙江图书馆古籍库藏，出版年不详，第1页。
5　许壬编：《债权总则》，浙江图书馆古籍库藏，出版年不详，第2页。

项肩，字佛时。据《温州留东同乡录》记载，项肩1909年时在东京正则学校，[1]由此可推测项肩已于1909年前赴日。《日本法政大学同学会会员录》记载，项肩1913年入日本法政大学法律科学习。[2]项肩从法政大学毕业回国后，担任瑞安县财政科长，1913年当选为第一届国会众议院候补议员，曾担任大总统顾问，大元帅府参议，第九军参议，十九陆军参议等职。[3]

以上这些瑞安籍留日学生在日本学习法政，回国之后在各地法院任职，或编撰法律著作，或担任国会议员。总体而言，大部分法政专业的瑞安籍留日学生都为中国近代政治和法律发展做出贡献。除以上人物外，虞廷恺和许椟二人从日本留学归国后，一直活跃在全国的政治中心，与沈钧儒、梁启超等名流结为好友，热心从政，成为政界颇具影响力的人物。以下着重对他们的事迹进行介绍。

3.归国从政的瑞安籍留日学生代表

（1）虞廷恺的从政生涯

虞廷恺（1880—1918），字柏顾（博卿），号泽茜，1880年出生于瑞安马屿江上庄。父亲名介宸，学识渊博，著有《环庵遗稿》。虞廷恺在其父亲的影响下，幼时即善读诗书，且继承父亲的智慧，聪颖过人。瑞安名将姚琮在《虞柏顾先生家传》中说他"幼而端雅，不喜与群儿嬉戏。长而好学，博览群书，明于治乱"，[4]1900年，他师从国学大师孙诒让，深受孙诒让赏识。虞廷恺生于乱世，又在父亲和恩师孙诒让的影响下，少年时期就胸怀教育救国的大志，1903年24岁的虞廷恺和其父一起出资筹办了养正学堂，1904年建成。《养正学堂碑志》载："养正学堂坐落于江浦、江西二村之间，创办于清朝光绪三十年。我乡虞公介宸、虞公廷恺两明哲前辈，父子同德，共襄义举。弘扬国本，造明珠佳器，尊中华传统，重伊洛文风，为此乔梓和协，倾囊出资。时人额手，地方赞扬。"[5]养正学堂开办初年，虞廷恺亲自执教，姚琮、黄震亚等人都出自他门下。

1906年秋，虞廷恺在孙诒让的举荐和鼓励下东渡日本留学，1909年《温州留东同乡录》记载虞廷恺1909年前毕业于东京法政大学。[6]此外，《清国留学生法政速成科特集》中记载了虞廷恺毕业于日本法政大学法律速成科第五班。[7]可见虞廷恺赴日后，入东京法政大学速成法律科就读。第24期《官报》记载虞廷恺于光绪三十四年（1908）十一月入早稻田大学政经科学习，[8]1909年秋虞廷恺回国，听闻恩师孙诒让已于去年去世，悲痛

1　《温州留东同乡录》（己酉夏调查），第16页。
2　日本法政大学同学会编：《日本法政大学同学会会员録》，日本法政大学同学会，1941年，第5页。
3　瑞安市政协文化文史委员会编：《瑞安项氏与早期现代化》，中国文史出版社，2019年，第39页。
4　姚琮：《虞柏顾先生家传》，虞文藉：《虞廷恺家书》，中国文史出版社，2010年，第212页。
5　《养正学校碑志》，虞文藉：《虞廷恺家书》，第207页。
6　《温州留东同乡录》（己酉夏调查），第3页。
7　《清国留学生法政速成科特集》，日本法政大学史资料委员会编：《法政大学史资料集•第11集》，桂林：广西师范大学出版社，2015年，第154—159页。
8　留日学生监督处：《官报》第24期，第799页。

不已，遂作挽联悼念孙诒让。挽联写道："送我九月前，金石千言犹在耳；与公三日泪，东南半壁痛何依。"并跋云："客秋恺东行，公辱临远送，详示宗国近状，并以'办学报国'语相助。今年归，将复求教于公，而公竟归道山矣。悲夫！"[1]

陈敬第 1910 年创办浙江私立法政学校，虞廷恺回国后在私立法政学校担任教习。据《浙江私立法政学校一览》记载，虞廷恺在此校担任行政法教习，与虞廷恺一同在私立法政学校担任教习的瑞安籍留日学生还有许壬、许燊。[2] 他们不仅在该校担任教师，同时也是浙江私立法政学校的维持员，负责学校经费的筹集，还有学校各项开支预算、各种规则都在维持员职务范围之内。浙江私立法政学校仿照日本法政大学的开设课程，开课内容涉及政治学、政治史、宪法、行政法、民法、刑法、商法、国际公法、理财学、社会学等。1909 年浙江谘议局成立，虞廷恺结识了谘议局的沈钧儒、徐定超、陈叔通等人，从此开始了他的政途生涯。1911 年 11 月，虞廷恺与张云雷等带头敦促新军八十二标统带周承菼起义，起义成功，杭州光复，后虞廷恺在浙军政府中担任财政部支应科副科长一职。[3]

1912 年元旦，孙中山在南京宣告中华民国临时政府成立。1 月初，虞廷恺、殷汝骊、沈钧儒等浙江都督府各部科长及部分省议会议员发起了"中华民国国民共进会"，共进会于 1912 年 7 月 1 日由陈毅等发起成立。1 月初，共进会发表《中华民国国民共进会发起宣言书》，书中言共进会以"组织团体，以与吾同胞一乃心力，孟晋而前，俾得适合运会，同乡共和之幸福"为目的。在《宣言书》的末尾附有发起人名单，虞廷恺的名字列入其中，和虞廷恺同为发起人的还有瑞安籍留日学生许燊和许壬。[4] 共进会成立之后，虞廷恺积极参加共进会会议，致力于共和民主建设。同年 4 月 11 日，以"巩固祖国统一，建设共和政治"为宗旨的共和党正式成立，共和党是由谷钟秀发起的共和统一党、殷汝骊发起的国民共进会、彭允彝发起的政治谈话会三个团体共同合并而成。其中虞廷恺担任共和党特派交际员，同乡许燊担任参议员。[5] 共和党以黎元洪为首的旧官僚和以梁启超、汤化龙为首的君主立宪派为主要成员，温州籍黄群、张云雷、虞廷恺亦为其中成员。[6] 虞廷恺怀揣着建设三权分立主权国家的理想，成为一名共和党会员，担任党务部庶务科副主任。[7] 他在《复共和党诸支部执事函》中表明了自己的决心："执事所持者法理，弟等所望于诸公变通办理者在事实。事实或有转圜之日，法理必无违背之时。潜移默化，时过境迁，弟等不敏，愿与诸公共勉之。不然宁为玉碎，毋为瓦全。此岂吾辈缔造政党之初意哉？"[8] 虞廷恺希望共和党成员办理公务以事实为依据，考虑实情，实事求是。

1　孙诒让：《孙诒让学记（选）》，香港天马图书有限公司，2000年，第332页。
2　浙江私立法政学校编：《浙江私立法政学校一览》，浙江私立法政学校，1911年，第21页。
3　汪林茂主编：《浙江辛亥革命史料集·第八卷》，第85页。
4　张凯编：《虞廷恺年谱长编》，浙江大学出版社，2020年，第29页。
5　张凯编：《虞廷恺年谱长编》，第37页。
6　虞文藉：《虞廷恺家书》，中国文史出版社，2010年，第5页。
7　瑞安市政协文化文史委员会编：《瑞安项氏与早期现代化》，第51页。
8　虞廷恺：《复共和党诸支部执事函》，虞文藉：《虞廷恺家书》，第178页。

中华民国以法律治国，不可因个人私欲而违背法理，如若歪曲事实，办事不遵法理，愿宁为玉碎不为瓦全。由此可见，虞廷恺有着崇高的政治理想，秉公为国。

1913 年 4 月 8 日，中华民国第一届国会在北京正式成立，参议院议员 274 人，众议院议员 596 人，虞廷恺在国会中担任众议院议员。[1] 与虞廷恺同任众议院议员的还有瑞安籍王式、陈黻宸，而瑞安籍许燊在第一届国会中担任参议院议员。1913 年 11 月，袁世凯下令强制解散国会，取消国民党议员资格。为此，虞廷恺自缴议员证书，离开国会，并亲自上书副总统黎元洪，写成《上副总统黎公书》[2] 一文，全文通篇引经据典，表达对袁世凯的强烈不满。他在书中主张三权分立，"伸民气、固国权，首在划分立法、司法、行政三权，各俾独立"，显然，当时的国会并没有像虞廷恺理想的那样，实行三权分立制度，而是互相压榨，虞廷恺愤言国会现状是"千变万化，总不离开党争二字"。虞廷恺认为，国会是国家政府的重要组成部分，关系一个国家的存亡，若一个国家没有国会，国家就会灭亡。虞廷恺对袁世凯解散国会，倒行逆施的行为感到愤慨，故上书黎元洪，指责袁世凯，论述国会对民主国家的重要性，希望引起黎元洪重视。文中末尾虞廷恺提到他已于 11 月 8 日主动上缴议员证书，离开国会，表明了自己不想与袁世凯同流合污的决心。

然而黎元洪忌惮袁世凯的权势，最终未能采取行动。虞廷恺大失所望，对政界不再过问，而后辞官回乡。1916 年 6 月 6 日，袁世凯病亡，黎元洪继任总统，冯国璋继任副总统。6 月 11 日，虞廷恺与王正廷、殷汝骊、陈敬第等 16 名浙江籍国会议员联名致函大总统黎元洪，要求其恢复民国元年制定的《临时约法》。1916 年 6 月 12 日《申报》刊载《浙江国会议员致北京电》一函，原文曰："北京黎大总统鉴：天祚中国，公依《大总统选举法》第五条继任就职，薄海同庆。惟袁氏祸国实由擅改约法，以伪乱真，为僭制妄作之渐。今宜以明令废除伪制，规复民国元年《临时约法》，誓守勿渝，以固国本。临电毋任。盼切。浙江国会议员王正廷、殷汝骊、许荣、张浩、张烈、张传保、周珏、卢钟岳、蒋著卿、虞廷恺、陈敬第、杜士珍、杜师业、俞凤超、金兆梌、童杭时同叩。真。"[3] 1916 年 6 月 29 日，黎元洪恢复国会，8 月 1 日正式复会，虞廷恺重新进入国会，仍担任众议院议员。[4] 虞廷恺在 1916 年写给其父的家书中提到："参议院会计科长一席，本不必兼，此系王议长怜儿年来亏空太多，特以此为弥补之计。且从前会计科长不甚得力，故令儿出而整顿。"[5] 由此可见，虞廷恺在 1916 年担任众议院议员时，还兼任了参议院会计科长一职。

1　郭卿友主编：《中华民国时期军政职官志》（上），第471页。
2　虞廷恺：《上副总统黎公书》，张凯编：《虞廷恺年谱长编》，杭江大学出版社，2020年，第300页。
3　张凯编：《虞廷恺年谱长编》，浙江大学出版社，2020年，第112页。
4　郭卿友主编：《中华民国时期军政职官志》（上），第474页。
5　虞文藉：《虞廷恺家书》，第42页。

1917 年，以黎元洪为代表的政治集团和以段祺瑞为代表的政治集团围绕"对德宣战"问题发生了"府院之争"，"府"即代表以黎元洪为首的总统府，"院"代表以段祺瑞为首的国务院。当时国会内部也基本分成两派，研究系议员追随段祺瑞主张对德宣战，而国民党议员大多持反对意见，不主张对德宣战。但唯独虞廷恺不为个人私利，在"对德宣战"一事上，始终淡然处之，不为所动。他在家书中称："日来政局摇动颇剧，即是对德宣战问题。政府主张宣战，国会中一部分向称激烈与段总理有私仇者极端反对，两不相下，将来必有一伤。儿日来心君泰然，绝不为动。"[1] 他冷静观察局势，知道内斗只会两败俱伤，所以他不偏袒任何一方，毫不动摇心中的政治理念，这种"世人皆醉我独醒"的气魄令人钦佩。而此时张勋抓住机会，向黎元洪提出进京调停，同时段祺瑞也想借张勋之力扳倒黎元洪，也支持张勋进京调停，结果此举引狼入室，张勋乘机拥溥仪登基，企图复辟帝制，威逼黎元洪再次解散国会。无奈之下，黎元洪于 1917 年 6 月 12 日下令解散国会。7 月 1 日凌晨，张勋、康有为等人拥护溥仪登基，改这一年为"宣统九年"。这出复辟闹剧引得全国上下强烈不满，而虞廷恺面对国家如此动摇的局面，对国家的存亡忧心忡忡。政局的动荡，让他身心俱疲，在家书中他提到自己因受时事刺激，而茶饭不思，拟辞去参议院会计之职，南下回乡，消极抵抗"府院之争"和"复辟帝制"。

而此时，黎元洪逃出总统府，躲进东交民巷日本使馆。段祺瑞看到解散国会、赶走黎元洪的阴谋已经得逞，即刻宣布讨伐张勋，其他跟随段祺瑞的省份督军也随段祺瑞讨伐张勋。段组织"讨逆军总司令部"，并于 7 月 3 日在天津"马厂誓师"，预备辞职南归的虞廷恺受人之邀加入段祺瑞的"讨逆军"大部队，担任总司令部招待员，招待各路讨伐张勋的要员。此事在虞廷恺于 1917 年 7 月 8 日写给父亲的家书中亦有提及："本拟即日南下，嗣以杜致远兄诸人邀任讨逆军总司令部招待员，一时尚难脱离。现在张勋逆军已大败，日内便可戡平。届时如无他事，即拟南旋。"[2] 虞廷恺在任招待员期间，尽职尽责，积极联络各方都督要员，为驱逐张勋复辟做出贡献。7 月 12 日，讨逆军攻入北京，张勋被驱逐，这场延续 12 天的复辟闹剧遂破产。虞廷恺因讨逆案有功，获得北洋政府颁发的四等嘉禾章。

张勋的讨逆军瓦解之后，段祺瑞成了"再造共和"的大功臣，他重新担任国务总理，副总统冯国璋任代理总统，段祺瑞依然大权在握，政权又重新落入段祺瑞之手。讨伐既已胜利，虞廷恺拟按原计划辞官回乡，奈何一入政界便身不由己，冯国璋任代理总统后，时任财政部总长的梁启超赏识虞廷恺的专业能力，留他在财政部办事。虞廷恺在 1917 年 7 月 15 日的家书中说："梁任公先生已有意留儿在财政部办事，大约非参事或秘

---

1 虞文藉：《虞廷恺家书》，第99页。
2 虞文藉：《虞廷恺家书》，第103页。

书，将来有机会外放等语。如此时局本不宜做官，惟任公系当代名流巨擘，得承眷顾，虽败犹荣。"[1] 虞廷恺审时度势，知道全身而退是最好的办法，但因盛情难却，遂接受梁启超之邀，7月26日任财政部清查官产处总办，并兼任清理大清银行委员会会长。[2] 虞廷恺虽有归隐之心，但在职期间尽职尽责，工作中对自己要求严格，无丝毫懈怠。

段祺瑞重掌政府之后，拒绝履行《临时约法》，而是勾结其他政客企图组建由自己控制操纵的国会。虞廷恺见此现状失望万分，自己寄予希望的国会已沦为权力者随意操控的工具。虞廷恺在家书中表露自己三更无眠，言人心叵测，皆被一个"利"字迷了心窍。因对国家政局的失望，虞廷恺不再过问政事，尽管在职期间尽职尽责，然而政府依然被段祺瑞、冯国璋等人玩弄于股掌之间。他感叹鞠躬尽瘁也不过是为他人做牛马，遂拟辞官还乡，做一个"采菊东篱下，悠然见南山"的隐者。可天妒英才，1918年1月5日，虞廷恺因长女喜梅出嫁之事乘"普济"号轮船南归，途经上海吴淞口时，与另一艘轮船相撞，"普济"号轮船覆没，虞廷恺亦遇难，年仅38岁。

纵观虞廷恺一生，早年赴日留学，回国后即踏入政途。回国不久，积极组织创立浙江省自治研究会。辛亥革命期间与同乡张云雷等人敦促八十二标统带周承菼起义光复杭州。后反对袁世凯倒行逆施复辟帝制的行为，上书黎元洪。又直接参与段祺瑞的"讨逆军"讨伐张勋复辟。虞廷恺自始至终都在坚定地捍卫辛亥革命的成果。虞廷恺早年任浙江都督府财政秘书、支应科长、财政司代理司长等职，为日后进入国会打下了良好的基础，后在国会担任国会议员、参议员会计科长、财政部官产总办等职。无论担任何职，虞廷恺都一丝不苟，尽职尽责，虞廷恺一生浩然正气，淡泊名利，不为私欲所驱使。虞廷恺英年早逝，关于他的著作和史料极少，目前主要可以参考的是瑞安政协文史资料委员会编纂的《虞廷恺家书》和张凯编纂的《虞廷恺年谱长编》。而通过阅读虞廷恺写给其父的家书可知，虞廷恺虽官至国会议员，却极其勤俭节约，家书中不止一处提到长女喜梅的出嫁之事，虞廷恺告诫家人准备女儿婚事要力求节俭，不应因嫁女而铺张浪费。自己更是以身作则，厉行节约，虞廷恺深知一旦动了贪财之念，上对不起祖宗，下对不起妻儿。他说"总从不贪利禄四字上着想，自然可免他患矣"，不动贪财的心思，就能够明哲保身，免去不必要的麻烦，故自行约束。虞廷恺也特别注重自我修养，他在写给父亲的家书中称："儿日来每日必静坐一次，从'清心寡欲'四字上做功夫。"[3] 虞廷恺时刻告诫自己要淡泊名利，清心寡欲，他鄙薄追逐钱财名利的小人。虞廷恺身处北洋政府掌控的国会，却能时刻保持清醒的头脑，洁身自好，不为金钱权势所动摇，令人感佩。

（2）许桑留日归国后的政治活动

1　虞文藉：《虞廷恺家书》，第104页。
2　张凯编：《虞廷恺年谱长编》，浙江大学出版社，2020年，第205、206页。
3　虞文藉：《虞廷恺家书》，第98页。

许燊（1879—1943），字达夫，"许太和"家三子。如前所述，许燊五兄弟分别在教育、法律、政治、军工业等领域成就非凡。许燊留学日本明治大学法律系，回国先后担任浙江临时省议会议员、北京政府国会议员等职。后和沈钧儒、章太炎等人一起创办上海法政大学（华东政法大学前身），励志教育救国，坚决反对封建帝国主义专制。在留日期间与石铎等温州籍留日学生一起，发动温州留日青年共同商定联合温州府和处州府的16县厅，设立教育救国机构，促进了温处学务分处的建立。

1903年，许燊偕同四弟许铸一起留日，其赴日时间比二兄许璇（1904年赴日）还早。据《清国留学生会馆第五次报告》载，许燊于光绪二十九年（1903）二月自费入弘文学院。[1]《官报》第10期载，许燊从法政大学退学，光绪三十三年（1907）九月入明治大学专门部法律科。[2]而1908年的《浙江教育官报》也记载许燊于光绪三十三年九月从法政大学退学后转入明治大学法律科。[3]由此可知，许燊1903年先入宏文学院，后进入法政大学，1907年从法政大学退学，最后入明治大学法律系。此外，《官报》第十期还记载许燊1907年9月因病入日本河村病院治疗，[4]第十二期记载许燊1909年12月在日本杏云堂住院治疗。[5]由此推测许燊1907年9月从法政大学退学转入明治大学，可能和许燊生病住院有关。

许燊主张教育救国，他在留日期间与石铎等其他温州留日学生一起于1904年11月在东京神田锦辉馆商讨家乡温州的教育事业，敦促温州道处童兆蓉设立两府学务机构。1905年温州学务分处正式设立，孙诒让担任学务分处总理。许燊虽在日本，但对家乡的教育事业也颇为关注，许燊回国之后曾在陈敬第创办的私立法政学堂担任教习兼该校维持员。[6]许燊在日留学期间与沈钧儒、黄兴、于右任等人交往密切，1905年同盟会在东京成立时，他通过黄兴介绍，加入同盟会，并成为同盟会第一批成员。[7]

许燊回国后即投身国内政坛。1908年清政府为预备立宪，6月公布《各省谘议局并议员选举章程》，令各省设谘议局。1908年11月，浙江成立浙江省谘议局筹办处，设督办、总办、会办各1人，总参议2人，参议13人，并设法制科、编制所、审查所、司选科、检查所、调查所、文牍所、收发所、印刷所、会计所等二科八所，许燊任筹办处审查所科员，负责审定各府州厅县所拟的关于选举施行细则规章等有无违反规定以及方案是否可行。[8]辛亥革命爆发后，革命派掌握了实权，浙江谘议局撤销，1911年12月10日，浙江临时议会在杭州成立，浙江临时议会是浙江省临时最高立法机关，许燊担任临

1　清国留学生会馆：《清国留学生会馆第五次报告》，第82页。
2　留日学生监督处：《官报》第10期，第86页。
3　浙江学务公所编：《浙江教育官报》，浙江学务公所，1908年，第73页。
4　留日学生监督处：《官报》第10期，第101页。
5　留日学生监督处：《官报》第13期，第727页。
6　浙江私立法政学校编：《私立浙江法政专门学校纪略》，浙江图书馆古籍库藏，1911年。
7　余振棠主编：《瑞安历史人物传略》，第67页。
8　汪林茂主编：《浙江辛亥革命史料集·第三—四卷》，第331页。

时议会议员。[1]12月13日，浙江军政府临时开会选举，许燊担任财政审查员，14日，浙江省临时议会召开第一次会议，许燊担任特种审查员，积极参与规划浙江的政治建设。[2]

1912年元旦，南京民国临时政府成立，1913年4月8日第一届国会正式成立。后国会从1913年起随着政局的变动而不断解散和重组，而许燊始终担任国会参议院议员。《中华民国时期军政职官志》记载许燊分别于1913年、1916年、1917年、1922年担任参议院议员。[3]第一届国会被袁世凯于1914年1月强制解散后，许燊遂参加讨袁"二次革命"。1916年袁世凯死后，黎元洪继任大总统，8月1日下令正式恢复国会，许燊则继续担任国会参议院议员，从事法律编审相关工作。后张勋上演复辟丑剧，原国会再一次被解散，孙中山发表《讨逆宣言》，南下广东，1917年8月在广东建立"护法国会"，原国会议员纷纷南下追随孙中山讨逆护法，许燊为追随孙中山也随之南下。"护法国会"中议员因未达到法定出席人数，故又叫做"非常国会"，许燊仍担任护法国会的参议院议员。1922年4月爆发第一次直奉战争，直系军阀曹锟、吴佩孚控制北京中央政府，提出"恢复法统"，于8月1日重新恢复旧国会，10月11日在北京举行第三期常会，许燊继续担任参议院议员。1923年，他反对曹锟贿选总统，曾南下参加讨伐运动。这段时间许燊和沈钧儒一同寓居上海，彼时许燊已辞去北洋政府护法委员之职，以元老身份闲居上海，仍积极参与司法界活动，并热心社会工作，威望很高。1922年6月，诸辅成、虞和德、邵仲辉、邬志豪等百余人在上海创设了全浙公会，全浙公会是在上海成立的以服务浙人为宗旨的非政府组织。主要通过团结浙江人、加强浙江群众与政府的联系，以全面谋求浙江公益事业之发展。且全浙公会多次以社团名义在《大公报》等报刊上发表文章，维护民权，伸张正义，要求军阀停止内战和赈济灾民，《浙江公会会员名录》载许燊名字亦在其中。[4]1928年，许燊、沈钧儒两人和章太炎、褚慧僧、董康等人一通过发起创办上海法政学院（华东政法大学前身），学校组织董事会，钱新之担任董事长，许燊担任董事，推选诸辅成为校长，沈钧儒为教务长，[5]该校为我国近代司法界造就了众多杰出人才。

"九一八事变"爆发，国内爱国青年义愤填膺，互相奔走联合抗日，其中沈钧儒、邹韬奋、李公朴、章乃器、王造时、沙千里、史良七人因主张抗日被蒋介石关押，这是中国近代史上著名的"七君子事件"。事发后，全国人民开展营救运动，许燊只身赴苏州监狱看望沈钧儒及其他爱国人士，并联络宋庆龄及于右任等民国元老，要求南京政府顺应民意，立即无罪释放"七君子"。最后经过宋庆龄等人的营救，抗日"七君子"终

1　汪茂林主编：《浙江辛亥革命史料集·第八卷》，第33页。
2　《临时会议纪事》，《汉民日报》黄帝纪元四千六百零九年十月二十四日，新闻第三版。
3　郭卿友主编：《中华民国时期军政职官志》（上），第469—478页。
4　上海全浙公会编：《浙江公会会员名录》，浙江图书馆藏，出版年不详，第25页。
5　余振棠主编：《瑞安历史人物传略》，第68页。

获救。后许桑还乡，不再过问政事，1943 年许桑病逝。国民政府以许桑有功于辛亥革命，命令褒奖，下令为许桑举行公葬。

四、实业活动

1. 从事实业活动的瑞安籍留日学生概况

（1）从事实业活动的瑞安籍留日学生人数

清末留日学生大多学习师范、法政等文科，但也有不少人赴日学习实科。瑞安因受当地"经世致用"文化传统和黄绍箕倡导实业教育之影响，清末赴日学习实科的瑞安籍留学生人数较多，共有 14 人。

表5-5　清末瑞安籍实业科留日学生名单

姓名	到东时间	学校	专业	入学时间	毕业时间	费别
林大闾	1903 年 3 月	东京高等工业学校	矿冶、机械科	1906 年 8 月	1912 年	自费
黄曾铭	1903 年 5 月	东京高等工业学校	电气机械科	1907 年 2 月	1910 年	官费
林大同	1903 年 2 月	北海道帝国大学	土木工程科	1906 年 7 月	1909 年	官费
黄曾延	1903 年 2 月	日本庆应大学	预科理财科	1908 年 10 月	1911 年	自费
洪彦亮	1904 年 4 月	东京帝国大学	采矿冶金科	1909 年 7 月	1913 年	浙江官费
薛楷	1904 年 6 月	东京高等工业学校	机械科	1906 年 3 月	1910 年	官费
许徵	1904 年 3 月	东京帝国大学	采矿冶金	1909 年 9 月	1913 年	浙江官费
李墨轩	1904 年	宏文学院	食品制造			
许璇	1904 年 4 月	东京帝国大学	农科	1910 年 10 月	1913 年	官费
林大勋	1905 年 9 月	东京帝国大学	化学火药科		1918 年	官费
唐翼	1906 年 10 月	山口高等商业学校		1909 年	1914 年	五校官费
林鹏		东京蚕桑学校				
缪炯		东京高等工业学校	机械科			
林大问	1908 年	东京高等工业学校	机械科			

除以上 14 人赴日学习实业之外，还有在日本并未进入工科类学校，但回国后从事实业的留日学生。如清末赴日入大阪府立高等医学校学习医科的沈警，他回国后成为瑞安近代著名实业家项湘藻的女婿，开始投身实业。此外，许璇虽赴日学习农科，但回国之后主要从事的是农业教育，故不纳入本节讨论。

（2）瑞安籍留日学生回国后的实业活动

清末赴日学习实业的瑞安籍留学生归国后，在各自的领域都有不小的建树，他们投入近代中国的军工业、食品制造业等领域，为推进近代中国实业发展作出了应有的贡献。

林大闾，字剑秋（简秋、皎秋），毕业于东京高等学校机械科。据《清国留学生会馆第四次报告》记载，林大闾于光绪二十九年二月自费入成城学校。[1]《清末各省官自费留日学生姓名表》记载林大闾于光绪二十九年三月赴日，光绪三十二年八月官费入东京高等工业学校机械科。[2]《日本留学中华民国人名调》记载林大闾在东京高等工业学校机械科，于明治四十五年（1912）毕业。[3]据以上资料判断，林大闾似于1903年3月赴日本，先自费入学成城学校，1906年改为官费进入东京高等工业学校机械科，后于1912年毕业。但据《东方杂志》1910年第6期记载，宣统二年五月初三，清廷引见廷试游学毕业生等并分别授职，"五月初三日，上谕：此次引见之廷试游学毕业生进士项骧、林大闾、程鸿书、陈菉、唐有恒、刘钟华，均著授为翰林院编修"。[4]可见林大闾自日本留学毕业归国之后就被清廷授予翰林院编修，时间在1910年5月。可见林大闾早在1910年前就从日本东京高等工业学校毕业，而且《温州留东同乡录》中记载林大闾1909年毕业于东京高等工业学校。[5]由此推测，林大闾1909年已经毕业归国，并不是《日本留学中华民国人名调》记载的1912年才从高等工业学校毕业。此外，林大闾在东京高等学校的毕业成绩也很优异，1909年《官报》第31期记载林大闾在东京高等工业学校共三学期，每个学期的平均成绩分别是丙、乙、乙、乙。[6]

1912年元旦，中华民国临时政府成立，1912年《政府公报》第145期发布工商部部令，"派王祖邰单镇充总务厅文书科佥事，林大闾充编纂科佥事"，[7]可见林大闾从1912年开始在工商部任职。1914年《农商公报》第一期记载"为饬知事本部现拟开办农商公报，派林大闾、徐球专办编辑公报事宜。（中略）代农商总长章宗祥右饬佥事林大闾等准批"，[8]林大同自在工商部任编纂部佥事以来，一直负责农商公报编辑事宜，农商部编辑处曾编写《实业浅说》期刊，林大闾任《实业浅说》编纂、总编室主任。[9]1919年，因原农商部矿政司司长邢端被派往直隶矿务局总办处，农商部遂拟让时任矿政司第一科佥事的林大闾暂行代理矿政司司长一职。[10]1922年9月，林大闾又担任农商部参事一职。[11]1923年林大闾兼任农商部次长一职。[12]林大闾除在工商部任职之外，据《瑞安项氏

1　清国留学生会馆：《清国留学生会馆第四次报告》，第42页。
2　佚名：《清末各省官自费留日学生姓名表》，第51页。
3　日本兴亚院编：《日本留学中华民国人名调》，第206页。
4　《东方杂志》第六期，宣统二年。
5　《温州留东同乡录》（己酉夏调查），第4页。
6　留日学生监督处：《官报》第31期，第71页。
7　《政府公报》，中华民国元年，第145期。
8　《农商公报》第84号，中华民国三年六月二十二日，第1期。
9　瑞安市政协文化文史委员会编：《瑞安项氏与早期现代化》，中国文史出版社，2019年，第45页。
10　《农商公报》第2987号，中华民国八年十一月二十九日，第5期。
11　《农商公报》第72号，中华民国十一年九月六日，第3期。
12　《农商公报》第6号，中华民国十二年七月七日，第12期。

与早期现代化》记载，林大闾还曾担任湖北劝学道署科员，南洋劝业会审查官，京汉铁路长辛店机车修理厂厂长，浙江铁路公司铁路厂务总管等职务。[1]

林大闾作为一名受过日本新式教育的归国学生，思想先进，除了在实业科任职之外，对中国当下的政治状况十分关心，积极参与政治。1913 年 5 月 29 日，原民主党、共和党、统一党三党合并组成了一个新党——进步党。该党是以立宪派为主体的民族政党，以黎元洪为理事长，其次设理事、参议、名誉理事若干人。其中多名旅京温州人加入了进步党，其中就有林大闾，他担任政务部实业科干事。[2]1925 年，林大闾曾写《王莽传》隐射动荡不堪的时局。章士钊评论《王莽传》："林君剑秋，以精研两汉著称，来书以莽传隐射时局，必有深见。"[3]此外，林大闾还于 1925 年发表政治著作《政本昌言》论述政治。林大闾虽毕业于日本东京高等工业学校机械科，回国后从事实业相关的行政工作，但他时刻关心中国的政治，有着"天下兴亡，匹夫有责"的责任感。

沈警（1890—1951），字公哲，瑞安著名实业家项湘藻女婿。其父沈同轩（1853—1932），字凤锵，清光绪壬午科举人。1909 年《官报》第 27 期记载沈警自费报考第一高等学校医学科。[4]沈警归国后即与瑞安望族项氏项湘藻之女项淑群结婚，并开始负责项氏家族创办的"轮船通济公司"相关经营业务。1937 年，通济公司董、监事会成立会议，沈警为常务董事，并被公推为主席。[5]凡是项氏创办的产业，沈警均有参与，并成为其产业的董事或负责人。新中国成立后，沈警将温瑞所有轮船集中起来成立了"温州市轮船联合公司"。轮船公司除了负责温、瑞、平的航线运输之外，沈警还将其他大马力轮船调入瓯江，协助解放军解放洞头岛屿。解放军 21 军 63 师特地授予他"开明绅士""支前模范"的称号。[6]

洪彦亮，字翟士，毕业于东京帝国大学采矿冶金科。《清国留学生会馆第五次报告》载洪彦亮光绪三十年二月自费入日本宏文学院[7]，《官报》第 35 期记载洪彦亮 1909 年 7 月由第六高等学校升入东京帝国大学冶金科[8]，《清末各省官自费留日学生姓名表》记载洪彦亮宣统元年入东京帝国大学冶金科，大正二年毕业，由第六高等学校升入东大。[9]综合上述资料可知，洪彦亮 1904 年赴日本，先入日本宏文学院，后升入第六高等学校工科，毕业后，1909 年升入东京帝国大学冶金科，1913 年毕业。据目前所收集掌握的资料，洪彦亮归国后曾在农商部矿政司担任技正。[10]洪彦亮对中国当时的矿冶业有着自己独到的

1　瑞安市政协文化文史委员会编：《瑞安项氏与早期现代化》，第45页。
2　瑞安市政协文化文史委员会编：《瑞安项氏与早期现代化》，第51页。
3　章士钊：《章士钊全集》（第5卷），文汇出版社，2000年，第88页。
4　留日学生监督处：《官报》第27期，第654页。
5　瑞安市政协文化文史委员会编：《瑞安项氏与早期现代化》，第97页。
6　瑞安市政协文化文史委员会编：《瑞安文史资料第三十九辑》，中国民族摄影艺术出版社，2015年，第218页。
7　清国留学生会馆：《清国留学生会馆第五次报告》，第82页。
8　留日学生监督处：《官报》第35期，第23页。
9　佚名：《清末各省官自费留日学生姓名表》，第192页。
10　《农商公报》第13号，中华民国八年二月八日，第8期。

见解和看法。他曾在《矿冶》杂志上发表《石炭低温干馏》[1]和《振兴冶炼工业之意见》[2]两篇文章，在《石炭低温干馏》一文中洪彦亮全面介绍了石炭干馏的方法，并附有详细的表格说明，在《振兴冶炼工业之意见》一文中提出了振兴近代中国矿业的办法。1927年商务印书馆出版了洪彦亮所著的《中国冶业纪要》[3]一书，全书共分为十二章，前十一章以"铁""钢""金""银""铜""铅""锌""锡""锑""汞""其他金属"作为分类，介绍了中国冶炼这些金属的工厂，以及这些金属每年的产量及出口额，最后一章以"中国冶业改良论"为标题，分别提出了他对我国铁矿、银矿、金矿、铅矿、铜矿等的改良办法。总览全书、内容丰富详细，可见作者对我国矿业有着十分详细的了解，最后结合在日本所学知识和国内矿业的现状，分析提出相对应的解决方法，此书对现代中国矿业的发展有很大的参考价值。

黄曾铭，字述西，毕业于东京高等工业学校电气机械科。据《清末各省官自费留日学生姓名表》记载，黄曾铭光绪二十九年三月赴日，先入宏文学院普通科，毕业之后进入东京高等工业学校预科，光绪三十三年七月进入东京高等工业学校电气机械科。[4]1910年的《浙江教育官报》记载黄曾铭1907年进入东京高等工业学校电气机械科，次年7月被补给官费。[5]还有《官报》第38期记载黄曾铭光绪二十九年三月赴日本，光绪三十二年十二月进入东京高等工业学校电气机械科学习。[6]综合以上资料判断，黄曾铭于1903年4月赴日，先入宏文学院，后入东京高等工业学校预科，1907年正式进入东京高等工业学校学习电气机械专业，并于次年7月转为官费。据黄曾铭儿子黄宗江回忆，黄曾铭于1910年学成归国，1911年辛亥革命爆发之时，他在杭州任浙江省革命军政府实业厅技正，1913年到北京，担任电话局工程师一职，1934年任青岛电话局主任工程师时去世。[7]1914年黄曾铭被任命为电气技术委员会会员。[8]同年黄曾铭在《电气》杂志上发表《电话国有与商办问题之研究》[9]一文，介绍了我国的电话普及程度、国有通信事业与商办通信事业之关系等内容。1920年黄曾铭充任电政司电气科科长一职，[10]1931年黄曾铭调赴青岛电话局。[11]另外，据其子回忆，黄曾铭业余爱好听戏，他的子女黄宗江、黄宗英、黄宗淮、黄宗洛、黄宗汉在父亲的影响下，对艺术充满兴趣，后来都活跃在影坛。

许徵，字演同，"许太和"家末子，于光绪三十年东渡日本，东京帝国大学采矿冶

1　洪彦亮：《石炭之低温干馏》，《矿冶》，中华民国十六年，第1—2期。
2　洪彦亮：《振兴冶炼工业之意见》，《矿冶》，中华民国十六年，第1—2期。
3　洪彦亮：《中国冶业纪要》，商务印书馆，1927年10月。
4　佚名：《清末各省官自费留日学生姓名表》，第137页。
5　浙江学务公所编：《浙江教育官报》第17期，浙江学务公所，1910年，第173页。
6　留日学生监督处：《官报》第38期，第79页。
7　黄宗江、黄宗英著：《卖艺人家：黄氏兄妹相册》，中信出版社，2005年，第6页。
8　《电气》，中华民国二年，第5期。
9　黄曾铭：《电话国有与商办问题之研究》，《电气》，中华民国二年，第3期。
10　《政府公报》第379号，中华民国九年八月二十六日，第1631期。
11　《新电界》，中华民国十八年，第8期。

金毕业回国后，活跃在我国军工界，是我国近代著名冶金、兵工及热处理专家。《官报》第 38 期记载许徵光绪三十年正月赴日，宣统元年七月进入东京帝国大学采矿冶金科。[1]《官报》第 28 期记载许徵 1909 年在第六高等学校第二部工科就读。[2] 民国十五年的《留日帝国大学高等学校同窗录》记载许徵毕业于第六高等学校，升入东京帝国大学冶金科，1913 年获得工学士学位。[3] 由以上资料所记载的信息可知，许徵于 1904 年赴日，先就读第六高等学校工科，1909 年该校毕业后，同年升入东京帝国大学冶金科，1913 年毕业。许徵归国后曾先后在北京大学教授数学，在南京军工专科学校担任校长，后投入中国近代的军工业。抗战时期，许徵随南京国民政府迁往武汉和重庆，在武汉和重庆的兵工厂担任总工程师，为抗战前线提供武器设备，后官至国军兵工委员会委员。新中国成立后，许徵被冶金部聘为东北工学院热处理教授，担任辽宁省政协委员。1950 年，许徵为学生讲授钢铁热处理和钢铁合金学等课程，同时参考了国内外十余种专业书籍，将这两门课的课程合并整理成《钢铁材料学》一书。"文化大革命"期间，许徵因受迫害去世。[4]

林大勋，字大中，瑞安南门虹桥头人。1909 年的《温州留东同乡录》记载林大勋时年 19 岁，毕业于东京同文书院。[5]《浙江教育官报》记载林大勋光绪三十一年八月赴日，进入第一高等学校第二部预科。[6]《日本留学中华民国人名调》记载林大勋明治四十四年（1911）从第一高等学校预科第二部毕业，大正三年（1914）从第二高等学校毕业。[7]《留日帝国大学高等学校同窗录》记载林大勋从第一高等学校毕业，后继入东京帝国大学火药科，民国七年（1918）毕业，获工学士学位，毕业之后在汉阳兵工厂任制炮主任。[8] 综合分析以上信息可以判断，林大勋在 1905 年 9 月左右赴日，先入东京同文书院，后进入被列入"五校特约"计划之一的第一高等学校学习。明治四十四年（1911）从第一高等学校毕业后，转入第二高等学校继续学习，大正三年（1914）该校毕业后进入日本东京帝国大学火药科学习，民国七年（1918）毕业，获工学士学位。林大勋毕业回国后，先后在汉阳兵工厂担任制炮主任和火药厂厂长、上海开成公司造酸厂厂长，为我国的军工业发展作出自己的贡献。在 1918 年林大勋发表了《现代之火药》[9] 一文，在文章中他认为火药是兵器之本，而兵器的强弱关系到军队的强弱，军队强则国家军事力量自然可以壮大，所以火药武器对于一个国家军事力量的重要性不言而喻。林大勋一直致力于开发

1　留日学生监督处：《官报》第38期，第81页。
2　留日学生监督处：《官报》第28期，第28页。
3　佚名：《留日帝国大学高等学校同窗录》，浙江图书馆古籍库藏，1926年，第32页。
4　余振棠主编：《瑞安历史人物传略》，第209页。
5　《温州留东同乡录》（己酉夏调查），第5页。
6　浙江学务公所编：《浙江教育官报》第36期，浙江学务公所，1910年，第36页。
7　日本兴亚院编：《日本留学中华民国人名调》，第130页。
8　佚名：《留日帝国大学高等学校同窗录》，浙江图书馆古籍库藏，1926年，第44页。
9　《学艺杂志》，中华民国七年，第3期。

新的火药制造技术，1931年他为了精进制造火药的技术，特向军政部请求赴日考察硝酸提取技术，最终获得准许并由军政部拨给旅费前往。[1] 可见，林大勋为改良我国的火药制造技术，进行了不懈的努力。

李祖林（1880—1915），字墨西，瑞安县人。李祖林早年赴日本宏文学院食品科学习，回国后和其弟李慕林（墨轩）一起在家乡创办太久保罐头厂，成为温州近代罐头食品工业的先驱，李祖林也成为温州近代工业的代表人物之一。李祖林的赴日时间，据《刘绍宽日记》记载道："光绪三十年甲辰十月十六日，偕子蕃至小石川町清华学校，晤李墨轩、翰轩、戴兰君。"[2] 由此可知，李祖林和其弟慕林1904年已在日本，并在清华学校学习。而李祖林的姻弟洪彦远在给李祖林写的墓志铭中有"清故处士温州中学教授、日本宏文学院毕业生墨西李公"[3] 的内容，可知李祖林后来曾入宏文学院学习。其表侄许世铮记载李祖林在宏文学院的专业是"食品制造"[4]。又据《刘绍宽日记》记载："光绪三十二年丙午正月十三午后，往瑞安北门外本寂寺观罐头厂。厂为李君墨轩、翰轩兄弟所办。两君学于日本归而设此，闻附股者颇多。"[5] 可见李祖林、慕林两兄弟日本留学回国后，在家乡瑞安开设了罐头厂。李祖林除了创办罐头厂外，还在瑞安创办了印刷所，承印《瓯海民报》《浙瓯潮报》等报刊。李祖林1915年因病去世，年仅35岁，但他利用日本留学所学创办的瑞安太久保罐头厂开了浙南近代罐头食品制造业之先河，促进了瑞安经济之发展。

2.瑞安籍实业界留日学生代表人物林大同

林大同（1880—1936），字同庄，瑞安人。毕业于日本北海道大学土木工程科，回国后成为近代浙南著名水利专家。因其出生日期和其祖父相同，林大同原名林祖同。后因仰慕孙中山的"天下大同"思想，改名为林大同。林大同去日本留学之前曾是南洋公学特班生。1901年南洋公学设立特班，以30名学生为限额，目的是造就西学人才。据蔡元培记载的特班生名单，共有39名学生，其中浙江籍学生有14名，分别是文光、朱履和、李广平、邵闻泰、周思绪、林文潜、林大同、胡仁源、洪允祥、项骧、陈锡民、郭弼、钟观诰、钟枚。[6] 南洋公学特班虽没有开设日语一科，但蔡元培在自述中回忆："学生除在中学插班习英文外，有学习日本文的。"[7] 而林大同在1902年就翻译了日本清野勉的著作《论理学达恉》一书，可见其在特班不仅学习了英语，还学习了日语。《论理学

1　《军政公报》，中华民国二十年，第99期。
2　方浦仁、陈盛怀整理：《刘绍宽日记第1册》，中华书局，2018年，第396页。
3　俞光：《温州罐头食品工业先驱——李祖林》，温州市政协文史资料委员会编：《温州文史资料第19辑》，温州市政协文史资料委员会，2005年，第91页。
4　许世铮：《维新运动后瑞安新工农业的萌芽》，中国人民政治协商会议浙江省瑞安县委员会文史工作组：《瑞安文史资料选辑第一辑》，1989年，第5页。
5　方浦仁、陈盛怀整理：《刘绍宽日记第1册》，中华书局，2018年，第419页。
6　顾有光、顾利民主编：《南洋公学——交通大学年谱》，陕西人民出版社，2002年，第16页。
7　顾有光、顾利民主编：《南洋公学——交通大学年谱》，第15页。

达恉》一书于 1902 年 11 月由文明书局出版发行，林大同在该书序言认为，要挽救中国岌岌可危的形势，不能单靠外力，还需以形而上的哲学理论作为指导思想。他之所以翻译了《论理学达恉》一书，是希望借此给国民以思想上的启示。林大同按照"信、达、雅"的翻译原则翻译此书，如他在序言中所说，他翻译此书力求简洁，有些地方采取减译、直译或不译的方法，让译文通俗易懂。扎实的日语基础和积极吸收日本新学的态度，为他日后留学日本奠定了良好的基础。

1903 年春，南洋公学特班停办，适值瑞安兴起留学日本的热潮，林大同遂赴日本留学。《清末各省官自费留日学生姓名表》记载林大同光绪二十九年（1903）二月官费赴日本，光绪三十二年（1906）八月官费入帝国大学。[1]《清国留学生会馆报告第三次报告》记载林大同光绪二十九年二月自费入宏文学院。[2] 另外《官报》第 7 期也记载林大同 1906 年 9 月 15 日由浙江官费入札幌农学校土木工学科。[3]《官报》28 期记载林大同 1909 年 3 月还在札幌东北帝国大学土木工程科三年级学习。[4] 而《温州市志》载林大同光绪二十九年（1903）三月东渡日本，先入宏文学院普通科，后入北海道帝国大学土木工程科，宣统元年（1909）归国。[5] 林大同入学的"札幌东北帝国大学"即为"北海道帝国大学"。"北海道帝国大学"创设于 1876 年，其前身是"札幌农学校"，到 1907 年改为"东北帝国大学"，1918 年正式改名为"北海道帝国大学"。综上，林大同应是于公历 1903 年 3 月自费入日本宏文学院普通科学习，1906 年 9 月由官费升入北海道帝国大学土木工程科深造三年，1909 年归国。

1909 年秋，林大同应清廷归国留学生考试，被授予工科举人。1915 年 1 月，交通部发布训令，委任林大同为本部技士。[6] 林大同在交通部任职后，杭州第一个火车站便是由他监督兴建的。此外，他还领导建设了杭嘉段铁路工程，并负责勘测浙赣路常山、玉山间的路线。后铁路公司收为国有，总公司改为沪杭甬铁路局，因局长无礼，林大同愤而辞职。民国五年，浙江巡按使屈映光慕名聘请林大同组织浙江省水利委员会，在水利委员会，他事必躬亲，兼主任、技正、行政于一身，负责萧山湘湖勘查和禁垦工作，还负责监督兴建验收海塘工程。

1916 年夏，绍兴旱灾，河水干枯，农民无法得到充足的水源，林大同遂派学徒前往北京学习凿井技术，以新法凿井，解决了当地人民的水源不足问题。沈曾植看到林大同等人开凿的水井后，曾著《波梨泉铭》记载："丙辰夏旱，城河辍流，渴不任饮。富者取水数里外，贫者苦之共谋，所以澹之。沈乙庵老人曰，河浅隘，日浚日湮，费广难

1　佚名：《清末各省官自费留日学生姓名表》，第47页。
2　清国留学生会馆：《清国留学生会馆第三次报告》，第145页。
3　留日学生监督处：《官报》第7期，第79页。
4　留日学生监督处：《官报》第28期，第24页。
5　章志诚编：《温州市志》，中华书局，1998年，第666页。
6　《政府公报》第119号，中华民国四年一月十四日，第968期。

久。莫如新法浚井，良可深揳而汲清也。乃属瑞安林大同君遣艺徒游学燕市，阅数月而成。至己未春始来禾城，就府署西偏关朝之前，试手开植木，悬机绞轮，深淘至三十六丈八尺。"[1] 林大同以新法凿井，利用自己的专业知识为绍兴人民解决了用水问题。

林大同回国后不仅在交通部、水利局任职，同时也是温州旅杭同乡会发起人之一。林大同曾参与组织发起温州旅杭同乡会，并担任温州旅杭同乡会会长长达 15 年之久。温州旅杭同乡会的前身为瓯属旅杭同乡事务所，该事务所于 1913 年 12 月 18 日由林大同、潘鉴宗等人发起，1921 年 10 月还兴建了旅杭温州会馆。据吕渭英《旅杭温州同乡会成立之历史》一文记载："会馆成立之后，同乡开大会，公推潘君为会长，而林、陈二君副之。"[2] 此处的潘君是潘国纲，林、陈二君分别是林大同和陈蔚。1926 年因原会长潘国纲因事留京，林大同被推选为会长。[3] 他不负众望，在任旅杭温州同乡会会长期间，热忱为旅杭温州同乡谋福祉。如 1929 年夏，温州遭遇风虫水旱四灾，灾情十分严重，对此同乡会在会馆内设驻杭温属筹赈会，并公推林大同等为常务委员。[4]

1918 年，林大同在南洋公学的老同学弘一法师（李叔同）因看破红尘，在跑虎寺落发出家。关于出家的前后经过，弘一法师在自述集中记载："我本来是想转年再出家的，但是承他的劝，于是就赶紧出家了。便于七月十三那一天，相传是大势至菩萨的圣诞，所以就在那天落发。落发以后仍须受戒的，于是由林同庄君介绍，而到灵隐寺去受戒了。"[5] 弘一法师在杭州受足戒后，因杭州天气寒冷不适合，后来迁往永嘉修行。弘一法师的弟子因弘所著《弘一音公驻锡永嘉行略》一文记载："溯吾师自民国七年出家杭州虎跑，受具灵隐，九年研教新城贝山，因旧同学瑞安林同庄君言，永嘉山水清华，气候温适，师闻之欣然。又因吴璧华、周孟由二居士延请，遂于十年三月料理行装，拥锡来永，挂褡城南庆福寺庙。"[6] 原来弘一法师到灵隐寺受戒是经林大同的介绍，到永嘉修行也是听林大同的建议。后来弘一法师视温州为第二故乡，林大同和弘一法师的交往也成了温州流传的一段佳话。

1　浙江省水利委员会编：《浙江水利委员会创办人工新法钻井纪要》，浙江省水利委员会，出版年不详，第7页。
2　卢礼阳、杨志华主编：《潘鉴宗与温州旅杭同乡会》，中华书局，2017年，第146页。
3　卢礼阳、杨志华主编：《潘鉴宗与温州旅杭同乡会》，第39页。
4　卢礼阳、杨志华主编：《潘鉴宗与温州旅杭同乡会》，第271页。
5　弘一法师著，唐嘉编：《悲欣交集——弘一法师自述》，文化艺术出版社，2014年，第25页。
6　《弘一音公驻锡永嘉行略》，林子青：《弘一法师年谱》，宗教文化出版社，1995年，第121页。

第五节　清末瑞安籍留日学生群体特征

一、爱国热情高涨

清末至民国赴日的留日学生在近代中日文化交流中是不可替代的重要群体，他们纷纷东渡扶桑，学习日本先进的政治法律制度和科技文化，成了近代中日文化交流的桥梁。清末留日学生群体庞大，在这些留日学生群体中，其留日原因、留日形式和留日年龄都有不小的差异。有为挽救国家危局而赴日本学习救国之道者，有不学无术只为出洋镀金者，有十七八岁正值盛年的青年赴日深造，也有已是古稀之年的老人远赴东瀛学习科技文化。总体而言，大多数近代中国留日学生都怀揣着救亡图存之志，远渡东洋学习近代科学文化，归国后，对近代中国的变革发展作出了不可磨灭的贡献。

浙江自古以来就是经济富饶、人文荟萃之地，清末浙江省的留日人数也位居全国前列。绝大部分浙江籍留日学生都是抱着使国家繁荣昌盛的愿望，赴日本留学寻求救国之道的，清末瑞安县的留日学生也不例外。本文通过挖掘相关史料，考察了清末大部分瑞安籍留日学生的在日和归国活动。不难发现，瑞安籍大多数留日学生在日本求学期间就积极参加各种政治活动，表现出极高的爱国和救国热情，他们回国后也都运用在日本之所学为近代中国的政治、军事、教育、实业领域作出不小的贡献。

如以林摄和黄赞为代表的瑞安籍留日学生在东京参加留日学生组织的"抗俄运动"，他们还组织在日温州籍留日学生发表《温州留学生敬告同乡书》，表明了要与"碧眼红髯儿"决一死战的决心。后林摄、黄赞、黄蕭卿等人在东京加入了光复会，以此寻求救国道路。林摄归国后先在北洋政府任职，后因厌恶袁世凯倒行逆施之举，辞职追随蔡锷前赴云南，参与策划"护国运动"，坚决捍卫辛亥革命成果。瑞安籍留日学生沈靖，从日本陆军士官学校毕业后，回国参加了"南京光复运动"，并亲上前线，与敌人做殊死博斗，导致腿部受弹伤，最终带领新军将士拿下重要据点雨花台，为"南京光复"立下首功，中华民国临时政府成立后，被授予"金质共和勋章"。还有瑞安籍军事留日学生何浩然，他自日本陆军士官学校毕业后，回国担任了保定军官学校战术教官。何浩然抗战前夕辞官回乡，全面抗战爆发，日军强迫他出任瑞安维持会会长，何浩然正义凛然，严词拒绝了日军的无理要求，结果遭到日军空袭报复。这些瑞安籍军事留日学生都胸怀爱国之心，为了捍卫心中的真理，与敌人作顽强的斗争。

不仅是瑞安籍军事留日学生有着强烈的爱国心，教育界的瑞安籍留日学生也是如此。他们怀抱着"教育救国"的愿望，将自己在日本之所学毫无保留地传授给国内学子，为近代中国教育的发展作了力所能及的贡献。除了在教育上无私奉献之外，他们也有着强烈的爱国主义精神。如洪彦远不仅在教育上尽职尽责，当日军攻占温州时，他不惧日伪军的威逼利诱，和家人避居乡间。抗美援朝战争爆发后，他带头给前线捐款。金嵘轩除了在教育上兢兢业业、无私奉献之外，还非常支持学生参加革命运动，并尽一切所能保护参加革命的学生。在办学过程中，他也极其注重培养学生们的爱国心，不定期组织学生举行爱国公演活动，带领学生给抗日前线军人献衣、赠送慰劳金等。

回国后活跃在法政领域的瑞安籍留日学子，他们的爱国热情也非常高涨。以虞廷恺为例，他一直在国会担任议员以捍卫辛亥革命的成果，希望中国真正实现"民主共和"，并为这个理想不懈奋斗。然而民国政局动荡、变故不断，国会已完全变成军阀争权夺利的工具，他对国会失望万分，决定辞职回乡，不再过问世事。许璇自南京民国临时政府成立后，一直在国会参议院担任议员。后来追随孙中山南下广东参加"护法运动"，捍卫《中华民国临时约法》。"九一八事变"爆发，沈钧儒、章乃器、邹韬奋、王造时、沙千里等七人因主张抗日被国民党抓捕，许璇联络宋庆龄等民国元老进行援救。虞廷恺和许璇从日本留学归国后，活跃在民国政治界，他们为捍卫辛亥革命的成果作了不懈努力。

受瑞安"经世致用"传统文化和黄绍箕"实业救国"教育理念的影响，清末瑞安赴日学习实业科的人数很多。这些实业科留日学生回国后有的在军工业领域颇有成就，有的自己创业开办工厂，有的在政府实业部门担任要职。他们秉承着"实业救国"的理念，回国后为近代中国实业领域作出不小贡献。

总体言之，清末瑞安籍的留日学生大都抱着"救亡图存"之志，远赴扶桑学习西洋先进科技文化，回国后投身各领域，促进了近代中国的发展变革。

二、"经世致用"思想特征明显

清末瑞安籍留日学生除了爱国热情高涨之外，还有一个特点就是事功思想浓厚。瑞安县是近代永嘉学派复兴之地，本章第一节提到永嘉学派最显著的特点就是"经世致用"。"经世致用"是指学问必须有益于国事，在专注学问的同时，需时刻关注外界变化。晚清瑞安籍孙诒让、孙衣言、孙锵鸣等人致力于复兴永嘉学派，通过搜集文献，使中断近600多年的永嘉学派在瑞安得以复兴。正因瑞安当地受"经世致用"思想的影响，瑞安留日学子所学偏向于实学。这些赴日学习实业科的瑞安籍留日学生归国后，把"经世致用"的思想发挥到极致，充分发挥实干精神，投身近代中国军工业、水利等领域的建设，大大促进了近代中国实业领域的发展。

除实业领域外，清末瑞安籍留日学子在其他领域也充分发挥了"经世致用"的精神。如归国从事教育活动的金嵘轩，他自日本留学回国后，活跃在温州教育领域。他不仅写出多篇有关教育理念的文章，更在实践中落实这些教育理念。如他十分推崇日本的"劳动教育"和"健康教育"理念，于是他在永嘉济时中学任校长时，充分调动学生们的积极性，带领他们在学校农田里开垦劳作，举行团体爱国表演活动，举行运动会等。他的学生就曾说："先生施教的特色是言教和身教的统一。"[1] 金嵘轩认识到光靠理论知识不足以改革国内教育，更重要的是在实际中践行。金嵘轩十分推崇中国著名教育家陶行知的"知行合一"教育思想，在实际办学过程中，金嵘轩也真正实践了"知行合一"的教育理念。除了受留学日本的影响和陶行知"知行合一"教育思想影响之外，瑞安固有的"经世致用"传统思想对金嵘轩也有着潜移默化的影响。除了金嵘轩之外，许璇也是一位言传身教的教育家。许璇毕业于日本东京帝国大学农学科，回国后从事农业教育，并成为中国农业经济学的开创人。他不仅教授学生书本上的农学知识，更是带领学生实地考察。如1916年，许璇利用春假带领北京农业专门学校的17名学生赴日考察农业，历时一个月，考察了日本农业学校、养殖场、植物园等，回国后指导学生们发表了长篇报告，介绍了日本的农业学校科目设置，农场设置等。许璇深知学习农科，光靠书本上的知识是不够的，更重要的是实践，在实际操作中学习而来的知识更加深刻。无论金嵘轩还是许璇，他们在实际教学过程中都善于将理论和实际相结合。

回国后活跃在军事和法政界的清末瑞安籍留日学生也很注重实践。军事界如沈靖和林摄，他们二人在日本陆军士官学校学习军事，在日本积极参加"抗俄运动"，加入光复会，回国后参与南京光复和护国运动，甚至冲锋在前线与敌人做殊死搏斗。法政界如虞廷恺和许燊，他们自日本留学归来后活跃在国会，时刻关注政界变化，凡事亲力亲为，只为维护辛亥革命成果。

这些清末瑞安籍留日学生行动力强，他们不仅仅专注于理论知识，更关注实际，而后运用专业知识去实践。可见瑞安"经世致用"的文化传统潜移默化地影响了清末瑞安籍留日学子。

清末瑞安籍留日学生爱国热情高涨，这也是清末全国留日学子们共有的特征。而瑞安籍留日学生"经世致用"思想浓厚，注重实践能力，且清末瑞安赴日学习实科的留日人数比例大，这可以说是瑞安籍留日学生特有的地域文化特征。

---

1 朱维之：《先生的风范与日月长存》，温州市金嵘轩先生诞辰百周年纪念筹备委员会编：《瓣香集：纪念金嵘轩先生诞辰百周年 1887—1987》，第108页。

第六章

清末浙江留日学生的人数及其构成

在清末留日热潮中，浙江学子或官费派遣，或自备资斧，纷纷东渡求学，曾出现"浙人以官私费赴日本游学者相望于道"[1]的盛况。如前面相关章节所述，浙江不仅在留日学生的派遣时间上早于其他各省，而且留学生人数也始终名列前茅。那么，自1897年至1911年，浙江省究竟有多少学子东渡日本？他们又来自浙江的哪些地区？赴日后主要进入哪些学校？学习哪些专业？搞清这些问题，不仅可以进一步宏观把握清末浙江学生留学日本的历史，而且对近代中国人留学日本历史的整体研究，也将起到一定的促进作用。

1　冯自由：《中华民国开国前革命史》中编，上海书店出版社，1990年，第2页。

第一节　浙江留日学生人数

　　在大量有关近代留日学生的论著中，有不少都对近代留学生的人数有所介绍，但对清末十余年间或包括民国时代的近代留日学生人数说法不一。

　　实藤惠秀在《中国人留学日本史》一书中认为，包括民国时代，保守估计，中国留日学生总数，至少应有五万人。但即便只有五万人，也已经是了不起的数目。[1]日华学会从 1918 年成立后，长期参与中国留日学生教育的相关管理事务，在刊行《日华学会年报》的同时，整理出版《留日中华学生名簿》等，这些出版物均已成为研究近代中国留日学生史的重要资料。在其于 1938 年所编的《日华学会二十年史》一书中，该会认为清末以来的四十年间留日学生人数应该有 10 万人。[2]1955 年，郭沫若在早稻田大学演讲，认为中国留日学生最多时达 2 万人，数十年间虽没有精确统计，但推测前后应有 30 万人。[3]美国学者任达在《新政革命与日本》中认为："粗略估计，从一八九八至一九一一年，至少有两万五千名学生跨越东海到日本，寻求现代教育。"[4]周棉、王荣国在其研究论文中认为，清末留日学生总人数，"21000 人以上应该是比较接近实际的"。[5]周一川利用日本文部省档案和日华学会对中国留学生人数的统计数据，对 1906 年至 1944 年间各年度的中国留日学生人数进行了详细的考证和统计，据此可知历年在日就读留日学生人数的日方统计数据。[6]但留日学生总人数并非历年人数之和，据此仍难以得知清末或民国时期留日学生的总人数。笔者曾在制作《清末浙江留日学生名录》的基础上对清末浙江留日学生数进行统计，认为清末浙江留日学生总人数约为 2000 人，以浙江约占全国留日学生人数十分之一推算，全国总人数为 2 万人左右。[7]本书将在已增补的《清末浙江留日学生名录》的基础上，对清末浙江留日学生总人数进行重新统计，对部分数据作适当修正。

1　[日]实藤惠秀著：《中国人留学日本史》，谭汝谦等译，第118—119页。

2　砂田实编：《日华学会二十年史》，日华学会，1939年，第9页。

3　[日]实藤惠秀著：《中国人留学日本史》，谭汝谦等译，第118页。

4　任达：《新政革命与日本》，江苏人民出版社，2006年，第105页。

5　周棉、王荣国：《清末新政与留日大潮的涌起》，《江海学刊》2014年第5期，第174页。

6　周一川：《近代中国留日学生人数考辨》，《文史哲》2008年第2期，第104页。

7　吕顺长：《清末中日教育文化交流之研究》，第227页。

如前所述，浙江省于 1897 年官费派杭州蚕学馆学生楼侃和汪有龄赴日留学，开创了近代中国从国内学堂官费派遣学生留日的先河；1898 年浙江除从求是书院和武备学堂各派 4 名学生留学日本外，尚有嘉善县人吴振麟以自费公派的性质赴日留学；1899 年 1 月，南洋大臣从南洋公学和南洋武备学堂分别派 6 名和 14 名学生留学日本，其中南洋公学所派 6 名入日华学堂的学生中含浙江乌程籍章宗祥和嘉善籍富士英，南洋武备学堂所派 14 名入成城学校的学生中含浙江海宁籍许葆英、慈溪籍舒厚德、归安籍陈其采、乌程籍吴锡永和长兴籍华振基；1900 年，浙江求是书院又选派蒋百里、蒋尊簋等 18 人赴日留学。至 1901 年，浙江留日在校学生达 41 人（全国 274 人），位于湖北、江苏之后列第三。[1] 此后，1902 年增至 84 人（全国 573 人），位于江苏、湖北之后列第三；[2]1903 年，增至 142 人 [3]（全国 1058 人），位居江苏省之后列第二；[4]1904 年，增加至 191 人（全国 2406 人），位于湖南、湖北、四川、江苏省之后列第五；[5]1905 年，目前暂未见分省统计人数；1906 年，增至 448 人（全国 5418），位于湖北、湖南、江苏之后列第四；[6] 1907—1910 年，浙江留日官费生人数分别为 181 人（全国 1985 人）、210 人（全国 2597 人）、238 人（全国 2072 人）、158 人（全国 1859 人）[7]，自费生人数未详。根据以上数据推算，1901—1904、1906—1910 年浙江留日学生占全国留日学生的比例分别为：1901 年 14.9%（41/274）、1902 年 14.6%（84/573）、1903 年 13.4%（142/1058）、1904 年 7.9%（191/2406）、1906 年 8.3%（448/5418）、1907 年 9.1%（181/1985）、1908 年 8.1%（210/2597）、1909 年 11.5%（238/2072）、1910 年 8.3%（158/1895），九年平均为 10.7%。由于以上统计中部分数据并不完整，尤其是缺少了留日高潮时期 1905 年的数据，而且 1907—1910 年的数据未含自费生，因此与历史事实或许稍有偏差，但这一偏差估计不会太大。另外，考虑到以上 1901 年至 1903 年浙江留日学生人数比例较高，而这三年的人数占清末总人数的权重相对较小，因此笔者不妨将上述 10.7% 的数据调至10%，即清末浙江留日学生的人数约占全国总数的十分之一。

那么，清末浙江留日学生的总数大致又有多少呢？由于有不少学生留学时间在一年以上，同一学生往往被包含于数年的统计数据中，因此总人数并不是每年人数的累加，

---

1 《中国留学生新年会记事》，《壬寅新民丛报汇编》第155—156页。该文刊于1902年初，所记留学生人数当与1901年末人数大同小异。
2 清国留学生会馆：《清国留学生会馆第一次报告》，附录《分校分省人数统计表》。
3 这些浙江留学生中，自费生占大多数，官费生仅40余人。官费生中，本省派遣者约20余人，其余为南洋、使馆或四川官费。（孙江东《敬上乡先生请令子弟出洋游学并筹集公款派遣学生书》，《浙江潮》第 7 期，第4页。）
4 清国留学生会馆：《清国留学生会馆第三次报告》，附录《分校分省人数统计表》。
5 清国留学生会馆：《清国留学生会馆第五次报告》，附录《分校分省人数统计表》。
6 《留日学生人数统计表》，《学部官报》第8期。该表按语："联队及振武学校学生六百余人，其有未到使署报名及不用介绍之学生各学生，均未列入表内。" 由此可知当时留日学生人数应远高于此数。
7 根据留日学生监督处《官报》相关表格统计所得，仅限官费生。另据《支那留学生收容学校数並员数调》（国立公文书馆アジア历史资料センター《在本邦支那留学生関係雑纂/陆军海军学生外之部6》，编号3-2530-0487）统计，1906—1911年日本各类学校含自费生在内的中国留学生人数分别为：1906年7283人，1907年6797人，1908年5210人，1909年5266人，1910年3979人，1911年3328人。但由于该统计未列出各省具体人数，故无法得知浙江留日学生所占比例。

要统计出总人数并不容易。笔者近年来致力于清末留日学生名单的收集，并对其中的浙江留日学生进行了整理，制作完成了本书附录一所收的《清末浙江留日学生名录》，共收入留日学生 1758 人，凭相关资料判断，估计网罗了清末浙江留日学生总数的 80% 左右。因此，笔者推定，清末浙江留日学生总人数约为 2200 人，以上述 10% 的比例推算，全国总人数约为 22000 人。

第二节　浙江留日学生的生源组成和地区分布

清末浙江留日学生主要由官费生、公费生和自费生组成。官费生除浙江官费外，尚有五校官费、学部官费、使馆官费、南洋官费、北洋官费和极少数其他省份的官费；公费生分省内各地方公费、学堂公费等种类，但此类公费生有时往往也称官费生，故在留日学生名单原始资料上表现出来的人数极少；自费生指自筹经费赴日留学的学生，他们的经费除家庭补助外，有时也可从学校或热心官绅处获得小部分资助，而且自费生赴日后，部分成绩优秀者还可以通过各种渠道转为官费生。

整体上看，浙江留日学生中自费生远多于官费生和公费生，但从不同时期看，自费生和官费生的比例并不一样。19 世纪末的几年时间内，留日学生人数不多，而且几乎均为官费生；20 世纪初开始至留日高潮期的 1905、1906 年前后，自费生比例逐渐增加并超过各类官费生之总和；1906 年，学部制定并实施《选派游学限制办法》后，对自费留日学生的派遣作了一些限制，自费赴日留学者开始减少，加之部分已经赴日的自费留学生通过各种渠道转为官费，官费生的比例明显增加，约与自费生持平。

尽管各省在各个不同时期的情况有所不同，但浙江留日学生中自费生与官费生的这一比例，可以说基本上与当时全国乃至各省留日学生的总体比例是一致的。例如，据推算，福建省清末留日学生总人数约在 400 名左右，其中 1908—1910 年间自费生为 90 人，官费生为 72 人。[1]

无论自费生，还是官费生，他们以来自当时的各类新式学堂者为最多。此外，留日前就已是秀才、举人、进士的科班出身者，甚至已具有大小官衔的各级官吏，人数也不在少数。

浙江留日学生在全省各个地区的分布极不均衡。如 1903 年 4 月浙江留日在校生（不含已毕业和告假归国学生）的地区分布：当时 11 府共计 119 名留学生中，来自杭州

1　张先清：《清末福建的留日学生》，《中日关系史研究》第 53 期，1998 年 4 月。

府 40 人、绍兴府 26 人、温州府 17 人、嘉兴府 10 人、宁波府 10 人、湖州府 9 人、台州府 6 人、金华府 1 人，衢州、严州、处州三府均未有在日留学生[1]。

根据对《清末浙江留日学生名录》的统计，学生的地区分布如下：

表6-1　清末浙江留日学生籍贯分布

各府学生数	各县（州、厅）学生数
杭州府 220	仁和县 71、钱塘县 52、海宁州 51、富阳县 10、余杭县 13、临安县 1、於潜县 0、新城县 0、昌化县 1（杭州 21）
嘉兴府 85	嘉兴县 23、秀水县 15、海盐县 16、嘉善县 7、石门县 7、桐乡县（崇德）10、平湖县 7
湖州府 124	乌程县 19、归安县 35、长兴县 5、德清县 13、武康县 0、安吉县 10、孝丰县 0（吴兴县 32、湖州 10）
金华府 52	金华县 13、兰溪县 6、东阳县 8、义乌县 14、永康县 4、武义县 1、浦江县 5、汤溪县 1
衢州府 12	西安县 5、龙游县 1、常山县 1、江山县 5、开化县 0
严州府 17	建德县 7、桐庐县 6、淳安县 1、遂安县 2、寿昌县 0、分水县 1
宁波府 181	鄞县 39、慈溪县 39、奉化县 49、镇海县 39、象山县 5、定海厅 3（宁波 7）
绍兴府 210	山阴县 53、会稽县 21、萧山县 17、诸暨县 18、余姚县 29、上虞县 19、嵊县 18、新昌县 4（绍兴 31）
台州府 90	临海县 20、黄岩县 37、天台县 18、仙居县 2、宁海县 7、太平县 3（台州 3）
温州府 331	玉环厅 1、永嘉县 69、乐清县 47、瑞安县 99、平阳县 112、泰顺县 1（温州 2）
处州府 53	丽水县 6、青田县 17、缙云县 4、松阳县 12、遂昌县 2、龙泉县 0、庆元县 2、云和县 2、宣平县 2、景宁县 1（处州 5）

上述表格中，所有统计数字仅限于府县籍贯明确者计 1375 人，另有 383 名原始资料中未注明其所属府县浙江籍学生未列入统计。括号内指仅注明该府名称而未标出具体县名者。尽管如此，笔者以为这一统计已能较充分地说明清末浙江留日学生在各府县的大致分布。

从 11 个府的分布情况看，温州（331）[2]、杭州（220）、绍兴（210）、宁波（181）、湖州（124）分别列前五位，严州（17）、衢州（12）二府人数较少，处州府虽然直至 1903 年尚未见有学生留日，但后期增加非常明显，统计中达 53 人。

从各县（共 75 县，另有 1 州、2 厅）分布情况来看，平阳（112）、瑞安（99）、仁和（71）、永嘉（69）、山阴（53）、钱塘（52）、海宁（51）、奉化（49）、乐清（47）各县位居前列，於潜县、新城县、武康县、孝丰县、开化县、寿昌县、龙泉县等 7 县在

1　《分校分府现在人数统计》，《浙江潮》第 3 期，附录第12页。

2　温州籍统计人数最多的原因，除温州地区留日学生人数本身较多外，主要是统计时所采用的资料之一《温州留东同乡录》（己酉夏调查）注明了温州籍学生的籍贯，而其他地区有不少学生因未注明具体籍贯，而未被统计到具体的府县之中。

此次统计中未见有留日学生。

从上述统计数字中，我们可以进一步发现，各地的文化发展水平和风气的开放程度直接影响留日运动的发展。而一个地区的文化发展水平和风气的开放程度，又直接与其历史状况、地理环境、交通条件以及当地官绅是否有所作为等因素直接相关。

第三节　浙江留日学生的学校和专业分布

据不完全统计，清末浙江留日学生所入的学校累计多达 120 余所，它们大致可分为以下数类：一为日本正规大中小学，如东京帝国大学、京都帝国大学、早稻田大学、明治大学、法政大学、第一高等学校；二为各类职业专门学校，如东京高等工业学校、东京高等师范学校、山口高等商业学校、千叶医学专门学校、大阪府立农学校、东京蚕业讲习所、东京水产讲习所等；三为各类专为中国留学生开办的学校，如宏文学院、日华学堂、清华学校、经纬学堂等；四为军事学校，如成城学校、振武学校、陆军士官学校；五是艺术、音乐、体育类学校，如东京美术学校、日本体育会体操学校；六是女子学校，如实践女学校、女子美术学校、东京女子大学校等。此外，还有少数补习学校、私塾、幼儿园等。先请看 1904 年浙江留日学生的学校分布：

据《清国留学生会馆第五次报告》统计，1904 年在日浙江留日学生为 191 人，他们的学校分布分别为：法政大学速成科 33 人、清华学校 25 人、预备入学 20 人、宏文学院 18 人、正则英语预备学校 14 人、成城学校 12 人、振武学校 11 人、第一高等学校 9 人、同文书院 7 人、经纬学堂 7 人、东京帝国大学 2 人、早稻田大学 2 人、东京高等师范学校 4 人、东京高等工业学校 2 人、大阪高等工业学校 2 人、高等商业学校 2 人、第二高等学校 1 人、第三高等学校 3 人、千叶医学专门学校 1 人、金泽医学专门学校 3 人、仙台医学专门学校 1 人、札幌农学校 2 人、国民英语学校 1 人、体育学校 1 人、东京高等师范学校附属中小学校 2 人、晓星中学校 1 人、早稻田中学校 1 人、庆应中学校 2 人、西京小学校 1 人、实践女学校 1 人。

据本书附录一《清末浙江留日学生名录》统计，清末 10 余年间浙江留日学生的学校分布为：

表6-2　清末浙江留日学生在日学校分布

学校（所在地）	人数
东京帝国大学（东京）	47
京都帝国大学（京都）	6

续表

学校（所在地）	人数
东北帝国大学农科大学（札幌）	11
九州帝国大学（九州）	4
早稻田大学（东京）	291
明治大学（东京）	139
法政大学（东京）	130
中央大学（东京）	38
东洋大学（东京）	17
日本大学（东京）	22
庆应义塾大学（东京）	4
京都法政大学（京都）	3
立教大学（东京）	2
第一高等学校（东京）	71
第二高等学校（仙台）	7
第三高等学校（京都）	8
第四高等学校（金泽）	4
第五高等学校（熊本）	3
第六高等学校（冈山）	7
第七高等学校（鹿儿岛）	3
第八高等学校（名古屋）	5
东京高等工业学校（东京）	78
大阪高等工业学校（大阪）	16
仙台高等工业学校（仙台）	4
熊本高等工业学校（熊本）	4
名古屋高等工业学校（名古屋）	4
京都高等工业大学（京都）	1
福冈工业学校（福冈）	4
千叶医学专门学校（千叶）	29
长崎医学专门学校（长崎）	14
大阪医学专门学校（大阪）	10
金泽医学专门学校（金泽）	5
仙台医学专门学校（仙台）	6
冈山医学专门学校（冈山）	1

续表

学校（所在地）	人数
京都府立医学专门学校（京都）	2
爱知县立医学专门学校（名古屋）	6
同仁医学校（东京）	5
慈惠会医学专门学校（东京）	2
东京药学专门学校（东京）	7
明治药学校（东京）	2
东京医学校（东京）	1
富山药学校（富山）	1
东京高等师范学校（东京）	29
大阪府立师范学校（大阪）	1
山口高等商业学校（山口）	15
东京高等商业学校（东京）	11
神户高等商业学校（神户）	4
长崎高等商业学校（长崎）	4
札幌农学校(东北帝国大学农科大学前身)（札幌）	4
大阪府立农学校（大阪）	6
冈山高等农林学校（冈山）	2
鹿儿岛高等农林学校（鹿儿岛）	3
盛冈高等农林学校（盛冈）	1
岩手县立农学校（岩手）	1
青山农学校（东京）	2
东京蚕业讲习所（东京）	7
京都蚕业讲习所（京都）	5
东京目白东亚蚕业传习所（东京）	2
长野县蚕学校（长野）	1
琦玉县竞进社蚕业讲习所（琦玉）	2
群马县东亚蚕业学校（群马）	2
东京水产讲习所（东京）	3
京都高等工艺学校（京都）	1
东京物理学校（东京）	14
东京实科学校（东京）	5
岩仓铁道学校（东京）	12

续表

学校（所在地）	人数
东亚铁道学校（熊本）	12
东京商船学校（东京）	8
测量专门学校（东京）	3
工手学校（东京）	4
东京经济学堂（东京）	2
研数学馆（东京）	2
上智学校（东京）	1
哲学馆（东洋大学前身）	1
东京高等警务学校（东京）	6
东京警监学校（东京）	4
东京法学院（东京）	1
东京征兵学校（东京）	1
宏文学院（东京）	152
清华学校（东京）	32
经纬学堂（东京）	97
同文书院（东京）	86
大成学校（东京）	13
东斌学堂（东京）	10
日华学堂（东京）	9
大阪高等预备学校（大阪）	54
东亚高等预备学校（东京）	9
正则预备学校（东京）	32
正则英语学校（东京）	25
宏道学校（东京？）	4
东京外国语学校（东京）	7
日语讲习会（东京）	7
国民英语学校（东京）	1
成城学校（东京）	118
振武学校（东京）	98
陆军士官学校（东京）	63
海军炮术学校（神奈川）	1
大阪炮兵工厂（大阪）	6

续表

学校（所在地）	人数
日本体育会体操学校（东京）	28
东京音乐学校（东京）	1
东京美术学校（东京）	4
实践女学校（东京）	12
女子美术学校（东京）	7
日本女子大学（东京）	4
东京女医学校（东京）	3
东京女子高等师范学校（东京）	1
华族女学校（东京）	1
京都女子手艺学校（京都）	1
女子音乐学校（东京）	1
奎文高等女学校（东京）	1
广岛女学校（广岛）	1
早稻田中学校（东京）	1
东京高等师范学校附属中小学校（东京）	2
东京海城中学校（东京）	2
志成中学（东京）	3
熊本中学校（熊本）	1
西京小学校（京都）	1
下谷寻常小学校（东京）	1
庆应义塾小学校（东京）	1
梅清处塾（大阪）	2
庆应义塾幼儿园（东京）	3

　　上述各校累计共 2122 人次，其中以早稻田大学（291）、宏文学院（152）、明治大学（139）、法政大学（130）、成城学校（118）、振武学校（98）、经纬学堂（97）、同文书院（86）、东京高等工业学校（78）、第一高等学校（71）、陆军士官学校（63）、东京帝国大学（47）为多，十二校累计约占总数的三分之二。这十二校中，成城学校、振武学校、陆军士官学校为军事类学校；清华学校的前身为梁启超与横滨华侨商议创办的东京高等大同学校，由犬养毅任校长，1902 年由清驻日公使蔡均接办后，改名为清华学校；宏文学院和经纬学堂均为专门从事中国留学生教育的学校，其中宏文学院为东京高等师范学校校长嘉纳治五郎所创办，经纬学堂则由明治大学申请设立；第一高等学校

和东京高等工业学校均曾被列入"特约五校";东京帝国大学为日本明治时代所设立的四大帝国大学之首,早稻田大学、明治大学、法政大学均为私立大学,早稻田大学和法政大学的留日学生大多就读于其专为中国学生所附设的留学生部,明治大学的留日学生则主要就读于专门部。

如上所述,日本各私立大学专为中国留学生开设的教育机构主要有早稻田大学清国留学生部(1905—1910)、法政大学清国留学生法政速成科(1904—1908)、明治大学经纬学堂(1904—1910)。早稻田大学清国留学生部的修业时间较长,开设当初设预科1年,本科(包括师范科、政治理财科、商科)2年,研究科1年,1907年调整为普通科3年,优级师范科(包括物理化学科、博物学科、教育及历史地理科)2年,以师范教育为中心。法政大学速成科为1年或1年半,并于1907年设2年制的普通科,以法政速成教育为中心。经纬学堂在修业年限和学科设置上均介于二者之间,曾开设师范科、刑律科、警务科、普通科、商科、教育选科等,修业年限为6个月至2年,普通科毕业者可以升入明治大学专门科。

清末浙江留日学生所学的专业包括师范、法政、陆军、工科、理科、农科、医科、商科、警察、历史地理、外语、体育、音乐、美术等,几乎包括当时日本学校所开设的所有科目。

从宏观上看,包括师范、法政等学科在内,清末留日学生以学文科者占绝大多数,这与19世纪末至20世纪初全民性的爱国救亡运动在全国各地蓬勃兴起直接相关。梁启超在1902年曾认为,留日学生"所学者,政治也,法律也,经济也,武备也,此其最著者也"[1]。杨枢在1904年的奏折中也称:"现查各学校共有中国学生一千三百余人,其中学文科者一千一百余人。"[2] 这一倾向在留日早期尤为明显。1908年"五校特约"[3]留学计划开始实施后,政府在政策导向上开始鼓励学生学习实业,至1909年还进一步规定,官费学生必须学习农、工、格致各专门学科,自费出洋之学生非学农、工、格致三科者,不得改给官费[4]。此外,军事留学生也占相当比例。在清末,军事为清政府所推行的新政的重要内容,清政府不仅集中大量财力编练新军,还不惜代价派遣大量学生留学日本,而且自费留学生中希望学习军事者也为数不少。与全国各地的情况大致一样,清末浙江留日学生中,也以学习师范、法政、军事者为多。

浙江师范留日学生主要分布在早稻田大学清国留学生部、宏文学院师范科和东京高

---

1 梁启超:《敬告留学生诸君》,引自陈景磐等编《清代后期教育论著选》下册,人民教育出版社1997年版,第498页。
2 《出使日本大臣杨枢具陈兼管学务情形折》,光绪二十九年十二月四日,引自陈学恂、田正平编:《中国近代教育史料汇编·留学教育》,第363页。
3 五校特约:经相关部门商议,中日两国约定自1908年开始,在15年内,东京第一高等学校每年增收中国学生65人,东京高等师范学校25人,东京高等工业学校40人,山口高等商业学校25人,千叶医学专门学校10人,此项学生的补助费及学费,每名平均每年约650日元,由中方以官费形式支付。
4 《学部奏定自费游学生考入官立高等以上实业学校补给官费办法折》,留日学生监督处《官报》第二十五期,第5—6页。

等师范学校。其中，1905 年入早稻田大学清国留学生部师范科的浙江官派百名师范生，尤为引人注目。

1905 年，浙江省在各府考选合格的基础上，再在省城杭州举行百名官派留日师范生的资格考试，选派规模在当时全国各省同类官费生中实属最大。同年 10 月，百名考选合格者被派赴日本入早稻田大学留学生部，由学校专设浙江留日学生师范班进行教学。原定学制 3 年，预科 1 年学习普通日语日文诸学科，本科 2 年直接听讲，分博物科、理化科、历史地理科进行专修，毕业后回国派用。1908 年 7 月，修满原定 3 年期限后，部分学生以"学业无穷，不敢自足"为由，恳求驻日公使杨枢与校方和浙江巡抚交涉，希望能入研究科再习 1 年[1]。浙江巡抚考虑到经费及国内学堂急需用人等因素，令部分有回国意向者先行回国，并限定入研究科之人数为 80 名[2]。有关百名师范生的留学状况及归国后的活动，可参阅第三章。

法政专业的留日学生，除主要就学于法政大学速成科外，尚有东京帝国大学、明治大学、日本大学所开设的法政方面的专业。著名者有东京帝国大学法科章宗祥、吴振麟、王鸿年，法政大学邵章、王廷扬、沈钧儒、陈敬第、陈汉第、阮性存等。

留日陆军学生就学的主要学校有成城学校、振武学校和陆军士官学校。成城学校为陆军士官学校的预科学校，振武学校也专门从事陆军士官学校和陆军户山学校的预科教育，陆军士官学校则为培养陆军士官的专门学校。浙江留日陆军学生中，著名者可谓比比皆是，如蒋志清（介石）、蒋百里、蒋尊簋、陈其采等。

第四节　浙江留日学生人数名列前茅的原因

如前所述，清末浙江能率先派生留日，而且留日学生总人数能占全国总数的约十分之一，每年的在日学生数均名列前茅，其原因是多方面的。

派遣留学生取人之长以补己之短，是世界各国为加速本国的发展而常采取的手段之一，也是世界各国间文化交流的一种重要形式。留学生的派遣，与一个国家或地区一定历史时期的政治、经济以及文化状况密切相关。

在近代，伴随着外来侵略，中国社会处于急剧动荡和变化之中，浙江地处中国东南沿海，是受资本主义国家入侵最早的省份之一。1842 年的《中英南京条约》，开创了外国强迫中国开港的先例，宁波被列为"五口通商"港口之一。之后，浙江的温州和杭州

1　《浙江教育官报》第14期，宣统元年九月，第31—32页。
2　留日学生监督处：《官报》第17期，第29—31页。

在英国和日本的胁迫下也相继开埠。宁波港的开放，率先打破了浙江在清政府锁国政策下的封闭状态。自此，从西方资本主义国家大量涌入的"洋货"加速了浙江自给自足的自然经济的解体；与此同时，由于资本主义国家对浙江廉价农副产品的输入，使浙江的农产品商品化得到了迅猛的发展。这一封建自然经济在外来资本入侵下的逐渐解体，给浙江近代民族资本的产生提供了客观条件，事实上，浙江的民族资本也正是在这一时期开始产生并得到了初步的发展。在民族工业中，浙江的棉纺织业和缫丝业的发展最为突出。宁波通久源纱厂、杭州通益公纱厂、萧山道惠公纱厂、杭州世经缫丝厂等是当时浙江规模大且有影响的民族资本工厂的代表。[1]

甲午战争后，严重的民族危机促使早期的维新思潮迅速发展成了民族资产阶级要求救亡变革和发展资本主义的变法维新运动。浙江民族资本主义的发展，为维新运动的兴起打下了基础。当时浙江籍维新人士中，较为著名的就有汪康年、汤寿潜、章炳麟、陈虬、宋恕、张元济、陈黻宸、孙诒让等一大批代表人物，他们或著书撰文宣扬维新思想，或创办学会、学堂、报刊等，通过各种不同的方式开展活动。维新运动期间，这些浙江籍主要维新人物虽大多分布在上海、北京等地，但他们对浙江的维新状况寄予极大的关心。如汪康年在1895年夏，鉴于故乡尚无讲求实学之学校，遂"冒暑回杭，亲谒各绅，议改某寺为学堂"，尽管遇到重重阻力，但他仍"不为所阻，时时游说于官绅之间"[2]。汪康年的这一建议，虽然一时未能付诸实施，但成了创办求是书院的动议。

维新运动在浙江蓬勃开展，极大地开通了浙江的社会风气。这种开放的社会风气，为浙省在清末能率先派生留日创造了客观条件；而当时杭州府太守林启、浙江巡抚廖寿丰等人的主观努力，终于使这一具有历史意义的举措得以实现。

林启，字迪臣，福建侯官人，生于清道光十九年（1839），清光绪二年（1876）进士。曾任陕西学政、浙江道监察御史、浙江衢州府知府，光绪二十二年调任杭州府知府，光绪二十六年卒于杭州府任所。

林启自调任杭州知府后，以劝农桑、兴教育作为其推行新政的主要措施。这些政策措施，林在任衢州知府期间都曾实施过，但在具体内容上却有所不同。在任衢州太守期间，他实施了整顿正谊书院、立义塾12处等兴学举措[3]。在任杭州太守的4年间，林的最大贡献在于创办了一大批近代教育机构并选派学生赴日留学。维新期间，于杭州创办的学校除浙江武备学堂为浙江巡抚廖寿丰奏设外，求是书院、蚕学馆等都是在林启的积极主张和筹划下创立而成。1897年，梁启超获悉杭州兴办学堂已有成议后曾致书林启，表示"无任怀喜"，并认为兴办学堂"各省州县颇有提倡，而省会未或闻焉，浙中此举，

1　参见汪敬虞编：《中国近代工业史资料》第2辑，科学出版社，1957年。
2　汪康年：《汪穰卿遗著》，文海出版社，1963年，附录年谱第5页。
3　浙江省政协文史资料研究委员会：《浙江文史资料选辑》第1辑，第99页。

实他日群学之权舆"[1]。这些新式学校的创办,不仅对浙江的教育事业影响巨大,而且还波及全国。

这些新式学堂创办后,所设课程多以"实学"为主,而且还开设东文课,聘请日人教习授课。本书第一章和第二章中所论述的早期浙省官费留日学生更是无一例外地全部都从这些学校中遴选,由林启兼任总办的蚕学馆甚至在筹办的过程中就选派人员赴日留学。这些被选派的学生都是成绩优秀且对新学感兴趣者,而且具有坚定的信念和远大抱负。如何燏时被求是书院选派留日后办妥手续回家辞行,结果被不愿儿子漂洋涉险的父亲禁锢家中,最后,他不得不从书房破窗而出,连夜赶到杭州,后与诸生一道毅然出国。[2]

林启守杭虽仅4年,但他在兴农重教方面的业绩可谓巨大。治蚕丝者称林启"不独吾浙蚕丝之先哲,实为全国蚕丝赖以革新之元勋",从事教育者则推其为"吾浙教育开山之祖"[3],而留日学生在分析浙省能率先派生留日的原因时则称:"林最热心爱国,勇于办事,而廖又能俯纳善言,故能毅然为各省倡。"[4]这些都是后人鉴于林启的贡献所给予的高度评价。

以上从主客观两方面分析了浙省留日运动能走在全国前列的原因:近代浙江民族资本主义的发展,促进了浙江维新运动的蓬勃兴起,并因此使浙江形成了一个开放的社会风气;林启等人大力兴办教育,提倡新学,并直接从各新式学校选派人员留日,是浙省能成为各省首倡的关键。

早期浙江留日学生和赴日官绅的榜样作用,以及他们的广泛宣传和积极呼吁,对促进留日学生人数的增加也起到了重要的作用。在清末,不仅兄弟相随留学日本随处可见,夫妇同往、父子相伴,甚至全家乃至全族子弟先后均留学日本的事例也屡见不鲜。在这一过程中,周围的先行者对后来者的直接影响可谓巨大。陈其采于1898年以南洋官费留学日本,其兄陈其美就在他的直接影响和资助下于1906年东渡留学日本;1899年,吴兴(今湖州)籍钱恂赴日任湖北留日学生监督,其家族中,有其堂弟钱澄(钱幼楞),钱恂二子钱稻孙、钱穟孙,婿董鸿祎,媳包丰保等先后入日本学校,并带动了周围的一大批同乡赴日留学。

留日学生们的日本留学体验,使他们更加深切地体会到日本之所以迅速强盛,是因为自明治维新后日本致力于学习西方的近代科技文化,同时也使他们认识到效法日本并通过日本学习西方乃中国自强的一条捷径。于是,他们或以书信的形式向亲朋好友介绍留日的好处,或著书介绍留学的具体方法,或撰文劝说家乡官绅筹款派遣留日学生,通

1　《与林迪臣太守谈浙中学堂课程应提倡实学书》,《饮冰室合集》文集第2册,中华书局1941年版,第2—4页。
2　何荣穆:《先父何燮侯事略》,《浙江文史资料选辑》第28辑,第59—60页。
3　张宗祥:《重建林社记》,《浙江文史资料选辑》第1辑,第118页。
4　孙江东:《敬上乡先生请令子弟出洋游学并筹集公款派遣学生书》,《浙江潮》第7期,第4页。

过各种方式和途径呼吁家乡人民以更积极的态度派更多的学子赴日留学。

吴兴籍章宗祥以南洋官费于 1898 年留学日本。1901 年，他以自己留学日本数年之经验，并利用暑假"搜集日本学校诸书，考察日本游学之情形"，编成《日本游学指南》一书。该书分游学之目的、游学之年限、游学之经费、游学之方法 4 章，系统地描述了留学日本前需了解的各个环节，成了当时不可多得的畅销书。在此，我们不妨来看一看章宗祥在绪论中对留学日本的必要性的精辟论述：

> 游学之益何在？曰：人有恒言"百闻不如一见"，欲取他国之长，以补吾国之短，非亲历其境，不能得其益也。日本维新元勋若伊藤侯等，其始皆学于外国，吸取其文明，归而散之其国，遂成今日之富强。近年日本游学外国者，总计官费自费，年复不少。其尤盛者，有富室岩崎某，其子弟七八人，自最稚者以外，悉游学各国，无一家居者。其知己国之不足，而热心以效他国之长若是。以日本今日，已足介于列强，相与并存，而其国人向学，尚如此其盛。何况吾国于所谓新学问者，尚在最幼稚之时代，然则有志之士，宁可复蜷乡里，以终吾世耶？然而游学之事，亦大不易言。凡天下之理，自最下层欲一跃而至最上层者，鲜有不踬者。……今日之日本，其于吾国之关系，则犹桥耳。数十年以后，吾国之程度，积渐增高，则欧美各国固吾之外府也。为今之计，则莫如首就日本。文字同，其便一；地近，其便二；费省，其便三。有此三便，而又有当时维新之历史，足为东洋未来国之前鉴。故资本一而利息十者，莫游学日本若也。又况数年以来，东游之效，已有实验可征。吾国有志之士，大之为国，小之为己，其有奋然而起者欤。[1]

章宗祥以日本人游学欧美各国为例，说明游学对强国日本尚如此受重视，对中国来说当然就显得更为急迫和重要。同时，通过当时流行的"文字同""地近""费省"三大便利因素，和可资借鉴的日本维新成功的经验，强调中国人与其留学欧美，不如先留学日本显得更为现实。

《浙江潮》第 7 期通讯栏所载《敬上乡先生请令子弟出洋游学并筹集公款派遣学生书》，洋洋洒洒一万二千言，字句悱恻感人，读来不禁令人荡气回肠。倡议书以浙江留日学生同乡会的名义作成，由留日学生孙江东主笔。文章先从现实状况出发全面论述了浙省筹款增派留日的必要性和紧迫性，然后从浙江的实际出发，专门拟就了筹款的具体

1　章宗祥：《日本游学指南》，第1页。

方法，并详细阐述了留学的具体目的。"东京多一留学生，即将来建造新中国多一工技师；东京多一浙江留学生，即将来建造新浙江多一工技师！"[1]字里行间，无不透露出留日浙江学子爱我中国、爱我家乡的拳拳赤子之心。

此外，浙江自古所形成的开放的文化传统，浙江人所具有的勇于开拓、积极进取的精神，浙江地处沿海所具有的交通便利条件，浙江与日本的历史渊源关系，甲午战争给浙江带来的直接影响等等，也都对浙江留日运动的形成和发展起到一定的促进作用。

---

1 孙江东：《敬上乡先生请令子弟出洋游学并筹集公款派遣学生书》，《浙江潮》第7期，第5—6页。

第七章

章宗祥的留日经历及其归国早期的活动

1898 年冬，章宗祥被南洋公学选派赴日留学，1903 年夏学成回国。在留学期间，他不仅学习成绩优秀，而且在学习之余还积极参加各类活动。如加入励志会、清国留学生会馆等学生团体，参与管理并广泛团结留日学生，联络情谊，推动在日学生在政治和学术思想上的交流；编著《日本游学指南》一书介绍日本留学事宜，倡导国内学子东渡留学，推动了留学运动的发展；编译日本法学著作，使国人在短时间内接触到当时最先进的政治和法律学知识，拓宽了国内知识界的视野；积极承担赴日考察官绅的翻译和接待工作，努力充当中日两国交流的桥梁。多年的留学经历及在日感受，奠定了其日本观的整体基调。

　　学成归国后，章宗祥任职于京师大学堂进士馆主讲刑法，在职期间，编订讲义，协助日本教习译授课程，一定程度上为近代教育作出了力所能及的贡献。其后，章宗祥作为留日法律人才加入修订法律馆，并参与新刑律草案、诉讼法等一系列法案的修订工作，推动了清末法律改革，促进了中日两国的法制交流。此外，作为清末预备立宪机构的核心成员，章宗祥主张效仿日本实施宪政，推动了中日两国的宪政交流。

　　令人惋惜的是，在代表段祺瑞政府任驻日特命全权公使时期，章宗祥因自身错误的政治选择误入歧途，成为政府亲日政策中的一颗棋子，代表中国政府签订了一系列出卖国家主权的条约，严重损害了国家主权和民族尊严，遭到人们的笔诛墨伐，终身背负"卖国贼"的骂名，甚至被开除乡籍。

　　不可否认，章宗祥在留学期间和回国早期所做的工作，大多是值得肯定的，但他后来在出卖国家主权问题上的失策与失责，使其成为了历史的罪人。章宗祥的功与过，均与日本密切相关，可谓成也日本，败也日本。出于一种对"卖国贼"的自然的厌恶和反感，人们往往不愿或放弃了解他早期的活动经历。本着实事求是的精神，本章试对章宗祥的留日经历及其归国早期（至 1911 年）的活动进行考察，充分肯定其作为留日学生，在这一时期为推动中日两国在政治、文化、思想等方面的交流所作出的贡献。

第一节　章宗祥生平简介及留学经过

一、生平简介

章宗祥（1879—1962），字仲和，斋号任阙斋，浙江乌程县（今湖州市）荻港村人。父章菊生，为前清拔贡。兄章宗元，字伯初，曾留学美国，后成为经济学家、法学家。章宗祥3岁时母亲去世，寄养于姨母钱氏，寓居苏州，及16岁考中秀才后，才开始独立自谋生计。

章宗祥7岁进私塾识字读书，用心极专。1894年从寓居地苏州赴浙应试，先应县试、府试，皆合格，后应院试名列第二。在应浙江乡试失败后决意放弃科举考试，1897年入南洋公学师范院成为该院首批学生。1899年1月作为首批南洋官费留学生赴日留学，先入日华学堂学习日语及普通学科，后入第一高等学校预备科，一年后转入东京帝国大学学习法科。

1903年夏章宗祥学成归国，于京师大学堂担任教习。后担任修订法律馆纂修官、宪政编查馆编制局副局长、民政部则例局提调、农工商部候补主事等职。1907年东北改设行省，章宗祥受派陪同东三省总督徐世昌往奉天视察。1909年，调任北京内城巡警厅丞一职。1910年，赴德国参加万国卫生会议，回国后重返法律工作岗位，后任法律编纂局编修，1911年又被任命为清内阁法制局副使。

1911年10月，武昌起义爆发，章宗祥受内阁总理袁世凯派遣前往上海，参加南北议和谈判。1912年，袁世凯上任中华民国临时大总统，章宗祥被任命为总统秘书与法制局长。同年7月，陆徵祥组织"超然内阁"，曾向参议院提议拟定章宗祥为司法总长，后遭否决，章宗祥改任大理院长。1914年2月，章宗祥取得司法总长职位，4月兼任农商部总长，并主持编订了《矿业注册条例实施细则》。1916年，段祺瑞组织"责任内阁"，章宗祥仍留任司法总长。

1916年6月，章宗祥被任命为驻日特命全权公使，在段祺瑞政府的指使下，他与日本政府秘密签订了一系列出卖国家主权的条约。1918年3月，在段祺瑞的授意下，章宗祥与日本外相互致《共同防敌换文》，在此基础上，于同年 5 月正式签订《中日陆军共同防敌军事协定》和《中日海军共同防敌军事协定》。通过这些协定，日本以"共同防敌"为名，控制了我国的蒙古和东北的广大地区。

1918 年秋，在段祺瑞的再次授意下，章宗祥再度向日本借款。9 月下旬，一天内向日本签押了三笔借款，分别是"满蒙四路借款""山东二路借款""参战借款"，总计六千万日元。日本政府害怕 1914 年出兵山东得到的利益到战后有所缺失，除了以两千万日元的借债取得山东二路的控制权外，又提出让日军可以继续占领青岛、济南和胶济铁路的无理要求，并且以换文的方式使其占领合法化，这严重损害了中国在山东的主权。

但是，当时段祺瑞急于取得借款，电告章宗祥，授权他以政府名义，于 1918 年 9 月 24 日与日本的外务相签订的换文上，表示"欣然同意"，默许了日本政府的上述要求。1919 年，"巴黎和会"上讨论山东问题时，中国代表坚决要求日本交还其在山东的相关权益，而日本则以章宗祥的换文为借口拒绝，这引起了全国人民对章宗祥的极大义愤。五四运动中，章宗祥与曹汝霖、陆宗舆三人被斥为"卖国贼"，6 月 10 日，北洋军阀政府不得不将他们三人免职。

此后，章宗祥又相继担任中华汇业银行和北京通商银行总理。1928 年后，章宗祥长期寓居青岛。1942 年，担任伪华北政务委员会咨询委员，后又担任日本控制下的电力公司董事长。1945 年，日本战败后，迁居上海。1962 年 10 月 1 日病逝于上海。

二、留日经过

1896 年盛宣怀仿照日本的教育体制在上海创办了南洋公学，旨在培养政治、法律、外交方面的人才。在筹建南洋公学时期，盛宣怀就将派遣留学生视为人才培养的重要途径之一："择其优异者，仿日本海外留学生之例，给官费就学外国或就试于各国大学堂，以扩见识，而资大用。"[1]1897 年 3 月，盛宣怀连续几日在《申报》上刊登招生告示，拟招录南洋公学师范生。同年 12 月，章宗祥以廪生的功名入南洋公学师范院学习。与其一同入学的，还有七十余名师范生，如吴稚晖、林康侯、金邦平等。师范生的身份很是特殊，有学生与教习的双重身份，章宗祥曾在文章中回忆："公学课程，中西并重，师范生习英算，带教小学一班，其担任特班中学教授者，则不习英算，虽称师范生，实则教员也。"[2]章宗祥作为一名师范生，就曾担任小学班之中课。在学习课程方面，南洋公学为师范生开设了历史、文学等专门课程。此外，还开设了英语课程，并仿照日本师范教育开设了数学、科学教育、外国语、物理等课程。在南洋公学的章宗祥孜孜以求于新

1　盛宣怀：《南洋高等商务学堂移交商部接管折》（光绪三十一年二月，1905年3月），《愚斋存稿》第11卷，台北文海出版社1980年影印版，第2页。
2　章宗祥：《任阙斋主人自述》，《文史资料存稿选编》第24册，第923页。

知，成绩优异。

1898年底，清政府下达由各督抚选派学生东渡留学的谕令，盛宣怀开始选派留学生赴日留学。盛宣怀认为要想取得良好的留学效果，必须要在挑选学生和筹措资金两个方面下功夫，且挑选学生更难。在他看来，只有具备扎实的基础学科教育的学生，才能具备出国留学的资格。当时年仅21岁的章宗祥，具备了中学程度的基础学科知识，同时亦有较强的求学欲望，被选为公派留学生，与雷奋、杨廷栋、富士英、杨荫杭、胡礽泰一同赴日留学，他们与同期的南洋水师学堂、湖北自强学堂等派遣的留学生一起踏上了东渡求学之旅。[1]

1899年1月，章宗祥一行从上海出发，乘萨摩丸抵达神户后，当日即乘火车前往东京。南洋水师学堂、湖北自强学堂等派遣的诸生预定学习陆军，由成城学校接去。而章宗祥等六名南洋公学的学生以学习政治和法律为留学目的，一同于1899年1月20日入学日华学堂。[2]

日华学堂是由日本外务省设立，专为中国留学生创办的预备校，主要为留学生补习日语和普通科等课程。日华学堂以高楠顺太郎为总监，负责学堂的总体运营，宝阁善教为堂监，负责日常管理。日华学堂为中国留学生制定了各项规章制度，即《日华学堂章程要览》。其中包括学生个人的行为规范、课堂纪律、宿舍生活的基本规章等，规定得十分细致，可见日华学堂对中国留学生管理之严格。

1月23日，章宗祥等新生开始课程学习。日华学堂根据留学生的日语水平，分成甲乙两个班教学。章宗祥因无日语基础，被分为乙班生。日华学堂教日语，用英日课本，教习用日语讲释，不明之处，可参考英文。章宗祥曾回忆："每遇复习，教习诵英语一句，余等以日语答之。余记忆迟缓，听英语后，必须逐字思考，方能以日语答之。"[3] 除日语外，留日学生在日华学堂还需接受普通科为主的预科教育，为之后进入专门学校和高中打好专业知识基础。在普通科的课程中，最令章宗祥头痛的，为算学一门。虽然一般算学其早已纯熟，但代数几何皆列入课程之后，让章宗祥苦恼不已。留学生在日华学堂除了学习各类课程外，在生活中，学堂的教师们利用闲暇时间，带领学生参观东京周边的公园、各类高等学校等，让留学生们切身感受日本文化。此外，在农历新年、万寿节等节日也会和学生们一同庆贺。1899年8月4日，章宗祥等22名中国留学生与高楠、梅园、宝阁等教员齐聚古町枫川楼，庆贺光绪皇帝的万寿节，其间章宗祥还作为学生代表发表了中文祝贺词。[4]

在日华学堂学习了近一年后，章宗祥进入第一高等学校学习帝国大学法科的预备课

1　交通大学校史撰写组编：《交通大学校史资料选编·第一卷（1896—1927）》，西安交通大学出版社，1986年，第60页。
2　柴田幹夫整理：《日华学堂日志》（1898—1900年），第124页。
3　章宗祥：《任阙斋主人自述》，《文史资料存稿选编》第24册，第927页。
4　柴田幹夫整理：《日华学堂日志》（1898—1900年），第63页。

程。一高课程，除日文、英文外，还须学习法语或德语，皆为必修课。章宗祥曾在文章中回忆："是时日语程度未到，在讲堂听讲，不能即时明了，英文尚能自修，然检查生字，已甚费力。余选德文，几字字须查字典，加以日文尚需加功，同时三种外国文并学，其不能精进，盖必然之势矣。"[1] 其后为了练习日语，章宗祥等中国留学生与日本学生一起分居各宿舍，并约定见面时不用汉语，犯者有罚，久而久之日语水平逐渐提高。

章宗祥进入一高后，开始寄宿校内。一高宿舍分为东西南北四寮，章宗祥居南寮，宿舍由学生自治，舍监监督，每栋宿舍设四五名委员，轮流值班。一高宿舍常有学生醉酒闹事，或高唱校歌，游行舍内，或闯入寝室将人从睡梦中拖起，做无谓之辩论，若有不应或反抗者，则施以暴力。南寮委员藤井君每每遇此事，便自立户外阻拦，才使得南寮学生们免遭闹事风潮。除宿舍的闹事之风外，让章宗祥等中国留学生苦恼不已的，还有难以适应的饮食生活。在日华学堂时，学堂为中国留学生特别配备饭菜，而一高则是直接由自治委员会招厨房承办，较日华学堂时简素不少。"日本风俗，每人分食，饭一小桶，不足可增索。……副食物每晨酱汤一碗，午膳、夜膳则冷肉或腌鱼各一片，佐以咸萝卜两小片，如是而已"。[2] 于是，每逢周六、周日，章宗祥都会与友人结伴去中国料理店，以消解饭食之苦。

章宗祥在一高学习一年后，进入东京帝国大学选科，选科生的听讲科目可全修也可选修，自由度较高。在帝国大学章宗祥专修法科，课堂上，除欧美教习用教科书外，其他教习皆口授，讲义由学生自行笔记，其时章宗祥学习日语尚不足二年，日语听讲不能自如，加之教习授课语速又稍快，初时笔记多有空漏，幸得日本同学相助，归时借其笔记，才能详细补正。

进入帝国大学选科后，章宗祥开始了"下宿"即寄宿他人家庭的生活，每月费用十二元到十八元不等。后经友人介绍，寄宿著名自由民权运动理论家中江兆民家。中江家对其生活悉心照顾，期间章宗祥与中江之子中江丑吉结下了深厚的友谊，这一情谊也一直延续到了章宗祥回国后。

1903 年 4 月，章宗祥从东京帝国大学法学选科毕业，时年 23 岁。其时，帝国大学为毕业生举办了隆重的毕业典礼，然而章宗祥取得的是选科文凭，不能与正科毕业生同席于毕业式，且翌日才能取得学士证书，对此，他直言"颇有寂寞之感"。1903 年夏，经过近四年半的留日学习，章宗祥学成归国。

1　章宗祥：《任阙斋主人自述》，《文史资料存稿选编》第24册，第927页。
2　章宗祥：《任阙斋主人自述》，《文史资料存稿选编》第24册，第926页。

第二节　章宗祥早期创办报刊及著译活动

　　章宗祥在留日前夕，参与创办中国第一家白话文报刊，促进了民智的开启、社会的进步。在留学期间，他编著《日本游学指南》一书，吸引了大批有志之士东渡求学，推动了清末留学运动的蓬勃发展。此外，他还积极参与译书活动，促进了现代政治、制度及法律理念在中国的传播。本章试就章宗祥早期创办报刊及著译活动进行论述。

一、创办《演义白话报》

　　在清末，面对内忧外患的社会环境，国内不少有识之士希冀通过传播西方先进思想文化的方式推动社会变革。而在诸多传播方式中，报刊是影响最广泛且最有效的传播利器。甲午战争失败后，国人自办的报刊大量出现。在这一办刊热潮中，一些具有忧患意识的人士意识到，以往的文言报刊已不能满足唤醒救亡图存、传播启蒙思想、开启民智的时代要求，必须要探索新的受众面更广的大众传媒传播方式，来承担宣传民族危亡、敲醒国人警钟的时代重任。他们积极地在这方面做了重要的实践，其中的报刊之一就有章宗祥与其兄长章宗元创办的《演义白话报》。

　　1897 年 11 月，章宗祥与其兄长章宗元于上海创办《演义白话报》，该报为日报，每日四版，采用铅字竖排，无标点句读。一二版通常为小说、新闻，三四版为商业广告。《演义白话报》是一份面向中下层民众的报纸，售价相对低廉，每份仅售五文，为当时其他日报售价的二分之一或三分之一。该报报馆设在上海，除在上海发行外，该报在北京、南京、天津、杭州等大小二十一个城市均设有发售处，影响十分广泛。

　　在《演义白话报》创刊号中，载有该报创刊旨趣："目下我们中国读书人中，略有几个把外国书翻做中国文理，细心讲究外洋情形。但是通文既不容易，看书也费心思，必须把文理讲做白话，看下便不吃力……中国人要想发奋立志，不吃人亏，必须讲究外洋情形、天下大势，必须看报。想要看报，必须从白话起头，方才明明白白。"[1] 由此可见，《演义白话报》有着明显的思想性，希望在娱乐大众的同时，努力唤醒一般民众的民主民族意识。《演义白话报》的文字全都采用通俗的白话文，在栏目的内容设置上，第一、二版起头是一篇白话文小说的连载，按期编有连续页码。该报曾发表过《王道士记》《侠贼记》《东侠记》等小说。其中连载了 25 期的小说《通商原委演义》影响最为广泛。这是一部记述鸦片战争的长篇连载小说，对清王朝的腐败无能进行了无情的抨击，也有力地批判了帝国主义的侵略，流露出不满现实、爱国反帝的思想倾向。长篇连载小说之后为经济小说和政治新闻。栏目名称分别为"生意场中的情形"和"官场中的情形"。每条新闻通常只有一两句话，比如报道官员的升迁调动，各地商品的物价等，

1　阿英：《晚清文艺报刊述略》，古典文学出版社，1958 年，第 63—64 页。

以供读者了解实时政治和经济动态。新闻之后是白话文短篇，每篇一两百字，内容涉及广泛，包括各地风俗、社会新闻、科学小记等，在供读者娱乐消遣的同时，一定程度上也增长了他们的见识。

《演义白话报》具体停刊时间不详，目前所见最后一期为 1897 年 12 月 23 日刊行的第 47 期。《演义白话报》作为一种报纸，出版周期短，且每日都会登载政治、经济、社会新闻等内容，新闻时效性强。同时，它采用了铅字排印的技术，排印精细、简洁明晰。《演义白话报》之后，各类白话报刊纷纷涌现，该报的白话文写作、页面排版等均被后期的白话期刊继承。章宗祥与章宗元通过白话报这种传播媒介，将启蒙思想深入文化层次较低的下层群众，让他们意识到中国正陷入民族危亡的深渊之中。作为一份报刊，《演义白话报》起到了宣传西方思想文化、开启民智、促进社会进步的积极作用。其中，作为此报创办者之一的章宗祥功不可没。

二、编著《日本游学指南》

1900 年，王培孙接办上海育才书塾，其时，国内局势动荡不安，义和团运动爆发、八国联军入侵中国，育才书塾由于师生星散、经费不足等原因难以为继。当时适逢章宗祥等留学生假期回国，委其帮忙代课，才勉强渡过难关。由于这份情谊，在章宗祥回日本继续求学后，王培孙仍与其保持着密切的联系。1901 年，育才书塾改建成新式学堂，并由此制定了鼓励留学的政策，号召学员积极出洋留学。其时，章宗祥留学日本两年有余，已十分通晓日本留学之事。鉴于此，王培孙托其将"日本游学之事详细书之，为一编，以为后继者导"。[1] 于是，在王培孙的提议下，章宗祥利用假期，搜集相关书籍资料，于 1901 年编写了《日本游学指南》一书。

《日本游学指南》一书 1901 年由岭海报馆发行铅印本后，又于 1902 年出版刻本，可以推测该书在当时受到了较为广泛的欢迎。《日本游学指南》分为游学之目的、游学之年限、游学之经费、游学之方法四章，系统介绍了留学日本的学校、费用、生活等诸多须知事项，对留学运动的发展起到了一定的推动作用。在绪论中，作者对于留学日本的重要性做了细致的论述，他认为只有亲历其境，才能知其益。在他看来，日本之所以成今日之强国，是因为日本人积极出洋留学，热心于学习他国之长。而在当时尚处落后的中国，更有留学的必要。在此基础上，他又列举了中国人留学日本的三大便利要素：文字同、地近、费省，同时又可以直接借鉴明治维新之经验，留学日本可谓是当时国人的最佳选择。

留学的第一要义在于"定目的"，章宗祥在文中指出："有目的而后有种种行为，譬

1　章宗祥：《日本游学指南》，第1页。

之于射，必有鹄以为之的。而后矢随之而发。故无目的不足言学。"[1] 只有确定目的，方能讲求实现目的之方法，坚持目的之道路。求学于文明之国，首先要选择的是专业问题。为方便欲东渡者之专业选择，章宗祥将各日本学校的学科和主要科目辑录文中，详细收录了法学、文学、工学、医学、理学、农学、商学、师范学、美术、音乐、陆军等科目及相应科目，事无巨细，一一分类，可见其用心之良苦。在专业的选择上，他强调不可囿于世俗之见，不可急功近利，"吾国今日之情形，譬如欲建一屋，仅有一地基，他无所有，故无论竹木土石，苟吾力之所能及者，则运输之而已。不必论其今日用明日用也，选择学科之道亦犹是。苟此学问为吾国之所无者，吾视吾力可及则毅然习之，他不必计也"。倡议留学生们应积极承担习新学之责，引领国内学习新学之风气。

至于留学年限，按照日本出洋留学的惯例，一般为三到四年。然中日两国的国情不尽相同，个人的境遇、目的、需求等方面各异，留学年限也应有所区别。鉴于此，根据年限的长短，章宗祥将留学日本的方式分为两种：一是循序渐进法，二是速成法。循序渐进的留学方式年限稍长，进学路径一般为：中等学校习得普通学后，入高等学校学习预科，最后进入日本各大学进行专业学习，留学年限多至六七年。相对而言，速成法所需年限则短得多，一两年内即可学成回国。对于速成法，章宗祥在文中特别指出："此法专为吾国所谓成才之士，年级已长，给予用世者而设。"[2] 留学者可择其中一二科进行学习，习得后即可归国学以致用。对于有志于留学的年长之士，速成法实乃留学之捷径。

出洋留学，不论是官费还是自费，经费都是首先要考虑的问题。关于留学生的日常经费问题，章宗祥在《日本游学指南》一书中也有介绍："日本物价虽三倍于吾国，然一般学生社会，其节俭之状，较之吾国苦学之士，有过之无不及。故核算其费用，若力意减省，则吾国志士能自办者，尚不鲜也。"[3] 由此可见，在经费大大减少的情况下，相较于欧美各国，留学日本更有吸引力。《日本游学指南》一书，还对各项经费作了具体说明。首先，在学费方面，一般分为"受验料"（考务费）和"授业料"（学费）两种，至于具体收费方式，官立学校和私立学校各有不同。[4] 此外，章宗祥还在书中详细列举了一些日常杂费，如洗浴、剃头、报纸、邮票等，每月约三元可足矣，书籍及学习用具的费用，每月三元左右。至于衣服费，初到日本时，花费较大，之后则是根据实际情况随时添补，[5] 其他费用如旅游费则是因人而异。最后，章宗祥估算出每月最省也需十三元至十八元，每年需要一百五十元至二百元方可支撑基本生活。

关于留学之程序，《日本游学指南》中也有详细的介绍。首先是赴日路线，当时赴

1　章宗祥：《日本游学指南》，第2页。
2　章宗祥：《日本游学指南》，第14页。
3　章宗祥：《日本游学指南》，第15页。
4　章宗祥：《日本游学指南》，第15页。
5　章宗祥：《日本游学指南》，第16页。

日的路径主要分为南北两条路线。北省各地的学生主要从芝罘出发，可买船票至神户，再从神户换乘火车到东京。南省各地的学生从上海出发，则先乘船至横滨，再换乘火车到东京；亦可先至神户，再由神户坐急行火车至东京，所需时日更短。而关于旅途费用，章宗祥亦详尽地罗列于文中。据章宗祥考察，赴日留学的路费最贵七十余元，廉者十余元，且所需行程也不过六七日，"路近费省"实在是留学日本一大优势。

除了赴日路径，对于欲东渡留学者而言，最难以把握的就是上岸后的日本的具体情况。章宗祥也在文中特别指出，若在神户、横滨等地有熟人，最好在赴日之前与其取得联系，可代为招呼一切，安排妥当。

最后关于留学之学校，章宗祥将其分为两类：官立学校和私立学校。而进这两类学校的条件也不尽相同："欲进官立学校者，必须吾国钦使或领事等先行咨照彼国外部，转达文部，故必须钦使或领事作保。进私立学校者，则无须乎此。但须资格稍深者作保，或中国人或日本人均无不可。"[1]为了让东渡留学者一览各学校之概况，章宗祥亦不胜其烦，将各官立私立学校的课程、年限、学费等具体情况——详细登列。

章宗祥通过编著《日本游学指南》一书，向国人介绍了赴日留学的各项情况，如赴东路线、留学经费、日本学校的基本概况等，鼓励了"伏处乡里，未知外洋情形因而阻足者"[2]勇敢踏出国门，东渡探索新知。章宗祥编著的《日本游学指南》在国内一经发行，"一时索取者甚众"，在国内颇为流传。当时的郑孝胥便得友人寄赠两册，认为此书"有便于留学者之不勘"[3]。在上至耄耋老人、下迄垂髫少年纷纷负笈东渡这一留学热潮的形成过程中，章宗祥的《日本游学指南》的确起到了重要的作用。

三、参与译书活动

留日学生在日本留学期间，以日本为桥梁接触到西方先进的思想文化，他们希冀通过翻译外文著作的方式向国内引入先进的西方文明，因中文与日文颇为相似，又极易学习，于是留日学生们在习得日文后，开始翻译日文书籍。留日学生结合自己所学专业，积极翻译和出版各类书籍杂志，向国内传播了当时先进的西方文明。各类书籍专著被留日学生翻译到中国，向国内输入了自由、民主、平等思想，对近代中国社会产生了广泛和深远的影响。

在留日学生的翻译运动热火朝天地开展之时，章宗祥加入了当时最具影响力和代表性的翻译团体——译书汇编社。该社由留日学生戢翼翚主持创办，主要成员为王植善、杨廷栋、陆世芬、章宗祥、曹汝霖、金世邦、汪荣宝、富士英、吴振麟、雷奋、杨荫杭、周祖培和钱承志。译书汇编社以翻译日本和欧美各国的书籍杂志为主要工作，发行

1　章宗祥：《日本游学指南》，第19页。
2　章宗祥：《日本游学指南》，第1页。
3　中国国家博物馆编：《郑孝胥日记2》，中华书局，1993年，第814页。

出版《译书汇编》月刊，翻译的著作大部分是分期连载，连载完后将全部内容汇总，编辑成单行本发行。译书汇编社在创办《译书汇编》月刊时宣称，"同人留学斯邦，眷念故国，深惟输进文明，厥惟译书，乃设社从事译事，创为本编"。[1] 他们认为要想挽救日益严重的民族危机，就有必要学习和了解日本和西方各国的资产阶级学说，有必要学习和模仿日本和西方各国的政治制度，对他们而言，这是当仁不让的任务。所以，他们利用闲暇时间，各处搜集日本和西方各国的书籍杂志，将其翻译整理成中文，后汇辑成编，最终输入国内，这是他们成立译书汇编社和发行《译书汇编》目的所在。[2]

《译书汇编》是中国最早宣传和介绍日本和西方各国政治、社会和法律学说的刊物。它刊行的译文对于新文化新思想的传播，民智的开启，思想启蒙运动的开展都起到了重要的推动作用。冯自由曾在书中给予《译书汇编》高度的评价："留学界之有志者尝发刊一种杂志，曰《译书汇编》，庚子下半年出版。……译笔流丽典雅，风行一时。时人咸推为留学界杂志之元祖。自后各省学生次第倡办月刊，吾国青年思想之进步，收效至巨，不得不谓《译书汇编》实为之倡也。"[3] 可见《译书汇编》在当时广泛的影响力。

在译书汇编社的主要成员中，章宗祥的法律论著的翻译成果最为出色。他于1902年在该社发行了《国法学》《各国国民公私权考》等译著，虽然这两本都是政法学日籍译著，却能在短时间内让国民通过转译接触到当时最先进的政治和法律学知识和认识，拓宽了国内知识阶层的眼界，为他们提供了探索新文化新思想的渠道，影响十分广泛。此外，他还与戢翼翚等人合作编译了《政法类典》，此书分为政治、经济、法律、历史四巨册，每册均可见章宗祥的署名，此书系统地介绍了西方国家的政治、法律、社会变迁，内容丰富、规模宏大，是政法类专著中不可多得的佳作。

在翻译法律专著上，章宗祥对于专业术语、长短句采用了各种不同的翻译方法和策略，虽然不能称得上是完美之作，但是在当时的历史环境和时代背景下，能够将法律专著作如此的翻译，不仅达到了传播新知之目的，对当时的读者产生了深刻的影响，其中的翻译策略及译者思想也可以为当代的译者提供一定的借鉴。以下试对章宗祥的代表译作《国法学》中运用的一些翻译策略予以分析和总结。

《国法学》一书由岸崎昌、中村孝合著，于1900年发行。主要阐述了国家组织、国家机关、国家机能等内容。后经章宗祥翻译，1902年3月由译书汇编社出版。据章宗祥在《任阙斋主人自述》中记述，此书为他在箱根静养时成稿，"因每日翻译少许，藉以消遣，积久亦成书。自觉此等工作，尚不甚惫"。[4] 之所以编译《国法学》，章宗祥在《国法学》的译者附言中记载："吾国法学思想，在今日犹为幼稚时代，参考各说，不厌

1　《译书汇编发行之旨趣》，《译书汇编》第2年第1期，1902年4月3日。
2　王晓秋：《近代中日文化交流史》，中华书局，1992年，第407页。
3　冯自由：《革命逸史》初集，第99页。
4　章宗祥：《任阙斋主人自述》，《文史资料存稿选编》第24册，第933页。

其详，故并存之，以示学说不可执一而论……吾国今日译书之急，以输进新思想为第一义，故译一书期于发明其理而止。"[1]

章宗祥在翻译《国法学》时，对于法律专门术语的翻译，有其独到的原则。对于原文本中大量的汉语中并不存在的法律术语，在翻译时，为了让读者能更好地理解这些术语的具体含义，章宗祥采用直译加注释的方法对新术语进行阐释。例如：第二章"国家之概念"中的一段译文为："就事实上沿革而言，国家之组织，不一而足。"[2]其中日文"组织"一词，章宗祥将其直译为"组织"后，对其添加了注释"联合成立之意"。此外，还有"权力者""法治""裁判"等当时的日文法律术语，章宗祥均以同样的方式直译后对其进行了解释。除对法律术语的加注外，章宗祥还对部分法律条文的内容加以注释，作进一步详细的说明。例如，在谈到日本的国体时，有一段译文为："日本国体异是，国家组织之法，基于家族制度，同国人种，统一于同一始祖威力之下。……欧洲诸国及其他各国皆共和体。纯然之君主国体，地球上惟日本一国而已。"[3]章宗祥随即在这段文字后添加注释："此说不过一家之言，日本学者反对者甚多，读者不可执一而论也。"[4]在整个翻译过程中，章宗祥尽量采用直译的翻译方法，以保持原文本的原貌。而在长句的处理上，通常采用分译的翻译方法，或采用减译甚至是不译的翻译方法，省略意思重复或无实际意义的句子成分，让长句缩短，从而提高文章的可读性。例如："法とは権力に依て維持せらるる人の協同生活の規則なり。是れ道徳と分離せる近世法学上所謂法の観念にして法の観念の最狭き者なり。……権力は法の要素たり、必しも秩序を紊る者に非ず、秩序を維持する者も亦権力なり。"[5]译者将这段文章翻译成："法者，人共同生活之规则，由权力而维持者也。此与道德分离以后，近世法之观念最狭之意也。……权力者法之要素，维持秩序者也。"[6]将原文和译文对照来看，章宗祥采用减译和不译的翻译策略，一般不影响原文本的大意，但也确实存在原文本和译文有出入的地方。

总体来说，在翻译《国法学》的过程中，章宗祥基本遵循了"顺畅""忠实""法言法语"的法律论著翻译标准，准确传达原文内容，文字简练、叙述严谨、全面、富有逻辑性。一般认为，翻译过程中第一要素为理解，理解既包括对原作品本身的理解，也包括对翻译情景的理解。[7]在翻译过程中，章宗祥运用其较好的日语基础和专业的法律知识，通过对法律术语和法条的注释，很好地体现了章宗祥对原文本的理解。可以说，没有注

1　[日]岸崎昌、中村孝著：《国法学》，章宗祥译，译书汇编社，1902年。
2　[日]岸崎昌、中村孝著：《国法学》，章宗祥译，第6页。
3　[日]岸崎昌、中村孝著：《国法学》，章宗祥译，第24页。
4　[日]岸崎昌、中村孝著：《国法学》，章宗祥译，第24页。
5　[日]岸崎昌、中村孝：《国法学》，博文館藏版，1900年，第4页。
6　[日]岸崎昌、中村孝：《国法学》，章宗祥译，第3页。
7　李长栓：《以批判性思维贯穿翻译始终》，《上海翻译》，2017年第5期，第32—36页。

释的存在，当时的读者是较难理解《国法学》译文中的一些内容的。章宗祥通过注释的方式，引入一系列法学新词，丰富了汉语词汇，通过注释的方式，对法条内容做进一步的说明和解释，使得一般读者可以更好地理解原文内容，促进了先进的法学思想在一般民众中广泛的传播，最终也使《国法学》的影响更为广泛。

在 20 世纪初，像章宗祥这样的留日学生充当了融合东西方思想文化的桥梁，他们将在日本习得的西方思想文化引入国内，对近代中国社会的发展产生了广泛而深远的影响。首先，通过翻译日文译著不断向国内输入和渗透先进的法律思想，对国内根深蒂固的传统法律观念造成了一定的冲击，有识之士逐渐认识到国内法律制度的不足和弊端，认识到改变传统法律制度的必要性，从而推动了各项法制改革。章宗祥结合自己所学专业，翻译政法类书籍，为参与设计法制变革的清廷官员填补了不谙外文的空白，为制定新的法律制度提供了重要的参考资料。

另一方面，章宗祥的政法类译著促进了新的法学术语和法学概念在国内的传播，为清末法政词汇的发展注入了新鲜的血液。以其译著《国法学》为例，其中的裁判所、法治、所有权、财产权、自然人、刑法、公民、选举权等法律词汇至今仍在广泛使用，这些词汇多是借助固有汉字直译而来，对当时的国人来说很陌生，所以文中随处可见对这些法律新词的解释，虽然其中的部分翻译和解释在现在看来不尽如人意，但是作为中国人自主引进的一批法律词汇，历经一百多年一直延续到今日，不仅构成了近代法学的重要组成部分，并且被纳入现代汉语词汇之中，成为我们今日的通用语言，这就是章宗祥的日籍译著在近代法学翻译中的价值所在。

第三节　章宗祥留日期间的主要交流与活动

上一节主要考察了章宗祥早期创办报刊、在日期间的著译活动，本节将具体探析章宗祥在日本留学期间的主要交流与活动，分析其与留日学生团体的关系，以及与赴日视察者、日本友人的交往等，整体把握章宗祥在日留学之状况。

一、加入留日学生团体励志会

留日学生到达日本后，深深地感受到身处异国他乡之苦楚与孤独，时时刻刻都能感受到国家和民族的概念，这种强烈的国家主义和民族主义思想使得留日学生经常以召开集会、开展各项活动等方式进行联系与交流。随着留日人数日渐增多，各种形式的团体组织开始在留学生内部形成。当时留学生界的学生团体多为小型化社团，如开智会、广东独立协会、青年会、国民会等。1900 年，中国留日学生在东京成立励志会，此会是留日学生界学生团体之滥觞。励志会以"联络情感策励志节为宗旨，对于国家别无政见"。[1] 章宗祥正是此会的发起人之一。在励志会创立之初，在日的中国留学生不过百余人，主要分为五个部分：浙江官费生、南洋官费生、两湖陆军生、湘粤自费生和公使馆招致的官费生。留日学生分散在各个学校，彼此之间缺少联系。励志会的创设之意，在于改变留学生界散漫的状态，以统一有组织的形式研究实学以为立宪之预备。其创办之意，可在会章中窥见一斑。励志会的会章，共有两章六条：

第一章　纲领

第一条　研究实学，以为立宪之预备。

第二条　养成公德，以为国民之表率。

第三条　重视责任，以为辨办之基础。

第二章　事业

第四条　调查国势，凡关乎国家之大问题，本会均当实际调查（分为名法、理财、内务、外交、教育、实业、军政各部）。

第六条　巡回讲演，凡对乎会外之各团体，本会均当随时出张讲演。[2]

由此可见，励志会虽然对政治表现出一定的兴趣，但实际上，它并非一个纯粹的政治团体。励志会的成员张继就曾说过："励志会无革命与不革命的区分，余尚戴辫发，对于政治毫无正确认识。"[3] 励志会成立后，会员即分为两大派系，一派是以章宗祥、曹汝霖、吴振麟等人为代表的稳健派，另一派是以沈翔云、雷奋、杨荫杭等人为代表的激烈派。立会初期，活动频繁。"初则数日一会，近则或每日一会，每会必有演说，议论悖谬，大约皆欲效唐才常所为，实堪异。"[4] 章宗祥也曾自述："在日华时，同人聚谈国政，革命之思想，发达甚速。每星期日，与成城同人之维新会合组织励志会，假日本茶室为会所，上野三宜亭、牛边清风亭时往聚集，清茶煎饼，议论自由。励志会之组织，会员全体平等，不设会长；会中干事，由会员轮值。会时演说，或讲学，或论政，随各人意，绝无形式上之规制。"[5] 留日学生们聚谈国政，革命思想在留学生界迅速发展，这也引起了张之洞的注意，他曾让驻日公使出面干预。之后的汉口唐才常领导的自立军之役，及第一次、第二次革命中，均有励志会会员牺牲，清廷视其为祸乱之源，双方矛盾不断

1　冯自由：《革命逸史》初集，第98页。
2　桑兵：《清末新知识界的社团与活动》，三联书店，1995年，第150页。
3　沈云龙：《张继先生回忆录日记》，《近代中国史料丛刊》（第三辑），1973年，第24页。
4　《张之洞致东京礼钦差》，光绪二十六年闰八月初八日，《戊戌变法》（二），第626页。
5　章宗祥：《任阙斋主人自述》，《文史资料存稿选编》第24册，第927页。

加剧。然章宗祥则认为"励志会会员个人以义合，而不以会自相标榜，可称最纯洁之团体。其后留东者人数渐增，各会分立，渐生党派"。[1] 但励志会作为一个团体，从未有过革命谋划。其后，励志会发表《复张之洞书》，参与撰写者数十人，"沈翔云为首，章仲和、戢元丞辈助之"。[2]

1901 年，清廷下达谕令，奖励留学，留学生学成归国后，通过考核可授予举人、进士出身，步入仕途。"留学生之功名利禄者多认为仕途捷径，励志会会员乃渐次解体。"[3] 以章宗祥、吴振麟等为代表的稳健派逐渐向清政府靠拢，因是与官场接近，被激进派诋毁为官场的"走狗"。两派势如水火，励志会内部矛盾日益严重。[4] 随后章宗祥等稳健派的活动重心也逐渐从励志会中转移出来，励志会的解体已是不可逆转的趋势。其后，留学生界因地缘、政见而起的团体纷纷设立，像励志会这种介于政治与联谊之间的学生团体逐渐失去吸引力，最终摆脱不了解体的命运。

虽然励志会最终因内部矛盾，各方对其的需求逐渐减少而随之解体，但是不可否认，作为留学生界学生团体之先河，励志会还是起到了团结留学生、联络情谊、交流政治和学术思想的历史作用。

二、章宗祥与清国留学生会馆的建立

1902 年清政府奖励留学，中央和地方政府大力派遣留学生，自备资斧东渡的自费生也日渐增多，掀起一股留日热潮，一个新的留学生组织——清国留学生会馆应运而生。

随着自费生东渡求学的人数日渐增多，留学生界便有了接待新生这一现实需求。自费生不仅没有官方统一安排接送到校的待遇，而且他们对于赴日路线、学校选择、到日本如何安排住处等问题一概不知。这就要求当时的留日学生个人或团体组织能够自觉地肩负起这一接待的任务。其实，此前励志会便已在做接待留日新生的工作，"代为招呼一切，并可介绍入日本各种学校"。[5] 励志会解体后，没有一个团体组织有能力担当起这一重任。随着负笈东渡的自费生越来越多，创建一个可以统筹接待工作、汇集留日学生界各方力量的中国留学生组织成为留日学生们的共同呼声。

中国学生初到日本时，分散在各个学校进行预备科的学习，由于距离遥远、彼此不识，各校学生在平时生活中极少来往，中国留学生如同一盘散沙，难以团结互助。加之地域的原因，各省留学生各持乡音，交际不畅，只有冲破原有的交际范围，让各省的中国留学生汇聚在一起，才能真正展开交际。建立一个可以为来自各个省份的中国留学生提供相互交流的集体组织，成了当时留日学界的迫切需要。在这一现实需要下，清国留

1　章宗祥：《任阙斋主人自述》，《文史资料存稿选编》第24册，第927页。
2　上海图书馆编：《汪康年师友书札》第三册，第3009页。
3　冯自由：《革命逸史》初集，第99页。
4　冯自由：《革命逸史》初集，第102页。
5　《译书汇编》第2期，1901年1月。

学生会馆的建立开始被提上日程。

综上可知，清国留学生会馆的建立有一定的时代背景和现实需要。随着留日热潮渐起，章宗祥、吴振麟、金邦平等留日学生鉴于吸引和接待留日新生，团结留学生界的现实需要，发起建立清国留学生会馆的倡议。此倡议最终得以实现，除了官方的推动和扶持，还得益于吴振麟、曹汝霖、章宗祥等首倡人员的游说和多方奔走。在筹建留学生会馆时困难重重，当时外国人在日本租赁一间面积较大的房屋时，不仅需要大量的租金，还需要有一定社会地位的人做担保。当时的留学生一旦在日本遇到困难，便是向驻日公馆和留日学生监督寻求帮助，这是当时在日留学生的普遍想法。于是，章宗祥、吴振麟等留日学生便将草拟的创会意见书通过留学生监督转交给当时的驻日公使蔡钧。然而，蔡钧却态度游移，迟迟不予答复，建会馆一事暂时被搁议。

1901 年，李宗棠赴日开展学务考察，为建会一事带来转机。章宗祥、曹汝霖等留日学生多次登门拜访，请李宗棠代为催询建会一事。李宗棠对教育颇有远见，竭力赞成建会馆并且同意作为中间人与蔡钧斡旋一事。时李宗棠以二品按察度的身份赴日考察，蔡钧对其敬如上宾。在李宗棠日记中，有八处记录了与留日学生商议建会馆以及亲自上门拜见蔡钧，催促其建立会馆一事。[1] 最终在李宗棠的游说下，蔡钧终于同意建会一事。

1902 年 2 月初，驻日公使蔡钧于东京九段坂偕行社设宴款待中国留学生。270 余名留学生觥筹交错，欢度中国传统新年，庆祝留日学生界空前的大集会。此时，留日学生乘新年团拜之机，请驻日公使蔡钧资助建立留学生会馆，蔡钧当即颔首允诺。这次大会还集体议定，选举驻日公使蔡钧为留学生会馆总长，留学生监督钱恂为副长，另选举章宗祥、吴振麟、范源濂、曹汝霖等 8 名留学生为留学生会馆章程起草委员，拟定会馆规则。[2] 3 月中旬，留日学生召开集体大会，商议留学生章程，并推举首届干事 12 名，他们分别是：代表干事范源濂、蔡锷、钱承志、吴振麟，会计干事陆世芬、王璟芳，庶务干事章宗祥、金邦平，书报干事曹汝霖、张绍曾，招待干事吴禄贞、高逸。[3] 至此，会馆基础遂定。

会馆设于东京神田区，主楼为西式二层小楼，规模尚大。会馆的主要职能是招待新生，会馆成立之初便在报刊中刊登《招待规则》，推而广之。会馆在上海、天津、神户三处设有招待机关，由会馆的招待干事和各地区的招待员负责新到学生的招待工作。负笈东渡者只要在出发七日前联系清国留学生会馆，会馆便会代为安排好一切。会馆的第二项职能是调查留学生的基本信息。会馆干事将留学生的基本信息编录成册，即为《同瀛录》，收入《清国留学生会馆报告》中。1902 年黄璟赴日考察学务，至会馆，干事章

1　李宗棠：《东游纪念》，黄山书社，2016年，第45—59页。
2　清国留学生会馆：《清国留学生会馆第一次报告》，第5—8页。
3　清国留学生会馆：《清国留学生会馆第一次报告》，第33—34页。

宗祥、曹汝霖赠《同瀛录》一册。[1] 会馆的第三项职能是整理馆务。会馆定有规则，由12名会馆干事轮流值班，处理会馆日常事务、维护会馆秩序、与各地通讯来函等。会馆一楼设有事务室，供职员处理馆务之用。[2]

清国留学生会馆作为当时留学生界唯一的团体组织，为留日学生的日常交流和各项活动的开展提供了一个平台，同时也是中国留学生争取合法权益、反抗不公的领导核心。

1902年的成城学校入学风波就可见清国留学生会馆的身影，而章宗祥作为馆内干事之一，也亲身经历了这一事件。

1902年夏，来自浙江、江苏、江西的九名自费生申请入陆军士官的预备学校成城学校学习，依照清政府和日方学校的规定，入学的新生必须有驻日公使咨送的保证书。但时任驻日公使蔡钧却以未曾有此先例为由，拒绝咨送保送书。适逢南洋公学的教师吴稚晖在日留学，闻知此事，便自发为九名自费生入校一事而四处奔波，写长信给蔡钧恳请他为留学生保证。后又入清国留学生会馆与会馆干事章宗祥、吴振麟等人商量拟定保证书一事，时值吴汝纶在日考察教育，章宗祥等20余人拟定八封保证书后，翌日便将这几封保证书交给吴汝纶，让其转交给蔡钧。可惜仍于事无补，蔡钧以留日学生意图革命、疑为不良分子为由驳回保证书。甚至以妨碍治安为由，让日本警察将吴稚晖、孙揆二人强制遣送回国。

章宗祥等一众会馆干事闻讯，立即召开会议筹划挽救吴稚晖、孙揆二人，先以全体留学生的名义给蔡钧写了一封长信表示抗议，后又致电清政府外交部请求帮助。同时，又决议："拟暂停课，以待此事之着落。若无着落，退学未晚。"[3] 决定组织各校停课以待交涉。为此，留学生会馆每日召开集会，引起了日本社会的广泛关注。清廷派载振前往日本调查，最终在多方斡旋之下，中日达成协议：未携带地方公文的自费生先由清国留学生会馆证明其身份，再由2名会馆干事或5名官费私费学生为其身家和学费作担保，最后由留学生监督保送至各类学校。[4] 此前被拒的9名自费生也于1903年重新获得保证，进入成城学校正式开始学习。此次入学风潮激起了留日学生们对驻日公使蔡钧和驻日使署的厌恶与不满，章宗祥也曾回忆道："至于使署，虽自后可无直接关系，感情则甚恶，于蔡个人尤甚。"结果，蔡钧的会馆总长一职不再被留日学生界承认，由汪大燮接任总长一职。

成城学校入学风潮是清国留学生会馆第一次作为全体留学生代表，在中日官方之间进行斡旋交涉。章宗祥作为馆内的庶务干事，积极参与其中，为自费生入成城学校一事

1　刘学洵、黄璟、罗振玉：《考察商务日记/考察农务日记/扶桑两月记/扶桑再游记》，岳麓书社，2016年，第57页。
2　宁金苑：《清国留学生会馆研究》，武汉大学硕士学位论文，2018年，第31页。
3　转引自《清末成城学校入学风潮评述》，《徐州师范大学学报（哲学社会科学版）》2009年3月第35卷第2期。
4　章宗祥：《任阙斋主人自述》，《文史资料存稿选编》第24册，第931页。

极力奔走游说，对于事件的顺利解决，作出了力所能及的努力。

清国留学生会馆在留日热潮初启阶段，起到了管理团结留日学生，维护他们正当权益的历史作用。其中，章宗祥、曹汝霖、吴振麟等干事功不可没。他们在任职期间积极为会馆的发展"保驾护航"，章宗祥就曾自述称："虽然服务未善，果已终身其事。"[1] 章宗祥在处理馆内事务管理留学生的同时，还积极为赴日视察者翻译引导，解决了驻日使署人手不足的问题，进一步加强了驻日使署与留学生会馆的联系。使得留学生会馆下能汇集各方留学生，上能持续获得官方的支持。一定程度上保证了会馆各项事业的顺利开展。

三、章宗祥与赴日考察者

清末以日为师，大致可以分为赴日留学、翻译日本书籍、赴日参观考察、招聘日本顾问教习等多种途径。它们各具特色，相互补充，形成中日文化交流史上的壮丽场面。国内官员赴日教育考察源于康有为、张之洞等人的提倡和支持。康有为首先从风俗、文字、费用等方面分析了游学日本的必要性和便利性。[2] 在留学人员方面，他提到："非派亲贵游学为之先导，以朝臣从之，并多派朝士游学，不能成就。"[3] 而张之洞在《劝学篇》一书中详细分析了留学之益、留学之人、留学之国。随着此书在国内的销售量激增，留学日本的观念也随即迅速传播开来，同时促进了官员赴日考察运动的蓬勃发展。

康有为与张之洞等人的倡议与支持，以及早期实践，为官员赴日考察的发展提供了重要的思想支持与实践基础。1901年清政府宣布实行"新政"后，废科举、办学堂、派留学等一系列教育改革，为官员的日本考察营造了有利的国内环境。与此同时，出于外交需要，日本实行友好的对清政策，也为清末官员赴日考察提供了良好的外部条件。在这一时代背景下，出现了清末官员赴日考察的热潮。

1.吴汝纶日本考察随同翻译

1902年张百熙被清廷任命为管学大臣，负责制定学制。张百熙推荐吴汝纶为京师大学堂总教习，为借鉴日本近代教育的经验，吴汝纶东渡日本，考察学制。其时，章宗祥因著有《日本游学指南》而在留日学生界小有名气，又时任清国留学生会馆庶务干事，被张百熙选作翻译，随同考察。此外，担任翻译者还有吴振麟（字止欺）、张奎（字星五）。[4]

吴汝纶考察团先后在长崎、神户、大阪、京都考察了各类学校，先后参观访问了师范学校、大中小学、残疾人学校、军校、女子学校、专科学校、实业学校等各类学校累

1　章宗祥：《任阙斋主人自述》，《文史资料存稿选编》第24册，第930页。
2　陈学恂、田正平：《中国近代教育史料汇编·留学教育》，第321页。
3　王晓秋：《近代中日启示录》，北京出版社，1987年，第203页。
4　章宗祥：《任阙斋主人自述》，《文史资料存稿选编》第24册，第932页。

计四十多所，吴汝纶虽年事已高，但尽心竭力，对各所学校进行了细致的考察。除此之外，吴汝纶还通过翻译面谈、交换信件、汉字笔谈等方式会见了诸多日本政界要人和教育界名家，请教关于中国学制改革的建议、深入讨论治学道理、教育方法。期间，章宗祥作为随同翻译员，常与吴汝纶一同访问日本各地，吴汝纶所著的考察记中多处可见其身影："十六日午后，文部听讲，归与长尾槇太郎及章仲和吴止欺访副岛种臣。副岛甚款洽，其言学堂，谓初办勿求备，当易行，其谈锋甚快利，喜称吾久旧史。"[1] "文部大臣菊池谈片，章宗祥录"[2] 等。

吴汝纶回国后，将笔谈记录、日记、讲义等材料，汇集整理成《东游丛录》，其中书中的《文部听讲》部分涵盖了教育制度、学校管理、授业方式等内容，此部分由章宗祥与吴振麟口译，[3] 吴汝纶对此加以详尽记录和整理。对于这段随同翻译的经历，章宗祥曾表示"聆其经验，获益不凡"。同时他在回忆文中也曾记述："惟某日吴与根本通明博士谈《易经》之学，适余任翻译，语涉卦义，竟不能传述。无已，二人乃笔谈。专门术语，译者即通其音，往往不能通其义。"[4] 感叹翻译之职，并非易事。

2. 接待东游官员严修

随着清末官员赴日考察的兴起与发展，东游考察的官员络绎不绝。1902 年 8 月，时任翰林院编修的严修携长子智崇、次子智怡自费东游，一则亲送二子留日入学，二则考察东瀛学校制度。期间与章宗祥频繁往来交流，结下了一层深厚的友谊。

严修此次游历日本，历时两个多月，专门对日本的教育进行了考察，在神户、东京等地访问考察了大中小学校、专业学校，广泛拜访学校教师和教育家，征询他们对教育改革的看法。在日考察期间，严修开展了各种形式的调研活动，对日本的各项教育制度进行了细致深入的考察，参加教育讲座、开座谈会、参观各类学校等，从每个学校自习室、食堂的情况到日本文部省的设置，都逐一深入调查研究，将所见所闻一一详尽地记录成册，写下《壬寅东游日记》一书。

严修的《壬寅东游日记》记录了 1902 年 8 月 10 日到 11 月 27 日的考察内容。9 月4 日，严修一行考察团抵达东京。两日后，章宗祥等人前往严修下榻旅馆拜访，"晚，吴先生偕李光炯（德膏）、杜显阁（之堂）同来。高旷生（逸）同来，章宗祥（仲和）来访"。[5] 几日后，严修亦往章宗祥寓所回拜，可惜"答拜不遇"。严修在结束为期六十余日的东京考察，辞别东京之时，章宗祥亦在送别的人群中，参加送别。严修在《东游日记》中如是记载："九月十四日（10 月 15 日）至聚星馆（清水寓所），写字十余纸。五

1　王宝平主编：《晚清中国人日本考察记集成/教育考察记 上》，第279页。
2　王宝平主编：《晚清中国人日本考察记集成/教育考察记 上》，第377页。
3　王宝平主编：《晚清中国人日本考察记集成/教育考察记 上》，第245页。
4　章宗祥：《任阙斋主人自述》，《文史资料存稿选编》第24册，第932页。
5　严修撰，武安隆、刘玉敏点注：《严修东游日记》，天津市人民出版社，1995年，第51页。

时半同清水、智怡登汽车，六时五分行。送者，华友：秀丰、小山、仲和、止欺、立夫、爽夫、旷生、润甫、鸿若、荃士、励卿、铸生、棣生、豫生及贵州八人。"[1] 在严修的《东游日记》中，对章宗祥的记载就有三处，可见他们交流往来之频繁。

3. 与其他东游官员的交流

在其他中国官绅的日本考察记录中，也时常可见章宗祥的身影。如林炳章的《癸卯东游日记》和胡景桂的《东瀛纪行》中，都有关于章宗祥的相关记载，可见章宗祥在留学期间与不少东游官绅都曾有过交流。

1903 年 5 月初，福州师范学堂的教员林炳章赴日考察教育，并为学堂聘请教习。在日本考察期间，他曾拜访东京师范学校校长商讨聘请教习一事，又多次向日本多个教育家请教教育问题，后为学堂聘请了早稻田大学出身的两名日本教习。回国后，林炳章将其东游经历整理成《癸卯东游日记》一卷。

林炳章在日本考察期间，章宗祥尚在日本，期间二人曾有过会面，林炳章在《癸卯东游日记》中如是记载："十二日，（中略）过访浙江章宗祥仲和及金伯屏二君，留学中之翘楚，一习法律，一习政治，近年之政法学报多其手笔。"[2] 章宗祥在当时的留学生界有一定的名声和威望，林炳章慕名前往拜访，且给予了极高的评价。

同年 5 月，考察官员胡景桂奉北洋大臣袁世凯之命，赴日进行了为期两个多月的教育考察活动。在日本期间，他会见了许多日本教育界、政治界名士，走访了东京、大阪、京都各学校，参加了东京帝国大学、东京高等工业大学、高等商业学校等学校的毕业典礼，考察结束后，他将各活动的具体情形及要务详细记录成册，编成《东瀛纪行》一书。在书中，他也记载了与章宗祥会面一事："晚晤高等商业学生王宰善、法科大学章宗祥、钱承志、秦毓均、陈福颐，皆江南所派也。"[3] 其时，正忙于毕业事宜的章宗祥，依然尽其所能地接待东游官员。

清末掀起了官绅赴日考察的热潮，他们初到日本，不谙情形，而像章宗祥这样在日学习的留学生为游历考察人员的工作提供了很大的便利，他们积极承担起官员们的翻译和接待工作，为其在异乡的生活和工作提供了重要的保障。

四、与日本友人的交往

1. 下田歌子

下田歌子（1854—1936），日本著名女教育家。原名平尾拓。1854 年出生于岐阜县惠那郡岩町村一个藩士家庭。18 岁时，她应召进皇宫任职，由于歌声优美，文采出众，深受昭宪皇太后的赏识，赐名歌子。下田广交社会名流，关心女性教育问题。1881 年，

1　严修撰，武安隆、刘玉敏点注：《严修东游日记》，第117页。
2　王宝平主编：《晚清中国人日本考察记集成/教育考察记 上》，第582—583页。
3　王宝平主编：《晚清中国人日本考察记集成/教育考察记 上》，第605页。

创办了桃夭女塾，主要从事对日本贵族女子的教育。1885 年，华族女学校建立，下田任干事兼教师。1893 年，由日本皇室支持，下田赴欧考察英国的皇女教育，顺便考察欧洲各国的女子教育。正是这两年的海外考察经历，让下田发现了亚洲女子教育的落后。回国后，下田歌子辞去了华族女学校的职务，创立了实践女子学校，其后下田又创办了帝国妇人协会，大大促进了女性的独立。许多平民女子在下田歌子的帮助下，获得了接受平等教育的机会。下田歌子为女子教育事业尽心竭力，大大推动了女子教育的发展。[1]

章宗祥在日本留学期间，其未婚妻陈彦安亦负笈东渡，求学于实践女子学校，期间与下田多有往来。章宗祥在帝国大学求学时，欲寄寓于日人家庭，经下田介绍，最后顺利借居于中江兆民家。[2] 其后，章宗祥任吴汝纶东游考察的随同翻译时，下田歌子亦积极派员照料引导。[3] 在《任阙斋东游漫录》一书中，章宗祥专设一节对下田歌子和其创办的实践女子学校作了详细的记载："实践女学校为下田歌子女史所办。彦安留学日本时，即进此校。……下田对于中国女生，教导待遇至为亲切。时学校所建筑尚未告成，寄宿舍别赁一日本屋，由舍监时任竹子监督之……下田主持此校以造就贤母良妻为主义，于家政及女子自立职业各科尤为注重，命名实践，用意在此。"[4] 肯定了下田歌子为女子教育作出的贡献。

下田歌子对章宗祥夫妇二人感情深厚，二人 1903 年归国后在北京创办蒙养院，各项事宜均由下田主持。[5] 1916 年章宗祥出任驻日公使，到日本时，下田亲自到车站相迎，其后章宗祥以叙旧之名，在使署设宴款待下田歌子。

2.中江丑吉

中江丑吉（1889—1942），1889 年出生于大阪曾根崎，日本近代著名思想家中江兆民之子，杰出的中国哲学和政治思想研究大家。 1914 年 9 月，他得到满铁副社长伊藤加入满铁的邀请，来到中国大连。1915 年底来到北平，直到 1941 年底因病归国，在北平居住 28 年。中江丑吉运用了西方思想理论以及研究方法，对中国古代思想尤其是政治思想进行了深入研究。代表著作有《中国古代政治思想史》《尚书概论》《尚书廿九篇之我见》等。[6]

章宗祥在日本留学期间，曾通过教育家下田歌子的安排寄宿在中江丑吉家，其时，中江兆民已患癌症去世，家中只有中江夫人、女儿中江千美子、二子中江丑吉三人。章宗祥曾回忆："以友人介绍与伯屏、星五借居中江兆民氏。兆民氏初故，其夫人携其子女各一人，在上二番町建一屋，藉屋赁充子女学费。自居一二室，以余室出借，饭食归

1　《下田歌子先生伝》，故下田校长先生伝记编纂所，1943年。
2　章宗祥：《任阙斋主人自述》，《文史资料存稿选编》第24册，第929页。
3　章宗祥：《任阙斋东游漫录》，上海图书馆藏，第37页。
4　章宗祥：《任阙斋东游漫录》，第37页。
5　章宗祥：《任阙斋主人自述》，《文史资料存稿选编》第24册，第930页。
6　李庆：《日本汉学史·第2部 成熟和迷途：1919—1945》，上海人民出版社，2010年，178—186页。

其供给。兆民氏为具有社会思想之人，生前不得志，家境甚贫，余等居客室，夫人相待若己之子弟，寒暖饮食悉注意。"[1]在中江家寄宿的两年时间里，章宗祥始终对中江家，尤其是丑吉，保持着深厚的情感，此后也一直保持着友好的关系。当时有贺长雄至北京任总统府顾问，丑吉充其秘书，遂久留北京，章宗祥对他多般照顾，也帮他引荐了很多当时中国的著名人物。

五四运动时期，章宗祥因在二十一条和在西原借款交涉中的所作所为，他的名字和亲日联系在一起。1919 年 5 月 4 日，示威游行的学生队伍冲入曹汝霖的住宅，引发了著名的"火烧赵家楼"事件。彼时，章宗祥正在曹宅，曹汝霖找到藏身之处躲过一劫，而章宗祥却李代桃僵，被痛打了一顿。当时正在曹宅附近的中江丑吉急赴现场介入了这一冲突，在曹宅着火之前将章宗祥带到了安全之处。据说当时中江用极其不连贯的汉语向示威的学生们大喊："这是我的朋友，如果你们要打的话，打我好了。"据目击者白岐昌记载，示威者们也予以回应，将其暴打一顿。"千钧一发之际，冒死冲进人群救出章的生命的日本人"中江丑吉随后将章宗祥带到同仁医院，在那里，他的伤得到救治。[2]章宗祥此后回忆起这段经历，直言其与中江已是生死之交，更加珍视这份情谊。

1922 年，中江丑吉完成了他的第一篇中国学论文《中国古代政治思想史》，为对章宗祥一直以来的帮助表示感谢，他将这篇论文的最终稿的草稿献给了他，由此可见两人交情之深厚。

五、留日生活对章宗祥日本观的影响

留学生抵达日本后，在日本的所见所闻，对日本直观的好恶感受，直接影响了他们对日本的态度。这一直观感受，或多或少影响他们回国后的人生选择和轨迹，有人抗日救国，有人则亲日卖国，这与他们在留日期间的实践活动、与日本社会的交往、时代背景、政治环境等均有关联，但道路选择的决定因素，还是他们自身的政治立场。

清末时期，为改变国家贫弱落后的状态，清政府开始派遣学子赴日留学，希冀以日本为"桥梁"，引进西方近代科技文化，使国家走上国富民强的道路。日本政府也希望通过留学生的教育来培养亲日势力，拓展在华的长远利益，配合清政府实施积极的留学生管理政策。虽然日本对中国留学生的到来总体上表现出一种欢迎的态度，但是从弱国步入强国的留日学生们，也饱尝了不少来自日本社会的歧视和欺凌，在这一时期许多留日学生的作品中，充满了受尽蔑视和欺凌之后的心酸和悲愤。

1913 年，郁达夫与兄长东渡求学，和当时多数留日学生一样，他饱受屈辱和不平，他在作品《沉沦》中发出悲鸣："我何苦要到日本来，我何苦要求学问。既然到了日本，

---

1 章宗祥：《任阙斋主人自述》，《文史资料存稿选编》第24册，第929页。
2 [美]福格尔：《中江丑吉在中国》，商务出版社，2011年，第36页。

那自然不得不被他们日本人轻侮的。中国啊中国！你怎么不强大起来，我不能再隐忍过去了。"鲁迅的留日经历为人们所熟知，当他在考试中取得不错的成绩时，却被其他学生怀疑是藤野先生提前把试题泄露给了他。一次课堂上播放日俄战争的片段，放到一个中国人被日军捉住杀头的片段时，日本学生竟然拍手叫好，这让鲁迅深深地感受到弱国学生的苦楚，让他受到了极大的刺激。当时大多数中国留学生在日本备受欺侮，其中的痛苦和辛酸是不言而喻的。

然而，与大多数留学生相比，章宗祥的留日经历有些不同。虽然他在回忆文中也曾提及日本对中国留学生的歧视："外出时，儿童见者，辄群集讪骂，呼中国人为'锵锵薄士'（日语"ちゃんちゃん坊主"的发音，犹言'南京和尚'）。"但总体而言，他不仅没怎么受到来自周围环境的差别对待，反而受到了很多"优待"。章宗祥在帝国大学求学时，教习演讲稍快，笔记不免空漏，幸得日本同学帮助，才能详细补正，他因此与几位日本同学结下了深厚的友谊。此外，章宗祥还与日本官员多有交谊，在生活中对其颇为照顾。某年夏天，章宗祥与吴振麟结伴同游北海道，经内阁书记官南弘介绍，北海道厅接待甚殷勤，处处引导，十分周到。寄寓日人家庭的经历、与日本友人的友好往来，使得他对日本的印象总体上是很好的，在留学期间他曾编著《日本游学指南》一书，在书中他表示向日本学习是国人的最佳选择："今日之日本，其于吾国之关系，则犹桥耳。数十年以后，吾国之程度积渐增高，则欧美各国，固吾之外府也。为今之计，则莫如首就日本。"呼吁国内有志之士，东渡求学。

章宗祥是较早一批赴日的留学生，当时的留学生多为政府出资，官费留学生居多。随着留日运动的发展，自费生开始逐渐增多，速成科教育开始盛行。较常规学科教育，速成科教育"多快好省"，"简单速成"，一年甚至数月即可学成归国。一方面，清政府为了在短时间内培养大量的专业人才，大力倡议速成教育；另一方面，日本政府为利益所驱，专门为中国留学生创办了许多速成学校。然而，速成教育的结果却不尽人意，最后能进正规专门学校和大学学习的人数甚少。相对而言，作为留学生，章宗祥还是十分幸运的。

早期日本政府实行了很多优待政策，当时中国留学生人数少，自然很受日本政府"稀罕"，不仅选拔了较优秀的教师教育中国留学生，并且入大学无须任何考试。而章宗祥正逢其时，于第一高等学校修完大学法科的预备课程后，顺利进入东京大学前身之一的东京帝国大学学习，不像后期的留日学生，鱼龙混杂、人数众多、考学艰难。同时，早期的留学教育更加专业化、规范化，而后期的速成教育只能末学肤受，习得一点皮毛。在日本留学期间章宗祥掌握了扎实的专业知识，回国后，章宗祥参加了清廷为留学生准备的考试，被赐予进士头衔。更幸运的是，在章宗祥毕业回国之际，正赶上清末的新政，在朝廷急需用人之际，回国不久的他随即进入清廷以西方为模本组建的政府机关，章宗祥凭借日语和专业优势，参与清末各项法律改革，很快就身居要职，其后被袁世凯看中，纳入麾下，从此与北洋系结下了不解之缘。

章宗祥在日期间积极参与各项活动，成绩优异，不仅没受到差别待遇，反而在生活中受到日本友人的照顾，所以，他对日本的印象总体上是很好的。可以认为，这段留学经历是章宗祥日本观的肇始，基本奠定了他日本观的整体基调，加之后来的工作性质和所处环境的影响，使他表现出了明显的亲日倾向。

第四节　章宗祥回国早期的主要活动

章宗祥留学回国早期，无论是任教京师大学堂，还是参与清末法制变革、官制改革等，他所从事的工作，无一不与其所学法学有关。各项法案的起草到签注修订，皆可见其身影，可以说章宗祥对清末各项法律变革作出了力所能及的贡献。

一、任教京师大学堂

1902 年，管学大臣张百熙主持复建京师大学堂，设立师范馆和仕学馆。聘请岩谷孙藏、杉容三郎等日本法政专家为正、副教习，入馆任教。日本教习不谙汉语，不能用汉语授课，还须延请精通日语、又通晓专业知识的助教，给日本教习充当翻译。其时，既通日语又懂法政的章宗祥自然被纳入了助教的物色名单之中。1903 年 8 月 10 日《大公报》报道称："日本留学生章仲和君，到日本未久，即入法学教科肄业，颇有心得。京师大学堂管学大臣电致驻日公使，聘其回华充当大学堂法律助教。章初时尚不肯允，后又许以俟进士馆开时，派充该馆法律学正教习，始云回华。闻已于日前抵京，不日入大学堂权助法律教务云。"[1] 8 月 16 日《大公报》又报道称："法律堂助教范静生已经告退，刻由东洋聘得章君宗样来堂，拟由下星期三上堂讲授。闻章君乃乌程人，曾在日本东京帝国大学卒业，政治法律属最擅长，译有《国法学》。"[2] 当时陆宗舆与胡宗瀛已在大学堂任教习，章宗祥在陆宗舆的引荐下拜见管学大臣张百熙后，随即入职仕学馆，为岩谷孙藏译授民法，并主讲刑法。

大学堂开课数月，学务当局决议选派优秀学员赴日学习。仕学馆与师范馆共 31 人，由章宗祥护送，于 1903 年抵日。在这批学生赴日之前，管学大臣张百熙曾与日方接洽，商定中国留学生先进东京第一高等学校特设班预备学习一年，再分进日本各高等及大学

1　《大公报》第459号，光绪二十九年八月初十日，第三版。
2　《大公报》第465号，光绪二十九年八月十六日，第四版。

的正科学习。而当年章宗祥的留学轨迹也大致如此，先于第一高等学校学习预备课，后正式入东京帝国大学学习法科。可以说章宗祥被委任为护送委员非常适合，此次护送可谓是驾轻就熟，他曾回忆道："至东京见第一高等校长狩野亨吉，即余在学时之校长，舍监谷山亦未更动。同时大学堂并派范静生为学务专员，因是一切甚易。"[1]

1904 年 2 月，京师大学堂进士馆开办。仕学馆并入其内，章宗祥随即改任进士馆之教习。同年 4 月，进士馆正式开馆授课。《大公报》报道当日情形："岩教习、戢教习等上堂演说各种法律大义及进士义务既毕，次则杉教习、陆教习上堂演说理财大义及入学义务，再次则章教习上堂演说一切，侃侃而谈，旁若无人，尤得演说三昧。各进士员既闻各段演说，颇生感情。"[2]

在大学堂开课之初，困难重重。章宗祥等留学生教习面临着巨大的挑战。首先，章宗祥等留学生教习面临的一大挑战是来自馆内的进士学员。当时的进士学员年龄大，较一般教习辈分高。章宗祥曾回忆："新进士某君，为余族长亲，科举时代，余兄曾从之学八股，是时余尚未入学；数年以后，乃从余听讲。族叔茞生，与余同时入学，今亦在新进士之列。"[3]再者，其时科举尚未废除，社会仍甚尊重翰林进士，进士学员自视高人一等，馆内的监督提调为翰林前辈，他们循例尊之为老师，而对于一般中国教员，进士学员们认为他们不过外洋毕业的留学生，并不认可他们作为老师的身份。对此，留学生教习多有不满，章宗祥就曾在回忆文中坦言："吾辈当时并非有硁硁自傲之意，不过以新进士对于监督提调辄口称老师，而对于实际授课并考成之教员，则靳其称谓，是以不能不争。"[4]在一次刑法考试的阅卷中，章宗祥误判了一试题，学员徐季龙致函驳论，而于函首直呼章氏为"仁兄"，这有悖于学员对教员的礼仪，章宗祥随即将其试卷交由教务，注明事由，不给分数，后经张管学出面，令徐取消前函，此事才得以平息。

留学生教习面临的另一大挑战在于教材，当时能作为教材使用的书籍及参考书极少。通常情况下，由日本教习编写讲义，再由留学生助教翻译，最后学生自己整理成笔记。据章宗祥回忆，编译讲义十分不容易，"余所担钟点，每星期十小时，自讲刑法四小时，为岩谷译讲民法六小时。译讲先期预备，不甚费力；至自讲之刑法，参考各种书籍，悉心编订，每一小时之讲义，预备时间须费至三四小时，尚未敢自信为确当。"[5]

此外，留学生教习们还面临其他各章挑战，如课程讲授和设置、日语新词的翻译和引入等，有时还遭受来自馆内学员和朝中大臣的嘲讽和批评。即使如此，章宗祥等教习还是极受馆内倚重，如 1905 年朝廷派五大臣出洋考察政治，章宗祥被选为随同之列，

1　章宗祥：《任阙斋主人自述》，《文史资料存稿选编》第24册，第937页。
2　《时事要闻》，《大公报》第694号，光绪三十年四月十九日，第三版。
3　章宗祥：《任阙斋主人自述》，《文史资料存稿选编》第24册，第938页。
4　章宗祥：《任阙斋主人自述》，《文史资料存稿选编》第24册，第938页。
5　章宗祥：《任阙斋主人自述》，《文史资料存稿选编》第24册，第937页。

大学堂总监督随即上奏挽留。对此，章宗祥曾回忆称："总监督直接上奏权，时嘉亨充此任，极重视教员。余与曹、钱等由考察政治专使约同出洋，既定议，告张，张坚留。余等以外游可增闻见，广学问，机会不易得，却之，张无语。是晚忽递一封奏，谓'进士馆养成国家新人才，全在教员得人。今教员某某由考察政治专使调用，馆中课程将受影响。请饬知免于出洋'云云。进士馆教员，本由管学延聘，初非奏任，张乃以封奏请，可见其倚重之盛。"[1]章宗祥最终也未能随同出行。从中也能显示出章宗祥等人在馆内的重要性。

清末，随着新政的不断推进，像章宗祥等既懂日语、又掌握法政新知识的留学生，成为新政时期炙手可热的人才。他们归国后纷纷投身于进士馆的教育事业，向进士及第的精英们传授新知，让他们完成了知识结构的更新，以适应清末急剧变化的社会发展，一定程度上为近代教育做出了力所能及的贡献。

二、参与清末法律改革

清末，国内外局势动荡不安，严重动摇了清政府的统治基础，为了维护封建政权，清王朝被迫选择改革。同时，随着外国的入侵以及国内外局势急剧变化，旧律已与社会现实多有抵触，已不能顺应时代和社会发展的需求。1902年清廷与英国签订《续议通商行船条约》，其中第十二条规定："中国深欲整顿本国律例，以期与各西国律例改同一律，英国允愿尽力协助，以成此举。一俟查悉中国律例情形及其审断办法，及一切相关事宜皆臻妥善，英国即允弃其治外法权。"[2]其后，清政府与日本、美国、欧洲各国订约，皆有此项规定。所以，清廷开始筹备修律工作，1904年，修订法律馆开馆，清末修律正式开始。

1907年修订法律馆重组后重新开馆，清廷任命沈家本为修订法律大臣，专司法律的编纂。沈家本以"会通中外"为原则，聘定了冈田朝太郎、小河兹次郎、松冈正义等几名法学家，"分任刑法、民法、刑民诉讼法调查事件，以备参考"。[3]此外，沈家本还奏请调"法律精研或才识优裕"之人入馆办事，章宗祥作为曾就读于东京帝国大学法科的留日人才，于1907年12月进入修订法律馆，并且作为重要人员参与了刑律草案和诉讼法草案的编纂以及其他一些法律的修订。

1.参与法案修订

（1）编纂刑律

1906年，法律馆聘请日本法律专家冈田朝太郎来华协助修订刑律。其实，在冈田朝太郎来华之前，新刑律草案的预备案已经酝酿在即，在沈家本看来，"各法之中，尤以

1　章宗祥：《任阙斋主人自述》，《文史资料存稿选编》第24册，第938页。
2　《大清光绪新法令》第六册，第18页。
3　《政治官报》光绪三十四年十月五日，奏折类，第373号。

刑法为切要"[1]，所以率先着手刑律的编纂。冈田朝太郎来华时发现，草案的总则部分已经完成，分则部分也近乎完稿。

章宗祥曾在《新刑律颁布之经过》一文中回忆编纂刑律草案的经过："余乃创设中外法制调查局，以岩谷孙藏博士为局中顾问，由馆酌助经费，间接委以调查及起草各事。岩谷亦乐尽义务……新刑律总则草案最初由岩谷起草，后馆务扩张，聘请冈田朝太郎博士来华，乃由冈田重新整理，拟成新刑律全部草案。"[2]由此可知，岩谷博士起草了此刑律草案的总则部分，至于草案的分则部分，章宗祥又在回忆文中提到："余自留学归国，即在仕学、进士两馆专授刑法……除会议日外，董与余每日辄在馆编译草案，虽盛夏不事休息。……两人对坐，余口译，董笔述，至今犹能忆及当时情状。"[3]由此可见，该草案的编纂实际上是章宗祥和董康二人合力完成的成果。由章宗祥、董康编订的刑律草案，被评价为近代中国法律史上第一部由中国人自主起草的刑法草案。[4]此律给中国旧的法律体系注入了新的内容，具有重要的历史意义。

但是，冈田朝太郎在通读由章宗祥、董康编纂的刑法草案后，发现主要是参照日本旧刑法完成的，需要修改的地方太多，遂提议重新起草。当然，其中也不乏一些心理因素，当时作为日本法学大家的冈田朝太郎，雄心勃勃地想在法学界大展身手，自然希望此法案能直接体现他的法学思想，与其在草案的基础上进行修改，不如另撰一份更能体现他的贡献。基于以上两个因素，新刑律的编订工作重新提上日程。1907年8月上旬，经过十多个月的努力，冈田朝太郎最终完成了新刑律草案的全部条文及理由书。

但是，冈田博士的新刑律草案是以日本当时的刑律为参考起草的，要想顺利在中国实行，就有必要在此基础上进行一定的修改。章宗祥作为当时修订法律馆的重要成员，参与了新刑律草案的修改和审查工作。据他本人回忆："改订新刑律问题，自起草至提议，几经讨论，易稿数四，费时近十年，余始终参与其事。……沈于改律事甚信任余之意见，有所条陈，无不从纳。"[5]

然而，这部新刑律在朝廷引起了轩然大波，引发了清末的"礼法之争"，它违背了传统的伦理纲常，遭到了保守派官员的大力反对。"礼教派"要求以中国传统的伦理纲常和礼教为根据开展修律工作，而"法理派"则截然不同，他们希冀运用资产阶级的法律思想来变革传统的封建法律。结果可想而知，清政府明显地偏向了"礼教派"，宣称传统的伦理纲常和礼教是中国几千年之精粹，是立国之本，也应是立法之依据。下谕令修律大臣在保留伦理纲常的基础上，对新刑律进行修改。对此，章宗祥等法理派据理力

1 《清末筹备立宪档案史料》（下册），中华书局，1979年，第845页。
2 章宗祥：《新刑律颁布之经过》，载《文史资料存稿选编》第一册，第34—35页。
3 章宗祥：《新刑律颁布之经过》，载《文史资料存稿选编》第一册，第35页。
4 黄源盛：《晚清民国刑法史料辑注》，元照出版有限公司，2010年，第3页。
5 章宗祥：《新刑律颁布之经过》，载《文史资料存稿选编》第一册，第35页。

争，积极为刑律辩护："今草案，除对于尊亲有犯特别规定外，凡旧律故杀子孙、干名犯义、违犯教令，及亲属相殴等条概从删节，其隐寓保护人权之意，维持家族主义，而使渐进于国家主义者，用心良苦。夫保护人权，乃立宪之始基。"[1]

法理派希冀将旧律的义务本位，改造成权利本位，在辩论中高举人权大旗，与礼教派激烈地争辩。从新刑律的编订到之后的"礼法之争"，法理派和礼教派经历了长时间的辩论，1911 年，资政院开议新刑律。可以说，这一场辩论是法理派和礼教派最后的论战。对于资政院此次议决，章宗祥曾记述："及宣统二年，新刑律草案脱稿，资政院适成立，当由法律馆会同宪政编查馆奏交政院会议，余为政府说明委员。议员对于此案显分新旧两派。旧派代表为劳玉初，劳壮年久任州县，有能名，与江苏议员许久香反对最力。劳等知议员新派占多数，辩论不能得胜，乃用消极抵制之法，每遇此案列入议程，辄动议先议他案。"[2]后资政院会期将满，新刑律还迟迟未议决。后章宗祥与沈家本商议，奏请将会期延长至十日，专门议决新刑律。然而议员提出反对意见，他们利用政治上的问题，或质疑或弹劾，加以阻挠，使得会期时限将至，新刑律仍未列入议程。面对这一局面，时任政府委员的章宗祥发言："此次延长会期，以新律尚竣为理由，若今日不能议决，资政院何以示信于人？各国议会开会中因讨论议案，延至深夜者不乏其例。政府意见，深望今日延长开会时间，使新律得以通过。"[3]最终在他的努力下，新刑律终于付诸议决。当日晚上十一点新刑律的总则和分则部分全部议完，至此新刑律的议决告一段落。

章宗祥以他专业的法律知识储备，在清末的修律事业上作出了重要贡献。除新律外，章宗祥还参与了修订法律馆相关的其他法律法规的草拟工作。

（2）编订诉讼法

1906 年，沈家本和伍廷芳主持完成了《刑事民事诉讼法》草案，这是近代首部诉讼法案。为了适应收回治外法权和适应外交的现实需要，沈家本负责删改旧律，伍廷芳主导引入外法，它承袭了资产阶级立法原则，采取公开的审判制度和陪审制度。[4]但令人惋惜的是，该法案最终由于种种不利因素而被搁浅。而后随着立宪运动的不断开展，诉讼法的编订又被重新提上日程。1907 年 12 月，修订法律馆被改组，下分二科，第二科主掌民事和刑事诉讼律的起草工作，同时新调 19 名留学生入馆，章宗祥就是其中一员。

作为第二科的编纂员，章宗祥直接参与了民事诉讼律和刑事诉讼律的编订。对于此次修律，章宗祥认为："盖有采用新制加入旧例之意，未主完全更张也。"[5]由此可见，引

---

1 李贵连：《沈家本传》。法律出版社，2000年，第347页—348页。
2 章宗祥：《新刑律颁布之经过》，载《文史资料存稿选编》第一册，第36页。
3 章宗祥：《新刑律颁布之经过》，载《文史资料存稿选编》第一册，第36页。
4 李欣荣：《清季伍廷芳提出诉讼新法的理想与冲突》，《学术研究》2016年第9期。
5 章宗祥：《新刑律颁布之经过》，载《文史资料存稿选编》第一册，第34页。

入外法仍是此次修律的重点。在删改旧律方面，章宗祥主张："现在既议改定新律，旧时沿用残酷之制必须先行废除，为人民造福。"[1]虽然当时有不少反对意见，但在沈家本的极力支持下，通过了废除刑讯的意见。

在馆内审议时，章宗祥也积极提出自己的见解。据《申报》报道："时有留学日本政法科卒业生章君仲和、曹君汝霖等共预参订。章、曹两君初议博采日本裁判各法加入。伍侍郎谓日本裁判法千余条甚为完密，今日我国初改制度，当求简而易行，若太完密，则必不能行，如此则有名无实矣……不如从缓入手之为佳也。章、曹诸君皆以为然。沈侍郎亦为之首肯矣。"[2]1910 年《刑事民事诉讼法》草案的修订工作最终完成，但由于辛亥革命爆发，此法案最终也未能付诸实施。

综上，章宗祥参与编订的《大清新刑律》草案和《刑事民事诉讼法》草案，由于清末特殊的政治环境，最终都未实际颁行。但这两部法律草案对中国法制的近代化发展有着重大的意义。清末的法制改革在"以日为师"的思想指导下，通过聘请日本法学专家，参照日本法典编订法律草案，再由章宗祥等留日政法人才参与编纂工作，在一定程度上促进了日本法政思想的引进和传播，推进了中日两国法律的交流。

2.参与宪政改革

清末，在留日立宪派的积极推动下，朝野上下的官吏大臣们逐渐接受了立宪思想，纷纷谏言改革政体，实施宪政改革。迫于各方面的压力，清廷于 1906 年颁行预备仿行立宪，陆续设立了宪政编查馆、资政院等一系列宪政改革的重要机构。章宗祥作为留日立宪派的核心人物之一，积极投身于清末立宪运动之中，成为这些预备立宪机构的重要成员之一。

（1）宪政编查馆

1907 年，宪政编查馆设立。宪政编查馆是清廷实行预备立宪的中枢机构，它主要有三项职能：一是考察各国宪法，起草宪法草案；二是核议与宪政改革有关的奏折，处理军机大臣交付的各种调查事件；三是考核法律馆编订的法律草案，核定各省以及各部院制定的各项新政法规以及单行法。根据这三项职能，宪政法律馆将机构主要分为三局三处。三局即编制局、统计局和官报局，三处为庶务处、译书处和图书处。其中，章宗祥任编制局副局长，主要负责法律法规的起草工作。其后，宪政编查馆内又设立考核专科，对除北京以外的所有部门进行预备立宪工作的考查，章宗祥又被委任为会办，负责考核相关宪政筹备的具体实施情况。章宗祥一人肩负二任，可见其在馆内地位之重要。

"预备仿行立宪"的谕令颁布后，首要任务是拟定一部宪法，而宪政编查馆的设立就是为了编订宪法草案，起草宪法的机构，就是章宗祥所在的编制局。据当时报道：

1　章宗祥：《新刑律颁布之经过》，载《文史资料存稿选编》第一册，第35页。
2　《新拟诉讼法不久颁行》，《申报》光绪三十二年正月二十三日第2版。

"官员章宗祥、汪荣宝、陆宗舆、曹汝霖四人主持其事宜，该馆向来一切政令均出于四人之手。"[1] 由此可见章宗祥在清末宪政改革中起到的重要作用。

1908年7月，清廷谕令宪政编查馆着手宪法大纲的编订工作，首先，主持大臣们确定了"巩固宪法"的编纂原则后，由章宗祥等馆内留日学生拟就各节，最后再由各主持大臣详细考核、审定。[2]

1908年8月，清廷颁布了由宪政编查馆编订的《钦定宪法大纲》。宪法大纲主要参照1889年《日本大帝国宪法》编订，其中大部分内容为直接翻译而成。[3]《钦定宪法大纲》共有二十三条，其中部分条文规定与明治宪法的内容几乎完全相同。虽然宪法大纲基本依据日本宪法编纂，但其中关于君主权力的规定，却比日本天皇大得多，立法、司法、行政权等都由皇帝总揽。当时国人起初对于宪法大纲寄予很大期望，及大纲公布，却发现是一个保障君权的文件，于是舆论将矛头指向了编纂宪法的留日学生，向他们发出严厉的批评："窃闻该馆人才，号称济济，凡东西洋留学生，平日热心宪政，而又廷试及第者，莫不投身其内。谫陋无识，以夤缘进者，或亦间有其人，然多数人中又率皆为法政出身人员，秀杰之士当亦不乏其选，况宪政一科又为彼辈夙日留心之件，盍此宪法大纲之编纂，竟荒谬若此其极！平日逢人立宪之口头禅，果安在耶？且立宪政治，固以打破专制为要素目的，彼辈悉政治中人，宁不知之？盍拥护专制之毒，尤竭忱不遗力！揆以平昔所愿望，固若是耶？"[4] 其实，章宗祥等留日学生虽主张立宪，但他们还是在皇权的控制之下，无法改变"君权宪法"这一既定事实，这正是他们的可悲之处。

在编订宪法大纲的过程中，章宗祥作为具有留日背景的政法人才，同时又时任编制局副局长，除了负责《大日本帝国宪法》的翻译外，还有各项条文的考证修订工作，对宪法草案的完成贡献了不少力量。但可惜的是，《钦定宪法大纲》仍有不少缺陷，皇权过强，保留了大量封建和保守的部分，且宪法中的内容最终也未完全落实。但作为中国第一个宪法类文本，《钦定宪法大纲》首次以法律的形式规定君臣的权利和义务，宣告了宪法的合法地位，其历史意义比本身的内容深远，有一定的进步意义。

（2）资政院

资政院的设立，是清末预备立宪的又一项重要举措。1907年，资政院奏请清廷开办公所，开始筹备资政院章程的拟定工作。翌年，资政院上奏称："院章关系重要，非慎选妥员随同厘定不足以臻周密，旋经会同军机大臣遴选……署名政部参事农工商部主事章宗祥、外务部主事曹汝霖、法政科进士程明超等九员酌定纲目，分任拟稿。"[5] 章宗祥作为资政院院章的主要起草者之一，在《汪荣宝日记》中有详细的记载："二月三十日（3

1　《宪政编查馆之四大金刚》，《广益丛报》1910年第8期第3页。
2　尚小明：《留日学生和清末新政》，江西教育出版社，2003年，第15页。
3　[美]任达著：《新政革命与日本：中国，1898—1912》，李仲贤译，江苏人民出版社，2002年版，第209页。
4　张枬、王忍之：《辛亥革命前十年间试论选集》第三卷，三联书店，1977年，第690—691页。
5　《政治官报》，奏折类，光绪三十四年二月十九日，第141号，第4页。

月 21 日）：与润田同往仲和，商改资政院章，余意第二章《选举》，第十章《经费》不妥处甚多，必应大加修改，两君亦以家为然，即草草签注若干条，属仲和润色之。闰二月初一日（3 月 22 日）：与仲和同到外交部……将签注各章应改各节，详细讨论，贝子多以为可。闰二月二十日（4 月 10 日）：三时半与仲和同车到资政院公所会议《院章》，改正一二处。五月廿六日（7 月 12 日）：十二时半到伦贝子府，仲和、润田先后至，商酌《资政院章程》。七月初五日（8 月 20 日）：《院章》已与枢府商妥，总裁定于初八日具奏，余与瑞臣侍郎、仲和警监磨勘折子无误。"[1]

在《汪荣宝日记》中，多处记载与章宗祥拟定资政院院章的过程，由此可见章宗祥在《资政院院章》的拟定过程中扮演的重要角色。1909 年 8 月，傅伦上奏的《资政院院章》中，规定了资政院核查国家预算、法律的编订、税法和公债等五项职权。从职权上来看，资政院与日本的帝国议会大致相当，虽然清末的宪政改革是以日本为蓝本展开的，但其结果却不遂人意。章宗祥等人拟定的院章，遭到了来自各方势力的批判，迫于压力资政院的部分职权不得不加以删减。考察政治大臣认为"资政院居全国舆论最高的地位，当地方谘议局、督抚与资政院意见相持时，资政院可以行使解决权，既经解决后，谘议局与督抚等即不得另有异议"[2] 这项条文赋予资政院的权限过大。最后清廷责令宪政编查馆对《资政院章程》进行修改。此外，以张之洞为代表的地方总督对院章削弱督抚权力的规定也表达了不满。对于这些修改意见，章宗祥等人甚不满意，但是面对巨大的阻力，最后也只好妥协了事。随后修改后的《资政院院章》规定："各省谘议局与督抚异议事件，或此省与彼省之谘议局相互争议事件，均由资政院核议，议决后由总裁、副总裁具奏，请旨裁夺。"[3] 资政院失去了最终"解决之权"，而仅仅有"核议"权。

制定了《资政院院章》后，章宗祥又开始着手拟定《资政院议员选举章程》，汪荣宝在日记中记载："七月十三日（8 月 28 日）：饭后三时顷以资政院会议往，与仲和拟《资政院议员选举章程》，分类编订，各自为件……限十九日脱稿，议定而散。"[4]

由此可见，章宗祥在资政院参与了各项章程的具体草拟工作。1910 年，章宗祥与汪荣宝等仿照日本国会的样式对京师大学堂的大讲堂进行改建，将其改造成资政院的首次常年会议场。从中可以看出章宗祥等人对资政院的期待，希冀中国也能像日本那样可以顺利召开国会。

章宗祥作为清末宪政改革的核心人物，是推动清末宪政改革的重要力量，是一大批宪政改革法规条文、效法草案的主要执笔人，对清末宪政改革作出了重要的贡献。

1　赵阳、马玉梅整理：《汪荣宝日记》，凤凰出版社，2014年版，第12页、第16页、第34页、第41页。
2　故宫博物院明清档案部编：《清末筹备立宪档案史料》（下册），《宪政编查馆等奏拟定各省谘议局并议员选举章程折》（附清单），中华书局，1979年，第678页。
3　故宫博物院明清档案部编：《清末筹备立宪档案史料》（下册），《宪政编查馆等奏拟定各省谘议局并议员选举章程折》（附清单），第633页。
4　赵阳、马玉梅整理：《汪荣宝日记》，第42页、43页。

三、参与官制改革

1906 年，清政府颁布的仿行立宪谕令中，认为："廓清积弊，明定责成，须从官制入手。"[1] 并选派载振等官员悉心妥定，设立官制编制局，又内设起草、考查、评议、审定四课，由此官制改革正式拉开序幕。据曹汝霖回忆："北洋大臣袁制军，以朝廷颁布立宪诏书，预备立宪，推行宪政，现行官制，自行改定，以符立宪国之体制，奏请改订，奉旨允准。……调京外知名之士三十余人为编修，新旧学者都有。以宝瑞臣（熙）为提调，余与袁父、仲和、闰生均有焉。"[2] 章宗祥参与了新官制的具体编纂工作，他与三十余名学者一同，每日于朗润园详细编订各项法案条例，最后上呈袁世凯审阅。

1906 年 11 月官制编制局上奏清廷，奏请以三权分立的原则改革中央官制，推行责任内阁制等，遭到了保守官僚派的反对，章宗祥等编纂人员也遭到了守旧御史的谩骂。经过激烈争论，草案很大程度被否决，各部院也只是名称更易。最后大理寺更名为大理院，负责审判，刑部改名为法部，负责审判和司法行政。在立法方面，此次官制改革的主要成果是三部诉讼法草案和三部组织法草案，其中章宗祥参与纂修的《法院编制法》，被评价为清末法律改革之集大成者，它不仅综合了此前的各项法律改革的成果，还积极参照了日本相关法律的经验，明确了司法独立的观念，可以说是清末法律改革的重要成果。

1907 年 9 月，章宗祥等人将《法院编制法》（草案）拟定，但此后的很长一段时间该法案似乎都被束之高阁，直到 1909 年底，汪荣宝、章宗祥等始对其加以修改，《汪荣宝日记》记载："十一月十五日（12 月 27 日）：到宪政馆，闰生约共修改《法院编制法草案》，寻议定先由闰生、仲和两君修正，俟脱稿后再由余增润文句。"[3]

1910 年 2 月 7 日，宪政编查馆将章宗祥草拟的《奏进法院编制法折稿》上奏朝廷，[4]而后《法院编制法》《司法区域分划》《法官考试任用》等各暂行章程，正式颁行。冈田朝太郎博士评价道："《法院编制法》行而立宪已得三分之一矣。"[5]

《法院编制法》正式颁行后，根据这一法案的相关条例，举行了近代中国首次真正意义上的法官考试，经过层层筛选，多元化考查等考查方式，选出了一批优秀的司法官，推动了近代中国司法考试专业化、规范化发展，是清末法制改革的又一大重要成果。[6]

据上所述，章宗祥运用其在日所学法律新识，积极参与了清末法制改革中各项法案的编纂工作，是法制改革的重要参与者和见证人，虽然其参与的各项改革成果有许多未能付诸实施，但一定程度上促进了中日两国在法律、政治、思想等方面的交流，为推进中国近代化的发展作出了力所能及的贡献。

---

1 故宫博物院明清档案部：《清末筹备立宪档案史料》（上册），中华书局，1979年，第58—59页。
2 曹汝霖：《曹汝霖一生之回忆》，中国大百科全书出版社，2009年，第40页。
3 赵阳、马玉梅整理：《汪荣宝日记》，第70页。
4 赵阳、马玉梅整理：《汪荣宝日记》，第75页。
5 赵阳、马玉梅整理：《汪荣宝日记》，第75页。
6 参见周晓霞：《清末"司法独立白皮书"：〈法院编制法〉》，《检察文献研究》，2017年6月第269期。

附录一 清末浙江留日学生名录

凡例

1. 本表依据清国留学生会馆发行的《清国留学生会馆报告》（1—5）、清国留日学生监督处发行的《官报》（第 1—50 期、光绪三十二年十二月至宣统二年十二月）、日本兴亚院政务部编《日本留学中华民国人名调》（1940 年 10 月）等相关资料整理而成。

2. 本表中人名排列原则上以第一个字的拼音字母为顺序，第二字开始排序不分先后。

3. 所收人名原则上限于清末赴日留学之浙江籍学生。考虑到部分清末留日者的毕业时间在民国时期，故毕业时间下限暂定在民国 6 年（1917 年、日本大正 6 年）前后。

4. 出典栏中，"会"指《清国留学生会馆报告》，"官"指清国留日学生监督处《官报》，"日"指《日本留学中华民国人名调》，"早"指《早稻田大学中国留学生同窗录》，"浙"指《浙江留日学生同乡录》，"温"指《温州留东同乡录》（己酉夏调查），"印"指日本国立公文书馆アジア歴史资料センター所藏《印度及清国留学生に関する调》（馆藏编号 3-2542），"清"指《清末各省官自费留日学生姓名表》，"陆"指《日本陆军士官学校中华民国留学生名簿》（郭荣生校补），"杂"指日本外务省外交史料馆所藏《在本邦清国留学生关系杂纂》（含陆军之部、海军之部、陆海军外之部、留学生监督及视察员之部、留学生学费之部、杂之部，分别以数字 1—7 区别之），"存"指民国教育部《（清末）浙江留日学生存根》（台北"国史馆"藏），"他"指其他相关资料。如"会 3"指《清国留学生会馆第三次报告》，"官 10"指《官报》第 10 期，"浙 1917"指《浙江留日学生同乡录》民国六年（1917）刊行本，"杂 4"指《在本邦清国留学生关系杂纂/留学生监督及视察员之部》。

5. 原资料中以不同人名出现的同一人物，在人名栏中一并列出。如郁华，有资料中作"郁庆云"，人名栏将其并列。

6. 赴日、入学及毕业时间中，"光"指光绪，"宣"指宣统，"明"指明治，"大"指大正。如"光 32.2"指光绪三十二年二月。又，光绪元年为 1875 年，宣统元年为 1909 年，明治元年为 1868 年，大正元年为 1912 年，明治和大正均为阳历年。

7. 费别栏中，"浙江"指浙江官费，"五校"指五校官费，"学部"指学部官费，另有自费和少量其他省或部门的官费。

8. 同一人名中，因所据史料不同而在赴日、入学及毕业时间等项目上有相左之处，除明显错误者外，收录时原则上依据史料原貌，未作改动。

姓名	籍贯	费别	赴日时间	所入学校及其他相关事项	出处
				−B−	
包汝义	浙江	官费	光 31.7	光 39.1 入早稻田大学留学生部	官 8、31、清
	建德	官费		明 39 早稻田大学清国留学生部预科毕业，明 41 同上留学生部师范本科博物学科毕业，明 42 同上研究科毕业	早、印
包江	平阳			东京高等警务学校卒业	温
包楚	镇海	官费		明治大学	浙 1916
包辅坚	乐清			宏文学院卒业	温
包容	余姚	自费		冈山高等农林学校、鹿儿岛高等农林学校	浙 1916、1917
鲍秀英	鄞县	自费		女子美术学校	浙 1916
秉钺	杭州	官费		振武学校陆军	印
		官费	光 30.8	明 39.12 入士官学校步兵科，明 40.11 退队	官 12、清
				明 40.12 入陆军士官学校步兵科，明 41.11 毕业	日、陆
				−C−	
蔡畴	乐清				温
蔡灏	平阳			东京体育会	温
蔡继曾	德清	自费		东亚预备学校	浙 1917
蔡家驹	平阳			长野县蚕业学校卒业	温
蔡克明	平阳			宏文学院	温
蔡克德	平阳			清华学校	温
蔡经贤	德清			八王子染织	浙 1928
蔡焕文	德清			明大卒业	浙 1928
蔡亮		自费		宣 1.4 入明治大学商部预科	官 27、30
				宣 2.8 入明治大学专门部	官 46
蔡汝揖	金华			明 44 爱知县立医学专门学校毕业	日
蔡渭生	德清			早稻田大学校外生	蔡渭生年谱
蔡侠				光 33.12 经纬学堂除名	官 7、13
蔡缃芬	山阴	自费	光 29	预备入学	会 5
蔡燮荣	瑞安			大 3 明治大学专门部法科毕业	日
蔡元康	山阴	自费	光 32.2	光 33.3 至宣 2.3 日本大学专门部法科	清、存
蔡振华				大阪高等预备校	官 6

续表

姓名	籍贯	费别	赴日时间	所入学校及其他相关事项	出处
曹澍	平阳	自费	光32.8	早稻田大学预科毕业，光33.8至2.6早稻田大学专门部政治经济科	存、温、清
曹位康	镇海	自费		明38.12驻杭领事报告名单，附生	杂6
		浙江	光31.5	早稻田大学普通科肄业，光32.8入东京帝国大学文科部历史选科，宣2.6毕业	官28、清
	镇海	浙江	光31.5	早稻田大学普通科未毕业，光32.8至宣2.6帝国大学文科大学历史科	存
	镇海	浙江	光31.4	光32.7入东京帝国大学文科	官2、38
曹位唐	镇海			京都法政大学	官6
				东京帝国大学文科历史学选科	官11
曹文俊		自费		宣1.3入日本大学专门部法科	官27、29
曹文渊	天台	自费	光30.7	清华学校	会5
		浙江		光34毕业于东京水产讲习所制造科	官2、19
曹锡爵		浙江			官8
	上虞	官费		明41早稻田大学留学生部教育及历史地理科毕业	早、印
曹煦		自费			官16
曹庸夫	黄岩	自费	光31.8	明43第一高等学校第一部法科文科毕业	官28、日
	黄岩	五校	光31.8	宣1.3入第一高等学校	清
		五校	光32.7	宣1.3入第一高等学校预科	官38
岑崇基		浙江	光31.7	光31.9入早稻田大学留学生部理化科	官4、8、31、清
	瑞安	官费		明41早稻田大学留学生部师范本科物理化学科毕业，明42同上研究科毕业	早、温、印
柴宗渫		自费	光29.4	光32.8入法政大学专门部法律科	官31、清
	仁和	自费	光28.4	东洋学院普通科毕业，光32.7至宣1.5法政大学专门部法律科	存
陈柏	奉化	自费		私立伊东测量学校	浙1916
陈邦镇	平阳	自费		预备入学	浙1917
陈秉仪				光33.12经纬学堂除名	官13
陈秉正	浦江	自费		爱知医专	浙1916
陈昌东	平阳			法政大学	温
陈参一	义乌	自费		早稻田大学	浙1917
陈崇悌	慈溪			大4爱知县立医学专门学校毕业	日
陈灿	嵊县			大3明治大学专门部法科毕业	日

续表

姓名	籍贯	费别	赴日时间	所入学校及其他相关事项	出处
陈大齐	海盐	浙江		光 34 入第二高等学校第一部哲学科，明 42 毕业	官 28、日、印
	海盐	浙江		明 39.9 入第二高等学校大学预科第二部工科	官 2、7
		浙江	光 29	宣 1.7 入东京帝国大学文科，明 45 毕业	官 38、日、清
陈大猷				宣 1.5 入早稻田大学商部预科	官 31
陈戴扬		自费	光 32	大阪高等预备学校毕业后，1908.9 入东京高等工业学校预科	官 6、25
陈载扬	平阳	五校		东京高等工业学校机械科	官 28、温
				光 34.2 入明治大学专门部商科	官 15
陈耽光				光 33.11 入宏文学院普通科	官 12
陈德馨	山阴	浙江	光 31.9	光 33.4 入日本女子大学校博物科	官 38
		官费	光 31.8	奎文高等女学校普通科肄业，宣 2.12 日本女子大学校教育学部毕业	清
陈方	鄞县	官费		东大医科	浙 1916、1917
陈方济	海宁	自费		预备入学	浙 1917
陈方铮	海宁	自费	光 28.6	预备入学	会 2
	海宁		光 24.5	光 24.11 宏文学院速成师范毕业	会 2、3、4、5
陈飞	晋云	自费	光 30.2	清华学校	会 4、5
陈芳		自费	光 31.6	大阪高等预备学校毕业后入第一高等学校第三部医科预科	官 17
		五校		明 42 第一高等学校第三部医科预科毕业	官 28、日
	鄞县	五校	光 31.8	宣 1.7 入第二高等学校医科，明 45 毕业	官 38、日
陈感年	山阴	自费	光 28.11	成城学校陆军，振武学校陆军	会 2、印
陈干				光 34.5 入法政大学专门部法律科	官 18
	平阳	自费	光 32.2	同文书院毕业，入第一高等学校第一部	官 28、温
	平阳	五校	光 32.1	宣 1.2 入第一高等学校第一部预科	官 38、清
陈簠		官费	光 31.8	光 31.9 入早稻田大学留学生部博物科，光 34.6 入同校博物研究科	官 31、清
	萧山	官费		明 41 早稻田大学留学生部师范本科博物学科毕业，明 42 同上研究科毕业	早、印
陈格	乐清	官费		光 31.9 入早稻田大学留学生部博物科	官 31、温、印
		官费	光 31.8	光 32.8 入学，早稻田大学毕业	清

续表

姓名	籍贯	费别	赴日时间	所入学校及其他相关事项	出处
陈冠光	平阳	浙江		宏文学院，宣1.7入明治大学大学部法科，大3毕业	温、官8、33、日
陈冠群				光34.9经纬学堂除名	官22
	平阳			宏文学院	温
	平阳			大3仙台高等工业学校毕业	日
陈国兴				光34.9入经纬学堂普通科	官22
陈公博	瑞安	自费		正则英语	浙1916、1917
陈华	平阳	自费	光28.12	测量专门学校，光29.11宏文学院毕业	会2、3、4、5
陈衡	平阳			福冈工业学校	温
陈惠畴	临海	自费		日本体育会体操学校选科	印
陈棨	义乌	浙江	光28.4	1898.6.4上海乘船赴日后入日华学堂，明32.9日华学堂毕业后入第一高等学校	杂3
				明35第一高等学校毕业	日
	义乌	浙江	光24.4	东京帝国大学工科（造兵科选科）	会2、3、4、5、印
陈豪	东阳	官费	光31.7	光31.9入早稻田大学留学生部理化科	官31、印、清
陈汉第	仁和	官费	光30.8	法政大学	会5
陈鸿玑 陈鸿机	平阳	自费		明41早稻田大学留学生部师范本科物理化学科毕业	早、温、印
陈鸿狱				光33.11入大成学校普通科	官12
陈鸿球	绍兴	自费	光29.2	预备入学	会2
陈鸿慈	会稽	官费	光30.8	法政大学	会5
陈鸿模				大阪高等预备校	官6
陈宏祖	临海	自费		日本体育会体操学校选科	印
陈骥	平阳			饭塚染工厂卒业	温
陈化	义乌	自费		东京物理学校	浙1916
陈觉	瑞安			东京东斌学堂	温
陈介	仁和	浙江	光28.8	宏文学院普通科	会2
陈纪先				成城学校退学后，光34.9入早稻田大学普通科	官22
陈经	平阳	自费	光30.2	光32.8入早稻田大学专门部政经科，宣1.5毕业	官16、31、温、印、清、存
	浙江			明39早稻田大学清国留学生部预科毕业，明42早稻田大学专门部政治经济科毕业	早

续表

姓名	籍贯	费别	赴日时间	所入学校及其他相关事项	出处
陈景新	仁和	自费		明41明治大学专门部商科毕业	日、印
陈景伊	鄞县	自费		长崎医专	浙1917
陈景鎏	浦江	自费		日本体育会体操学校选科	印
陈樵	绍兴			大3明治大学专门部法科毕业	日
陈敬第				法政大学速成科，光33.9法政大学补修科毕业	官10、11
陈恺	瑞安	公费	光30.10	弘文学院速成师范科	温
陈锴	平阳			福冈工业学校	温
陈堃	平阳			法政大学速成科卒业	温
陈坤		自费	光32.7	东斌学校	清
陈隽章		官费		振武学校	官1
陈濬				光34.7入早稻田大学高等预科	官20
陈立干	天台	自费	光31.11	宏文学院普通科未毕业，光33.6入明治大学专门部法科，宣2.6毕业	官11、日、清
陈立干	天台	自费	光31.11	宏文学院普通科未毕业，光33.6至宣2.5明治大学专门部法科	存
陈礼干	奉化	官费		东京高等工业学校电机	浙1917
陈履泰	东阳	自费	光32.8	大阪高等预备学校毕业后，光34入大阪高等工业学校采矿冶金科	官22
陈履泰		官费	光32.8	私立高等预备学校毕业，宣3.6大阪高等工业学校采矿冶金科毕业	清
陈履泰	东阳	浙江	光32.8	私立高等预备学校普通科毕业，光34.9至宣3.6大阪高等工业学校采矿冶金科	存
陈履泰	东阳	浙江	光32.8	光34.9入大阪高等工业学校采矿冶金科，明44毕业	官28、38、日
陈纪	平阳	自费		光34.2入早稻田大学高等预科部	官11、15、温
陈迈				大阪高等预备校	官6
陈迈		自费		光33.9中央大学退学	官10、11
陈迈	平阳	自费	光31.2	大阪高等预备学校毕业，光33.9至宣2.5早稻田大学专门部政经科	存
陈迈	平阳	自费	光31.2	大阪高等预备学校毕业，光33.12入早稻田大学政治经济科，宣2.6毕业	官13、温
陈懋修	台州	官费		振武学校陆军	印
陈鸣慈		自费		光34法政大学法律科毕业	官19
陈佩				光33.11入大成学校普通科	官12

续表

姓名	籍贯	费别	赴日时间	所入学校及其他相关事项	出处
陈其蔚	永康	官费	光30.9	振武学校	会5
		官费	光30.8	明39.12入士官学校工兵科，明40.11毕业	官12、清
				明40.12入陆军士官学校步兵科，明41.11毕业	日、陆
陈其文		自费	光31.7	成城学校毕业后入东京高等工业学校	官30
	归安	自费	光31.7	成城学校，考入东京高等工业学校阳历九月入学电气机械科，宣统元年考取五校官费	清
	归安	五校	光31.7	宣统元年四月入高工预科	清
	浙江	私费		私立成城学校高等普通科	印
	归安	五校	光31.7	宣统元年四月入高工预科	官38
陈其善	富阳	浙江	光28.8	成城学校陆军、振武学校陆军	会2、3、4、印
	富阳		光28.7	光30.6振武学校陆军毕业预备入连队	会5
			光28.8	光29.7入学，士官学校毕业	清
				明40.7入陆军士官学校工兵科，明41.11毕业	日
陈其采	归安	南洋	光24.11	成城学校，光28.3近卫步兵第四连队见习士官毕业	会2、3、4、5、他
	南洋	官费		私立成城学校高等普通科	印
	湖州	官费		振武学校陆军	印
	湖州			陆军士官学校步兵科第一期学生（明33.12入学，明34.11卒业）	陆
陈其美	吴兴			大5中央大学毕业	日
陈其业	归安				浙湖工业同志会杂志
陈棨				光34.9入岩仓铁道学校建筑本科	官22
		自费	光32.2	东亚铁道学校预科修业，宣2.9东亚铁道学校建筑科毕业	清
陈建功	绍兴	官费		东京高等工业学校	浙1916、1917
陈钦安				大阪高等预备校	官6
陈蟠	上虞	自费		预备入学	浙1917
陈鹏超	青田	自费		明37.3驻杭领事报告名单，时年24岁	杂6
	青田	自费	光29	振武学校陆军	会4

续表

姓名	籍贯	费别	赴日时间	所入学校及其他相关事项	出处
陈嵘				大阪高等预备校	官6
	平阳			东北帝国大学农科	温
		浙江		札幌帝国大学大学部预科	官28
	安吉	浙江	光32.9	光33.7入东北帝国大学农科预科	官28、38、清
	安吉			大2北海道帝国大学农学部毕业	日
陈锐	平阳	自费		同文书院	温、官2、11
陈乃赓	慈溪	官费		第四高等学校药学	浙1916、1917
陈善	海宁	自费	光29.8	预备入学、清华学校	会3、4、5
	海宁	浙江		明40.5入盛冈高等农林学校，明43毕业	官7、11、28、日
陈师姬	海宁	自费		明39.5驻杭领事报告名单，童生	杂6
陈式篯	平阳	自费		预备入学	浙1917
陈鳃	平阳			宏文学院	温
陈时		浙江		光31.9入早稻田大学留学生部理化科	官4、官8、31
	新昌	官费		明39早稻田大学清国留学生部预科毕业，明41早稻田大学留学生部师范本科物理化学科毕业，明42同上研究科毕业	早、印
陈时夏	鄞县	官费	光30.8	法政大学	会5
		自费		明39.9入法政大学法律科，光34毕业	官19
陈寿祺				明40.3法政速成第四班毕业	官5
陈树斌	平阳	自费		东斌学堂兵学科，同仁医学院毕业后，光34.2入宏文学院	官15、温
陈树棻		自费	光29	光34.5入仙台高等工业学校土木科	官18、28
	鄞县	浙江		光34入熊本高等工业学校土木科	官28
	鄞县	浙江	光30.7	光34.4入仙台高等工业学校土木科	官38
陈树基		自费	光32.7	光32.7入学，法政大学速成班毕业	清
陈树年	青田	自费	光32.1	宏文学院普通科未毕业，光34.8至宣3.6明治大学专门部法科	存、日、清

续表

姓名	籍贯	费别	赴日时间	所入学校及其他相关事项	出处
陈树棠	宁波			私立正则预备学校乙种数学科	印
	鄞县	自费	光 30.8	清华学校	会 5
	鄞县	浙江		明 39.7 入札幌农学校	官 7
	鄞县	自费	光 29.8	清华学校普通科未毕业，光 32.8 至宣 2.6 东北帝国大学农科大学土木工科	存
		官费	光 29.8	清华学校普通科未毕业，宣 2.6 东北帝国大学农科大学土木工科毕业	清
		浙江		札幌东北帝国大学大学部土木工科，明 43 毕业	官 28、日
	鄞县	浙江	光 29.8	札幌东北帝国大学大学部土木工科，明 43 毕业	官 38
陈澍				宣 2.9 入东京药学校	官 47
陈淘		自费	光 32.9	法政大学速成科毕业，光 34.9 入法政大学专门部法科，宣 3.6 毕业	清
	建德	浙江	光 32.8	法政大学速成科毕业，光 34.9 至宣 3.6 法政大学专门部法科	存
陈宗劭	浙江	自费		成城学校高等普通科	印
				宣 1.9 入明治大学专门部商科	官 35
陈仕				大阪高等预备学校	官 6
陈土逵				光 33.10 入法政大学专门部法律科	官 11
陈蔚	平阳	南洋	光 28.1	成城学校陆军、仙台第二师团步兵连队	会 2、3
	平阳	官费	光 28.3	振武学校陆军	会 4、印
	平阳		光 28.3	光 30.9 士官学校毕业	会 5、温
	温州			陆军士官学校步兵科第三期学生（明 36.12 入学，明 37.11 卒业）	陆
陈维翰	鄞县	官费		东京高等工业学校电机	浙 1916、1917
陈维遵	萧山	官费		大 5 东京高等工业学校毕业	日、浙 1916
陈威	山阴	自费	光 28.3	清华学校，早稻田大学政经科，明 39 毕业	会 2、3、4、5、日
	山阴	自费		明 39 早稻田大学专门部政治经济科毕业	印、早
陈魏	山阴	自费转官费		京都府立医学专门学校	官 7
	山阴	浙江		光 33 入京都府立医学专门学校，明 44 毕业	官 6、28、日
陈武	乐清	自费	光 32.2	宣 3.4 同文书院普通科卒业	温、清

续表

姓名	籍贯	费别	赴日时间	所入学校及其他相关事项	出处
陈文起	山阴	自费		1906 年 9 月经纬学堂警务科，商业科毕业	官 2、印
陈禧	乐清			宏文学院速成师范科卒业	温
陈骧	处州	奉天公费		宣 2.6 入明治大学商科	官 44
				振武学校陆军，明治 41 年 8 月命令退校	印
陈铣 陈诜				1906 年 9 月经纬学堂警务科毕业	官 2、印
陈希且	宁海	自费		日本体育会体操学校选科	印
陈协华	东阳	官费		大 5 东京高等工业学校毕业	日、浙 1916、1917
陈选巽	临海	自费		预备入学	浙 1917
陈选庠	萧山	官费		明 39 早稻田大学清国留学生部预科毕业，明 41 留学生部师范本科博物学科毕业	早、印
陈选珍		自费		早稻田大学留学生部在学	早
陈玄	鄞县	官费		帝大医科	浙 1916
陈恂	山阴	自费	光 30.4	日本大学	清
		浙江	光 30.4	簿记学校专门科、宏文学院普通科毕业，正则英语科未毕业，光 33.2 至宣 1.7 日本大学专门部法科	存
陈咏琴	临海	自费	光 31.8	光 32.7 入早稻田大学留学生部博物科	官 5、16、31、清
		自费		明 40 早稻田大学清国留学生部预科毕业，明 42 早稻田大学留学生部师范本科博物学科毕业	早、印
陈益年	平阳			东京体育会卒业	温
陈宜慈	海盐	官费	光 31.8	光 31.9 入早稻田大学留学生部博物科	官 31、清
		官费		明 39 早稻田大学清国留学生部预科毕业，明 41 早稻田大学留学生部师范本科博物学科毕业，明 42 同上研究科毕业	早、印
陈耀	平阳			同文书院	温
陈以义	嘉兴	官费	光 31.3	光 31.9 入早稻田大学留学生部历史地理科	官 7、31、清
		官费		明 39 早稻田大学清国留学生部预科毕业，明 41 早稻田大学留学生部教育及历史地理科毕业，明 42 同上研究科毕业	早、印

续表

姓名	籍贯	费别	赴日时间	所入学校及其他相关事项	出处
陈翊清	杭县		光 30.6	宏文学院普通科未毕业，明 43 明治大学专门部法科毕业（宣 2.6 给证）	日、清
	钱塘	浙江	光 30.1	宏文学院普通科未毕业，光 33.9 至宣 2.1 明治大学专门部法科	存
陈械	平阳	自费		预备入学	浙 1917
陈毅 陈仪	山阴	自费	光 28.8	成城学校陆军、振武学校陆军	会 2、3、4、印
	山阴		光 28.7	光 30.6 振武学校陆军毕业预备入联队	会 5
		自费	光 28.10	光 28.10 入学，士官学校毕业	清
				明 40.7 入陆军士官学校炮兵科，明 41.11 毕业	官 4、日、陆
				明 44.1 入陆军野战炮兵学校，明 44.3 毕业	日
陈允	新昌			明 45 明治大学专门部法科毕业	日
陈郁才 陈郁材	宣平	自费		早稻田大学留学生部博物学科	官 8、印
陈毓才		自费		早稻田大学留学生部师范本科博物学科在学	早、印
陈乔	平阳				温
陈泽宽				光 34.12 入成城学校普通科	官 25
陈滋镐		浙江		光 34 毕业	官 20
	鄞县	官费		明 39 早稻田大学清国留学生部预科卒毕业，明 41 留学生部师范本科博物学科毕业	早、印
陈彰寿	石门	自费	光 30.9	法政大学	会 5
陈泽宽	吴兴			光 34.12 入成城学校普通科	官 25
陈中				宣 1.7 入东京美术学校选科	官 33
				大 2 第一高等学校预科第三部毕业	日
	绍兴	官费		第六高等学校	浙 1916、1917
陈钟祺	天台	自费	光 30.6	宏文学院	会 5
陈振	海盐	自费	光 29.7	清华学校、正则预备学校	会 3、5
陈振椒	平阳			法政大学	温
陈振洛	平阳			同文书院卒业	温
陈祖溶	湖州			光 34.8 入法政大学专门部法律科	官 21
陈祖澄	湖州			东京高等工业学校	官 43
陈作舜	处州	官费		振武学校陆军，明治 39 年 11 月有碍退校	印

续表

姓名	籍贯	费别	赴日时间	所入学校及其他相关事项	出处
陈佐汉	诸暨	自费转浙江		光32入名古屋高等工业学校色染科	官6、7、11、28
	诸暨	自费	光31.9	正则学校英语科未毕业，光33.3至宣2.2名古屋高等工业学校色染科	存
	诸暨	浙江	光31.7	正则学校英语科未毕业，光33.4入名古屋高等工业学校色染科，大4毕业	官38、日、清
陈倬	海盐	自费		预备入学	浙1917
陈载扬				大2东京高等工业学校毕业	日
陈燮枢	山阴	自费	光31.9	光32.8入早稻田大学专门部政经科	官31、印、清
	山阴	自费	光31.5	成城学校普通科未毕业，光32.8至宣1.6早稻田大学专门部政经科	存
	浙江			明42早稻田大学专门部政治经济科毕业	早
程干青	宁海	南洋	光28.1	成城学校陆军、工兵第三连队	会2、3
		官费	光28.3	振武学校陆军	会4
				陆军士官学校工兵科第三期学生（明36.12入学，明37.11卒业）	陆
	宁海		光28.3	光30.9士官学校毕业	会5
程景曾		浙江	光31.7	光31.9入早稻田大学留学生部历史地理科	官4、8、31、清
	遂昌	官费		明39早稻田大学清国留学生部预科毕业，明41早稻田大学留学生部教育及历史地理学科毕业，明42同上研究科毕业	早、印
程立	杭县	自费		长崎医学专门学校	浙1917
程启蒿	钱塘	自费		1906年3月经纬学堂短期警务科毕业	官2、印
程勉	温州	官费		振武学校陆军	印
	永嘉		光25.9	光28.3东京炮兵工厂毕业	温、会2、3、4、5
程树榛	桐乡	自费		东京大学医学部选科	浙1917
程宜福	钱塘			明42明治大学专门部经济科毕业	日
	钱塘	湖北	光30.10	经纬学校普通科及警务学校警察科均毕业，光32.12至宣1.5明治大学专门部法律科	存
		官费		明治大学政科	印
程宗伊				光33.9法政大学补修科毕业	官10

续表

姓名	籍贯	费别	赴日时间	所入学校及其他相关事项	出处
程宗植	仁和	浙江	光 31.8	宏文学院普通科未毕业，光 32.4 入岩仓铁道学校机械科	官 7、38、印、清
程种英				明 39 早稻田大学清国留学生部预科毕业	早
程彝				光 34.9 入宏文学院普通科	官 22
池文藻				私立正则预备学校初等数理化受验科	印
池文藻	黄岩	两江	光 31.9	日本大学预科毕业，光 33.7 至宣 2.5 早稻田大学专门部政经科	存
池文藻	黄岩	江宁	光 31.10	光 33.9 入早稻田大学政科	官 38、清
池尚同	平阳			东京宏文学院	温
池尚同	平阳	官费		东京高等师范学校	浙 1916
褚嘉猷	海宁	自费		光 32.9 入早稻田大学专门部政经科	官 31
褚嘉猷	海宁	自费	光 27.3	数理讲习舍肄业两年，光 32.8 至宣 1.5 早稻田大学专门部政经科	存
褚嘉猷	浙江			明 42 早稻田大学专门部政治经济科毕业	早
褚辅成	秀水	自费	1904	明 40.4 东洋大学高等警务科毕业	官 5、印
褚民谊	吴兴			1903 年前后留日，西京第三高等学校	中华留日学生会同学录 1941
褚燮泰		自费	光 32.7	东亚铁道学校预科终业，宏文学院示范科未毕业，宣 2.6 东亚铁道学校建筑科毕业	清
-D-					
戴克敦	仁和	官费	光 29	宏文学院	会 3
戴克谐戴克阶	杭县	自费		庆应大学理财	浙 1916、1917
戴鸿渠	永嘉	五校	光 32.1	光 34.3 入第一高等学校文科，明 42 毕业	官 38、日、温
戴鸿藤		自费	光 31.7	大阪高等预科学校毕业，光 34.4 入第一高等学校第一部	官 8、31
戴鸿藻		五校		第一高等学校第一部预科	官 28
戴启	永嘉	官费		东京女医学校	浙 1916
戴潜	瑞安			大阪高等预备学校毕业	官 5、温
戴侠	平阳	自费	光 30.5	清华学校	会 5
戴侠	平阳	浙江	光 33.6	宣 1.4 入东洋大学大学部第一科	官 38、温、清
戴志南	江山	自费		宏文学院 1909 年毕业	其他
戴夏民	江山	官费		第一高等学校	浙 1916、1917

续表

姓名	籍贯	费别	赴日时间	所入学校及其他相关事项	出处
戴香子				官 34.2 入实践女学校	官 15
	永嘉			明 44 实践女学校毕业	日、温
戴任	永嘉			军事学校	温
戴猗兰				官 34.3 入成城学校普通科	官 16
丁福熙	瑞安	自费		预备入学	浙 1917
丁衡	绍兴	自费	光 29.2	预备入学	会 3
		自费	光 29.9	振武学校陆军	会 4、5、印
	绍兴	官费	光 29.8	明 40.7 入陆军士官学校工兵科，明 41.11 毕业	日、清、陆
丁鹤声	天台			大 2.9 入千叶医学专门学校，同年退学	日
丁嘉墀	山阴	自费	光 28.11	清华学校	会 2
	山阴	自费	光 28.6	预备入学	会 3
丁嘉立	仁和	自费		明 37.3 驻杭领事报告名单，时年 20 岁	杂 6
	仁和	自费	光 29	振武学校陆军	会 4
丁猛				官 34.9 入巢鸭高等师范学校预科	官 22
	天台	自费	光 32	宏文学院毕业，宣 1.7 入东京高等工业学校	官 30、清
	黄岩	五校	光 32.3	宣 1.5 入东京高等工业学校预科	官 38
丁乃刚		自费	光 32.8	大阪高等预备学校毕业	官 6、官 25
	义乌	五校	光 33.9	1908.9 入东京高等工业学校图案科，大 4 毕业	官 25、38、日、浙 1916、1917
丁人俊	永嘉	自费		明 37.3 驻杭领事报告名单，时年 20 岁	杂 6
	永嘉	自费	光 29	振武学校陆军	会 4、印
				明 40.7 入陆军士官学校步兵科，明 41.11 毕业	日、陆
		官费	光 28.9	光 29.3 入学，士官学校毕业	清
丁求真	天台	自费		宏文学院毕业，1908.9 入千叶医学专门学校医科	官 25
		五校		1908.9 入千叶医学专门学校医科，大 3 毕业	官 28、日
丁维骈	钱塘	自费	光 31.9	大阪高等预备学校毕业，长崎医学专门学校，大 3 毕业	官 6、官 33、日
	钱塘	自费	光 31.9	大阪高等预备学校毕业，宣 1.7 入冈山医学专门学校	清
丁学伦	天台	自费		预备入学	浙 1917

姓名	籍贯	费别	赴日时间	所入学校及其他相关事项	出处
丁伊春				光 33.11 入大成学校普通科	官 12
丁兆松	嘉善	自费		预备入学	浙 1917
窦洪胜				明 39.12 入陆军士官学校步兵科，明 40.5 毕业	日
董诚		自费		（病故）	官 11
董甫青		自费	光 28.7	大阪高等预备学校毕业，1908.9 入东京高等工业学校预科	官 25
	象山	五校	光 32.7	光 34.5 入东京高等工业学校机械科，明 45 毕业	官 28、38
董鸿祎	仁和	自费	光 27.4	光 30.6 早稻田大学政经科毕业	会 2、3、4、5
	仁和	自费		明 37 早稻田大学专门部政治经济科毕业，明 39 同上研究科毕业	早、印
董绍祺	秀水	自费	光 28.10	成城学校陆军、振武学校陆军	会 2、3、4、印
	秀水		光 28.7	光 30.6 振武学校陆军毕业预备入联队	会 5
				明 40.7 入陆军士官学校工兵科，明 41.11 毕业	日
董树勋		自费		成城学校高等普通科	印
董耀熙				光 33.10 入宏文学院普通科	官 11
		自费	光 31	清华学校毕业，1908.9 入东京高等工业学校预科	官 25
	象山	五校	光 33.9	光 34.6 入东京高等工业学校窑业科，明 45 毕业	官 28、38、日
杜福垣	山阴	官费	光 29.12	第一高等学校	会 4、5
杜师业				法政大学退学	官 15
	青田	自费	光 32.2	宏文学院普通科未毕业，光 33.7 至宣 2.5 明治大学专门部法科	存
	青田	自费	光 32.2	宏文普通科未毕业，光 34.2 入明治大学专门部法律科，明 43 毕业	官 15、17、日、清
杜孝敦		浙江	光 31.7	光 31.9 入早稻田大学留学生部理化科	官 8、31、清
	青田			明 44 明治大学专门部法科毕业	日
	青田	官费		明 39 清国留学生部预科毕业，明 41 留学生部师范本科物理化学科毕业，明 42 同上研究科毕业	早、印
杜志诚	上虞	官费		东京高等工业学校	浙 1916、1917
端木彰	处州	湖北		振武学校陆军	印
邓震	平阳			东京同文书院卒业	温

续表

姓名	籍贯	费别	赴日时间	所入学校及其他相关事项	出处
				−F−	
樊达莹	仁和	浙江	光 32.8	光 33.9 入京都蚕业讲习所养蚕科	官 38
樊慧		自费	光 34.7	宣 1.1 入京都女子手艺学校造花专修科，宣 2.5 毕业	官 26、清
范承祐	鄞县	浙江	光 28.6	光 31.2 入东京高等师范学校理科部理化科	官 28、38、清
	宁波	浙江		明 39.9 入东京高等师范学校本科	官 2
	宁波	自费	光 29.5	预备入学	会 3
	鄞县	自费	光 28.7	研数学馆	会 4
	鄞县	自费	光 29.5	正则英语学校	会 5
范金满	义乌	自费		预备入学	浙 1917
范任	平阳			同文书院卒业	温
范祥元	钱塘	自费		1907 年 7 月经纬学堂警务科毕业	印
范显人	上虞	自费	光 30.2	正则预备学校	会 4
范寿康	上虞	官费		大 4 第一高等学校预科第一部毕业，大 7 正科毕业	日、浙 1916、1917
范攸		自费	光 32.5	光 33.2 入同文书院普通科	清
范肇基					官 2
方炳蕃		自费	光 33.6	大阪预备校普通科未毕业，宣 3.5 福冈县立工业学校毕业	清
方从矩					官 4
方殿华		自费	光 31.9	东亚铁道学校预科修业，工手学校未毕业，宣 2.6 东亚铁道学校建筑科毕业	清
				33.11 入工手学校	官 12
方怀襄		浙江	光 31.8	光 31.9 入早稻田大学留学生部历史地理科	官 8、31、清
	桐庐	官费		明 39 早稻田大学清国留学生部预科毕业，明 42 同上研究科毕业	早、印
方积涛		自费	光 30	光 34.5 入熊本高等工业学校	官 18
	镇海	浙江	光 32.8	光 33.8 入熊本高等工业学校土木科	官 38
				（改入英国大学）	官 41
方悌		自费		札幌东北帝国大学农科	官 28、温
	平阳			东京帝国大学农科	温
	平阳	浙江	光 32.8	光 33.7 入札幌东北帝国大学农科预科，大 3 毕业	官 38、日

续表

姓名	籍贯	费别	赴日时间	所入学校及其他相关事项	出处
方炜				光 34.7 入早稻田大学专门部政经科	官 20
方彦恂	钱塘	自费	28.11	预备入学	会 2
方志澄		浙江	光 32	光 34.5 入京都蚕业讲习所（后病故）	官 18、38
费鸿年	海宁	自费		预备入学	浙 1917
冯建				光 34.9 入经纬学堂普通科	官 22
冯夔				宣 1.5 入大阪医学校	官 22
冯汝良	湖州	自费		明 39 早稻田大学在学 商科	早
		自费	光 31.6	早稻田大学预科毕业，宣 2.8 早稻田大学大学部商科毕业	清
	归安	自费	光 30.6	早稻田大学高等预科毕业，光 33.7 至宣 2.6 早稻田大学大学部商科	存
冯汝绵	桐乡	官费		东京高等工业学校	浙 1916、1917
冯宪章				光 34.8 入早稻田大学留学生部普通科	官 21
冯撷英	仁和	奉天	光 32.5	光 33.7 入女子美术学校洋画科	官 38、清
冯荫	仁和	自费		测量专门学校	会 2
	仁和	自费	光 29.9	清华学校	会 4
		官费	光 30.9	清华学校普通科未毕业，光 32.4 入岩仓铁道学校建筑科，宣 2.7 毕业	清
	仁和	浙江	光 30.9	光 32.3 入岩仓铁道学校本科建筑科	官 6、38、印
冯毓俊		自费			官 16
冯毓德		自费	光 32.2	同文书院普通科未毕业，宣 2.6 法政大学专门部法科毕业	清
	山阴	自费	光 32.2	同文书院普通科未毕业，光 33.5 至宣 2.6 法政大学专门部法科	存
冯祖荀	仁和	官费	光 29.12	第一高等学校	会 4、5
		学部	光 29.12	明 40 第一高等学校第二部理科毕业后，光 34.4 入京都帝国大学理科	官 17、日
		学部		京都帝国大学工科部理工科	官 28
	仁和	大学堂	光 29.11	光 34.9 入京都帝国大学工科	官 38、清
冯祖昭	杭州			大 4 长崎医学专门学校医学科毕业	日
符建中	黄岩	自费	光 30.7	清华学校	会 5
富士英	浙江			南洋公学所派，明 32.9 入东京专门学校英语政治科	杂 3
	海盐	南洋	光 24.2	光 28.6 早稻田大学政经科毕业	会 2、3、4、5、日、印

续表

姓名	籍贯	费别	赴日时间	所入学校及其他相关事项	出处
傅典虞	义乌	官费		百名师范生，1905 年入早稻田大学	早
傅典藩	义乌	官费		振武学校陆军，命令退校	印
傅强	仁和	自费	光 29.7	预备入学	会 3
	仁和	自费	光 28.9	成城学校陆军，振武学校陆军	会 2、印
	仁和	官费	光 30.8	法政大学	会 5
傅锐	仁和	自费		明 37.3 驻杭领事报告名单，时年 19 岁	杂 6
		自费		振武学校陆军	印
	仁和	自费	光 28.9	成城学校陆军、正则英语学校、早稻田大学实业科	会 2、3、4、5
	仁和	浙江	光 28.10	光 32.9 入京都第三高等学校第二部	官 38
	仁和	官费		明 38.9 入京都第三高等学校	官 6
	杭州			大 4 京都帝国大学工学部毕业	日
傅润芳				宣 2.2 入早稻田大学高等预科	官 40
傅若宽	平阳			东京同文书院卒业	温
傅式说				光 34.3 入早稻田大学中等高等预备科	官 16
	乐清	自费	光 32.1	同文书院毕业，宣 1.2 五校官费入第一高等学校第二部，明 43 毕业	官 28、日、温、清
	乐清	官费		大 7 东京帝国大学工学部毕业，采矿专业	日、浙 1916、1917
傅希说	乐清	自费		早稻田大学	浙 1917
	乐清	自费		正则英语学校	浙 1916
傅一				光 34.2 毕业于士官学校步兵科	官 15
				明 39.12 入陆军士官学校步兵科，明 40.5 毕业	日
傅一锐	仁和	自费	光 29	振武学校陆军	会 4
	杭州			陆军士官学校炮兵科第四期学生（明 39.12 入学，明 41.11 卒业）	陆
傅箴				官 34.2 入早稻田大学专门部政经科	官 21
-G-					
高尔翰	仁和	自费	光 27.9	成城学校文科、振武学校陆军	会 2、3、4、印
高尔登	仁和	自费	光 27.9	成城学校陆军、近卫骑兵连队	会 2、3、印
	杭州			陆军士官学校骑兵科第三期学生（明 36.12 入学，明 37.11 卒业）	陆
	仁和		光 27.4	士官学校毕业	会 5

姓名	籍贯	费别	赴日时间	所入学校及其他相关事项	出处
高澄	乐清				温
高方潞				明 42 中央大学毕业	日
高飞					官 7
高光第	松阳	自费	光 32.8	经纬学堂毕业，宣 1.7 入千叶医学专门学校	官 32、清
高平	上虞	自费	光 27.3	明 40 札幌农学校农艺科毕业	会 4、日
	上虞	自费	光 29.1	清华学校、札幌农学校专门部	会 2、3、5
	上虞	自费转浙江		明 37.5 入札幌农学校、东北帝国大学农艺科	官 2、官 11、印
高淑琦	钱塘	北洋	光 25.2	东京帝国大学工科选科	会 1、2、印
高时琛				光 33.11 入大成学校普通科	官 12
高嵩				光 34.1 入经纬学堂普通科	官 14
高崇龄	松阳	官费	光 30.8	法政大学	会 5
高桐	仁和	官费	光 30.8	法政大学	会 5
高铁	杭县	自费		预备入学	浙 1917
高维魏	仁和	自费	光 31.8	成城学校高等普通科，第一高等学校第二部农科工科	印、官 28
	仁和	五校	光 31.8	宣 1.2 入第一高等学校预科，明 43 毕业	官 38、日、清
	仁和			大 6 北海道帝国大学农学部毕业	日
	杭县	官费		东北农大（札幌）农学	浙 1916、1917
高谊	乐清			宏文学院速成师范科卒业	温
高铦				光 34.10 入成城学校普通科	官 25
				大 2 第一高等学校预科第二部毕业	日
	杭县	官费		大 5 第六高等学校毕业	日、浙 1916、1917
高锃	杭县	官费		第一高等学校	浙 1917
高振霄				光 33.9 法政大学补修科毕业	官 10
葛国锜		自费		1907 年 7 月经纬学堂警务科毕业	印
葛荣	乐清			宏文学院速成师范科卒业	温
葛世枢	嘉兴	自费		预备入学	浙 1917
葛遵礼	萧山	官费	光 30.8	法政大学	会 5

续表

姓名	籍贯	费别	赴日时间	所入学校及其他相关事项	出处
葛祖兰		浙江	光31.7	光31.9入早稻田大学留学生部理化科	官7、8、31、清
	慈溪	官费		明39早稻田大学清国留学生部预科毕业，明41早稻田大学留学生部师范本科物理化学科毕业，明42同上研究科毕业	早、印
庚泽	杭州	浙江		光34毕业	官20、早
	杭州	官费		早稻田大学留学生部师范本科物理化学科	印
顾鸿葇	余姚	官费		东京高等工业学校	浙1916、1917
顾耆				宣2.12入同文书院	官50
	绍兴	自费		大6长崎医学专门学校医学科毕业	日、浙1916、1917
顾世廉				大2明治大学专门部法科毕业	日
顾遥光		自费	光32.2	光32.7入学，宣2.4东京实科学校普通科毕业	清
谷拱宸	永嘉	官费	光30.8	法政大学速成科	会5、温
管雨春	永嘉				温
管谔	永嘉			法政大学	温
关鹏九		官费	光31.7	光31.9入早稻田大学留学生部博物科	官3、清
	仁和	官费		明39早稻田大学清国留学生部预科毕业，明41早稻田大学留学生部师范本科博物学科毕业，明42同上研究科毕业	早、印
桂年		浙江		光34毕业	官20
	杭州	官费		明39早稻田大学清国留学生部预科毕业，明41早稻田大学留学生部教育及历史地理科毕业	早、印
郭恩泽		自费		明39.5驻杭领事报告名单	杂6
郭念规		官费	光31.8	光31.9入早稻田大学留学生部历史地理科	官7、官31、清
	石门	官费		明39早稻田大学清国留学生部预科毕业，明41留学生部教育及历史地理学科毕业，明42同上研究科毕业	早、印
郭珊	山阴	奉天	光33.3	光33.3入实践女学校师范科	清、日
郭颂铭	临海	自费		预备入学	浙1917
郭心崧	平阳	自费		预备入学	浙1917
郭致文	临海	自费		预备入学	浙1917

续表

姓名	籍贯	费别	赴日时间	所入学校及其他相关事项	出处
龚宝键				大5第一高等学校预科第三部毕业	日
	嘉兴	官费		第三高等学校	浙1916、1917
龚宝铭	嘉兴	自费		日本医学专门学校	浙1917
龚国元	秀水	自费		明37.3驻杭领事报告名单，时年20岁	杂6
	秀水	自费	光29.4	清华学校	会3
	嘉兴	自费	光29	振武学校陆军	会4、印
-H-					
韩德凝				私立正则预备学校初等数理化受验科	印
韩清泉	慈溪	浙江	光28.7	宏文学院普通科、金泽医学校	会2、3、5
		官费	光27.9	宏文学院普通科毕业，宣2.8金泽医学专门学校医科又研究科毕业	清
	慈溪	浙江	光27.9	宏文学院普通科毕业，光29.8至宣2.8金泽医学专门学校医科及研究科	存
	慈溪	浙江	光28.8	光30.7入金泽医学校研究科，明41毕业	官28、38、日
韩士淑	慈溪	官费		东京高等师范学校农博	浙1916、1917
韩永康	仁和	官费	光28.7	宏文学院普通科、东京高等师范学校	会2、3、4、5
韩桢	萧山	官费		东京高等工业学校	浙1916、1917
何赫		自费		明40.6入岩手县立农学校	官7
何豪	乐清	自费		成城学校退学，光34.5入商船学校机关科	官18、温
何寄	绍兴	自费		政法学校	浙1916
何浩然	温州	官费		振武学校陆军	印
	永嘉	官费	光30.9	振武学校卒业，近卫步兵第四联队，明41.12入陆军士官学校步兵科，明43.5毕业	日、温、清、陆
何鸿熙				光34.3入早稻田大学中等高等预备科	官16
	永嘉	自费	光32.1	同文书院毕业，宣1.2五校官费入第一高等学校第二部，明43毕业	官28、日、温、清
何谟	台州	自费		光33.1入早稻田大学留学生部理化科	官31、印
			光32.7	光33.8入学，早稻田大学毕业	清
				明40早稻田大学清国留学生部预科毕业，明42早稻田大学留学生部师范本科博物学科毕业	早

续表

姓名	籍贯	费别	赴日时间	所入学校及其他相关事项	出处
何樵舲	鄞县	自费	光 30	同文书院，东京高等工业学校	早
		自费	光 33.7	同文书院毕业，宣 1.7 入东京高等工业学校	清
何清		自费		宣 1.9 入早稻田大学高等预科	官 30
				宣 2.11 入私立工手学校机械预科	官 27、35
何仁德				光 33.12 经纬学堂除名	官 13
何劭	永嘉			东京警察学校卒业	温
何寿祥				光 33.10 早稻田大学退学	官 11
	杭县	官费		第四高等学校	浙 1916
	杭县	官费		光 33.11 入成城学校普通科，京都大学工科	官 12、浙 1917
				第四高等学校毕业	日
何涛	富阳	自费		1907 年 7 月经纬学堂警务科毕业	官 7、印
何畏	杭县	官费		第一高等学校	浙 1917
何宗培	杭县	自费		预备入学	浙 1917
何宗武	诸暨	自费		1909 年 7 月经纬学堂普通科毕业	印
	诸暨	自费	光 31.4	经纬学堂普通科未毕业，光 34.8 至宣 3.6 明治大学专门部法科	存
		自费	光 31.4	宣 1 闰 2 入明治大学专门部法科，宣 3.6 毕业	官 28、清
何一凤		官费	光 31.8	光 31.9 入早稻田大学留学生部理化科	官 31、清
	分水	官费		明 39 早稻田大学清国留学生部预科毕业，明 41 早稻田大学留学生部师范本科物理化学科毕业，明 42 同上研究科毕业	早、印
何焯时		自费	光 32.3	早稻田大学预科毕业，光 34.1 入明治大学专门商科	官 6、官 14、清
	诸暨	自费	光 32.4	早稻田大学普通科毕业，光 33.8 至宣 2.6 明治大学专门部商科	存
何燏时		浙江		明 32.9 被日华学堂总监高楠顺次郎指责"性质顽冥执拗"，明 32.9 日华学堂毕业后入第一高等学校	杂 3
	诸暨	浙江	光 24.4	明 36 第一高等学校毕业，明 39 东京帝国大学工科毕业（采矿冶金科本科）	会 2、3、4、5，日、印
何邵龄				大 3 东京高等工业学校毕业	日
贺德邻				宣 2.2 入日本大学大学部法科	官 40
洪澈	瑞安			宏文学院卒业	温

续表

姓名	籍贯	费别	赴日时间	所入学校及其他相关事项	出处
洪成渊	钱塘	自费		早稻田大学高等师范部历史地理科	官2、印
	新城	官费		明39早稻田大学清国留学生部预科毕业，明42早稻田大学高等师范部历史地理科毕业	早、清
洪达	瑞安	浙江		早稻田大学，光33.9入宏文学院	官10、温
	浙江	自费	光32.3	明40早稻田大学清国留学生部预科毕业，明43早稻田大学专门部法律科毕业	早、清
	瑞安	江苏	光32.3	早稻田大学预科毕业，光33.8至宣2.6早稻田大学专门部法科	存
洪锦骢	瑞安	自费	光31.10	光32.10入学，东斌学堂毕业	温、印、清
洪铎	桐庐			岩仓铁道学校	官13
洪铎	瑞安	自费		预备入学	浙1917
洪弼	乐清			同文书院卒业	温
洪绍芳		浙江		光31.9入早稻田大学留学生部博物科	官2、官8、31
		官费	光31.8	光32.8入学，早稻田大学毕业	清
	瑞安	官费		明39早稻田大学清国留学生部预科毕业，明41留学生部师范本科博物学科毕业，明42同上研究科毕业	早、温、印
洪允祥	慈溪	自费	光30.7	1905年7月经纬学堂师范科毕业	会5、印
洪彦远	瑞安	公费	光30.3	清华学校、宏文学院	会4、5
	瑞安	浙江	光30.2	光33.2入高等师范学校理化科	清
	瑞安	自费	光30.5	宏文学院普通科预科均毕业，光33.2至宣3.3东京高等师范学校数物科	存
	瑞安	官费	光30.5	明44东京高等师范学校毕业	日、温、清
洪彦轩		自费			官11
洪彦亮	瑞安	自费		明38.12驻杭领事报告名单，附生	杂6
				私立正则预备学校初等数理化受验科	印
	瑞安	自费	光30.2	宏文学院	会5
		浙江		第六高等学校第二部工科（冶金学科）	官28、印
	瑞安	浙江	光30.1	宣1.7入东京帝国大学采矿冶金科，大2毕业	官38、日、温
洪彦达		自费		1906.11入东京高等师范学校	官12
		浙江		光32入东京高等师范学校理科部数理科	官28
	瑞安	浙江	光30.2	光33.3入东京高等师范学校理化科	官38
洪彦谦	瑞安	自费		东京正则学校	官1、官2、温

续表

姓名	籍贯	费别	赴日时间	所入学校及其他相关事项	出处
洪兆熊				大阪高等预备校	官6
胡鳌	慈溪			大3爱知县立医学专门学校	日
胡承瑗		自费	光33.10	光34.10入宏文学院普通科	官23、清
				宣1.7入早稻田大学政经科	官33
		自费	光33.2	宣1.8入法政大学专门部法科，宣3.6毕业	官34、清
	山阴	自费	光33.2	同文书院普通科未毕业，光33.11至宣3.6法政大学专门部法科	存
				宣1.10入中央大学专门部法科	官36
胡澄	仁和	自费	光31.7	大阪高等预备学校毕业，宣1.7入长崎医学专门学校	官33、清
胡感和	余姚	自费		庆应大学	浙1917
胡国均	钱塘	浙江	光31.8	宏文学院普通科未毕业，光32.4入岩仓铁道学校建设科	官38、清
胡国镛		自费		光33.10入早稻田师范部理化科	官1、官11
				早稻田大学留学生部师范本科物理化学科在学	早
胡国鋕				光34.11入早稻田大学政经科	官6
胡鸿	建德	官费		光34.11入早稻田大学留学生部理化科	官24、印
		自费	光31.5	东京实科学校肄业理化科未毕业，光32.7入早稻田大学留学生部理化科	清
				明39.5驻杭领事报告名单	官31
胡积廉		自费		光33.12入经纬学堂普通科	杂6
胡坚				清华学校	官13
胡濬恒	慈溪	自费	光30.8	东京高等工业学校	会5
	慈溪	浙江		第一高等学校第二部	官2、官11
胡濬济				清华学校、第一高等学校	官11
	慈溪	自费	光29.4	第一高等学校	会2、3、4
	慈溪	官费	光29.10	光34.11入早稻田大学政经科	官2、会5
胡濬泰	慈溪	浙江	光31.8	光33.8入东京水产讲习所	官28、38、清
	慈溪	自费	光31.8	宏文学院普通科未毕业，光33.8至宣3.6水产讲习所制造科	存
		官费	光31.8	宏文学院普通科未毕业，光33.8入水产讲习所制造科，宣3.6毕业	清

姓名	籍贯	费别	赴日时间	所入学校及其他相关事项	出处
胡骏		自费		明39.5驻杭领事报告名单	杂6
				光33.12经纬学堂除名	官13
胡坤成				光34.9入法政大学专攻科	官22
胡鲲				明44第一高等学校预科第三部毕业	日
				光34.8入中央大学高等预科	官21
	慈溪	自费	光32.6	1908年7月经纬学堂普通科毕业，宣1.2入第一高等学校第五部医科	官28、印、清
	慈溪	官费		大5第八高等学校毕业，大8九州帝大医科毕业	日、浙1916、1917
胡炼	永嘉			同文书院卒业	温
胡棱	海宁			宣2.8入明治大学法科，大2毕业	官46、日
胡麟阁	江山	自费		日本体育会体操学校选科	印
胡鹏	慈溪	自费		1908年7月经纬学堂普通科毕业	印
				光34.8入中央大学高等预科	官21
胡仁源	归安	自费	光30.9	预备入学	会5
		官费		岩仓铁道学校（开除）	官29
胡仁清				光34.8入早稻田大学预科	官21
	归安	自费	光34.7	宏文学院毕业，宣1.7入东京高等工业学校	官30、清
	归安	五校	光34.5	宣1.4入东京高等工业学校预科	官38
	归安	自费	光34.7	宏文学院，考入东京高等工业学校工业图案科阳历九月入学，宣统元年考取五校官费	清
	归安	五校	光34.5	宣统元年四月高工预科	清
胡时亮		公费	光32.1	明治大学高等预科毕业，宣3.6同校大学部法科毕业	清
	永康	浙江	光32.1	明治大学高等预科毕业，光34.8至宣3.6明治大学大学部法科	存
胡树声				光34.11东京实科学校退学入东亚铁道学校	官24
		自费	光31.8	东亚铁道学校预科修业，早稻田大学理化科未毕业，宣2.6东亚铁道学校建筑科毕业	清
胡颂男	萧山	自费		正则英语	浙1916、1917

续表

姓名	籍贯	费别	赴日时间	所入学校及其他相关事项	出处
胡思超	宁波			私立正则预备学校中学相当科五年级	印
	奉化	自费	光29.7	预备入学、成城学校	会3、4、5
	奉化	自费转浙江		名古屋高等工业学校	官6、官7、官11
胡泰年				宣2.3 入中央大学经济部	官42
				宣2.8 入早稻田大学商科	官46
胡同颖	瑞安	自费		正则英语学校	浙1916
	瑞安	自费		千叶医学专门学校	浙1917
胡文滨	山阴	官费	光31.8	光31.9 入早稻田大学留学生部理化科	官31、印、清
胡叙畴	镇海	官费	光30.9	法政大学	会5
胡以鲁	宁波			东京外国语学校俄语专修科	印
				光31.9 入早稻田大学留学生部理化科	官7、官31
	定海	浙江	光31.8	宣1.7 入东京帝国大学文科，明45 毕业	官38、日、清
	定海	官费		明39 早稻田大学清国留学生部预科毕业，明41 早稻田大学留学生部师范本科物理化学科毕业，明42 同上研究科毕业	早、印
胡以愚	定海	自费		日本体育会体操学校选科	印
胡毅	永嘉			光34.11 入早稻田大学政经科	官24、温
胡豫		官费	光31.7	光31.9 入早稻田大学留学生部理化科	官31、清
	山阴	官费		明39 早稻田大学清国留学生部预科毕业，明41 早稻田大学留学生部师范本科物理化学科毕业，明42 同研究科毕业	早、印
胡贻清	嘉兴			大阪高等医学专门学校	官6
胡毓棠	永嘉			东京高等警务学校卒业	温
胡毓璋		自费	光32	光34.5 入熊本高等工业学校	官18
	奉化	浙江	光32.7	光33.6 入熊本高等工业学校机械科	官38
胡哲显		官费	光31.7	光31.9 入早稻田大学留学生部理化科	官31、清
	慈溪	官费		明39 早稻田大学清国留学生部预科毕业，明41 早稻田大学留学生部师范本科物理化学科毕业，明42 同上研究科毕业	早、印
胡铸因	乐清			宏文学院速成师范科卒业	温
胡祚璇	余姚	自费		大4 明治大学专门部法科毕	日、浙1916、1917

续表

姓名	籍贯	费别	赴日时间	所入学校及其他相关事项	出处
华国		浙江		光 34 毕业	官 20
	仙居	自费	光 31.9	光 31.9 入早稻田大学留学生部理化科	官 31、印、清
华振基	长兴	南洋	光 25.2	成城学校，光 28.3 近卫骑兵连队见习士官	他、会 2、3、4、5
		官费		私立成城学校高等普通科	印
	湖州	官费		振武学校陆军	印
	湖州			陆军士官学校骑兵科第一期学生（明 33.12 入学，明 34.11 卒业）	陆
黄宝箴		自费			官 1
黄炳道	平阳	自费	光 32.7	早稻田大学预科毕业，光 33.8 入东京中央大学专门部法律科，宣 2.6 毕业	温、清
	平阳	浙江	光 32.7	早稻田大学普通科毕业，光 33.8 至宣 2.5 中央大学法科	存
黄秉衡	余姚			大 3.2 入陆军士官学校步兵科，大 4.5 毕业	日
黄郅		官费	光 31.9	振武学校毕业，宣 2.9 陆地测量部修技所毕业	官 12、清
黄冲	平阳			东京早稻田大学专门部政治经济科	温
黄冲颖	永嘉			东京体育会卒业	温
黄德骁	余姚	官费		东京高等师范学校	浙 1916、1917
黄德骥	余姚	自费		预备入学	浙 1917
黄刚	余姚	官费		东京高等工业学校	浙 1916、1917
黄广	余姚		光 30.1	光 30.1 东京征兵学校毕业	会 5、官 7
黄公迈		官费	光 31.3	大阪预备学校普通科毕业，宣 2.6 京都蚕业讲习所本科毕业	清
	钱塘	浙江	光 31.3	大阪预备学校普通科毕业，光 33.8 至宣 2.6 京都蚕业讲习所本科	存
	钱塘	浙江		光 33 入京都蚕业讲习所养蚕科	官 28
	钱塘	浙江	光 30.2	光 32.8 入京都蚕业养蚕科	官 6、官 38
黄公冕		自费	光 32.7	光 32.8 入早稻田大学留学生部理化科	官 31、清
	瑞安	自费		明 42 早稻田大学留学生部师范本科博物学科毕业	早、温、印

续表

姓名	籍贯	费别	赴日时间	所入学校及其他相关事项	出处
黄化宙	黄岩	官费	光 31.7	光 31.9 入早稻田大学留学生部理化科（博物科）	官 31、清
		官费		明 41 早稻田大学留学生部师范本科物理化学科毕业，明 42 同上研究科毕业	早、印
		自费		明 40 早稻田大学清国留学生部预科毕业，明 42 早稻田大学留学生部师范本科博物学科毕业	早
黄化宇		自费	光 32.8	早稻田大学毕业	清
黄骥	平阳	自费	光 32.3	同文书院，第一高等学校第一部法科	官 28、温
	平阳	五校	光 32.2	宣 1.2 入第一高等学校预科，明 43 毕业	官 38、日、清
黄家义				宣 1.2 入法政大学专攻科	官 27
黄励	平阳			东京同文书院卒业	温
黄崛	乐清			宏文学院速成师范科卒业	温、官 2、官 5
黄瑾		自费			官 11
	平阳	自费		早稻田大学留学生部在学	早、温
黄庆云	青田	湖南	光 31.8	光 34.11 入东京物理学校	官 21、38、清
黄群	平阳	自费	光 30.4	同文书院	会 5
黄任	平阳			东京物理学校	温
黄人卢		浙江			官 2
黄人望		浙江		光 34 毕业	官 1、官 20
	金华	官费		明 39 早稻田大学清国留学生部预科毕业，明 41 早稻田大学留学生部教育及历史地理科毕业	早、印
黄少仲	松阳	五校	光 32.2	宣 1.4 入东京高等工业学校预科	官 38
黄绍镛					
黄绍祺		官费	光 28.10	光 28.10 入学，士官学校毕业	清
黄树民	平阳	自费	光 31.2	宣 3.5 东京同文书院卒业	温、清
黄宗汉				宣 1.7 入明治大学专门部法科	官 33
黄弢	平阳			东京海城中学校，光 33.11 入宏文学院普通科	温，官 12
黄星华	金华	浙江		光 34 毕业早稻田大学物理化学科毕业	官 20、印
黄毅	平阳	自费		1908 年 7 月经纬学堂普通科卒业，光 34.12 入同文书院普通科	温、官 25、印
黄育才	浦江	官费		早稻田大学	浙 1916
黄钺	平阳	自费		宏文学院	温、官 11

续表

姓名	籍贯	费别	赴日时间	所入学校及其他相关事项	出处
黄曾				大3第一高等学校预科第一部毕业	日
黄曾诰	瑞安			成城学校普通科	浙江教育官报 1908年第1期
黄曾詻	瑞安	自费		成城学校	温
黄曾铭	瑞安	自费	光29.3	宏文学院、正则英语学校	会3、4、5
	瑞安	浙江		光33入东京高等工业学校电气机械科	官2、官28
	瑞安	自费	光29.3	东京高等工业学校毕业，宏文学院普通科未毕业，光33.7至宣2.6东京高等工业学校电气机械科	存
	瑞安	浙江	光29.3	光32.12入东京高等工业学校电气机械科，明43毕业	官38、温、清
黄曾锴 黄曾楷	瑞安	自费	光29.3	宏文学院、正则英语学校	会2、4、5
				光33.10明治大学退学	官11
	瑞安			明治大学	温
黄曾燮	瑞安	官费		正则英语、千叶医学专门学校	浙1916、1917
黄曾延	瑞安	自费	光29.2	成城学校	会4、5
				光34.8入早稻田大学高等预科	官21
	瑞安			光34.9入庆应义塾大学部预科，大3毕业	官22、日、温
黄曾语				光33.11入成城学校普通科	官12
黄群	浙江			早稻田大学在学	早
黄实	平阳	自费		政法学校	浙1917
黄树勋	秀水	自费	光30.9	清华学校	会5
黄震亚 黄振亚	瑞安	自费	光32.8	同文书院毕业，宣1.7入仙台医学专门学校	官33、清
	瑞安	浙江	光31.7	宣1.6入仙台医学专门学校医科	官38、温、浙1916
黄直民	永嘉			同文书院卒业	温
黄卓	永嘉	自费		明37.3驻杭领事报告名单，时年21岁	杂6
	永嘉	自费	光29.10	日本体育会体操学校	会4
	永嘉	自费	光30.5	同文书院	会5、温
黄忠基	平阳		光28.12	光29.11宏文学院毕业	会4、5

续表

姓名	籍贯	费别	赴日时间	所入学校及其他相关事项	出处
黄瓒	瑞安	南洋	光28.1	成城学校陆军、骑兵连队	会2、3
	瑞安	官费	光28.3	振武学校陆军	会4、印
	温州			陆军士官学校骑兵科第三期学生（明36.12入学，明37.11卒业）	陆
	瑞安		光28.3	光30.9士官学校毕业	会5、温
黄在中	金华	自费		日本体育会体操学校选科	印
–J–					
嵇剑铭	乌程	官费	光31.8	光31.9入早稻田大学留学生部博物科	官31、印、清
	乌程	官费		明41早稻田大学留学生部师范本科博物学科毕业	早
	浙江	官费	光31.8	光32.8早稻田大学师范科	清
嵇侃	德清	浙江	光23.10	大阪山本宪私塾、竞进社蚕业讲习所、东京蚕业讲习所	他
计宗型		自费	光31.6	光33.4入东京物理学校理化科，宣2.7毕业	清
	秀水	浙江	光31.6	光33.2至宣2.3东京物理学校理化科	存
焦文基	黄岩	自费	光30.6	日语讲习会	会5
江孝璋				宣1.1入早稻田大学政治经济科	官26
江衍				光34.8入早稻田大学预科	官21
江圣钧	奉化			大5府立大阪医科大学毕业	日、官6
	奉化	官费		大阪医专	浙1916
	奉化	官费	光31.8	光31.8入早稻田大学，明41早稻田大学留学生部师范本科物理化学科毕业	早、印、清
江圣陶	奉化	自费		富山药学校	浙1916、1917
江圣达	奉化	自费		预备入学	浙1917
江夏声	奉化	自费		预备入学	浙1917
姜孚				光34.12入经纬学堂普通科	官25
				宣1.8入中央大学大学部预科	官34
姜会明	平阳			法政大学速成科卒业	温
姜俊彦	鄞县	官费		东京高等工业学校应用化学	浙1916、1917
姜祺	永嘉			山口高等商业学校	官7、11
姜琦	永嘉			东京同文书院，大4.3东京高等师范学校毕业	日、温
姜韬	余姚			大3第一高等学校预科第二部毕业	日、浙1916

续表

姓名	籍贯	费别	赴日时间	所入学校及其他相关事项	出处
姜学				大阪高等预备校	官6
蒋邦彦	金华	江宁	光32.3	光33入早稻田大学政经科	官38、清
	金华	江宁	光32.3	宏文学院普通科未毕业，光33.8至宣2.5早稻田大学专门部政经科	存
蒋方震	海宁	自费	光27.3	成城学校陆军、近卫步兵第一连队	会2、3、印
	海宁	自费	光27.4	振武学校陆军，光30.9士官学校毕业	会4、5
	杭州			陆军士官学校步兵科第三期学生（明36.12入学，明37.11卒业）	陆
	浙江			留学德国	官11
蒋桂鸣	绍兴	官费		振武学校陆军	印
蒋可宗	秀水	自费	光28.10	成城学校陆军、振武学校陆军	会2、3、4、印
	秀水		光28.7	光30.6振武学校陆军毕业预备入联队	会5
	嘉兴			明44大阪高等医学校毕业	日、官6
蒋林	钱塘	自费	光28.10	预备入学	会2、3
	仁和	自费	光28.9	清华学校	会4
蒋士杰	山阴	自费转官费		明40入京都府立医学校	官6、官7
蒋寿钱	海宁	自费	光31.2	光34.1入早稻田大学专门部政经科，继入研究科，宣2.5给证毕业	官31、印、清
	海宁	自费	光31.2	清华学校普通科未毕业，光32.9至宣2.6早稻田大学专门部政经科及研究科	存
蒋廷华	杭县	自费		成城学校	浙1916
蒋恩寿				光34归国	官20
	海宁	官费		明39早稻田大学清国留学生部预科毕业	早
蒋锡韩		自费	光32.2	清华学校毕业后入山口高等商业学校	官17
	海宁	五校	光32.2	光34.3入山口高等商业学校	官38
	海宁			大3明治大学专门部商科毕业	日
蒋云凤		自费		明3早稻田大学清国留学生部预科毕业，明41早稻田大学留学生部教育及历史地理科毕业	早
蒋知为		自费		（病故）	官22
	浙江			早稻田大学在学	早
蒋智由	诸暨	自费	光38.12	清华学校	会4
	诸暨	自费	光28.12	预备入学	会5

续表

姓名	籍贯	费别	赴日时间	所入学校及其他相关事项	出处
蒋志				大阪高等预备校	官 6
蒋志清	奉化	陆军部		1908 入振武学校高等普通科	官 16、印
蒋志新	秀水			大 4 长崎医学专门学校医学科毕业	日
蒋尊簋	诸暨	自费	光 27.3	成城学校陆军、近卫骑兵连队	会 2、3
	诸暨	官费	光 27.4	振武学校陆军	会 4、印
	绍兴			陆军士官学校骑兵科第一期学生（明 36.12 入学，明 37.11 卒业）	陆
			光 27.4	光 30.9 士官学校毕业	会 5
蒋宗泽				光 33.9 入早稻田大学留学生部普通科	官 10、31
				明 43 早稻田大学留学生部普通科毕业	早
金保康	仁和	自费	光 29.9	宏文学院、清华学校	会 3、4
	仁和	官费	光 29.8	法政大学	会 5
	仁和	浙江		光 34 入早稻田大学专门部政经科，明 41 毕业	官 19、日、早、印
金宝善	绍兴	官费		千叶医学专门学校	浙 1916、1917
金葆穉	上虞	官费	光 30.6	宏文学院	会 5
金葆濂		自费		私立东洋大学警务科	印
金范	东阳	官费	光 31.3	光 31.9 入早稻田大学留学生部理化科	官 31、官 7、印、清
金刚	镇海	自费		东京高等工业学校（病故）	官 1、官 11、24
金鹤春	临海	自费		日本体育会体操学校选科	印
金鸿修	安吉	自费		东亚预备学校	浙 1917
金嵘	瑞安			光 33.10 入宏文学院普通科	官 11、温
金泯澜		自费	光 30.7	光 31.1 入学，日本大学毕业	清
	山阴	自费	光 30.7	曾在大成学校肄习日语科，光 31.3 至宣 1.2 日本大学高等专攻法律科	存
金骐	山阴	自费	光 28.1	成城学校陆军	会 2
	山阴	自费	光 27.12	近卫工兵大队、振武学校陆军	会 3、4
	山阴		光 27.4	光 30.9 士官学校毕业	会 5
金彭年	黄岩	自费		1906 年 2 月经纬学堂警务科毕业	印
	台州	官费	光 30.9	法政大学	会 5
金培先	湖州	官费		大 3 名古屋高等工业学校色染科	日、官 49

续表

姓名	籍贯	费别	赴日时间	所入学校及其他相关事项	出处
金培元	湖州			大阪高等预备学校	官6，官13
		官费	光32.5	大阪高等预备毕业，早稻田大学师范部本科研究科毕业	清
		官费		光33.12入早稻田大学浙江师范班	官13
				光34.1入早稻田大学留学生部理化科	官31
		官费		明41早稻田大学留学生部师范本科物理化学科毕业，明42同上研究科毕业	早
	浙江	官费	光30.5	光32.9入早稻田大学师范部本科及研究科，大阪高等预备科已毕业	清
	乌程	官费		早稻田大学清国留学生物理化学科	印
金嵘金嵘轩	瑞安	官费	光32	宏文学院、东京高等师范学校	浙、温、浙1916、1917
金述璋				宣1闰2入经纬学堂普通科	官28
				宣1.4入中央大学预科	官3
				宣1.9入中央大学大学部经济科	官35
	钱塘	浙江	光32.2	成城学校普通科未毕业，光34.7至宣3.6法政大学专门部法科	存
		自费	光32.2	成城学校普通科未毕业，宣3.6法政大学专门部法科毕业	清
金体选	镇海	自费	光31.5	早稻田大学理化科毕业入长崎医学专门学校	官33
	镇海	官费		明39早稻田大学清国留学生部预科毕业，明4早稻田大学留学生师范本科部物理化学科毕业	早、印
	镇海	自费	光31.5	早稻田大学理化科毕业，宣1.7入长崎医学专门学校，大2同校药学科毕业	清、日
金文澍				宣1.7入明治大学专门部法科	官33
				宣2.9入中央大学法科	官47
金煜	平阳			宏文学院速成师范科卒业	温
金章		官费	光31.8	光31.9入早稻田大学留学生部博物科	官31、清
	天台	官费		明41早稻田大学留学生部师范本科博物学科毕业，明42同上研究科毕业	早、印
金兆丰				光33.9法政大学补修科毕业	官10
金兆銮	金华	官费		百名师范生，1905年入早稻田大学	早
金子直	东阳	自费	光31	同文书院毕业后，1908.9入千叶医学专门学校	官32、清
	东阳	五校	光31.8	光33.3入千叶医学专门学校，大3医学科	官38、日

续表

姓名	籍贯	费别	赴日时间	所入学校及其他相关事项	出处
金志超	瑞安	自费			浙 1916
经亨鼎	上虞	自费	光 32.2	光 33.7 入东亚铁道学校建筑科，宣 2.6 毕业	清
经亨淦	上虞	自费	光 28.5	同文书院	会 2、3
经亨杰	上虞	自费	光 28.5	同文书院	会 2、3
		自费	光 31.1	东亚铁道学校预科毕业，宣 2.12 东亚铁道学校建设科毕业	清
经亨权	上虞	自费		成城学校陆军、振武学校陆军	会 2、3、印
经亨颐	上虞	自费	光 29.1	清华学校，光 29.11 宏文学院毕业	会 2、3、4
	上虞	自费	光 29.1	宏文学院普通科及速成师范科均毕业，光 33.3 至宣 3.3 东京高等师范学校本科	存
	上虞	官费	光 29.1	光 29.11 宏文学院毕业	会 5
	上虞	浙江	光 29.1	光 31.2 入东京高等师范学校本科理科，明 44 毕业	官 38、日、清
	宁波	浙江		明 39.9 入东京高等师范学校本科	官 2
居益铉				私立正则预备学校丙种数学科	印
		自费	光 31.9	1907 年 3 月经纬学堂普通科毕业	官 17、印
	海宁	五校	光 31.9	光 34.3 入山口高等商业学校，大 3 毕业	官 17、38、日
居益驹		五校		山口高等商业学校预科	官 28
−K−					
柯郁璇	桐庐	自费		光 33.10 入东亚铁道学堂本科	官 11、31
柯澄				光 34.3 入成城学校普通科	官 16
柯森	黄岩	南洋	光 28.1	成城学校陆军、仙台第二师团炮兵连队	会 2、3
	黄岩	官费	光 28.3	振武学校陆军	会 4、印
	台州			陆军士官学校炮兵科第三期学生（明 36.12 入学，明 37.11 卒业）	陆
	黄岩		光 28.3	士官学校毕业	会 5
柯佐清	黄岩	南洋	光 28.1	成城学校陆军、工兵第三大队	会 2、3
	黄岩	官费	光 28.3	振武学校陆军	会 4、印
	台州			陆军士官学校工兵科第三期学生（明 36.12 入学，明 37.11 卒业）	陆
	黄岩		光 28.3	光 30.9 士官学校毕业	会 5
柯毓琛					官 2

续表

姓名	籍贯	费别	赴日时间	所入学校及其他相关事项	出处
柯毓璇	桐庐	公费		早稻田大学物理化学科	印
		自费	光31.8	东京实科学校肄业理化科未毕业，光32.7入早稻田大学留学生部理化科（退学），宣2.6东亚铁道学校建筑科毕业	清
孔本戎	鄞县	自费		日本体育会体操学校选科	印
孔时				宣2.1入东京外国语学校德语科	官39
孔廉卿				光34.12入成城学校普通科	官2
孔庆莱	浙江				官8
	萧山	官费		明41早稻田大学留学生部师范本科物理化学科毕业	早、印
孔宪焱	西安	官费		百名师范生，1905年入早稻田大学	早
孔昭仁	西安	官费	光31.7	光31.9入早稻田大学留学生部博物科	官31、印、清
−L−					
来肇荣	平阳	自费		明39.5驻杭领事报告名单，东京高等警务学校卒业	杂6、温
来裕恂	萧山	官费	官29.5	光29.11宏文学院毕业	会3、4、5
来裕昌		自费		1906年9月经纬学堂警务科毕业	官2、印
劳乃心	余姚	官费		大5第一高等学校预科第三部毕业，第二高等学校	日、浙1916、1917
雷震	长兴	自费		东亚预备学校	浙1917
李炳章	仁和	官费	官28	振武学校	会3
李勃	平阳			经纬学堂	温
李超群		官费	光31.9	光31.9入早稻田大学留学生部历史地理科	官31、清
	临海	官费		明39早稻田大学清国留学生部预科毕业，明41清国留学生部教育及历史地理科毕业，明42同上研究科毕业	早、印
李辰身 李振身	余姚	自费	光27.7	成城学校陆军	会2
	余姚	公费	光27.7	近卫工兵大队、振武学校陆军	会3、4、印
	绍兴			陆军士官学校工兵科第一期学生（明36.12入学，明37.11卒业）	陆
	余姚		光27.4	光30.9士官学校毕业	会5
李道溥	嘉兴	自费		光34.3入明治大学专门部法律科	官16、印
李道淮	嘉兴	自费		振武学校陆军	印
李道洋	湖州	自费		私立经纬学堂警务科，明40.7卒业	印

续表

姓名	籍贯	费别	赴日时间	所入学校及其他相关事项	出处
李殿薇				宣1.2入法政大学专攻科	官27
李鼎烈					官4
李定	缙云	自费	光31	清华学校毕业后，1908.9入千叶医学专门学校医科	官2、官25
		五校		千叶医学专门学校医科，大2毕业	官28、日
李复真	永嘉	官费		千叶医学专门学校	浙1916、1917
李高	平阳			东京高等罐诘工厂卒业	温
李涵其					官7
李涵真	杭州	浙江	光29.7	光31.9入学，东京高等商业学校本科	官28、印、清
	海宁	浙江	光29.7	清华、正则两校普通科未毕业，光31.9至宣1.5东京高等商业学校本科	存
李鸿	归安	浙江		东京高等工业学校色染科	官2、官11
李厚身		自费	光34.8	清华学校毕业后入第一高等学校第二部预科	官17
		五校		第一高等学校第二部预科，明42毕业	官28、日
	余姚	五校	光32.7	宣1.8入第四高等学校工科	官38
李久身				光34.2入岩仓铁道学校建筑科	官15
		自费	光32.7	清华学校毕业，宣1.7入东京高等工业学校	官30、清
	余姚	五校	光32.9	宣1.5入东京高等工业学校预科	官38
李克谦					官4、官5
李烈		自费			官1
李慕林	瑞安	自费	光30.7	法政大学	会5
李墨轩	瑞安		光30.5	1904.7月先入清华学校，后入宏文学院食品制造	瑞安历史人物传略
李瑞萱	萧山	自费	光28.12	预备入学	会2
	萧山	自费	光29	同文书院	会3、4、印
	嵊县	自费	光29	同文书院	会5
李铭		自费	光30.5	早稻田大学预科毕业后，光34.3入山口高等商业学校	官16、17
	会稽	五校	光32.5	光34.3入山口高等商业学校，大2毕业	官38、日
李朋	归安			光34.4入大阪府立农学校农科	官17
李峤	处州	自费		1907年7月经纬学堂警务科毕业	官6、印
李启宇	嵊县	自费		中央大学	浙1916、1917

续表

姓名	籍贯	费别	赴日时间	所入学校及其他相关事项	出处
李瑞阳					官 5
李任	永嘉	自费	光 30.9	预备入学	会 5
李善富	乌程	五校	光 3	大阪高等预备学校毕业，光 34 入大阪高等工业学校机械科，明 44 毕业	官 6、官 22、日
	乌程	浙江	光 32.1	大阪高等工业学校机械科	官 28、38
	乌程	湖北	光 32.2	大阪高等预备学校毕业，光 34.8 至宣 3.6 大阪高等工业学校机械科	存
	浙江	官费	光 32.2	大阪高等预备校毕业，光 34.8 入大阪高等工业学校机械科，宣 3.6 毕业	清
李商		自费			官 16
李绍纲	乐清			成城学校高等普通科，大 2 第一高等学校预科第二部毕业	日、温、印
	乐清	官费		第八高等学校	浙 1916
	乐清	自费		预备入学	浙 1917
李绍林	瑞安			清华学校卒业	温
李绍晟	乐清	自费		成城学校高等普通科，光 34.5 入商船学校机关科	官 18、温、印
李师麟				光 33.10 入宏文学院普通科	官 11
李寿				光 33.9 入明治大学专门部	官 10
				光 34.2 入中央大学专门部法科	官 15
				光 34.2 入早稻田大学专门部法律科	官 15
李肃					官 7
李素	东阳			大 2 明治大学专门部法科毕业	日
李述	永嘉	自费		东京同文书院卒业，宣 2.2 入早稻田大学高等商科	官 27、40、温
李思熟				宣 2.2 入明治大学专门部法科	官 40
李同	东阳			大 2 明治大学专门部法科毕业	日
李惟善				光 34.12 入成城学校普通科	官 25
				宣 1.8 入经纬学堂普通科	官 34
李文政	上虞	官费		东京高等师范学校	浙 1916、1917
李墀身				明 44 第一高等学校预科第三部毕业	日
				大 4 第二高等学校毕业	日
	余姚	官费		东京帝大医科	浙 1916、1917
李锡锦	会稽	奉天	光 33.3	光 33.3 入实践女学校师范科，宣 2.3 入女子音乐学校	清、官 41

续表

姓名	籍贯	费别	赴日时间	所入学校及其他相关事项	出处
李彦森				光 34.8 入中央大学高等预科	官 21
	临海	自费	光 32.6	早稻田大学预科毕业，明 43 明治大学专门部政经科毕业（宣 2.6 给证）	日、清、存
	浙江			早稻田大学在学	早
李毓昌				大 2 明治大学专门部法科毕业	日
李远	永嘉			同文书院卒业，光 34.9 入早稻田大学专门部政经科	温、官 22
李云夒	嘉善	官费	光 31.8	光 31.9 入早稻田大学留学生部博物科	官 6、官 31、印、清
李尧彩 李尧采	嘉善	自费	光 32.3	早稻田大学预科毕业，光 34.7 入法政大学专门部政治科，宣 3.6 毕业	早、清
	嘉兴	浙江	光 31.2	早稻田大学预科毕业，光 34.5 至宣 3.6 法政大学专门部政科	存
李尧楷		自费	光 32.7	光 33.4 入学，宣 2.4 日本大学法律科毕业	清
	嘉兴	自费	光 32.7	光 33.4 至宣 2.3 日本大学法律科	存
李尧柱		自费	光 30.6	经纬学校普通科	清
李延武	定海	自费	光 29.1	预备入学	会 2、3
	定海	自费	光 28.5	西京小学校	会 4、5
李造	海宁	自费		明 37.3 驻杭领事报告名单，时年 18 岁	杂 6
	海宁	自费	光 29.8	预备入学，清华学校	会 3、4、5
	杭州	自费	光 29.10	振武学校陆军	会 5、印
				光 34.2 士官学校炮兵科毕业	官 15
				明 39.12 入陆军士官学校步兵科，明 40.5 毕业	日、陆
李箴	永嘉			大阪高等医学校	温
	永嘉	自费	光 30.3	同文书院毕业，宣 1.7 入大阪高等医学校	清
李震东	山阴	自费	光 31.7	成城学校高等普通科，宣 1.2 入山口高等商业学校预科	印、官 28、清
	山阴	五校	光 31.10	宣 1 闰 2 入山口高等商业学校预科	官 28、38
	绍兴			大 2 明治大学专门部商科毕业	日
李宗潆				明 40.3 法政速成第四班毕业	官 5
李钟祥		浙江	光 31.12	光 31.9 入早稻田大学留学生部理化科	官 8、31、清
	东阳	官费		明 41 早稻田大学留学生部师范本科物理化学科毕业，明 42 同上研究科毕业	早、印

续表

姓名	籍贯	费别	赴日时间	所入学校及其他相关事项	出处
李仲英	乐清	自费			浙 1917
李祖虞		浙江		光 34 入学	官 20
李祖林	瑞安	自费	光 29.11	清华学校卒业	会 4、5、温
厉尔康	钱塘	官费	光 30.9	振武学校	会 5
			光 30.8	明 39.12 入士官学校步兵科，明 40.11 退队	官 12、清
				明 40.12 入陆军士官学校步兵科，明 41.11 毕业	日、陆
厉家福	钱塘	官费	光 28.7	宏文学院、正则预备学校、金泽医学校	会 2、3、4、5
	钱塘	官费	光 28.8	明 41 金泽医学专门学校毕业	日、印、清
	浙江		光 28	宏文学院、医学专门学校，京都帝国大学医科部医科	官 28、30
	钱塘	浙江	光 28.8	宏文学院普通科毕业，光 38.8 至宣 1.5 金泽医学专门学校四年西京医科大学一年	存
厉家桢	杭州	自费	光 31.8	光 34.3 入明治大学专门部法律科，明 42 毕业	官 10、日、印、清
厉家祥	杭县	自费		预备入学	浙 1917
梁京				光 33.9 入法政大学专门部法律科	官 16
				光 34.9 入法政大学专门部政治科	官 22
梁守让		五校			官 16
梁守谦		官费		早稻田大学留学生部师范本科博物学科在学	早
梁希		自费	光 32.1	大阪高等预备学校毕业，光 34.4 入第一高等学校第二部农科预科，明 42 毕业	官 6、官 17、28、日
	归安	五校	光 32.2	宣统元年八月入第八高等农科	清
	归安			大 2 第八高等学校第二部乙毕业，大 5 东京帝国大学农学部林学科毕业	日
	吴兴	官费		东京帝国大学	浙 1916
	归安	五校	光 32.2	宣统元年八月第八高等农科	官 38
梁强	会稽	自费	光 30.1	成城学校	会 4、5、印
	会稽	江宁	光 31.4	光 34.8 入第六高等学校，大 2 毕业	官 38、日、清
				大 5 京都帝国大学工学部毕业	日
梁支夏	宁海	自费		日本体育会体操学校选科	印

续表

姓名	籍贯	费别	赴日时间	所入学校及其他相关事项	出处
林骋逵		官费	光 31.7	光 31.9 入早稻田大学留学生部理化科	官6、官31、清
	太平			明 41 早稻田大学留学生部师范本科物理化学毕业	早、印
林达	永嘉			东京经济学堂卒业	温
	永嘉	自费		1908 年 7 月经纬学堂普通科毕业	印
林大经	瑞安	自费		正则英语	浙 1916、1917
林大闿	瑞安	自费	光 29.2	成城学校	会4、5
	瑞安	浙江	光 29.3	东京高等工业学校机械科本科，明 45 毕业	官28、日、温、印、清
	瑞安	湖广转浙江	光 29.3	成城学校普通科毕业，光 32.6 至宣 1.5 东京高等工业学校机械科	存
林大同	瑞安	自费	光 29.2	预备入学、同文书院、宏文学院	会3、4、5
	温州	浙江		明 39.9 如札幌农学校	官7
	瑞安	浙江		札幌东北帝国大学大学部土木工科，明 42 毕业	官28、日、温、印
	瑞安	自费	光 29.2	宏文学院普通科毕业，光 32.6 至宣 1.5 东北帝国大学土木科	存
		官费	光 29.2	帝国大学毕业	清
林大问	瑞安			同文书院卒业，光 34.1 入明治大学政治科	官14、温
林大勋	瑞安			明 44 第一高等学校预科第二部毕业	日
	瑞安			同文书院卒业，大 3 第二高等学校毕业	日、温
	瑞安	官费		东京帝国大学火药	浙 1916、1917
林大年	瑞安			大 3 明治大学专门部法科毕业	日
林调元	瑞安	南洋	光 28.1	成城学校陆军、仙台第二师团工兵连队	会2、3
	瑞安	官费	光 28.3	振武学校陆军	会4、印
	温州			陆军士官学校工兵科第三期学生（明 36.12 入学，明 37.11 卒业）	陆
	瑞安		光 28.3	光 30.9 士官学校毕业	会5
林国珪	镇海	官费		东京高等工业工业学校电机	浙 1916、1917
林鹤裳	乐清				温
林涵				光 33.10 入宏文学院普通科	官11
林衡	乐清	自费	光 32.5	光 32.6 入学，同文书院卒业	温、清

续表

姓名	籍贯	费别	赴日时间	所入学校及其他相关事项	出处
林鸥起	浙江	自费	光 32.2	法政大学高等预科未毕业，光 34.8 入法政大学专门部法科，宣 3.6 毕业	清
	归安	自费	光 32.2	法政大学高等预科未毕业，光 34.8 至宣 3.6 法政大学专门部法科	存
	吴兴			向浙江留日同乡会捐款	浙 1916
林鸥翘[1]	吴兴	官费		法政大学高等研究科	浙 1916
林鸥翔 林铁尊 林铁铮	吴兴			法政速成科第二班	法政大学史资料集
林鹏	瑞安	自费		明 38.12 驻杭领事报告名单，生员。东京蚕桑学校，东京府下目白东亚蚕业传习所毕业	杂 6、温
林摄	瑞安	南洋	光 28.3	1904 年 11 月日本陆军士官学校工科毕业	会 2、4、温
林秀芳				光 33.11 入大成学校普通科	官 12
林杰	平阳			早稻田大学预科卒业	温
林镜平	瑞安	自费		东亚预备小学校	浙 1916
林楷	浙江			光 34 毕业	官 20
	青田	官费		明 39 早稻田大学清国留学生部预科毕业	早、印
林孟昭	镇海	自费			官 30
林楠	鄞县	自费		大阪高等预备学校，宣 1.2 入山口高等商业学校	官 28、清
林绍楷	鄞县	浙江		光 33 入东京高等工业学校建筑科，明 45 毕业	官 28、日
林绍楠	鄞县	浙江	光 33.3	1909 年 7 月经纬学堂普通科，山口高等商业学校预科	官 28、印
	鄞县	五校	光 33.1	宣 1 闰 2 入山口高等商业学校预科	官 38、清
	鄞县			大 2 明治大学专门部商科毕业	日
林铼	平阳	自费转官费		明 41 早稻田大学留学生部师范本科博物学科毕业	早、温、印
林申	温州	官费		宣 2.10 入明治大学商科	官 48
林绍倬				东京高等工业学校	官 11

1　疑为林鸥翔别名。

续表

姓名	籍贯	费别	赴日时间	所入学校及其他相关事项	出处
林体刚		自费			官 16
	平阳	官费		明 39 早稻田大学清国留学生部预科毕业	早、温
		湖南		明 41 早稻田大学留学生部师范本科物理化学科毕业	早
林廷藻	青田	浙江	光 31.8	光 34.9 入明治大学专门部商科	官 22、38、清
	青田	湖南	光 31.9	宏文学院普通科毕业，光 34.9 至宣 3.6 明治大学专门部商科	存
林同与	吴兴	自费		正则英语	浙 1916、1917
林同兴	吴兴	自费		正则英语	浙 1916、1917
林万烺	鄞县	自费		东京大学农实	浙 1916、1917
林文潜	瑞安	自费	光 29.3	预备入学	浙江同乡留学东京题名、温
林文琹	武义	自费		中央大学	浙 1917
林维周	镇海	自费	光 31.7	大阪高等预备学校毕业，宣 1.7 长崎医学专门学校	官 33、清
				大 2 长崎医学专门学校药学科毕业	日
林掖	瑞安			东京速成警察学校毕业	温
林在南	奉化			京都蚕业讲习所	官 6
林昭楷	鄞县	浙江	光 32.7	光 34.6 入东京高等工业学校建筑科	官 38、清
林植	乐清			同文书院卒业	温
林卓	永嘉			东京同文书院毕业	温
凌士钧		自费	光 29.4	光 32.8 入法政大学专门部法律科	官 31、清
	石门	自费	光 29.9	宏文学院普通科毕业，光 32.7 至宣 1.5 法政大学专门部法律科（优等第二名毕业）	存
凌霆辉凌霆辉凌庭辉	归安	公费	光 28.9	光 29.4 宏文学院师范科毕业	会 2、3、4、5
	浙江	自费	光 34.2	光 34.3 明治大学法科校外生，宣 3.2 毕业	清
凌霄				明 43.4 入海军炮术学校，明 44.4 毕业	日
留继芳	青田	自费		明 40.2 东洋大学法政警务速成科毕业	官 2、印
留思温	青田	自费		日本体育会体操学校选科	印
刘采亮	·			宣 1 闰 2 入法政大学专门科	官 28
刘承基	绍兴	自费		预备入学	浙 1917

续表

姓名	籍贯	费别	赴日时间	所入学校及其他相关事项	出处
刘传亮				大阪高等预备校	官 6
		自费	光 32.9	宏文学院毕业，1908.9 入东京高等工业学校预科	官 25
	金华	五校		东京高等工业学校	官 28、浙 1916
刘德怀	松阳	自费	光 30.6	宏文学院	会 5
刘鸿渐	山阴	自费	光 32.4	宏文学院，第一高等学校第一部	官 28、清
	山阴	五校	光 32.7	宣 1.2 入第一高等学校第一部预科，明 43 毕业	官 38、日
	绍兴	官费		大 5 京都帝国大学法学部毕业	日、浙 1916
刘礽坤	鄞县	官费		东京高等工业学校电机	浙 1916、1917
刘棨敬	镇海	官费		千叶医学专门学校	浙 1917
刘培基	绍兴	官费		东京高等师范学校	浙 1917
刘绍瑀	平阳			早稻田大学预科卒业	温
刘泰钦				光 31.9 入早稻田大学留学生部理化科	官 31
		官费	光 31.7	光 32.7 入学，早稻田大学毕业	清
	西安	官费		明 39 早稻田大学清国留学生部预科毕业，明 41 留学生部师范本科物理化学科毕业，明 2 同上研究科毕业	早、印
刘廷煊		自费		光 34 毕业	官 20
	丽水	官费		早稻田大学留学生部历史地理科	早、
刘洗	诸暨	自费		1906 年 9 月经纬学堂商业科毕业	印
刘显成	镇海	官费		千叶医学专门学校	浙 1916
刘熊	镇海	自费		明 38.12 驻杭领事报告名单，附生	杂 6
	镇海	自费		东京物理学校	印
刘一凤		浙江			官 8
刘以璋	安吉	自费		东亚预备学校	浙 1917
刘以钟				明 44.3 东京高等师范学校毕业	日
刘业贻				明 44 帝国美术学校毕业	日
刘之屏	乐清				温
刘震	德清	自费		法政大学	浙 1916
	德清	自费		日本大学	浙 1917

续表

姓名	籍贯	费别	赴日时间	所入学校及其他相关事项	出处
刘宗镐	浙江	自费		成城学校高等普通科	印
	镇海	自费	光 32.9	成城学校毕业，宣 1.7 入东京蚕业讲习所养蚕科本科	清
	镇海	浙江	光 33.7	宣 1.7 入东京蚕业讲习所养蚕科，明 45 毕业	官 38、日、清
刘宗镜	镇海	自费	光 32.9	成城学校，1909.9 入东京蚕业讲习所	官 33
刘宗汉	平湖			大 2 明治大学专门部法科毕业	日
刘仲亨	永嘉	自费			浙 1916
刘祖培	奉化			私立正则预备学校数理化受验科	印
		自费	光 32.4	光 32.4 入学，大阪普通学校毕业	清
刘祖徵				大阪高等预备校	官 6
	镇海	官费		东京高等师范学校法制历史	浙 1916、1917
柳景元	景宁	官费		明 39 早稻田大学清国留学生部预科毕业，升入历史地理科	早、印
柳渭	临海	自费		预备入学	浙 1917
楼岑		自费	光 31.5	宣 3.4 日本大学专门部法科又研究科毕业	清
	萧山	浙江	光 31.5	光 33.3 至宣 3.4 日本大学专门部法科又专攻科	存
楼鸿书	义乌	自费		法政大学	浙 1916
楼聿新	义乌	官费		早稻田大学	浙 1916
楼思浩 楼思诂	钱塘	浙江		光 34 早稻田大学专门部政经科毕业	官 19、印
	浙江	官费		明 41 早稻田大学专门部政治经济科毕业	早
楼守连	义乌	自费		预备入学	浙 1917
楼文耀	杭州	自费	光 31.8	日语讲习所	会 5
楼兆梓				经纬学堂短期警务科毕业	官 2
				光 33.9 法政大学补修科毕业	官 10
				明 40.3 法政速成第四班毕业	官 5
楼兆梧				经纬学堂短期警务科毕业	官 2
吕兴棠	奉化	官费		东京高等工业学校纺织	浙 1916、1917
吕之苑	永嘉			东京法政大学	温
吕鸣锵	奉化	自费		日本体育会体操学校选科	印
	奉化	自费		大阪府立农学校	官 6
卢成章	鄞县	自费	光 30.8	清华学校	会 5

姓名	籍贯	费别	赴日时间	所入学校及其他相关事项	出处
卢琨				光 33.9 入早稻田大学普通科	官 10
卢丕基		自费			官 11
卢琼				宣 2.9 入法政大学法科	官 47
卢士增	黄岩	自费	光 30.10	宏文学院普通科未毕业，光 33.9 入明治大学专门部法科、继入研究科，明 42 毕业（宣 2.5 给证）	官 6、官 10、日、印、清
	黄岩	浙江	光 30.10	宏文学院普通科未毕业，光 33.8 至宣 2.5 明治大学专门部法科高等研究科	存
卢苏	黄岩	自费		明治大学	浙 1916、1917
卢旭	黄岩	自费		预备入学	浙 1917
卢振飏	诸暨	自费		明 40.2 东洋大学师范速成科毕业	官 2、印
卢钟岳	诸暨	自费		1909 年 7 月经纬学堂普通科毕业	印
陆昌煊				光 34.8 入早稻田大学预科	官 21
陆光熙	绍兴	官费		振武学校陆军	印
				连队第三师团	官 12
		官费	光 30.9	振武学校卒业，步兵第六联队，明 41.12 入陆军士官学校步兵科，明 43.5 毕业	日、清、陆
陆敬熙	萧山	自费	光 30.8	经纬学堂	会 5
陆仁耀	余姚	自费		法政大学	浙 1916
陆绕阳		自费	光 31	经纬学堂毕业，1908.9 入千叶医学专门学校医科	官 25
		五校		1908.9 入千叶医学专门学校医科，大 2.10 退学	官 28、日
陆蓝善					官 2
陆绍宗		自费	光 33.7	高等日语学校日语普通科毕业，宣 3.6 法政大学专门部政治科毕业	清
	仁和	自费	光 33.7	高等日语学校日语普通科毕业，光 34.7 至宣 3.6 法政大学专门部政治科	存
陆守忠	余姚	官费	光 31.3	早稻田大学普通科未毕业，光 31.9 入私立岩仓铁道学校机械科	印、清
陆树勋				光 34.8 入早稻田大学普通科	官 21
陆树勖	吴兴			光 34.8 入早稻田大学普通科	官 21
陆树馨	浙江			大 4 东京高等工业学校应用化学科毕业	日

续表

姓名	籍贯	费别	赴日时间	所入学校及其他相关事项	出处
陆世芬		浙江		明32.9日华学堂毕业后入第一高等学校	杂3
	仁和	浙江	光24.4	高等商业学校	会2
	仁和		光24.12	光29.4东京高等商业学校毕业（法律经济科）	会3、4、5、日、印
陆其光	嘉兴	自费		中央大学	浙1916
陆钦文		自费			官1
陆益善					官4
陆宗舆	海宁			早稻田大学	日
陆宗翰	海宁	自费	光29.9	预备入学	会3
	海宁	官费	光29.2	宏文学院	会5
	海宁	浙江		东京高等商业学校	官2
	海宁	浙江		光32入长崎医学专门学校医科	官28、浙1916
	海宁	浙江	光30.2	光34.0入长崎医学专门学校医科，大3毕业	官38、日
陆肇勋		浙江	光31.8	光31.9入早稻田大学留学生部理化科	官7、官8、31
	平湖	官费		明39早稻田大学清国留学生部预科毕业，明41早稻田大学留学生部师范本科物理化学科毕业，明42同上研究科毕业	早、印、清
	平湖	官费		东京高等工业学校	浙1916、1917
陆志鸿	嘉兴	官费		第一高等学校	浙1916、1917
骆道	义乌			明41明治大学专门部法科毕业	日
罗福成				光34.8入早稻田大学留学生部普通科	官21、31
				宣2.8入东京物理学校	官46
罗赓良		自费	光31.6	光32.7入早稻田大学留学生部理化科	官2、6、31、清
	会稽	官费		明40早稻田大学清国留学生部预科毕业，明42早稻田大学留学生部师范本科博物学科毕业	早、印
罗任杰	上虞	自费	光33.2	同文书院普通科未毕业，光34.9至宣3.6明治大学专门部法科	日、清、存
罗耀楣	慈溪	官费		东京高等师范学校法制历史	浙1916、1917
－M－					
马宽容	新昌	自费	光33.1	光34.8入明治大学高等预科，明44商科毕业	官21、清
	鄞县	浙江	光33.1	明治大学高等预科毕业，光34.8至宣3.6明治大学大学部商科	存

续表

姓名	籍贯	费别	赴日时间	所入学校及其他相关事项	出处
马鬸	永嘉	自费		预备入学	浙 1916、1917
马开松 马开崧	嵊县	官费	光 30.8	振武学校陆军	会 5、印
		官费	光 30.8	士官学校	清
	嵊县	山西		广岛第五连队骑兵科	官 4
马宪章				光 33.10 入经纬学堂普通科	官 11
马毓麒 马毓骐		浙江	光 31.8	早稻田大学毕业	官 8、清
	平阳	官费		明 39 早稻田大学清国留学生部预科毕业，明 41 留学生部教育及历史地理科毕业，明 42 同上研究科毕业	早、温、印
马裕藻	宁波	自费	光 29.5	预备入学	会 3
				光 31.9 入早稻田大学留学生部理化科	官 31
	鄞县	官费		明 39 早稻田大学清国留学生部预科毕业，明 41 早稻田大学留学生部师范本科物理化学科毕业，明 42 同上研究科毕业	早、印
马予劻	德清	自费		预备入学	浙 1916
马焕		自费		1909 年 7 月经纬学堂普通科毕业	印
马戴初		自费		光 34.2 入早稻田大学高等预科	官 1、官 15
				宣 1.8 入明治大学专门部商科	官 34
	临海			大 3 中央大学毕业	日
		自费		明 40 早稻田大学清国留学生部预科毕业	早
马仲容	德清	自费		女子美术学校	浙 1917
毛纪民				明 45 大阪高等工业学校机械科毕业	日
毛景遂	诸暨	自费	光 32.3	大阪高等预备学校	官 34
	诸暨	自费	光 32.3	大阪高等预备学校毕业，宣 1.7 入大阪高等工业学校机械科	清
	诸暨	浙江	光 31.2	宣 1.7 入大阪高等工业学校机械科	官 38
毛启寰				大 3 大阪高等工业学校毕业	日
毛士瀛				光 34.12 入成城学校普通科	官 25
毛浸泉	余姚	自费	光 32.9	宏文学院，1909.9 入千叶医学专门学校	官 32、清
				大 4 千叶医学专门学校毕业	日
毛锡年	泰顺			东京高等警务学校卒业	温

续表

姓名	籍贯	费别	赴日时间	所入学校及其他相关事项	出处
毛毓源	余姚	自费	光 31.1	清华学校	会 4
	余姚	自费	光 30.1	清华学校	会 5
	余姚	浙江		明 38.9 入第二高等学校，明 41 毕业	官 7、日、印
	余姚	浙江	光 30.1	光 31.9 入东京帝国大学工科部土木工科，大 3 毕业	官 38、日
宓铁铮	海宁	自费	光 31.7	宏文学院毕业，宣 1.7 入东京高等工业学校	官 30、清、浙 1916
宓祥揄				光 33.10 入宏文学院普通科	官 11
宓祥祯				光 33.10 入宏文学院普通科	官 11
梅诒谷	余杭	官费		光 34.8 入早稻田大学专门部政经科	官 31、印
	余杭	官费	光 30.7	光 32.8 入学，明 39 早稻田大学清国留学生部预科毕业，明 41 早稻田大学留学生部教育及历史地理科毕业，宣 2.6 法政大学研究科毕业	早、清
	余杭	自费	光 30.8	早稻田大学预科毕业，光 32.6 至宣 2.6 早稻田大学专门部政经科及法政大学高等研究科	存
梅诒经				明 44 第一高等学校预科第一部毕业	日
	余杭			大 4 京都帝国大学法学部毕业	日
闵灏	乌程	自费	光 28.4	预备入学	会 3
宓铁铮		自费	光 31.7	宏文学院毕业，东京高等工业学校	官 30
宓祥揄				光 33.10 入宏文学院普通科	官 11
宓祥祯				光 33.10 入宏文学院普通科	官 11
缪晃	瑞安	官费		千叶医学专门学校	浙 1916、1917
缪炯	瑞安			东京同文书院	温
				明治大学法科	第一次留学生调查报告书
缪骐	瑞安			东京同文书院卒业	温
缪子明	瑞安	官费		大 4 第一高等学校预科第一部毕业，第三高等学校	日、浙 1916、1917
牟念县	黄岩	自费		东斌学堂兵学科	印
莫章达	吴兴			光 34.9 入早稻田大学专门部政经科	官 22

续表

姓名	籍贯	费别	赴日时间	所入学校及其他相关事项	出处
莫永贞	安吉	自费		明 38.12 驻杭领事报告名单，举人	杂 6
	浙江	自费		明 39 早稻田大学清国留学生部预科毕业，明 41 早稻田大学高等预科法科毕业，明 44 早稻田大学大学部法学科毕业	早
	浙江	自费	光 31.5	早稻田大学普通科又高等科预科均毕业，光 34.8 入早稻田大学大学部法科，宣 3.6 毕业	清
	安吉	浙江	光 31.5	早稻田大学留学生预科及高等预科均毕业，光 34.8 至宣 3.6 早稻田大学大学部法科	存
	安吉			明 44 早稻田大学法学科毕业	日
-N-					
铙翼	云和	自费	光 30.6	宏文学院	会 5
聂登期		浙江	光 31.7	光 31.9 入早稻田大学留学生部历史地理科	官 11、36、清
	常山			大 2 明治大学专门部法科毕业	日
	常山	官费		明 41 早稻田大学留学生部教育及历史地理科毕业，明 42 同上研究科	早、印
倪旦	乐清			宏文学院速成师范科卒业	温
倪杰	乐清			早稻田大学专门部政治经济科	温
倪锐	乐清			早稻田大学预科卒业	温
倪绍雯				私立正则预备学校中学相当科四年级、乙种数学科	印
		官费	光 31.8	宏文、正则学校普通科未毕业，光 33.8 入东京蚕业讲习所，宣 2.6 毕业	清
	慈溪	自费	光 31.8	宏文、正则学校普通科均未毕业，光 33.8 至宣 2.6 东京蚕业讲习所制丝科	存
	慈溪	浙江		光 33.9 入东京蚕业讲习所	官 10、11
	慈溪	浙江	光 32.8	光 34.8 入东京蚕业讲习所养蚕科，明 43 毕业	官 38、日
钮家薰	乌程	官费		明 39 早稻田大学清国留学生部预科毕业，明 41 早稻田大学留学生部教育及历史地理科毕业	早
	乌程	官费		早稻田大学清国留学生部教育及地理历史科	印
钮瑗	归安	自费	光 28.4	工手学校，预备入学	会 2、3
钮永建	吴兴		1899	日本士官学校	钮永建年谱

续表

姓名	籍贯	费别	赴日时间	所入学校及其他相关事项	出处
|—P—|					
潘茳	永嘉	官费		大4第一高等学校预科第一部毕业	日、浙1916
潘澄鉴	吴兴			光34.9入早稻田大学专门部政经科	官22
潘凤起				光34毕业	官20
潘廉深	乌程	官费		早稻田大学清国留学生部物理化学科	印
潘国寿	乌程	自费	光28.11	正则英语学校、正则预备学校	会3、4、5
	乌程	自费	光29.1	清华学校	会2
	乌程	浙江	光29.12	光32.6入第三高等学校第二部工科	官28、38、清
	乌程	官费		明39入京都第三高等学校	官6
	吴兴	官费		东京帝大造兵选科	浙1916、1917
潘琳	平湖	自费			浙1916
潘其康	山阴	自费		早稻田大学	浙1916
	绍兴	自费		明治大学	浙1917
潘梓	安吉	自费		东亚预备学校	浙1917
平锡增	浙江	自费		成城学校高等普通科	印
	山阴	五校	光31.6	光34.3入山口高等商业学校，大3毕业	官38、日
濮元龙	嘉兴	自费	光28.7	成城学校陆军，振武学校陆军	会2、印
|—Q—|					
祁文豹	海宁	南洋	光28.1	成城学校陆军、仙台第二师团炮兵连队	会2、3
	海宁	官费	光28.3	振武学校陆军	会4、印
				陆军士官学校炮兵科第三期学生（明36.12入学，明37.11卒业）	陆
	海宁		光28.3	士官学校毕业	会5
戚启勋				光33.12入宏文学院普通科	官13
齐辉		自费	光34.1	光34.2入东京女子学校，光34.8入女子美术学校	官21、清
齐毓俊				光33.9入法政大学专门部法律科	官10
钱澎	吴兴	自费	1897	学校不详	癸卯旅行记
钱潮	杭县	官费		大4第一高等学校预科第三部毕业，第八高等学校	日、浙1916、1917
钱承志		浙江		明32.9日华学堂毕业后预备入第一高等学校，后改入东京帝国大学	杂3
	仁和	浙江	光24.4	光30.6东京帝国大学法科毕业	会2、3、4、5、印

续表

姓名	籍贯	费别	赴日时间	所入学校及其他相关事项	出处
钱崇润	海宁	自费	光 30.2	金泽医学专门学校，明 42 毕业	会 5、日、印
钱崇阔	海宁	自费	光 30.2	转官费	会 4
钱殿奎	慈溪	自费	光 32.1	清华学校，1909.4 入仙台高等工业学校采矿冶金科	官 5、官 28
	慈溪	浙江	光 32.1	宣 1.3 入仙台高等工业学校采矿冶金科，大 3 毕业	官 38、日、清
钱稻孙	归安	自费	光 26.4	成城学校文科、高等师范学校附属中学校	会 2、3、4、5
	四川	私费		私立成城学校高等普通科	印
				千叶医学专门学校中途退学	日
				庆应义塾幼稚园、成城学校、高等师范学校附属中学校	吴兴钱氏家乘
钱穟孙	归安	自费	光 26.4	庆应义塾幼稚园、高等师范学校附属中学校	会 2、3、4、5
				大 3 北海道帝国大学农学部农学科毕业	日
钱丰子 钱包丰子	归安	自费	光 26	实践女学校	会 2
	归安	自费	光 27.4	实践女学校	会 2、4、5
钱丰保	江苏			明 37 实践女学校中学科毕业	日
钱家澄	仁和	自费	光 28.9	正则英语学校	会 5
	仁和	浙江		东京高等工业学校应用化学科	官 2
	仁和	自费		光 34 东京高等工业学校应用化学科选科毕业	官 19、日、印
钱家驹	嘉善	自费		明治大学法科	浙 1916、1917
钱家沅	仁和	自费	光 28.8	清华学校、预备入学	会 2、3
	杭州	浙江	光 29.10	振武学校陆军	会 5、印
				明 39.12 入陆军士官学校步兵科，明 40.5 毕业	日、陆
钱家玩		浙江		光 34.2 士官学校步兵科毕业	官 8、15
钱家玖	杭州	自费	光 29.12	振武学校陆军	会 4
钱家治	仁和	浙江	光 28.7	宏文学院普通科、东京高等师范学校	会 2、3、4、5
		浙江		光 34 东京高等师范学校地理科毕业	官 19、日、印
钱极时	鄞县			明 45 明治大学专门部法科毕业	日

续表

姓名	籍贯	费别	赴日时间	所入学校及其他相关事项	出处
钱均		官费	光30.7	大阪高等预备校毕业，宣2.6京都高等工业学校机织科毕业	官6、清
	嵊县	自费	光30.7	大阪预备学校普通科毕业，光33.7至宣2.6京都高等工业学校机械科	存
	嵊县	浙江	光30.8	光33.8入京都高等工业学校机械科，明43毕业	官29、38、日
钱谦		自费	光32.2	成城学校普通科未毕业，宣3.6明治大学专门部法科毕业	清
	嘉善	浙江	光29.5	同文书院普通科未毕业，光33.12至宣2.12日本大学法律科，光34.8至宣3.6明治大学专门部法科	存
钱鳜群	慈溪	自费	光30.7	经纬学堂	会5
钱时蔚				宣2.4法政大学专门部法律科	官42
钱协邦			光31.7	光31.9入早稻田大学留学生部理化科	官31、清
	金华	官费		明39早稻田大学清国留学生部预科毕业，明41早稻田大学留学生部师范本科物理化学科毕业，明42同上研究科毕业	早、印
钱协同		自费	光31.8	大阪高等预备校预科未毕业，光34.8入法政大学专门部法科，宣3.6毕业	清
	金华	自费	光31.8	大阪高等预备学校毕业，光34.8至宣3.6法政大学专门部政科	存
钱玄同	归安			早稻田大学	钱玄同日记
钱永铭	归安	自费		光33入神户高等商业学校	官28
	乌程	浙江	光31.6	光33.3入神户高等商业学校	官7、官38
	乌程	自费	光32.2	东京日华学校日文日语科肄业，光33.4至宣3.2神户高等商业学校本科	存
	浙江	官费	光32.2	东京日华学校日文日语科肄业，光33.4入神户高等商业学校本科，宣3.6毕业	清
				明44神户高等商业学校毕业	日
钱云英	吴兴	官费		东京女医学校	浙1916、1917
钱遹鹏		浙江	光31.7	光31.9入早稻田大学留学生部理化科	官8、31、清
	嵊县	官费		明39早稻田大学清国留学生部预科毕业，明41早稻田大学留学生部师范本科物理化学科毕业，明42同上研究科毕业	早、印
钱遹骏				宣1.9入明治大学专门部政科	官35

姓名	籍贯	费别	赴日时间	所入学校及其他相关事项	出处
钱豫		自费	光 34.8	同文书院普通科未毕业，宣 3.6 法政大学专门部法科毕业	清
	嘉善	自费	光 32.8	同文书院普通科未毕业，光 34.8 至宣 3.6 法政大学专门部法科	存
钱钺	乐清			宏文学院卒业	温
钱振堨	乐清	温州	光 28.5	光 28.9 宏文学院速成师范毕业	温、会 2、3、4、5
清冕				宣 2.3 入日本大学法律科	官 31
秦开	慈溪	官费	光 30.7	法政大学	会 5
	慈溪	自费	光 32.4	法政大学速成科、日本大学预科均毕业，光 32.8 至宣 1.5 明治大学专门部商科	存
	慈溪	自费	光 30.4	明 42 明治大学专门部商科毕业	日、印、清
邱开骏	黄岩	自费	光 29.10	清华学校	会 4、5
	黄岩	江宁	光 30.2	清华学校及第一高等学校普通科未毕业，光 33.6 至宣 2.5 明治大学专门部法科高等研究科	存
	黄岩	江宁	光 30.9	宣 1.9 入明治大学研究科，明 42 法科毕业	官 38、日、清
邱任元				光 33.11 入大成学校普通科	官 12
邱锐		官费	光 31.5	光 31.9 入早稻田大学留学生部历史地理科	官 11、36、清
	黄岩	官费		明 39 早稻田大学清国留学生部预科毕业，明 41 早稻田大学留学生部教育及历史地理科毕业，明 42 同上研究科毕业	早、印
邱肇元	奉化	自费	光 29.7	预备入学	会 3
裘谔臣	嵊县	自费		三井病院	浙 1917
秋瑾	山阴	自费	光 30.5	预备入学	会 5
阙麟书		自费			官 1
驱毓麒				光 31.9 早稻田大学留学生部历史地理科	官 31
屈奇	浙江	自费		早稻田大学在学	早
屈夔	临海	自费		预备入学	浙 1917
屈犠		自费	光 32.3	正则学校普通科未毕业，宣 2.5 早稻田大学专门部政治科毕业	清
	平湖	自费	光 32.3	正则英语学校未毕业，光 33.3 至宣 2.5 早稻田大学专门部政经科	存

续表

姓名	籍贯	费别	赴日时间	所入学校及其他相关事项	出处
				–R–	
任凤池				宣1.2入成城学校新班	官27
任祖菜	萧山			明40明治大学专门部法科毕业	日
任国庆					官7
任鸿年	湖州			1908年前往日本	湖州简史
任鸿隽（原籍归安）	四川		光34	日本东京高等工业学校应用化学	湖州市人物志，湖州名人志
				同文书院	官20
	四川	自费	光33.8	同文书院、东京高等工业学校应用化学科	官30
任允	仁和	自费	光28.3	物理学校、正则英语学校	会3、4
	仁和	浙江		清华学校、正则学校毕业后入东京高等工业学校应用科学科选科（光34毕业）	官19、20、日、印
				（病故）	官26
任祖菜	浙江	自费		明治大学法科，明40.3法政速成第四班毕业	官5
戎昌骧	慈溪	自费	光30.7	经纬学堂	印、会5
				私立正则预备学校数理化受验科	印
	慈溪	自费		光33入神户高等商业学校	官28
	慈溪	浙江	光30.7	光33.4入神户高等商业学校，明45毕业	官28、38、日
戎昌骧	慈溪	官费		大5.3东京高等师范学校毕业，化学研究科	日、浙1917
戎肇敏				私立正则预备学校中学相当科四年级	印
				光33.12经纬学堂除名	官13
	慈溪	自费	光32.5	清华学校，宣1.2入第一高等学校第三部医科	官28、清
		五校	光31.4	明43第一高等学校第三部预科毕业，大2正科毕业	官28、日
	慈溪	官费		九州帝国大学医科	浙1916、1917
阮性咸	余姚	浙江	光31.2	正则英语学校高等科未毕业，光31.9入岩仓铁道学校机械科	官8、印、清
阮性宜	余姚	浙江	光31.2	光31.10入岩仓铁道建设科	官38、印
		官费	光31.8	光32.3入学，岩仓铁道学校毕业	清
阮性传					官2

续表

姓名	籍贯	费别	赴日时间	所入学校及其他相关事项	出处
阮超				宣1.2入成城学校新班	官22
				–S–	
桑旭	仁和	自费	光30.5	清华学校	会5
邵文镕	会稽	自费	光29.12	清华学校	会4、5
	会稽	浙江		明38.9入札幌农学校	官7
	会稽	官费		明41北海道帝国大学毕业（东北帝国大学土木工学科）	日、印
		官费	光28.8	光31.6入学，东北帝国农科大学校毕业	清
邵梦同	余姚	自费		大4明治大学专门部法科毕业	日、浙1916、1917
邵善昌	鄞县	自费		预备入学	浙1917
邵义				明40.3法政速成第四班毕业	官5
邵自南	淳安	自费		预备入学	浙1916
申鸿琛	桐乡			大4明治大学专门部商科毕业	日
沈秉谌		自费	光29.1	弘道学院普通科毕业，光34.6入法政大学专门部政治科，宣3.6毕业	清
	归安	自费	光29.1	宏道学院普通科毕业，光34.6至宣3.6法政大学专门部政科	存
沈秉诚		直隶	光29.8	光32.8入法政大学专门部法律科	官31、清
	归安	直隶	光29.8	宏文学院普通科、法政大学速成科均毕业，光32.8至宣1.5法政大学专门部法律科	存
沈秉义				光33.12入成城学校普通科	官13
沈炳荣	海宁	自费	光30.9	法政大学	会5
沈陈善	吴兴			大5明治大学专门部政经科毕业	日
		自费		明治大学	浙1916
沈承裻	嘉兴			私立正则预备学校中学相当科二三年级	印
沈铎春		自费	宣1.2	宣1.2明治大学法科校外生	清
沈复	永嘉			大阪高等预备校卒业	温
沈其昌	山阴	自费	光30.11	光32.8至宣1.5明治大学法科	印、清、存
沈化夔		自费	光29.8	光31.3入学，大阪府立师范学校毕业	清
	奉化	自费	光30.8	预备入学	会5
		自费		名古屋第八高等学校	官35
	奉化	浙江	宣1.7	宣1.7入第八高等学校工科，明45毕业	官38、日
	奉化	官费		大5京都帝国大学工学部毕业	日、1916、1917

续表

姓名	籍贯	费别	赴日时间	所入学校及其他相关事项	出处
沈慰宸	钱塘	自费	光30.2	东京医学校	会4
沈椙				光34.9 入岩仓铁道学校业务部预科	官22
沈家康	山阴	浙江	光32.4	光33.10 入东京物理学校	官4、官7、官38、清
沈家蕙					官7
沈嘉康		浙江		明39.5 驻杭领事报告名单	杂6
沈嘉绩	瑞安	自费	光30.5	振武学校	会5
沈兼士	吴兴	自费		日本铁道学校、东京物理学校	沈尹默年谱
沈警	瑞安	自费		大阪高等医学校，宣2.2 入早稻田大学高等预备学校	温、官27、40
	瑞安	自费	光30.3	同文书院毕业，宣1.7 入大阪高等医学校	清
沈靖	温州	自费		振武学校陆军	印
		自费	光29.4	光29.4 入学，士官学校毕业	清
	瑞安			明39.12 入士官学校步兵科，明40.11 退队	官12
	瑞安			明40.12 入陆军士官学校步兵科，明41.11 毕业	日、温、陆
沈君衡	浙江			早稻田大学专门部在学	早
沈鹏程		自费		宣1.9 入明治大学专门部法科	官35、37
沈人鹤				宣2.10 入志成学校	官48
沈人骧				宣2.10 入志成学校	官48
沈绍洙		自费	光33.6	大阪预备校普通科未毕业，宣3.5 福冈县立工业学校毕业	清
沈寿昌	海盐	自费	光31.4	光34.1 入明治大学法科，明42 毕业	官14、日、印、清
	海盐	自费	光31.8	东京警监学校警监科毕业，宏文学院普通科未毕业，宣2.6 明治大学专门部法科又研究科毕业	清、存
沈时复	余姚	自费		明42.2 东洋大学速成警务科毕业	官2、印
	余姚	自费	光32.8	大成学校、同仁学校均未毕业，光32.8 至宣1.5 明治大学专门部法律科	存
	余姚	自费	光30.5	光32.8 入学，明42 明治大学专门部法科毕业	日、印、清
沈廷诘	嘉兴	自费		日本体育会体操学校选科	印
沈王济	海宁	自费		日本体育会体操学校选科	印
沈文华	嘉兴	自费		明40.4 东洋大学高等警务科毕业	官5、印

续表

姓名	籍贯	费别	赴日时间	所入学校及其他相关事项	出处
沈文涵	宁波			私立正则预备学校初等数理化受验科	印
沈文潜	宁波	自费	光 29.7	预备入学、清华学校	会 3、4
沈文孙	海盐	自费	光 30.9	法政大学	会 5
沈毓麟 沈谱琴	吴兴			（沈毓麟，字谱琴）	浙 1928、湖州市人物志
沈王桢	海宁	官费	光 29.2	预备入学、清华学校	会 3、4
	海宁	官费	光 29.8	清华学校	会 5
	杭州	浙江	光 29.4	光 32.4 入千叶医学专门学校，明 42 医学科毕业	官 6、官 28、日、印、清、存
沈沂	海宁	自费	光 28.1	成城学校陆军，振武学校陆军	会 2、印
沈锡庆	山阴	自费		1909 年 7 月经纬学堂普通科肄业	印
	山阴	自费	光 31.5	经纬学堂普通科未毕业，光 32.8 至宣 2.5 早稻田大学专门部法科	存
	浙江	自费	光 31.5	明 43 早稻田大学专门部法律科毕业（宣 2.5 给证）	早、清
沈希侠		自费	光 31.9	宣 3.2 物理学校理化科毕业	清
	慈溪	自费	光 31.9	物理学校普通科修业，光 34.2 至宣 3.2 物理学校高等理化科	存
沈翔云	吴兴		1899	日华学堂	任阙斋主人自述革命逸史
沈毅		自费		（因病归国）	官 11
沈尹默	吴兴	自费	1905	京都大学	沈尹默年谱等
沈允明 沈元明				光 33.9 入早稻田大学师范本科	官 10
	湖州	私费		日本体育会体操学校选科	印
沈应镛	归安	自费	光 30.9	法政大学	会 5
	归安	自费		私立经纬学堂警务科，明 39.2 卒业	印
	浙江			法政速成科第二班	法政大学史资料集
沈勇	余姚	自费		预备入学	浙 1917
沈章汉	萧山	自费			浙 1916
沈祚延	慈溪	浙江		宏文学院，东京高等商业学校（光 34 毕业）	官 7、官 19、20、日、印
	慈溪	官费	光 28.7	宏文学院普通科、高等商业学校、研数学馆	会 2、3、4、5
沈祖绵	钱塘	官费	光 29.5	光 29.11 宏文学院毕业	会 3、4、5
慎麟				光 34.3 入成城学校普通科	官 16

续表

姓名	籍贯	费别	赴日时间	所入学校及其他相关事项	出处
盛承彦	桐乡	官费		东京高等工业学校	浙 1916、1917
盛浩测	崇德	官费		大 2 第一高等学校预科第二部毕业	日、浙 1916、1917
盛沛洲	嘉兴			私立正则预备学校数理化受验科	印
	五校			东京高等工业学校电机科	官 28
盛沛东				大 6 第一高等学校毕业	日
盛在珣	镇海	自费	光 30.4	光 32.8 入学，早稻田大学毕业	清
	镇海	自费	光 30.4	日本大学商科预科毕业，光 32.8 至宣 1.5 中央大学专门部经济科	存
盛在琨	镇海	自费	光 30.4	光 32.8 入学，中央大学毕业	清
	镇海	自费	光 30.4	日本大学商科预科毕业，光 32.8 至宣 1.5 中央大学专门部经济科	存
盛在珩	镇海			京都法政大学	官 6
		自费		大阪高等医学校医科	官 28
	镇海	浙江	光 32.9	光 34.3 入大阪高等医学校医科，大 3 毕业	官 28、38、日
盛钟灵				宣 2.11 入明治大学专门部法律科	官 49
盛钟秀				光 34.12 入成城学校普通科	官 25
				光 32.9 入早稻田大学留学生部普通科	官 31
时世英					官 7
施绐棠				光 31.9 入早稻田大学留学生部博物科	官 31
施霖	仁和	浙江	光 28.7	正则预备学校、宏文学院普通科、第二高等学校	会 3、4、5
	仁和	浙江	光 28.8	宏文学院普通科未毕业，光 33.8 至宣 2.6 大阪高等工业学校应用化学科	存
	仁和	浙江	光 28.8	宏文学院普通科未毕业，光 32.9 入大阪高等工业学校应用化学科，明 43 毕业	官 28、38、日、清
施瑞荧	鄞县	自费	光 28.10	同文书院	会 2、4、5
施瑞荣	鄞县	自费	光 28	同文书院	会 3
施绍棠	安吉	自费	光 28.9	清华学校	会 2
	安吉	自费	光 28.10	预备入学	会 3
	安吉	官费	光 31.12	明 39 早稻田大学清国留学生部预科毕业，明 41 早稻田大学留学生部师范本科博物学科毕业，明 42 同上研究科毕业	早、印、清
	安吉	官费		早稻田大学清国留学生部博物学科	印

续表

姓名	籍贯	费别	赴日时间	所入学校及其他相关事项	出处
施行泽		浙江			官 8
施志	钱塘	自费		明 37.3 驻杭领事报告名单，时年 19 岁	杂 6
	仁和	自费	光 29.9	预备入学	会 3
施桌人	黄岩			明 45 明治大学专门部法科毕业	日
石傅绶				光 33.12 入宏文学院普通科	官 13
石铎	乐清	浙江	光 28.8	成城学校陆军、振武学校陆军	会 2、3、4、印
	乐清		光 28.7	光 30.6 振武学校陆军毕业预备入连队	会 5
	乐清			明 40.7 入陆军士官学校步兵科，明 41.11 毕业	日、温、陆
		官费	光 28.10	光 28.9 入学，士官学校毕业	清
史振鹏				光 33.10 入宏文学院普通科	官 11
	象山	自费	光 32.9	清华学校毕业，宣 1.7 入东京高等工业学校	官 30、清
	象山	五校	光 32.8	宣 1.4 入东京高等工业学校预科，大 5 图案科毕业	官 38、日、浙 1916
斯明	诸暨	自费	光 32	1909 年 7 月经纬学堂普通科毕业，长崎医学专门学校，大 3 毕业	印、官 33、日、清
斯荣	诸暨	自费		长崎医学专门学校	浙 1916
寿昌田	山阴	浙江	光 28.8	宏文学院普通科、振武学校陆军	会 2、3、4、印
	绍兴			陆军士官学校炮兵科第四期学生（明 39.12 入学，明 41.11 卒业）	陆
	山阴		光 28.7	光 30.6 振武学校陆军毕业预备入连队	会 5
舒华					官 2
舒厚德	慈溪	南洋	光 24.11	成城学校、光 28.3 近卫步兵第四连队见习士官毕业	他、会 2、3、4、5
舒永祺	山阴	官费	光 30.8	法政大学	会 5
松年	杭州	自费		明 40.4 东洋大学高等警务科毕业	官 5、印
宋澄				光 33.9 入明治大学预科	官 10
宋诚		自费	光 30.8	预备入学，明治大学高等预科	会 5、温
宋复	安吉	自费		东亚预备学校	浙 1917
宋仁				大 2 第三高等学校毕业	日 4

续表

姓名	籍贯	费别	赴日时间	所入学校及其他相关事项	出处
宋任				明 42 第一高等学校毕业	日
				（取消浙江官费）	官 11
		自费	光 30.10	同文书院，光 34.4 入第一高等学校第一部法科	官 17
	平阳	官费		东京帝国大学	浙 1916
		五校		光 34.4 入第一高等学校第一部法科	官 17、28
	平阳	五校	光 31.2	宣 1.9 入第三高等学校德法科	官 38、温
宋士骧	乌程			明 43 明治大学专门部法科毕业	日
宋师涛	余姚	自费		预备入学	浙 1917
宋希曾	峡县	自费	光 28.4	蚕业讲习所	会 2
宋鉌	平阳				温
宋植	平阳	自费	光 30.2	东京正则学校、宏文学院	温，会 4
孙葆华				宏文学院退学，光 34.10 入经纬学堂普通科	官 23
				宣 2.2 入早稻田大学理化科	官 40
	海宁			大 4 明治大学专门部商科毕业	日
孙葆璜				光 33.11 入大成学校普通科	官 12
孙炳	慈溪	自费	光 30.7	经纬学堂	会 5
		自费		东京高等师范学校	官 12
	慈溪	浙江	光 30.7	光 33.4 入东京高等师范学校第五部博物科	官 28、38、清
				明 45.3 东京高等师范学校毕业	日
孙丙璜	海盐	自费		预备入学	浙 1917
孙萃亨		自费	光 31.5	宣 3.4 东京药学校药科毕业	清
孙德金	宁波	官费	光 30.8	法政大学	会 5
孙洞环	奉化	自费	光 29.7	预备入学，成城学校	会 3、4、5
		官费	光 29.7	成城学校普通科未毕业，宣 2.12 大阪高等医学系校全科毕业	清
	奉化	浙江	光 29.7	成城学校普通科未毕业，大阪医学校预科毕业，光 32.9 至宣 2.10 大阪府立高等医学校全科	存
		自费		大阪高等医学校医科	官 6、官 28
	奉化	浙江	光 29.7	光 31.2 入大阪高等医学校医科，明 43 毕业	官 28、38、日

续表

姓名	籍贯	费别	赴日时间	所入学校及其他相关事项	出处
孙公达	永嘉			同文书院	温
孙衡	瑞安	自费		明 38.12 驻杭领事报告名单	杂 6
	瑞安	自费	光 30.2	成城学校	会 5、温
孙河环	奉化	自费		神户高等商业学校	浙 1916、1917
孙海环	奉化	四川	明 34.11	奉化县附生，年 26 岁	杂 3
	奉化	四川	光 27.9	成城学校文科	会 2
	奉化	官费	光 27.10	明 39 大阪高等工业学校采矿冶金科毕业	会 3、4、5、日、印
孙瀚	海盐	自费		预备入学	浙 1917
孙竟勇	海宁	自费	光 29.8	预备入学	会 3
孙觉	乐清				温
孙克钜	鄞县	自费		日本大学	浙 1916
孙克强	平阳	自费		1908 年 7 月经纬学堂普通科卒业	温、印
孙如仪		浙江		光 34 毕业	官 20
	青田	官费		明 39 早稻田大学清国留学生部预科毕业，明 41 早稻田大学留学生部师范本科博物学科毕业	早、印
孙如偁	青田	自费		日本体育会体操学校选科	印
孙任	瑞安	自费	光 29.2	预备入学	会 3
孙绍基	绍兴	两广公费		振武学校陆军	印
		官费	光 30.4	明 39.12 入士官学校步兵科，明 40.11 退队	官 12、清
				明 40.12 入陆军士官学校步兵科，明 41.11 毕业	日、陆
孙少荆	归安			大 3 明治大学专门部政经科毕业	日
孙少卿	归安			1914 年明治大学政科毕业	中华留日明治大学校友录
孙世伟	山阴	公费		光 34.8 入经纬学堂普通科，1909 年 4 月同校毕业	官 21、印
	山阴	浙江	光 31.5	经纬学堂普通科毕业，光 32.8 至宣 2.6 法政大学专门部法律科高等研究科	存
		自费	光 31.5	光 32.8 入法政大学专门部法律科，宣 2.6 同校研究科毕业	官 27、31、清

续表

姓名	籍贯	费别	赴日时间	所入学校及其他相关事项	出处
孙寿恩	奉化	自费转官费	光31.4	大阪预备学校普通科肄业，宣2.4长崎高等商业学校本科毕业	官7、官11、28、清
	奉化	浙江	光31.4	大阪预备学校肄业，光33.4至宣2.6长崎高等商业学校本科	存
	奉化	浙江	光31.6	光33.4入长崎高等商业学校商科	官28、38
孙寿瑃		自费		宣2.2入明治大学专门部法科	官40
孙寿祺	天台	浙江	光3.7	光31.9入早稻田大学留学生部理化科	官2、官31、印、清
孙天鷟	乐清	自费	光32.6	同文书院卒业，大阪高等预备校	温、官6、清
孙天荪				明43长崎高等商业学校毕业	日
孙学修				光34.12入成城学校普通科	官25
孙亚馨				宣1.2入实践女学校	官27
				宣1.8入东京女子美术学校西洋画科	官34
孙诒棫	瑞安			东京清华学校卒业	温
孙翼	钱塘	自费	光28.10	预备入学	会2
孙翼中	仁和	自费	光28.9	预备入学	会3
孙昭仁		官费		明39早稻田大学清国留学生部预科毕业，明41早稻田大学留学生部师范本科博物学科毕业	早
孙兆基	山阴	自费	光30.4	清华学校	会5
孙朱坤	海盐	自费		预备入学	浙1917
孙宗浩		自费	光31.9	成城学校高等普通科，光34.4入第一高等学校第二部	官17、印
		五校		明42第一高等学校第二部预科毕业，大2正科毕业	官17、日
	杭县	官费		大5东京帝国大学农学部毕业	日、浙1916
孙遵行	鄞县	自费		日大中学	浙1917
苏耕桂	鄞县	自费	光29.7	预备入学	会3
	鄞县	自费	光28.8	成城学校陆军，振武学校陆军	会2、印
苏耕春	鄞县	自费	光29.7	预备入学	会3
	鄞县	自费	光28.8	成城学校陆军，振武学校陆军	会2、印
苏振潼	永嘉			东京帝国大学理科	温
－T－					
汤拙存	山阴	官费	光30.9	法政大学	会5

续表

姓名	籍贯	费别	赴日时间	所入学校及其他相关事项	出处
汤彬	平阳			早稻田大学预科卒业	温
汤尔和 汤樵 汤调鼎	钱塘	自费	光 28.11	成城学校陆军，振武学校陆军	会 2、印
				明 43 金泽医学专门学校毕业	日
	仁和	自费	光 29.7	预备入学	会 3
汤国琛	平阳		光 28.5	光 28.9 宏文学院速成师范毕业	温、会 2、3、4、5
汤建中				明 40.3 法政速成第四班毕业	官 5
汤孝傅		自费	光 31.9	成城学校	官 22
	山阴	浙江	光 31.8	光 34.8 入东京帝国大学农科部实科	官 28、38、清
	山阴	浙江	光 31.8	成城学校普通科毕业，光 34.8 至宣 3.6 东京帝国大学农科大学农科	存
		自费	光 31.8	成城学校高等普通科毕业，宣 3.6 东京帝国大学农科大学兽医科毕业	印、清
汤贻湘	绍兴	官费		东京高等工业学校	浙 1916、1917
汤允中					官 6
汤兆丰		浙江	光 32.9	清华学校毕业，光 34.4 入第一高等学校第二部	官 17
		五校		光 34.4 入第一高等学校第二部	官 28
	仁和	五校	光 32.7	宣 1.8 入第四高等学校农科	官 38
唐昉	瑞安			宏文学院	温
唐肯				光 33.12 入中央大学法科	官 13
唐揆	瑞安			宣 2.2 入明治大学专门部法科，明 45 毕业	官 40、日
唐廷秩		浙江			官 8
唐通源				光 33.10 入宏文学院普通科	官 16
唐钰	温州			私立正则预备学校中学相当科四年级	印
唐翼				光 33.11 入同文书院普通科	官 12
	瑞安	五校	光 32.10	宣 1 闰 2 入山口高等商业学校预科，大 3 毕业	官 38、日、温、清
唐震	瑞安	浙江	光 31.6	光 31.9 入早稻田大学留学生部理化科	官 1、7、8、31、温、印、清
泰英姿	象山	自费		日本体育会体操学校选科	印
陶成章	会稽	自费		清华学校，振武学校陆军	会 2、印

续表

姓名	籍贯	费别	赴日时间	所入学校及其他相关事项	出处
陶昌善	秀水	官费	光30.5	第三高等学校	会5
	秀水	广东	光28.5	光32.9入札幌东北帝国大学农科	官38、清
	秀水			明44北海道帝国大学农学部毕业	日
	秀水	广东	光30.5	东北帝国大学农科大学预科毕业，光34.8至宣3.6东北帝国大学农科大学农科	存
	秀水	广东		明38.8入札幌农学校	官38
陶景唐					官6、官7
陶履恭		直隶		东京高等师范学校	清
陶善坚				宣1闰2入宏文学院普通科	官28
	秀水	浙江	光32.2	宣1.8入早稻田大学政经科	官33、38、清
陶善松				宣1闰2入大阪府立农学校	官28
陶尚铭	会稽	自费	光29.4	预备入学，早稻田中学校	会3、4、5
陶淑仙		奉天官费	光33.5	明42实践女学校毕业	日、清
陶铸				光33.9入法政大学专门部法律科	官10
				光33.12经纬学堂除名	官13
	会稽	自费		1909年7月经纬学堂普通科毕业	印
	会稽	自费	光32.9	经纬学校毕业，宣1.7入长崎医学专门学校，大2同校药学科毕业	清、官33、日
陶延枋				明43明治大学专门部法科毕业	日
陶元寿	山阴	自费	光29.4	预备入学	会3
陶元焘	仁和	公费	光29.4	预备入学	会4
	会稽	自费	光29.4	预备入学	会5
陶元均	山阴	自费	光29.4	预备入学	会3
	仁和	公费	光29.4	清华学校	会4
陶元钓	会稽	自费	光29.4	预备入学	会5
同志山		官费		早稻田大学留学生部师范本科博物学科在学	早
童瑞	余姚	自费		冈山高等农林学校、鹿儿岛高等农林学校	浙1916、1917
童蒙求		自费	光31.9	日本大学预科毕业，光34.12入中央大学经济科，宣3.6同校经济科本科毕业	官25、清
	慈溪	浙江	光31.9	日本大学大学部预科毕业，光34.9至宣3.6中央大学大学部经济科	存
	浙江	自费		早稻田大学在学	早

续表

姓名	籍贯	费别	赴日时间	所入学校及其他相关事项	出处
童有翼	德清	自费		东亚预备学校	浙 1916、1917
屠宝璩	嘉兴	官费		东京高等工业学校	浙 1916、1917
屠景层	嘉兴	自费		日本体育会体操学校选科	印
屠壬林				宣 1.10 入明治大学专门部政治科	官 36
屠师韩	秀水	自费	光 29.3	札幌农学校	会 3、5
	秀水	自费	光 27.3	明 39 札幌农学校农艺科毕业	会 4、日
	秀水	自费		东北帝国大学农艺科	印
屠世亨	嵊县	自费		预备入学	浙 1917
				－W－	
王邦藩	萧山			明 40 明治大学专门部法科毕业	日
				明 40.3 法政速成第四班毕业	官 5
王葆明	金华	自费		预备入学	浙 1916
王斌		自费	光 32.1	光 32.10 入学，东斌学校	清
王长春	绍兴	官费		东京帝国大学药学选科	浙 1916、1917
王超				仙台医学专门学校	官 11
王程之		自费	光 31.8	宣 2.11 东京药学校本科毕业	官 2、官 6、清
王承谷		自费		明 39.5 驻杭领事报告名单	杂 6
王传薰	浙江	自费		成城学校高等普通科	印
王墀	归安	自费		私立经纬学堂警务科，明 39.2 卒业	印
王德馨	吴兴	自费		法政大学	浙 1916
王鼎卿	瑞安	自费	光 30.9	预备入学	会 5
王鼎	瑞安			东京早稻田大学专门部	温
王福嵩	钱塘	自费		明 38.12 驻杭领事报告名单，附生	杂 6
				私立正则预备学校初等数理化受验科	印
王藩		自费	光 30.1	光 32.4 入学，东斌学校毕业	清
王镐基		自费	光 28.10	光 28.10 入学，士官学校毕业	官 11、清
				明 44.10 入陆军骑兵学校，大 1.10 毕业	日
王干	黄岩	官费		东京高等工业学校	浙 1916、1917
王冠斌	黄岩	江宁	光 31.10	宣 1.8 入明治大学政科	官 38、清
				宣 2.9 入日本大学专门部法科	官 47
王观澜	青田	自费		1906 年 7 月经纬学堂师范科毕业	印
王光祖	临海	自费		东斌学堂兵学科	印

续表

姓名	籍贯	费别	赴日时间	所入学校及其他相关事项	出处
王公勇	永嘉	自费			浙 1916
王华	义乌	官费		百名师范生，1905 年入早稻田大学	早
王鸿年	永嘉	使馆	光 24.10	光 30.6 东京帝国大学法科毕业	温、会 2、3、4、5、印
王鸿绪				明 44 第一高等学校预科第三部毕业	日
	杭县	官费		日本大学	浙 1916
	余杭			大 2.9 第七高等学校除名	日
王基	宁海	自费		预备入学	浙 1917
王嘉	秀水	自费	光 27.4	早稻田大学	会 2
	秀水	官费	光 27.4	早稻田大学	会 3、4、5
王隽	海宁	自费	光 29.2	同文书院	会 2
王隽基	海盐	自费	光 28.6	预备入学	会 3
王鋆	平阳	浙江	光 28.8	光 29.5 宏文学院普通科毕业	会 2、3、4、5
王继祖	山阴	浙江	光 31.8	大成学校普通科未毕业，（补阮性咸官费）光 32.4 入岩仓铁道学校本科机械科	官 8、印、清
王建极	宁海			光 34.9 入经纬学堂普通科	官 22
				宣 1.10 入明治大学专门部商科，大 2 毕业	官 36、日
				宣 2.9 入中央大学专门部商科	官 47
王建直				光 33.10 入早稻田大学普通科	官 11
王坚	瑞安	自费		预备入学	浙 1917
王揆一	萧山	自费		预备入学	浙 1917
王凯成	仁和	浙江	光 28.8	成城学校陆军、振武学校陆军	会 2、3、4、印
	仁和		光 28.7	光 30.6 振武学校陆军毕业预备入连队	会 5
		官费		明 40.7 入陆军士官学校工兵科，明 41.11 毕业	日、陆
		官费	光 28.8	光 28.8 入学，士官学校业	清
王凯		自费	光 31.6	早稻田大学预科毕业，1908.9 入东京高等工业学校预科	官 25、官 6
	永嘉	五校		东京高等工业学校应用化学科，大 2 毕业	官 28、日、温
	永嘉	自费		明 39 早稻田大学清国留学生部预科毕业，明 41 早稻田大学留学生部师范本科物理化学科毕业	早、印

续表

姓名	籍贯	费别	赴日时间	所入学校及其他相关事项	出处
王璐	上虞	官费	光 30.6	宏文学院	会 5
	上虞	浙江		光 31 入东京高等工业学校建筑科	官 28
	上虞	浙江	光 29.5	光 30.11 入东京高等工业学校建筑科	官 2、官 38、清
王烈	兰溪	自费		大 3.2 入陆军士官学校炮兵科，大 4.5 毕业，法政大学	日、浙 1916、陆
王履模	吴兴			宣 1.8 入经纬学堂普通科	官 34
王梦龄	慈溪	自费	光 29	光 29.11 宏文学院毕业	会 3、4、5
王欧声		自费			官 1、官 5
王启存	慈溪	官费	光 30.7	法政大学	会 5
王起	永嘉			同文书院卒业	官 6、温
王谦光	平阳			坂井制纸工厂卒业	温
王若俨	杭州	自费		振武学校陆军	印
王人鉴				光 38.9 入明治大学专门科	官 10
王仁铎	仁和	官费	光 30.8	法政大学	会 5
王仁锵	镇海	自费		兽医学校	浙 1916、1917
王佩文	上虞	四川		明 34.11 四川官费派赴留学，时年 17 岁	杂 3
	上虞	四川	光 27.9	成城学校文科、正则英语学校	会 2、3
	上虞	自费	光 27.10	正则英语学校	会 4
	上虞	官费	光 27.10	第一高等学校	会 5
	绍兴			东京外国语学校德语选科毕业	日、印
王平藩	临海	自费		东斌学堂兵学科	印
王普	乐清			宏文学院速成师范科卒业	温
王韶英				法政大学退学，光 34.8 入中央大学大学部经济科	官 21
	浙江	自费		明 39 早稻田大学清国留学生部预科毕业	早
王绍志	永嘉	自费		明 41 早稻田大学留学生部师范本科博物学科毕业	早、温、印
王绍驿	嵊县	自费		政法学校	浙 1916
王升				光 33.11 入早稻田大学政经科	官 12
王士廉	杭县	自费		预备入学	浙 1916
	杭县	自费		日本大学	浙 1917
王式	瑞安	自费		正则英语	浙 1916
王式一	平阳			东京高等警务学校卒业	温

续表

姓名	籍贯	费别	赴日时间	所入学校及其他相关事项	出处
王守先				光 33.11 入宏文学院高等师范预科	官 11
王统	永嘉	自费	光 29.7	正则英语学校、海城学校、东京商船学校	会 5、温
王廷扬	金华	官费	光 30	法政大学	会 5
王蔚文	上虞	自费	光 29.2	成城学校	会 4、5、印
	上虞	浙江	光 30.9	高等工业学校预科、成城学校普通科均毕业，光 32 入东京高等工业学校电气机械科，明 43 毕业	官 2、7、28、清
	上虞	自费	光 30.1	成城学校普通科及东京高等工业学校预科均毕业，光 33.1 至宣 2.6 东京高等工业学校机械科	存
王文灿				光 33.11 入法政大学预科	官 12
				宣 1.2 入同文书院普通科	官 27
				宣 2.8 入明治大学政治科	官 46
王文治	吴兴			大 2 明治大学专门部法科毕业	日
	吴兴			明治大学法科，1913 年毕业	中华留日明治大学校友录
王煦	仁和	自费		明 37.3 驻杭领事报告名单，时年 22 岁	杂 6
				光 34.1 士官学校骑兵科毕业	官 25
		自费	光 29	振武学校陆军	会 4、印
				明 39.12 入陆军士官学校工兵科，明 40.5 毕业	日、陆
王序宾	平阳	官费		大阪安田厂	浙 1917
王兴和	绍兴	自费		下谷寻常小学校	浙 1916
王锡圭	平阳			宏文学院速成师范科卒业	温
王寅	建德	自费		日本体育会体操学校选科	印
王一士	仁和	自费		明 37.3 驻杭领事报告名单，时年 29 岁	杂 6
	杭州	自费		振武学校陆军，退学	印
王翊鹏	鄞县	官费		明 39 早稻田大学清国留学生部预科毕业，明 41 留学生部师范本科物理化学科毕业	早、印
王右庚	海盐	自费	光 30.1	明 42 明治大学专门部法科毕业	日、清
	临海	自费	光 30.1	同文书院普通科毕业，光 32.7 至宣 1.5 明治大学专门部法律科	存
	黄岩	自费		明治大学法科	印

续表

姓名	籍贯	费别	赴日时间	所入学校及其他相关事项	出处
王右燮	杭县	自费		志成中学	浙 1916、1917
王毓源	余姚	自费		明 37.3 驻杭领事报告名单，时年 18 岁	杂 6
王元斌		自费		大阪府立农学校	官 6
	镇海	自费	光 32.9	大阪高等预备学校毕业，宣 1.7 入东京高等工业学校	官 30、清
	镇海	五校	光 32.9	宣 1.4 入东京高等工业学校预科，大 2 毕业	官 38、日
王越	临海	官费		早稻田大学	浙 1916
王云璈				宣 2.2 入早稻田大学高等商科	官 40
				宣 2.8 入明治大学法科	官 46
王荫泰	山阴	自费	光 29.12	第一高等学校	会 4
	会稽	官费	光 29.10	第一高等学校	会 5
王焕	永嘉	自费		明治大学药学	浙 1916、1917
王迺升	浙江	自费	光 32.9	明 40 早稻田大学清国留学生部预科毕业，光 33.9 入法政大学专门部法科，宣 2.6 毕业，宣 3.6 同校研究科毕业	早、清
	太平	自费	光 32.9	早稻田大学预科毕业，光 32.9 至宣 3.6 法政大学专门部法科又高等研究科	存
王垚	仁和	官费	光 30.8	法政大学	会 5
王肇基	天台	自费		日本体育会体操学校选科	印
王震声		自费	光 32.8	光 32.8 入学，同文学校毕业	清
王振声				宣 1.2 入东京外国语学校德语专修科	官 27
		官费	光 31.7	光 31.9 入早稻田大学留学生部历史地理科	官 31、清
				光 32.8 入早稻田大学政经科	官 31
	金华	官费		明 39 早稻田大学清国留学生部预科毕业，明 41 早稻田大学留学生部教育及历史地理科毕业，明 42 同上研究科毕业	早、印
王正茹	鄞县	官费		神户高等商业学校	浙 1916、1917
王钟狱				宣 2.10 入日本大学法科	官 48
王宗禹	平阳	自费		预备入学	浙 1917
王祖赓	慈溪	自费		庆应义塾幼稚园、庆应小学校	会 4、5
王之桢	仁和	自费		明 37.3 驻杭领事报告名单，时年 19 岁	杂 6
	杭州	自费	光 30.2	振武学校陆军	会 4、印
王秩	黄岩	自费		预备入学	浙 1916、1917

续表

姓名	籍贯	费别	赴日时间	所入学校及其他相关事项	出处
王遵辙	仁和	自费	光30.1	成城学校	会5
王樨		官费	光31.7	光31.9入早稻田大学留学生部理化科	官31、官7、清
	江山	官费		明41早稻田大学留学生部师范本科物理化学科毕业，明42同上研究科毕业	早、印
汪謩	鄞县	自费			浙1916
汪樨	钱塘	自费	光28.3	振武学校陆军	会4、印
	钱塘		光28.7	光30.6振武学校陆军毕业预备入联队	会5
				明38.10金泽医学专门学校退学	日
	浙江	官费		早稻田大学政治经济科在学	早
汪标	杭州			陆军士官学校辎重科第四期学生（明39.12入学，明41.11卒业）	陆
汪镐基	秀水	自费	光28.10	成城学校陆军、振武学校陆军	会2、3、4、印
	秀水		光28.7	光30.6振武学校陆军毕业预备入联队	会5
				明40.7入陆军士官学校骑兵科，明41.11毕业	日、陆
汪国庆	浙江	自费	光32.8	明40早稻田大学清国留学生部预科毕业，宣3.6早稻田大学专门部政经科毕业	早、官6、清
	江山	浙江	光32.8	早稻田大学预科毕业，光34.8至宣3.6早稻田大学专门部政经科	存
汪鸿桢	吴兴			大4东京高等工业学校建筑科毕业	日
汪基	钱塘	自费	光28	振武学校	会3
汪樑	仁和	自费	光28.5	成城学校陆军	会2
汪墀	秀水	官费	光30.9	法政大学	会5
汪厥明	金华	官费		大5第一高等学校预科第三部毕业	日、浙1916、1917
汪迺升					官4
汪梦醒					官6
汪受浩	绍兴	官费		东京高等工业学校	浙1916、1917
汪宪毅	海盐	自费	光32.7	光32.8入早稻田大学留学生部博物科	官31、4、印、清
		公费		明40早稻田大学清国留学生部预科毕业，明42早稻田大学留学生部师范本科博物学科毕业	早
汪希	钱塘	自费	光28.11	预备入学	会2、3
	钱塘	官费	光30.8	法政大学	会5

续表

姓名	籍贯	费别	赴日时间	所入学校及其他相关事项	出处
汪彦时	杭县	自费		东京药学校	浙 1916
汪衍德					官 2、官 5
汪以钟	秀水	自费	光 28.6	预备入学	会 2
	秀水		光 24.5	光 24.11 宏文学院速成师范毕业	会 2、3、4、5
汪有龄	钱塘	浙江	光 23.11	大阪山本宪私塾、竞进社蚕业讲习所，日华学堂	他
		浙江		预备明 32.9 日华学堂毕业后入第一高等学校，后因病辞退回国	杂 3
汪与准	海宁	自费	光 28.6	预备入学	会 3
	海宁	官费	光 28.3	千叶医学专门学校	会 4、官 6
	杭州	官费	光 28.6	千叶医学专门学校，明 40 药学科毕业	会 5、日、印
汪祖泽				明 42 明治大学专门部法科毕业	日
	山阴	两广	光 30.11	经纬学堂普通科毕业，光 32.8 至宣 1.5 明治大学专门部法律科	存
汪振声	乌程	自费	光 29.3	光 30.4 入学，早稻田大学高等预科	会 4、清
	乌程	官费	光 29.2	早稻田大学政治经济科	会 5
	浙江	自费		1909 早稻田大学政治经济科毕业	早
	湖州	自费		早稻田大学清国留学生部政治经济科	印
	归安	四川	光 29.1	早稻田大学高等预科毕业，光 30.4 至宣 1.5 早稻田大学大学部政治经济科	存
				明治 42 年早稻田大学政治经济科毕业	日
魏炳章	嵊县	自费		预备入学	浙 1917
魏炯	宁波	自费		明 39.5 驻杭领事报告名单，附	杂 6
				光 34.3 入法政大学专门部法律科	官 16
				光 34.12 入早稻田大学专门部政经科	官 25
魏兰	云和	自费	光 29.7	清华学校、振武学校，光 34.1 士官学校步兵科毕业	会 3、4、官 25
	处州	云南公费		振武学校陆军	印
				明 39.12 入陆军士官学校步兵科，明 40.5 毕业	日、陆
魏巍	钱塘	自费	光 28.11	预备入学	会 2、3
魏志骞	丽水	自费		1906 年 7 月经纬学堂师范科毕业	印
温松孙	乌程	浙江		早稻田大学师范科（因病回国）	官 11、13
问达文				大 4 第一高等学校预科第三部毕业	日

续表

姓名	籍贯	费别	赴日时间	所入学校及其他相关事项	出处
文锷				光 34.10 入明治大学专门部法律科	官 23
文钟	杭州	官费		振武学校陆军，命令退校	印
翁琦	仁和			明 40.4 东洋大学高等警务科毕业	官 5
翁燕孔				光 33.11 入大成学校普通科	官 12
邬谟贤	奉化	官费		东京高等工业学校电机	浙 1917
邬学韶 邬学昭				宣 1.2 入东京外国语学校英语专修科	官 27
		自费	光 31.7	大阪高等预备学校普通科毕业，宣 3.6 法政大学专门部政治科毕业	清
	奉化	浙江	光 31.7	大阪高等预备学校普通科毕业，光 34.7 至宣 3.6 法政大致专门部政科	存
	奉化	官费	光 31.7	明 39 早稻田大学清国留学生部预科毕业，明 41 早稻田大学留学生部师范本科物理化学科毕业	早、印、清
邬学诒				光 31.9 入早稻田大学留学生部理化科	官 31
邬懋彰				大阪高等预备校	官 6
邬肇元	奉化	自费	光 29.9	清华学校	会 4、5
	奉化	自费	光 29.7	清华学校肄习普通科毕业，光 33.3 至宣 2.2 名古屋高等工业学校土木科	存
	奉化	自费转浙江		名古屋高等工业学校色染科	官 6、官 7、官 28
	奉化	浙江	光 29.8	清华学校普通科毕业，光 33.3 入名古屋高等工业学校土木科，明 43 毕业	官 38、日、清
乌始光	镇海	自费		预备入学	浙 1917
吴邦官	湖州	陆军部费		振武学校高等普通科	印
吴萃兰	浙江	自费		成城学校高等普通科	印
	乐清	五校		明 42 第一高等学校第三部医科预科毕业，熊本第五高等学校，九州大学医科	官 28、日、温、浙 1916、1917
吴萃园		自费	光 30.9	成城学校毕业，第一高等学校第三部	官 17
吴朝冕	松阳	公费	光 30.7	经纬学堂	会 5
	松阳	自费		1905 年 7 月经纬学堂师范科毕业	印
吴道益		浙江		明 39.5 驻杭领事报告名单	杂 6
	钱塘	浙江	光 32.5	宏文学院普通科未毕业，光 33.7 入千叶医学专门学校医科，明 44 毕业	官 38、日、清
吴德					官 5、官 6

续表

姓名	籍贯	费别	赴日时间	所入学校及其他相关事项	出处
吴鼎昌（祖籍吴兴）	四川	官费	光 29.4	成城学校普通科未毕业，光绪 32.6 入学东京高商本科	清
	四川			考入东京高等商业学校	官 2
	四川	官费		高等商业学校本科第二年级	官 28
	华阳			明 43 年东京高等商业学校	日
吴公望	嘉兴			大 5 千叶医学专门学校毕业	日、浙 1916
吴浩	永嘉			东京同文书院毕业，宣 2.2 入青山农学校	官 40、温
吴皓	嵊县			明 45 明治大学专门部法科毕业	日
吴莘	会稽	自费	光 30.2	同文书院	会 4、5
	会稽	江宁	光 30.3	同文书院普通科毕业，光 34.9 至宣 3.6 早稻田大学专门部政科	存
	会稽	江宁	光 30.1	光 33.9 入早稻田大学政治科	官 38、清
吴建	乐清			东京商船学校	温
吴杰	钱塘	自费		明 37.3 驻杭领事报告名单，时年 23 岁	杂 6
	杭州	浙江	光 30.2	振武学校陆军，光 34.1 士官学校步兵科毕业	会 4、官 25
				明 39.12 入陆军士官学校步兵科，明 40.5 毕业	日、陆
吴凯	乐清			宏文学院卒业	温
吴恺				大 4 北海道帝国大学农学部毕业	日
吴乃璋		官费	光 30.5	光 31.9 入早稻田大学留学生部历史地理科	官 31、清
	石门	官费		明 39 早稻田大学清国留学生部预科毕业，明 41 早稻田大学留学生部教育及历史地理学科毕业，明 42 同上研究科毕业	早、印
吴慕渊				大阪高等预备校	官 6
吴岐	奉化	自费		预备入学	浙 1916、1917
吴峡	奉化	自费	光 28.8	光 31.3 入学，大阪府立农学校农科毕业	官 6、印、清
吴群	处州	自费		1909 年 7 月经纬学堂普通科毕业	印
吴启祥	慈溪	自费		庆应大学	浙 1916
吴仁山	仁和	自费	光 29.7	预备入学	会 3
	仁和	自费	光 28.9	成城学校陆军，振武学校陆军	会 2、印
吴荣钠		自费	光 30.8	光 32.8 入法政大学专门部法律科	官 31、清
	西安	自费	光 30.3	宏道学校普通毕业，光 32.8 至宣 1.6 法政大学专门部法律科	存

续表

姓名	籍贯	费别	赴日时间	所入学校及其他相关事项	出处
吴荣	浙江			早稻田大学政治经济科在学	早
吴绍棻	平阳	自费		预备入学	浙1917
吴社贞				光34.1士官学校步兵科毕业	官25
吴世煌	桐乡	官费		大5第一高等学校预科第二部毕业	日、浙1916、1917
吴树基		自费	光32.5	法政大学普通科退学，光34.2入明治大学专门部法律科，宣2.6毕业	官15、清
	瑞安	浙江	光32.5	法政大学普通科未毕业，光33.9至宣2.6明治大学专门部法科	存
	瑞安			明43明治大学专门部法科毕业	日、温
吴思豫				连队近卫师团	官12
		官费	光31.9	振武学校卒业，近卫步兵第四联队，明41.12入陆军士官学校步兵科，明43.5毕业	日、清、陆
吴宗栻	山阴	官费	光29.12	明41第一高等学校毕业	会4、5、日
		学部	光29.1	第一高等学校文科	官17
	山阴	大学堂	光29.12	光34.7入东京帝国大学农科部农艺化学科，明45毕业	官28、38、日、清
吴宗濂	湖州	自费	光29.9	同文书院	会4、5
	归安	浙江	光28.10	光32.3入东京高等工业学校机械科，明44毕业	官28、38、清
	归安	浙江	光28.10	同文书院普通科未毕业，东京高等工业学校毕业，光34.9至宣3.6东京高等工业学校机械科	存
	浙江			明44年东京高等工业学校机械科毕业	日
吴文敷				光34.1入宏文学院普通科	官14
				光34.8入中央大学专门部政经科	官21
吴文禧吴文嬉	嘉兴			明40.4东洋大学高等警务科毕业	官5、印
吴锡永	乌程	南洋	光24.11	成城学校、陆军士官学校	他
	乌程		光24.11	光28.3近卫步兵第四连队见习士官毕业	会2、3、4、5
	吴兴			陆军士官学校	中国留日同学会会员录
	湖州			陆军士官学校步兵科第一期学生（明33.12入学，明34.11卒业）	陆
	南洋	官费		私立成城学校高等普通科	印
	湖州	官费		振武学校陆军	印

续表

姓名	籍贯	费别	赴日时间	所入学校及其他相关事项	出处
吴湘		自费		成城学校退学，光34.5入商船学校机关科	官18
吴祥凤	嘉兴	自费	光32.7	早稻田大学退学，光34.1入宏文学院	官4、官14
				宏文学院毕业，1908.9入千叶医学专门学校	官32、清
				大4千叶医学专门学校毕业	日
吴祥麒	嘉兴	官费		东京高等师范学校	浙1916、1917
吴玉	德清	官费		高工卒业	官49
吴贤炯	奉化	自费		预备入学	浙1917
吴祉麟		浙江	光30.7	光31.9入早稻田大学留学生部理化科	官8、31、清
	建德	官费		明41早稻田大学留学生部师范本科物理化学科毕业，明42同上研究科毕业	早、印
吴夔					官6
吴忠果		浙江		明39.5驻杭领事报告名单	杂6
		浙江		光34.10入明治大学专门部商科	官4、官6、官11、23
	钱塘	浙江	光32.5	宣1.2入明治大学商科，明45毕业	官38、日、清
吴钟镕	永嘉	自费	光28	振武学校	会3、印
	永嘉	浙江	光28.11	振武学校陆军	会4、5
		浙江		光34.2士官学校步兵科毕业	官8、15
	永嘉		光27.10	明39.12入陆军士官学校步兵科，明40.5毕业	日、温、陆
吴钟毓	平阳	自费		早稻田大学校外生	会2
吴震寰	奉化	自费	光29.7	大阪府立农学校	官6
吴震夏	奉化	自费		预备入学、正则英语学校	会3、4
吴振麟		浙江	光24.10	明32.9日华学堂毕业后入第一高等学校	杂3
	嘉善	浙江	光24.11	光30.6东京帝国大学法科毕业	会2、3、4、5、印
吴增揆		自费	光34.6	光34.8入法政大学专门部法科，宣3.6毕业	清
	石门	浙江	光34.6	光34.8至宣3.6法政大学专门部法科	存
伍井	瑞安	自费		预备入学	浙1917

续表

姓名	籍贯	费别	赴日时间	所入学校及其他相关事项	出处
				-X-	
萧瀚		自费		明 39.5 驻杭领事报告名单	杂 6
	吴兴			明 42 明治大学专门部法科毕业	日
	浙江	自费	光 29.3	光 32.3 入明治大学	清
	湖州	私费		明治大学法科	印
	长兴	自费	光 29.3	宏文学院普通科毕业，光 32.3 至宣 1.5 明治大学专门部法律科	存
	吴兴			1909 年明治大学法科毕业	中华留日明治大学校友录
萧学源	长兴			明 44 明治大学专门部专攻科毕业	日
	浙江	自费	光 29.3	宏文学院普通科未毕业，光 32.3 入明治大学专法科又研究科，宣 3.6 毕业	清
	长兴	自费	光 29.3	宏文学院普通科未毕业，光 32.3 至宣 3.6 明治大学专门部法科又研究科	存
谢楠寿	余姚	自费		预备入学	浙 1916、1917
谢向荣	余姚	江宁	光 31.10	宣 1.8 入仙台医学专门学校医科	官 38、清、浙 1916
谢寿廉	平阳			东京同文书院卒业	温
谢廷骆	平阳			同文书院卒业	温
谢国英	天台	自费	光 32.7	同文书院普通科未毕业，明 44 明治大学专门部法科毕业（宣 3.6 给证）	日、清
	天台	自费	光 32.7	同文书院普通科未毕业，光 34.7 至宣 3.6 明治大学专门部法科	存
谢国钦		自费	宣 2.3	早稻田大学法政科未毕业，宣 2.9 入法政大学专门部法科，宣 3.6 毕业	清
谢德铭	乐清	自费		明 39 早稻田大学清国留学生部预科毕业，明 41 早稻田大学留学生部教育及历史地理科毕业	早、温、印
谢乃王	绍兴	自费		立教大学	浙 1916
谢绪	临海	自费		预备入学	浙 1917
谢钟灵	天台	官费	光 31.8	光 32.8 入学，明 41 早稻田大学留学生部教育及历史地理学科毕业，明 42 同上研究科毕业	早、印、清
邢冕	嵊县	自费		早稻田大学	浙 1916、1917

续表

姓名	籍贯	费别	赴日时间	所入学校及其他相关事项	出处
徐陈冕	奉化	自费转浙江		山口高等商业学校	官 11
				长崎高等商业学校	官 7
徐陈冕	永嘉			同文书院卒业	温
徐朝宗 徐朝崇	会稽	四川		明 34.11 四川官费派赴留学，时年 17 岁	杂 3
	会稽	四川	光 27.9	成城学校陆军	会 2、印
	会稽	官费	光 27.10	近卫工兵大队、振武学校陆军	会 3、4
	绍兴			陆军士官学校工兵科第三期学生（明 36.12 入学，明 37.11 卒业）	陆
	会稽		光 27.4	士官学校毕业	会 5
徐鼎元	会稽	官费		明 41 早稻田大学专门部政治经济科毕业	早、印
徐国均	遂昌	公费	光 30.7	经纬学堂	会 5
	遂昌	自费		1905 年 7 月经纬学堂师范科毕业	印
徐官海	嵊县	官费	光 30.9	法政大学	会 5
徐鸿恩	仁和	官费	光 31.7	光 34.11 入早稻田大学留学生部理化科	官 24、印、清
徐辉 徐辉	钱塘	自费	光 37	明治大学商科	印、清
	钱塘	自费	光 30.7	国民中学会普通科毕业，光 32.8 至宣 1.6 明治大学专门部商科	存
徐家光				光 31.9 入早稻田大学政经科	官 31
				宣 1.2 入法政大学法科	官 27
徐家				光 34.12 入明治大学商科	官 25
徐军杭				大阪高等工业学校	官 11
徐可升				光 33.9 入宏文学院普通科	官 10
徐克煌	德清	官费		大 2 东京高等工业学校毕业	日、官 49
徐乐舜	黄岩	官费		东京高等工业学校	浙 1916、1917
徐灵云				宣 2.10 入明治大学商科	官 48
徐令誉	钱塘	官费	光 30.8	法政大学	会 5
徐启同	永嘉			同文书院卒业，宣 2.12 入东洋大学	温、官 50
徐清扬	平湖			光 34.8 入经纬学堂，1909 年 7 月同校毕业	官 21、印
	平湖	自费	光 33.5	经纬学校普通科未毕业，光 34.10 至宣 3.6 明治大学专门部法科	存、清
				宣 1.10 入早稻田大学政经科	官 36

续表

姓名	籍贯	费别	赴日时间	所入学校及其他相关事项	出处
徐荣生	山阴	自费		私立顺天求合社	印
徐朔	仁和	自费	光 29.2	振武学校陆军	会 4
徐宗彦	镇海	浙江	光 32.7	宣 1.7 入东京水产讲习所制造科	官 38
	镇海	自费	光 33.4	大阪高等预备学校毕业，宣 1.7 入东京水产讲习所制造科	清
徐世保	绍兴	自费	光 29.2	预备入学	会 3
徐述垚					官 6
徐诵明	新昌	自费	光 33.10	清华学校，宣 1.2 第一高等学校第三部医科明 43 毕业	官 28、日、清
	新昌	官费		大 3 第六高等学校毕业，九州大学医科	日、浙 1916、1917
徐维城					官 5、官 6
徐文藻	海盐	自费	光 30.9	清华学校	会 5
		浙江	光 31.8	光 31.9 入早稻田大学留学生部理化科	官 8、官 31、官 7、清
	海盐	官费		明 39 早稻田大学清国留学生部预科毕业，明 41 早稻田大学留学生部师范本科物理化学科毕业，明 42 同上研究科毕业	早、印
徐锡骥徐希骥	浙江	自费		成城学校高等普通科	印
	绍兴			明 44 千叶医学专门学校毕业	日
		自费	光 30	成城学校毕业，1908.9 入千叶医学专门学校药科，宣 3.6 毕业	官 25、清
	山阴	浙江	光 31.12	成城学校普通科毕业，光 34.8 至宣 3.6 千叶医学专门学校药学科	存
	山阴	五校	光 31.10	光 33.5 入千叶医学专门学校药科	官 38
徐杏丰				宣 1.8 入中央大学大学部预科	官 34
徐杏书		自费		宣 1.2 入中央大学大学部经济科	官 38
	永康			明 45 中央大学毕业	日
徐学礼					官 5
徐一冰	吴兴			1905 年赴日，入大森体育学校	湖州市人物志
徐源达	德清	自费		早稻田大学	浙 1916、1917
徐肇杭	镇海	自费转浙江		明 39.9 入大阪高等工业学校	官 2、官 6
徐正塘	鄞县	自费		预备入学	浙 1917

续表

姓名	籍贯	费别	赴日时间	所入学校及其他相关事项	出处
徐正定	绍兴	自费		中央大学	浙 1916、1917
徐卓	海宁	自费		明 37.3 驻杭领事报告名单，时年 17 岁	杂 6
	海宁	自费	光 29.8	预备入学	会 3
	海宁	自费	光 29.10	振武学校	会 5
		自费	光 30.1	振武学校陆军	会 4、印
				光 34.1 士官学校步兵科毕业	官 25
				明 39.12 入陆军士官学校步兵科，明 40.5 毕业	日、陆
徐作宾	象山	自费		日本体育会体操学校选科	印
夏鼎	山东			东京警监学校	官 4
夏斗寅	奉化	官费		东京高等师范学校	浙 1916、1917
夏和	平阳	自费	光 30.8	预备入学	会 5、温
夏循兰	仁和			1899 年 7 月赴日，入华族女学校	浙江潮第三期
夏循垲	仁和	自费	光 25.5	东京法学院	会 2
	仁和	官费	光 25.10	光 30.6 东京法学院大学毕业	会 3、4、5
				明 37 中央大学毕业	日
夏循恂		自费	光 34.2	宣 3.4 美术学校西洋画科毕业	清
夏惠				光 33.12 入经纬学堂普通科	官 13
夏凯章	黄岩	自费	光 30.7	清华学校	会 5
夏廷纲	钱塘	官费		光 31.9 入早稻田大学留学生部博物科	官 31
	钱塘	官费		明 39 早稻田大学清国留学生部预科毕业，明 41 留学生部师范本科博物学科毕业，明 42 同上研究科毕业	早、印
夏廷璋 夏廷章	钱塘	官费		百名师范生，1905 年入早稻田大学	早
	钱塘	官费		明 41 早稻田大学留学生部教育及历史地理科毕业	早、印
夏炘	平阳			东京同仁医学校	温
夏锡祺	镇海	自费		明 38.12 驻杭领事报告名单，附生	杂 6
		自费		京都帝国大学文科	官 11、28
	镇海	浙江		光 33 入东京帝国大学文科部哲学科	官 28
	镇海	官费	光 31.6	明 42 京都帝国大学毕业（哲学科）	日、印、清
	镇海		光 31.6	物理学校、哲学馆均未毕业，光 32.7 至宣 1.5 京都帝国大学文科	存
夏善吉	富阳	自费		1906 年 3 月经纬学堂短期警务科毕业	官 2、印

续表

姓名	籍贯	费别	赴日时间	所入学校及其他相关事项	出处
夏禹鼎	奉化	官费		大4第一高等学校预科第三部毕业，第三高等学校医科	日、浙1916、1917
夏禹铭	奉化	官费		大5第一高等学校预科第三部毕业，第三高等学校采矿	日、浙1916、1917
夏禹勋	奉化	自费		预备入学	浙1916、1917
夏兆芝				光34.1入明治大学商科	官14
			光32	清华学校普通科	官20
				光34.2入岩仓铁道学校营业科	官15
夏铸				东京高等工业学校	官11、官6
夏张时田	钱塘	自费	光28.12	日本女子大学校	会2
夏镇邦	富阳	自费		1906年3月经纬学堂短期警务科毕业	官2、印
夏钟澍	富阳	自费		1907年7月经纬学堂警务科毕业	印
夏宗禹	富阳	自费		1907年7月经纬学堂警务科毕业	印
项承椿	永嘉		光28.5	光28.9宏文学院速成师范毕业	会2、3、4、5
项竞	永嘉	自费		明40.4东洋大学高等警务科毕业	官5、印
项骏	瑞安	自费	光29.4	预备入学	会3
项雅	瑞安	陆军部	光34	振武学校高等普通科	瑞安文史资料第十辑、印
项鹏				1908入振武学校	官16
项朋	瑞安			振武学校	温
项强	永嘉			东洋大学速成警务科毕业	温
项枨	永嘉			东京宏文学院速成师范科卒业	温
项肩	瑞安			东京正则学校	温
项廷骅	瑞安	浙江	光31.7	光31.9入早稻田大学留学生部理化科	官8、31、温、印、清
项廷珍	瑞安			法政大学	温
项同钦		自费	光31.7	光32.6入早稻田大学留学生部理化科	官31、清
	瑞安	自费		明40早稻田大学清国留学生部预科毕业	早、温、印
项顶	平阳			宏文学院速成师范科卒业	温
项沈同	瑞安	自费		法政大学	浙1916
项泽蟠	瑞安			东京警监学校毕业	温

续表

姓名	籍贯	费别	赴日时间	所入学校及其他相关事项	出处
萧培身		自费	光 32.2	宏文学院普通科毕业，宣 1.1 入法政大学，宣 3.6 同校专门部法科毕业	官 26、清
	桐乡	浙江	光 32.1	宏道普通科毕业，光 34.7 至宣 3.6 法政大学专门部法科	存
许炳堃		浙江		光 33 东京高等工业学校应用化学特别本科毕业	官 19
	德清	自费	光 29:3	清华学校、正则英语学校、东京高等工业学校	会 3、4、5
	德清			明 40 年东京高等工业学校纺织科毕业	日
	德清	不明		东京高等工业学校机织分科选科	印
许鞭					他
许步云	黄岩			宣 1.7 入明治大学专门部法科，明 45 毕业	官 33、日
许葆英	海宁	南洋	光 24.11	成城学校，光 28.3 近卫野战炮兵连队见习士官毕业	他、会 2、3、4、5
	海宁			陆军士官学校炮兵科第一期学生（明 33.12 入学，明 34.11 卒业）	陆
	海宁	官费		振武学校陆军	印
许陈琦	天台	自费	光 32.6	同文书院，宣 1.2 入东京高等师范学校英语部	官 28、清
许诚		自费		光 31.9 入早稻田大学留学生部博物科	官 16、31
	黄岩	江宁	光 30.9	宣 1.7 入日本大学专门部法科	官 33、38、清
		官费		明 41 早稻田大学留学生部师范本科博物学科毕业	早、印
许铸	瑞安	自费		早稻田大学预科	温
许徵				私立正则预备学校初等数理化受验科	印
	瑞安	自费	光 30.5	成城学校，东京帝国大学工科	会 5、温
	瑞安	浙江		第六高等学校第二部工科（冶金学科），明 42 毕业	官 28、日、印
	瑞安	浙江	光 30.1	宣 1.7 入东京帝国大学采矿冶金科，大 2 毕业	官 38、日
许丹				光 33.9 入经纬学堂普通科	官 10
许藩	瑞安			光 33.9 入经纬学堂普通科，宏文学院速成师范科卒业	官 10、温
许国珍				光 33.9 入明治大学专门部商科	官 10
				光 33.12 经纬学堂除名	官 13

续表

姓名	籍贯	费别	赴日时间	所入学校及其他相关事项	出处
许家驹	平阳			同文书院卒业，光33.10入早稻田大学高等预科	温、官11
				光34.3入早稻田大学中等高等预备科	官16
许克峻		自费		（病故）	官11
许燊	瑞安	自费	光29.9	预备入学	会3
	瑞安	官费	光29.3	宏文学院师范科	会4
	瑞安	自费	光29.2	宏文学院	会5
	瑞安			法政大学退学，光33.9入明治大学专门部法律科	官10、温
许企谦	黄岩	公费	光29.10	法政大学	会5
		公费	光29.6	光32.7入学，明治大学毕业	清
	黄岩	浙江	光29.6	东京英语学会英语课及宏文学院普通科均毕业，光32.7至宣1.5明治大学专门部法律科	存
	黄岩	自费		明42明治大学专门部法科毕业	日、印
许轫	瑞安	自费	光29.9	同文书院	会4
	瑞安	自费	光29.10	宏文学院	会5
许壬	瑞安	自费	光29.10	同文书院，法政大学速成科卒业	会4、温
许士谔	钱塘	自费	光32	光35入东亚铁道学校建设科	官14、印
		自费	光31.2	光31.7入学，宣2.4东亚铁道学校建设科毕业	清
		自费	光31.5	东亚铁道学校毕业	清
许寿裳	山阴	浙江	光28.7	宏文学院普通科、东京高等师范学校	会2、3、4、5
		浙江	光28.8	光34东京高等师范学校地理历史科毕业（宣2.5给证）	官19、28、日、印、清
许璇	瑞安	官费	光30.5	明43第三高等学校毕业	会5、日
	瑞安	广东	光30.4	光32.8入第三高等学校第二部	官6、官38、温、清
				大2东京帝国大学农学部毕业	日
许允	仁和	自费	光28.3	东京高等工业学校	会5
许一藩				宣1.3入日本大学专门部法科	官29
				宣1.8入明治大学专门部法科	官34
许钟灵				光31.9入早稻田大学留学生部历史地理科	官31
薛胶	瑞安			早稻田大学预科	温

续表

姓名	籍贯	费别	赴日时间	所入学校及其他相关事项	出处
薛楷		浙江	光 30.4	高等工业学校预科毕业，宏文学院普通科肄业，光 32.2 入东京高等工业学校机械科，光 33.8 入中央大学专门部法科，宣 2.6 毕业	官 38、清
	瑞安	自费	光 30.4	宏文学院普通科未毕业，东京高等工业学校预科毕业，光 33.1 至宣 2.6 东京高等工业学校机械科	存
	瑞安	公费	光 30.3	预备入学，宏文学院	会 4、5
	瑞安			明 43 东京高等工业学校毕业	日 、温
薛尚友	嵊县	自费		日本大学	浙 1916
-Y-					
颜乐天					官 4、官 6
严开镐	慈溪			预备入学	浙 1917
严传棻	奉化	官费		东京高等工业学校纺织	浙 1916、1917
严传棨	奉化	官费		东京高等工业学校	浙 19016、1917
杨麐	平阳			大阪高等预备校	官 6、温
杨传藻	遂安	自费		光 32.6 入早稻田大学留学生部理化科	官 1、官 31、印
		自费	光 32.7	早大预科毕业，光 33.7 入早大师范本科	清
杨道渊		浙江		光 34.11 入早稻田大学补修科	官 16、官 24、官 7
		官费	光 31.5	光 39.9 入早稻田大学留学生部历史地理科	官 3、清
	黄岩	官费		明 41 留学生部教育及历史地理科毕业，明 42 同上研究科毕业	早、印
杨鹤	临海	官费		正则英语学校	浙 1916
	临海	自费		预备入学	浙 1917
杨鸿玑	临海	自费		正则英语	浙 1916、1917
杨际尧				光 33.11 入大成学校普通科	官 12
杨骞				大阪高等预备校	官 6
杨雷硍	海宁	自费		明 39.5 驻杭领事报告名单，生员	杂 6
杨乃康		浙江		光 34.6 早稻田大学师范科毕业	官 16、19
		官费		明 39 早稻田大学清国留学生部预科毕业，明 41 早稻田大学留学生部师范本科博物学科毕业	早
	乌程	官费		早稻田大学清国留学生部博物学科	印

续表

姓名	籍贯	费别	赴日时间	所入学校及其他相关事项	出处
杨南				光33.7 入早稻田大学留学生部普通科	官31
				大2 第一高等学校预科第二部毕业	日
	平阳	自费		明43 早稻田大学留学生部普通科毕业	早、温
杨起	永嘉	自费		预备入学	浙1917
杨秦和	湖州			成城学校	官13
杨士骥	天台	自费		日本体育会体操学校选科	印
杨湜	温州	自费		光33.10 入经纬学堂普通科，1908年7月同校毕业	官11、印
	平阳	自费	光34.8	经纬学堂普通科毕业，光34.8至宣3.6中央大学专门部经济科	存
	平阳	自费	光32.1	经纬学校普通科毕业，明44中央大学专门部经济科毕业（宣3.6给证）	日、温、清
杨寿彭	奉化	自费	光30.8	预备入学	会5
杨悌	平阳	自费	光30.6	早稻田大学预科毕业，光33.8 入中央大学专门部法律科，宣2.6毕业	日、温、清
	平阳	浙江	光32.6	早稻田大学预科毕业，光33.8至宣2.5中央大学专门部法科	存
杨体乾				京都高等工艺学校	官11
杨文洶				光31.9 入早稻田大学留学生部历史地理科	官31
		官费	光31.7	光32.7 入学，早稻田大学毕业	清
	江山	官费		明41 早稻田大学留学生部教育及历史地理科毕业，明42 同上研究科毕业	早、印
杨占春	奉化	自费	光27.10	成城学校文科、正则英语学校	会2、3
杨兆丰				明42 第一高等学校预科毕业	日
杨志春	奉化	官费		大阪高等工业学校电机	浙1916、1917
姚传驹		自费	光31.9	成城学校高等普通科，光34.4 入山口高等商业学校	印、官17
	鄞县	五校	光31.9	光34.3 入山口高等商业学校，大3毕业	官28、38、日
姚崇岳	瑞安	官费		东京高等工业学校	浙1916、1917
姚广福	永嘉		光28.5	光28.9 宏文学院速成师范毕业	温、会2、3、4、5
姚桐豫				明40.3 法政速成第四班毕业	官5
姚桐坤	临海	自费		日本体育会体操学校选科	印
姚越		浙江			官8

续表

姓名	籍贯	费别	赴日时间	所入学校及其他相关事项	出处
姚永元	嵊县			光32京都蚕业讲习所毕业	官6
	嵊县	自费	光28.3	清华学校	会2
	嵊县	自费	光28.6	预备入学、正则英语学校	会3、4
姚正一	永嘉			东京同文书院卒业，明44.9入千叶医学专门学校，大2.9退学	日、温
叶葆彝	松阳	自费	光30.6	宏文学院	会5
叶承楠	青田	自费	光32.3	宏文学院普通科毕业，明44明治大学专门部法科毕业（宣3.6给证）	日、官2、清
	青田	浙江	光32.3	宏文学院普通科毕业，光34.8至宣3.6明治大学专门部法科	存
叶承霖					官6
叶萃		自费			官1
叶高崧	松阳	自费	光30.6	宏文学院	会5
叶尔得				明45第一高等学校预科第三部毕业	日
叶尔衡		自费	光31.5	宏文学院普通科修业，宣3.6早稻田大学专门部政治经济科毕业	清
	仁和	民政部	光31.5	宏文学院普通科修业，光33.12至宣3.6早稻田大学专门部政科	存
	仁和	自费转浙江		外国语学校	官2
				光33.11入早稻田大学政治科	官12
叶尔均				光33.12入法政大学预科	官13
叶尔钧				光34.9入经纬学堂普通科	官22
叶金				宣1.2入法政大学专攻科	官27
叶锦春		浙江	光31.6	光31.9入早稻田大学留学生部理化科	官8、31、清
	庆元	官费		明39早稻田大学清国留学生部预科毕业，明41早稻田大学留学生部师范本科物理化学科毕业，明42同上研究科毕业	早、印
叶流芳	平阳			早稻田大学预科卒业	温
叶澜	仁和	自费			会2
	钱塘	自费	光28.1	预备入学	会3
				明35.9入千叶医学专门学校，明36.4退学	日

续表

姓名	籍贯	费别	赴日时间	所入学校及其他相关事项	出处
叶强 叶谦	杭县	官费		东京高工电机	浙 1916、1917
		自费		东京高等师范学校	官 6、官 12
		浙江	光 32.1	宏文学院、东京高等师范学校预备科毕业，光 33 入东京高等师范学校博物科，宣 3.3 毕业	官 28、清
	慈溪	自费	光 32.1	宏文学院高等师范预科毕业，光 34.3 至宣 3.3 东京高等师范学校博物科	存
	慈溪	浙江	光 32.1	光 34.3 入东京高等师范学校博物科，明 44.3 毕业	官 38、日、清
叶庆崇	松阳	官费	光 31.8	光 31.9 入早稻田大学留学生部理化科	官 31、清
				明 39 早稻田大学清国留学生部预科毕业，明 41 早稻田大学留学生部师范本科物理化学科毕业，明 42 同上研究科毕业	早、印
叶其菁	瑞安			大 3 明治大学专门部法科毕业	日
叶儒耕	慈溪	自费	光 29.9	正则英语学校	会 5
	宁波	自费	光 29.9	清华学校	会 4
叶若金				宣 2.1 入法政大学政治科	官 48
叶绍良	西安	自费		1907 年 7 月经纬学堂警务科毕业	印
叶树楠		自费			官 1、官 4
叶俟清				经纬学堂，光 33.9 入明治大学专门部法律科	官 2、官 5、官 10、官 11
叶珊	慈溪	自费		明 37.3 驻杭领事报告名单，时年 21 岁	杂 6
叶挺森	兰溪	自费		日本体育会体操学校选科	印
	兰溪	官费		早稻田大学	浙 1916、1917
叶维松		自费	光 32.12	宏文学院	清
叶夏声	慈溪	官费	光 30.8	京都法政大学	会 5、官 6
叶熙春		自费		光 33.9 入宏文学院普通科	官 10、27
				大 4 东京高等工业学校毕业	日
叶绪耕	慈溪	自费		明 37.3 驻杭领事报告名单，时年 20 岁	杂 6
	慈溪	自费	光 29.9	预备入学	会 3
	慈溪	浙江	光 26.9	光 31.5 入第五高等学校工科，明 43 毕业	官 38、日
	慈溪			大 2 京都帝国大学工学部毕业	日
叶瑜	杭县	自费		大 7 大阪高等工业学校应用化学科毕业	日、浙 1917
叶震	太平	浙江	光 29.6	光 32.7 入东京高等商业学校本科	官 6、官 28、38

续表

姓名	籍贯	费别	赴日时间	所入学校及其他相关事项	出处
叶谆然	建德	自费	光 32.4	宏文普通科未毕业，光 33.10 入明治大学专门部政经科，宣 2.6 毕业	日、清
	慈利	自费	光 32.4	宏文普通科未毕业，光 33.10 至宣 2.6 明治大学专门部政科	存
叶正度				光 31.9 入早稻田大学留学生部历史地理科	官 31
		官费	光 31.8	光 32.8 入学，早稻田大学毕业	清
	乐清	官费		明 41 早稻田大学留学生部教育及历史地理科毕业，明 42 同上研究科毕业	早、温、印
叶肇樑		自费			官 1
叶弼				光 33.11 入大成学校普通科	官 12
易宗周		自费	光 28.5	光 32.8 入早稻田大学专门部政经科	官 31、清
	浙江	自费		明 39 早稻田大学清国留学生部预科毕业	早
	乐清			明 42 早稻田大学专门部政治经济科卒业	早、温、印
	乐清	浙江	光 28.5	早稻田大学预科毕业，光 32.8 至宣 1.5 早稻田大学专门部政治经济科	存
殷汝劼	平阳	官费		大 5 第一高等学校预科第一部毕业	日、浙 1916、1917
殷汝骊 殷士骊	平阳		光 30.8	预备入学（名殷士骊，字铸夫）	会 5
	瑞安	自费	光 30.8	同文书院	会 5
	永嘉	自费	光 29.1	早稻田大学高等预科及同文书院普通科毕业，光 33.1 入早稻田大学政经科，宣 2.6 毕业	日、清
	平阳	自费	光 29.1	同文普通科及早稻田高等预科均毕业，光 33.1 至宣 2.5 早稻田大学大学部政经科	存
	平阳	官费		明治 40 早稻田大学政治科预科毕业，专门部政治经济科	早、温
殷汝耕			光 30.9	宏文学院，光 34.4 入第一高等学校第二部	官 17
				第一高等学校第二部预科，明 42 毕业	官 28、日
	平阳			鹿儿岛第七高等学校	温
	温州	福建		明 44 归国，大 2.9 第七高等学校除名	日
	平阳	五校		大 6 早稻田大学政经科毕业	日、浙 1916、1917

续表

姓名	籍贯	费别	赴日时间	所入学校及其他相关事项	出处
殷汝威			光 31.6	宏文学院，光 34.4 入第一高等学校第一部	官 17
				第一高等学校第一部预科，明 42 毕业	官 28、日
	平阳			冈山第六高等学校	温
殷汝熊	平阳	自费	光 31.1	宏文普通科未毕业，光 34.1 入早稻田大学专门部政经科	官 13、31、温、印、清
	平阳	浙江	光 31.1	宏文学院普通科未毕业，光 32.6 至宣 1.5 早稻田大学政治经济科	存
	浙江	五校		明 42 早稻田大学专门部政治经济科毕业	早
殷虬	平阳	自费		日本大学	浙 1917
殷燨	平阳			宏文学院	温
应国纲				光 34 毕业	官 20
	永康	官费		明 39 早稻田大学清国留学生部预科毕业，明 41 早稻田大学留学生部师范本科物理化学科毕业	早、印
应震球		自费	光 32.8	光 33.8 入学，宏文学院毕业	清
游若	平阳	江宁	光 32.4	光 34.3 入早稻田大学中等高等预备科	官 16、38、清
				宣 2.2 入青山农学校	官 40
	平阳			东京同文书院卒业	温
				宣 2.9 入东京药学校	官 47
游寿宸	平阳	南洋	光 28.3	成城学校陆军、名古屋步兵第三十三连队	会 2、3
	平阳	官费	光 28.3	振武学校陆军	会 4、印
	温州			陆军士官学校步兵科第三期学生（明 36.12 入学，明 37.11 卒业）	陆
	平阳		光 28.3	光 30.9 士官学校毕业	会 5、温
游寿裳					他
尤士澄	平阳	自费		预备入学	浙 1917
尤于岸	平阳			宏文学院速成师范科卒业	温
于达材	黄岩	自费	光 34.8	日本体育会体操学校选科	印、清
于达望	黄岩	官费		光 34.7 入宏文学院第九班普通科，东京帝国大学药学	官 20、浙 1916、1917
于达准	黄岩	自费		东京药学校	浙 1917
裕冕				明 39.12 入陆军士官学校步兵科，明 40.5 毕业	日

续表

姓名	籍贯	费别	赴日时间	所入学校及其他相关事项	出处
余边申君	山阴	自费	光 29.5	实践女学校	会 5
余成烈		自费	光 33.3	同仁医学校预科肄业，宣 1.1 入法政大学专门部政治科，宣 3.6 毕业	清
余纲	瑞安	自费	光 30.5	同文书院	会 5
				光 34.7 入中央大学预备科外国语言	官 20
	瑞安	直隶	光 30.4	光 31.9 入慈惠医科	官 38、温、清
余恭葆	瑞安	自费		明 38.12 驻杭领事报告名单，时年 19 岁	杂 6
余光凝		官费	光 31.7	光 31.9 入早稻田大学留学生部理化科	官 31、清
	遂安	官费		明 39 早稻田大学清国留学生部预科毕业，明 41 早稻田大学留学生部师范本科物理化学科毕业，明 42 同上研究科毕业	早、印
余国梁					官 5
余继敏	瑞安			宣 1 闰 2 入中央大学预科，东京药学校	官 6、官 28，温
	瑞安	官费		千叶医学专门学校	浙 1916、1917
余继明	永嘉			大 5 千叶医学专门学校毕业	日
余继述	湖州	官费	光 31.6	宣 3.6 大阪高等工业学校采矿冶金科毕业	清
余觉	镇海	自费	光 29.8	预备入学	会 3
余鉴澄				光 34.4 入东京物理学校	官 17
	黄岩			光 34.8 入明治大学专门部法科，明 44 毕业	官 21、日
	黄岩	学部	光 32.8	经纬学堂普通科未毕业，光 34.7 至宣 3.6 明治大学专门部法科	存
		自费	光 32.8	经纬普通科未毕业，宣 3.6 明治大学专门部法科毕业	清
	黄岩	自费		光 34.9 入经纬学堂普通科，1909 年 7 月同校毕业	官 22、印
				宣 1 闰 2 入明治大学专门部法科	官 28
余晋龢	绍兴	官费		振武学校陆军	印
				连队第一师团	官 12
余菊英				光 34.5 入广岛女学校普通科	官 18
余霖	镇海	官费		大 4 第一高等学校预科第三部毕业	日、浙 1916、1917

续表

姓名	籍贯	费别	赴日时间	所入学校及其他相关事项	出处
余名铨	浙江	自费	光 29.6	成城学校警务科毕业，明 40 早稻田大学政治科预科修了，宣 2.6 同校政经科毕业	清
				明 43 早稻田大学政治经济科毕业	早
	镇海	自费	光 29.6	成城普通及早稻田预科均毕业，光 33.8 至宣 2.5 早稻田大学大学部政治科	存
余仰寅	上虞	自费	光 29.12	成城学校	会 5
余念祖	山阴	自费	光 29.3	正则英语学校、高等商业学校	会 4、5
	山阴	自费	光 29.4	高等商业学校，光 32.12 至宣 1.5 早稻田大学专门部政治经济科	存
	浙江	自费	光 29.4	明 42 早稻田大学专门部政治经济科毕业	早、清
余仁	义乌	官费		东京高等师范学校	浙 1916、1917
余庆龙				明 40.3 法政速成第四班毕业	官 5
余峤	镇海	自费		预备入学	浙 1917
余棨昌	会稽	官费	光 29.12	第一高等学校	会 4
		学部	光 29.12	明 40.7 第一高等学校第一部德法科毕业，东京帝国大学法科本科，明 44 毕业	官 17、日、清
	会稽	京师大学堂	光 29.12	第一高等第一部德语法科毕业，光 33.9 至宣 3.6 东京帝国大学法科大学法律科	存
	会稽	大学堂	光 29.11	光 33.6 入东京帝国大学法律科	官 28、38、清
余绍宋	龙游	自费	光 31.8	1907 年 7 月经纬学堂警务科毕业，宣 2.6 法政大学专门部法科毕业	印、清
	龙游	浙江	光 31.7	经纬学堂警察科毕业，光 33.7 至宣 2.6 法政大学专门部法科	存
余树棠				明 40.3 法政速成第四班毕业	官 5
余树猷	平阳			宏文学院	温
余睡惺	镇海	自费	光 29.9	成城学校	会 4、5
余体选	镇海	自费		明 38.12 驻杭领事报告名单，附生	杂 6
余岩	镇海	自费		明 38.12 驻杭领事报告名单，附生	杂 6
	镇海	自费		日本体育会体操学校选科	印
				光 34.2 入早稻田大学高等预科，光 34.11 入经纬学堂普通科	官 15、24
	镇海	自费	光 31.5	日本体育会及宏文学院毕业，宣 1.7 入大阪高等医学校	清、浙 1916
	宁波			大 5 府立大阪医科大学毕业	日

续表

姓名	籍贯	费别	赴日时间	所入学校及其他相关事项	出处
余仲宣	绍兴	自费	光 29.3	预备入学	会 3
俞成铣	会稽	湖南	光 31.8	光 33.9 入法政大学法科	官 5、官 38、清
	会稽	湖南	光 31.8	法政大学速成科毕业，光 33.8 至宣 3.6 法政大学专门部法科和日本大学专门部法科各二年	存
俞恩光	鄞县	自费		预备入学	浙 1916、1917
俞恩道	鄞县	自费		明治药学校	浙 1916、1917
俞大纯	山阴	自费	光 28.12	成城学校陆军	会 2
	山阴	自费	光 28.11	预备入学	会 3
	绍兴	南洋公费		振武学校陆军	印
		浙江	光 31.9	光 34.3 入宏文学院高等师范预科	官 16
				光 34.4 入第一高等学校第一部	官 17
俞得鈖				光 34.11 入宏文学院普通科	官 24
俞继述	乌程	自费	光 31	大阪高等预备学校毕业，大阪高等工业学校采矿冶金科，明 44 毕业	官 6、官 22、日
	乌程	浙江	光 31.6	光 34.9 至宣 3.6 大阪高等工业学校采矿冶金科	存
	乌程	浙江	光 31.6	光 34.8 入大阪高等工业学校采矿冶金科	官 28、38、清
俞继慎				大阪高等预备校	官 6
俞峻				明 40.3 法政速成第四班毕业	官 5
俞良谟	奉化	浙江	光 31.8	宣 1.6 入鹿儿岛农学校	官 38
	奉化	自费	光 31.8	大阪高等预备学校毕业，宣 1.7 入鹿儿岛高等农林学校农学选科	清
俞树棻	黄岩	官费		军医学校	浙 1917
俞为民	镇海	自费	光 30.	宏文学院	会 5
俞新				光 34 入学	官 20
	桐庐	官费		早稻田大学留学生部在学	早
俞钟		自费	光 33.2	经纬学校普通科未毕业，光 34.8 入法政大学专门部法科，宣 3.6 毕业	清
	富阳	浙江	光 33.2	经纬学堂普通科未毕业，光 34.8 至宣 3.6 法政大学专门部法科	存
虞光祖				明 40.3 法政速成第四班毕业	官 5
虞和寅				大 3 大阪高等工业学校毕业	日
虞和钦	镇海	自费	光 .30.8	清华学校	会 5

续表

姓名	籍贯	费别	赴日时间	所入学校及其他相关事项	出处
虞和育	镇海	自费		预备入学	浙1917
虞铭新	镇海	自费		光34入东京帝国大学理科大学化学选科	官11、19
	宁波	官费		明38入东京帝国大学理科大学化学选科	官2、印
虞尚贤	钱塘	官费	光30.8	法政大学	会5
虞廷恺	瑞安			光34.11入早稻田大学政经科，法政大学	官24、温
虞震祺 虞愚				大阪高等预备校	官6
		自费		熊本高等工业学校土木科	官28
		官费	光30.6	大阪高等预备学校普通科毕业，宣3.6熊本高等工业学校土木科	清
	镇海	浙江	光30.6	大阪高等预备学校毕业，光33.8至宣3.6熊本高等工业学校土木工科	存
	镇海	浙江	光31.6	熊本高等工业学校土木科	官28、38
虞祎祺	镇海	自费	光29.1	清华学校，预备入学	会2、3
郁鼺祥		自费	光30	宏文学院，1908.9入东京高等工业学校预科	官25
		五校		东京高等工业学校电机科，明45毕业	官28、日
郁庆云 郁华		浙江		（字曼陀，郁达夫兄）	官4、官8
	富阳	自费	光31.7	宏道学校毕业，光33.7至宣2.6法政大学专门部法科	存
		自费	光31.7	宏道学院毕业，宣2.6法政大学专门部法科毕业	清
	富阳	官费		早稻田大学留学生部历史地理学科在学	早、印、清
郁文	富阳	官费		大4第一高等学校预科第三部毕业，第八高等学校	日、浙1916、1917
郁延文	萧山	自费	光28.8	物理学校	会2、3
袁家达				宣1闰2入早稻田大学高等预科	官28
	仁和			宣1.3入明治大学高等预科，明45商科毕业	官29、日
袁翼	嵊县	自费	光28.3	预备入学，明39大阪高等工业学校应用化学科毕业（官费）	会2、3、4、5、日、印
袁太	嵊县	自费	光28.11	预备入学	会2
袁太 袁汰	钱塘	自费		预备入学，日本体育会体操学校选科	会3、印

姓名	籍贯	费别	赴日时间	所入学校及其他相关事项	出处
袁荣姿	浙江	官费		明39早稻田大学清国留学生部预科毕业，明42早稻田大学专门部政治经济科毕业	早、印
	桐庐	湖北	光30.10	早稻田大学预科毕业，光32.8至宣1.5早稻田大学专门部政经科	清、存
袁				光33.1入早稻田大学专门部政经科	官31
袁炜		自费	光32.7	光33.9入法政大学专门部法律科，宣3.6毕业	官10、清
	天台	自费	光32.7	法政大学预科毕业，光34.7至宣3.6法政大学专门部法科	存
袁毓蒿	钱塘	自费	光28.11	预备入学	会2
袁毓麟	钱塘	官费	光30.8	法政大学	会5
袁左	钱塘	自费	光28.9	预备入学	会3
-Z-					
臧霆	吴兴	官费		爱知医专	浙1916、官49
臧伯庸	吴兴			1916年爱知县立医学专门学校卒业	日
曾铭					他
曾锴					他
曾仪进	浙江			京都帝国大学法律学科	印
詹麟来		自费		宣1.10入中央大学大学部商科	官27
詹质彬		自费	光33.5	光33.10入宏文学院普通科，宣3.1毕业	官11、清
张邦华	海宁	南洋	光28.3	宏文学院普通科、宏文学院师范科	会2、3、4
	海宁	官费	光28.2	国民英语学校	会5
	海宁	两江	光28.2	宏文学院普通科毕业，光31.3至宣1.3东京高等师范学校	存
				明42.3东京高等师范学校毕业	日
张宝俊				宣2.1入明治大学法科	官48
张本	萧山	自费		预备入学	浙1917
张秉威	瑞安			东京物理学校	温
张昌俊				光34.8入早稻田大学预科	官21
张昌熙	奉化	自费		预备入学	浙1917

续表

姓名	籍贯	费别	赴日时间	所入学校及其他相关事项	出处
张翅	天台	自费	光30.2	宏文学院、清华学校	官2、官6、会4、5
	天台	自费	光30.2	宏文学院未毕业，光31.8至宣1.5中央大学专门部法律科	存
		自费	光30.2	光31.8入学，明42中央大学法学科毕业	日、清
张承礼	仁和	自费	光28.6	成城学校陆军、振武学校陆军	会2、3、4、印
	仁和		光28.7	光30.6振武学校陆军毕业预备入联队	会5
		浙江		光34.1士官学校步兵科毕业	官25
				明39.12入陆军士官学校，明40.5毕业	日、陆
张德环	余姚	自费		明37.3驻杭领事报告名单，时年18岁	杂6
张芇				宣1.8入早稻田大学预备科	官34
张绂		官费	光31.6	光31.9入早稻田大学留学生部理化科	官31、清
				东京帝国大学文科	官38
				宣2.1入东京外国语学校英语科	官39
	永嘉	官费		明39早稻田大学清国留学生部预科毕业，明41早稻田大学留学生部师范本科物理化学科毕业，明42同上研究科毕业	早、温、印
张汉超	平阳	自费		预备入学	浙1917
张晔	海宁	自费	光30.6	日语讲习会	会5
张鸿勋				光33.11入成城学校普通科	官12
				光34.10入经纬学堂普通科	官23
	绍兴			大4明治大学专门部商科毕业	日
张宏训		自费		大阪府立农学校	官6
张矫	瑞安			东京同文书院	温
张际春	镇海	自费		明38.12驻杭领事报告名单，附生	杂6
		自费		东京帝国大学农科部兽医科	官28
	镇海	浙江	光31.5	光34.7入东京帝国大学农科部兽医科	官28、清
		官费	光30.5	早稻田大学预科及师范科毕业，宣3.6东京帝国大学农科部兽医科毕业	清
	镇海	浙江	光30.5	早稻田大学预科及师范科均未毕业，光34.8至宣3.6东京帝国大学农科大学兽医科	存
	镇海	官费		明39早稻田大学清国留学生部预科毕业，明41早稻田大学留学生部师范本科博物学科毕业	早、印

续表

姓名	籍贯	费别	赴日时间	所入学校及其他相关事项	出处
张樱臣				光 33.10 同仁医学校退学	官 11
张晋				光 33.12 入宏文学院普通科	官 13
张景行		自费	光 32.7	群马县私立东亚蚕业学校	印、清
				光 33.9 入早稻田大学师范本科	官 10
		官费		早稻田大学留学生部师范本科博物学科在学	早
张銮	永嘉			明 44 东京慈惠会医院附属医学专门学校毕业	日
	平阳			东京慈惠专门医学校	温
张竞达	海宁	自费	光 30.6	日语讲习会	会 5
张竞立	海宁	自费	光 30.6	日语讲习会	会 5
	海宁	浙江	光 29.7	正则英语学校未毕业，光 32.6 至宣 2.5 东京高等商业学校本科	存
	海宁	浙江	光 29.7	正则学校普通科未毕业，光 32.7 入东京高等商业学校本科，明 43 毕业	官 6、官 28、38、日、清
张竞仁	海宁	自费	光 28.3	清华学校、正则英语学校	会 2、3、4
	海宁	官费		明 38 入东京帝国大学政治选科	官 2、官 11、印
张竞勇	海宁	自费		明 37.3 驻杭领事报告名单，时年 18 岁	杂 6
	海宁	自费	光 29	正则英语学校	会 5
	海宁	浙江	光 29.7	正则英语学校高等科未毕业，光 31.7 至宣 1.9 帝国大学法科政治选科	存
	海宁	浙江	光 29.7	光 31.7 入东京帝国大学法科部选科	官 2、官 11、28、清
张竟新	海宁	自费转浙江		东京音乐学校选科	官 2
张竟新	杭州	自费	光 31.8	日语讲习会	会 5
张骏岳	黄岩	自费	光 32.7	同文书院毕业，宣 1.7 入东京高等工业学校	官 30、清
	天台	五校	光 32.3	宣 1.5 入东京高等工业学校预科，大 3 毕业	官 38、日
张炯					官 4
张珺	钱塘			明 42 实践女学校毕业	日
张侃	绍兴			大 4 明治大学专门部商科毕业	日

续表

姓名	籍贯	费别	赴日时间	所入学校及其他相关事项	出处
张立明		浙江		光31.9入早稻田大学留学生部理化科	官2、官8、31
	鄞县	官费		明39早稻田大学清国留学生部预科毕业，明41早稻田大学留学生部师范本科物理化学科毕业，明42同上研究科毕业	早、印
张烈	乐清	自费		明41早稻田大学留学生部师范本科物理化学科毕业	早、印
张廉	崇德	官费		日本大学	浙1916、1917
张迈群	海宁	自费	光30.6	日语讲习会	会5
张纪	永嘉			东京实科学校速成理化科卒业	温
张梦魁		官费	光30.9	早稻田大学预科毕业，宣2.11早稻田大学师范科毕业	官7、清
	浦江	官费		明39早稻田大学清国留学生部预科毕业	早、印
张乃文				经纬学堂，光33.9入宏文学院	官10
张品纯	青田	浙江		光34毕业，早稻田大学高等师范部物理化学科	官8、20、印
张权				私立中专预备学校中学相当科四年级	印
张若骢		自费	光33.6	高等日语学校毕业，法政大学预科未毕业，光34.9入法政大学专门部政治科，宣3.6毕业	清
	浦江	浙江	光33.6	高等日语学校高等科毕业，法政大学预科未毕业，光34.9至宣3.6法政大学专门部法科	存
张若舟		自费		1907年7月经纬学堂警务科毕业	官4、印
张任天	仙居	自费		预备入学	浙1917
张世杓	宁波	自费	光29	宏文学院	会3
张昭兰					官6
张贻兰	平阳			东京物理学校	温
张贻芳	平阳				温
张天培	绍兴	自费			浙1916
张廷霖		浙江	光31.7	早稻田大学预科毕业，光32.7入早稻田大学高等师范科历史地理科，宣2.6毕业（给证）	官4、官31、清
	钱塘	浙江	光31.7	早稻田大学预科毕业，光32.7至宣2.6早稻田大学高等师范部历史地理科	存
	钱塘	官费		明39早稻田大学清国留学生部预科毕业，明42早稻田大学高等师范部历史地理科毕业	早、印、清

续表

姓名	籍贯	费别	赴日时间	所入学校及其他相关事项	出处
张同	海宁	自费		明 37.3 驻杭领事报告名单，时年 19 岁	杂 6
张同	奉化	自费	光 29.9	振武学校陆军	会 4、5
张同礼	萧山	自费		上智学校	浙 1917
张万田	钱塘	自费	光 30.1	哲学馆专门选科，东京外国语学校	官 29
张伟文				光 33.12 经纬学堂除名	官 13
张孝曾	安吉	官费	光 31	光 31.9 入早稻田大学留学生部理化科	官 31、清
				明 39 早稻田大学清国留学生部预科毕业，明 41 早稻田大学留学生部师范本科物理化学科毕业，明 42 同上研究科毕业	早
	浙江	官费	光 31	光 32.1 早稻田大学师范科	清
	湖州	官费		早稻田大学清国留学生物理化学科	印
张燕翼	山阴	自费	官 31.12	经纬学堂，宣 1.2 入山口高等商业学校	官 28、清
张翼燕	山阴	五校	光 31.10	宣 1 闰 2 入山口高等商业学校预科	官 28、38
	绍兴			大 3 明治大学专门部商科毕业	日
	山阴	自费		1908 年 7 月经纬学堂普通科毕业	印
张以翰				宣 33.11 入成城学校普通科	官 12
张益濂				官 34.2 入中央大学专门部法律科	官 15
	湖州	私费		振武学校陆军	印
张寅					官 6
张翌				大 2 第一高等学校预科第三部毕业	日
	永嘉			东京同文书院毕业，大 4.9 第七高等学校除名	日、温
张元成	平湖	自费	光 32.1	大阪高等预备学校毕业，光 34 入东京蚕业讲习所养蚕科	官 22
	平湖	浙江	光 30.3	光 34.9 入东京蚕业讲习所养蚕科	官 28、38、清
张兆西	青田	自费		日本体育会体操学校选科	印
张湛				光 33.11 入大成学校普通科	官 12
张振				光 33.9 入仙台高等工业学校应用化学科	官 10
张振邦	温州	自费	光 28.12	预备入学	会 2
	永嘉	自费	光 29.1	预备入学	会 3
张正邦	永嘉		光 28.12	造纸所毕业	会 4、5
张子良	奉化	自费		日本体育会体操学校选科	印
张志俊	永嘉	自费	光 34.2	宏文学院速成理化科卒业，光 34.8 入实践女学校普通班，宣 3.3 女子美术学校毕业	温、官 21、清

续表

姓名	籍贯	费别	赴日时间	所入学校及其他相关事项	出处
张志军	萧山	自费	光 28.9	预备入学	会 3
张组成	瑞安			大 3 明治大学专门部法科	日
张钟韩		自费		成城学校高等普通科	印
张仲寅		自费		大阪高等预备学校毕业，光 34.5 入商船学校机关科	官 6、官 18
张宗儒	归安	自费	光 30.9	法政大学	会 5
	浙江			法政速成科第二班	法政大学史资料集
张宗序	天台	自费		日本体育会体操学校选科	印
张宗绪		浙江		光 34 毕业	官 20
	安吉	官费		早稻田大学清国留学生部博物学科	印
	浙江	官费		明 41 留学生部师范本科博物学科卒业	早
张宗勋	归安	官费	光 30.7	宏文学院	会 5
				宏文学院，光 33.9 入中央大学专门部政治科	官 10
	浙江	自费	光 30.8	宏文学院普通科未毕业，光 33.8 入中央大学专经科，宣 3.6 毕业	清
	归安	江苏	光 30.8	宏文学院普通科未毕业，光 33.9 至宣 3.6 中央大学专门部经济科	存
				明 44 年中央大学毕业	日
张嘈	天台	官费	光 29.2	预备入学、正则英语学校	会 3、4、5
		官费	光 29.1	清华学校、正则学校普通科未毕业，中央大学预科毕业，宣 2.6 中央大学大学部经济科毕业	清
	天台	浙江	光 29.1	中央大学预科毕业，清华学校普通科未毕业，光 33.8 至宣 2.6 中央大学专门部政经科	存
	天台	浙江	光 29.1	光 32.8 入中央大学经济科，明 43 毕业	官 38、日、清
张翀	仁和	自费	光 28.12	预备入学、清华学校	会 4、5
张翮	仁和	自费	光 28.12	正则英语学校	会 5
章孚	台州	自费	光 29.4	大阪高等工业学校	会 3
章孚	宁海		光 29	光 29.11 大阪盐业试验场毕业	会 4、5
章鸿均	归安	广东	光 29.4	光 33.7 入东京帝国大学	官 38
章鸿钧	归安	广东	光 29.4	光 33.7 入帝大矿科	清

续表

姓名	籍贯	费别	赴日时间	所入学校及其他相关事项	出处
章鸿钊	归安	官费		明 38.9 入京都第三高等学校	官 6
	归安	官费	光 30.5	明 41 第三高等学校第二部毕业	会 5、日
		广东		明 44 东京帝国大学理科部地质矿物科毕业	官 28、日
	归安			第三高等学校，明 44 东京帝国大学理学部地质学科毕业	日
	归安	不明		第三高等学校理学科，东京帝国大学理科入学	印
	归安	自费	光 30.5	第三高等第二部本科毕业，光 34.7 至宣 3.6 东京帝国大学理科大学地质科	存
	广东		光 30.5	第三高等学校第二部本科毕业，光 34.7 入东京帝国大学理科大学地质科	清
	浙江			东京帝国大学理科地质学科第二学年，由第一高等学校于光绪三十四年六月初三日（明治四十一年七月一日）入学，上学期成绩分数：学年试验合格者七名中第六名，无缺席	清
	归安	广东	光 29.4	光 33.7 入东京帝国大学矿科	官报 38
章景鄂	诸暨	浙江	光 31.7	光 31.9 入早稻田大学留学生部理化科，明 44 毕业	官 31、日、清
	绍兴	官费		明 41 早稻田大学留学生部师范本科物理化学科毕业	早、印
章亮元	海宁	南洋	光 28.1	成城学校陆军、仙台第二师团炮兵连队	会 2、3
	海宁	官费	光 28.3	振武学校陆军	会 4、印
	台州			陆军士官学校炮兵科第三期学生（明 36.12 入学，明 37.11 卒业）	陆
	海宁		光 28.3	光 30.9 士官学校毕业	会 5
章鹏万		自费		成城学校高等普通科	印
				宣 1 闰 2 入早稻田大学师范科	官 28
章璞				宣 2.10 入女子美术学校	官 48
章炜	会稽	自费		1906 年 9 月经纬学堂警务科毕业	官 2、印
章雨苍				光 34.8 入明治大学法律科	官 21
章以则	绍兴			大 2 明治大学专门部法科毕业	日
章毓兰	富阳	浙江	光 28.7	宏文学院普通科、东京高等师范学校	会 2、3、4、5，官 8
		官费		明 41.3 东京高等师范学校教育植物动物学科毕业	日、印

续表

姓名	籍贯	费别	赴日时间	所入学校及其他相关事项	出处
章宗祥			光24.11	南洋公学所派，明治32.9日华学堂毕业后入第一高等学校	杂3
	乌程	南洋	光24.12	光29.4东京帝国大学法科毕业	会2、3、4、5
	乌程	不明		东京帝国大学政治学科选科	印
				日华学堂，第一高等学校	任阙斋主人自述
章祖申	乌程	公费	光28.9	光29.4宏文学院师范科毕业	会2、3、4、5
章祖源（祖籍归安）	江苏	官费	光30.8	宏文学院普通科毕业，光32.4入明治大学专门部商科，毕业后又入高等研究科	清
	吴县			明治大学商科民国纪元前三年毕业	中华留日明治大学校友录
	吴县	公费	光30.8	宏文学院	会5
章倬云	会稽			东京警监学校第一组	官4
章澹涵				大2明治大学专门部法科毕业	日
章豸今	汤溪	自费		预备入学	浙1916、1917
赵璧人				宣1.2入实践女学校	官27
				宣2.3入日本女子大学校	官41
赵鼎咸				明40.3法政速成第四班毕业	官5
赵家艺				大阪高等预备校	官6
	宁波	自费	光29.5	预备入学	会3
赵济舟	诸暨	自费	光32.4	光32.7入早稻田大学留学生部博物科	官5、31、印、清
赵连璧				明41明治大学专门部商科毕业	日
赵任达	瑞安			光33.12经纬学堂除名，东京警察学校卒业	官13、温
赵世良		自费	宣1.7	明44明治大学专门部法科毕业（宣3.6给证）	日、清
赵体兰	平阳	自费		东京府下目白东亚蚕业传习所卒业	官11、温
赵梯霞				光32.12.28死亡	官1
赵廷彦	归安			明44明治大学专门部商科毕业	日
	归安	自费	光32.4	早稻田大学普通科、明治大学高等预科均毕业，光34.8入明治大学大学部商科，宣3.6毕业	清、存
	归安			明治大学政科，1911年毕业	中华留日明治大学校友录
赵韦					官2

续表

姓名	籍贯	费别	赴日时间	所入学校及其他相关事项	出处
赵音夐	奉化	自费		预备入学	浙 1917
赵毓璜	归安			光 34.7 入明治大学专门部法律科，明 44 毕业	官 20、日
	归安	自费	光 29.6	宏文学院普通科毕业，光 34.8 至宣 3.6 明治大学专门部法科	存
	浙江	自费	光 29.6	弘文普通科毕业，光 34.8 入明治大学专门部法科，宣 3.6 毕业	清
	归安			1911 年明治大学毕业	中华留日明治大学校友录
赵章强	奉化	自费		预备入学	浙 1916、1917
赵之备				光 34.12 入成城学校普通科	官 25
赵之俾				东京高等工业学校	官 11
赵之鲲				光 33.9 入早稻田大学专门部	官 10
				光 33.12 经纬学堂除名	官 13
赵之任				光 34.8 入早稻田大学专门科政经科	官 21
赵之儒				大阪高等预备校	官 6
		自费		宣 1.7 入美术学校西洋画科	官 11、13
赵之需				宣 2.2 入私立高等农学校	官 40
赵之伊				光 34.12 入成城学校普通科	官 25
赵之芸		自费			官 11
赵之仲				光 34.3 入成城学校普通科	官 16
赵之倬		自费		成城学校高等普通科	印
		浙江		光 33 入东京高等工业学校机械科	官 28
	慈溪	浙江	光 30.9	光 34.6 入东京高等工业学校机械科	官 38、清
赵之骎				光 33.12 经纬学堂除名	官 13
赵之输				明 43 明治大学专门部商科毕业	日
	浙江	自费	光 31.3	经纬普通科、早稻田预科未毕业，光 30.8 入明治大学专门部商科，宣 2.6 毕业	清
	归安	自费	光 31.3	经纬学堂预科及早稻田大学预科均未毕业，光 33.8 至宣 2.6 明治大学专门部商科	存
	归安			民国纪元前二年明治大学商科毕业	中华留日明治大学校友录
赵之聪	湖州	自费	光 29	同文书院	会 3

续表

姓名	籍贯	费别	赴日时间	所入学校及其他相关事项	出处
赵之骙	浙江	自费	光 27.3	光 32.9 入明治大学专门法科，同文书院普通科未毕业	清
	湖州	私费		明治大学法科	印
				明治大学法科	中华留日明治大学校友录
赵之骧	湖州	自费	光 29	同文书院	会 3
	归安	自费	光 33.8	光 34.8 至宣 3.6 法政大学专门部法科	存
	浙江	自费	光 33.8	光 34.8 入法政大学专政科，宣 3.6 毕业	清
赵志申		自费		光 34.1 入早稻田大学师范部理化本科	官 14
				早稻田大学留学生部师范本科物理化学科在学	早
赵志中				大阪高等预备学校退学	官 6、官 12
				光 34.6 入熊本中学校	官 19
				宣 2.3 入早稻田大学数理化科	官 41
				宣 2.8 入明治大学商科	官 46
赵志忠		自费			官 11
赵宗文				光 34.9 入宏文学院普通科	官 22
郑北封				光 34.8 入经纬学堂普通科	官 21
郑斌	嘉兴	自费		早稻田大学	浙 1916
郑超强	永嘉			东京体育会卒业	温
郑承绪	宁海	自费		日本体育会体操学校选科	印
郑典				宣 1.8 入中央大学高等预科	官 34
郑定鸿	乌程	五校	光 31.5	光 34.5 入东京高等工业学校图案科	清，官 28、官 38
		自费	光 32.5	清华学校毕业，1908.9 入东京高等工业学校预科，大 2 东京高等工业学校图案科毕业	官 25、日
郑度	乐清	自费	光 30.9	预备入学	会 5
		官费	光 30.6	光 32.4 入学，岩仓学校毕业	清
	乐清	浙江	光 30.6	光 32.4 入岩仓铁道本科机械科	官 38、温、印

续表

姓名	籍贯	费别	赴日时间	所入学校及其他相关事项	出处
郑范				早稻田大学退学，光34.3入明治大学专门部法律科	官16
	乐清	自费	光32.6	早稻田大学普通科未毕业，光33.6至宣2.6明治大学专门部法科	存
		自费	光32.6	早稻田大学预科毕业，光33.6入明治大学专门部法科，宣2.6毕业	日、清
	平阳			明40早稻田大学清国留学生部预科毕业	早、温
郑家驹	平阳			东京体育会卒业	温
郑汝璋	平阳	自费	光32.8	同文书院普通科未毕业，宣2.6中央大学专门部法科毕业	日、温、清
	平阳	浙江	光32.8	同文书院普通科未毕业，光33.8至宣2.5中央大学专门部法科	存
郑任重	永嘉	自费		明42.2东洋大学速成警务科毕业	官1、官2、温、印
郑逢王	遂安	浙江	光31.8	光31.9入早稻田大学留学生部理化科	官8、31、印、清
郑际平	台州	自费	光30.8	光32.8入学，明治大学政科	印、清
	黄岩	自费	光30.8	正则预备学校未毕业，光32.8至宣1.5明治大学专门部政治科	存
郑解	乐清				温
郑节	乐清	自费		成城学校高等普通科，光34.5入商船学校机关科	官18、温、印
郑克	乐清			宏文学院	温
郑隆骧	乌程	湖北	光29.10	光31.9入明治大学法科	官38
		官费	光29.10	经纬普通科未毕业，光30.9入明治大学专法科	清
	乌程	湖北	光29.10	光31.9入明治大学法科	清
	乌程	湖北	光29.10	经纬学堂普通科未毕业，光33.9至宣2.6明治大学专门部法科	存
	吴兴			明治大学法科，1910年毕业	中华留日明治大学校友录
郑理	乐清	自费	光30.9	预备入学	会5
	温州			私立正则预备学校中学相当科四年级	印
郑迈	乐清			同文书院卒业，宣1.3入早稻田大学高等预科	温、官29
郑企因	黄岩	官费		东京女医学校	浙1916、1917

续表

姓名	籍贯	费别	赴日时间	所入学校及其他相关事项	出处
郑审因	黄岩	官费		宣 2.1 入日本女子大学校数理化学科	官 39
				大 4 东京女子高等师范学校毕业	日、浙 1916、1917
郑士祺	慈溪	自费		预备入学	浙 1917
郑士雄	平阳	自费		预备入学	浙 1917
郑伟				宣 2.11 入明治大学法科	官 49
郑炜	乐清			东京同文书院卒业	温
郑文					官 6
郑文昌		自费		明 38.9 入明治大学法律科，光 34 毕业	官 19
郑文德				取消官费	官 11
郑文易	黄岩	自费		明 41 明治大学专门部法科毕业	日、印
郑武					官 7
郑型	乐清			同文书院卒业，明 45.3 东京高等师范学校毕业毕业	温、日
郑延龄	浙江	浙江	光 31.8	光 31.9 入早稻田大学留学生部理化科	官 8、31、清
	归安	官费		明 39 早稻田大学清国留学生部预科毕业，明 41 早稻田大学留学生部师范本科物理化学毕业，明 42 同上研究科毕业	早
	浙江	官费	光 31.8	光 32.7 入早稻田大学师范科	清
	归安	官费		早稻田大学清国留学生物理化学科	印
郑钺	兰溪	自费		法政大学、明治大学	官 1、浙 1916
郑震	乐清			宏文学院卒业	温
	瑞安	自费		预备入学	浙 1917
郑哲新	建德	自费		早稻田大学	浙 1916
郑蛰	乐清	自费	光 32.2	同文书院毕业，东京高等师范学校英语部预科	官 17、温
	乐清	五校	光 32.8	光 34.3 东京高等师范学校英语部预科	官 28、清
郑贞如	兰溪	自费		幼儿园	浙 1916

姓名	籍贯	费别	赴日时间	所入学校及其他相关事项	出处
钟赓言	海宁	官费	光 29.12	第一高等学校	会 4、5
		学部	光 29.12	第一高等学校英法科，光 34.4 入东京帝国大学政治科，明 43 毕业	官 17、日
	海宁	京师大学堂	光 29.12	第一高等学校英语法科毕业，光 33.9 至宣 2.10 东京帝国大学法科大学政治科	存
	海宁	京师大学堂	光 29.12	光 31.6 入东京帝国大学法科	官 28、38、清
钟明峻				大阪高等预备校	官 6
钟学诗		自费		明 39.5 驻杭领事报告名单	杂 6
钟玉瑨	钱塘	自费	光 28.9	预备入学，振武学校陆军	会 3、印
周邦		自费	光 32.9	光 33.11 入早稻田大学师范科	官 12、清
				光 33.11 入早稻田大学留学生部博物科	官 31
	庆元	自费		明 42 早稻田大学留学生部师范本科博物学科毕业	早、印
周葆銮				光 33.11 入大成学校普通科	官 12
周丙祥		自费		神户高等商业学校	官 11、28
		自费		光 33.4 入神户高等商业学校	官 28
	临安	浙江	光 30.2	光 33.4 入神户高等商业学校	官 38
	临安	自费	光 31.1	清华学校普通科毕业，光 33.3 至宣 3.2 神户高等商业信息本科	存
周秉礼	瑞安			光 33.9 入法政大学专门部法律科	官 10
	平阳			光 34.2 入明治大学专门部法律科	官 15、温
周伯雄		自费	光 31.8	大阪预备学校、奈良高师学校均未毕业，光 34.9 入明治大学专门部商科，明 44 毕业	官 22、日、清
	诸暨	自费	光 31.9	大阪预备学校及奈良师范学校均毕业，光 34.8 至宣 3.6 明治大学专门部商科	存
周柏年	吴兴				湖州市人物志
周文达	临海	官费		第五高等学校（熊本）	浙 1916、1917
周文敬					官 5

续表

姓名	籍贯	费别	赴日时间	所入学校及其他相关事项	出处
周承荻	海宁	浙江	光28.8	宏文学院普通科，光34.2士官学校步兵科毕业	会2、3，官15
	海宁	浙江	光28.7	振武学校，光30.6振武学校陆军毕业预备入连队	会4、5、印
				明39.12入陆军士官学校步兵科，明40.5毕业	日、陆
周承德	海宁	自费	光28.2	清华学校	会2
	海宁	自费	光28.6	预备入学	会3
周采真	慈溪			东京同文书院	印
周大钧	浙江	自费	光31.7	明40早稻田大学清国留学生部预科毕业，明43专门部政治经济科毕业	早、清
	仁和	自费	光31.7	早稻田普通科毕业，光33.7至宣2.5早稻田大学专门部政经科	存
周奋	浙江			光34毕业	官7、官8、20
				宣2.9入早稻田大学政经科	官47
	永嘉	官费		明39早稻田大学清国留学生部预科毕业，明41早稻田大学留学生部教育及历史地理科毕业	早、温、印
周观颁		自费		1906年9月经纬学堂普通科毕业	印
周煌城	浙江			光34毕业	官8、20
	诸暨	官费		明39早稻田大学清国留学生部预科毕业，明41早稻田大学留学生部师范本科物理化学科毕业	早、印
周家诚	黄岩	南洋	光28.1	成城学校陆军、工兵第三连队	会2、3
	黄岩	官费	光28.3	振武学校陆军	会4、印
	台州			陆军士官学校工兵科第三期学生（明36.12入学，明37.11卒业）	陆
	黄岩		光28.3	士官学校毕业	会5
周济	玉环	自费		预备入学	浙1917
周积芹		自费	光31.7	东京高等警务学校高等科毕业，经纬学校普通科未毕业，光33.4入日本大学专门部法科，宣2.6毕业	清
	桐乡	江苏	光31.7	警务学校高等科毕业，经纬学堂普通科未毕业，光33.4至宣2.6日本大学专门部法科	存
周觐光	平阳			东京岩仓铁道学校	温
	平阳	自费	光31.3	宏文学院普通科未毕业，光34.8至宣3.6明治大学专门部法科	日、清、存

续表

姓名	籍贯	费别	赴日时间	所入学校及其他相关事项	出处
周警	永嘉			东京体育会卒业	温
周鸣复	永嘉			东京同文书院	温
周廼斌	大平	自费		日本体育会体操学校选科	印
周配义	奉化	自费		早稻田大学	浙 1916
周庆修		官费	光 31.7	光 31.9 入早稻田大学留学生部理化科	官 31、清
周庆修	钱塘	官费		明 39 早稻田大学清国留学生部预科毕业，明 41 早稻田大学留学生部师范本科物理化学科毕业，明 42 同上研究科毕业	早、印
周庆冕	镇海	自费	光 29.4	预备入学	会 3
周日省	奉化	自费		预备入学	浙 1917
周日新	奉化				浙 1916
周嗣培	绍兴	官费		振武学校陆军	印
周嗣培	诸暨	四川		明 34.11 四川官费派赴留学，时年 21 岁	杂 3
周时铭	奉化	自费		预备入学	浙 1917
周思镐		自费	光 33.2	宣 1.5 明治大学法科校外生，宣 3.2 毕业	清
周树人	会稽	南洋	光 28.3	宏文学院普通科、仙台医学校	会 2、3
周树人	会稽	官费	光 28.2	宏文学院师范科	会 4
周树人		江宁		退学，官费领至宣 1.9	官 40
周维翰	兰溪	自费	光 32.5	群马县私立东亚蚕业学校，法政大学	印、清、浙 1916
周锡	平阳	浙江	光 31.1	光 32.7 入东京高等商业学校本科	官 8、28、38
周锡经	平阳		光 31.2	同文书院普通科未毕业，宣 2.6 东京高等商业学校本科毕业	官 7、温、清
周锡经	平阳	浙江	光 31.2	同文书院普通科未毕业，光 32.6 至宣 2.5 东京高等商业学校本科	存
周遐	平阳	自费		光 33.10 入经纬学堂普通科，1908 年 7 月同校毕业	官 11、印
周遐	平阳			东京经济学堂卒业	温
周煦海	永嘉			东洋大学	温
周樾		官费	光 31.7	光 31.9 入早稻田大学留学生部博物科	官 31、清
周樾	丽水	官费		明 39 早稻田大学清国留学生部预科毕业，明 41 早稻田大学留学生部师范本科博物学科毕业	早、印
周毓英	仁和	公费	光 30.2	预备入学	会 4
周毓英		自费	光 30.3	清华学校	会 5

续表

姓名	籍贯	费别	赴日时间	所入学校及其他相关事项	出处
周埕		自费	光 32.10	光 32.11 入学，同文学校毕业	清
	丽水	自费	光 31	同文书院毕业，宣 1.7 入长崎医学专门学校医学科	清
周志由	嵊县	自费	光 32.7	光 32.8 入早稻田大学留学生部预科，同校师范部本科博物科毕业	官 31、印、清
周仲鸿	安吉	自费转浙江		明 39.9 入大阪高等工业学校	官 2、官 6、官 11
周忠绩	钱塘	自费		1906 年 2 月经纬学堂警务科毕业	印
周焯	浙江			光 34 毕业	官 20
	丽水	官费		明 39 早稻田大学清国留学生部预科毕业，明 41 早稻田大学留学生部师范本科物理化学科毕业	早、印
周昭文	永嘉			同文书院卒业	温
周作人	会稽	江宁	光 32.7	光 34.9 入立教大学文科	官 38、官 4、清
周	丽水	自费	光 32.10	同文书院毕业，长崎医学校专门学校	官 33
查厚培				经纬学堂长期警务科毕业	官 2
				明 40.3 法政速成第四班毕业	官 5
查履忠				明 40.3 法政速成第四班毕业	官 5
竺华云	鄞县	官费		东京高等师范学校农博	浙 1916、1917
竺开通	奉化	自费		日本体育会体操学校选科	印
朱布宣	海宁	自费	光 28.7	预备入学	会 3
朱宝璇				光 33.9 法政大学补修科毕业	官 10
朱鼎铭	永嘉			同文书院卒业	温
朱鼎彝	温州	官费		振武学校陆军	印
	永嘉		光 25.9	光 28.3 大阪炮兵工厂毕业	会 2、3、4、5、温
朱尔昌				光 34.12 入成城学校普通科	官 25
朱凤翔	浙江				官 7、官 8
朱溥		自费		明 40.2 东洋大学法政速成科毕业	官 1、官 2
	归安	私费		私立东洋大学法政科	印
	吴兴			东洋大学	中华留日同学会会员录 1940
	吴兴			东洋大学	中华留日同学会同学录 1941

续表

姓名	籍贯	费别	赴日时间	所入学校及其他相关事项	出处
朱赓飏				光 34.3 入东亚铁道学校电器科	官 16
				光 34.12 入明治大学商科	官 25
	长兴	山东		宏文学院	官 4
	长兴	山东	光 31.8	光 34.10 入明治大学法科，大 2 毕业	官 38、清
	长兴			明治大学法科，1913 年毕业	中华留日明治大学校友录
朱光杰				光 33.11 入成城学校普通科	官 12
朱光焘	仁和	浙江		光 32.3 至宣 1.5 东京高等工业学校色染科本科	官 11、28、印、存
		浙江	光 31	明 42 东京高等工业学校毕业	官 30、日
	仁和	浙江	光 31.8	东京高等工业学校色染科	官 2、清
朱国斌	义乌	自费		预备入学	浙 1916、1917
朱汉杰	海盐	自费		预备入学	浙 1917
朱鸿基				光 34.9 入法政大学专攻科	官 22
	山阴	自费		1909 年 7 月经纬学堂普通科毕业	印
				宣 1 闰 2 入早稻田大学高等预科	官 28
		自费	光 32	法政大学专攻科未毕业，宣 2.8 经纬学校普通科毕业	清
朱浩				明 42 实践女学校毕业	日
朱豪	钱塘	自费		明 37.3 驻杭领事报告名单，时年 18 岁	杂 6
	钱塘	自费	光 29.10	清华学校，振武学校陆军	会 4、印
朱焕章	青田	自费		1908 年 10 月经纬学堂普通科毕业	印
朱骥	瑞安	自费		预备入学	浙 1917
朱俊	钱塘	自费	光 29.9	清华学校	会 5
朱景昌					官 6
朱景圻	乌程	自费	光 30.8	宣 3.6 法政大学专门部法科（速成科第二班）毕业	法政大学史资料集、清
	归安	自费	光 30.8	光 34.7 至宣 3.6 法政大学专门部法律科	存
	乌程	自费		私立经纬学堂警务科，明 39.2 卒业	印
朱骏基				光 34.9 入法政大学专攻科	官 22
朱基辉	山阴	自费	光 34	1909.9 入千叶医学专门学校	官 32
朱其辉	山阴	自费	光 34	宣 1.7 入千叶医学专门学校，大 3 同校毕业	日、清
朱焜		自		明 40 早稻田大学清国留学生部预科毕业	早

续表

姓名	籍贯	费别	赴日时间	所入学校及其他相关事项	出处
朱铠		自费		1909年2月经纬学堂警务科毕业	印
	会稽	官费	光30.8	法政大学	会5
朱立	石门	自费	光29.9	宏文学院	会3
朱烈				早稻田大学留学生部师范本科博物学科在学	早
朱启舜	诸暨	官费	光30.9	振武学校	会5
		官费	光30.8	明39.2入士官学校步兵科，明40.11退队	官12、清
				明40.12入陆军士官学校步兵科，明41.11毕业	日、陆
朱奇	桐乡	自费		东亚预备学校	浙1916
朱泉	缙云	浙江	光31.6	光31.9入早稻田大学留学生部理化科	官4、官7、官31、印、清
朱榕				同仁医学校	官10
				光33.10入早稻田大学普通科	官11
朱绍濂	石门			1908年参加归国留学生考试，时年30岁，以中等成绩被授予法政科举人。	他
朱士斌					官4
朱叔麟		自费	光31.7	早稻田学校预科未毕业，光33.2入东京物理学校数学科	清
	秀水	自费	光31.7	早稻田大学预科未毕业，光33.2至宣2.1东京物理学校数学科	存
朱文勋	黄岩	自费		明38.12驻杭领事报告名单，附生	杂6
朱文劭				明40.3法政速成第四班毕业	官5
朱希祖		官费	光31.8	光31.9入早稻田大学留学生部历史地理科	官31、清
	海盐	官费		明39早稻田大学清国留学生部预科毕业，明41早稻田大学留学生部教育及历史地理科毕业，明42同上研究科毕业	早、印
朱显邦		自费		光33.9入东京蚕业讲习所	官8、10
	缙云	浙江	光31.12	成城学校普通科未毕业，光33.8至宣2.6东京蚕业讲习所制丝科	存、清
	缙云	浙江	光32.3	光33.9入东京蚕业讲习所制丝部本科，明43毕业	官28、38、清
朱献文	义乌	官费	光29.12	第一高等学校	官4、5
		学部	光29.12	第一高等学校，京都帝国大学法科	官6、官17

续表

姓名	籍贯	费别	赴日时间	所入学校及其他相关事项	出处
朱耀				同文书院，光 33.10 入早稻田大学	官 10
朱曜	仁和	自费	光 29.7	预备入学	会 3
	钱塘	自费	光 28.7	成城学校陆军，振武学校陆军	会 2、印
	仁和	自费	光 30.9	法政大学	会 5
朱煜				光 33.10 入早稻田大学留学生部普通科	官 11、31
		自费		明 43 早稻田大学留学生部普通科毕业	早
朱义复	杭州			明 45 明治大学专门部商科毕业	日、官 5
朱义懋					官 7
朱焕		自费		1907 年 7 月经纬学堂警务科毕业	印
朱虞宾	义乌	自费		预备入学	浙 1917
朱元树	余杭	自费		明 39.10 驻杭领事报告名单，翰林院庶吉士	杂 6
				光 33.9 法政大学补修科毕业	官 10
朱尤	浙江	自费		早稻田大学高等预科文科在学	早
朱章宝				大阪高等预备校	官 6
		自费	光 29	宏文学院，1908.9 入东京高等工业学校预科	官 25
	义乌	五校	光 31.9	光 34.8 入东京高等工业学校电机科	官 38
	义务	官费		帝大文科	浙 1916
	金华			大 5 中央大学毕业	日
朱章贵	义乌	官费		千叶医学专门学校	浙 1916、1917
朱章贤	义乌	自费		预备入学	浙 1916、1917
朱仲飞	归安	自费	光 32.5	大阪高等预备学校，长崎高等商业学校	官 6、官 28、清
	归安	自费	光 32.5	大阪高等预备学校毕业，宣 1.3 入长崎高等商业学校，明 45 长崎高等商业学校毕业	清、日
朱诏闻	青田	湖南	光 31.10	宣 1.8 入日本大学医科	官 38、清
朱诒闻	处州	官费		振武学校陆军，明治 41 年 12 月有碍退校	印
朱兆华	绍兴	自费		预备入学	浙 1917
朱宗莱		自费	光 28.3	清华学校毕业，光 33.9 入早稻田大学文科，宣 3.6 同校毕业	清
	海宁	浙江	光 28.3	清华学校毕业，光 33.9 至宣 3.6 早稻田大学大学部文科	存

续表

姓名	籍贯	费别	赴日时间	所入学校及其他相关事项	出处
朱宗吕	浙江		光31.7	光31.9入早稻田大学留学生部理化科	官8、31、清
	海宁	官费		明39早稻田大学清国留学生部预科毕业，明41同上师范本科物理化学科毕业，明42同上研究科毕业	早、印
朱植	平阳	自费	光30.3	成城学校	会5
竹堃厚	绍兴	陆军部		振武学校高等普通科，明治41年10月转出	印
诸葛椎				宣2.10入法政大学政治科	官48
诸葛鲁	兰溪	自费		法政大学	浙1917
诸元浩				光33.12入宏文学院普通科	官13
				宣1.8入明治大学专门部商科	官34
祝成城		自费			官11
祝谦	海宁	自费	光28.4	成城学校陆军、名古屋步兵第八连队	会2、3
	海宁	自费	光28.4	振武学校陆军	会4、印
	松州			陆军士官学校步兵科第三期学生（明36.12入学，明37.11卒业）	陆
				光30.9士官学校毕业	会5
祝尔康	绍兴	自费		预备入学	浙1917
祝震	钱塘	官费	光29.5	光29.11宏文学院毕业	会3、4、5
庄瑞堂	奉化	自费	光30.8	预备入学	会5
庄绍恩		自费		仙台医学专门学校医科	官28
庄绍周	奉化	浙江	光30.7	明治药学校全科毕业，光33.7入仙台医学专门学校药学科，宣3.6毕业	官11、28、38、清
	奉化	浙江	光30.8	明治药学校全科毕业，光34.7至宣3.8	存
庄先志	浙江				官8
庄泽定	秀水	自费		明41明治大学专门部法科毕业	日、印
宗承藩				病故	官38
邹之栋	平湖	官费	光31.8	光31.9入早稻田大学留学生部理化科	官31、清
		官费		明39早稻田大学清国留学生部预科毕业，明41早稻田大学留学生部师范科物理化学科毕业，明42同上研究科毕业	早、印

附录二　归国留学生考试被授予出身的浙江留日学生（1905—1911年）

姓名	籍贯	年龄	授予出身名称	授予年份	考试成绩
钱承志	仁和		进士	1905	最优等
陆世芬	仁和		举人	1905	优等
王鸿年	永嘉	33	法政科举人	1906	中等
陈威	山阴	27	法政科举人	1906	中等
董鸿祎	仁和	27	法政科举人	1906	中等
富士英	海盐	27	法政科举人	1906	中等
孙海环	奉化	32	工科举人	1907	优等
屠师韩	秀水	39	农科举人	1907	中等
朱献文	义乌	35	法政科进士	1908	最优等
虞铭新	镇海	30	格致科进士	1908	最优等
章毓兰	富阳	26	格致科进士	1908	最优等
任允	仁和	27	工科举人	1908	优等
钱家澄	仁和	25	工科举人	1908	优等
许炳堃	德清	31	工科举人	1908	优等
汪与准	海宁	29	医科举人	1908	优等
曹文渊	天台	25	农科举人	1908	优等
郑文易	黄岩	32	法政科举人	1908	中等
庄泽定	秀水	27	法政科举人	1908	中等
朱绍濂	石门	30	法政科举人	1908	中等
林大闾	瑞安	26	工科进士	1909	最优等
朱光焘	仁和	28	工科进士	1909	最优等
汪振声	归安	28	法政科举人	1909	优等
金泯澜	山阴	31	法政科举人	1909	优等
张竞仁	海宁	32	法政科举人	1909	优等
凌士钧	石门	28	法政科举人	1909	优等
褚嘉猷	海宁	35	法政科举人	1909	优等
夏锡祺	镇海	33	文科举人	1909	优等
钱家治	仁和	28	文科举人	1909	优等
厉家福	钱塘	25	医科举人	1909	优等
汪祖泽	山阴	28	法政科举人	1909	中等

续表

姓名	籍贯	年龄	授予出身名称	授予年份	考试成绩
袁荣荄	桐庐	27	法政科举人	1909	中等
郑际平	黄岩	37	法政科举人	1909	中等
张翅	天台	25	法政科举人	1909	中等
陈经	平阳	30	法政科举人	1909	中等
沈其昌	山阴	29	法政科举人	1909	中等
许企谦	黄岩	28	法政科举人	1909	中等
吴荣鎓	西安	29	法政科举人	1909	中等
林大同	瑞安	27	工科举人	1909	中等
袁翼	嵊县	29	工科举人	1909	中等
沈祚延	慈溪	31	商科举人	1909	中等
盛在珣	镇海	21	商科举人	1909	中等
盛在琨	镇海	26	商科举人	1909	中等
徐辉	钱塘	32	商科举人	1909	中等
金保康	仁和	31	法政科举人	1910	优等
黄曾铭	瑞安	24	工科进士	1910	最优等
王蔚文	上虞	23	工科进士	1910	最优等
薛楷	瑞安	25	工科进士	1910	最优等
余绍宋	龙游	28	法政科举人	1910	优等
张嘈	天台	32	法政科举人	1910	优等
梅诒谷	余杭	25	法政科举人	1910	优等
余名铨	镇海	26	法政科举人	1910	优等
曹位康	镇海	39	文科举人	1910	优等
张廷霖	钱塘	26	文科举人	1910	优等
朱叔麟	秀水	26	格致科举人	1910	优等
朱显邦	缙云	26	农科举人	1910	优等
施霖	仁和	29	工科举人	1910	优等
钱均	嵊县	30	工科举人	1910	优等
周锡经	平阳	28	商科举人	1910	优等
张竞勇	海宁	31	法政科举人	1910	中等
郁华	富阳	27	法政科举人	1910	中等
柴宗溁	仁和	27	法政科举人	1910	中等
孙世伟	山阴	28	法政科举人	1910	中等

续表

姓名	籍贯	年龄	授予出身名称	授予年份	考试成绩
李尧楷	嘉兴	26	法政科举人	1910	中等
周大钧	仁和	23	法政科举人	1910	中等
陈鸿慈	会稽	33	法政科举人	1910	中等
屈爔	平湖	29	法政科举人	1910	中等
邱开骏	黄岩	24	法政科举人	1910	中等
洪达	瑞安	25	法政科举人	1910	中等
蔡元康	山阴	32	法政科举人	1910	中等
郑汝璋	平阳	27	法政科举人	1910	中等
池文藻	黄岩	30	法政科举人	1910	中等
沈秉诚	归安	25	法政科举人	1910	中等
叶谆然	建德	26	法政科举人	1910	中等
杨悌	平阳	30	法政科举人	1910	中等
殷汝熊	平阳	33	法政科举人	1910	中等
蒋邦彦	金华	29	法政科举人	1910	中等
郑隆骧	乌程	43	法政科举人	1910	中等
许寿裳	山阴	28	文科举人	1910	中等
张万田	钱塘	24	文科举人	1910	中等
张邦华	海宁	32	格致科举人	1910	中等
黄公迈	钱塘	26	农科举人	1910	中等
倪绍雯	慈溪	28	农科举人	1910	中等
邬肇元	奉化	27	工科举人	1910	中等
陈佐汉	诸暨	30	工科举人	1910	中等
邵文镕	会稽	34	工科举人	1910	中等
张竞立	海宁	24	商科举人	1910	中等
李涵真	海宁	29	商科举人	1910	中等
何焯时	诸暨	36	商科举人	1910	中等
赵之骦	归安	26	商科举人	1910	中等
孙寿恩	奉化	23	商科举人	1910	中等
钟赓言	海宁	30	法政科进士	1911	最优等
莫永贞	安吉	28	法政科进士	1911	最优等
章鸿钊	归安	32	格致科进士	1911	最优等
陶昌善	秀水	32	农科进士	1911	最优等

续表

姓名	籍贯	年龄	授予出身名称	授予年份	考试成绩
胡仁源	归安	28	工科进士	1911	最优等
吴宗濂	归安	32	工科进士	1911	最优等
胡承瑗	山阴	25	法政科举人	1911	优等
杜师业	青田	33	法政科举人	1911	优等
胡时亮	永康	34	法政科举人	1911	优等
杨湜	平阳	22	法政科举人	1911	优等
周觐光	平阳	33	法政科举人	1911	优等
吴树基	瑞安	27	法政科举人	1911	中等
萧培身	桐乡	29	法政科举人	1911	中等
叶承楠	青田	30	法政科举人	1911	中等
金述璋	钱塘	28	法政科举人	1911	中等
楼岑	萧山	27	法政科举人	1911	中等
张若骢	浦江	30	法政科举人	1911	中等
蒋寿籛	海宁	29	法政科举人	1911	中等
陈淘	建德	29	法政科举人	1911	中等
萧学源	长兴	30	法政科举人	1911	中等
吴荦	会稽	28	法政科举人	1911	中等
赵毓璜	归安	30	法政科举人	1911	中等
邬学昭	奉化	23	法政科举人	1911	中等
钱谦	嘉善	23	法政科举人	1911	中等
叶尔衡	仁和	30	法政科举人	1911	中等
沈秉谌	归安	24	法政科举人	1911	中等
余鉴澄	黄岩	28	法政科举人	1911	中等
俞钟	富阳	30	法政科举人	1911	中等
黄炳道	平阳	31	法政科举人	1911	中等
陈树年	青田	31	法政科举人	1911	中等
徐清扬	平湖	29	法政科举人	1911	中等
谢国英	天台	24	法政科举人	1911	中等
冯毓德	山阴	22	法政科举人	1911	中等
卢士增	黄岩	34	法政科举人	1911	中等
曹澍	平阳	33	法政科举人	1911	中等
钱协同	金华	31	法政科举人	1911	中等

续表

姓名	籍贯	年龄	授予出身名称	授予年份	考试成绩
吴道益	钱塘	25	医科举人	1911	中等
徐希骥	山阴	29	医科举人	1911	中等
洪彦远	瑞安	28	格致科举人	1911	中等
沈希侠	慈溪	25	格致科举人	1911	中等
刘熊	镇海	35	格致科举人	1911	中等
张际春	镇海	30	农科举人	1911	中等
虞愚	镇海	29	工科举人	1911	优等
李善富	乌程	22	工科举人	1911	优等
陈履泰	东阳	24	工科举人	1911	优等
钱永铭	乌程	27	商科举人	1911	优等
赵廷彦	归安	27	商科举人	1911	优等
周丙祥	临安	27	商科举人	1911	中等
周伯雄	诸暨	34	商科举人	1911	中等
林廷藻	青田	34	商科举人	1911	中等

注：据台北"国史馆"藏《考试游学毕业生案》（1—4册）整理而成。1905年考试后所授予出身仅称进士或举人，而尚无具体学科名。1905年至1911年共举行了7次归国留学生考试，累计有1388人考试合格，其中170人被授予进士出身，1218人被授予举人出身。

参考文献

一、中文基本史料

[1] 浙江留日学生同乡会编：《浙江留日学生同乡录》，浙江留日学生同乡会，1916、1917、1923、1926、1928年。

[2] 清国留学生会馆编：《清国留学生会馆报告》（1—5册），清国留学生会馆，1902—1904年。

[3] 留日学生监督处：《官报（1—50）》（影印本，1907—1910），国家图书馆出版社，2009年。

[4] 浙江学务公所编：《浙江教育官报》，浙江学务公所，1908—1910年。

[5] 《温州留东同乡录》（己酉夏调查），上海图书馆藏。

[6] 《私立浙江法政专门学校同学录》，浙江图书馆藏，1914年。

[7] 《中华留日明治大学校友录》，1930年。

[8] 中华农学会：《中华农学会会员录》，1935年。

[9] 中华留日同学会编：《中华留日同学会同学录》，中华留日同学会，1940—1941年。

[10] 佚名编：《清末各省官自费留日学生姓名表》，文海出版社，1978年。

[11] 佚名编：《清末民初留日士官学校人名簿》，文海出版社，1930年。

[12] 郭荣生校：《日本陆军士官学校中华民国留学生簿》，文海出版社，1977年。

[13] 陆费逵编：《教育杂志》，上海商务印书馆，1909—1948年。

[14] 上海中华书局编：《中华教育界》，上海中华书局，1912—1950年。

[15] 南京维新政府教育部公报处：《教育公报》，1939—1940年。

[16] 申报馆：《申报》，申报馆，1872—1949年。

[17] 浙江省民政厅编：《浙江民政月刊》，浙江省民政厅，1940年。

[18] 浙江省长公署公报处：《浙江公报》，浙江省长公署公报处，1912—1926年。

[19] 北京印铸局编：《政府公报》，北京印铸局，1912—1928年。

[20] 台北"故宫博物院"编：《清光绪朝中日交涉史料》，文海出版社，1963年。

[21] 刘真主编：《留学教育》，台北"国立编译馆"，1980年。

[22] 浙江留日学生同乡会编：《浙江潮》，浙江留日学生同乡会，1903年。

[23] 译书汇编社编：《译书汇编》，译书汇编社，1900—1903年。

[24] 《温州留东同乡录》，上海图书馆藏，1909年。

[25] 全国政协文史资料委员会编：《文史资料存稿选编》，中国文史出版社，2002年。

[26] 上海全浙公会编：《浙江公会会员名录》，浙江图书馆藏，刊行年不详。

[27] 《留日帝国大学高等学校同窗录》，出版社不详，1926年。

[28] 《荻港章氏家乘》（卷九），民国十三年增修。

[29] 上海农学会编：《农学丛书》（1—7集），上海农学会，光绪年间刊。

[30] 上海农学会编：《农学报》（1—315期），上海农学会，光绪二十三年四月至光绪三十一年十二月刊。

[31] 王宝平主编：《晚清中国人日本考察记集成/教育考察记》，杭州大学出版社，1999年。

[32] 王宝平主编：《晚清东游日记汇编/日本国志》，上海古籍出版社，2001年。

[33] 王宝平主编：《晚清东游日记汇编/日本政法考察记》，上海古籍出版社，2002年。

[34] 王宝平主编：《晚清东游日记汇编/游历日本图经》，上海古籍出版社，2003年。

[35] 中华民国留日学生监督处编：《民国八年五校在学生名册》，中华民国留日学生监督处，1919年。

[36] 中华民国留日学生监督处编：《民国八年度考取五校及普通各学校新生名册》，中华民国留日学生监督处，1919年。

[37] 《宣统元年至三年浙江省留日学生存根》，中华民国教育部整理，台北"国史馆"藏。

[38] 《光绪三十三年至宣统二年各省官费自费留日学生名册》，中华民国教育部整理，台北"国史馆"藏。

[39] 《考试游学毕业生案》（1—4册），中华民国教育部整理，台北"国史馆"藏。

[40] 《选派学生赴国外游学、东西洋留学毕业生案及留学生名册》，中华民国教育部整理，台北"国史馆"藏。

[41] 《出洋游历游学各项章程》，中华民国教育部整理，台北"国史馆"藏。

二、日文基本史料

[1] 《在本邦清国留学生関係雑纂》，国立公文書館アジア歴史資料センター蔵。

[2] 如水生：《行雲録》，手写本。

[3] 如水生：《燈焔録》，手写本。

[4] 日華学堂：《日華学堂日誌》，手写本，1898—1899年。

[5] 財団法人日華学会：《東京在住中華民国留学生名簿》，1915年。

[6] 《印度及清国留学生に関する調》，国立公文書館アジア歴史資料センター蔵，編号3-2542。

[7] 日華学会編：《日華学会年報》（第7—17回），財団法人日華学会，1922—1934年。

[8] 《早稲田大学清国留学生部章程》，早稲田大学図書館蔵，1905年。

[9] 《清国留学生部寄宿舎 舎生原籍調簿》，早稲田大学図書館，1905年。

[10] 《清国留学生部寄宿舎 修学旅行人名及経費精算書》，1905年11月12日。

[11] 《成績簿甲簿甲班》（明治三十九年七月），早稲田大学図書館蔵，1905年。

[12] 《成績簿甲簿乙班》（明治三十九年七月），早稲田大学図書館蔵，1905年。

[13] 《成績簿（物理化学科）甲》（明治四十年七月），早稲田大学図書館蔵，1907年。

[14] 《成績簿（物理化学科）乙》（明治四十年七月），早稲田大学図書館蔵，1907年。

[15] 《成績簿（教育及歴史地理科）乙》（明治四十年七月），早稲田大学図書館蔵，1907年。

[16] 《成績簿（博物学科）乙》（明治四十年七月），早稲田大学図書館蔵，1907年。

[17] 《早稲田大学中国留学生同窓録》，早稲田大学図書館蔵，1908年。

[18] 早稲田大学：《鴻跡帖》，早稲田大学図書館蔵。

[19] 興亜院編：《日本留学中華民国人名調》，興亜院政務部，1940年。

[20] 法政大学史資料委員会編：《法政大学史資料集/法政大学清国留学生法政速成科特集》，東京法政大学史資料委員会，1988年。

[21] 日本東京帝国大学編：《日本東京帝国大学卒業生名録》，1926年。

[22] 近代アジア教育史研究会編：《近代日本のアジア教育認識・資料篇》，竜渓書舎，2002年。

[23] 槻木瑞生編：《日本留学中国人名簿関係資料》（復刻版、1—7巻），竜渓書舎，2004年。

[24] 槻木瑞生編：《満洲国留日学生録》（復刻版、1—6巻），竜渓書舎，2012年。

[25] 小島晋治監修：《幕末明治中国見聞録集成》，ゆまに書店，1997年。

[26] 阿部洋監修：《中国近現代教育文献資料集》，日本図書センター，2005年。

[27] 支那研究会編：《最新支那官紳録》，支那研究会，1918年。

[28] 日本法政大学同学会編：《日本法政大学同学会会員録》，日本法政大学同学会，1941年。

三、中文图书（含译著）

B

[1] 编者不详：《私立浙江法政专门学校纪略》，浙江图书馆藏，民国七年刊。

C

[2]   程恩培：《东瀛观兵纪事》，浙江官书局，光绪年间。

[3]   陈景磐等编：《清代后期教育论著选》，人民教育出版社，1997年。

[4]   陈学洵、田正平主编：《中国近代教育史料汇编·留学教育》，上海教育出版，1991年。

[5]   曹汝霖：《一生之回忆》，春秋杂志社，1966年。

[6]   曹述敬：《钱玄同年谱》，齐鲁书社，1986年。

D

[7]   丁晓禾主编：《中国百年留学全记录》，珠海出版社，1998年。

[8]   董守义：《清代留学运动史》，辽宁人民出版社，1985年。

F

[9]   冯自由：《革命逸史》，中华书局，1981年。

[10] 冯自由：《中华民国开国前革命史》（中编），上海书店出版社，1990年。

[11] 复旦大学历史系中国现代史研究室编：《汪精卫汉奸政权的兴亡》，复旦大学出版社，1987年。

G

[12] 葛祖兰：《自修适用日语汉译读本》，商务印书馆，1919年。

[13] 葛祖兰：《自修适用日语文艺读本》，商务印书馆，1931年。

[14] 葛祖兰等：《怎样研究日语》，开华书局，1934年。

[15] 高平叔等编：《蔡元培书信集》，浙江教育出版社，2000年。

[16] [日]古屋奎二著：《蒋介石秘录》，《蒋介石秘录》翻译组译，湖南人民出版社，1988年。

[17] 广东省社会科学院研究室编：《孙中山全集》，中华书局，1981年。

[18] 甘孺：《永丰乡人行年录》，江苏人民出版社，1980年。

H

[19] 杭州市教委编：《杭州教育志》，浙江教育出版社，1994年。

[20] 黄福庆：《清末留日学生》，"中研院"近代史研究所，1975年。

[21] 黄嗣艾：《日本图书馆调查丛记》，湖南学务处，光绪三十一年发行。

[22] 黄逸编：《湖州市教育志》，浙江教育出版社，1995年。

[23] 侯殿龙、孔繁珠主编：《山西百年留学史1900—2002》，山西人民出版社，2005年。

[24] 胡以鲁：《国语学草创》，山西人民出版社，2014年。

[25] 胡珠生：《温州近代史》，辽宁人民出版社，2000年。

J

[26] 蒋黼：《东游日记》（故宫博物院编《故宫珍本丛刊》272册），海南出版社，2001年。

K

[27] 康有为著，汤志钧编：《康有为政论集》（上册），中华书局，1981年。

L

[28] 林子青主编：《弘一法师年谱》，宗教文化出版社，1995年。

[29] 林子勋：《中国留学教育史》，台湾华冈出版有限公司，1976年。

[30] 郦千明编：《沈尹默年谱》，上海书画出版社，2018年。

[31] 吕顺长：《清末浙江与日本》，上海古籍出版社，2001年。

[32] 吕顺长：《清末中日教育文化交流之研究》，商务印书馆，2012年。

[33] 吕顺长：《清末维新派人物致山本宪书札考释》，上海交通大学出版社，2016年。

[34] 罗振玉：《扶桑再游记》（罗继祖编《罗振玉学术论著集》第十一集），上海古籍出版社，2010年。

[35] 罗继祖：《庭闻忆略——回忆祖父罗振玉的一生》，吉林文史出版社，1987年。

[36] 李兆忠：《看不透的日本——中国文化精英眼中的日本》，东方出版社，2006年。

[37] 李喜所主编：《留学生与中外文化》，南开大学出版社，2005年。

[38] 李喜所：《近代留学生与中外文化》，天津教育出版社，2006年。

[39] 李筱圃：《日本纪游》，南京图书馆藏，刊行年未详。

[40] 梁启超：《饮冰室文集类编》（上册），下河边半五郎明治三十七年发行。

[41] 梁启超：《饮冰室合集》，中华书局，1941年。

[42] 留日学生监督处编：《官报》（1—50），国家图书馆出版社，2009年。

N

[43] 南京市档案馆编：《审讯汪伪汉奸笔录》，江苏古籍出版社，1992年。

[44] 宁波市政协文史委员会：《宁波帮与中国近现代报刊页》，宁波出版社，2017年。

Q

[45] 齐红深主编：《日本侵华教育史》，人民教育出版社，2004年。

[46] 钱婉约等：《内藤湖南汉诗酬唱墨迹辑释——日本关西大学图书馆内藤文库藏品集》，国家图书馆出版社出版，2016年。

[47] 钱单士厘：《癸卯旅行记/归潜记》，湖南人民出版社，1981年。

[48] 钱玄同著，杨天石主编：《钱玄同日记》（上中下），北京大学出版社，2014年。

[49] 璩鑫圭等编：《中国近代教育史资料汇编》，上海教育出版社，1991年。

R

[50] [美]任达著：《新政革命与日本——中国，1898—1912》，李仲贤译，江苏人民出版社，1998年。

S

[51] 斯明全：《功玉论——关于20世纪初期中国政界留日生的研究》，重庆出版社，1999年。

[52] 舒新城：《近代中国留学史》，上海文化出版社，1989年影印本。

[53] 上海古籍出版社编：《秋瑾集》，上海古籍出版社，1991年。

[54] 上海图书馆编：《汪康年师友书札》（1—2），上海古籍出版社，1986年。

[55] 上海图书馆编：《汪康年师友书札》（3），上海古籍出版社，1987年。

[56] 上海图书馆编：《汪康年师友书札》（4），上海古籍出版社，1989年。

[57] 盛宣怀：《愚斋东游日记》，日本东京都立图书馆藏，刊行年未详。

[58] [日]实藤惠秀著：《中国人留学日本史》，谭汝谦等译，生活·读书·新知三联书店，1983年。

[59] 沈殿忠等：《中日交流史中的华侨》，辽宁人民出版社，1991年。

[60] 沈殿成主编：《中国人留学日本百年史》，辽宁教育出版社，1997年。

[61] 沈文泉：《湖州名人志》，杭州出版社，2009年。

[62] 沈雨梧：《浙江师范教育》，天津古籍出版社，2002年。

[63] 宋恩荣、余子侠主编：《日本侵华教育全史》1—4卷，人民教育出版社，2005年。

[64] 宋恕著，胡珠生编：《黄绍箕集》，中华书局，2018年。

[65] 孙石月：《中国近代女子留学史》，中国和平出版社，1995年。

T

[66] 田正平等：《教育交流与教育现代化》，浙江大学出版社，2005年。

[67] 田正平：《留学生与中国教育近代化》，广东教育出版社，1996年。

[68] 田正平主编：《中外教育交流史》，广东教育出版社，2004年。

[69] 谭汝谦主编：《中国译日本书综合目录》，香港中文大学出版社，1980年。

W

[70] 王奇生：《中国留学生的历史轨迹：1872—1949》，湖北教育出版社，1992年。

[71] 王勇主编：《中国江南：寻绎日本文化的源流》，当代中国出版社，1996年。

[72] 王勇编：《中日汉籍交流史论》，杭州大学出版社，1992年。

[73] 王勇等：《中日"书籍之路"研究》，北京图书馆出版社，2003年。

[74] 王晓秋：《近代中日文化交流史》，中华书局，1992年。

[75] 王晓秋：《近代中日关系史研究》，中国社会科学出版社，1997年。

[76] 王晓秋：《近代中国与日本：互动与影响》，昆仑出版社，2005年。

[77] 王彦威纂，王亮编：《清季外交史料》，文海出版社，1963年。

[78] 王去病等编：《秋瑾史集》，华文出版社，1989年。

[79] 王向远：《日本对中国的文化侵略》，昆仑出版社，2005年。

[80] 王克文、余方德：《湖州人物志》，上海社会科学院出版社，1990年。

[81] 汪林茂主编：《浙江辛亥革命史料集》，浙江古籍出版社，2014年。

[82] 汪向荣：《日本教习》，中国青年出版社，2000年。

[83] 汪向荣：《中国的近代化与日本》，湖南人民出版社，1987年。

[84] 汪康年：《汪穰卿遗著》，文海出版社，1963年。

[85] 汪敬虞：《中国近代工业史资料》（第二辑），科学出版社，1957年。

[86] 吴汝纶：《李文忠公全集·朋僚函稿》，文海出版社，1963年。

[87] 吴玉章：《吴玉章回忆录》，中国青年出版社，1978年。

[88] 卫道治主编：《中外教育交流史》，湖南教育出版社，1998年。

[89] 翁同龢著，翁万戈编：《翁同龢日记》（第七卷），上海辞书出版社，2019年。

X

[90] 萧艾：《王国维评传》，浙江文艺出版社，1983年。

[91] 徐和雍、周立人编：《孙衣言孙诒让父子年谱》，上海社会科学院出版社，2003年。

Y

[92] 杨守敬撰，张雷校点：《日本访书志》，辽宁教育出版社，2003年。

[93] 杨晓：《中日近代教育关系史》，人民教育出版社，2004年。

[94] 杨天石、王学庄主编：《拒俄运动1901—1905》，新华书店，1979年。

[95] 严修著，武安隆等校注：《东游日记》，天津人民出版社，1995年。

[96] 严安生：《灵台无计逃神矢——近代中国人留日精神史》，生活·读书·新知三联书店，2018年。

[97] [日]野村浩一著：《近代日本的中国认识：走向亚洲的航踪》，张学锋译，中央编译出版社，1999年。

[98] 郁达夫：《郁达夫文集》，花城出版社，1982年。

[99] 袁宣萍：《浙江丝绸文化史话》，宁波出版社，1999年。

[100] 俞辛焞：《辛亥革命时期中日外交史》，天津人民出版社，2000年。

[101] 虞文藉主编：《虞廷恺家书》，中国文史出版社，2010年。

[102] 余振棠：《瑞安历史人物传略》，浙江古籍出版社，2006年。

Z

[103] 章宗祥：《日本游学指南》，浙江图书馆藏，刊行年未详。

[104] 章宗祥：《任阙斋东游漫录》，出版者不详，1929年。

[105] 章有义编：《中国近代农业史资料》，生活·读书·新知三联书店，1957年。

[106] 章鸿钊：《六六自述》，武汉地质学院出版社，1987年。

[107] 张凯编：《虞廷恺年谱长编》，浙江大学出版社，2020年。

[108] 张小宇、李军主编：《许璇纪念文集》，中国农业出版社，2021年。

[109] 张之洞：《张文襄公全集》，文海出版社，1963年。

[110] 张静庐辑注：《中国近代出版史料初编》，中华书局，1957年。

[111] 张彬：《中国教育近代化研究丛书——从浙江看中国教育近代化》，广东教育出版社，1996年。

[112] 张国华：《文史大家朱希祖》，学林出版社，2002年。

[113] 朱新予主编：《浙江丝绸史》，浙江人民出版社，1985年。

[114] 朱希祖：《朱希祖日记》，中华书局，2012年。

[115] 朱希祖、林传甲：《中国史学通论·中国文学史》，时代文艺出版社，2009年。

[116] 朱有瓛主编：《中国近代学制史料》（第二辑上册），华东师大出版社，1986年。

[117] 郑孝胥著，劳祖德整理：《郑孝胥日记》，中华书局，1993年。

[118] 钟少华：《早年留日者谈日本》，山东画报出版社，1996年。

[119] 钟叔河编：《周作人文类编·日本管窥》，湖南文艺出版社，1998年。

[120] 周作人著，止庵校：《知堂回想录》，河北教育出版社，2002年。

[121] 周作人：《知堂回想录》，群众出版社，1999年。

[122] 周一良主编：《中日文化交流史大系·典籍卷》，浙江人民出版社，1996年。

[123] 周一川：《近代中国女性日本留学史》，社会科学文献出版社，2007年。

[124] 浙江省政协文史资料研究委员会编：《浙江文史资料选辑》（第1辑），浙江省政协文史资料研究委员会，1962年编印。

[125] 浙江省政协文史资料研究委员会编：《浙江文史资料选辑》（第12辑），浙江人民出版社，1979年。

[126] 浙江省政协文史资料研究委员会编：《浙江文史资料选辑》（第28辑），浙江人民出版社，1985年。

[127] 浙江省政协文史资料研究委员会编：《浙江近代人物录》，浙江人民出版社，1989年。

[128] 浙江省政协文史资料研究委员会编：《浙江文史集粹》，浙江人民出版社，1996年。

[129] 浙江农科院蚕桑所资料室等编：《浙江蚕业史研究文集》（第一集），浙江农科院蚕桑所，1980年编印。

[130] 浙江省辛亥革命研究会等编：《辛亥革命浙江史料选辑》，浙江人民出版社，1981年。

[131] 浙江省社会科学院历史研究所等编：《辛亥革命浙江史料续辑》，浙江人民出版社，1987年。

[132] 浙江私立法政学校编：《浙江私立法政学校一览》，浙江图书馆藏，1911年。

[133] 中国史学会编：《辛亥革命》，上海人民出版社，1957年。

[134] 中国社会科学院近代史研究所近代史资料编辑组编：《华侨与辛亥革命》，中国社会科学出版社，1981年。

[135] 中华书局编辑部编：《纪念辛亥革命七十周年学术讨论会论文集》，中华书局，1983年。

[136] 中国蔡元培研究会编：《蔡元培全集》，浙江教育出版社，1998年。

[137] 中华农学会编：《中华农学会许叔玑先生纪念刊》，中华农学会，1935年。

[138] 中国农科院蚕业所等编：《世界蚕丝业科学技术大事记》，中国农科院蚕业所，1986年编印。

[139] 驻日留学生监督处编：《中华民国驻日留学生监督处一览》，1929年。

四、日文图书

[1] 阿部洋：《日中教育文化交流と摩擦》，第一書房，1983年。

[2] 阿部洋：《中国の近代教育と明治日本》，龍渓書舎，2002年。

[3] 安藤彦太郎：《日本人の中国観》，勁草書房，1971年。

[4] 上垣外憲一：《日本留学と革命運動》，東京大学出版会，1982年。

[5] 演劇「人類館」上演を実現させたい会編：《人類館 封印された扉》，有限会社アットワークス，2005年。

[6] 大林正昭編：《日中比較教育史》，佐藤尚子，春風社，2002年。

[7] 汪婉：《清末中国対日教育視察の研究》，汲古書院，1998年。

[8] 王宝平：《清代中日学術交流の研究》，汲古書院，2005年。

[9] 王勇：《中国史のなかの日本像》，農文協，2000年。

[10] 神奈川大学人文学会編：《中国人日本留学史研究の現段階》，東京御茶の水書房，2002年。

[11] 厳安生：《日本留学精神史》，岩波書店，1991年。

[12] 小島淑男：《留日学生の辛亥革命》，青木書店，1989年。

[13] 黄遵憲著，実藤恵秀等訳：《日本雑事詩》，平凡社，1968年。

[14] 黄尊三著，実藤恵秀等訳：《清国人日本留学日記》，東方書店，1986年。

[15] 佐藤三郎：《近代日中交渉史の研究》，吉川弘文館，1984年。

[16] 佐藤三郎：《中国人の見た明治日本—東遊日記の研究》，東方書店，2003年。

[17] 佐々木揚：《清末中国における日本観と西洋観》，東京大学出版会，2000年。

[18] 実藤恵秀：《近代日支文化論》，大東出版社，1941年。

[19] 実藤恵秀：《近代日中交渉史話》，春秋社，1973年。

[20] 実藤恵秀：《日中非友好の歴史》，朝日新聞社，1973年。

[21] 実藤恵秀：《日中友好百花》，東方書店，1985年。

[22] 実藤恵秀：《増補・中国人日本留学史》，黒潮出版，1981年。

[23] 実藤恵秀：《中国人日本留学史稿》，日華学会，1939年。

[24] 浙江大学日本文化研究所編：《江戸・明治期の日中文化交流》，農山漁村文化協会，2000年。

[25] 高木理久夫編，呉格訂：《銭恂年譜》（増補改訂版），早稲田大学図書館，2013年。

[26] 張偉雄：《文人外交官の明治日本—中国初代駐日公使団の異文化体験》，柏書房，1999年。

[27] 東京都情報連絡室編：《都市紀要4：筑地居留地》，東京都情報連絡室，1957年。

[28] 東亜同文会編：《対支回顧録》（下巻），原書房，1968年。

[29] 東京高等師範学校編：《東京高等師範学校一覧》，1918年。

[30] 内藤湖南：《支那漫遊 燕山楚水》（小島晋治監修《幕末明治中国見聞録集成》），ゆまに書房，1997年。

[31] 日本孫文研究会、神戸華僑華人研究会編：《孫文と華僑—孫文生誕130周年国際学術討論会論文集》，汲古書院，1999年。

[32] 農商務省編：《第五回内国勧業博覧会事務報告》（下），農商務省，1904年。

[33] 狭間直樹：《梁啓超—東アジア文明の転換》，岩波書店，2016年。

[34] 平野健一郎編：《近代日本とアジア —文化の交流と摩擦》，東京大学出版会，1984年。

[35] 松本亀次郎：《中華留学生教育小史》，東亜書房，1931年。

[36] 松本亀次郎：《中華五十日遊記》，東亜書房，1931年。

[37] 宮崎滔天：《宮崎滔天全集》，平凡社，昭和48年版。

[38] 山本憲関係資料研究会：《変法派の書簡と燕山楚水紀遊—山本憲関係資料の世界》，汲古書院，2017年。

[39] 熊達雲：《近代中国官民の日本視察》，成文堂，1998年。

[40] 早稲田大学資料センター編：《高田早苗の総合研究》，早稲田大学資料センター，2002年。

[41] 早稲田大学中国学生同窓会編：《早稲田大学中国留学生同窓会》，1908年。

[42] 樂殿武、柴田幹夫編著：《日華学堂とその時代》，武蔵野大学出版会，2022年。

[43] 李成市、劉傑：《留学生の早稲田》，早稲田大学出版部，2015年。

[44] 魯迅東北大学留学百周年史編集委員会編：《魯迅と仙台：東北大学留学百周年》，東北大学出版会，2004年。

后　记

　　本书为浙江文化研究工程第二批立项课题"浙江海外交流史研究"（主持人：龚缨晏，课题编号：17WH20018ZD）之子课题"近代浙江留日学生与中日文化交流"（主持人：吕顺长，课题编号：17WH20018ZD－9Z）的最终研究成果。

　　本课题组除负责人外，尚有六位主要成员，分别是丁鹏、王韵清、宣香颖、张珊珊、张月宇、万路遥。其中，丁鹏参加了第二章部分内容的撰写并参与了《附录一：清末浙江留日学生名录》的资料整理工作，王韵清参加了第六章部分内容的撰写并承担了部分书稿的校对工作，宣香颖、张珊珊、张月宇、万路遥四位成员承担了第三章至第五章和第七章的初稿撰写工作。各位成员所撰写的书稿，均经过了负责人大幅度地增删和修改。本书限于体例，未能署上所有参加人的姓名，但各位成员所做的工作功不可没。

　　本书疏漏和不当之处在所难免，诚请读者不吝赐教。对书中所存在的问题，由署名作者负责解释。

吕顺长　记

2023 年 12 月 16 日